科学出版社“十四五”普通高等教育本科规划教材

# 针 灸 学

主审　石学敏

主编　冀来喜　倪光夏



科 学 出 版 社

北 京

## 内 容 简 介

本书是科学出版社“十四五”普通高等教育本科规划教材。内容包括绪论、上篇经络腧穴、中篇刺灸法、下篇针灸治疗及附篇针灸学现代研究概论。绪论部分重点阐述了针灸学的发展历程、对外传播及国际交流，归纳了针灸学的学科特点和学习方法；经络腧穴部分强调经典原文，在论述经脉循行及主要病候、络脉循行及主要病候、经别循行、经筋循行及主要病候等内容时，均是先出现经典原文，再重点注释。刺灸法部分及时吸收针灸学发展的新技术、新成果，增加了针刀法、新九针疗法、浮针法、热敏灸等在针灸临床具有较大影响的新刺灸疗法。针灸治疗部分强调临床实用性，用方选穴与临床吻合，对于临床应该注意的问题或成功的经验在按语中给予补充。附篇增加了近年来针灸科研发展的最新成果，以利扩大读者的学术视野。此外，本教材还具有丰富的数字化资源。

本教材可供高等中医药院校针灸推拿学、中医学、中西医临床医学等专业本科生教学使用，同时也可作为临床医师的参考书。

**图书在版编目（CIP）数据**

针灸学 / 冀来喜，倪光夏主编. —北京：科学出版社，2022.7
科学出版社“十四五”普通高等教育本科规划教材
ISBN 978-7-03-072311-6

Ⅰ.①针… Ⅱ.①冀… ②倪… Ⅲ.①针灸学－高等学校－教材 Ⅳ.①R245

中国版本图书馆 CIP 数据核字（2022）第 085245 号

责任编辑：刘　亚 / 责任校对：张小霞
责任印制：赵　博 / 封面设计：蓝正设计



科学出版社 出版
北京东黄城根北街 16 号
邮政编码：100717
http://www.sciencep.com
天津市新科印刷有限公司印刷
科学出版社发行　各地新华书店经销
*
2022 年 7 月第　一　版　　开本：787×1092　1/16
2025 年 3 月第三次印刷　　印张：23　插页：3
字数：616 000

**定价：79.80 元**

（如有印刷质量问题，我社负责调换）

# 编 委 会


**主　编**　冀来喜　倪光夏

**副主编**（按姓氏笔画排序）

马玉侠　杜艳军　杨孝芳　赵　琛

赵　凌　贾春生　高希言　唐　巍

**编　委**（按姓氏笔画排序）

于本性（辽宁中医药大学）

马重兵（甘肃中医药大学）

付　勇（江西中医药大学）

刘　密（湖南中医药大学）

杜艳军（湖北中医药大学）

杨孝芳（贵州中医药大学）

杨添淞（黑龙江中医药大学）

陈永君（广州中医药大学）

陈尚杰（深圳大学第二附属医院）

孟宪军（厦门大学医学院）

赵　琛（上海中医药大学）

倪光夏（南京中医药大学）

高希言（河南中医药大学）

韩德雄（浙江中医药大学）

程艳婷（山西中医药大学）

冀来喜（山西中医药大学）

马玉侠（山东中医药大学）

王竹行（重庆市中医研究院）

朱　英（广西中医药大学）

杜　旭（陕西中医药大学）

李　铁（长春中医药大学）

杨志新（承德医学院）

杨静雯（北京中医药大学）

陈采益（福建中医药大学）

周　丹（天津中医药大学）

赵　凌（成都中医药大学）

施　静（云南中医药大学）

贾春生（河北中医学院）

唐　巍（安徽中医药大学）

程　洁（南京中医药大学）

霍新慧（新疆医科大学）

**秘　书**　程　洁　程艳婷

# 编写说明

科学出版社“十四五”普通高等教育本科规划教材是在贯彻落实《国务院办公厅印发关于加快中医药特色发展的若干政策措施的通知》、《国务院办公厅关于深化医教协同进一步推进医学教育改革与发展的意见》、教育部《普通高等学校教材管理办法》（教材〔2019〕3号）、《教育部关于印发〈国家教材建设重点研究基地管理办法〉的通知》（教材〔2020〕1号）等文件精神的基础上，汲取同类针灸学教材的优点，结合近几年针灸学理论和实践发展的新成果编写而成。

针灸学是我国少数几个拥有自主知识产权的学科领域之一，是中医学的重要组成部分。本教材的编写适应全国高等院校教育教学改革和发展的需要，注重培养传统中医药文化知识扎实、创新能力强的高素质高等中医药专业人才，能够更有效地服务于临床实践，强调精品意识，贯穿“三基”（基本知识、基本理论和基本技能）、“五性”（思想性、科学性、先进性、启发性和适用性）原则，突出中医思维，注重经典，紧密结合临床。

本教材的主要特色有：①以课程思政为抓手，五育并举，立德树人。力求在课程思政教学中培养学生“敬佑生命、救死扶伤、甘于奉献、大爱无疆”的医者精神。②紧扣普通高等教育全日制五年制本科《针灸学教学大纲》，涵盖国家执业医师资格考试、住院医师规范化培训考试和研究生入学考试要求的全部知识点，内容全面、权威。③大量引用经典原文，以正本清源，如经络腧穴各论中的经脉循行及主要病候、络脉循行及主要病候、经别循行、经筋循行及主要病候等，均是先出现经典原文，然后再重点注释。④及时吸收针灸学发展的新技术、新成果，针灸治疗既注重系统性，更强调实用性。如在刺灸法各论中，增加了针刀法、新九针疗法、浮针法、热敏灸等目前在针灸临床具有较大影响的新刺灸疗法。在针灸治疗各论中，对于疾病的治疗选穴，不要求面面俱到，但强调经得起临床验证的有效选穴；对于临床应该注意的问题或成功的经验，在按语中体现。在附篇中增加了近年来针灸科研发展的最新成果，以利扩大学生的视野，对推动针灸学进一步发展也有积极影响。⑤在每章后增加了思维导图和复习思考题，便于学生对每部分内容和知识点融会贯通、掌握重点，兼顾一般。⑥在数字化资源中，除提供教学相关PPT、大量经典原文及针灸歌赋外，还以近几年发表的高质量论文为依据介绍了针灸的最新临床应用，力求知识体系的系统性、完整性和创新性。

教材编写分工如下：全教材定稿由冀来喜、倪光夏负责，石学敏院士主审。绪论由冀来喜编写，经络总论由高希言编写，腧穴总论由倪光夏编写，经络腧穴各论由赵凌、杨志新、程洁、于本性、周丹、孟宪军、杨静雯、马重兵编写，刺灸法由贾春生、唐巍、施静、朱英、付勇、霍新慧、程艳婷、韩德雄编写，针灸治疗由杜艳军、马玉侠、刘密、陈尚杰、杜旭、王竹行、杨添淞、李铁编写，附篇由杨孝芳、陈永君、陈采益编写。本教材数字化资源统稿由赵琛负责，全体编委参与。

本教材做到了继承与创新相结合，传授与启发相结合，适用于高等中医院校的中医学、针灸推拿学、中西医临床医学、康复治疗学、护理学等本科专业使用。不仅便于学生学习，也便于教师教学、临床医生参考。

敬请广大教师、医生和学生在使用本教材的过程中提出宝贵意见，以便再版时进一步修正、提高、完善。

《针灸学》编委会

2022年4月

# 目　　录

## 中 篇

## 下　篇

## 附篇 针灸学现代研究概论

# 绪　论

针灸学是以中医理论为指导，运用传统与现代科技手段来研究经络、腧穴、操作技能、治疗法则、作用机制及防治疾病规律的一门学科。

针灸学是中医药学的重要组成部分，是我国少数几个拥有自主知识产权的学科领域之一。针灸学主要内容包括经络、腧穴、刺灸技术、临床治疗。针灸疗法属于中医外治疗法之一，具有适应证广、疗效显著、应用方便、经济安全等优点，数千年来，在防治疾病和保障人们健康方面发挥着重要作用。

## 一、针灸学发展简史

针灸学历史悠久，它的形成与发展，经过了一个漫长的历史过程，是我国历代劳动人民和医学家长期与疾病斗争的过程中医学经验的总结和理论升华的结晶。

### （一）针灸的起源

关于针刺疗法起源的传说，可以追溯到我国原始社会的氏族公社时期。远古时代，人们因饮食起居不当感受外邪，或与野兽搏斗发生创伤，为解决身体病痛，常自发地进行按压捶击，以至用尖锐的石器刺破痈疡，排出脓血，使疼痛缓解，从而创用了以“砭石”为工具的医疗方法，这就是针刺疗法的萌芽。据文献考证，皇甫谧在《帝王世纪》中记载伏羲氏“尝味百药而制九针”，罗泌《路史》则说太皞伏羲氏“尝草治砭，以制民疾”。

针具起源于砭石。在2000多年前的古书中经常提到原始的针刺工具——“砭石”，如《左传》提到“美疢不如恶石”；《山海经》记载有“高氏之山，有石如玉，可以为箴”。内蒙古多伦县新石器时期遗址中也发现了一块长4.5cm的砭石，一端扁平有弧形刃，可用来切开脓疡，另一端为四棱锥形，可用来放血。在山东省日照市新石器时代晚期的一个墓葬里，发现两块殉葬的砭石，长度分别为8.3cm、9.1cm，尖端为三棱锥形和圆锥形，可用于刺血，调和经气。砭石实物的发现，为针刺起源于新石器时代提供了有力的证据。

《素问·异法方宜论》记载：“故东方之域，天地之所始生也。鱼盐之地，海滨傍水，其民食鱼而嗜咸，皆安其处，美其食。鱼者使人热中，盐者胜血，故其民皆黑色疏理，其病皆为痈疡，其治宜砭石。故砭石者，亦从东方来。”这里所说的“东方”，相当于我国山东一带。可见，砭石治病来源于我国东部沿海一带以渔业为生的民族。近年来，在山东省发现了一批以针砭为题材的汉画像石，画像石上雕刻着半人半鸟形的神医正在用砭石或细针给人治病。鸟形显然来源于原始氏族的图腾崇拜，画像石反映了古代关于针砭起源的传说。

灸法的起源可以追溯到原始社会人类对火的运用。《素问·异法方宜论》记载：“北方者，天地所闭藏之域也。其地高陵居，风寒冰冽，其民乐野处而乳食。脏寒生满病，其治宜灸焫。故灸焫者，亦从北方来。”这段记载说明，灸法的产生与北方寒冷的生活环境有关。北方天气寒冷，人们易于感受寒邪，加上野居乳食的生活习惯，使人们易于罹患寒痛、胀满类疾病，逐渐总结出用火的烘烤或烧灼的办法进行解决，并且，生活经验让人们从各种树枝施灸发展到最终的艾灸。据考察，先民们钻木取火或敲击燧石取火，往往用艾绒作为引火材料，起源于原始社会晚期的骨卜也是用艾绒烧灼动物骨骼。这种用艾绒点火的方法为艾灸的发明提供了必要条件。

拔罐是一种古老的治疗方法，起源于原始社会，亦常与针灸结合运用。初期以兽角为罐具，故古称“角法”。

### （二）针灸学理论体系的形成

夏、商、周、春秋时期，随着生产力的提高、社会制度的变革及各种学术思想的活跃，针灸学从实践经验走向理论升华。针刺工具由砭石、骨针、竹针发展到了金属针。据《左传》记载，春秋战国时期的医缓、医和均擅长针灸，公元前 581 年，医缓给晋景公看病，指出其已病入膏肓，针、灸皆无能为力，这是史书上记载最早的一份针灸病例。此外，商代甲骨文里有了关于针灸的象形文字。

战国、秦至两汉时期，金属针在临床应用中成主导针具，《黄帝内经》（简称《内经》）对“九针”有了详细的论述，扩大了针刺的适应证范围，带来了针灸学术的飞跃发展。考古发现，河北省满城区的西汉刘胜墓出土了 4 枚金针，1 枚锋针，2 枚毫针，另有 1 枚名称尚未定。文献记载，先秦名医扁鹊（秦越人）在给虢太子治尸厥时，让其弟子子阳取外三阳五会而使太子复苏，又令子豹药熨两胁下，而太子坐起……可见，在先秦时期针砭、火灸、药熨等均已广泛应用于多种疾病的治疗。1973 年，长沙马王堆三号汉墓出土的医学帛书中，有两部古代关于经脉的著作，即《足臂十一脉灸经》和《阴阳十一脉灸经》。两书记载了十一条经脉的循行、病候和灸法治疗，反映了针灸学核心理论经络学说的早期面貌。

《内经》的问世，是先秦至西汉医学发展的必然结果，东汉至隋唐仍有修订和补充。《内经》包括《素问》和《灵枢》两部分，共 18 卷，162 篇。其中《灵枢》所载针灸理论更为丰富和系统，故《灵枢》又称《针经》。《内经》是我国现存最早的医学文献典籍，也是针灸学的第一次大总结。它以阴阳、五行、脏腑、经络、腧穴、精神、气血、津液等为基本理论，针灸为主要医疗技术，用无神论观点、整体观点、发展变化的观点、人体与自然相应的观点，论述了人体的生理、病理、诊断要领和防病治病原则，标志着针灸学理论体系的形成。

《内经》对经络学说论述精辟，不但对十二经脉的循行走向、属络脏腑及其所主病证均有明确记载，而且对奇经八脉、十二经别、十五络脉、十二经筋、十二皮部的走向、分布、功能以及与经络系统相关的标本、根结、气街、四海等亦有记叙。《内经》对腧穴理论论述丰富，全书载有 160 多个腧穴，对五输穴、原穴、下合穴、十五络穴、背俞穴等也均有详细记载。《内经》对刺法的论述较为详尽，提出了迎随补泻、徐疾补泻、呼吸补泻、开阖补泻等手法。在治疗方面，提出了“盛则泻之，虚则补之”等治疗原则；还提出了俞募配穴法、远道取穴法等取穴配穴方法；记载了 100 多种病证，其中绝大多数都应用针灸治疗。此时的医学家们不但构筑起以经络学说为核心的理论框架，而且卓有成效地运用刺法、灸法等技术防病治病，初步形成了理、法、方、穴、术为一体的独特的针灸学理论体系。

《黄帝八十一难经》（简称《难经》）是一部可与《内经》相媲美的古典医籍，相传系秦越人所作，该书进一步丰富和充实了针灸学理论体系。书中关于奇经八脉和原穴的论述，补充了《内经》之不足；还提出了八会穴；并用五行学说对五输穴的理论和应用进行了详细的解释。东汉张仲景创立六经辨证，在《伤寒杂病论》中记载与针灸有关的条文达 69 条，主张针药结合、辨证施治。已佚的《明堂孔穴针灸治要》（即《黄帝明堂经》）应该是这一时期有关腧穴的专著。以外科闻名于世的华佗亦精于针灸，创立了著名的“华佗夹脊穴”，著有《枕中灸刺经》（佚）。三国时期的曹翕擅长灸法，著《曹氏灸经》，可惜失传。

（三）针灸学理论体系的发展

**1. 魏晋隋唐时期**

魏晋南北朝，随着这一时期政治、经济、文化的发展，针灸学理论与技术有了新的提高，出现了众多名医名著，推动了针灸学理论体系的发展。

魏晋时期，皇甫谧在魏甘露间（公元 256～260 年），将《素问》、《灵枢》和《明堂孔穴针灸治要》三书中的针灸内容汇而为一，编撰成《针灸甲乙经》。全书分为 12 卷 128 篇，共收腧穴 349 个，以脏腑、气血、经络、腧穴、脉诊、刺灸法和临床各科病证针灸治疗为次序加以编纂。这是继《内经》之后对针灸学的又一次总结，是一部最早的、体系比较完整的针灸专书，在针灸学发展史上起到承前启后的作用。晋代以炼丹闻名的葛洪在其《肘后备急方》中，所录针灸医方 109 条，其中 99 条为灸方，从而使灸法得到了进一步的发展。其妻鲍姑，亦擅长用灸，是我国历史上不可多得的女灸疗家。晋末到南北朝的徐熙一族，累世精于医术，徐秋夫、徐文伯和徐叔响等都是针灸史上的有名人物。

隋、唐时期，中医药迅速发展，出现了许多著名医家。唐初孙思邈著有《备急千金要方》，书中绘制了彩色“明堂三人图”，是历史上最早的彩色经络腧穴图（佚），还创用了阿是穴和指寸法。名医甄权著有《针方》、《针经钞》和《明堂人形图》等（均佚）。此外，唐代杨上善在《黄帝明堂经》的基础上，撰《黄帝内经明堂类成》，按十二经脉和奇经八脉的次序论列穴位。王焘编《外台秘要》，大量采录了诸家的灸法。此期，灸法备受多位医家重视，出现了针对专病的灸法著作，如唐代崔知悌的《骨蒸病灸方》，专门介绍灸治痨病方法；刊于公元 862 年以前的《新集备急灸经》，是我国最早雕版印刷的医书，专论急症用灸。针灸教育得到政府重视，唐太医署掌管医药教育，内设针灸专业，有“针博士一人，针助教一人，针师十人，针工二十人，针生二十人”，针灸成为一个独立的专科，为针灸学的学校教育开创了先河，促进了针灸学科的全面发展和进步。

**2. 宋金元时期**

印刷术和铸造技术的提高加快了针灸学术的传播与发展。著名针灸家王惟一，在北宋政府支持下，重新考订厘正了 354 个腧穴的位置及所属经脉，增补了腧穴的主治病证，于公元 1026 年撰成《铜人腧穴针灸图经》，雕印刻碑，由政府颁行。公元 1027 年，王惟一设计的两具针灸铜人模型制成，作为教学和考试针灸师之用。其高度与正常成年人相近，胸背前后两面可以开合，体内雕有脏腑器官，铜人表面镂有穴位，穴旁刻题穴名，同时以黄蜡封涂铜人外表孔穴，其内注水。如取穴准确，针入而水流出；取穴不准，针不能刺入。2017 年国家主席习近平向世界卫生组织赠送针灸铜人雕塑，这个浑身布满穴位的铜人雕塑吸引了世界的目光。南宋针灸家王执中撰《针灸资生经》，重视实践经验，对后世颇有影响。元代著名医家滑寿，考订经络循行及其与腧穴的联系，在元代忽泰必烈《金兰循经取穴图解》基础上编撰而成的《十四经发挥》，首次把任、督脉和十二经脉并称为“十四经”，进一步发展了经络腧穴理论。这个时期长于针灸的名医很多，著作也颇丰富，《备急灸法》、《痈疽神秘灸经》、《膏肓腧穴灸法》等书问世，标志着针灸在各科的深入发展。南宋初期的席弘，世代皆专针灸，传世的《席弘赋》特别讲究刺法。同时期的窦材著《扁鹊心书》，极力推崇烧灼灸法，每灸数十壮乃至数百壮。当时还有杨介、张济亲自观察尸体解剖，主张用解剖学知识指导针灸取穴。金代何若愚与撰《子午流注针经》的阎明广，提倡按时取穴法。金元名医窦汉卿既推崇子午流注，又提倡八法流注，按时取穴，他所编撰的《标幽赋》是针灸歌赋中的名篇。

**3. 明清时期**

针灸学术在明代发展到高潮，名家辈出。明代初期的陈会、中期的凌云、后期的杨继洲，都对针灸学术发展影响重大。这一时期针灸学发展的主要成就包括：第一，广泛搜集整理了明以前的针灸文献，出版了许多汇总历代针灸文献的著作。如朱橚的《普济方·针灸门》、徐凤的《针灸大全》、高武的《针灸聚英发挥》、吴昆的《针方六集》、张介宾的《类经图翼》以及杨继洲在家传著作《卫生针灸玄机秘要》基础上编撰而成的《针灸大成》（收录经穴359个）等，其中《针灸大成》被认为是针灸学术史上的第三次总结。第二，深入研究针刺手法，在单式手法的基础上形成了二十多种复式手法。其中《针灸大全·金针赋》、《针灸大成·三衢杨氏补泻》、李梴的《医学入门·针灸》、汪机的《针灸问对》等，都是载述针刺手法之代表作。第三，灸法从艾炷烧灼灸法向用艾卷温和灸法发展。14世纪开始出现的艾卷灸法，后来发展为加入药物的“雷火神针”、“太乙神针”。第四，对于历代不属于经穴的针灸部位进行了整理，在腧穴里列出“奇穴”这个类别。

（四）针灸学术的低谷时期

从清初到鸦片战争这一历史时期，医者重药轻针，针灸逐渐转入低潮。18世纪吴谦等人撰《医宗金鉴·刺灸心法要诀》，以歌诀和插图为主，很切合实用。李学川撰《针灸逢源》，强调辨证取穴，针药并重，增加中枢、急脉两穴，记载361个经穴。此时著述虽多，但影响不大。公元1822年，清王朝竟以“针刺火灸，究非奉君之所宜”为理由，下令太医院停止使用针灸，废止针灸科。

公元1840年鸦片战争爆发，中国沦为半殖民地半封建国家，各地教会医院和西医学院校纷纷建立，中医受到很大冲击，针灸更是受到严重挫折。由于广大群众相信并且欢迎针灸治病，所以，针灸在民间继续流传。许多针灸医生为保存和发展针灸学术，成立针灸学社，编印针灸书刊，开展函授教育，取得一定成效。近现代针灸学家承淡安先生毕生以推广针灸学术为己任，1929年创办中国针灸研究社，1933年创办我国最早的针灸学术期刊《针灸杂志》，1936年设立我国最早的针灸专门医院，1954年衔命筹建江苏省中医进修学校（南京中医药大学前身，被誉为中国“高等中医教育的摇篮”）并担任首任校长。承淡安先生被誉为近现代中国针灸事业的复兴者与传播者。

（五）针灸学术的繁荣时期

新中国成立后，政府高度重视中医针灸事业的发展，制定政策法规，采取得力措施，促进针灸学的普及和提高。

**1. 针灸教育蓬勃发展**

20世纪50年代，全国各地相继成立中医院校、中医医院和研究机构，针灸学成为中医院校学生的必修课程，针灸科是必设科室。1980年后，全国高等中医药院校相继建立针灸系，并逐渐开展了针灸学硕士、博士研究生培养，形成了针灸学教学、医疗、科研的完整体系。截至2020年，国内高校和科研机构设有针灸专业博士点23个，硕士点36个。全国有50所高等院校开设针灸推拿专业，其中12所学校的针灸推拿专业入选国家级一流本科专业。在课程设置上，随着专业课程和教学层次的不断优化，针灸本科教育已有8门针灸学相关理论课程和6门针灸类虚拟仿真课程入选教育部一流本科课程。国际教育方面，全国24所高等中医院校均设有国际学院，为世界100多个国家和地区培养数万名针灸国际人才。1979 年，中华全国中医学会针灸分会成立；1985 年，中国针灸学会升格为国家一级学会。由学会主办的各级学术会议、针灸临床技能大赛得到全国业内认可。1987 年，世界针灸学会联合会在北京成立，该学会在世界范围内积极开展针灸学术交流、针灸标准化、针灸教育、针灸立法和与之相关的组织建设工作，对于促进针灸走向世界发挥了独有的重要作用。

**2. 针灸基础与临床研究快速增长**

20 世纪 50 年代，科研工作者开展了针灸文献整理、针灸适应证临床研究、用现代科学技术阐发针灸作用机制等工作。1958 年，中国针灸工作者使用针刺麻醉使手术获得成功，首次提出了“针刺麻醉”概念，创立了针刺麻醉方法。20 世纪 70 年代，应用神经生理学、解剖学、组织化学、生物化学、免疫学、分子生物学及声、光、电、磁等现代科学技术手段，对针灸学相关问题进行了深入研究，对针灸治病机理和镇痛原理有了更深刻的认识。不少学者也对针刺手法开展了科学研究。20 世纪 90 年代，国家科技基础研究重大项目计划（攀登计划）将针灸经络列为研究重点。21 世纪以来，基础研究在针刺镇痛、经穴特异性、经络本质研究以及穴位敏化研究方面取得进展。至 2019 年，针灸研究已获得国家科学技术奖 5 项、中国针灸学会科学技术奖 109 项；针灸临床评价体系初步构建，在美英等国家临床实践指南中已有 40 多个针灸的推荐。

**3. 针灸标准化体系建设取得初步成效**

20 世纪六七十年代，政府大力提倡中草药和针灸治病，头针、耳针、特色针具得到普及，针灸标准化、规范化研究取得显著成果，《经穴部位》、《耳穴名称与部位》作为国家标准正式颁布。至 2019 年，共制修订 32 项针灸国家标准、56 项针灸团体标准、9 项中医针灸国际组织标准、7 项世界卫生组织标准和 3 项 ISO 针灸国际标准。

**4. 针灸医疗健康服务快速增长**

截至 2019 年，全国中医医疗机构针灸床位数有 49 396 张，针灸科门诊总量达到 2514.3 万人次，针灸科出院总量达到 91 万人次；针灸在社区与乡镇医疗机构使用不断加强，100 多种针灸适宜技术得到推广应用；个体诊所和民间针灸持续发展，针灸在养生保健服务中发挥重要作用，不少地区针灸已经成为社区卫生服务的独特优势，在“治未病”中心的健康调护中占主导地位。

## 二、针灸学的对外传播

早在公元 6 世纪，针灸已传到朝鲜、日本。朝鲜在新罗王朝时（公元 693 年）就设有针博士，教授针生。公元 562 年，我国以《针经》赠日本钦明天皇，同年吴人知聪携《明堂图》、《针灸甲乙经》等医书东渡日本。公元 702 年，日本颁布大宝律令，仿我国唐朝的医学教育制度，开设针灸专业。我国针灸传到朝鲜和日本以后，一直作为当地国家传统医学的重要组成部分而流传至今。针灸也传到东南亚和印度大陆。公元 6 世纪敦煌人宋云曾将华佗治病方术介绍给印度北部的乌场国；14 世纪针灸师邹庚到越南为诸侯治病。17 世纪针灸传入欧洲，法国成为针灸学术在欧洲传播的主要国家。1671 年，哈尔文的《中医秘典》在法国出版，之后针灸开始用于临床。19 世纪初，欧美等国家开始使用针灸。

新中国成立以来，随着中华文化魅力的显现，以整体观念、辨证施治、取法自然为特色的中国传统医学引起了国际医学界的关注，有力地促进了针灸在世界范围的推广。1997 年 11 月，美国国立卫生院举行了针刺疗法听证会并明确指出：起源于中国的针刺疗法对许多疾病具有显著疗效，作用确切而副作用极小，可以广泛应用。这对针灸学在世界范围的普及和推广具有重要意义。越来越多的国家和地区接受针灸，并不同程度认可针灸的合法地位，如亚洲的日本、韩国、越南、泰国，欧洲的英国、法国、德国、意大利，大洋洲的澳大利亚、新西兰，美洲的加拿大、巴西等国。至2020年，中医针灸已经在183个国家和地区得到推广使用，承认合法地位的国家与地区已有65个。

教育方面，日本于1983年成立明治针灸大学，开办有针灸专业本科和研究生教育；韩国的针灸教育主要在韩医科大学进行，韩医科大学为六年制的本科学历教育。在欧美，不少国家办有各种类型的中医针灸学院（校），有些国家的正规大学开设有中医、针灸学位课程或专业文凭课程。近年来，我国中医药高校与国外高校开展了多种形式的合作办学，培养了一批批国际中医针灸人才。其次，世界卫生组织倡导针灸防治疾病，重视针灸的推广和交流。受世界卫生组织委托，我国于1975年在北京、南京、上海三地建立了国际针灸培训中心，每年开办国际针灸班，培养针灸人才。数十年来，中国政府坚持向多个国家派出有针灸医师参与的援外医疗队，为这些国家培养了大批针灸医生。2010年，世界卫生组织启动中医学疾病分类代码编制工作，第一次将传统医学纳入世界主流医学范畴。2011年，在肯尼亚首都内罗毕召开的联合国教科文组织保护非物质文化遗产政府间委员会第五次会议，顺利通过了将“中医针灸”列入“人类非物质文化遗产代表作名录”的提议，更加彰显了国际社会对中国针灸传承和保护的重视。另外，世界针灸学会联合会每年在不同国家举办国际针灸学术会议，负责国际针灸医师水平考核，为合格者颁发针灸医师水平证书。

针灸的对外传播和国际交流方兴未艾。针灸不仅为人类防治疾病提供了一种有效的医疗方法和手段，而且为世界医学开拓了新的研究领域，并将为人类健康事业和世界医学发展做出更大贡献。

## 三、针灸学的基本内容和学习方法

针灸学的基本内容包括经络腧穴、刺灸方法和针灸治疗。

学习经络必须重点掌握经络的概念、经络系统的组成、经脉的循行规律及分布特点。腧穴部分要掌握腧穴的概念、主治特点及解剖结构，熟记常用穴尤其是特定穴的定位、主治及临床应用，训练自己准确取穴定位及操作的能力。腧穴的定位要善于在自己或他人身上摸穴而记忆，切忌只背而不实际操作；腧穴的主治要善于总结、分析和归纳。

刺灸方法主要包括刺法和灸法，是操作性很强的技能，在掌握基本知识的同时，要以操作练习为主。刺法练习首先是指力练习。指力就是持针之手的力量，指力的产生是手部小肌肉群的力量和协调能力综合的结果，只有经过长期不懈的训练才能达到要求，这是操作针具、施行手法的基本功。当有一定指力之后，才能练习各种进针法和针刺手法。进针和手法操作与疗效密切相关，更要认真训练，要善于在自己身上练习和体会，诸如无痛进针法、行针得气、针刺补泻、气至病所等都只有通过严格的训练才能掌握。“工欲善其事，必先利其器”，随着科技发展，新型针具不断推出，恰当、规范应用好现代针具也是本课程学习的重要内容。

针灸治疗是综合运用上述知识和技能，根据阴阳、脏腑、经络、腧穴理论，运用“四诊”获取病情资料，进行辨证、处方，依法施术，或针或灸，或针灸并用，从而达到治愈疾病目的的一种疗法。为精准治疗，必要时要结合现代诊断技术及解剖生理学、病理学、生物力学知识等。由于针灸临床部分是阐述运用针灸治疗疾病的具体内容，因此，要重视在实践中学习，做到早临床、多临床、反复临床，在见习、实习课中多动手、勤思考。只有这样才能掌握针灸临床运用的知识与技能。

总之，针灸之所以成为一门专门学科，因为它不仅是一种医疗手段，还包含着丰富的高深的基础理论和辨证论治知识。随着人类科学技术的进步，针灸学术与其他学科日益结合，针灸学将会得到更快更高的发展。

## 思维导图

- 针灸学绪论
  - 概念
    - **概念：**以中医理论为指导，运用传统与现代科技手段来研究经络、腧穴、操作技能、治疗法则、作用机制及防治疾病规律的一门学科
    - **特点：**适应证广、疗效显著、应用方便、经济安全
  - 发展简史
    - 针灸的起源
      - 针刺起源于新石器时代的砭石刺脓疡
      - 灸法起源于原始社会人类对火的应用
      - 拔罐起源于原始社会的角法
    - 针灸学理论体系的形成
      - 《足臂十一脉灸经》和《阴阳十一脉灸经》反映了经络学说的早期面貌
      - 《黄帝内经》标志着针灸学理论体系的形成
      - 《难经》丰富和充实了针灸学理论体系
    - 针灸学理论体系的发展
      - 《针灸甲乙经》是针灸学术史上第二次总结
      - 《针灸大成》是针灸学术史上第三次总结
    - 针灸学术的低谷时期
      - 《针灸逢源》记载361个经穴
      - 承淡安被誉为近现代中国针灸事业的复兴者与传播者
    - 针灸学术的繁荣时期
      - 针灸教育、基础与临床研究、标准化体系、医疗服务均得到快速发展
  - 对外传播
    - 6世纪，针灸传入朝鲜、日本
    - 17世纪，针灸传入欧洲
    - 2020年，针灸在183个国家和地区得到推广使用
  - 基本内容和学习方法
    - 基本内容：经络腧穴、刺法灸法和针灸治疗
    - 学习方法：实践、归纳、总结

## 思考题

1. 《黄帝内经》在针灸学中的学术价值是什么？
2. 针灸学发展史上三次大总结的代表性著作是什么？
3. 明代针灸学术成就主要体现在哪些方面？

# 上　篇

# 第一章 经络总论

## 第一节 经络概述

### 一、经络与经络学说概念

经络是经脉和络脉的总称，是运行气血的通道，联系全身的网络。经，有路径的含义，经脉贯通上下，沟通内外，是经络系统中的主干；络，有网络的含义，络脉是经脉别出的分支，较经脉细小，纵横交错，遍布全身。《灵枢·脉度》说："经脉为里，支而横者为络，络之别者为孙。"

经络内属于脏腑，外络于肢节，沟通于脏腑与体表之间，将人体脏腑组织器官联系成为一个有机的整体；并借以行气血，营阴阳，使人体各部的功能活动得以保持协调和相对平衡。针灸临床治疗时的辨证归经，循经取穴，针刺补泻等，无不以经络理论为依据。所以《灵枢·经别》说："夫十二经脉者，人之所以生，病之所以成，人所以治，病之所以起，学之所始，工之所止也。"说明经络对生理、病理、诊断、治疗等方面的重要意义，为历代医家所重视。

经络学说是研究人体经络系统的循行分布、生理功能、病理变化及其与脏腑相互关系的一种理论学说，是祖国医学理论体系的重要组成部分，几千年来一直指导着中医各科的诊断和治疗，与针灸学科关系尤为密切。

### 二、经络学说的科学内涵

经络学说的基本内容之一是经络的循行、联系、分布，自古至今都用"线条"进行模型化展示。经络学说科学价值的体现，并不在于其循行路线本身，而在于这些"线条模式图"所蕴含的经验事实，以及基于这些经验总结提炼的人体上下、内外、远隔部位间特定联系的规律。

经络学说反映人体各部位特定联系，经络系统展示了人体体表与体表之间的上下远端联系、体表与内脏之间的内外远端联系。其中，经脉主要说明体表与体表之间的远端上下联系以及体表与内脏之间的远端内外联系，络脉主要说明体表与体表之间的远端上下联系及左右联系。基本内容包括：体表与体表相关（上下相关、左右相关、前后相关）、体表与内脏相关（经穴-脏腑相关、官窍-脏腑相关）、体表-内脏-体表相关（头面、胸背、腰腹-脏腑-手足相关）。

### 三、经络的现代研究概况

经络的现代研究，主要包括经络现象的研究和经络实质的研究。

经络现象是指机体由于某种原因引起的沿古典经脉循行路线出现的各种生理和病理现象。生理现象有显性循经感传、隐性循经感传等，病理现象有循经性皮肤病、循经性皮肤显痕、循经性感觉异常、循经性疼痛等。经络现象的基本特征是循经性，经络现象主要包括：①主观感觉，如循经感传、循经性感觉异常、循经性疼痛等；②由特殊方法测查而得，如隐性循经感传等；③刺激穴位时循经出现的红线、白线、皮丘等及循经性皮肤病等。

经络实质的研究相对集中于以下三种观点：①经络是以神经系统为主要基础，包括血管、淋巴系统等已知结构的人体功能调节系统；②经络是独立于神经、血管、淋巴系统等已知结构之外，但又与之密切相关的另一个功能调节系统；③经络可能是既包括已知结构，也包括未知结构的综合功能调节系统。

上述研究，纳入了包括物理学、化学、光学等在内的多学科方法、技术，对经络循经感传现象规律进行了研究，肯定了经络的客观存在，并提出了经络实质相关的多种假说。

## 第二节 经络学说的形成

经络学说是我国古代医家通过长期的医疗实践，不断观察总结而逐步形成的。到《内经》时代已初步形成了系统的理论，经历代医家不断地充实而逐步趋于完整。据文献记载分析，经络学说的形成，可能通过以下途径：

### 一、针灸等刺激的感应和传导的观察

针刺时会产生酸、麻、重、胀等感应，称为“针感”，这种“针感”常沿着一定路线向远部传导。如《灵枢·邪气脏腑病形》指出：“中气穴，则针游于巷。”温灸时也会有热感由施灸部位向远外端扩散。各代医家经过长期观察，逐步理解到人体各部有复杂而又有规律的联系通路，从而提出经络分布的轮廓。

### 二、腧穴功效的总结

通过长期的针灸实践，发现主治范围相似的腧穴往往有规律地排列在一条路线上，如分布于上肢外侧前缘的腧穴都能治头面病证，分布于上肢内侧前缘的腧穴，虽与上述腧穴距离很近，但却以治疗喉、胸、肺病为主。古代医家把作用相似的穴位归纳分类，逐步形成经络的连线。

### 三、体表病理现象的推理

在临床实践中，有时发现某一脏器发生病变，在体表相应部位可有压痛、结节、皮疹、颜色改变等现象。对体表部位病理现象的观察分析也是发现经络的途径之一。

### 四、解剖、生理知识的启发

古代医家通过解剖，在一定程度上认识了内脏的位置、形态及某些生理功能。观察到人体分布着许多管状和条索状结构，并与四肢联系，观察到某些脉管内血液流动的现象等，这些观察对认识经络有一定的启发。

以上几点表明，发现经络的途径是多方面的，各种认识又可相互启发、相互佐证、相互补充，从而使人们对经络的认识逐步完善。从现存的医学文献资料来看，经络学说在 2000 多年前已经基本形成。

# 第三节　经络系统的组成

经络系统由经脉和络脉组成（图 1-1）。其中经脉包括十二经脉和奇经八脉，以及附属于十二经脉的十二经别、十二经筋、十二皮部。络脉有十五络、浮络、孙络等。

- 经络系统
  - 经脉
    - 十二经脉
      - 手三阴经
        - 手太阴肺经
        - 手厥阴心包经
        - 手少阴心经
      - 手三阳经
        - 手阳明大肠经
        - 手少阳三焦经
        - 手太阳小肠经
      - 足三阴经
        - 足太阴脾经
        - 足厥阴肝经
        - 足少阴肾经
      - 足三阳经
        - 足阳明胃经
        - 足少阳胆经
        - 足太阳膀胱经
      - 十二经别
      - 十二经筋
      - 十二皮部
    - 奇经八脉
      - 督脉
      - 任脉
      - 冲脉
      - 带脉
      - 阴维脉
      - 阳维脉
      - 阴跷脉
      - 阳跷脉
  - 络脉
    - 十五络
    - 浮络
    - 孙络

图 1-1　经络系统的组成

## 一、十二经脉

### （一）十二经脉的命名

十二经脉即手三阴经（肺、心包、心）、手三阳经（大肠、三焦、小肠）、足三阳经（胃、胆、膀胱）、足三阴经（脾、肝、肾）的总称。它们是经络系统的主体，故又称为“正经”。

十二经脉的名称是根据手足、阴阳、脏腑而定的。它们分别联属于十二脏腑，各经都用其所属脏腑的名称，循行于手足、内外、前中后的不同部位，根据阴阳学说而给予不同名称，如将其中联属于六腑、循行于四肢外侧的经脉称为阳经。联属于六脏、循行于四肢内侧的经脉称为阴经。并根据阴阳衍化的规律分为三阴三阳，这样就订出了手太阴肺经、手阳明大肠经等十二经脉名称。

### （二）十二经脉在体表分布的规律

十二经脉左右对称地分布于头面、躯干和四肢，纵贯全身。六条阴经分布于四肢的内侧和胸腹，其中上肢的内侧是手三阴经，下肢的内侧是足三阴经。六条阳经分布于四肢的外侧和头面、躯干，其中上肢的外侧是手三阳经，下肢的外侧是足三阳经。手、足三阳经在四肢的排列是阳明在前，少阳在中，太阳在后。手三阴经在上肢的排列是太阴在前、厥阴在中、少阴在后。足三阴经在小腿下半部及足背，其排列是厥阴在前、太阴在中、少阴在后，至内踝上八寸处足厥阴经同足太阴经交叉后，循行在太阴与少阴之间，便成为太阴在前，厥阴在中，少阴在后（图 1-2）。

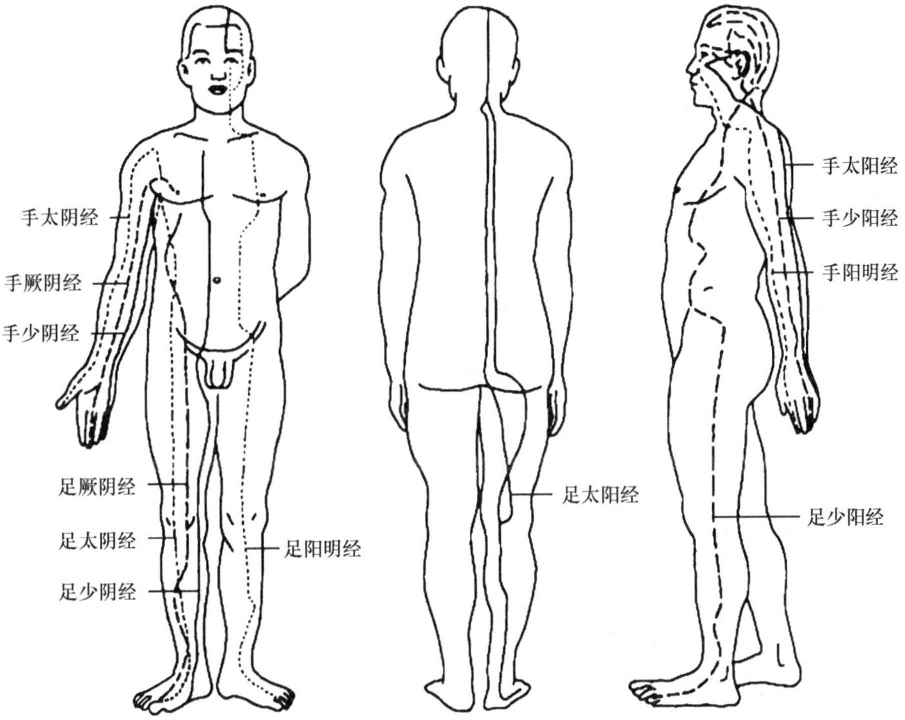


图 1-2　十二经脉体表分布

（三）十二经脉表里属络关系

十二经脉内属于脏腑，脏与腑有表里相合的关系，阴经与阳经有表里属络关系。即手太阴肺经与手阳明大肠经相表里；足太阴脾经与足阳明胃经相表里；手少阴心经与手太阳小肠经相表里；足少阴肾经与足太阳膀胱经相表里，手厥阴心包经与手少阳三焦经相表里；足厥阴肝经与足少阳胆经相表里。互为表里的阴经与阳经在体内有属络关系，即阴经属脏络腑，阳经属腑络脏，如手太阴肺经属肺络大肠，手阳明大肠经属大肠络肺。这样在脏腑阴阳经脉之间就形成了六组表里属络关系。互为表里的经脉在生理上密切联系，病变时相互影响，治疗时相互为用。

（四）十二经脉的循行走向与交接规律

十二经脉的循行走向：手三阴经从胸走手，手三阳经从手走头，足三阳经从头走足，足三阴经从足走腹（胸）。正如《灵枢·逆顺肥瘦》所载："手之三阴从脏走手，手之三阳从手走头，足之三阳从头走足，足之三阴从足走腹。"

十二经脉的交接：阴经与阳经（表里阴阳经）在四肢部衔接，如手太阴肺经在食指与手阳明大肠经交接，足阳明胃经在足大趾与足太阴脾经交接；阳经与阳经（同名阳经）在头面部相接，如手少阳三焦经和足少阳胆经均通于目外眦；阴经与阴经（即手足三阴经）在胸部交接，如足太阴脾经与手少阴心经交接于心中，足少阴肾经与手厥阴心包经交接于胸中，足厥阴肝经与手太阴肺经交接于肺中（图 1-3）。

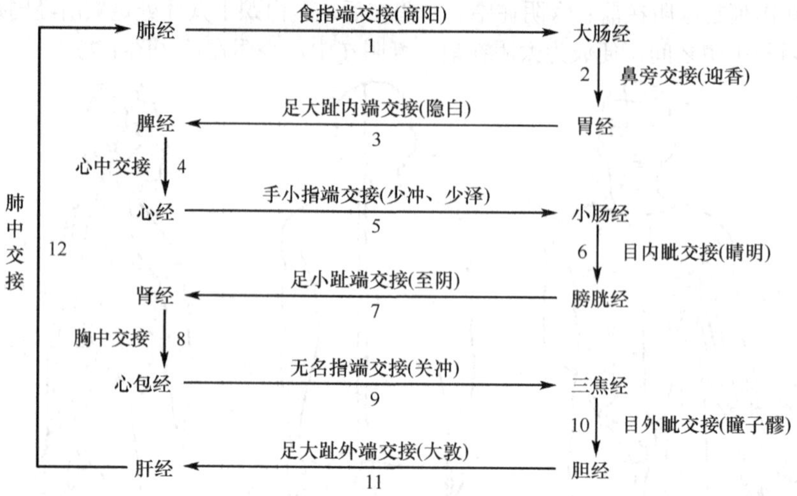


图 1-3　十二经脉的交接及气血流注

（五）十二经脉气血的循环流注

十二经脉彼此交接构成了一个周而复始、如环无端的传注系统，气血通过经脉循环流注，内到脏腑器官，外达肌表，营养全身。其流注次序如图 1-3。

## 二、奇经八脉

奇经八脉是督脉、任脉、冲脉、带脉、阴维脉、阳维脉、阴跷脉、阳跷脉的总称。它们与十二正经不同，既不直属脏腑，又无表里配合关系，“别道奇行”，故称“奇经”。

八脉中的督脉、任脉、冲脉皆起于胞中，同出会阴，别而上行，称为“一源三歧”。

其中督脉行于腰背正中，上至头面；任脉行于胸腹正中，上抵颏部；冲脉与足少阴肾经相并上行，环绕口唇。带脉起于胁下，环行腰间一周。阴维脉起于小腿内侧，沿股内侧上行，至咽喉与任脉会合。阳维脉起于足跗外侧，沿腿膝外侧上行，至项后与督脉会合。阴跷脉起于足跟内侧，随足少阴等经上行，至目内眦与阳跷脉会合。阳跷脉起于足跟外侧，伴足太阳等经上行，至目内眦与阴跷脉会合，沿足太阳经上额，于项后会合足少阳胆经。

奇经八脉交错地循行分布于十二经之间，其作用主要体现于两方面。其一，沟通了十二经脉之间的联系。奇经八脉将部位相近、功能相似的经脉联系起来，达到统摄经脉气血、协调阴阳的作用；督脉与六阳经有联系，称为“阳脉之海”，具有调节全身诸阳经经气的作用；任脉与六阴经有联系，称为“阴脉之海”，具有调节全身诸阴经经气的作用；冲脉与任脉、督脉、足阳明、足少阴等经有联系，故有“十二经之海”、“血海”之称，具有涵蓄十二经气血的作用；带脉约束联系了纵行躯干部的诸条经脉；阴阳维脉联系阴经与阳经，分别主管一身之表里；阴阳跷脉则共司下肢运动与寤寐。其二，奇经八脉对十二经气血有蓄积和渗灌的调节作用。当十二经脉及脏腑气血旺盛时，奇经八脉加以蓄积；当人体功能活动需要大量气血支持时，奇经八脉又能渗灌供应。

奇经八脉中，唯任、督二脉各有其所属腧穴，故与十二经合称为“十四经”。十四经具有明确的循行路线、病候及所属腧穴，是经络系统的主要部分，在临床上是针灸治疗及药物归经的基础。

## 三、十五络脉

十二经脉和任、督二脉各自别出一络，加上脾之大络，共计十五条，称为“十五络”，分别以十五络所发出的腧穴命名。

十二经脉的络脉在四肢肘膝关节以下本经络穴分出后，均走向其表里经脉；任脉的络脉从鸠尾分出后，散布于腹部；督脉络脉从长强分出后，散布于头部，左右别走足太阳经；脾之大络从大包分出，散布于胸胁。全身络脉中，十五络较大。络脉中浮行于浅表部位的称为“浮络”。络脉中最细小的分支称为“孙络”，遍布全身，难以计数。

十二经络脉加强了阴阳表里经之间的联系，任脉络脉沟通了腹部经气，督脉络脉沟通了背部经气，脾之大络沟通了侧胸部经气。浮络、孙络细小密布，其作用主要是输布气血以濡养全身组织。

## 四、十二经别

十二经别是十二正经离入出合的别行部分，是正经别行深入体腔的支脉。

十二经别多从四肢肘膝上下的正经离别，再深入胸腹，经别在进入胸腹后都与其经脉所属络的脏腑联系，然后均在头项部浅出体表。在头项部，阳经经别合于本经经脉，阴经经别合于相表里的阳经经脉，由此十二经别按阴阳表里关系会合成六组，故有“六合”之称。足太阳、足少阴经别，从腘部分出，入走肾与膀胱，上出于项，合于足太阳膀胱经；足少阳、足厥阴经别从下肢分出，行至毛际，入走肝胆，上系于目，合于足少阳胆经；足阳明、足太阴经别从髀部分出，入走脾胃，上出鼻頞，合于足阳明胃经；手太阳、手少阴经别从腋部分出，入走心与小肠，上出目内眦，合于手太阳小肠经；手少阳、手厥阴经别从所属正经分出，进入胸中，入走三焦，上出耳后，合于手少阳三焦经；手阳明、手太阴经别从所属正经分出，入走肺与大肠，上出缺盆，合于手阳明大肠经。

经别离、入、出、合的循行分布，加强了脏腑之间的联系，使十二经脉对人体各部分的联系更趋周密，扩大了经穴主治的范围。例如阴经经别在头项部合于与其相表里的阳经经脉，这样就加强了阴经经脉同头面部的联系，手足三阴经穴之所以能治头面、五官的疾病，是与阴经的经别同头面部有其内在的联系作用分不开的，如偏、正头痛，可取太渊、列缺治疗，牙痛、喉病，可取太溪、照海治疗等。

## 五、十二经筋

十二经筋是十二经脉之气结聚散络于筋肉关节的体系，是十二经脉的外周连属部分。

十二经筋的分布与十二经脉的体表通路基本一致，其循行均从四肢末端走向头身，行于体表，不入内脏，结聚于关节、骨骼部。足三阳经筋起于足趾，循股外上行结于頄（面部）；足三阴经筋起于足趾，循股内上行结于阴器（腹部）；手三阳经筋起于手指，循臑外上行结于角（头部）；手三阴经筋起于手指，循臑内上行结于贲（胸部）。各经筋在循行途中还在踝、腘、膝、股、腕、肘、臂、腋、肩、颈等关节或骨骼处结聚，特别是足厥阴经筋，除结于阴器，并能总络诸筋。

经筋的作用主要是约束骨骼、利于关节屈伸活动，以保持人体正常的运动功能，如《素问·痿论》所说：“宗筋主束骨而利机关也。”

## 六、十二皮部

十二皮部是十二经脉功能活动反映于体表的部位，也是络脉之气散布的所在。《素问·皮部论》说：“凡十二经络脉者，皮之部也。”

十二皮部的分布区域，是以十二经脉体表的分布范围为依据的。《素问·皮部论》指出："欲知皮部，以经脉为纪者，诸经皆然。"

由于皮部居于人体最外层，所以是机体的卫外屏障，起着保卫机体、抵御外邪和反映病候、协助诊断的作用。

上述十二经脉、奇经八脉、十五络、十二经别、十二经筋和十二皮部等共同组成经络系统，成为不可分割的整体。

# 第四节 经络的根结、标本与气街、四海

## 一、根结与标本

《灵枢·根结》指出，足六经的"根"在四肢末端井穴，"结"则在头、胸、腹的一定部位（表1-1）。窦汉卿《标幽赋》则进一步指出十二经脉的"四根"、"三结"，即十二经脉经以四肢为"根"，以头、胸、腹三部为"结"。

《灵枢·卫气》论述了十二经的标与本。大体上"本"在四肢，"标"在头面躯干，其范围较"根"、"结"为广（表1-2）。

**表1-1 足六经根结表**

| 经脉 | 根 | 结 |
|---|---|---|
| 阳明 | 厉兑 | 颃颡（鼻咽） |
| 少阳 | 窍阴 | 窗笼（耳） |
| 太阳 | 至阴 | 命门（目） |
| 太阴 | 隐白 | 太仓（胃） |
| 厥阴 | 大敦 | 玉英（玉堂）、膻中 |
| 少阴 | 涌泉 | 廉泉（舌下） |

**表1-2 十二经标本部位表**

| 经脉 | 本部 | 标部 |
|---|---|---|
| 足阳明 | 厉兑 | 颊、挟颃颡 |
| 足少阳 | 窍阴之间 | 窗笼（耳）之前 |
| 足太阳 | 跟以上5寸中 | 命门（目） |
| 足太阴 | 中封前上4寸中 | 背俞与舌本 |
| 足厥阴 | 行间上5寸所 | 背俞 |
| 足少阴 | 内踝下上3寸中 | 背俞与舌下两脉 |
| 手太阳 | 外踝之后 | 命门之上1寸 |
| 手少阳 | 小指次指之间上2寸 | 耳后上角、目外眦 |
| 手阳明 | 肘骨中上至别阳 | 颜下合钳上 |
| 手太阴 | 寸口之中 | 腋内动脉 |
| 手厥阴 | 掌后两筋之间2寸中 | 腋下3寸 |
| 手少阴 | 锐骨之端 | 背俞 |

十二经脉的“根”与“本”，“结”与“标”位置相近或相同，它们的意义也相似。根者、本者，部位在下，皆经气始生始发之地，为经气之所出；结者、标者，部位在上，皆为经气归结之所。

标本根结的理论强调了人体四肢的重要性。《灵枢·经脉》、《灵枢·逆顺肥瘦》、《灵枢·营气》等篇所阐述的十二经脉逐经循环传注的体系，使气血环流不息，营养全身，而标本根结理论不仅说明了人体四肢与头身的密切联系，而且强调四肢为经气的根与本。在临床上，针刺这些部位的腧穴易于激发经气、调节脏腑经络的功能，所以四肢肘膝关节以下的腧穴主治病证的范围较远较广，不仅能治局部病，而且能治远离腧穴部位的脏腑病、头面五官病等。

## 二、气街与四海

气街是指经气聚集通行的共同道路。《灵枢·卫气》说：“胸气有街，腹气有街，头气有街，胫气有街。”《灵枢·动输》又说：“四街者，气之径路也。”说明了胸、腹、头、胫部是经脉之气聚集通行的部位。

因十二经脉气血“皆上于面而走空窍”，故《灵枢·卫气》说：“气在头者，止之于脑。”十二经脉脏腑之气集聚于胸腹背脊等部位，故说：“气在胸者，止之膺与背俞；气在腹者，止之背俞，与冲脉于脐左右之动脉者。”下肢经脉的经气多汇集在少腹气街（气冲）部位，故说：“气在胫者，止之于气街。”

气街部位多为“结”与“标”的部位，基于这一理论，分布于头身的腧穴可以治疗局部和内脏疾患，部分腧穴又可治疗四肢病证。

《灵枢·海论》提出人身有四海：脑为脑海，膻中为气海，胃为水谷之海，冲脉为十二经之海，又称血海。

四海的部位与气街类似，髓海位于头部，气海位于胸部，水谷之海位于上腹部，血海位于下腹部。各部相互联系，主持全身气血津液。

脑部髓海，为神气的本源，脏腑、经络功能活动的主宰；胸部气海，宗气所聚之处，推动肺的呼吸和心血的运行；胃为水谷之海，是营气、卫气的化源；冲脉起于胞宫，伴足少阴经上行。《难经》称“脐下，肾间动气者”，为十二经之根本，是为原气。原气以三焦为通道分布全身，是人体生命活动的原动力。宗气、营气、卫气、原气共同构成人身的真气（正气），真气行于经络者称作“经气”或“脉气”，因此四海的理论进一步明确了经气的组成和来源。

# 第五节 经络的生理功能及经络学说在临床上的运用

## 一、经络的生理功能

### （一）联络脏腑、沟通肢窍

人体的五脏六腑、四肢百骸、五官九窍、皮肉筋骨等组织器官，虽各有不同的生理功能，但又共同进行着有机的整体活动，使机体的内外上下保持着协调统一，构成一个有机的整体。而这种相互联系、有机配合主要是依靠经络系统的联络沟通作用实现的。由于十二经脉及其分支纵横交错、入里出表、通上达下联系了脏腑器官，奇经八脉沟通于十二经之间，经筋皮部联结了肢体筋肉皮肤，从而使人体各脏腑组织器官有机地联系起来，如《灵枢·海论》说：“夫十二经脉者，内属于腑脏，外络于肢节。”

（二）运行气血、濡养周身

人体的各个脏腑组织器官均需要气血的温养濡润才能够发挥其正常作用。气血是人体生命活动的物质基础，必须依赖经络的传注才能输布周身，以温养濡润全身各脏腑组织器官，维持机体的正常功能。如营气的和调于五脏，洒陈于六腑，为五脏藏精、六腑传化的功能活动提供了物质条件。所以《灵枢·本脏》说：“经脉者，所以行血气而营阴阳，濡筋骨，利关节者也。”指明了经络具有运行气血、调节阴阳和濡养全身的作用。

（三）抗御外邪、保卫机体

由于经络能“行血气而营阴阳”，营气运行于脉中，卫气行于脉外，使营卫之气密布于周身，加强了机体的防御功能，起到了抗御外邪，保卫机体的作用。故《灵枢·本脏》说：“卫气和则分肉解利，皮肤调柔，腠理致密矣。”

## 二、经络学说的临床应用

（一）说明病理变化

在正虚邪乘的情况下，经络又是病邪传注的途径。当体表受到病邪侵袭时，可通过经络由表及里，由浅入深。如外邪侵袭肌表，初见发热、恶寒、头痛身痛等症，由于肺合皮毛，外邪循经内舍于肺，继而可见咳嗽、喘促、胸闷、胸痛等肺的病证。《素问·缪刺论》说：“夫邪之客于形也，必先舍于皮毛，留而不去，入舍于孙脉，留而不去，入舍于络脉，留而不去，入舍于经脉，内连五脏，散于肠胃。”指出了经络是外邪从皮毛腠理内传于脏腑的传变途径。此外，经络也是脏腑之间、脏腑与体表组织器官之间病变相互影响的渠道，例如，心移热于小肠，肝病影响到胃，胃病影响到脾等，这是脏腑病变通过经络传注而相互影响的结果。内脏病变又可通过经络反映到体表组织器官，如肝病胁痛，肾病腰痛，心火上炎可致舌部生疮，大肠、胃腑有热可致牙龈肿痛等，都说明经络是病邪传注的途径。

（二）指导辨证归经

由于经络有一定的循行部位和脏腑络属，它可以反映所属脏腑的病证，因而在临床上，就可以根据疾病所出现的症状，结合经络循行的部位及所联系的脏腑，作为辨证归经的依据。例如头痛，可根据经脉在头部的循行分布而辨别，其痛在前额者多与阳明经有关，痛在两侧者多与少阳经有关，痛在颈项者多与太阳经有关，痛在巅顶者多与厥阴经有关。又如胁肋与少腹是肝经所过，故两胁疼痛或少腹痛，多与肝经有关。此外，某些疾病的过程中常发现，在经络循行通路上或在经气聚集的某些穴位上，有明显的压痛、结节、条索状等反应物和皮肤形态变化、皮肤温度、电阻改变等，这些也有助于对疾病的诊断。如肠痈患者，有时在足阳明胃经的上巨虚出现压痛；长期消化不良的病人，有时可在脾俞见到异常变化。临床上采用循经诊察，经络电测定等方法检查有关经络、腧穴的变化，可作诊断参考。

（三）指导针灸治疗

针灸治病是通过刺灸腧穴，以疏通经气，恢复调节人体脏腑气血的功能，从而达到治病的目的。针灸选穴，一般是在明确辨证的基础上，除选用局部腧穴外，通常还需循经取穴，即某一经络或脏腑有病，可选用该经或该脏腑的所属经络或相应经脉的远部腧穴来治疗。《四总穴歌》所说“肚腹三里留，腰背委中求，头项寻列缺，面口合谷收”就是循经取穴的具体说明，临床应用非常广泛。例如，胃病循经远取足三里、梁丘；胁痛循经远取阳陵泉、太冲等。又如头痛，因前头痛与阳明经有关，可循经远取上肢的合谷穴、下肢的内庭穴治疗。此外，根据皮部与经络脏腑的密切联系，临床上用皮肤针叩刺皮肤，皮内针埋藏皮内来治疗脏腑经脉的病证；根据“菀陈则除之”的理论，又可通过刺络出血的方法来治疗一些常见病，如目赤肿痛刺太阳出血，咽喉肿痛刺少商出血，急性腰扭伤刺委中出血等；经筋的病候，多表现为拘挛、强直和抽搐等症，治疗多以局部取穴，所谓“以痛为输”。这些都是经络学说在针灸治疗方面的体现。

经络不仅在人体生理功能上有重要作用，而且是临床上说明病理变化，指导辨证归经和辨证治疗的重要理论依据，故《灵枢·经脉》说：“经脉者，所以能决死生，处百病，调虚实，不可不通。”

## 思维导图

- 经络总论
  - 经络概述
    - 经络与经络学说概念
    - 经络学说的科学内涵
    - 经络的现代研究概况
  - 经络学说的形成
    - 针灸等刺激的感应和传导的观察
    - 腧穴功效的总结
    - 体表病理现象的推理
    - 解剖、生理知识的启发
  - 经络系统的组成
    - 十二经脉
      - 十二经脉的命名
      - 十二经脉在体表分布的规律
      - 十二经脉表里属络关系
      - 十二经脉的循行走向与交接规律
      - 十二经脉气血的循环流注
    - 奇经八脉
    - 十五络脉
    - 十二经别
    - 十二经筋
    - 十二皮部
  - 经络的根结、标本与气街、四海
  - 经络的生理功能及经络学说在临床上的应用
    - 经络的生理功能
      - 联络脏腑、沟通肢窍
      - 运行气血、濡养周身
      - 抗御外邪、保卫机体
    - 经络学说的临床应用
      - 说明病理变化
      - 指导辨证归经
      - 指导针灸治疗

## 思考题

1. 试述十二经脉在四肢部的分布规律。
2. 试述十二经脉的循行走向及交接规律。
3. 试述十二经别、十二络脉的循行分布特点及其作用。
4. 试述奇经八脉的作用。
5. 举例说明经络学说的临床应用。

# 第二章　腧穴总论

腧穴是人体脏腑经络气血输注于体表的特殊部位。腧，又作“输”，或简作“俞”，有输注、转输的含义；穴，原义为“土室”，引申指孔隙、空窍、凹陷处。

腧穴的称谓在历代有所不同，在《内经》中称为“节”、“会”、“气穴”、“气府”、“骨空”等；在《针灸甲乙经》中称为“孔穴”；在《太平圣惠方》中称为“穴道”；在《铜人腧穴针灸图经》中通称“腧穴”；在《神灸经纶》中则称为“穴位”。“腧”、“输”、“俞”三者在古代通用，现在各有所指。腧穴，是对穴位的总称；输穴，是指特定穴五输穴中的输穴；俞穴，指特定穴中的背俞穴。

腧穴与脏腑经络的关系极其密切。《素问·气府论》将腧穴解释为“脉气所发”。《灵枢·九针十二原》曰：“节之交，三百六十五会……所言节者，神气之所游行出入也，非皮肉筋骨也。”《灵枢·小针解》进一步解释：“节之交三百六十五会者，络脉之渗灌诸节者也。”以上论述，均说明腧穴与经络气血密切相关。《素问·调经论》曰：“五脏之道，皆出于经隧，以行血气。”《灵枢·海论》曰：“夫十二经脉者，内属于腑脏，外络于肢节。”则说明腧穴不是孤立于体表的点，而是通过经络与体内脏腑组织器官有内在联系的特殊部位。经络腧穴与脏腑相关，内外相应，这样就使腧穴-经络-脏腑间相互联系，形成了通内达外的关系。因此，脏腑病证可以通过经络反映到体表腧穴，体表腧穴施以针灸，也能通过经络作用于脏腑。《灵枢·九针十二原》云“五脏有疾也，应出十二原，而原各有所出，明知其原，睹其应，而知五脏之害矣”，“五脏有疾，当取之十二原”，表明腧穴既是疾病的反应点，又是针灸的施术部位。

## 第一节　腧穴的分类和命名

### 一、腧穴的分类

腧穴可分为十四经穴、经外奇穴和阿是穴 3 类。

#### （一）十四经穴

十四经穴是指分布在十二经脉和任、督二脉上的腧穴，即归属于十四经的腧穴，简称“经穴”。经穴具有固定的名称和固定的位置，分布在十四经循行路线上，具有主治本经及相应脏腑病证的共同作用，是腧穴的主要组成部分。

关于经穴的数量，《内经》多处提到“三百六十五穴”之数，但实际载有穴名者约 160 穴；《针灸甲乙经》载349穴（《千金翼方》所载相同）；宋代《铜人腧穴针灸图经》及元代《十四经发挥》穴数有所增加，穴名数达354个；明代《针灸大成》载有359穴；至清代《针灸逢源》，经穴总数达361个。2006年颁布的中华人民共和国国家标准《腧穴名称与定位》（GB/T 12346—2006），将印堂归于督脉，经穴总数增至362个。

### （二）经外奇穴

经外奇穴是指既有一定的名称，又有明确的位置，但尚未列入或无法归入十四经的腧穴，简称“奇穴”。奇穴是在阿是穴的基础上发展起来的。这类腧穴的主治范围比较单一，多数对某些病证有特殊疗效。如百劳穴治瘰疬，四缝穴治小儿疳积等。

奇穴的分布较为分散，有的在十四经循行路线上；有的虽不在十四经循行路线上，但却与经络系统有着密切联系；有的并不是一个穴点，而是多个穴点的组合，如十宣、八邪、八风、夹脊等；有的虽名为奇穴，但实际上也是经穴，如胞门、子户，即是水道穴，四花即是双侧胆俞、膈俞穴。历代对奇穴的记载不详，有一些奇穴在发展过程中被归入经穴。

### （三）阿是穴

阿是穴，又称天应穴、不定穴、压痛点等，指既无固定名称，亦无固定位置，而是以压痛点或其他反应点作为针灸施术部位的一类腧穴。阿是穴多位于病变部位附近，也可在与病变距离较远处。阿是穴无固定数目。

“阿是”之名见于唐代《备急千金要方·灸例》：“有阿是之法，言人有病痛，即令捏（掐）其上，若里（果）当其处，不问孔穴，即得便快成（或）痛处，即云阿是，灸刺皆验，故曰阿是穴也。”因其没有固定的部位，故《扁鹊神应针灸玉龙经》称“不定穴”，《医学纲目》称“天应穴”。《灵枢·五邪》曰：“以手疾按之，快然，乃刺之。”《素问·缪刺论》曰：“疾按之应手如痛，刺之。”《素问·骨空论》曰：“切之坚痛，如筋者灸之。”则说明或痛，或快，或特殊反应处，都有阿是之意。

## 二、腧穴的命名

《素问·阴阳应象大论》曰：“气穴所发，各有处名。”《千金翼方·针灸下》载：“凡诸孔穴，名不徒设，皆有深意。”说明腧穴的名称都有一定的意义。古代医家以腧穴的所在部位及治疗作用为基础，结合自然现象、社会事物及医学理论，采用取类比象的方法进行命名。了解腧穴的命名，有助于熟悉、记忆腧穴的定位和治疗作用。

### （一）依天象地理命名

（1）日月星辰　如日月、上星、璇玑、华盖、太乙、太白、天枢等。
（2）山谷丘陵　如承山、合谷、大陵、梁丘、丘墟等。
（3）大小水流　如后溪、支沟、四渎、少海、尺泽、曲池、曲泉、经渠、太渊等。
（4）交通要冲　如气冲、水道、关冲、内关、风市等。

### （二）用人事物象命名

（1）动植物名　如鱼际、鸠尾、伏兔、犊鼻、攒竹、口禾髎等。
（2）建筑居处　如天井、玉堂、巨阙、曲垣、库房、府舍、天窗、地仓、梁门、紫宫、内庭、气户等。

（3）生活用具　如大杼、地机、颊车、阳辅、缺盆、天鼎、悬钟等。
（4）人事活动　如人迎、百会、归来等。

（三）从形态功能命名

（1）解剖部位　如颧髎、腕骨、完骨、大椎、乳根、曲骨等。
（2）脏腑功能　如背俞穴、神堂、魄户、魂门、意舍、志室等。
（3）阴阳五行　如三阴交、三阳络、阴陵泉、阳陵泉、少商、商阳等。
（4）治疗作用　如听会、迎香、气海、血海、睛明、光明、水分、哑门等。

世界卫生组织颁布的《针灸穴名国际标准》（90/8579-Atar-8000 A proposed standard international acupuncture nomenclature）则是采用经脉名称缩写与腧穴序号来命名经穴的。

# 第二节　腧穴的主治特点和主治规律

## 一、腧穴的主治特点

腧穴因其所处部位、归属经脉和特定穴类别的不同，其主治作用也不尽相同。但其主治作用有一定规律，归纳起来有以下 3 个方面：近治作用、远治作用和特殊作用。

（一）近治作用

近治作用，是指腧穴都能治疗其所在部位及邻近脏腑、组织、器官的病证。这是所有腧穴主治作用所具有的共同特点，即“腧穴所在，主治所在”。如眼区的睛明、承泣、四白等穴，均能治疗眼病；胃脘部的中脘、建里、梁门等穴，均能治疗胃病；阿是穴可以治疗所在部位局部的病证等。

（二）远治作用

远治作用，是指某些腧穴不仅能治疗局部病证，而且能治疗本经循行所及的远隔部位的脏腑、组织、器官的病证。即“经脉所通，主治所及”。具有远治作用的腧穴，主要位于十二经脉四肢肘、膝关节以下，越是远端穴，治疗范围越广。如合谷穴，不仅能治上肢病证，还能治颈部和头面部病证等；足三里不仅能治疗下肢痿痹，还能治疗胃痛。

（三）特殊作用

特殊作用，是指某些腧穴具有双向良性调整作用和相对特异的治疗作用。腧穴的双向良性调整作用，是指同一腧穴对机体的不同病理状态，可以起到两种相反而有效的治疗作用。如泄泻时针刺天枢能止泻，便秘时针刺则能通便；心动过速时针刺内关能减慢心率，心动过缓时针刺则可加快心率。此外，部分腧穴的治疗作用还有相对的特异性，如大椎退热、至阴纠正胎位。

## 二、腧穴的主治规律

腧穴（尤其是十四经穴）的主治具有一定的规律性，主要是分经主治和分部主治两大规律。大体上，四肢部经穴以分经主治为主，头身部经穴以分部主治为主。

### （一）分经主治规律

分经主治规律即某一经脉所属的经穴均可治疗该经循行部位及其相应脏腑的病证。古代医家在论述针灸治疗时，往往只选取有关经脉而不列举具体穴名，即所谓“定经不定穴”。如《灵枢·杂病》记载：“齿痛，不恶清饮，取足阳明；恶清饮，取手阳明。”实践证明，同一经脉的不同经穴，可以治疗本经相同病证，如手太阴肺经的尺泽、孔最、列缺、鱼际，均可治疗咳嗽、气喘等肺系疾患。根据腧穴的分经主治规律，后世医家在针灸治疗上也有“宁失其穴，勿失其经”之说。

另外，手三阳、手三阴、足三阳、足三阴、任脉和督脉经穴既具有各自的分经主治规律，同时又在某些主治上有共同点。如任脉穴有回阳、固脱及强壮作用，督脉穴可治疗中风、昏迷、热病、头面病；而二经穴均可治疗神志病、脏腑病、妇科病。总之，十四经腧穴的分经主治既各具特点，又具有某些共性，归纳如表 2-1～表 2-5。

**表 2-1　手三阴经腧穴主治规律**

| 经名 | 本经主治 | 二经相同主治 | 三经相同主治 |
|---|---|---|---|
| 手太阴经 | 肺、喉病 | | |
| 手厥阴经 | 心、胃病 | 神志病 | 胸部病 |
| 手少阴经 | 心病 | | |

**表 2-2　手三阳经腧穴主治规律**

| 经名 | 本经主治 | 二经相同主治 | 三经相同主治 |
|---|---|---|---|
| 手阳明经 | 前头、鼻、口齿病 | | |
| 手少阳经 | 侧头、胁肋病 | 耳病 | 眼病、咽喉病、热病 |
| 手太阳经 | 后头、肩胛病，神志病 | | |

**表 2-3　足三阳经腧穴主治规律**

| 经名 | 本经主治 | 二经相同主治 | 三经相同主治 |
|---|---|---|---|
| 足阳明经 | 前头、口齿、咽喉病，胃肠病 | | |
| 足少阳经 | 侧头、耳、项、胁肋病，胆病 | 眼病 | 神志病、热病 |
| 足太阳经 | 后头、项、背腰病，肛肠病 | | |

**表 2-4 足三阴经腧穴主治规律**

| 经名 | 本经主治 | 二经相同主治 | 三经相同主治 |
|---|---|---|---|
| 足太阴经 | 脾胃病 | | 腹部病、妇科病 |
| 足厥阴经 | 肝病 | 前阴病 | |
| 足少阴经 | 肾、肺、咽喉病 | | |

**表 2-5 任脉、督脉腧穴主治规律**

| 经名 | 本经主治 | 二经相同主治 |
|---|---|---|
| 任脉 | 中风脱证、虚寒、下焦病 | 神志病、脏腑病、妇科病 |
| 督脉 | 中风、昏迷、热病、头面部病 | |

## （二）分部主治规律

分部主治规律，是指处于身体某一部位的腧穴均可治疗该部位的病证及某类病证。由于每一条经脉所属的腧穴分布位置不同，其主治作用的范围也有差异。临床实践证明，腧穴的主治作用与腧穴的部位密切相关。如位于头面、颈项部的腧穴，以治疗头面五官及颈项部病证为主，后头区及项区穴又可治疗神志病等。各部经穴主治规律见表 2-6、表 2-7 和图 2-1～图 2-6。

**表 2-6 头面颈项部经穴主治规律**

| 分部 | 主治 |
|---|---|
| 前头、侧头区 | 眼、鼻、前头及侧头部病 |
| 后头区 | 神志、头部病 |
| 项区 | 神志、咽喉、眼、头项病 |
| 眼区 | 眼病 |
| 鼻区 | 鼻病 |
| 面颊区 | 颊、齿、口唇病 |
| 颈区 | 舌、咽喉、气管、颈部病 |

**表 2-7 胸腹背腰部经穴主治规律**

| 前 | 后 | 主治 |
|---|---|---|
| 胸膺部 | 上背部 | 肺、心病（上焦病） |
| 胁腹部 | 下背部 | 肝、胆、脾、胃病（中焦病） |
| 少腹部 | 腰尻部 | 前后阴、肾、肠、膀胱病（下焦病） |

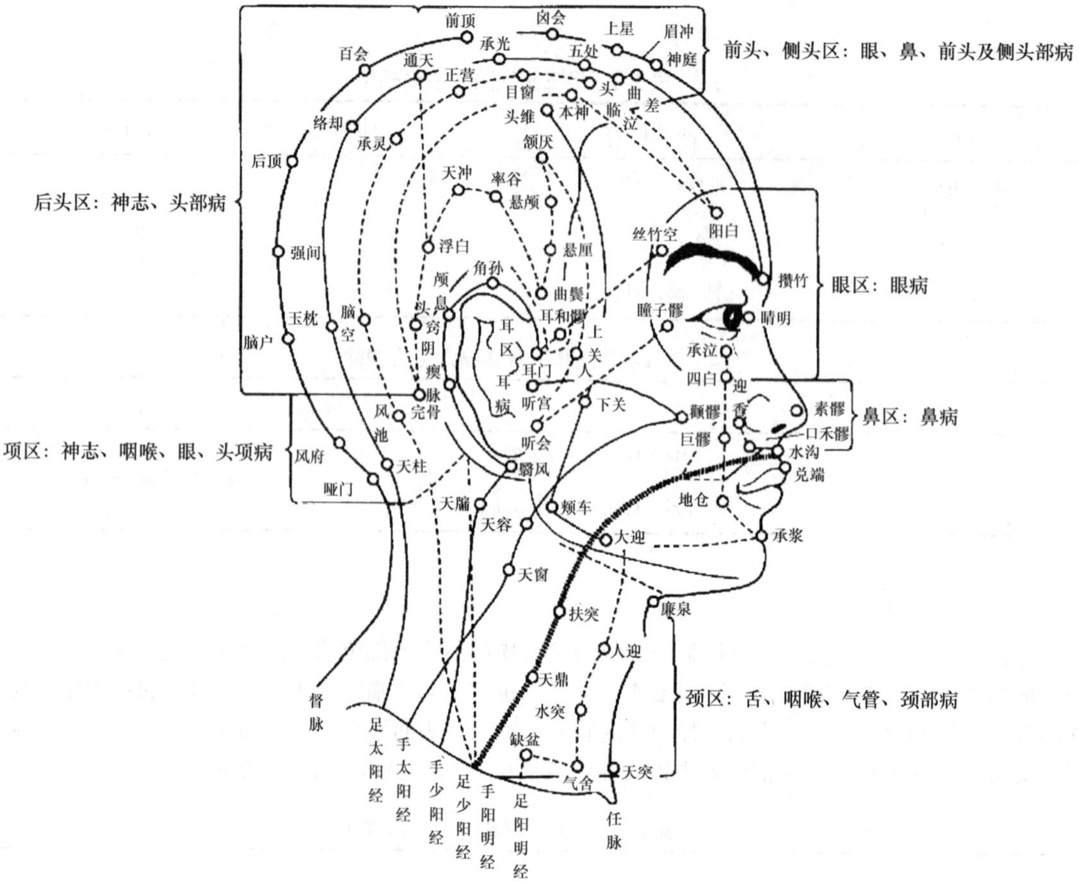


图 2-1 经穴分部主治图（头面颈项部）

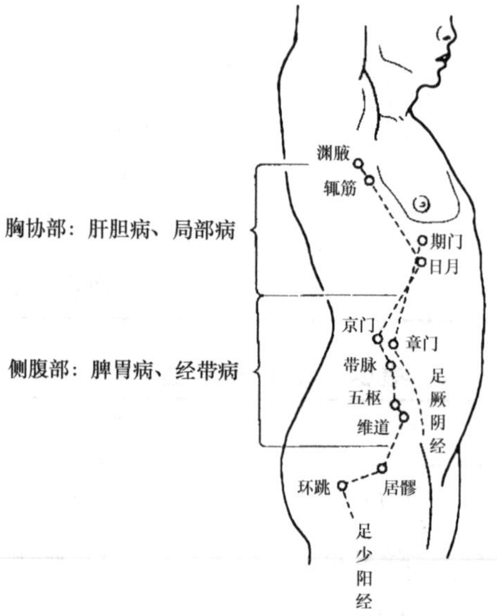


图 2-2 经穴分部主治图（腋胁侧腹部）

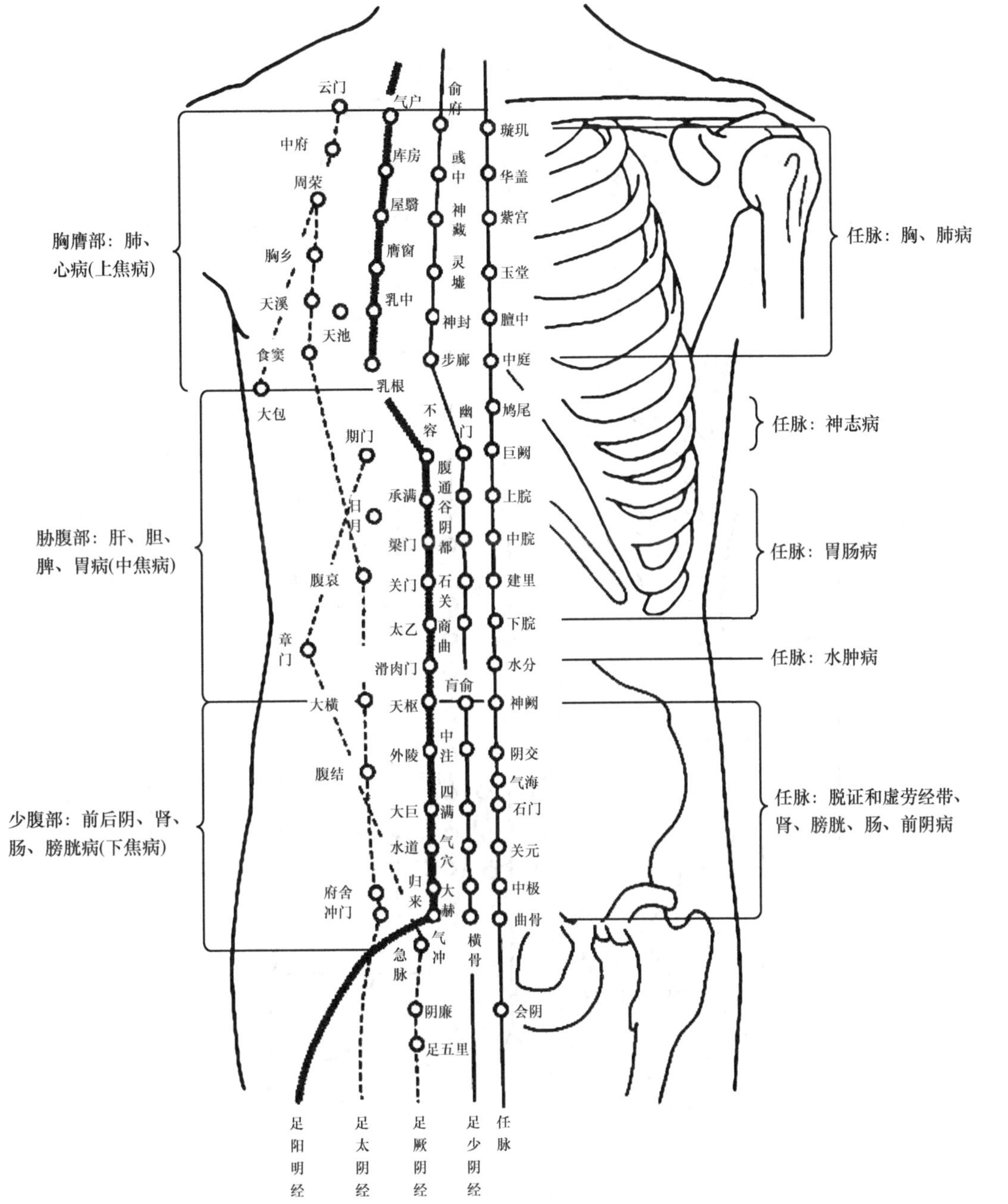


图 2-3 经穴分部主治图（胸胁腹部）

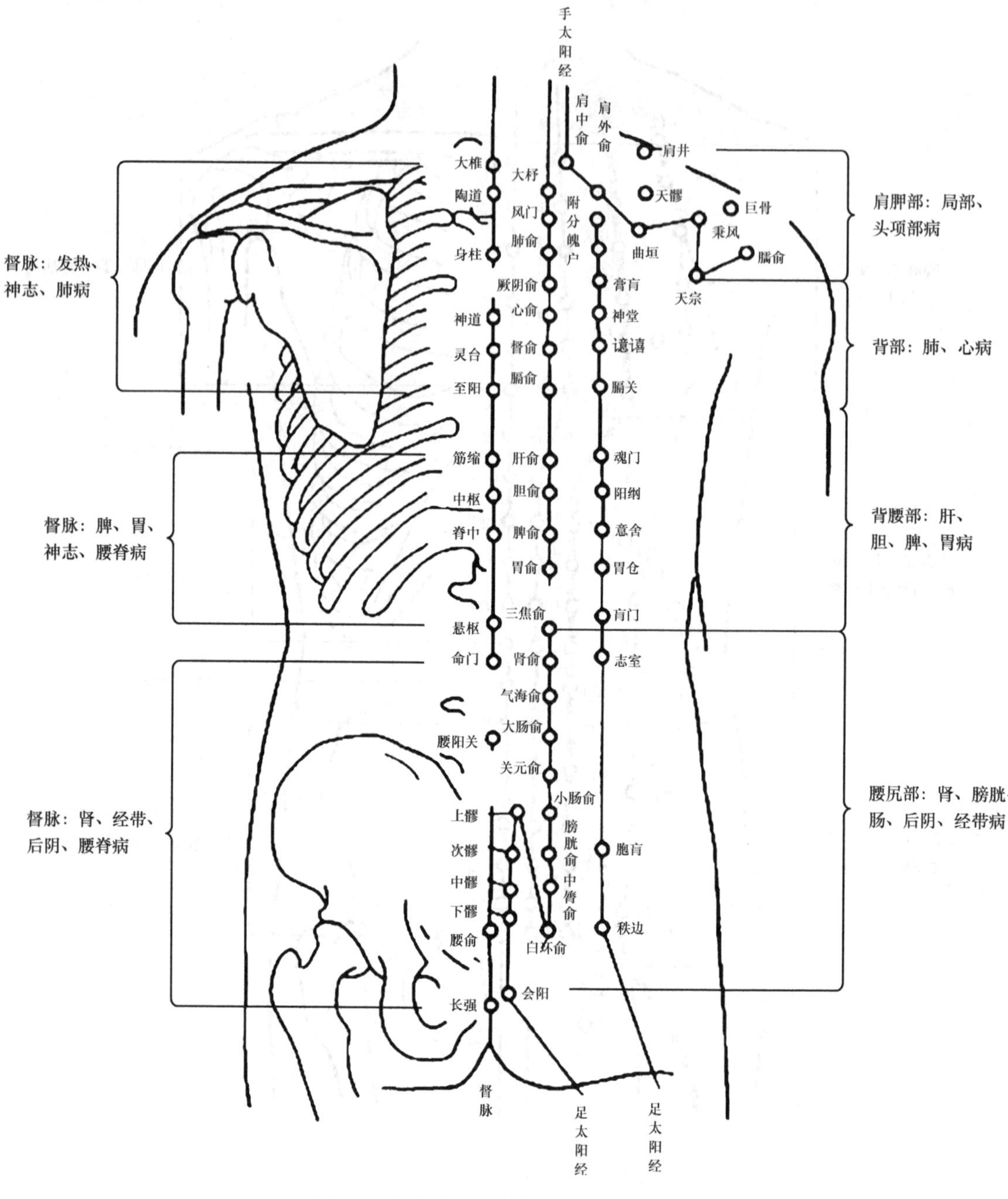


图 2-4 经穴分部主治图（肩背腰骶部）

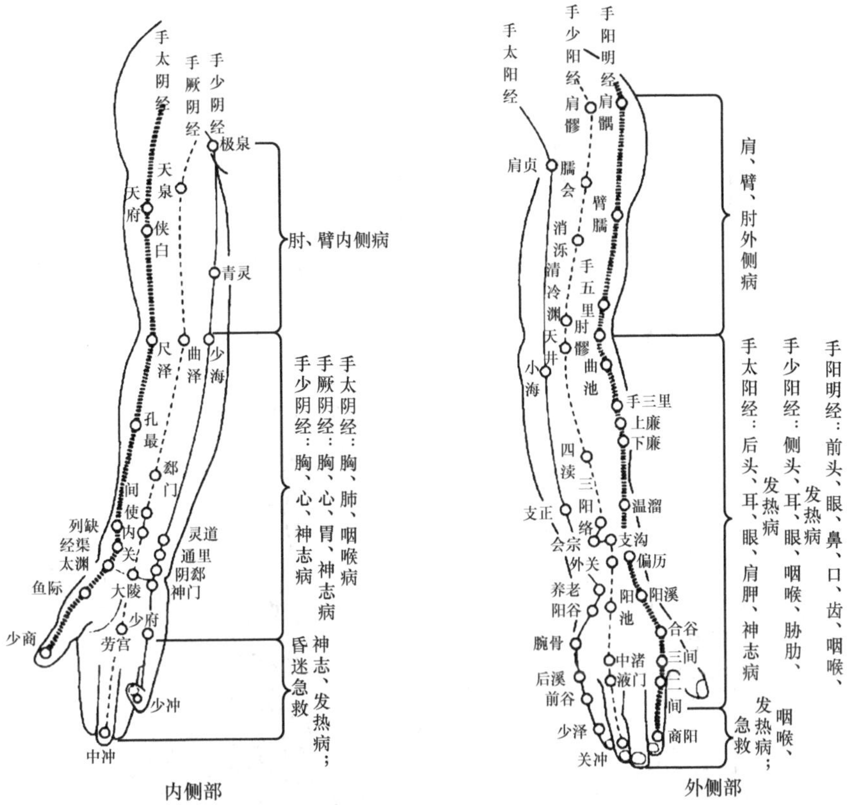


图 2-5 经穴分部主治图（上肢部）

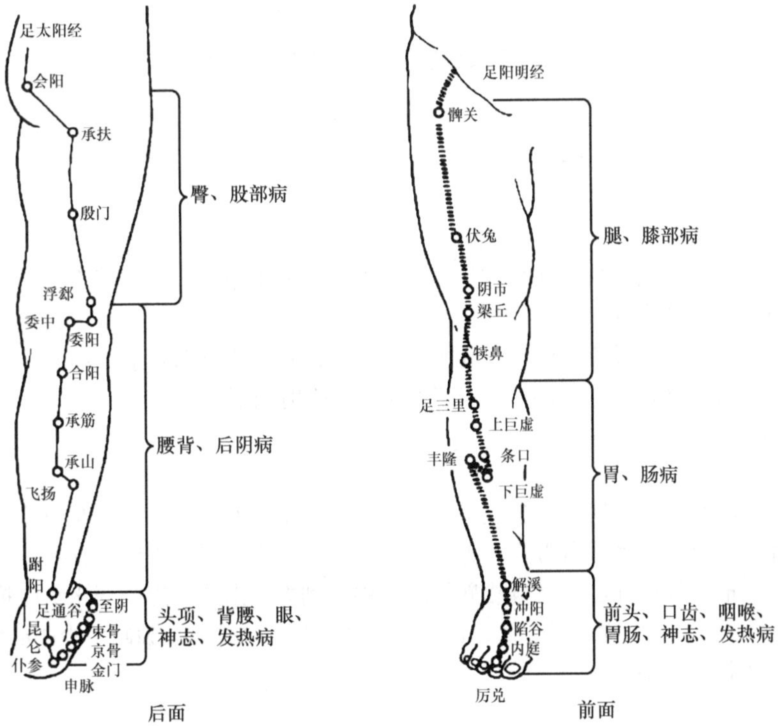

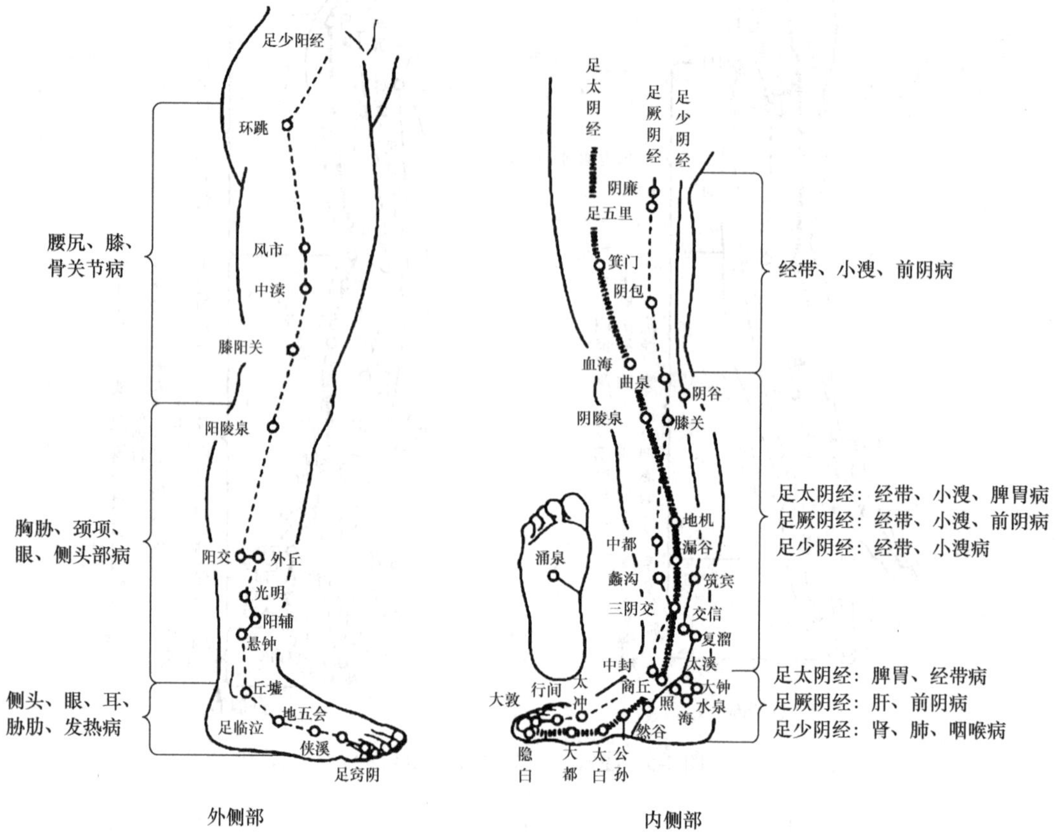


图 2-6 经穴分部主治图（下肢部）

# 第三节 特 定 穴

特定穴是指在十四经中具有特殊治疗作用，并有特定名称的腧穴。根据其不同的分布特点、含义和治疗作用，特定穴可分为 10 类。其中，五输穴、原穴、络穴、郄穴、八脉交会穴、下合穴分布在四肢肘、膝以下；募穴、背俞穴分布在胸腹、背腰部；八会穴分布在躯干和四肢，交会穴分布于全身。特定穴主治规律强，应用范围广，有着极其重要的临床意义。

## 一、五输穴

五输穴是指十二经脉分布在肘膝关节以下，被称为井、荥、输、经、合的 5 个腧穴。五输穴首见于《灵枢·九针十二原》：“所出为井，所溜为荥，所注为输，所行为经，所入为合。”古人采用取类比象的方法，把经气运行过程用自然界的水流由小到大，由浅入深的变化来比拟形容。《灵枢·本输》详细记载了各经井、荥、输、经、合各穴的名称和具体位置，独缺手少阴心经的五输穴，至《针灸甲乙经》才补充完备。

五输穴按井、荥、输、经、合的顺序，从四肢末端向肘、膝方向依次排列。井穴是经气所出的部位，如水之源头，多位于手足之端，即“所出为井”。荥穴是经气流行的部位，如水流尚微，萦迂未成大流，多位于掌指或跖趾关节之前，即“所溜为荥”。输穴，是经气渐盛，由此注彼的部位，如水流由小而大，由浅注深，多位于掌指或跖趾关节之后，即“所注为输”。经穴是经气正盛运行经过的部位，如水流变大，畅通无阻，多位于腕踝关节以上，即“所行为经”。合穴是经气由此深入，进而会合于脏腑的部位，如溪流河水最后汇入大江大海，位于肘膝关节附近，即“所入为合”。

## 二、原穴、络穴

原穴是指脏腑原气输注、经过和留止于十二经脉四肢部的腧穴，又称“十二原”。“原”指本原、原气之意，是人体生命活动的原动力。十二经脉在腕、踝关节附近各有一个原穴。原穴名称首载于《灵枢·九针十二原》。阴经的原穴与五输穴中的输穴为同一穴，所谓“阴经之输并于原”（《类经图翼》），或称作“以输为原”。《难经·六十二难》指出：“三焦行诸阳，故置一输名曰原。”认为三焦散布原气运行于外部，阳经的脉气较阴经盛长，阳经在输穴之外，还另有一个原穴。

络穴是指络脉从本经别出部位的腧穴。“络”，有联络的意思。络穴名称首载于《灵枢·经脉》。十二经在肘膝关节以下各有一络穴，加上位于上腹部任脉的络穴鸠尾、尾骶部督脉的络穴长强和胸胁部的脾之大络大包，合称“十五络穴”。

## 三、背俞穴、募穴

背俞穴是指脏腑之气输注于背腰部的腧穴，又称为“俞穴”。“俞”，有输注、转输之意。背俞穴的名称首见于《灵枢·背腧》。背俞穴分布于背腰部膀胱经第 1 侧线上，大体依脏腑所处位置的高低而上下排列。六脏（含心包）六腑各有一相应的背俞穴，共 12 个，依据脏腑的名称来命名。

募穴是指脏腑之气结聚于胸腹部的腧穴，又称为“腹募穴”。“募”，有聚集、汇合之意。募穴的名称首见于《素问·奇病论》。募穴分布在胸腹部相关经脉上，均位于相应脏腑的附近。六脏六腑各有一相应的募穴，共 12 个。

## 四、八会穴

八会穴是指脏、腑、气、血、筋、脉、骨、髓精气所会聚的 8 个腧穴。“会”，是聚会的意思。八会穴首载于《难经·四十五难》。八会穴分布在躯干部和四肢部，其中脏、腑、气、血、骨之会穴位于躯干部，筋、脉、髓之会穴位于四肢部。

## 五、郄穴

郄穴是指十二经脉和奇经八脉中的阴维脉、阳维脉、阴跷脉、阳跷脉经气深聚的部位。“郄”，有空隙、间隙的意思，其名称和位置首载于《针灸甲乙经》。郄穴大多分布于四肢肘膝关节以下，共有 16 个。

## 六、下合穴

下合穴是指六腑之气下合于下肢足三阳经的 6 个腧穴，又称“六腑下合穴”。下合穴首见于《灵枢·邪气脏腑病形》。其中胃、胆、膀胱的下合穴，与本经五输穴中的合穴为同一穴位；大肠、小肠的下合穴位于胃经，三焦的下合穴位于膀胱经。6 个穴位都分布在足三阳经膝关节附近及以下部位。

### 七、八脉交会穴

八脉交会穴是指奇经八脉与十二经脉之气相通的 8 个腧穴，原称“交经八穴”“流注八穴”“八脉八穴”。首见于窦汉卿《针经指南》。八脉交会穴均分布于腕踝关节附近。

### 八、交会穴

交会穴是指两经或数经相交会合的腧穴。其记载始见于《针灸甲乙经》。交会穴多分布于头面、躯干部。历代文献对交会穴的记载略有不同，但绝大部分内容出自《针灸甲乙经》。

## 第四节　腧穴定位法

腧穴定位法是指确定腧穴位置的基本方法，又称“取穴法”。准确定位腧穴与针灸临床疗效关系密切。常用的定位方法有体表解剖标志定位法、骨度分寸定位法、手指同身寸定位法和简便取穴定位法。

### 一、体表解剖标志定位法

体表解剖标志定位法，是以人体的各种体表解剖标志为依据来确定腧穴位置的方法，又称“自然标志定位法”。体表标志，主要指分布于全身体表的骨性标志和肌性标志，可分为固定标志和活动标志两种。

#### （一）固定标志

固定标志，是指各部位由骨节、肌肉所形成的突起、凹陷，以及五官轮廓、发际、爪甲、乳头、肚脐等，是自然姿势下可见的标志，可以借助这些标志确定腧穴的位置。如：鼻尖取素髎，两眉中间取印堂，两乳中间取膻中，脐旁 2 寸取天枢，腓骨小头前下方凹陷中取阳陵泉，俯首显示最高的第 7 颈椎棘突下取大椎等。此外，背腰部穴的取穴标志有：肩胛冈平第 3 胸椎棘突，肩胛骨下角平第 7 胸椎棘突，髂嵴最高点平第 4 腰椎棘突等。

#### （二）活动标志

活动标志，是指各部位的关节、肌肉、肌腱、皮肤随着活动而出现空隙、凹陷、皱纹、尖端等，是在活动姿势下才会出现的标志，据此可确定腧穴的位置。如：微张口，耳屏正中前缘凹陷中取听宫；屈肘，于横纹头处取曲池；外展上臂时，肩峰前下方的凹陷中取肩髃；拇指翘起，当拇长、短伸肌腱之间的凹陷中取阳溪等。

人体的体表解剖标志，尤其是骨性标志的位置比较恒定，应用体表标志取穴法准确性最高，是确定腧穴位置的主要依据。但此法临床应用有一定的局限性，因为只有部分腧穴分布于体表标志处。

### 二、骨度分寸定位法

骨度分寸定位法，是指以患者体表骨节为主要标志测量周身各部的长度和宽度，定出分寸，用于腧穴定位的方法，古称“骨度法”。杨上善说：“以此为定，分立经脉长短并取空穴。”折量分寸是以患者本人的身材为依据的。《灵枢·骨度》所测量的人体高度为7尺5寸，其横度（两臂外展，两手平伸，以中指端为准）也是7尺5寸。取用时，将设定的骨节两端之间的长度折成为一定的等份，每一等份为1寸。不论男女老幼、高矮胖瘦，一概以此标准折量作为量取腧穴的依据。常用全身各部骨度折量寸如下（表2-8、图2-7、图2-8）。

**表2-8 常用骨度折量寸表**

| 部位 | 起止点 | 折量寸 | 度量法 | 说明 |
|---|---|---|---|---|
| 头面部 | 前发际正中至后发际正中 | 12 | 直寸 | 用于确定头部腧穴的纵向距离 |
| | 眉间（印堂）至前发际正中 | 3 | 直寸 | 用于确定前头部腧穴的纵向距离 |
| | 两额角发际（头维）之间 | 9 | 横寸 | 用于确定头前部腧穴的横向距离 |
| | 耳后两乳突（完骨）之间 | 9 | 横寸 | 用于确定头后部腧穴的横向距离 |
| 胸腹胁部 | 胸骨上窝（天突）至剑胸结合中点（歧骨） | 9 | 直寸 | 用于确定胸部任脉穴的纵向距离 |
| | 剑胸结合中点（歧骨）至脐中 | 8 | 直寸 | 用于确定上腹部腧穴的纵向距离 |
| | 脐中至耻骨联合上缘（曲骨） | 5 | 直寸 | 用于确定下腹部腧穴的纵向距离 |
| | 腋窝顶点至第11肋游离端（章门） | 12 | 直寸 | 用于确定胁肋部腧穴的纵向距离 |
| | 两肩胛骨喙突内侧缘之间 | 12 | 横寸 | 用于确定胸部腧穴的横向距离 |
| | 两乳头之间 | 8 | 横寸 | 用于确定胸腹部腧穴的横向距离 |
| 背腰部 | 肩胛骨内侧缘至后正中线 | 3 | 横寸 | 用于确定背腰部腧穴的横向距离 |
| 上肢部 | 腋前、后纹头至肘横纹（平尺骨鹰嘴） | 9 | 直寸 | 用于确定上臂部腧穴的纵向距离 |
| | 肘横纹（平尺骨鹰嘴）至腕掌（背）侧远端横纹 | 12 | 直寸 | 用于确定前臂部腧穴的纵向距离 |
| 下肢部 | 耻骨联合上缘至髌底 | 18 | 直寸 | 用于确定大腿部腧穴的纵向距离 |
| | 髌底至髌尖 | 2 | 直寸 | |
| | 髌尖（膝中）至内踝尖 | 15 | 直寸 | 用于确定小腿内侧部腧穴的纵向距离 |
| | 胫骨内侧髁下方（阴陵泉）至内踝尖 | 13 | 直寸 | 用于确定小腿内侧部腧穴的纵向距离 |
| | 股骨大转子至腘横纹（平髌尖） | 19 | 直寸 | 用于确定大腿部前外侧部腧穴的纵向距离 |
| | 臀沟至腘横纹 | 14 | 直寸 | 用于确定大腿后部腧穴的纵向距离 |
| | 腘横纹（平髌尖）至外踝尖 | 16 | 直寸 | 用于确定小腿外侧部腧穴的纵向距离 |
| | 内踝尖至足底 | 3 | 直寸 | 用于确定足内侧部腧穴的纵向距离 |

骨度分寸定位法通常是以体表标志为基准，测量全身各部的长度或宽度，适用穴位多，准确性高，并可补充体表标志定位法的局限性。

## 三、手指同身寸定位法

手指同身寸定位法，是指以患者本人的手指所规定的尺寸来定取穴位的定位方法，又称“手指比量法”、“指寸法”。常用的有中指同身寸、拇指同身寸和横指同身寸3种。

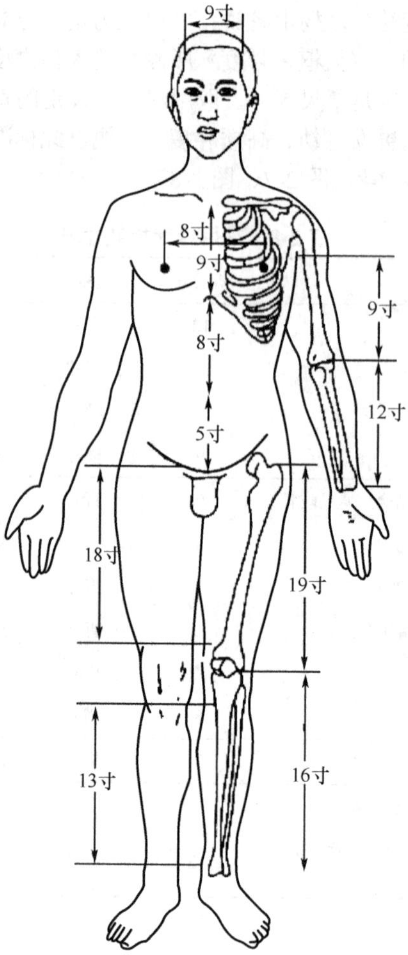

图 2-7 骨度折量寸图（正面）

（一）中指同身寸

以患者拇指中指屈曲成环形时，中指中节桡侧两端纹头之间的距离为 1 寸（图 2-9）。

（二）拇指同身寸

以患者拇指指间关节之宽度为 1 寸（图 2-10）。

（三）横指同身寸

令患者第 2～5 指并拢，以中指中节横纹为准，其 4 指的宽度作为 3 寸（图 2-11），四指相并名曰“一夫”，故又称“一夫法”。

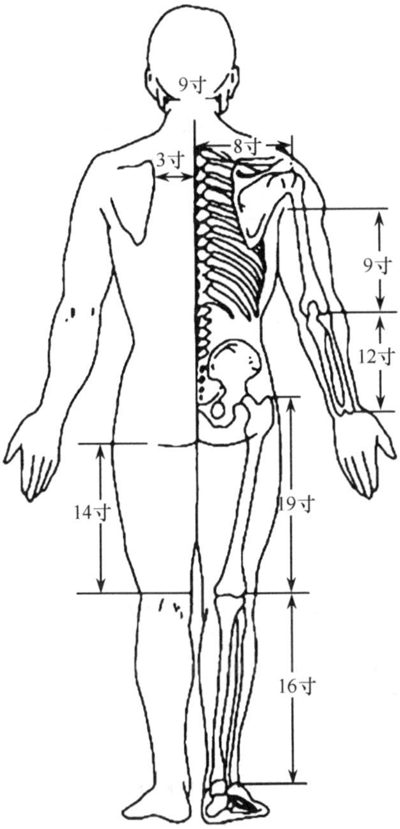


图 2-8 骨度折量寸图（背面）

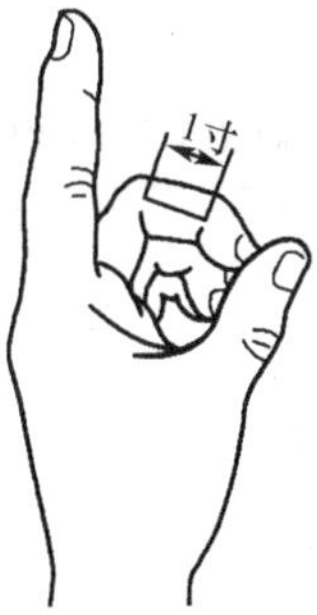


图 2-9 中指同身寸

图 2-10 拇指同身寸

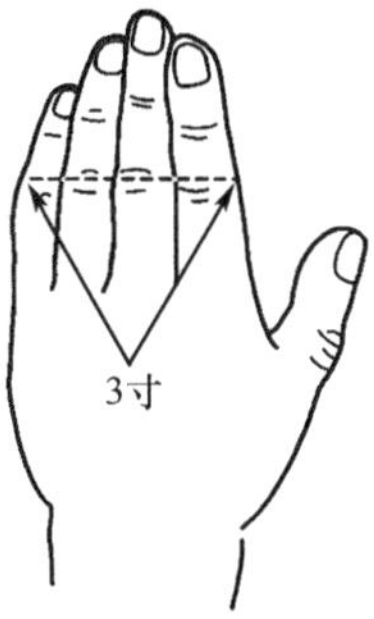


图 2-11 横指同身寸（一夫法）

## 四、简便取穴定位法

简便取穴法是一种简便易行的腧穴定位方法。如：两手伸开，虎口自然平直交叉，一手食指压在另一手腕后高骨上方，当食指端处取列缺；半握拳，当中指端所指处取劳宫；立正姿势，两手自然下垂，于中指端处取风市；垂肩屈肘，于平肘尖处取章门；两耳尖连线中点取百会等。简便取穴法是一种辅助取穴方法。

以上四种腧穴定位方法在应用时可互相结合，主要采用体表解剖标志定位法、骨度分寸定位法，少数腧穴配合使用手指同身寸定位法、简便取穴定位法。

## 思维导图

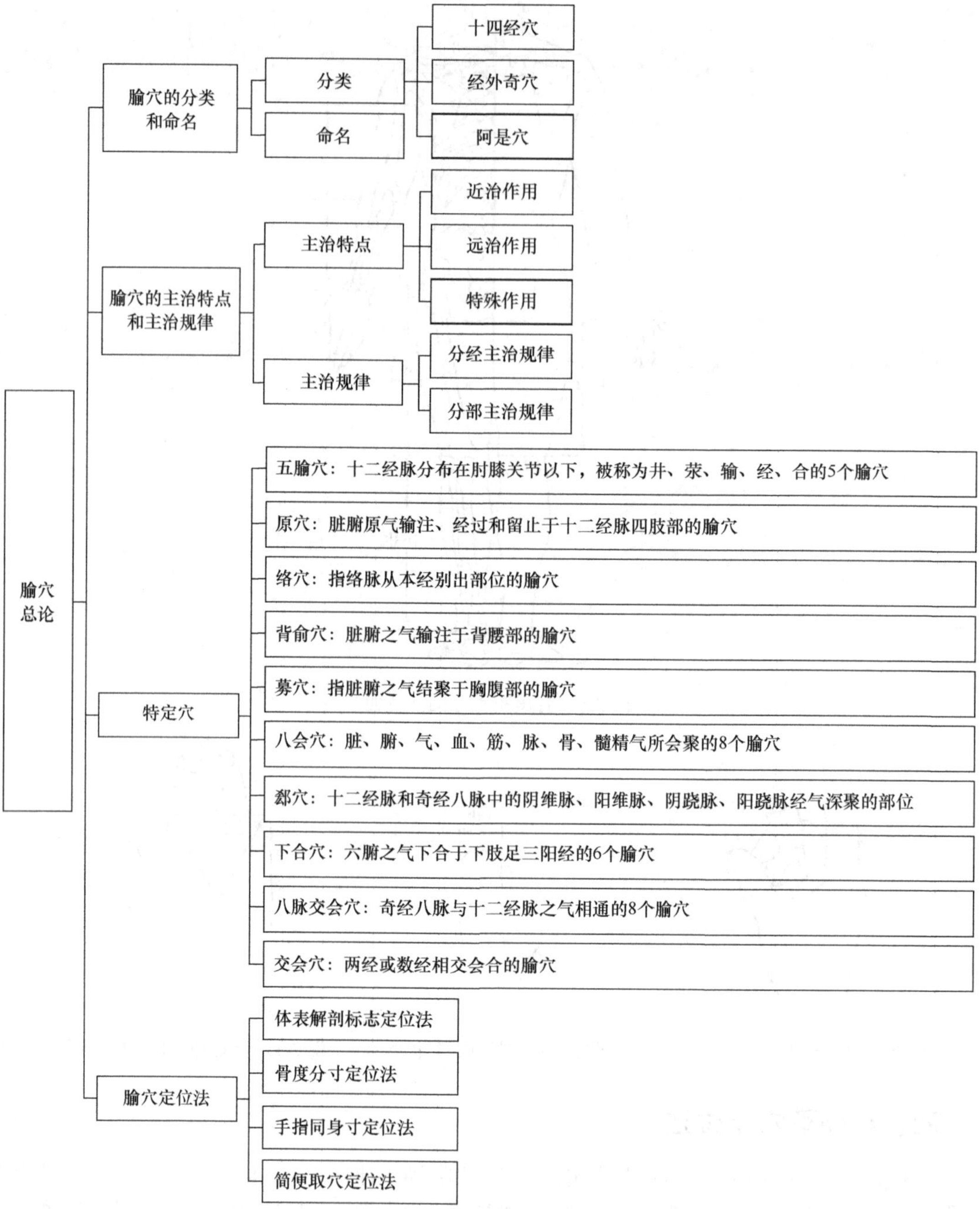


## 思考题

1. 腧穴分为哪几类？各有何特点？
2. 试述腧穴的主治特点。并举例说明。
3. 什么是腧穴的分经主治规律？试述十四经穴分经主治规律。
4. 何为特定穴？简述各类特定穴的概念及分布特点。
5. 什么是骨度分寸定位法？画图标注人体各部的骨度分寸。

# 第三章　经络腧穴各论

## 第一节　手太阴经络及其腧穴

### 一、手太阴经络

#### （一）经脉循行及主要病候

手太阴肺经，起于中焦，向下联络大肠，再返回，沿胃上口，穿过横膈，入属于肺。从肺系（气管喉咙部）向外横行至腋窝下，沿上臂内侧下行，循行于手少阴经与手厥阴经之前，下至肘中，沿着前臂内侧桡骨的尺侧缘下行，经寸口动脉搏动处，行至大鱼际，再沿大鱼际桡侧缘循行直达拇指末端。其支脉，从手腕后分出，沿着食指的桡侧直达食指末端（图3-1）。

主要病候：咳嗽，气喘，少气不足以息，咯血，伤风，胸部胀满，咽喉肿痛，缺盆部和手臂内侧前缘痛，肩背部寒冷、疼痛等。

《灵枢·经脉》：肺手太阴之脉，起于中焦，下络大肠，还循胃口[1]，上膈属肺。从肺系[2]，横出腋下，下循臑内，行少阴、心主之前，下肘中，循臂内上骨[3]下廉，入寸口，上鱼，循鱼际，出大指之端。其支者：从腕后，直出次指内廉，出其端。

是动则病：肺胀满，膨膨而喘咳，缺盆中痛，甚则交两手而瞀，此为臂厥。是主肺所生病者[4]：咳，上气，喘渴，烦心，胸满，臑臂内前廉痛厥，掌中热。气盛有余，则肩背痛，风寒汗出中风，小便数而欠；气虚则肩背痛，寒，少气不足以息，溺色变。

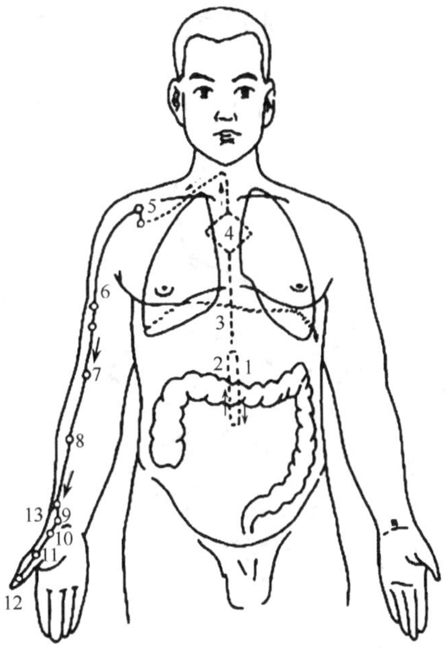


图3-1　手太阴肺经循行示意图

1. 起于中焦，下络大肠；2. 还循胃口；3. 上膈；4. 属肺；5. 从肺系横出腋下；6. 下循臑内，行少阴、心主之前；7. 下肘中；8. 循臂内上骨下廉；9. 入寸口；10. 上鱼；11. 循鱼际；12. 出大指之端；13. 其支者，从腕后直出次指内廉，出其端

【注释】[1] 胃口：指胃之上口，贲门部。[2] 肺系：肺及其相联系的组织器官。[3] 上骨：指桡骨。

[4] 是主肺所生病：马王堆帛书《阴阳十一脉灸经》、张家山汉简《脉书》均作“其所产病”，指此经脉循行部位所出现的病证。各经仿此。

（二）络脉循行及主要病候

《灵枢·经脉》：手太阴之别，名曰列缺，起于腕上分间，并太阴之经，直入掌中，散入于鱼际。其病，实则手锐掌热；虚则欠故，小便遗数。取之去腕半寸，别走阳明也。

（三）经别循行

《灵枢·经别》：手太阴之正，别入渊腋少阴之前，入走肺，散之太阳，上出缺盆，循喉咙，复合阳明。此六合也。

（四）经筋循行及主要病候

《灵枢·经筋》：手太阴之筋，起于大指之上，循指上行，结于鱼后，行寸口外侧，上循臂，结肘中，上臑内廉，入腋下，出缺盆，结肩前髃，上结缺盆，下结胸里，散贯贲，合贲下，抵季胁。其病，当所过者支转筋痛，甚成息贲，胁急，吐血。

（五）主治概要

（1）肺系病证　咳嗽，气喘，咽喉肿痛，咯血，胸痛等。
（2）经脉循行部位的其他病证　肩背痛，肘臂挛痛，手腕痛等。

## 二、手太阴肺经腧穴（11 穴）

（一）中府*（Zhōngfǔ，LU1）肺之募穴

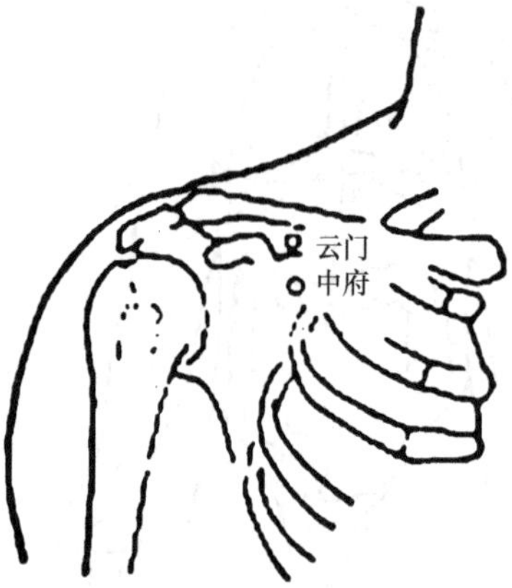

图 3-2　中府、云门

【定位】在胸部，横平第 1 肋间隙，锁骨下窝外侧，前正中线旁开 6 寸（图 3-2）。

【解剖】皮肤→皮下组织→胸大肌→胸小肌→胸腔。浅层布有锁骨上中间神经、第 1 肋间神经外侧皮支、头静脉等。深层有胸肩峰动、静脉和胸内、外侧神经。

【主治】①咳嗽、气喘、胸满痛等胸肺病证；②肩背痛；③乳痈。

【操作】向外斜刺或平刺 0.5～0.8 寸，不可向内深刺，以免伤及脏器。

（二）云门（Yúnmén，LU2）

【定位】在胸部，锁骨下窝凹陷处，肩胛骨喙突内缘，前正中线旁开 6 寸（图 3-2）。

【解剖】皮肤→皮下组织→三角肌→锁胸筋膜→喙锁韧带。浅层布有锁骨上中间神经、头静脉。深层有胸肩峰动、静脉支和胸内、外侧神经的分支。

【主治】①咳嗽、气喘、胸痛等胸肺病证；②肩痛；③乳痈。

【操作】向外斜刺 0.5～0.8 寸，不可向内侧深刺，以免伤及肺脏。

（三）天府（Tiānfǔ，LU3）

【定位】在臂前区，腋前纹头下3寸，肱二头肌桡侧缘处（图3-3）。

【解剖】皮肤→皮下组织→肱肌。浅层布有臂外侧皮神经、头静脉等。深层有肱动、静脉的肌支和肌皮神经的分支。

【主治】①鼻衄、咳嗽、气喘等肺系病证；②瘿气；③上臂内侧痛。

【操作】直刺0.5～1寸。

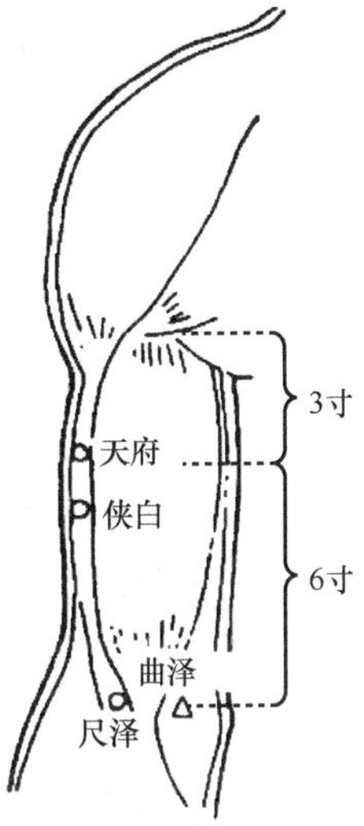

图3-3　天府、侠白

（四）侠白（Xiábái，LU4）

【定位】在臂前区，腋前纹头下4寸，肱二头肌桡侧缘处（图3-3）。

【解剖】皮肤→皮下组织→肱肌。浅层布有臂外侧皮神经、头静脉等。深层有肱动、静脉的肌支和肌皮神经的分支。

【主治】①咳嗽、气喘等肺系病证；②干呕，烦满；③上臂内侧痛。

【操作】直刺0.5～1寸。

（五）尺泽*（Chǐzé，LU5）合穴

【定位】在肘区，肘横纹上，肱二头肌腱桡侧缘凹陷中（图3-4）。

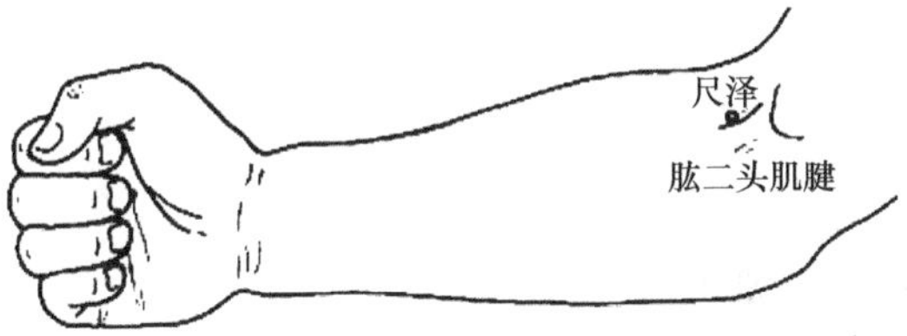

图3-4　尺泽

【解剖】皮肤→皮下组织→肱桡肌→桡神经→肱肌。浅层布有前臂外侧皮神经、头静脉等。深层有桡神经，桡侧副动、静脉前支，桡侧返动、静脉等。

【主治】①咳嗽、气喘、咯血、咽喉肿痛、肺部胀满等肺系实热性病证；②急性吐泻、中暑、小儿惊风等急症；③肘臂挛痛。

【操作】直刺0.8～1.2寸；或点刺出血。

（六）孔最*（Kǒngzuì，LU6）郄穴

【定位】在前臂前区，腕掌侧远端横纹上7寸，尺泽与太渊连线上（图3-5）。

【解剖】皮肤→皮下组织→肱桡肌→桡侧腕屈肌→指浅层肌与旋前圆肌之间→拇长屈肌。浅层布有前臂外侧皮神经、头静脉等。深层有桡动、静脉，桡神经浅支等结构。

【主治】①咯血、鼻衄、咳嗽、气喘、咽喉肿痛等肺系病证；②痔疾；③肘臂挛痛。

【操作】直刺0.5～1寸。

（七）列缺*（Lièquē，LU7）络穴；八脉交会穴（通任脉）

【定位】在前臂，腕掌侧远端横纹上1.5寸，拇短伸肌腱与拇长展肌腱之间，拇长展肌腱沟的凹陷中（图3-5）。

【解剖】皮肤→皮下组织→拇长展肌腱→拇短伸肌腱→旋前方肌。浅层布有头静脉、前臂外侧

皮神经和桡神经浅支。深层有桡动、静脉的分支。

【主治】①咳嗽、气喘、咽喉肿痛等肺系病证；②头痛、齿痛、项强、口眼歪斜等头项部疾患。

【操作】向上斜刺 0.3～0.5 寸。

### （八）经渠（Jīngqú，LU8）经穴

【定位】在前臂前区，腕掌侧远端横纹上 1 寸，桡骨茎突与桡动脉之间（图 3-5）。

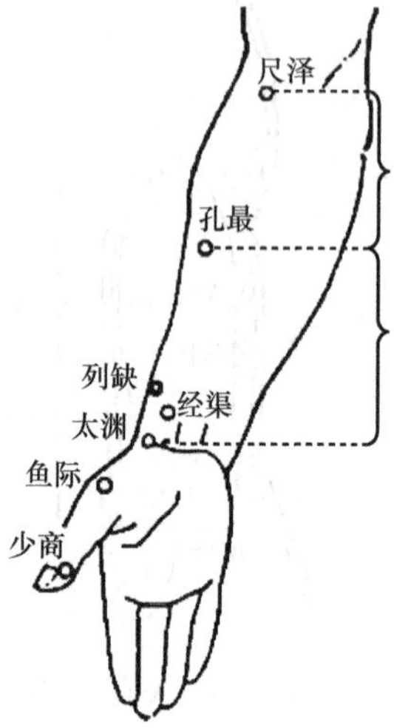


图 3-5 孔最、列缺、经渠、太渊、鱼际

【解剖】皮肤→皮下组织→肱桡肌腱尺侧缘→旋前方肌。浅层布有前臂外侧皮神经和桡神经浅支。深层有桡动、静脉。

【主治】①咳嗽、气喘、胸痛、咽喉肿痛等肺系病证；②手腕痛。

【操作】避开桡动脉，直刺 0.3～0.5 寸。

### （九）太渊*（Tàiyuān，LU9）输穴；原穴；八会穴之脉会

【定位】在腕前区，桡骨茎突与舟状骨之间，拇长展肌腱尺侧凹陷中（图 3-5）。

【解剖】皮肤→皮下组织→桡侧腕屈肌腱与拇长展肌腱之间。浅层布有前臂外侧皮神经、桡神经浅支和桡动脉掌浅支。深层有桡动、静脉等。

【主治】①咳嗽、气喘、咽喉肿痛、胸痛等肺系病证；②无脉症；③腕臂痛。

【操作】避开桡动脉，直刺 0.3～0.5 寸。

### （十）鱼际*（Yújì，LU10）荥穴

【定位】在手外侧，第 1 掌骨桡侧中点赤白肉际处（图 3-5）。

【解剖】皮肤→皮下组织→拇短展肌→拇对掌肌→拇短屈肌。浅层有正中神经掌皮支及桡神经浅支。深层有正中神经肌支和尺神经肌支等结构。

【主治】①咳嗽、哮喘、咯血、咽喉肿痛、失音、发热等肺系热性病证；②小儿疳积、乳痈；③掌中热；④肩背痛。

【操作】直刺 0.5～0.8 寸。治疗小儿疳积可用割治法。

### （十一）少商*（Shàoshāng，LU11）井穴

【定位】在手指，拇指末节桡侧，指甲根角侧上方 0.1 寸（指寸）（图 3-6）。

【解剖】皮肤→皮下组织→指甲根。有正中神经的指掌侧固有神经之指背支和拇主要动、静脉与第 1 掌背动、静脉分支所形成的动、静脉网。

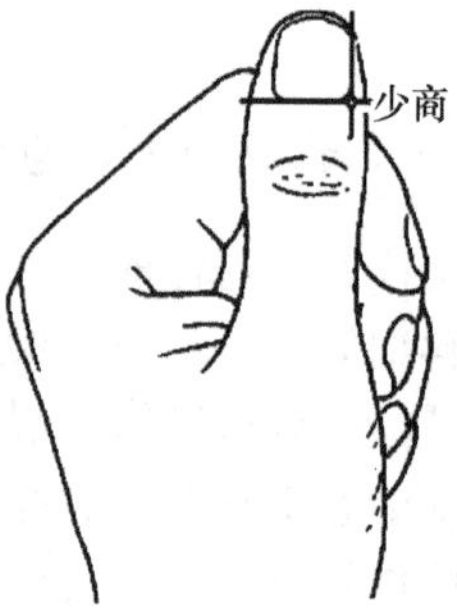


图 3-6 少商

【主治】①咽喉肿痛、咳嗽、鼻衄等肺系实热证；②高热、昏迷、癫狂等急症；③指肿、麻木。

【操作】浅刺 0.1 寸；或点刺出血。

# 第二节　手阳明经络及其腧穴

## 一、手阳明经络

### （一）经脉循行及主要病候

手阳明大肠经，起于食指之尖端（桡侧），沿食指桡侧，经过第1、2掌骨之间，上行至腕后两筋之间，沿前臂外侧前缘，至肘部外侧，再沿上臂外侧前缘上行到肩部，经肩峰前，向上循行至背部，与诸阳经交会于大椎穴，再向前行进入缺盆，络于肺，下行穿过横膈，属于大肠。其支脉，从缺盆部上行至颈部，经面颊进入下齿之中，又返回经口角到上口唇，交会于人中（水沟穴），左脉右行，右脉左行，止于对侧鼻孔旁（图3-7）。

主要病候：腹痛，肠鸣，泄泻，便秘，痢疾，咽喉肿痛，齿病，鼻流清涕或出血，本经循行部位疼痛，热肿或寒冷等。

《灵枢·经脉》：大肠手阳明之脉，起于大指次指之端，循指上廉，出合谷两骨[1]之间，上入两筋[2]之中，循臂上廉，入肘外廉，上臑外前廉，上肩，出髃骨之前廉，上出于柱骨之会上，下入缺盆，络肺，下膈，属大肠。其支者：从缺盆上颈，贯颊，入下齿中；还出挟口，交人中——左之右、右之左，上挟鼻孔。

是动则病：齿痛，颈肿。是主津液所生病者，目黄口干，鼽衄喉痹，肩前臑痛，大指次指痛不用。气有余则当脉所过者热肿，虚则寒栗不复。

【注释】[1] 合谷两骨：指第1、2掌骨。[2] 两筋：指拇长伸肌腱、拇短伸肌腱。

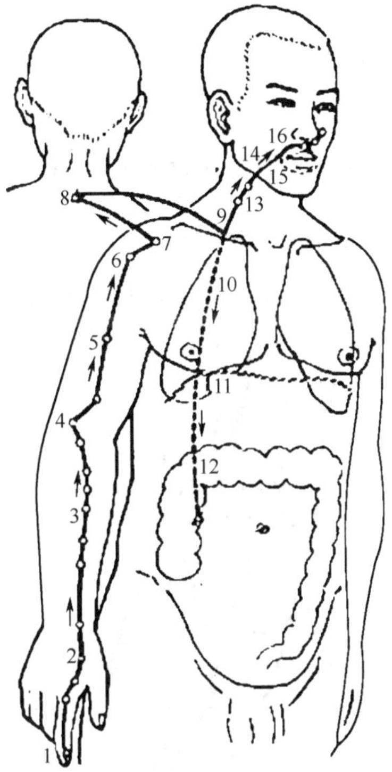


图3-7　手阳明大肠经循行示意图

1. 起于大指次指之端；2. 循指上廉，出合谷两骨间，上入两筋之中；3. 循臂上廉；4. 入肘外廉；5. 上臑外前廉；6. 上肩；7. 出髃骨之前廉；8. 上出于柱骨之会上；9. 下入缺盆；10. 络肺；11. 下膈；12. 属大肠；13. 其支者，从缺盆上颈；14. 贯颊；15. 入下齿中；16. 还出挟口，交人中，左之右，右之左，上挟鼻孔

### （二）络脉循行及主要病候

《灵枢·经脉》：手阳明之别，名曰偏历，去腕三寸，别入太阴。其别者，上循臂，乘肩髃，上曲颊偏齿。其别者，入耳，合于宗脉。实则龋聋，虚则齿寒痹隔。取之所别也。

### （三）经别循行

《灵枢·经别》：手阳明之正，从手循膺乳，别于肩髃，入柱骨，下走大肠，属于肺，上循喉咙，出缺盆，合于阳明也。

（四）经筋循行及主要病候

《灵枢·经筋》：手阳明之筋，起于大指次指之端，结于腕，上循臂，上结于肘外，上臑，结于髃；其支者，绕肩胛，挟脊；直者，从肩髃上颈；其支者，上颊，结于頄；直者，上出手太阳之前，上左角，络头，下右颔。其病当所过者支痛及转筋，肩不举，颈不可左右视。

（五）主治概要

（1）头面五官病　齿痛，咽喉肿痛，鼻衄，口眼歪斜，耳聋等。
（2）热病　高热，热病汗出等。
（3）神志病　昏迷，癫狂等。
（4）肠腑病证　腹胀，腹痛，肠鸣，泄泻等。
（5）经脉循行部位的其他病证　手臂酸痛，半身不遂，手臂麻木等。

## 二、手阳明大肠经腧穴（20穴）

（一）商阳*（Shāngyáng，LI1）井穴

【定位】在手指，食指末节桡侧，指甲根角侧上方0.1寸（指寸）（图3-8）。

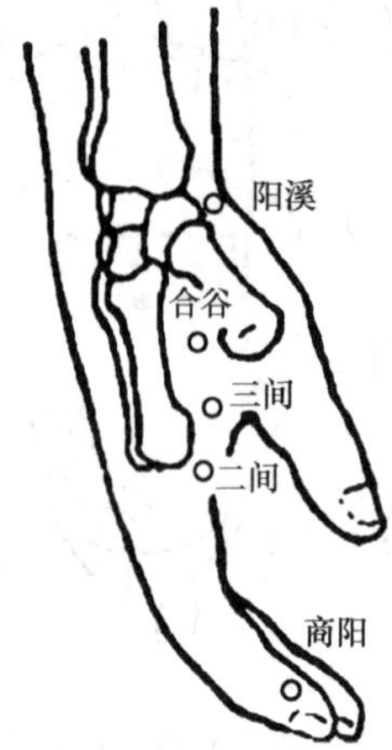


图3-8　商阳、二间、三间、合谷、阳溪

【解剖】皮肤→皮下组织→指甲根。有正中神经的指掌侧固有神经之指背支和食指桡侧动、静脉与第1掌背动、静脉分支所形成的动、静脉网。

【主治】①咽喉肿痛、齿痛、耳聋等五官疾病；②热病，昏迷；③手指麻木。

【操作】浅刺0.1～0.2寸；或点刺出血。

（二）二间（Èrjiān，LI2）荥穴

【定位】在手指，第2掌指关节桡侧远端赤白肉际处（图3-8）。

【解剖】皮肤→皮下组织→第1蚓状肌腱→食指近节指骨基底部。浅层神经由桡神经的指背神经与正中神经的指掌侧固有神经双重分布。血管有第1掌背动、静脉的分支和食指桡侧动、静脉的分支。深层有正中神经的肌支。

【主治】①咽喉肿痛、齿痛、目痛、鼻衄等五官疾病；②热病；③便秘。

【操作】直刺0.2～0.3寸。

（三）三间（Sānjiān，LI3）输穴

【定位】在手背，第2掌指关节桡侧近端凹陷中（图3-8）。

【解剖】皮肤→皮下组织→第1骨间背侧肌→第1蚓状肌与第2掌骨之间→食指的指浅、深屈肌腱与第1骨间掌侧肌之间。浅层神经由桡神经的指背神经与正中神经的指掌侧固有神经双重分布。血管有手背静脉网，第1掌背动、静脉和食指桡侧动、静脉的分支。深层有尺神经深支和正中神经的肌支。

【主治】①目痛、齿痛、咽喉肿痛；②身热；③手背肿痛；④肩背痛。

【操作】直刺 0.5～0.8 寸。

（四）合谷*（Hégǔ，LI4）原穴

【定位】在手背，第 2 掌骨桡侧的中点处（图 3-8）。

【解剖】皮肤→皮下组织→第 1 骨间背侧肌→拇收肌。浅层布有桡神经浅支，有手背静脉网桡侧部和第 1 掌背动、静脉的分支或属支。深层分布有尺神经深支的分支等。

【主治】①头痛、齿痛、目赤肿痛、咽喉肿痛、口歪、鼻衄、耳聋等头面五官病证；②发热恶寒，无汗或多汗；③经闭、滞产、痛经等妇科病证；④上肢疼痛、不遂；⑤皮肤瘙痒、荨麻疹等皮肤科病证；⑥腹痛、痢疾、便秘等肠腑病证；⑦小儿惊风，痉证；⑧各种痛证，为牙拔除术、甲状腺手术等五官及颈部手术的针麻常用穴。

【操作】直刺 0.5～1 寸。孕妇慎用。

（五）阳溪*（Yángxī，LI5）经穴

【定位】在腕区，腕背侧远端横纹桡侧，桡骨茎突远端，手背外侧部拇长伸肌腱与拇短伸肌腱之间形成的凹陷中（图 3-8）。

【解剖】皮肤→皮下组织→拇长伸肌腱与拇短伸肌腱之间→桡侧腕长伸肌腱的前方。浅层布有头静脉和桡神经浅支。深层分布有桡动、静脉的分支或属支。

【主治】①头痛、目赤肿痛、齿痛、咽喉肿痛等头面五官疾病；②手腕痛。

【操作】直刺 0.5～0.8 寸。

（六）偏历*（Piānlì，LI6）络穴

【定位】在前臂，腕背侧远端横纹上 3 寸，阳溪与曲池连线上（图 3-9）。

【解剖】皮肤→皮下组织→拇短伸肌→桡侧腕长伸肌腱→拇长展肌腱。浅层布有头静脉的属支，前臂外侧皮神经和桡神经浅支。深层有桡神经的骨间后神经分支。

【主治】①目赤、耳聋、鼻衄、咽喉肿痛等头面五官病证；②水肿，小便不利；③手臂酸痛。

【操作】直刺或斜刺 0.5～0.8 寸。

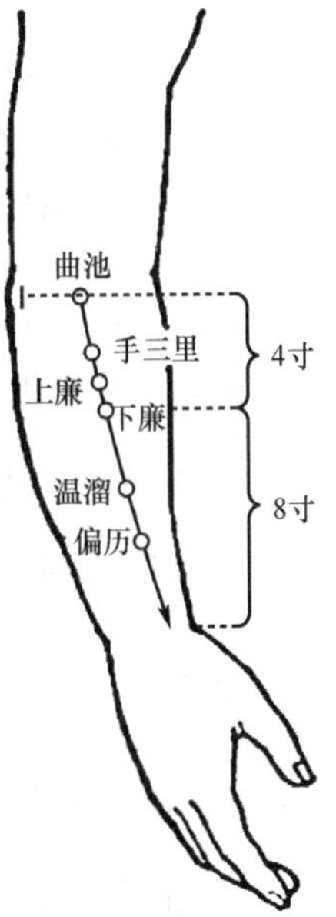

图 3-9　偏历、温溜、下廉、上廉、手三里、曲池

（七）温溜（Wēnliū，LI7）郄穴

【定位】在前臂，腕背侧远端横纹上 5 寸，阳溪与曲池连线上（图 3-9）。

【解剖】皮肤→皮下组织→桡侧腕长伸肌腱→桡侧腕短伸肌。浅层布有头静脉、前臂外侧皮神经和前臂后皮神经。深层在桡侧腕长伸肌和桡侧腕短伸肌腱之前有桡神经浅支。

【主治】①头痛、面肿、咽喉肿痛等头面五官病证；②肠鸣腹痛；③肩背酸痛。

【操作】直刺 0.5～1 寸。

## （八）下廉（Xiàlián，LI8）

【定位】在前臂，肘横纹下4寸，阳溪与曲池连线上（图3-9）。

【解剖】皮肤→皮下组织→肱桡肌→桡侧腕短伸肌→旋后肌。浅层布有前臂外侧皮神经和前臂后皮神经。深层有桡神经深支的分支。

【主治】①头痛，眩晕，目痛；②腹胀，腹痛；③肘臂痛。

【操作】直刺0.5～1寸。

## （九）上廉（Shànglián，LI9）

【定位】在前臂，肘横纹下3寸，阳溪与曲池连线上（图3-9）。

【解剖】皮肤→皮下组织→桡侧腕长伸肌腱后方→桡侧腕短伸肌→旋后肌→拇长展肌。浅层布有前臂外侧皮神经、前臂后皮神经和浅静脉。深层有桡神经深支穿旋后肌。

【主治】①手臂麻木，肩膀酸痛，半身不遂；②腹痛，肠鸣。

【操作】直刺0.5～1寸。

## （十）手三里*（Shǒusānlǐ，LI10）

【定位】在前臂，肘横纹下2寸，阳溪与曲池连线上（图3-9）。

【解剖】皮肤→皮下组织→桡侧腕长伸肌→桡侧腕短伸肌→指伸肌的前方→旋后肌。浅层布有前臂外侧皮神经、前臂后皮神经。深层有桡侧返动、静脉的分支或属支及桡神经深支。

【主治】①手臂麻痛、上肢不遂等上肢疾病；②腹痛，腹泻；③齿痛颊肿。

【操作】直刺0.8～1.2寸。

## （十一）曲池*（Qūchí，LI11）合穴

【定位】在肘区，尺泽与肱骨外上髁连线的中点处（图3-9）。

【解剖】皮肤→皮下组织→桡侧腕长伸肌和桡侧腕短伸肌→肱桡肌。浅层布有头静脉的属支和前臂后皮神经。深层有桡神经，桡侧返动、静脉和桡侧副动、静脉间的吻合支。

【主治】①上肢不遂，手臂痹痛；②热病；③咽喉肿痛、齿痛、目赤肿痛等五官热性病证；④瘾疹、湿疹、瘰疬等皮外科病证；⑤腹痛，痢疾，吐泻；⑥头痛，眩晕；⑦癫狂。

【操作】直刺1～1.5寸。

## （十二）肘髎（Zhǒuliáo，LI12）

【定位】在肘区，肱骨外上髁上缘，髁上嵴的前缘（图3-10）。

【解剖】皮肤→皮下组织→肱桡肌→肱肌。浅层布有前臂后皮神经等结构。深层有桡侧副动、静脉的分支或属支。

【主治】肘臂酸痛、麻木、挛急等。

【操作】直刺0.5～1寸。

## （十三）手五里（Shǒuwǔlǐ，LI13）

【定位】在臂部，肘横纹上3寸，曲池与肩髃连线上（图3-10）。

【解剖】皮肤→皮下组织→肱肌。浅层布有臂外侧下皮神经和前臂后皮神经。深层有桡侧副动、静脉和桡神经。

【主治】肘臂挛痛，瘰疬。
【操作】避开动脉，直刺 0.5～1 寸。

（十四）臂臑*（Bìnào，LI14）

【定位】在臂部，曲池上 7 寸，三角肌前缘处（图 3-10）。
【解剖】皮肤→皮下组织→三角肌。浅层布有臂外侧上、下皮神经。深层有肱动脉的肌支。
【主治】①肩臂疼痛不遂；②瘰疬；③目疾。
【操作】直刺或向上斜刺 0.8～1.5 寸。

（十五）肩髃*（Jiānyú，LI15）

【定位】在三角肌区，肩峰外侧缘前端与肱骨大结节两骨间凹陷中（图 3-11）。
【解剖】皮肤→皮下组织→三角肌→三角肌下囊→冈上肌腱。浅层有锁骨上外侧神经，臂外侧上皮神经分布。深层有旋肱后动、静脉和腋神经的分支。
【主治】①上肢不遂，肩痛不举；②瘰疬；③瘾疹。
【操作】直刺或向下斜刺 0.8～1.5 寸。

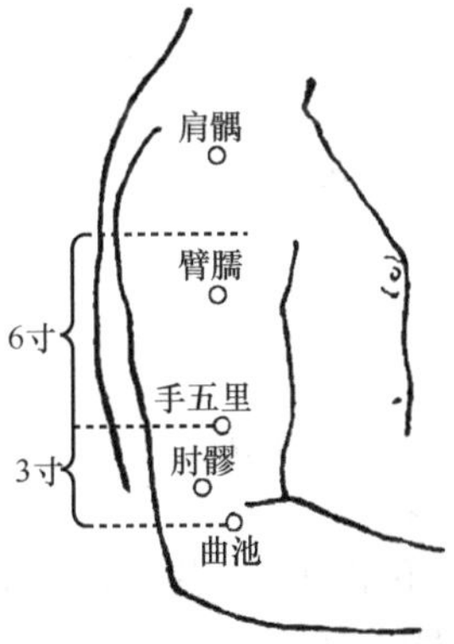

图 3-10　肘髎、手五里、臂臑

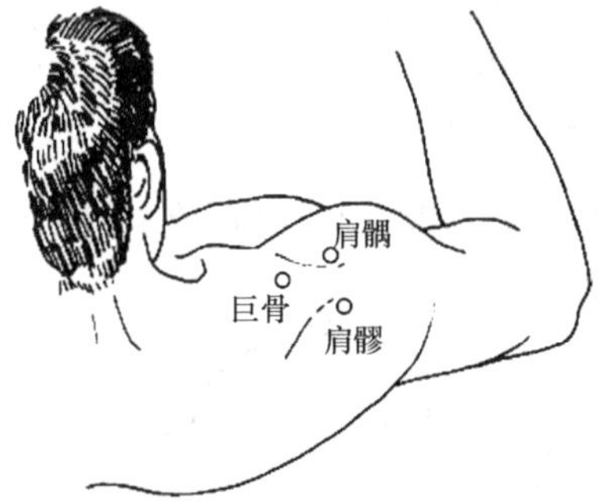

图 3-11　肩髃

（十六）巨骨（Jùgǔ，LI16）

【定位】在肩胛区，锁骨肩峰端与肩胛冈之间凹陷中（图 3-12）。
【解剖】皮肤→皮下组织→肩锁韧带→冈上肌。浅层布有锁骨上外侧神经。深层布有肩胛上神经的分支和肩胛上动、静脉的分支或属支。
【主治】①肩臂挛痛、不遂；②瘰疬，瘿气。
【操作】直刺，微斜向外下方，进针 0.5～1 寸。

（十七）天鼎（Tiāndǐng，LI17）

【定位】在颈部，横平环状软骨，胸锁乳突肌后缘（图 3-13）。
【解剖】皮肤→皮下组织→胸锁乳突肌后缘→斜角肌间隙。浅层内有颈横神经、颈外静脉和颈阔肌。深层布有颈升动、静脉分支或属支，在斜角肌间隙内分布着臂丛神经等结构。
【主治】①咽喉肿痛、暴喑等咽喉病证；②瘰疬，瘿气。
【操作】直刺 0.5～0.8 寸。

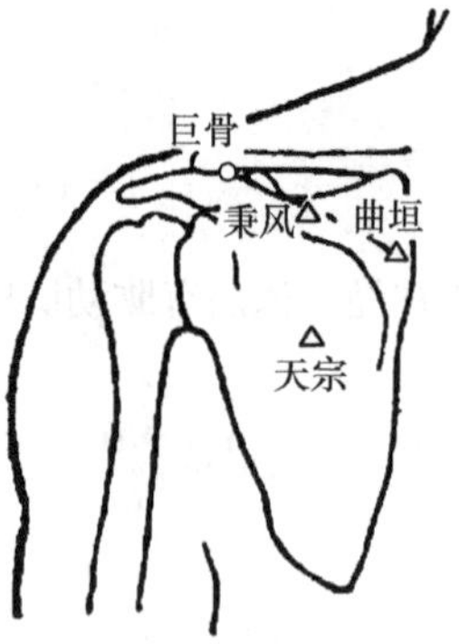


图 3-12 巨骨

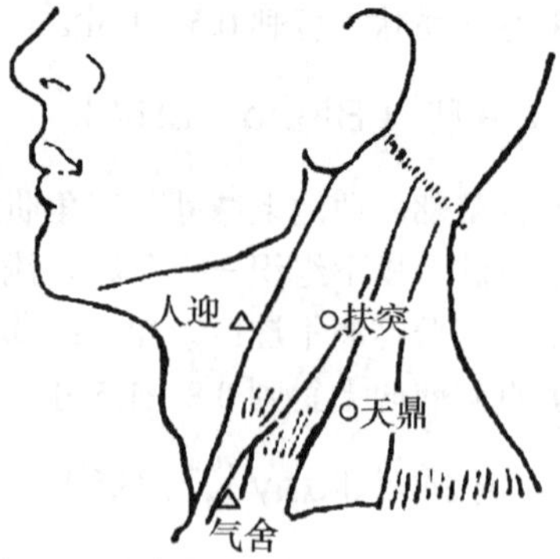


图 3-13 天鼎、扶突

（十八）扶突*（Fútū，LI18）

【定位】在胸锁乳突肌区，横平喉结，胸锁乳突肌前、后缘中间（图 3-13）。

【解剖】皮肤→皮下组织→胸锁乳突肌的胸骨头与锁骨头之间→颈血管鞘的后缘。浅层内有颈横神经、颈阔肌。深层有颈血管鞘。

【主治】①暴喑、咽喉肿痛等咽喉病证；②咳嗽，气喘；③瘿气，瘰疬。

【操作】直刺 0.5～0.8 寸。

（十九）口禾髎（Kǒuhéliáo，LI19）

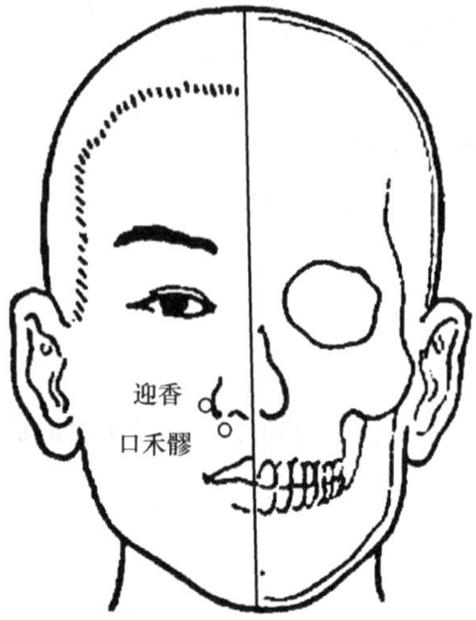


图 3-14 口禾髎、迎香

【定位】在面部，横平人中沟上 1/3 与下 2/3 交点，鼻孔外缘直下（图 3-14）。

【解剖】皮肤→皮下组织→口轮匝肌。浅层有上颌神经的眶下神经分支等结构。深层有上唇动、静脉和面神经颊支等分布。

【主治】①鼻塞，鼽衄；②口歪，口噤。

【操作】平刺或斜刺 0.3～1 寸。

（二十）迎香*（Yíngxiāng，LI20）

【定位】在面部，鼻翼外缘中点旁，鼻唇沟中（图 3-14）。

【解剖】皮肤→皮下组织→提上唇肌。浅层有上颌神经的眶下神经分支。深层有面动、静脉的分支或属支，面神经颊支。

【主治】①鼻塞、鼽衄等鼻病；②口歪、面痒等面部病证；③胆道蛔虫病。

【操作】斜刺或平刺 0.3～0.5 寸。

# 第三节　足阳明经络及其腧穴

## 一、足阳明经络

### （一）经脉循行及主要病候

足阳明胃经，起于鼻旁，上行鼻根，与足太阳经脉相汇合，再沿鼻的外侧下行，入上齿龈中，返回环绕口唇，入下唇交会于承浆穴；再向后沿下颌下缘，至大迎穴处，再沿下颌角至颊车穴，上行到耳前，过足少阳经的上关穴处，沿发际至额颅部。其支脉，从大迎前下走人迎穴，沿喉咙入缺盆，下横膈，入属于胃，联络于脾。其直行的经脉，从缺盆沿乳房内侧下行，经脐旁到下腹部的气冲部；一支脉从胃口分出，沿腹内下行，至气冲部与直行经脉相汇合。由此经髀关、伏兔穴下行，至膝关节中。再沿胫骨外侧前缘下行，经足背到第 2 足趾外侧端（厉兑穴）；一支脉从膝下 3 寸处分出，下行到中趾外侧端；支脉从足背分出，沿足大趾内侧直行到末端（图 3-15）。

主要病候：肠鸣，腹胀，水肿，胃痛，呕吐或消谷善饥，口渴，咽喉肿痛，鼻衄，热病，发狂，胸及膝髌等本经循行部位疼痛等症。

《灵枢· 经脉》：胃足阳明之脉，起于鼻，交頞[1]中，旁约太阳之脉，下循鼻外，入上齿中，还出挟口，环唇，下交承浆，却循颐[2]后下廉，出大迎，循颊车，上耳前，过客主人[3]，循发际，至额颅。其支者：从大迎前，下人迎，循喉咙，入缺盆，下膈，属胃，络脾。其直者：从缺盆下乳内廉，下挟脐，入气街[4]中。其支者：起于胃口[5]，下循腹里，下至气街中而合。以下髀关，抵伏兔，下膝髌中，下循胫外廉，下足跗，入中指内间[6]。其支者：下膝三寸而别，下入中指外间。其支者：别跗上，入大指间，出其端。

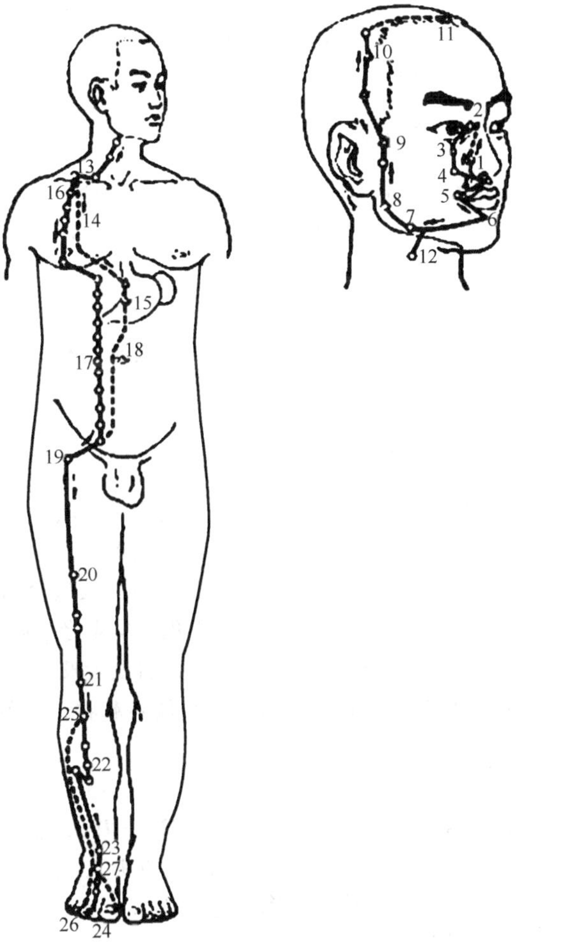


图 3-15　足阳明胃经循行示意图

1. 起于鼻，交頞中；2. 旁约太阳之脉；3. 下循鼻外；4. 入上齿中；5. 还出挟口环唇；6. 下交承浆；7. 却循颐后下廉，出大迎；8. 循颊车；9. 上耳前，过客主人；10. 循发际；11. 至额颅；12. 其支者，从大迎前，下人迎，循喉咙；13. 入缺盆；14. 下膈；15. 属胃络脾；16. 其直者，从缺盆下乳内廉；17. 下挟脐入气街中；18. 其支者，起于胃口，下循腹里，下至气街中而合；19. 以下髀关；20. 抵伏兔；21. 下膝髌中；22. 下循胫外廉；23. 下足跗；24. 入中指内间；25. 其支者，下膝三寸而别；26. 下入中指外间；27. 其支者，别跗上，入大指间，出其端是动则病：洒洒[7]振寒，善呻，数欠，颜黑，病至则恶人与火，闻木声则惕然而惊，心欲动，独闭户塞牖而处，甚则欲上高而歌，弃衣而走，贲响[8]腹胀，是为骭厥[9]。是主血所生病[10]者，狂，疟，温淫[11]，汗出，鼽衄，口歪，唇胗[12]，颈肿，喉痹，大腹水肿，膝膑肿痛，循膺、乳、气街、股、伏兔、骭外廉、足跗上皆痛，中指不用。气盛则身以前皆热，其有余于胃，则消谷善饥，溺色黄；气不足，则身以前皆寒栗，胃中寒则胀满。

【注释】[1] 频：鼻根部。[2] 颐：口角后，腮之前，指下颌部。[3] 客主人：上关穴。[4] 气街：气冲部，当股动脉搏动处。[5] 胃口：胃下口，即幽门部。[6] 中指内间：内间指内侧趾缝，实指足第2趾外侧端。[7] 洒洒：恶寒貌。[8] 贲响：指肠鸣。[9] 骭厥：足胫部气血阻逆。[10] 是主血所生病：张介宾注："中焦受谷，变化而赤为血，故阳明为多气多血之经，而主血所生病者。"[11] 温淫：指热性病证。[12] 唇胗：唇疮，唇疡。

（二）络脉循行及主要病候

《灵枢·经脉》：足阳明之别，名曰丰隆。去踝八寸，别走太阴；其别者，循胫骨外廉，上络头项，合诸经之气，下络喉嗌。其病：气逆则喉痹卒喑。实则狂癫，虚则足不收，胫枯。取之所别也。

（三）经别循行

《灵枢·经别》：足阳明之正，上至髀，入于腹里，属胃，散之脾，上通于心，上循咽，出于口，上频颛，还系目系，合于阳明也。

（四）经筋循行及主要病候

《灵枢·经筋》：足阳明之筋，起于中三指，结于跗上，邪外上加于辅骨，上结于膝外廉，直上结于髀枢，上循胁属脊；其直者，上循骭，结于膝；其支者，结于外辅骨，合少阳；其直者，上循伏兔，上结于髀，聚于阴器，上腹而布，至缺盆而结，上颈，上挟口，合于頄，下结于鼻，上合于太阳，太阳为目上纲；阳明为目下纲；其支者，从颊结于耳前。其病：足中指支，胫转筋，脚跳坚，伏兔转筋，髀前肿，㿗疝，腹筋急，引缺盆及颊，卒口僻，急者目不合，热则筋纵，目不开。颊筋有寒则急引颊移口；有热则筋弛纵缓不胜收，故僻。

（五）主治概要

（1）脾胃病　胃痛，呕吐，腹痛，腹胀，肠鸣，泄泻，便秘等。
（2）头面五官病　头痛，面痛，齿痛，口歪，眼睑瞤动，目翳，耳病。
（3）神志病　癫狂，谵语等。
（4）热病　热病汗出。
（5）经脉循行部位的其他病证　下肢痿痹，中风瘫痪，足背肿痛，乳痈等。

## 二、足阳明胃经腧穴（45穴）

（一）承泣*（Chéngqì，ST1）

【定位】在面部，眼球与眶下缘之间，目正视瞳孔直下（图3-16）。
【解剖】皮肤→皮下组织→眼轮匝肌→眶脂体→下斜肌。浅层分布有眶下神经的分支，面神经的颧支；深层分布有动眼神经的分支，眼动、静脉的分支或属支。
【主治】①目赤肿痛、流泪、夜盲、近视、眼睑瞤动等目疾；②口歪、面肌痉挛等面部病证。

【操作】嘱患者闭目，医者押手拇指向上轻推固定眼球，刺手持针紧靠眶下缘缓慢直刺 0.5～1 寸，不宜提插和大幅度捻转，以防刺破血管引起血肿；出针后以棉签按压针孔片刻，以防出血；禁灸。

（二）四白*（Sìbái，ST2）

【定位】在面部，眶下孔处（图 3-16）。

【解剖】皮肤→皮下组织→眼轮匝肌，提上唇肌→眶下孔或上颌骨。浅层分布有眶下神经。深层分布有面神经颧支，眶下神经，眶下动、静脉。

【主治】①目赤肿痛、目翳、眼睑瞤动、近视等目疾；②面痛、口歪、面肌痉挛等面部病证；③头痛，眩晕，胆道蛔虫病。

【操作】直刺或向上斜刺 0.3～0.5 寸。

（三）巨髎（Jùliáo，ST3）

【定位】在面部，横平鼻翼下缘，瞳孔直下（图 3-16）。

【解剖】皮肤→皮下组织→提上唇肌→提口角肌。分布有上颌神经的眶下神经，面神经颊支，面动、静脉等。

【主治】①目赤肿痛、目翳、眼睑瞤动等目疾；②口歪、面痛、齿痛、鼻衄、唇颊肿等面部病证。

【操作】直刺或向上斜刺 0.3～0.5 寸。

（四）地仓*（Dìcāng，ST4）

【定位】在面部，口角旁开 0.4 寸（指寸）（图 3-16）。

【解剖】皮肤→皮下组织→口轮匝肌→降口角肌。分布有三叉神经的颊支和眶下支，面动、静脉的分支或属支。

【主治】口歪、流涎、齿痛、眼睑瞤动等局部病证。

【操作】斜刺或平刺 0.5～0.8 寸；或向迎香、颊车方向透刺。

（五）大迎（Dàyíng，ST5）

【定位】在面部，下颌角前方，咬肌附着部的前缘凹陷中，面动脉搏动处（图 3-17）。

【解剖】皮肤→皮下组织→降口角肌与颈阔肌→咬肌前缘。浅层分布有三叉神经第 3 支下颌神经的颊神经，面神经的下颌缘支。深层分布有面动、静脉。

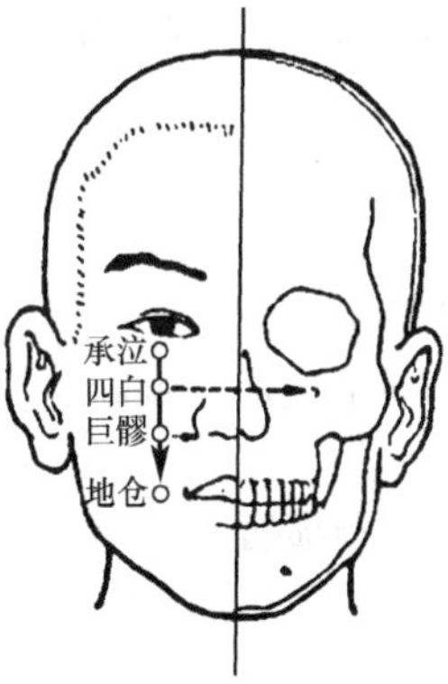

图 3-16　承泣、四白、巨髎、地仓

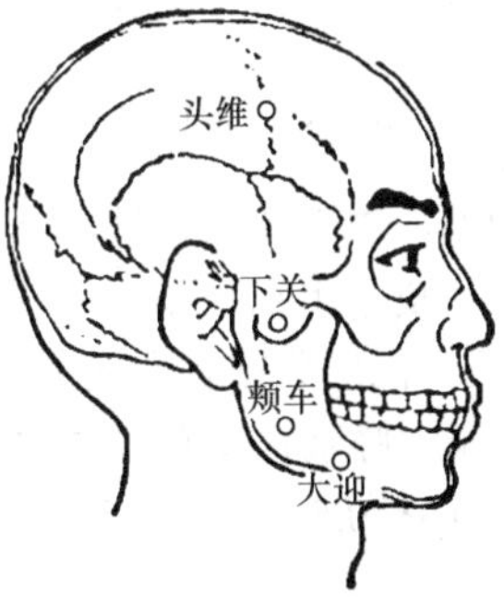

图 3-17　大迎、颊车、下关、头维

【主治】颊肿、齿痛、口歪、口噤等局部病证。
【操作】避开动脉直刺 0.3～0.5 寸；或向地仓方向刺。

（六）颊车*（Jiáchē，ST6）

【定位】在面部，下颌角前上方一横指（中指）处（图 3-17）。
【解剖】皮肤→皮下组织→咬肌。分布有耳大神经分支、面神经下颌缘支的分支。
【主治】口歪、颊肿、齿痛、口噤不语、面痛等局部病证。
【操作】直刺 0.3～0.5 寸；或向地仓方向透刺 1.5～2 寸。

（七）下关*（Xiàguān，ST7）

【定位】在面部，颧弓下缘中央与下颌切迹之间凹陷中（图 3-17）。
【解剖】皮肤→皮下组织→腮腺→咬肌与颞骨颧突之间→翼外肌。浅层分布有耳颞神经的分支，面神经的颧支，面横动、静脉等。深层分布有上颌动、静脉，舌神经，下牙槽神经，脑膜中动脉和翼丛等。
【主治】①耳聋、耳鸣、聤耳等耳疾；②牙关不利、齿痛、口歪、面痛等面口病证。
【操作】直刺 0.5～1 寸。

（八）头维*（Tóuwéi，ST8）

【定位】在头部，额角发际直上 0.5 寸，头正中线旁开 4.5 寸（图 3-17）。
【解剖】皮肤→皮下组织→颞肌上缘的帽状腱膜→腱膜疏松结缔组织→颅骨外膜。分布有耳颞神经的分支，面神经的颞支，颞浅动、静脉的额支等。
【主治】头痛、眩晕、目痛、迎风流泪、眼睑瞤动等头面五官病证。
【操作】平刺 0.5～0.8 寸。

（九）人迎*（Rényíng，ST9）

【定位】在颈部，横平喉结，胸锁乳突肌前缘，颈总动脉搏动处（图 3-18）。
【解剖】皮肤→皮下组织和颈阔肌→颈固有筋膜浅层及胸锁乳突肌前缘→颈固有筋膜深层和肩胛舌骨肌后缘→咽缩肌。浅层分布有颈横神经、面神经颈支、颈前静脉；深层有副神经、舌下神经，甲状腺上动、静脉的分支或属支，颈袢的分支等。
【主治】①咽喉肿痛、胸满喘息、瘰疬、瘿气等咽喉、颈部病证；②胸闷，气喘；③高血压。
【操作】避开颈总动脉，直刺 0.3～0.8 寸。

（十）水突（Shuǐtū，ST10）

【定位】在颈部，横平环状软骨，胸锁乳突肌前缘（图 3-18）。
【解剖】皮肤→皮下组织和颈阔肌→颈固有筋膜浅层及胸锁乳突肌→颈固有筋膜深层及肩胛舌骨肌，胸骨甲状肌。浅层分布有颈横神经。深层有甲状腺。
【主治】①咳嗽，哮喘；②咽喉肿痛、瘿瘤、瘰疬等咽喉、颈部病证。
【操作】直刺 0.3～0.5 寸。

（十一）气舍（Qìshě，ST11）

【定位】在胸锁乳突肌区，锁骨上小窝，锁骨胸骨端上缘，胸锁乳突肌胸骨头与锁骨头中间的凹陷中（图 3-18）。

【解剖】皮肤→皮下组织和颈阔肌→胸锁乳突肌的胸骨头与锁骨头之间。浅层布有锁骨上内侧神经，颈横神经的分支和面神经颈支。深层有联络两侧颈前静脉的颈前静脉弓和头臂静脉。

【主治】①咳嗽，哮喘，呃逆；②咽喉肿痛、瘿瘤、瘰疬等咽喉、颈部病证。

【操作】直刺 0.3～0.5 寸。

### （十二）缺盆（Quēpén，ST12）

【定位】在颈外侧区，锁骨上大窝，锁骨上缘凹陷中，前正中线旁开 4 寸（图 3-18）。

【解剖】皮肤→皮下组织和颈阔肌→锁骨与斜方肌之间→肩胛舌骨肌（下腹）与锁骨下肌之间→臂丛。浅层分布有锁骨上中间神经。深层有颈横动、静脉，臂丛的锁骨上部等结构。

【主治】①咳嗽、哮喘等肺系病证；②缺盆肿痛、咽喉肿痛、瘰疬、颈肿等咽喉、颈部病证。

【操作】直刺或斜刺 0.3～0.5 寸，不可深刺以防刺伤胸膜引起气胸。

### （十三）气户（Qìhù，ST13）

【定位】在胸部，锁骨下缘，前正中线旁开 4 寸（图 3-19）。

【解剖】皮肤→皮下组织→胸大肌。浅层分布有锁骨上中间神经。深层有腋动脉和其分支胸肩峰动脉。

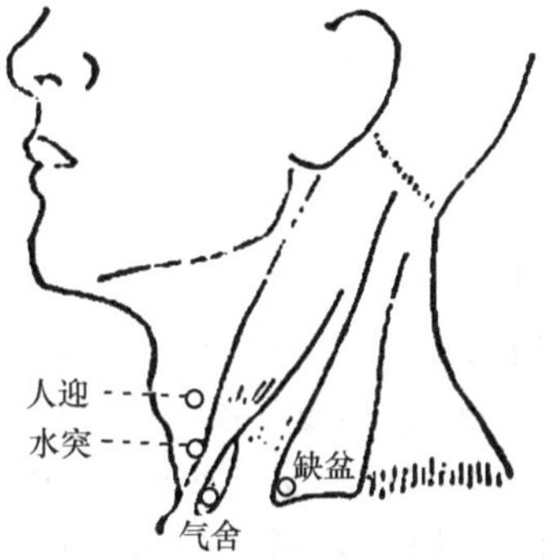


图 3-18　人迎、水突、气舍、缺盆

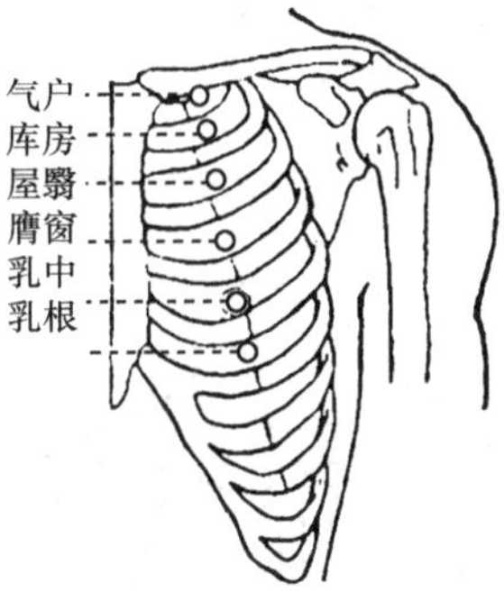


图 3-19　气户、库房、屋翳、膺窗、乳中、乳根

【主治】咳嗽、哮喘、呃逆、胸胁胀满等肺系病证。

【操作】斜刺或平刺 0.5～0.8 寸。

### （十四）库房（Kùfáng，ST14）

【定位】在胸部，第 1 肋间隙，前正中线旁开 4 寸（图 3-19）。

【解剖】皮肤→皮下组织→胸大肌→胸小肌。浅层分布有锁骨上神经，肋间神经的皮支。深层有胸肩峰动、静脉的分支和属支，胸内、外侧神经的分支。

【主治】咳嗽、哮喘、咳唾脓血、胸胁胀痛等胸肺病证。

【操作】斜刺或平刺 0.5～0.8 寸。

### （十五）屋翳（Wūyì，ST15）

【定位】在胸部，第 2 肋间隙，前正中线旁开 4 寸（图 3-19）。

【解剖】皮肤→皮下组织→胸大肌→胸小肌。浅层分布有第 2 肋间神经外侧皮支。深层有胸肩峰动、静脉的分支或属支，胸内、外侧神经的分支。

【主治】①咳嗽、哮喘、胸胁胀满等胸肺病证；②乳痈、乳癖等乳疾。

【操作】斜刺或平刺 0.5～0.8 寸。

### （十六）膺窗（Yīngchuāng，ST16）

【定位】在胸部，第 3 肋间隙，前正中线旁开 4 寸（图 3-19）。

【解剖】皮肤→浅筋膜→胸大肌→肋间肌。浅层分布有肋间神经的外侧皮支，胸腹壁静脉的属支。深层有胸内、外侧神经，胸肩峰动、静脉的分支或属支，第 3 肋间神经和第 3 肋间后动、静脉。

【主治】①咳嗽、哮喘、胸肋胀痛等胸肺病证；②乳痈、乳癖等乳疾。

【操作】斜刺或平刺 0.5～0.8 寸。

### （十七）乳中（Rǔzhōng，ST17）

【定位】在胸部，乳头中央（图 3-19）。

【解剖】乳头皮肤→皮下组织→胸大肌。浅层分布有第 4 肋间神经外侧皮支，皮下组织内男性主要由结缔组织构成，只有腺组织的迹象，而无腺组织的实质。深层有胸内、外侧神经的分支，胸外侧动、静脉的分支或属支。

【主治】①乳痈；②难产。

【操作】多用作胸腹部穴的定位标志，一般不做针灸。

### （十八）乳根（Rǔgēn，ST18）

【定位】在胸部，第 5 肋间隙，前正中线旁开 4 寸（图 3-19）。

【解剖】皮肤→皮下组织→胸大肌。浅层分布有第 5 肋间神经外侧皮支，胸腹壁静脉的属支。深层有胸外侧动、静脉的分支或属支，胸内、外侧神经的分支，第 5 肋间神经，第 5 肋间后动、静脉。

【主治】①咳嗽，哮喘，胸闷，胸痛；②乳痈、乳少等乳疾。

【操作】斜刺或平刺 0.5～0.8 寸。

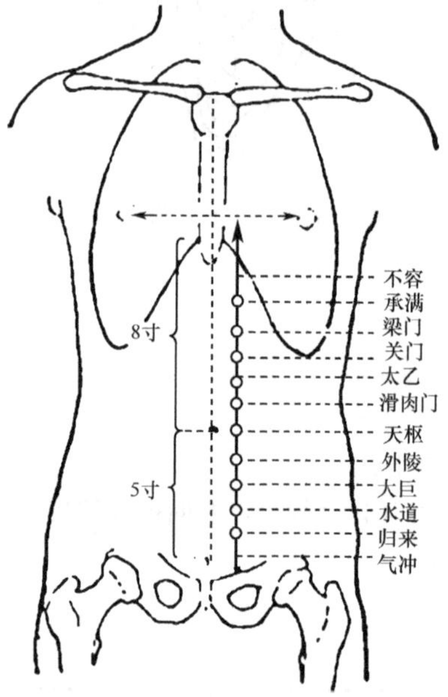

图 3-20 不容、承满、梁门、关门、太乙、滑肉门、天枢、外陵、大巨、水道、归来、气冲

### （十九）不容（Bùróng，ST19）

【定位】在上腹部，脐中上 6 寸，前正中线旁开 2 寸（图 3-20）。

【解剖】皮肤→皮下组织→腹直肌鞘前壁→腹直肌。浅层分布有第 6、7、8 胸神经前支的外侧皮支和前皮支及腹壁浅静脉。深层有腹壁上动、静脉的分支或属支，第 6、7 胸神经前支的肌支。

【主治】呕吐、胃痛、食欲不振、腹胀等胃疾。

【操作】直刺 0.5～1 寸。

### （二十）承满（Chéngmǎn，ST20）

【定位】在上腹部，脐中上 5 寸，前正中线旁开 2 寸（图 3-20）。

【解剖】皮肤→皮下组织→腹直肌鞘前壁→腹直肌。浅层分布有第 6、7、8 胸神经前支的外侧皮支和前皮支及腹壁浅静脉。深层有腹壁上动、静脉的分支或属支，第 6、7、8 胸神经前支的肌支。

【主治】胃痛、腹胀、食欲不振等胃疾。

【操作】直刺 0.5～1 寸。

### （二十一）梁门*（Liángmén，ST21）

【定位】在上腹部，脐中上 4 寸，前正中线旁开 2 寸（图 3-20）。

【解剖】皮肤→皮下组织→腹直肌鞘前壁→腹直肌。浅层分布有第 7、8、9 胸神经前支的外侧皮支和前皮支及腹壁浅静脉。深层有腹壁上动、静脉的分支或属支，第 7、8、9 胸神经前支的肌支。

【主治】胃痛、呕吐、腹胀、食欲不振等胃疾。

【操作】直刺 0.5～1 寸。

### （二十二）关门（Guānmén，ST22）

【定位】在上腹部，脐中上 3 寸，前正中线旁开 2 寸（图 3-20）。

【解剖】皮肤→皮下组织→腹直肌鞘前壁→腹直肌。浅层分布有第 7、8、9 胸神经前支的外侧皮支和前皮支及腹壁浅静脉。深层有腹壁上动、静脉的分支或属支，第 7、8、9 胸神经前支的肌支。

【主治】腹痛、腹胀、肠鸣、泄泻等胃肠病证。

【操作】直刺 0.5～1 寸。

### （二十三）太乙（Tàiyǐ，ST23）

【定位】在上腹部，脐中上 2 寸，前正中线旁开 2 寸（图 3-20）。

【解剖】皮肤→皮下组织→腹直肌鞘前壁→腹直肌。浅层分布有第 8、9、10 胸神经前支的外侧皮支和前皮支及腹壁浅静脉。深层有腹壁上动、静脉的分支或属支，第 8、9、10 胸神经前支的肌支。

【主治】①胃痛；②癫狂、心烦等神志病证。

【操作】直刺 0.8～1.2 寸。

### （二十四）滑肉门（Huáròumén，ST24）

【定位】在上腹部，脐中上 1 寸，前正中线旁开 2 寸（图 3-20）。

【解剖】皮肤→皮下组织→腹直肌鞘前壁→腹直肌。浅层分布有第 8、9、10 胸神经前支的外侧皮支和前皮支及脐周静脉网。深层有腹壁上动、静脉的分支或属支，第 8、9、10 胸神经前支的肌支。

【主治】①胃痛，呕吐；②癫狂、吐舌等神志病证。

【操作】直刺 0.8～1.2 寸。

### （二十五）天枢*（Tiānshū，ST25）大肠募穴

【定位】在腹部，横平脐中，前正中线旁开 2 寸（图 3-20）。

【解剖】皮肤→皮下组织→腹直肌鞘前壁→腹直肌。浅层分布有第 9、10、11 胸神经前支的外侧皮支和前皮支及脐周静脉网。深层有腹壁上、下动、静脉的吻合支，第 9、10、11 胸神经前支的

肌支。

【主治】①腹胀肠鸣、绕脐腹痛、便秘、泄泻、痢疾等胃肠病证；②月经不调、痛经等妇科病证。

【操作】直刺1～1.5寸。

（二十六）外陵（Wàilíng，ST26）

【定位】在下腹部，脐中下1寸，前正中线旁开2寸（图3-20）。

【解剖】皮肤→皮下组织→腹直肌鞘前壁→腹直肌。浅层分布有第10、11、12胸神经前支的外侧皮支和前皮支及腹壁浅静脉。深层有腹壁下动、静脉的分支或属支，第10、11、12胸神经前支的肌支。

【主治】①腹痛；②痛经；③疝气。

【操作】直刺1～1.5寸。

（二十七）大巨（Dàjù，ST27）

【定位】在下腹部，脐中下2寸，前正中线旁开2寸（图3-20）。

【解剖】皮肤→皮下组织→腹直肌鞘前壁→腹直肌。浅层分布有第10、11、12胸神经前支的外侧皮支和前皮支，腹壁浅动脉及腹壁浅静脉。深层有腹壁下动、静脉的分支或属支，第10、11、12胸神经前支的肌支。

【主治】①小腹胀，小便不利，疝气；②遗精、早泄等男科病证。

【操作】直刺1～1.5寸。

（二十八）水道*（Shuǐdào，ST28）

【定位】在下腹部，脐中下3寸，前正中线旁开2寸（图3-20）。

【解剖】皮肤→皮下组织→腹直肌鞘前壁→腹直肌。浅层分布有第11、12胸神经前支和第1腰神经前支的前皮支及外侧皮支，腹壁浅动、静脉。深层有第11、12胸神经前支的肌支。

【主治】①水肿，小便不利，小腹胀满；②痛经、不孕等妇科病证；③疝气。

【操作】直刺1～1.5寸。

（二十九）归来*（Guīlái，ST29）

【定位】在下腹部，脐中下4寸，前正中线旁开2寸（图3-20）。

【解剖】皮肤→皮下组织→腹直肌鞘前壁外侧缘→腹直肌外侧缘。浅层分布有第11、12胸神经前支和第1腰神经前支的外侧皮支及前皮支，腹壁浅动、静脉的分支或属支。深层有腹壁下动、静脉的分支或属支和第11、12胸神经前支的肌支。

【主治】①腹痛，疝气，奔豚气；②闭经、月经不调、阴挺、带下等妇科病证。

【操作】直刺1～1.5寸。

（三十）气冲（Qìchōng，ST30）

【定位】在腹股沟区，耻骨联合上缘，前正中线旁开2寸，动脉搏动处（图3-20）。

【解剖】皮肤→皮下组织→腹外斜肌腱膜→腹内斜肌→腹横肌。浅层分布有腹壁浅动、静脉，第12胸神经前支和第1腰神经前支的外侧皮支及前皮支。深层下外侧在腹股沟管内有精索（或子宫圆韧带）、髂腹股沟神经和生殖股神经生殖支。

【主治】①腹痛；②阳痿、阴肿、疝气等男科病证；③月经不调、不孕等妇科病证。

【操作】直刺 0.5～1 寸。

（三十一）髀关（Bìguān，ST31）

【定位】在股前区，股直肌近端、缝匠肌与阔筋膜张肌 3 条肌肉之间凹陷中（图 3-21）。

【解剖】皮肤→皮下组织→阔筋膜张肌与缝匠肌之间→股直肌→股外侧肌。浅层分布有股外侧皮神经。深层有旋股外侧动、静脉的升支，股神经的肌支。

【主治】①下肢痿痹、腰膝冷痛等下肢病证；②腰痛。

【操作】直刺 1～2 寸。

（三十二）伏兔*（Fútù，ST32）

【定位】在股前区，髌底上 6 寸，髂前上棘与髌底外侧端的连线上（图 3-21）。

【解剖】皮肤→皮下组织→股直肌→股中间肌。浅层分布有股外侧静脉，股神经前皮支及股外侧皮神经。深层有旋股外侧动、静脉的降支，股神经的肌支。

【主治】①腰膝冷痛、下肢痿痹等腰及下肢病证；②疝气；③脚气。

【操作】直刺 1～2 寸。

图 3-21 髀关、伏兔、阴市、梁丘

（三十三）阴市（Yīnshì，ST33）

【定位】在股前区，髌底上 3 寸，股直肌腱外侧缘（图 3-21）。

【解剖】皮肤→皮下组织→股直肌腱与股外侧肌之间→股中间肌。浅层分布有股神经前皮支和股外侧皮神经。深层有旋股外侧动、静脉的降支和股神经肌支。

【主治】①腹胀，腹痛；②腿膝痿痹，屈伸不利。

【操作】直刺 1～1.5 寸。

（三十四）梁丘*（Liángqiū，ST34）郄穴

【定位】在股前区，髌底上 2 寸，股外侧肌与股直肌腱之间（图 3-21）。

【解剖】皮肤→皮下组织→股直肌腱与股外侧肌之间→股中间肌腱的外侧。浅层分布有股神经的前皮支和股外侧皮神经。深层有旋股外侧动、静脉的降支和股神经的肌支。

【主治】①急性胃痛；②乳痈；③膝肿痛、下肢不遂等下肢病证。

【操作】直刺 1～1.5 寸。

（三十五）犊鼻（Dúbí，ST35）

【定位】在膝前区，髌韧带外侧凹陷中（图 3-22）。

【解剖】皮肤→皮下组织→髌韧带与髌外侧支持带之间→膝关节囊、翼状皱襞。浅层分布有腓肠外侧皮神经，股神经前皮支，隐神经的髌下支和膝关节动、静脉网。深层有膝关节腔。

【主治】膝肿、疼痛、屈伸不利、下肢痿痹等下肢病证。

【操作】屈膝，向后内斜刺 0.5～1 寸。

(三十六)足三里*(Zúsānlǐ,ST36)合穴;胃下合穴

【定位】在小腿外侧,犊鼻下3寸,胫骨前外1横指处,犊鼻与解溪连线上(图3-22)。

【解剖】皮肤→皮下组织→胫骨前肌→小腿骨间膜→胫骨后肌。浅层分布有腓肠外侧皮神经。深层有胫前动、静脉的分支或属支。

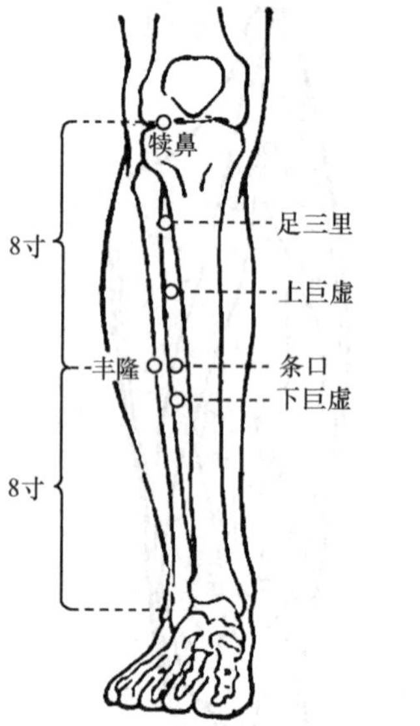

图3-22 犊鼻、足三里、上巨虚、条口、下巨虚、丰隆

【主治】①胃痛、呕吐、噎膈、腹胀、腹痛、腹泻、痢疾、便秘等胃肠病证;②下肢痿痹;③癫狂等神志病;④乳痈、肠痈等外科疾患;⑤虚劳诸证,为强壮要穴。

【操作】直刺1~2寸。强壮保健多用温灸。

(三十七)上巨虚*(Shàngjùxū,ST37)大肠下合穴

【定位】在小腿外侧,犊鼻下6寸,犊鼻与解溪连线上(图3-22)。

【解剖】皮肤→皮下组织→胫骨前肌→小腿骨间膜→胫骨后肌。浅层分布有腓肠外侧皮神经。深层有胫前动、静脉和腓深神经。

【主治】①肠中切痛、肠痈、便秘、泄泻等肠腑病证;②下肢痿痹,脚气。

【操作】直刺1~1.5寸。

(三十八)条口*(Tiáokǒu,ST38)

【定位】在小腿外侧,犊鼻下8寸,犊鼻与解溪连线上(图3-22)。

【解剖】皮肤→皮下组织→胫骨前肌→小腿骨间膜→胫骨后肌。浅层分布有腓肠外侧皮神经。深层有胫前动、静脉和腓深神经。

【主治】①下肢痿痹,跗肿,转筋;②肩臂痛。

【操作】直刺1~1.5寸。

(三十九)下巨虚*(Xiàjùxū,ST39)小肠下合穴

【定位】在小腿外侧,犊鼻下9寸,犊鼻与解溪连线上(图3-22)。

【解剖】皮肤→皮下组织→胫骨前肌→小腿骨间膜→胫骨后肌。浅层布有腓肠外侧皮神经。深层有胫前动、静脉和腓深神经。

【主治】①泄泻、痢疾、小腹痛等肠腑病证;②乳痈;③下肢痿痹。

【操作】直刺1~1.5寸。

(四十)丰隆*(Fēnglóng,ST40)络穴

【定位】在小腿外侧,外踝尖上8寸,胫骨前肌的外缘(图3-22)。

【解剖】皮肤→皮下组织→趾长伸肌→长伸肌→小腿骨间膜→胫骨后肌。浅层分布有腓肠外侧皮神经。深层有胫前动、静脉的分支或属支和腓深神经的分支。

【主治】①咳嗽、痰多、哮喘等痰饮病证;②头痛,眩晕,癫狂痫;③下肢痿痹。

【操作】直刺1~1.5寸。

### （四十一）解溪*（Jiěxī，ST41）经穴

【定位】在踝区，踝关节前面中央凹陷中，䟴长伸肌腱与趾长伸肌腱之间（图 3-23）。

【解剖】皮肤→皮下组织→䟴长伸肌腱与趾长伸肌腱之间→距骨。浅层分布有足背内侧皮神经及足背皮下静脉。深层有腓深神经和胫前动、静脉。

【主治】①头痛，眩晕，癫狂；②腹胀，便秘；③下肢痿痹，足踝肿痛。

【操作】直刺 0.5～1 寸。

图 3-23　解溪、冲阳、陷谷、内庭、厉兑

### （四十二）冲阳（Chōngyáng，ST42）原穴

【定位】在足背，第 2 跖骨基底部与中间楔状骨关节处，可触及足背动脉（图 3-23）。

【解剖】皮肤→皮下组织→䟴长伸肌腱与趾长伸肌腱之间→短伸肌→中间楔骨。浅层分布有足背内侧皮神经，足背静脉网。深层有足背动、静脉和腓深神经。

【主治】①胃痛，腹胀；②口歪，齿痛，面肿；③足背肿痛，足痿无力。

【操作】避开动脉，直刺 0.3～0.5 寸。

### （四十三）陷谷（Xiàngǔ，ST43）输穴

【定位】在足背，第 2、3 跖骨间，第 2 跖趾关节近端凹陷中（图 3-23）。

【解剖】皮肤→皮下组织→趾长伸肌腱→趾短伸肌腱内侧→第 2 骨间背侧肌→收肌斜头。浅层布有足背内侧皮神经和足背静脉网。深层有第 2 跖背动、静脉。

【主治】①面肿、水肿等水液输布失常性病证；②足背肿痛，足痿无力；③肠鸣，腹痛。

【操作】直刺 0.3～0.5 寸。

### （四十四）内庭*（Nèitíng，ST44）荥穴

【定位】在足背，第 2、3 趾间，趾蹼缘后方赤白肉际处（图 3-23）。

【解剖】皮肤→皮下组织→在第 2 与第 3 趾的趾长、短伸肌腱之间→第 2、3 跖骨头之间。浅层布有足背内侧皮神经的趾背神经和足背静脉网。深层有趾背动、静脉。

【主治】①齿痛、咽喉肿痛、口歪、鼻衄、热病等五官病证；②腹痛、腹胀、便秘、痢疾等胃肠病证；③足背肿痛。

【操作】直刺或斜刺 0.5～0.8 寸。

### （四十五）厉兑*（Lìduì，ST45）井穴

【定位】在足趾，第 2 趾末节外侧，趾甲根角侧后方 0.1 寸（指寸）（图 3-23）。

【解剖】皮肤→皮下组织→甲根。分布有足背内侧皮神经的趾背神经和趾背动、静脉网。

【主治】①齿痛，口歪，咽喉肿痛，鼻衄，癫狂，热病；②足背肿痛。

【操作】浅刺 0.1 寸；或点刺出血。

# 第四节 足太阴经络及其腧穴

## 一、足太阴经络

### （一）经脉循行及主要病候

足太阴脾经，起于足大趾末端，沿着大趾内侧赤白肉际，经过第1跖趾关节后面，上行至内踝前面，再沿小腿内侧胫骨后缘上行，至内踝上8寸处交于足厥阴肝经之前，再沿膝股部内侧前缘上行，进入腹部，属脾，联络胃；再经过横膈上行，挟咽部两旁，连系舌根，分散于舌下。其支脉，从胃上膈，注心中（图3-24）。

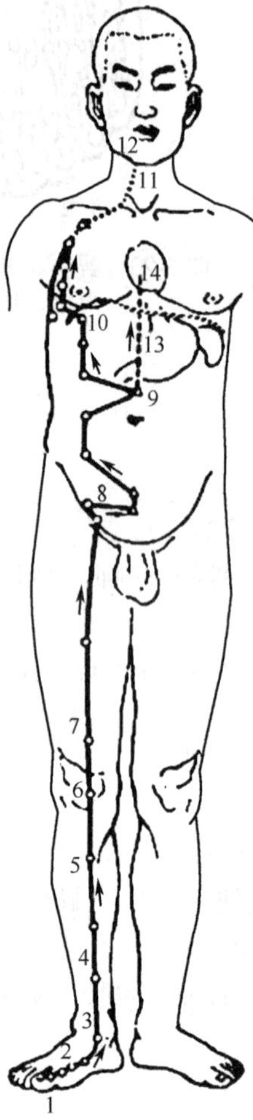

图3-24 足太阴脾经循行示意图

1.起于大指之端，循指内侧白肉际；2.过核骨后；3.上内踝前廉；4.上腨内；5.循胫骨后；6.交出厥阴之前；7.上膝股内前廉；8.入腹；9.属脾络胃；10.上膈；11.挟咽；12.连舌本散舌下；13.其支者，复从胃别上膈；14.注心中

主要病候：胃脘痛，食则呕，嗳气，腹胀，便溏，黄疸，身重无力，舌根强痛，下肢内侧肿胀、厥冷等症。

《灵枢•经脉》：脾足太阴之脉，起于大指之端，循指内侧白肉际，过核骨[1]后，上内踝前廉，上腨[2]内，循胫骨后，交出厥阴之前，上膝股内前廉，入腹，属脾，络胃，上膈，挟咽[3]，连舌本[4]，散舌下。其支者：复从胃，别上膈，注心中。

是动则病：舌本强，食则呕，胃脘痛，腹胀善噫，得后与气[5]，则快然如衰[6]，身体皆重。是主脾所生病者，舌本痛，体不能动摇，食不下，烦心，心下急痛、溏瘕[7]泄，水闭[8]，黄疸，不能卧，强立[9]，股膝内肿、厥，足大指不用。

【注释】[1]核骨：第1跖骨的头部突起。[2]腨：腓肠肌。[3]咽：指食道。[4]舌本：舌根部。[5]得后与气：后指大便，气指矢气。[6]快然如衰：感到病情缓解。[7]瘕：腹部忽聚忽散的痞块。[8]水闭：小便不通，亦称为癃闭。[9]强立：勉强站立。

### （二）络脉循行及主要病候

《灵枢·经脉》：足太阴之别，名曰公孙。去本节后一寸，别走阳明。其别者，入络肠胃。厥气上逆则霍乱。实则腹中切痛，虚则鼓胀，取之所别也。

《灵枢·经脉》：脾之大络，名曰大包，出渊腋下三寸，布胸胁。实则身尽痛，虚则百节尽皆纵。此脉若罗络之血者，皆取之脾之大络脉也。

（三）经别循行

《灵枢·经别》：足太阴之正，上至髀，合于阳明。与别俱行，上结于咽，贯舌中。

（四）经筋循行及主要病候

《灵枢·经筋》：足太阴之筋，起于大指之端内侧，上结于内踝。其直者，结于膝内辅骨，上循阴股结于髀，聚于阴器。上腹，结于脐，循腹里，结于肋，散于胸中。其内者，著于脊。其病：足大指支、内踝痛，转筋痛，膝内辅骨痛，阴股引髀而痛，阴器纽痛，上引脐与两胁痛，引膺中与脊内痛。

（五）主治概要

（1）脾胃病证　腹满，腹痛，呕吐，泄泻，胃痛等。
（2）妇科病证　痛经，月经不调，闭经，崩漏等。
（3）前阴病证　阴挺，遗精，癃闭，阳痿等。
（4）经脉循行部位的其他病证　足踝肿痛，下肢痿痹，胸胁胀痛等。

## 二、足太阴脾经腧穴（21 穴）

（一）隐白*（Yǐnbái，SP1）井穴

【定位】在足趾，大趾末节内侧，趾甲根角侧后方 0.1 寸（指寸）（图 3-25）。

【解剖】皮肤→皮下组织→甲根。布有足背内侧皮神经的分支，趾背神经和趾背动、静脉。

【主治】①月经过多、崩漏等妇科病；②腹胀、便血、尿血等出血病证；③癫狂，梦魇，多梦，惊风；④腹满、呕吐、泄泻等脾胃病证。

【操作】浅刺 0.1 寸，或用灸法。

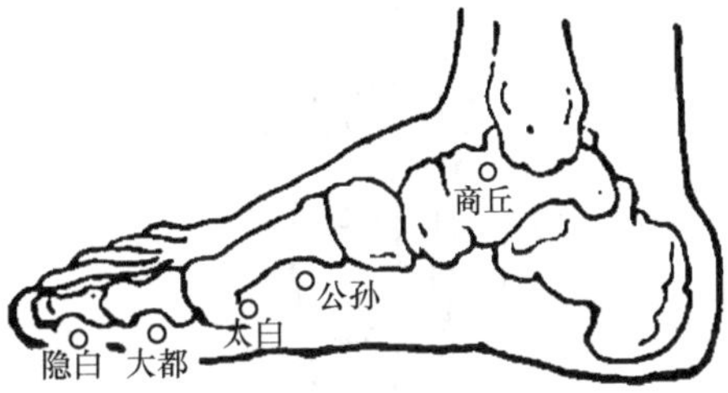

图 3-25　隐白、大都、太白、公孙、商丘

（二）大都（Dàdū，SP2）荥穴

【定位】在足趾，第 1 跖趾关节远端赤白肉际凹陷中（图 3-25）。

【解剖】皮肤→皮下组织→第 1 趾骨基底部。布有足底内侧神经的趾足底固有神经，浅静脉网，足底内侧动、静脉的分支或属支。

【主治】①腹胀、胃痛、泄泻、便秘等脾胃病证；②热病，无汗。

【操作】直刺 0.3～0.5 寸。

（三）太白*（Tàibái，SP3）输穴；原穴

【定位】在跖区，第 1 跖趾关节近端赤白肉际凹陷中（图 3-25）。

【解剖】皮肤→皮下组织→蹞展肌→蹞短屈肌。浅层布有隐神经、浅静脉网等。深层有足底内侧动、静脉的分支或属支，足底内侧神经的分支。

【主治】①胃痛、腹胀、腹痛、泄泻、痢疾、便秘、纳呆等脾胃病证；②体重节痛，脚气；③足痛、足肿等足部病证。

【操作】直刺 0.5～1 寸。

（四）公孙*（Gōngsūn，SP4）络穴；八脉交会穴（通于冲脉）

【定位】在跖区，第1跖骨底的前下缘赤白肉际处（图3-25）。

【解剖】皮肤→皮下组织→踇展肌→踇短屈肌→踇长屈肌腱。浅层布有隐神经的足内缘支，足背静脉弓的属支。深层有足底内侧动、静脉的分支或属支，足底内侧神经的分支。

【主治】①胃痛、呕吐、腹胀、腹痛、泄泻、痢疾等脾胃肠腑病证；②心烦、失眠、癫狂等神志病；③逆气里急、气上冲心（奔豚气）等冲脉病证。

【操作】直刺0.5～1寸。

（五）商丘（Shāngqiū，SP5）经穴

【定位】在踝区，内踝前下方，舟骨粗隆与内踝尖连线中点凹陷中（图3-25）。

【解剖】皮肤→皮下组织→内侧（三角）韧带→胫骨内踝。浅层布有隐神经，大隐静脉。深层有内踝前动、静脉的分支或属支。

【主治】①腹胀、泄泻、便秘、痔疾等脾胃病证；②舌本强痛；③足踝肿痛。

【操作】直刺0.3～0.5寸。

（六）三阴交*（Sānyīnjiāo，SP6）

【定位】在小腿内侧，内踝尖上3寸，胫骨内侧缘后际（图3-26）。

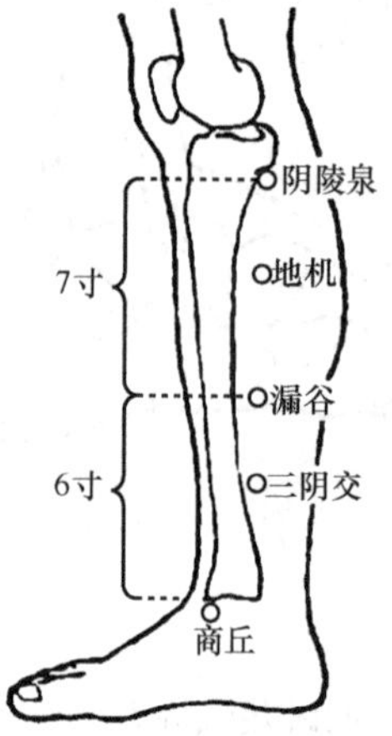


图3-26 三阴交、漏谷、地机、阴陵泉

【解剖】皮肤→皮下组织→趾长屈肌→胫骨后肌→长屈肌。浅层布有隐神经的小腿内侧皮支，大隐静脉的属支。深层有胫神经和胫后动、静脉。

【主治】①肠鸣腹胀、泄泻、便秘等脾胃肠病证；②月经不调、崩漏、带下、阴挺、经闭、难产、产后血晕、恶露不尽等妇产科病证；③遗精、阳痿、阴茎痛等男科病证；④小便不利、遗尿等泌尿系统病证；⑤下肢痿痹；⑥阴虚诸证。

【操作】直刺1～1.5寸。孕妇禁针。

（七）漏谷（Lòugǔ，SP7）

【定位】在小腿内侧，内踝尖上6寸，胫骨内侧缘后际（图3-26）。

【解剖】皮肤→皮下组织→小腿三头肌→趾长屈肌→胫骨后肌。浅层布有隐神经的小腿内侧皮支和大隐静脉。深层有胫神经和胫后动、静脉。

【主治】①腹胀，肠鸣；②小便不利，遗精；③下肢痿痹。

【操作】直刺1～1.5寸。

（八）地机*（Dìjī，SP8）郄穴

【定位】在小腿内侧，阴陵泉下3寸，胫骨内侧缘后际（图3-26）。

【解剖】皮肤→皮下组织→腓肠肌→比目鱼肌。浅层布有隐神经的小腿内侧皮支和大隐静脉。深层有胫神经和胫后动、静脉。

【主治】①腹胀、腹痛、泄泻等脾胃病证；②月经不调、痛经、遗精、小便不利等生殖泌尿系

统病证；③腰痛，下肢痿痹。

【操作】直刺 1～1.5 寸。

### （九）阴陵泉*（Yīnlíngquán，SP9）合穴

【定位】在小腿内侧，胫骨内侧髁下缘与胫骨内侧缘之间的凹陷中（图 3-26）。

【解剖】皮肤→皮下组织→半腱肌腱→腓肠肌内侧头。浅层布有隐神经的小腿内侧皮支，大隐静脉和膝降动脉分支。深层有膝下内侧动、静脉。

【主治】①腹胀，黄疸，泄泻；②妇人阴痛、带下等妇科病证；③小便不利或失禁、阴茎痛、遗精等泌尿生殖系统病证；④水肿；⑤膝痛，下肢疼痛酸胀。

【操作】直刺 1～2 寸。

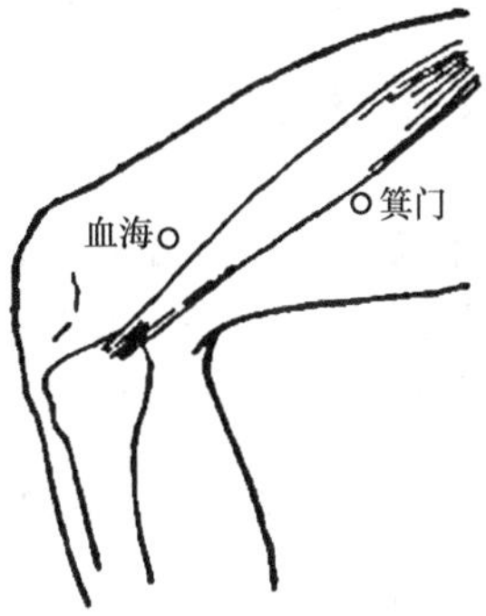

图 3-27　血海、箕门

### （十）血海*（Xuèhǎi，SP10）

【定位】在股前区，髌底内侧端上 2 寸，股内侧肌隆起处（图 3-27）。

【解剖】皮肤→皮下组织→股内侧肌。浅层布有股神经前皮支，大隐静脉的属支。深层有股动、静脉的肌支和股神经的肌支。

【主治】①月经不调、经闭、崩漏等妇科病证；②湿疹，瘾疹，丹毒等皮肤病证；③膝股内侧痛。

【操作】直刺 1～1.5 寸。

### （十一）箕门（Jīmén，SP11）

【定位】在股前区，髌底内侧端与冲门的连线上 1/3 与下 2/3 交点，长收肌与缝匠肌交角的动脉搏动处（图 3-27）。

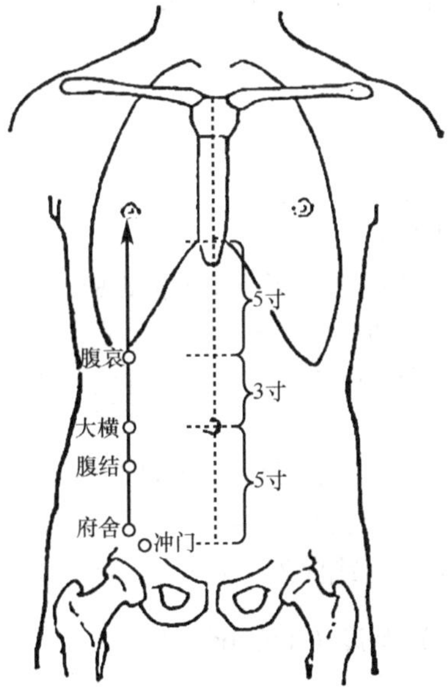

图 3-28　冲门、府舍、腹结、大横、腹哀

【解剖】皮肤→皮下组织→股内侧肌。浅层布有股神经前皮支，大隐静脉的属支。深层有股动、静脉，隐神经和股神经肌支。

【主治】①腹股沟肿痛；②崩漏，带下，疝气。

【操作】避开动脉，直刺 0.5～1 寸。

### （十二）冲门（Chōngmén，SP12）

【定位】在腹股沟区，腹股沟斜纹中，髂外动脉搏动处的外侧（图 3-28）。

【解剖】皮肤→皮下组织→腹外斜肌腱膜→腹内斜肌→腹横肌→髂腰肌。浅层布有股神经前皮支，大隐静脉的属支。深层有股动、静脉，隐神经和股神经肌支。

【主治】①腹痛；②崩漏，带下，疝气。

【操作】直刺 0.5～1 寸。

### （十三）府舍（Fǔshè，SP13）

【定位】在下腹部，脐中下 4.3 寸，前正中线旁开 4 寸（图 3-28）。

【解剖】皮肤→皮下组织→腹外斜肌腱膜→腹内斜肌→腹横肌。浅层有旋髂浅动、静脉的分支或属支。第11、12胸神经前支和第1腰神经前支的外侧皮支。深层有股神经，第11、12胸神经前支和第1腰神经前支的肌支，旋髂深动、静脉。

【主治】腹痛，积聚，疝气。

【操作】直刺1～1.5寸。

### （十四）腹结（Fùjié，SP14）

【定位】在下腹部，脐中下1.3寸，前正中线旁开4寸（图3-28）。

【解剖】皮肤→皮下组织→腹外斜肌→腹内斜肌。浅层布有第10、11、12胸神经前支的外侧皮支，胸腹壁静脉的属支。深层有第10、11、12胸神经前支的肌支及伴行的动、静脉。

【主治】①腹痛，便秘，泄泻；②疝气。

【操作】直刺1～1.5寸。

### （十五）大横*（Dàhéng，SP15）

【定位】在腹部，脐中旁开4寸（图3-28）。

【解剖】皮肤→皮下组织→腹外斜肌→腹内斜肌→腹横肌。浅层布有第9、10、11胸神经前支的外侧皮支和胸腹壁静脉的属支。深层有第9、10、11胸神经前支的肌支及伴行的动、静脉。

【主治】泄泻，便秘，腹痛。

【操作】直刺1～1.5寸。

### （十六）腹哀（Fù'āi，SP16）

【定位】在上腹部，脐中上3寸，前正中线旁开4寸（图3-28）。

【解剖】皮肤→皮下组织→腹外斜肌→腹内斜肌→腹横肌。浅层布有第7、8、9胸神经前支的外侧皮支和胸腹壁静脉的属支。深层有第7、8、9胸神经前支的肌支及伴行的动、静脉。

【主治】腹痛，便秘，泄泻，消化不良。

【操作】直刺1～1.5寸。

### （十七）食窦（Shídòu，SP17）

【定位】在胸部，第5肋间隙，前正中线旁开6寸（图3-29）。

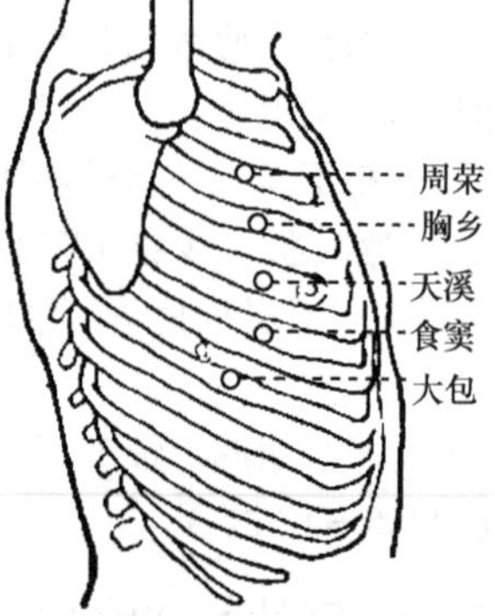


图3-29 食窦、天溪、胸乡、周荣、大包

【解剖】皮肤→皮下组织→前锯肌→肋间外肌。浅层布有第5肋间神经外侧皮支和胸腹壁静脉。深层有胸长神经的分支，第5肋间神经和第5肋间后动、静脉。

【主治】①腹胀、反胃、食入即吐等胃气失降性病证；②水肿；③胸胁胀痛。

【操作】斜刺或向外平刺0.5～0.8寸。

### （十八）天溪（Tiānxī，SP18）

【定位】在胸外侧部，当第4肋间隙，距前正中线6寸（图3-29）。

【解剖】皮肤→皮下组织→胸大肌→胸小肌。浅层布有第 4 肋间神经外侧皮支和胸腹壁静脉的属支。深层有胸内、外侧神经的分支，胸肩峰动、静脉的胸肌支和胸外侧动、静脉的分支或属支。

【主治】①胸胁疼痛，咳嗽；②乳痈，乳汁少。

【操作】斜刺或向外平刺 0.5～0.8 寸。

#### （十九）胸乡（Xiōngxiāng，SP19）

【定位】在胸部，第 3 肋间隙，前正中线旁开 6 寸（图 3-29）。

【解剖】皮肤→皮下组织→胸大肌→胸小肌。浅层布有第 3 肋间神经外侧皮支和胸腹壁静脉的属支，深层有胸内、外侧神经的分支，胸肩峰动、静脉的胸肌支和胸外侧的动、静脉的分支或属支。

【主治】胸胁胀痛。

【操作】斜刺或向外平刺 0.5～0.8 寸。

#### （二十）周荣（Zhōuróng，SP20）

【定位】在胸部，第 2 肋间隙，前正中线旁开 6 寸（图 3-29）。

【解剖】皮肤→皮下组织→胸大肌→胸小肌。浅层布有第 2 肋间神经的外侧皮支和浅静脉。深层有胸内、外侧神经和胸肩峰动、静脉的胸肌支。

【主治】①咳喘，不思饮食；②胸胁胀满、疼痛。

【操作】斜刺或向外平刺 0.5～0.8 寸。

#### （二十一）大包*（Dàbāo，SP21）脾之大络

【定位】在胸外侧区，第 6 肋间隙，在腋中线上（图 3-29）。

【解剖】皮肤→皮下组织→前踞肌。浅层布有第 6 肋间神经外侧皮支和胸腹壁静脉的属支。深层有胸长神经的分支和胸背动、静脉的分支或属支。

【主治】①咳喘，胸胁胀痛；②全身疼痛，四肢无力。

【操作】斜刺或向外平刺 0.5～0.8 寸。

## 第五节　手少阴经络及其腧穴

### 一、手少阴经络

#### （一）经脉循行及主要病候

手少阴心经，起于心中，出属心系（心与其他脏器相连的组织）；下行经过横膈，联络小肠。其支脉，从心系向上，挟着食道上行，连于目系（眼球连接于脑的组织）。其直行经脉，从心系上行到肺部，再向外下到达腋窝部，沿着上臂内侧后缘行于手太阴肺经和手厥阴肝经的后面，到达肘窝；再沿前臂内侧后缘，至掌后豌豆骨部，进入掌内，止于小指桡侧末端（图 3-30）。

主要病候：心痛，咽干，口渴，目黄，胁痛，上臂内侧痛，手心发热等。

《灵枢·经脉》：心手少阴之脉，起于心中，出属心系[1]，下膈，络小肠。其支者，从心系，上挟咽[2]，系目系[3]。其直者，复从心系，却上肺，下出腋下，下循臑内后廉，行太阴、心主[4]之后，下肘内，循臂内后廉，抵掌后锐骨[5]之端，入掌内后廉[6]，循小指之内，出其端。

是动则病：嗌[7]干，心痛，渴而欲饮，是为臂厥。是主心所生病者，目黄，胁痛，臑臂内后廉痛、厥，掌中热。

【注释】[1]心系：是指心与各脏腑相连的组织。主要指与心连接的大血管及其功能性联系。[2]咽：指食道。[3]目系：指眼后与脑相接连的组织。[4]太阴、心主：指手太阴肺经和手厥阴心包经。[5]掌后锐骨：指豌豆骨。[6]掌内后廉：指掌心的后边（尺侧）。[7]嗌（yì）：《说文》："咽也。"按：嗌，指咽峡部分，而咽则兼指食道。

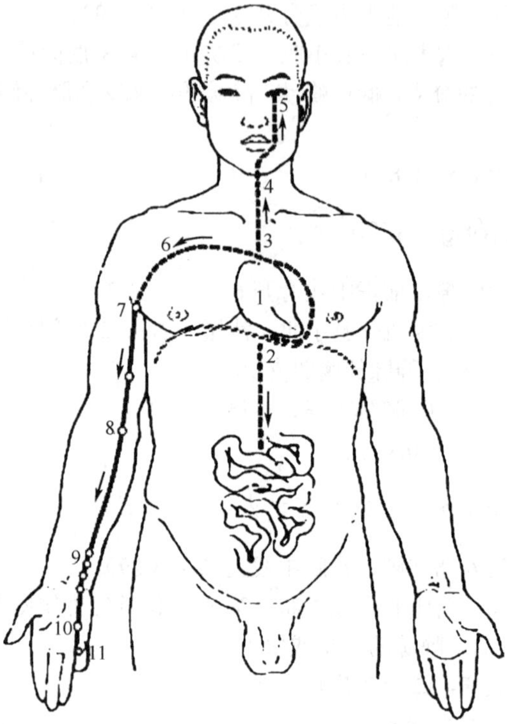


图 3-30 手少阴心经循行示意图

1. 起于心中，出属心系；2. 下膈，络小肠；3. 其支者，从心系；4. 上挟咽；5. 系目系；6. 其直者，复从心系却上肺，下出腋下；7. 下循臑内后廉，行太阴、心主之后；8. 下肘内，循臂内后廉；9. 抵掌后锐骨之端；10. 入掌内后廉；11. 循小指之内，出其端

### （二）络脉循行及主要病候

《灵枢·经脉》：手少阴之别，名曰通里。去腕一寸，别而上行，循经入于心中，系舌本，属目系。取之去腕后一寸。别走太阳也。其实，则支膈；虚，则不能言。

### （三）经别循行

《灵枢·经别》：手少阴之正，别入于渊腋两筋之间，属于心，上走喉咙，出于面，合目内眦。

### （四）经筋循行及主要病候

《灵枢·经筋》：手少阴之筋，起于小指之内侧，结于锐骨，上结肘后廉；上入腋，交太阴，伏乳里，结于胸中，循贲，下系于脐。其病：内急，心承伏梁，下为肘网，其病当所过者支转筋、筋痛。

（五）主治概要

（1）心系病证　心痛，心悸，怔忡等。
（2）神志病　癫狂痫，失眠等。
（3）经脉循行部位的其他病证　肩臂疼痛，胁肋疼痛，腕臂痛等。

## 二、手少阴心经腧穴（9穴）

### （一）极泉*（Jíquán，HT1）

【定位】上臂外展，在腋窝中央顶点，腋动脉搏动处（图3-31）。

【解剖】皮肤→皮下组织→臂丛、腋动脉、腋静脉→背阔肌腱→大圆肌。浅层有肋间臂神经分布。深层有桡神经，尺神经，正中神经，前臂内侧皮神经，臂内侧皮神经，腋动、静脉等结构。

【主治】①心痛，心悸；②胸闷气短，胁肋疼痛；③肩臂疼痛，上肢不遂，瘰疬。

【操作】上臂外展，避开腋动脉，直刺或斜刺0.5～0.8寸。

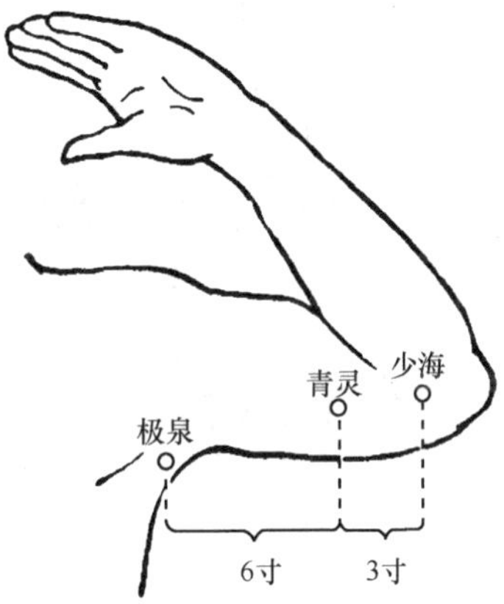

图3-31　极泉、青灵、少海

### （二）青灵（Qīnglíng，HT2）

【定位】在臂前区内侧，当极泉与少海的连线上，肘横纹上3寸，肱二头肌的内侧沟中（图3-31）。

【解剖】皮肤→皮下组织→臂内侧肌间隔与肱肌。浅层布有臂内侧皮神经，前臂内侧皮神经，贵要静脉。深层有肱动、静脉，正中神经，尺神经，尺侧上副动、静脉和肱三头肌。

【主治】头痛，胁痛，肩臂疼痛。

【操作】直刺0.5～1寸。

### （三）少海*（Shàohǎi，HT3）合穴

【定位】屈肘成直角，当肘横纹内侧端与肱骨内上髁连线的中点处（图3-31）。

【解剖】皮肤→皮下组织→旋前圆肌→肱肌。浅层布有前臂内侧皮神经，贵要静脉。深层有正中神经，尺侧返动、静脉和尺侧下副动、静脉的吻合支。

【主治】①心痛，癫狂痫；②腋胁痛，肘臂挛痛麻木，手颤；③瘰疬。

【操作】向桡侧直刺0.5～1寸。

### （四）灵道（Língdào，HT4）经穴

【定位】在前臂前区，腕掌侧远端横纹上1.5寸，尺侧腕屈肌腱的桡侧缘（图3-32）。

【解剖】皮肤→皮下组织→尺侧腕屈肌与指浅屈肌之间→指深屈肌→旋前方肌。浅层布有前臂内侧皮神经，贵要静脉属支。深层有尺动、静脉和尺神经等。

【主治】①心痛，心悸；②暴喑；③肘臂挛痛，手指麻木。

【操作】直刺0.3～0.5寸。

（五）通里*（Tōnglǐ，HT5）络穴

【定位】在前臂前区，腕掌侧远端横纹上 1 寸，尺侧腕屈肌腱的桡侧缘（图 3-32）。

【解剖】皮肤→皮下组织→尺侧腕屈肌与指浅屈肌之间→指深屈肌→旋前方肌。浅层有前臂内侧皮神经，贵要静脉属支。深层分布有尺动、静脉和尺神经。

【主治】①暴喑，舌强不语；②心悸，怔忡；③腕臂痛。

【操作】直刺 0.3～0.5 寸。

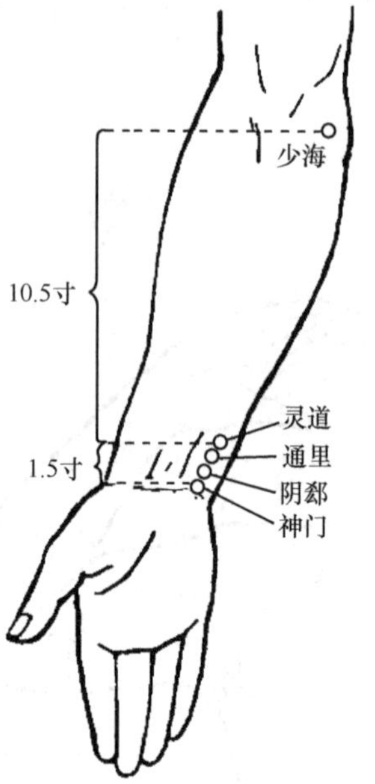

图 3-32 灵道、通里、阴郄、神门

（六）阴郄*（Yīnxì，HT6）郄穴

【定位】在前臂前区，腕掌侧远端横纹上 0.5 寸，尺侧腕屈肌腱的桡侧缘（图 3-32）。

【解剖】皮肤→皮下组织→尺侧腕屈肌腱桡侧缘→尺神经。浅层有前臂内侧皮神经，贵要静脉属支等分布。深层有尺动、静脉。

【主治】①心痛，惊悸；②吐血，衄血，骨蒸盗汗。

【操作】避开尺动、静脉，直刺 0.3～0.5 寸。

（七）神门*（Shénmén，HT7）输穴；原穴

【定位】在腕前区，腕掌侧远端横纹尺侧端，尺侧腕屈肌腱的桡侧缘凹陷处（图 3-32）。

【解剖】皮肤→皮下组织→尺侧腕屈肌腱桡侧缘。浅层有前臂内侧皮神经，贵要静脉属支和尺神经掌支。深层有尺动、静脉和尺神经。

【主治】①失眠，健忘，痴呆，癫狂痫；②心痛，心烦，惊悸；③腕臂痛，胸胁痛。

【操作】避开尺动、静脉，直刺 0.3～0.5 寸。

（八）少府*（Shàofǔ，HT8）荥穴

【定位】在手掌，横平第 5 掌指关节近端，第 4、5 掌骨之间（握拳时小指尖所指处）（图 3-33）。

【解剖】皮肤→皮下组织→掌腱膜→无名指的浅、深屈肌腱与小指的浅、深屈肌腱之间→第 4 蚓状肌→第 4 骨间背侧肌。浅层有尺神经掌支分布。深层布有指掌侧总动、静脉，指掌侧固有神经（尺神经分支）。

【主治】①心悸，胸痛；②小便不利，遗尿，阴痒痛；③小指挛痛，掌中热。

【操作】直刺 0.3～0.5 寸。

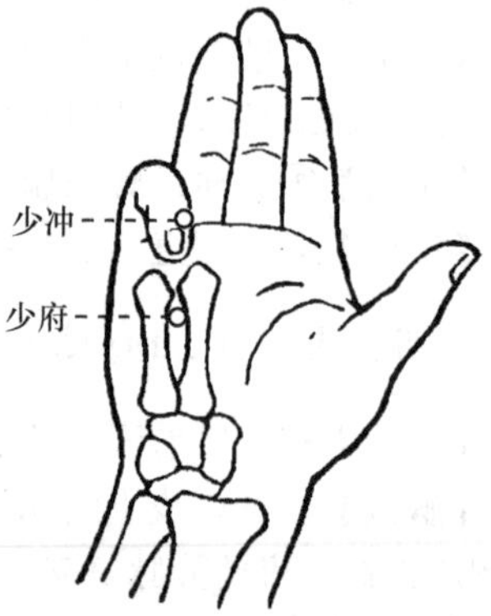

图 3-33 少府、少冲

（九）少冲*（Shàochōng，HT9）井穴

【定位】在手小指的末节桡侧，指甲根角侧上方 0.1 寸（图 3-33）。

【解剖】皮肤→皮下组织→指甲根。布有尺神经的指掌侧固有神经指背支和指掌侧固有动、静脉指背支形成的动、静脉网。

【主治】①癫狂，昏迷，热病；②心悸，心痛；③胸胁痛。

【操作】浅刺 0.1 寸；或点刺出血。

## 第六节　手太阳经络及其腧穴

### 一、手太阳经络

#### （一）经脉循行及主要病候

手太阳小肠经起于小指末端，沿着小指尺侧、手掌尺侧，上达到手腕部，出于尺骨小头部，直上沿尺骨下缘，向上，出于肘内侧尺骨鹰嘴与肱骨内上髁之间，向上，沿臂外后侧，出于肩关节，绕肩胛骨，在肩部与其他经脉交会后，进入缺盆，络于心，沿食管穿过膈肌，到胃部，属于小肠。一个分支：从锁骨上窝上行，沿颈部向上，经过面颊，到达外眼角；折回，进入耳中。一个分支：从面颊部分出，经过鼻部到达内眼角，斜外联络到颧骨部（图 3-34）。

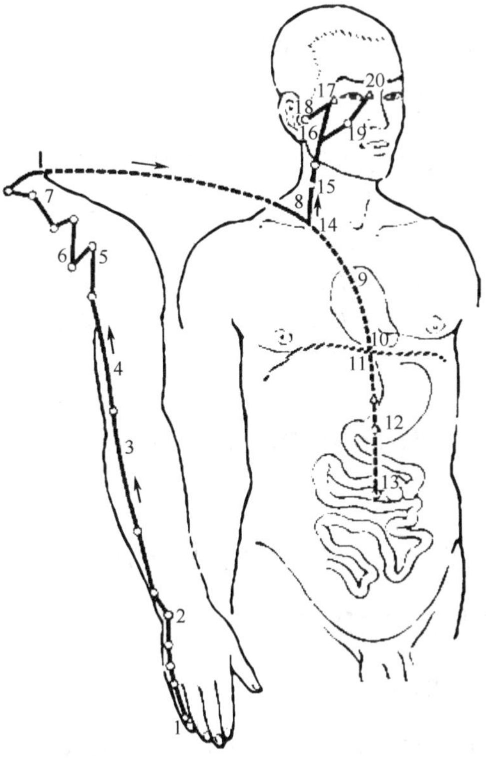


图 3-34　手太阳小肠经循行示意图

1. 起于小指之端；2. 循手外侧上腕，出踝中；3. 直上循臂骨下廉，出肘内侧两骨之间；4. 上循臑外后廉；5. 出肩解；6. 绕肩胛；7. 交肩上；8. 入缺盆；9. 络心；10. 循咽；11. 下膈；12. 抵胃；13. 属小肠；14. 其支者，从缺盆；15. 循颈；16. 上颊；17. 至目锐眦；18. 却入耳中；19. 支者，别颊上䪼，抵鼻；20. 至目内眦，斜络于颧

主要病候：咽喉疼痛，颔下肿胀，颈项不能左右转动，肩部牵拉样疼痛，上臂部剧痛，耳聋，目赤，面颊肿胀，颈部、颔下、肩胛、上臂、肘以及前臂的外侧后缘疼痛。

《灵枢・经脉》：小肠手太阳之脉，起于小指之端，循手外侧上腕，出踝[1]中，直上循臂骨[2]

下廉，出肘内侧两骨之间[3]，上循臑外后廉，出肩解[4]，绕肩胛，交肩上，入缺盆，络心，循咽，下膈，抵胃，属小肠。其支者，从缺盆循颈，上颊，至目锐眦[5]，却入耳中。支者，别颊，上䪼[6]，抵鼻，至目内眦[7]（斜络于颧）。

是动则病：嗌痛，颔[8]肿，不可以顾，肩似拔、臑似折[9]。是主液[10]所生病者：耳聋，目黄，颊肿，颈、颔、肩、臑、肘、臂外后廉痛。

【注释】[1] 踝：此处指手腕后方的尺骨小头隆起处。[2] 臂骨：尺骨。[3] 两骨之间：当为尺骨鹰嘴与肱骨内上髁之间。[4] 肩解：肩关节。[5] 目锐眦：目外角。[6] 䪼（zhuō）：眼眶下方颧骨部。[7] 目内眦：目内角。[8] 颔：下颌骨下、结喉上两侧肉之软处。[9] 肩似拔、臑似折：描述性语句，形容肩痛、上臂痛剧烈。[10] 液：与手阳明脉主"津"、足阳明脉主"血"等互参。与手阳明脉主"津"相对。

### （二）络脉循行及主要病候

《灵枢·经脉》：手太阳之别，名曰支正。上腕五寸，内注少阴；其别者，上走肘，络肩髃。实则节弛肘废；虚则生肬，小者如指痂疥。取之所别也。

### （三）经别循行

《灵枢·经别》：手太阳之正，指地，别于肩解，入腋，走心，系小肠也。

### （四）经筋循行及主要病候

《灵枢·经筋》：手太阳之筋，起于小指之上，结于腕；上循臂内廉，结于肘内锐骨之后，弹之应小指之上，入结于腋下。其支者，后走腋后廉，上绕肩胛，循颈，出足太阳之筋前，结于耳后完骨。其支者，入耳中；直者出耳上，下结于颔，上属目外眦。其支者，上曲牙，循耳前，属目外眦，上额结于角。其病：手小指支，肘内锐骨后廉痛，循臂阴，入腋下，腋下痛，腋后廉痛，绕肩胛引颈而痛，应耳中鸣，痛引颔，目瞑良久乃得视。颈筋急，则为筋瘘，颈肿，寒热在颈者。

### （五）主治概要

（1）头面五官病　头痛，目翳，耳鸣耳聋，咽喉肿痛等。
（2）热病　发热。
（3）神志病　癫狂痫。
（4）经脉循行所过部位的其他病证　颈项强痛，肩臂背部疼痛，手指挛痛等。

## 二、手太阳小肠经腧穴（19 穴）

### （一）少泽*（Shàozé，SI1）井穴

【定位】在手小指末节尺侧，指甲根角侧上方 0.1 寸（图 3-35）。
【解剖】皮肤→皮下组织→指甲根。分布有尺神经指掌侧固有神经的指背支和小指尺掌侧动、静脉指背支形成的动、静脉网。
【主治】①头痛，目翳，咽喉肿痛，耳聋，耳鸣；②乳痛，乳汁少；③昏迷，热病。
【操作】浅刺 0.1 寸；或点刺出血。

### （二）前谷*（Qiángǔ，SI2）荥穴

【定位】微握拳，在手第 5 掌指关节尺侧远端赤白肉际凹陷中（图 3-35）。

【解剖】皮肤→皮下组织→小指近节指骨基底部。分布有尺神经的指背神经，尺神经的指掌侧固有神经和小指尺掌侧动、静脉。

【主治】①头痛，目痛，耳鸣，咽喉肿痛；②乳少；③热病。

【操作】直刺 0.3～0.5 寸。

### （三）后溪*（Hòuxī，SI3）输穴；八脉交会穴（通督脉）

【定位】在手内侧，微握拳，第 5 掌指关节尺侧近端赤白肉际凹陷中（图 3-35）。

【解剖】皮肤→皮下组织→小指展肌→小指短屈肌。浅层分布有尺神经手背支，尺神经掌支和皮下浅静脉等。深层有小指尺掌侧固有动、静脉和指掌侧固有神经。

【主治】①头项强痛，落枕，腰背痛；②目赤肿痛，耳聋，咽喉肿痛；③盗汗，疟疾，癫狂痫；④手指及肘臂挛急。

【操作】直刺 0.5～0.8 寸；或向合谷方向透刺。

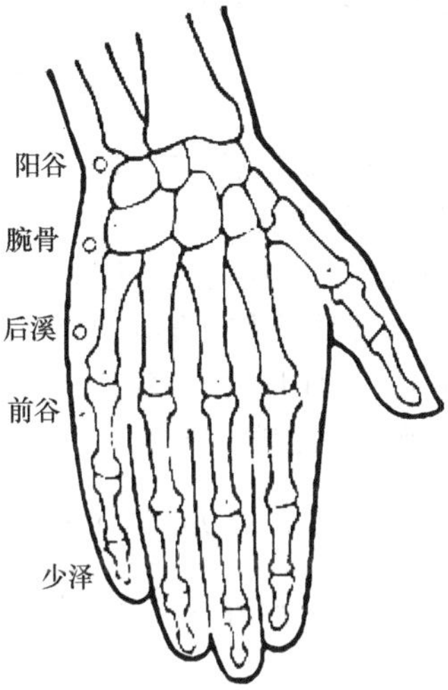


图 3-35 少泽、前谷、后溪、腕骨、阳谷

### （四）腕骨*（Wàngǔ，SI4）原穴

【定位】在腕部，第 5 掌骨底与钩骨之间的赤白肉际凹陷中（图 3-35）。

【解剖】皮肤→皮下组织→小指展肌→豆掌韧带。浅层布有前臂内侧皮神经，尺神经掌支，尺神经手背支和浅静脉等。深层有尺动、静脉的分支或属支。

【主治】①头项强痛，耳鸣，目翳；②黄疸，消渴，热病，疟疾；③指挛，腕痛。

【操作】直刺 0.3～0.5 寸。

### （五）阳谷（Yánggǔ，SI5）经穴

【定位】在腕部，尺骨茎突与三角骨之间的凹陷中（图 3-35）。

【解剖】皮肤→皮下组织→尺侧腕伸肌腱的前方。浅层有尺神经手背支，贵要静脉等分布。深层有尺动脉的腕背支。

【主治】①头痛，目眩，耳鸣，耳聋；②热病，癫狂痫；③腕臂痛。

【操作】直刺 0.3～0.5 寸。

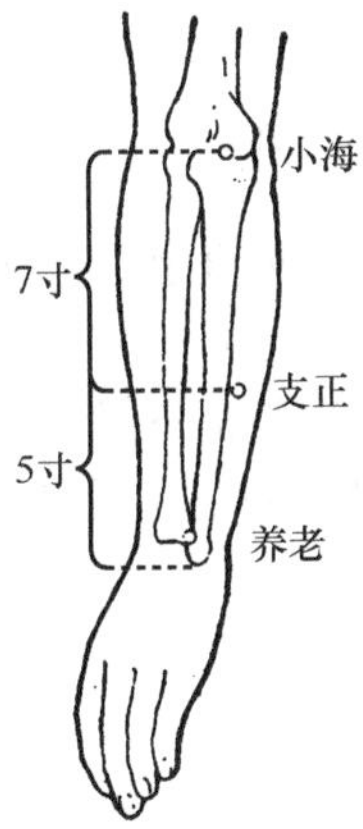


图 3-36 养老、支正、小海

### （六）养老*（Yǎnglǎo，SI6）郄穴

【定位】在前臂后区，腕背横纹上 1 寸，尺骨头近端桡侧凹陷中（图 3-36）。

【解剖】皮肤→皮下组织→尺侧腕伸肌腱。浅层布有前臂内侧皮神经，前臂后皮神经，尺神经手背支和贵要静脉属支。深层有腕背动、静脉网。

【主治】①目视不明；②头痛项强，肩背肘臂酸痛。

【操作】以掌心向胸姿势，直刺 0.5～0.8 寸。

（七）支正*（Zhīzhèng，SI7）络穴

【定位】在前臂后区，腕背侧横纹上5寸，尺骨尺侧与尺侧腕屈肌之间（图3-36）。

【解剖】皮肤→皮下组织→尺侧腕屈肌→指深屈肌→前臂骨间膜。浅层布有前臂内侧皮神经，贵要静脉属支。深层有尺动、静脉和尺神经。

【主治】①头痛项强；②热病；③癫狂；④肘臂酸痛。

【操作】直刺0.5～0.8寸。

（八）小海*（Xiǎohǎi，SI8）合穴

【定位】微屈肘，在肘部，尺骨鹰嘴与肱骨内上髁之间凹陷中（图3-36）。

【解剖】皮肤→皮下组织→尺神经沟内。浅层布有前臂内侧皮神经尺侧支，臂内侧皮神经，贵要静脉属支。深层在尺神经沟内有尺神经，尺神经的后外侧有尺侧上副动、静脉与尺动、静脉的尺侧返动、静脉后支吻合成的动、静脉网。

【主治】①肘臂疼痛；②癫痫。

【操作】直刺0.3～0.5寸（临床尽量少用，因为容易损伤尺神经）。

（九）肩贞*（Jiānzhēn，SI9）

【定位】在肩胛区，肩关节后下方，臂内收时，腋后纹头直上1寸（图3-37）。

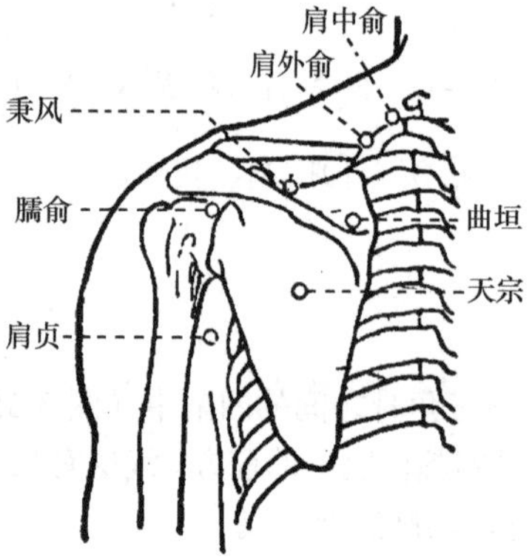

图3-37　肩贞、臑俞、天宗、秉风、曲垣、肩外俞、肩中俞

【解剖】皮肤→皮下组织→三角肌后份→肱三头肌长头→大圆肌→背阔肌腱。浅层布有第2肋间神经的外侧皮支和臂外侧上皮神经。深层有桡神经等结构。

【主治】①肩背疼痛，手臂麻痛不举；②瘰疬；③耳鸣。

【操作】向外斜刺1～1.5寸；或向前腋缝方向透刺。

（十）臑俞（Nàoshū，SI10）

【定位】在肩胛区，当腋后纹头直上，肩胛冈下缘凹陷中（图3-37）。

【解剖】皮肤→皮下组织→三角肌→冈下肌。浅层布有锁骨上外侧神经。深层有肩胛上动、静脉的分支或属支；旋肱后动、静脉的分支或属支等。

【主治】①肩臂疼痛；②瘰疬。

【操作】直刺0.5～1寸。

（十一）天宗*（Tiānzōng，SI11）

【定位】在肩胛区，肩胛冈中点与肩胛骨下角连线上1/3与下2/3交点凹陷中（图3-37）。

【解剖】皮肤→皮下组织→斜方肌→冈下肌。浅层有第4胸神经后支的皮支和伴行的动、静脉。深层布有肩胛上神经的分支和旋肩胛动、静脉的分支或属支。

【主治】①肩胛疼痛，肩臂痛；②乳痈，乳癖；③咳嗽，气喘。

【操作】直刺或斜刺0.5～1寸。

（十二）秉风（Bǐngfēng，SI12）

【定位】在肩胛区，肩胛冈中点上方冈上窝中（图 3-37）。

【解剖】皮肤→皮下组织→斜方肌→冈上肌。浅层布有第 2 胸神经后支的皮支和伴行的动、静脉。深层有肩胛上神经的分支和肩胛上动、静脉的分支或属支分布。

【主治】肩胛疼痛，手臂酸麻。

【操作】直刺 0.5～0.8 寸。

（十三）曲垣（Qūyuán，SI13）

【定位】在肩胛区，肩胛冈内侧端上缘凹陷中（图 3-37）。

【解剖】皮肤→皮下组织→斜方肌→冈上肌。浅层布有第 2、3 胸神经后支的皮支和伴行的动、静脉。深层布有肩胛上神经的肌支和肩胛上动、静脉，肩胛背动、静脉的分支或属支。

【主治】肩胛、项背疼痛。

【操作】直刺或向外下方斜刺 0.5～1 寸，不宜向胸部深刺。

（十四）肩外俞（Jiānwàishū，SI14）

【定位】在脊柱区，第 1 胸椎棘突下，后正中线旁开 3 寸（图 3-37）。

【解剖】皮肤→皮下组织→斜方肌→菱形肌。浅层有第 1、2 胸神经后支的皮支和伴行的动、静脉。深层分布有颈横动、静脉的分支或属支和肩胛背神经的肌支。

【主治】肩背疼痛，颈项强急。

【操作】向外斜刺 0.5～0.8 寸，不宜直刺深刺。

（十五）肩中俞（Jiānzhōngshū，SI15）

【定位】在脊柱区，第 7 颈椎棘突下，后正中线旁开 2 寸（图 3-37）。

【解剖】皮肤→皮下组织→斜方肌→菱形肌。浅层有第 8 颈神经后支，第 1 胸神经后支的皮支分布。深层有副神经、肩胛背神经的分布和颈横动、静脉。

【主治】①咳嗽，气喘；②肩背疼痛。

【操作】直刺或向外斜刺 0.5～0.8 寸。不宜直刺深刺。

（十六）天窗（Tiānchuāng，SI16）

【定位】在颈部，横平喉结，胸锁乳突肌的后缘（图 3-38）。

【解剖】皮肤→皮下组织→胸锁乳突肌后缘→肩胛提肌→头、颈夹肌。浅层有耳大神经、枕小神经和颈外静脉。深层布有颈升动、静脉的分支或属支。

【主治】①耳鸣，耳聋，咽喉肿痛，暴喑；②颈项强痛。

【操作】直刺或向下斜刺 0.5～1 寸。

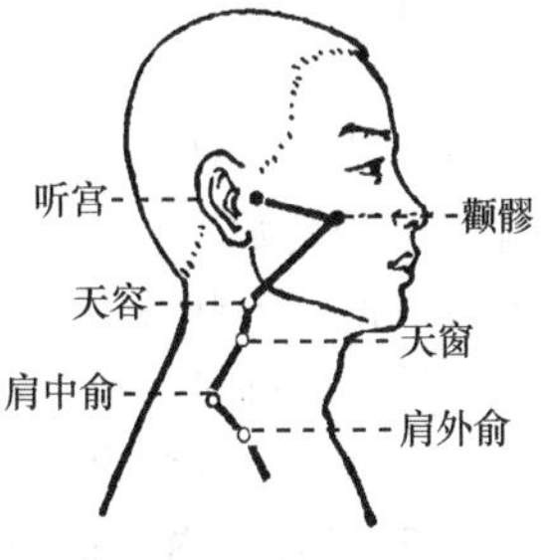

图 3-38　天窗、天容、颧髎、听宫

（十七）天容（Tiānróng，SI17）

【定位】在颈部，下颌角后方，胸锁乳突肌的前缘凹陷中（图 3-38）。

【解剖】皮肤→皮下组织→面动脉后方→二腹肌腱及茎突舌骨肌。浅层有耳大神经和颈外静脉等结构。深层有面动、静脉，颈内静脉，副神经，迷走神经，舌下神经，颈上神经节等重要结构。

【主治】①耳鸣，耳聋，咽喉肿痛；②颈项肿痛。

【操作】直刺 0.5～0.8 寸，不宜深刺。

（十八）颧髎*（Quánliáo，SI18）

【定位】在面部，目外眦直下，颧骨下缘凹陷中（图 3-38）。

【解剖】皮肤→皮下组织→颧肌→咬肌→颞肌。浅层布有上颌神经的眶下神经分支，面神经的颧支、颊支，面横动、静脉的分支或属支。深层有三叉神经的下颌神经分支分布。

【主治】口眼歪斜，眼睑瞤动，齿痛，面痛，颊肿。

【操作】直刺 0.3～0.5 寸或斜刺 0.5～1 寸。

（十九）听宫*（Tīnggōng，SI19）

【定位】在面部，耳屏正中与下颌骨髁突之间的凹陷中（图 3-38）。

【解剖】皮肤→皮下组织→外耳道软骨。布有耳颞神经，颞浅动、静脉耳前支的分支或属支等结构。

【主治】①耳鸣，耳聋，聤耳；②齿痛，面痛；③癫狂痫。

【操作】微张口，直刺 0.5～1 寸。

## 第七节　足太阳经络及其腧穴

### 一、足太阳经络

（一）经脉循行及主要病候

足太阳膀胱经，起于目内眦，向上过额部，与督脉交会于头顶。巅顶部支脉，从头顶到耳上方。巅顶部直行支脉，从头顶入里联络于脑，再浅出沿枕项部下行，从肩胛内侧脊柱两旁下行到达腰部，从脊旁肌肉进入体腔，联络于肾，属于膀胱。腰部支脉，向下夹脊旁，通过臀部，进入腘窝中。后项支脉，通过肩胛内缘直下，夹脊下行，经过臀部下行，沿大腿后外侧，与腰部支脉合于腘窝中。从此向下，通过腓肠肌，出于外踝后，沿第 5 跖骨粗隆，至小趾的外侧末端，与足少阴肾经相接（图 3-39）。

主要病候：小便不通，遗尿，癫狂等；目痛，鼻塞多涕，头痛，以及项、背、腰、臀部及下肢后侧本经循行部位疼痛。

《灵枢・经脉》：膀胱足太阳之脉，起于目内眦，上额，交巅[1]。其支者，从巅至耳上角。其直者，从巅入络脑，还出别下项[2]，循肩髆[3]内，挟脊，抵腰中，入循膂[4]，络肾，属膀胱。其支者，从腰中下挟脊，贯臀，入腘中。其支者，从髆内左右，别下贯胛，挟脊内，过髀枢[5]，循髀外后廉，下合腘中，以下贯腨[6]内，出外踝之后，循京骨[7]至小指外侧。

是动则病：冲头痛，目似脱，项如拔，脊痛，腰似折，髀不可以曲，腘如结，腨如裂，是为踝厥[8]。是主筋所生病[9]者，痔、疟、狂、癫疾、头囟项痛，目黄、泪出，鼽衄，项、背、腰、尻、腘、腨、脚皆痛，小趾不用。

【注释】[1] 交巅：当百会穴处，与督脉相交会。[2] 还别出下项：原文指经脉从脑后浅出，并从天柱穴分别而下。目前认为足太阳经脉在头顶至后枕部有一外行线。[3] 肩髆：指肩胛区。[4] 膂：夹脊两旁的肌肉。[5] 髀枢：当股骨大转子处，环跳穴所在。[6] 腨：指腓肠肌部。[7] 京骨：第 5 跖骨粗隆，其下为京骨穴。[8] 踝厥：指本经经脉循行小腿部气血厥逆的见症。[9] 主筋所生病：太阳为巨阳，行身之后，经筋即以足太阳之筋为首，所以主筋所发生的病证。

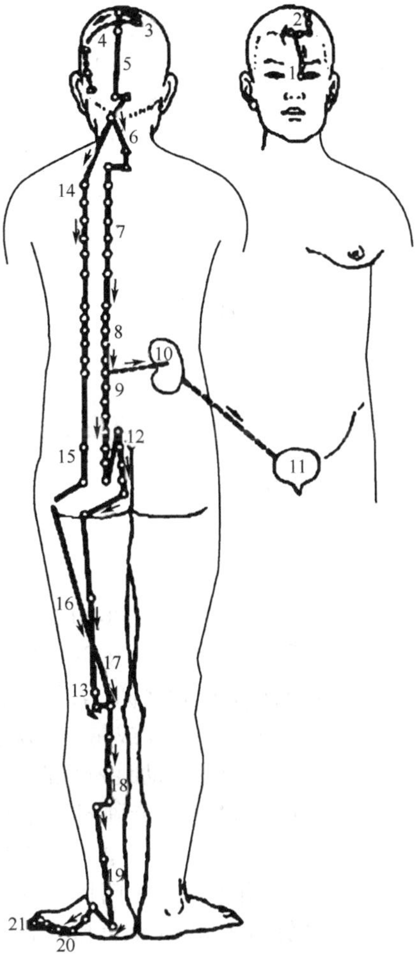


图 3-39　足太阳膀胱经循行示意图

1. 起于目内眦；2. 上额；3. 交巅；4. 其支者，从巅至耳上角；5. 其直者，从巅入络脑；6. 还出别下项；7. 循肩髆内，挟脊；8. 抵腰中；9. 入循膂；10. 络肾；11. 属膀胱；12. 其支者，从腰中下挟脊贯臀；13. 入腘中；14. 其支者，从髆内左右，别下贯胛，挟脊内；15. 过髀枢；16. 循髀外后廉；17.下合腘中；18.以下贯腨内；19. 出外踝之后；20. 循京骨；21. 至小指外侧

## （二）络脉循行及主要病候

《灵枢·经脉》：足太阳之别，名曰飞阳。去踝七寸，别走少阴。实则鼽窒，头背痛；虚则鼽衄。取之所别也。

（三）经别循行

《灵枢·经别》：足太阳之正，别入于腘中，其一道下尻五寸，别入于肛，属于膀胱，散之肾，循膂，当心入散；直者，从膂上出于项，复属于太阳。

（四）经筋循行及主要病候

《灵枢·经筋》：足太阳之筋，起于足小指，上结于踝，邪上结于膝；其下循足外踝，结于踵；上循跟，结于腘；其别者，结于踹外。上腘中内廉，与腘中并，上结于臀。上挟脊上项；其支者，别入结于舌本。其直者，结于枕骨；上头下颜，结于鼻。其支者，为目上纲，下结于頄。其支者，从腋后外廉，结于肩髃。其支者，入腋下，上出缺盆，上结于完骨。其支者，出缺盆，邪上出于頄。其病：小指支，跟肿痛，腘挛，脊反折，项筋急，肩不举，腋支，缺盆中纽痛，不可左右摇。

（五）主治概要

（1）脏腑病证　十二脏腑及其相关组织器官病证。
（2）神志病　癫狂痫等。
（3）头面五官病　头痛，鼻塞，鼻衄，目视不明等。
（4）经脉循行部位的其他病证　项、背、腰、下肢痹痛等。

## 二、足太阳膀胱经腧穴（67穴）

### （一）睛明*（Jīngmíng，BL1）

【定位】在面部，目内眦内上方眶内侧壁凹陷中（图3-40）。

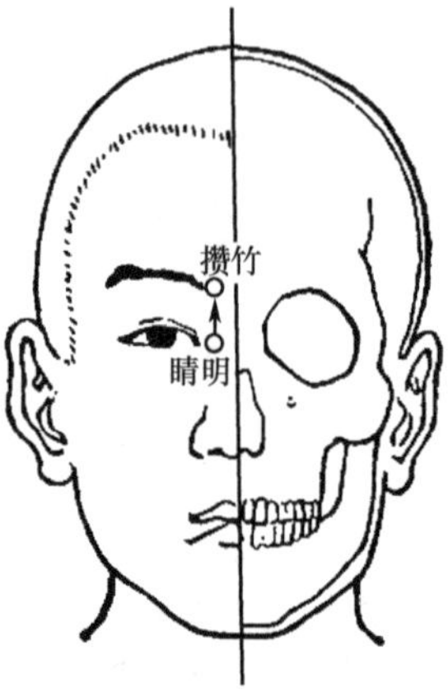


图3-40　睛明、攒竹

【解剖】皮肤→皮下组织→眼轮匝肌→上泪小管上方→内直肌与筛骨眶板之间。浅层有三叉神经眼支的滑车上神经，内眦动、静脉的分支或属支。深层有眼动、静脉的分支或属支，眼神经的分支，动眼神经的分支。

【主治】①目赤肿痛、近视、视物不明、迎风流泪、夜盲、色盲、目翳等目疾；②急性腰痛，坐骨神经痛；③心悸，怔忡。

【操作】嘱患者闭目，医者用押手轻推眼球向外固定，刺手持针缓慢进针，紧靠眶缘直刺0.5～1寸。遇到阻力时，不宜强行进针，应改变进针方向或退针。不捻转，不提插（或只轻微地捻转和提插）。出针后按压针孔片刻，以防出血。针具宜细，消毒宜严。禁直接灸。

### （二）攒竹*（Cuánzhú，BL2）

【定位】在面部，眉头凹陷中，额切迹处（图3-40）。

【解剖】浅层有额神经的滑车上神经，眶上动、静脉的分支或属支。深层有面神经的颞支和颧支。

【主治】①头痛、眉棱骨痛、面瘫、面痛等头面部病证；②目赤肿痛、眼睑瞤动、眼睑下垂、视物不明、迎风流泪等目疾；③呃逆；④急性腰扭伤。

【操作】可向眉中或向眼眶内缘平刺或斜刺0.5～0.8寸；或直刺0.2～0.3寸。禁直接灸。

（三）眉冲（Méichōng，BL3）

【定位】在头部，额切迹直上入发际 0.5 寸（图 3-41）。

【解剖】皮肤→皮下组织→枕额肌额腹。浅层有滑车上神经，滑车上动、静脉。深层有腱膜下疏松组织，颅骨外膜。

【主治】①头痛，目眩；②鼻塞、鼻衄；③癫痫。

【操作】平刺 0.3～0.5 寸。不宜灸。

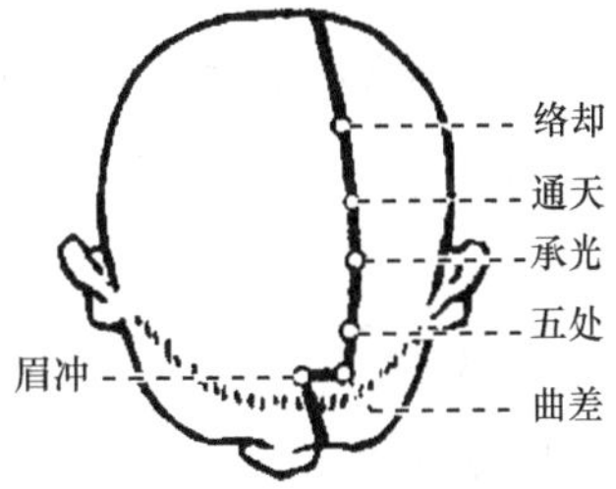

图 3-41　眉冲、曲差、五处、承光、通天、络却

（四）曲差（Qūchā，BL4）

【定位】在头部，前发际正中直上 0.5 寸，旁开 1.5 寸（图 3-41）。

【解剖】皮肤→皮下组织→枕额肌额腹。浅层有滑车上神经，滑车上动、静脉。深层有腱膜下疏松组织，颅骨外膜。

【主治】①头痛，目视不明；②鼻塞、鼻衄等鼻病。

【操作】平刺 0.3～0.5 寸。

（五）五处（Wǔchù，BL5）

【定位】在头部，前发际正中直上 1 寸，旁开 1.5 寸（图 3-41）。

【解剖】皮肤→皮下组织→枕额肌额腹。浅层有滑车上神经，滑车上动、静脉。深层有腱膜下疏松组织和颅骨外膜。

【主治】①头痛，目眩，目视不明；②癫痫，小儿惊风。

【操作】平刺 0.3～0.5 寸。

（六）承光（Chéngguāng，BL6）

【定位】在头部，前发际正中直上 2.5 寸，旁开 1.5 寸（图 3-41）。

【解剖】皮肤→皮下组织→帽状腱膜。浅层有眶上神经，眶上动、静脉。深层有腱膜下疏松组织，颅骨外膜。

【主治】①头痛，目眩；②目视不明，鼻塞；③癫痫；④热病。

【操作】平刺 0.3～0.5 寸。

（七）通天（Tōngtiān，BL7）

【定位】在头部，前发际正中直上 4 寸，旁开 1.5 寸（图 3-41）。

【解剖】皮肤→皮下组织→帽状腱膜。浅层有眶上神经，眶上动、静脉，枕大神经，枕动、静脉与耳颞神经，颞浅动、静脉的神经间吻合和血管间的吻合网。深层有腱膜下疏松组织，颅骨外膜。

【主治】①头痛，眩晕；②鼻塞、鼻渊、鼻衄等鼻病；③癫痫。

【操作】平刺 0.3～0.5 寸。

（八）络却（Luòquè，BL8）

【定位】在头部，当前发际正中直上 5.5 寸，旁开 1.5 寸（图 3-41）。

【解剖】皮肤→皮下组织→帽状腱膜。浅层有枕大神经，枕动、静脉。深层有腱膜下疏松组织，颅骨外膜。

【主治】①头晕、耳鸣、鼻塞、目视不明等头面五官病证；②癫狂痫。

【操作】平刺 0.3～0.5 寸。

(九) 玉枕 (Yùzhěn，BL9)

【定位】在头部，横平枕外隆凸上缘，后发际正中旁开 1.3 寸（图 3-42）。

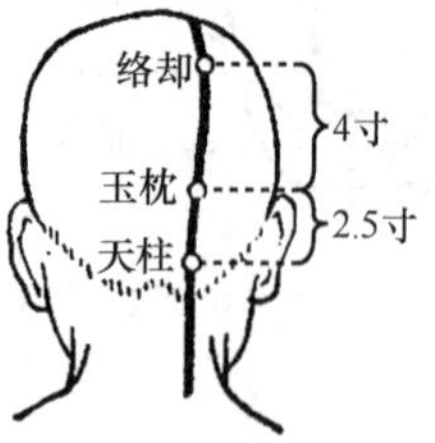

图 3-42 玉枕、天柱

【解剖】皮肤→皮下组织→枕额肌枕腹。浅层有枕大神经，枕动、静脉。深层有腱膜下疏松组织，颅骨外膜。

【主治】①头项痛；②目痛，目视不明，鼻塞；③不寐。

【操作】平刺 0.3～0.5 寸。

(十) 天柱* (Tiānzhù，BL10)

【定位】在颈后区，横平第 2 颈椎棘突上际，斜方肌外缘凹陷中（图 3-42）。

【解剖】皮肤→皮下组织→斜方肌→头夹肌的内侧→头半棘肌。浅层有第 3 颈神经后支的内侧支，皮下静脉。深层有枕大神经。

【主治】①后头痛，项强，肩背腰痛；②目赤肿痛、目视不明、鼻塞等头面五官病证；③癫狂痫；④热病。

【操作】直刺或斜刺 0.5～0.8 寸。不可向内上方深刺，以免伤及延髓。

(十一) 大杼* (Dàzhù，BL11) 八会穴之骨会

【定位】在脊柱区，第 1 胸椎棘突下，后正中线旁开 1.5 寸（图 3-43）。

【解剖】皮肤→皮下组织→斜方肌→菱形肌→上后锯肌→颈夹肌→竖脊肌。浅层有第 1、2 胸神经后支的内侧皮支和伴行的肋间后动、静脉背侧支的内侧皮支。深层有第 1、2 胸神经后支的肌支和相应的肋间后动、静脉背侧支的分支等。

【主治】①咳嗽，发热；②头痛，颈项强痛，肩背痛；③癫狂痫。

【操作】斜刺 0.5～0.8 寸。本经背部诸穴，不宜深刺，以免伤及内部重要脏器。

(十二) 风门* (Fēngmén，BL12)

【定位】在脊柱区，第 2 胸椎棘突下，后正中线旁开 1.5 寸（图 3-43）。

【解剖】皮肤→皮下组织→斜方肌→菱形肌→上后锯肌→颈夹肌→竖脊肌。浅层有第 2、3 胸神经后支的内侧皮支和伴行的肋间后动、静脉背侧支的内侧皮支。深层有第 2、3 胸神经后支的肌支和相应的肋间后动、静脉背侧支的分支及斜方肌、菱形肌等结构，更深层为胸腔。

【主治】①感冒、发热等外感病证；②咳嗽、哮喘等肺系病证；③头痛，项强，胸背痛。

【操作】斜刺 0.5～0.8 寸。

(十三) 肺俞* (Fèishū，BL13) 肺之背俞穴

【定位】在脊柱区，第 3 胸椎棘突下，后正中线旁开 1.5 寸（图 3-43）。

【解剖】皮肤→皮下组织→斜方肌→菱形肌→上后锯肌→竖脊肌。浅层有第 3、4 胸神经后支的内侧皮支和伴行的肋间后动、静脉背侧支的内侧皮支。深层有第 3、4 胸神经后支的肌支和相应的肋间后动、静脉背侧支的分支或属支及斜方肌、菱形肌等结构，更深层为胸腔。

【主治】①咳嗽、气喘、咯血、鼻塞等肺系病证；②骨蒸潮热、盗汗等阴虚证；③皮肤瘙痒、瘾疹等皮肤病证；④背痛。

【操作】斜刺 0.5～0.8 寸。

### （十四）厥阴俞（Juéyīnshū，BL14）心包之背俞穴

【定位】在脊柱区，第 4 胸椎棘突下，后正中线旁开 1.5 寸（图 3-43）。

【解剖】皮肤→皮下组织→斜方肌→菱形肌→竖脊肌。浅层有第 4、5 胸神经后支的内侧皮支和伴行的肋间后动、静脉背侧支。深层有第 4、5 胸神经后支的肌支和相应的肋间后动、静脉背侧支的分支或属支及斜方肌、菱形肌等结构，更深层为胸腔。

【主治】①心痛，心悸；②咳嗽、胸闷等胸肺病证；③呕吐。

【操作】斜刺 0.5～0.8 寸。

### （十五）心俞*（Xīnshū，BL15）心之背俞穴

【定位】在脊柱区，第 5 胸椎棘突下，后正中线旁开 1.5 寸（图 3-43）。

【解剖】皮肤→皮下组织→斜方肌→菱形肌下缘→竖脊肌。浅层有第 5、6 胸神经后支的内侧皮支及伴行的动、静脉。深层有第 5、6 胸神经后支的肌支和相应的肋间后动、静脉背侧支的分支或属支及斜方肌、菱形肌等结构，更深层为胸腔。

【主治】①心痛、心悸、心烦等心疾；②失眠、健忘、癫狂痫等神志病；③咳嗽、气喘、咯血等肺系病证；④遗精、白浊等男科病证；⑤盗汗。

【操作】斜刺 0.5～0.8 寸。

### （十六）督俞（Dūshū，BL16）

【定位】在脊柱区，第 6 胸椎棘突下，后正中线旁开 1.5 寸（图 3-43）。

【解剖】皮肤→皮下组织→斜方肌→竖脊肌。浅层有第 6、7 胸神经后支的内侧皮支和伴行的动、静脉。深层有第 6、7 胸神经后支的肌支和相应的肋间后动、静脉背侧支的分支或属支及斜方肌、竖脊肌等结构，更深层为胸腔。

【主治】①心痛、心悸、胸闷等心肺病证；②胃痛、腹痛、腹胀、呃逆等胃肠病证；③热病，气喘。

【操作】斜刺 0.5～0.8 寸。

### （十七）膈俞*（Géshū，BL17）八会穴之血会

【定位】在脊柱区，第 7 胸椎棘突下，后正中线旁开 1.5 寸（图 3-43）。

【解剖】皮肤→皮下组织→斜方肌→背阔肌→竖脊肌。浅层有第 7、8 胸神经后支的内侧皮支和伴行的动、静脉。深层有第 7、8 胸神经后支的肌支和相应肋间后动、静脉背侧支的分支或属支及斜方肌、背阔肌等，更深层为胸腔。

【主治】①吐血、便血、贫血等血证；②咳嗽、气喘、呕吐、呃逆等气逆之证；③瘾疹、皮肤瘙痒等皮肤病证；④潮热、盗汗等阴虚证；⑤胃痛。

【操作】斜刺 0.5～0.8 寸。

### （十八）肝俞*（Gānshū，BL18）肝之背俞穴

【定位】在脊柱区，第 9 胸椎棘突下，后正中线旁开 1.5 寸（图 3-43）。

【解剖】皮肤→皮下组织→斜方肌→背阔肌→下后锯肌→竖脊肌。浅层有第 9、10 胸神经后支的皮支和伴行的动、静脉。深层有第 9、10 胸神经后支的肌支和相应的肋间后动、静脉的分支或属支及斜方肌、背阔肌等，更深层为胸腔。

【主治】①黄疸、胁痛等肝胆病证；②目赤、视物不明、夜盲、迎风流泪等目疾；③吐血、衄血等出血病证；④眩晕，癫狂痫；⑤背痛，角弓反张，转筋。

【操作】斜刺 0.5～0.8 寸。

### （十九）胆俞*（Dǎnshū，BL19）胆之背俞穴

【定位】在脊柱区，第 10 胸椎棘突下，后正中线旁开 1.5 寸（图 3-43）。

【解剖】皮肤→皮下组织→斜方肌→背阔肌→下后锯肌→竖脊肌。浅层有第 10、11 胸神经后支的皮支和伴行的动、静脉。深层有第 10、11 胸神经后支的肌支和相应的肋间后动、静脉的分支或属支及斜方肌、背阔肌等，更深层为胸腔。

【主治】①黄疸、口苦、呕吐、食不化、胁痛等肝胆病证；②肺痨、潮热等阴虚证。

【操作】斜刺 0.5～0.8 寸。

### （二十）脾俞*（Píshū，BL20）脾之背俞穴

【定位】在脊柱区，第 11 胸椎棘突下，后正中线旁开 1.5 寸（图 3-43）。

【解剖】皮肤→皮下组织→背阔肌→下后锯肌→竖脊肌。浅层有第 11、12 胸神经后支的皮支和伴行的动、静脉。深层有第 11、12 胸神经后支的肌支和相应的肋间及肋下动、静脉的分支或属支及背阔肌、腱膜等。

【主治】①腹胀、呕吐、纳呆、食不化、泄泻、痢疾、便血等脾胃肠腑病证；②水肿，黄疸；③背痛。

【操作】斜刺 0.5～0.8 寸。

### （二十一）胃俞*（Wèishū，BL21）胃之背俞穴

【定位】在脊柱区，第 12 胸椎棘突下，后正中线旁开 1.5 寸（图 3-43）。

【解剖】皮肤→皮下组织→胸腰筋膜浅层和背阔肌腱膜→竖脊肌。浅层有第 12 胸神经和第 1 腰神经后支的皮支和伴行的动、静脉。深层有第 12 胸神经和第 1 腰神经后支的肌支和相应的动、静脉的分支或属支及背腰筋膜、竖脊肌等。

【主治】①胃脘痛、呕吐、腹胀、肠鸣、多食善饥、身体消瘦等胃肠病证；②胸胁痛。

【操作】斜刺 0.5～0.8 寸。

### （二十二）三焦俞*（Sānjiāoshū，BL22）三焦之背俞穴

【定位】在脊柱区，第 1 腰椎棘突下，后正中线旁开 1.5 寸（图 3-43）。

【解剖】皮肤→皮下组织→胸腰筋膜浅层和背阔肌腱膜→竖脊肌。浅层有第 1、2 腰神经后支的皮支及伴行的动、静脉。深层有第 1、2 腰神经后支的肌支及相应腰动、静脉背侧支的分支或属支及背腰筋膜、竖脊肌等。

【主治】①腹胀、肠鸣、呕吐、泄泻、痢疾等胃肠病证；②水肿、小便不利等三焦气化不利病证；③腰背强痛。

【操作】直刺 0.5～1 寸。

### （二十三）肾俞*（Shènshū，BL23）肾之背俞穴

【定位】在脊柱区，第2腰椎棘突下，后正中线旁开1.5寸（图3-43）。

【解剖】皮肤→皮下组织→背阔肌腱膜和胸腰筋膜浅层→竖脊肌。浅层有第2、3腰神经后支的皮支及伴行的动、静脉。深层有第2、3腰神经后支的肌支和相应腰动、静脉背侧支的分支或属支及背腰筋膜、竖脊肌等。

【主治】①头晕、耳鸣、耳聋、慢性腹泻、气喘、腰酸等肾虚病证；②遗精、阳痿、不育、遗尿、癃闭等生殖泌尿系统病证；③月经不调、带下、不孕等妇科病证；④消渴。

【操作】直刺0.5～1寸。

### （二十四）气海俞（Qìhǎishū，BL24）

【定位】在脊柱区，第3腰椎棘突下，后正中线旁开1.5寸（图3-43）。

【解剖】皮肤→皮下组织→背阔肌腱膜和胸腰筋膜浅层→竖脊肌。浅层有第3、4腰神经后支的皮支及伴行的动、静脉。深层有第3、4腰神经后支的肌支和相应腰动、静脉的分支或属支及背腰筋膜、竖脊肌等。

【主治】①腹胀、肠鸣、痔疾等肠腑病证；②腰痛；③痛经，阳痿。

【操作】直刺0.5～1寸。

### （二十五）大肠俞*（Dàchángshū，BL25）大肠之背俞穴

【定位】在脊柱区，第4腰椎棘突下，后正中线旁开1.5寸（图3-43）。

【解剖】皮肤→皮下组织→背阔肌腱膜和胸腰筋膜浅层→竖脊肌。浅层有第4、5腰神经后支的皮支及伴行的动、静脉。深层有第4、5腰神经后支的肌支和有关动、静脉的分支或属支及背腰筋膜、竖脊肌等。

【主治】①腰痛；②腹胀、泄泻、便秘、痢疾、痔疾等肠腑病证。

【操作】直刺0.8～1.2寸。

### （二十六）关元俞（Guānyuánshū，BL26）

【定位】在脊柱区，第5腰椎棘突下，后正中线旁开1.5寸（图3-43）。

【解剖】皮肤→皮下组织→胸腰筋膜浅层→竖脊肌。浅层有第5腰神经和第1骶神经后支的皮支及伴行的动、静脉。深层有第5腰神经后支的肌支及背腰筋膜、竖脊肌等。

【主治】①腹胀，泄泻；②小便频数或不利，遗尿；③腰痛。

【操作】直刺0.8～1.2寸。

### （二十七）小肠俞（Xiǎochángshū，BL27）小肠之背俞穴

【定位】在骶区，横平第1骶后孔，骶正中嵴旁开1.5寸（图3-43）。

【解剖】皮肤→皮下组织→臀大肌内侧缘→竖脊肌腱。浅层有臀中皮神经。深层有臀下神经的属支和相应脊神经后支的肌支及背腰筋膜、竖脊肌腱等。

【主治】①遗精、遗尿、尿血等生殖泌尿系统病证；②腹痛、泄泻、痢疾等肠腑病证；③腰骶痛；④疝气。

【操作】直刺0.8～1寸。

（二十八）膀胱俞*（Pángguāngshū，BL28）膀胱之背俞穴

【定位】在骶区，横平第 2 骶后孔，骶正中嵴旁开 1.5 寸（图 3-43）。

【解剖】皮肤→皮下组织→臀大肌→竖脊肌腱。浅层有臀中皮神经。深层有臀下神经的属支和相应脊神经后支的肌支及臀大肌、竖脊肌等。

【主治】①小便不利、遗尿等膀胱气化功能失调病证；②泄泻、便秘等肠腑病证；③腰脊强痛。

【操作】直刺 0.8～1.2 寸。

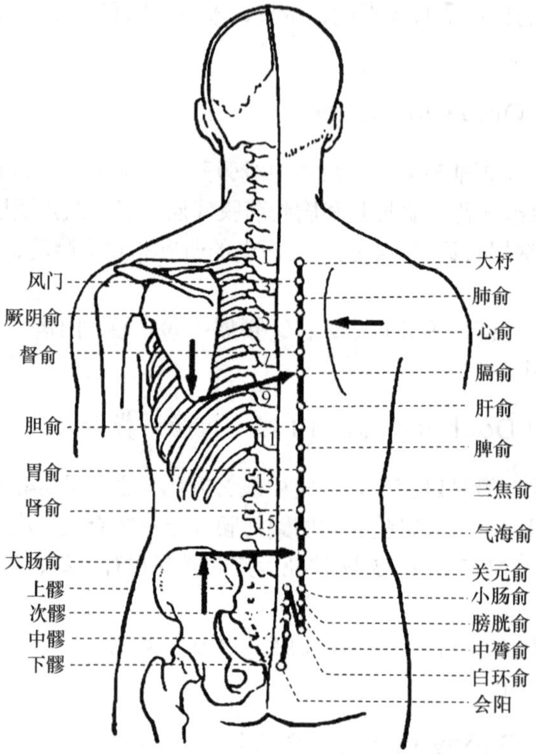


图 3-43 大杼、风门、肺俞、厥阴俞、心俞、督俞、膈俞、肝俞、胆俞、脾俞、胃俞、三焦俞、肾俞、气海俞、大肠俞、关元俞、小肠俞、膀胱俞、中膂俞、白环俞、上髎、次髎、中髎、下髎、会阳

（二十九）中膂俞（Zhōnglǚshū，BL29）

【定位】在骶区，横平第 3 骶后孔，骶正中嵴旁开 1.5 寸（图 3-43）。

【解剖】皮肤→皮下组织→臀大肌→骶结节韧带。浅层有臀中皮神经。深层有臀上、下动、静脉的分支或属支，臀下神经的属支及臀大肌等。

【主治】①泄泻，痢疾；②疝气；③腰脊强痛。

【操作】直刺 0.8～1.2 寸。

（三十）白环俞（Báihuánshū，BL30）

【定位】在骶区，横平第 4 骶后孔，骶正中嵴旁开 1.5 寸（图 3-43）。

【解剖】皮肤→皮下组织→臀大肌→骶结节韧带→梨状肌。浅层有臀中和臀下皮神经。深层有

臀上、下动、静脉的分支或属支，骶神经丛，骶静脉丛。

【主治】①月经不调、带下等妇科病证；②遗精、遗尿等生殖泌尿系统病证；③疝气；④腰骶痛。

【操作】直刺 0.8～1.2 寸。

### （三十一）上髎（Shàngliáo，BL31）

【定位】在骶区，正对第 1 骶后孔中（图 3-43）。

【解剖】皮肤→皮下组织→胸腰筋膜浅层→竖脊肌→第 1 骶后孔。浅层有臀中皮神经。深层有第 1 骶神经，骶外侧动、静脉的后支。

【主治】①月经不调、带下、阴挺等妇科病证；②遗精、阳痿等男科病证；③大便难，小便不利；④腰骶痛。

【操作】直刺 1～1.5 寸（临床常用深刺法，选取 3～4 寸针，向下与皮肤约成 30° 角斜刺进针）。

### （三十二）次髎*（Cìliáo，BL32）

【定位】在骶区，正对第 2 骶后孔中（图 3-43）。

【解剖】皮肤→皮下组织→竖脊肌→第 2 骶后孔。浅层有臀中皮神经。深层有第 2 骶神经，骶外侧动、静脉的后支。

【主治】①月经不调、痛经、带下等妇科病证；②小便不利、遗尿等泌尿系统疾病；③遗精、阳痿等男科病证；④腰骶痛，下肢痿痹；⑤疝气。

【操作】直刺 1～1.5 寸（临床常用深刺法，选取 3～4 寸针，向下与皮肤约成 45° 角斜刺进针）。

### （三十三）中髎（Zhōngliáo，BL33）

【定位】在骶区，正对第 3 骶后孔中（图 3-43）。

【解剖】皮肤→皮下组织→臀大肌→竖脊肌。浅层有臀中皮神经。深层有第 3 骶神经，骶外侧动、静脉的后支。

【主治】①月经不调、带下等妇科病证；②小便不利、便秘、泄泻等前后二阴病证；③腰骶痛。

【操作】直刺 1～1.5 寸（临床常用深刺法，选取 3～4 寸针，向下与皮肤约成 60° 角斜刺进针）。

### （三十四）下髎（Xiàliáo，BL34）

【定位】在骶区，正对第 4 骶后孔中（图 3-43）。

【解剖】皮肤→皮下组织→臀大肌→竖脊肌。浅层有臀中皮神经。深层有臀上、下动、静脉的分支或属支，臀下神经，第 4 骶神经，骶外侧动、静脉的后支。

【主治】①便秘、癃闭、小便不利等前后二阴病证；②月经不调、带下等妇科病证；③腰骶痛。

【操作】直刺 1～1.5 寸（临床常用深刺法，选取 3～4 寸针，直刺）。

### （三十五）会阳（Huìyáng，BL35）

【定位】在骶区，尾骨端旁开 0.5 寸（图 3-43）。

【解剖】皮肤→皮下组织→臀大肌→提肛肌腱。浅层有臀中皮神经。深层有臀下动、静脉的分支或属支，臀下神经及臀大肌、提肛肌腱等。

【主治】①泄泻，痢疾，痔疾，便血；②阳痿、早泄等男科病证；③月经不调、带下等妇科病证。

【操作】直刺 1～1.5 寸。

(三十六)承扶*(Chéngfú,BL36)

【定位】在股后区,臀沟的中点(图3-44)。

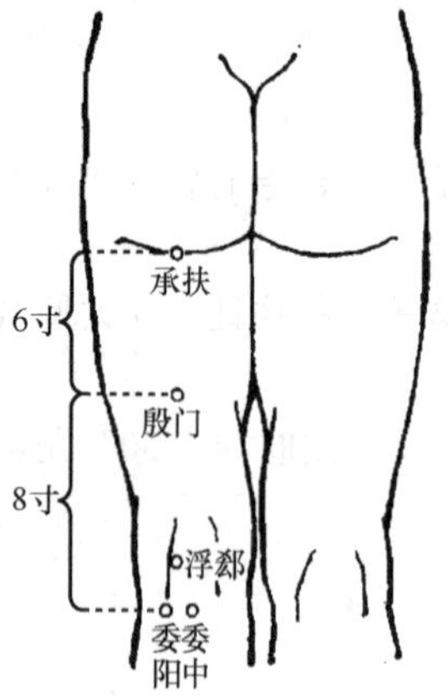


图3-44 承扶、殷门、浮郄、委阳、委中

【解剖】皮肤→皮下组织→臀大肌→股二头肌长头及半腱肌。浅层有股后皮神经及臀下皮神经的分支。深层有股后皮神经本干,坐骨神经及并行的动、静脉,臀大肌,股二头肌长头及半腱肌等。

【主治】①腰、骶、臀、股部疼痛;②痔疾。

【操作】直刺1~2寸。

(三十七)殷门(Yīnmén,BL37)

【定位】在股后区,臀沟下6寸,股二头肌与半腱肌之间(图3-44)。

【解剖】皮肤→皮下组织→股二头肌长头及半腱肌。浅层有股后皮神经。深层有坐骨神经及并行的动、静脉,股深动脉穿支,股二头肌长头及半腱肌等。

【主治】腰腿痛,下肢痿痹。

【操作】直刺1~2寸。

(三十八)浮郄(Fúxì,BL38)

【定位】在膝后区,腘横纹上1寸,股二头肌腱的内侧缘(图3-44)。

【解剖】皮肤→皮下组织→股二头肌腱内侧→腓肠肌外侧头。浅层有股后皮神经。深层有腓总神经,腓肠外侧皮神经,膝上外动、静脉,股二头肌腱内侧,腓肠肌外侧头等。

【主治】①股、腘部疼痛、麻木;②便秘。

【操作】直刺1~2寸。

(三十九)委阳*(Wěiyáng,BL39)三焦之下合穴

【定位】在膝部,腘横纹上,股二头肌腱的内侧缘(图3-44)。

【解剖】皮肤→皮下组织→股二头肌→腓肠肌外侧头→腘肌起始腱和腘肌。浅层有股后皮神经。深层有腓总神经,腓肠外侧皮神经及股二头肌腱、腓肠肌外侧头、腘肌起始腱、腘肌等。

【主治】①腹满,水肿,小便不利;②腰脊强痛,腿足挛痛。

【操作】直刺1~1.5寸。

(四十)委中*(Wěizhōng,BL40)合穴,膀胱之下合穴

【定位】在膝后区,腘横纹中点(图3-44)。

【解剖】皮肤→皮下组织→腓肠肌内、外侧头之间。浅层有股后皮神经,小隐静脉。深层有胫神经,腘动、静脉,腓肠动脉等。

【主治】①腰背痛,下肢痿痹;②小便不利、遗尿等泌尿系统病证;③急性腹痛、吐泻等;④丹毒、瘾疹、皮肤瘙痒、疔疮等皮肤病。

【操作】直刺1~1.5寸;或用三棱针点刺腘静脉出血。针刺不宜过快、过强、过深,以免损伤

血管和神经。

（四十一）附分（Fùfēn，BL41）

【定位】在脊柱区，第2胸椎棘突下，后正中线旁开3寸（图3-45）。

【解剖】皮肤→皮下组织→斜方肌→菱形肌→上后锯肌→竖脊肌。浅层有第2、3胸神经后支的皮支和伴行的动、静脉。深层有肩胛背神经，肩胛背动、静脉，第2、3胸神经后支的肌支和相应的肋间后动、静脉背侧支的分支或属支及斜方肌、菱形肌等结构。

【主治】颈项强痛，肩背拘急，肘臂麻木等。

【操作】斜刺0.5～0.8寸。

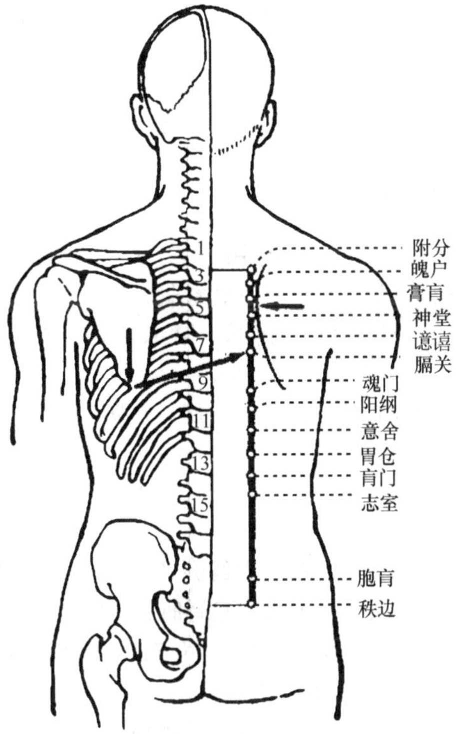


图3-45　附分、魄户、膏肓、神堂、譩譆、膈关、魂门、阳纲、意舍、胃仓、肓门、志室、胞肓、秩边

（四十二）魄户（Pòhù，BL42）

【定位】在脊柱区，第3胸椎棘突下，后正中线旁开3寸（图3-45）。

【解剖】皮肤→皮下组织→斜方肌→菱形肌→上后锯肌→竖脊肌。浅层有第3、4胸神经后支的皮支和伴行的动、静脉。深层有肩胛背神经，肩胛背动、静脉，第3、4胸神经后支的肌支和相应的肋间后动、静脉背侧支的分支或属支及斜方肌、菱形肌等结构。

【主治】①咳嗽、气喘、肺痨、咯血等肺系病证；②肩背痛，项强；③潮热。

【操作】斜刺0.5～0.8寸。

（四十三）膏肓*（Gāohuāng，BL43）

【定位】在脊柱区，第4胸椎棘突下，后正中线旁开3寸（图3-45）。

【解剖】皮肤→皮下组织→斜方肌→菱形肌→竖脊肌。浅层有第4、5胸神经后支的皮支和伴行的动、静脉。深层有肩胛背神经，肩胛背动、静脉，第4、5胸神经后支的肌支和相应的肋间后动、静脉背侧支的分支或属支及斜方肌、菱形肌等结构。

【主治】①咳嗽、气喘、肺痨等肺系虚证；②健忘、遗精、盗汗、羸瘦等虚劳诸证；③肩胛痛。

【操作】斜刺0.5～0.8寸。此穴多用灸法，每次7～15壮；或温灸15～30min。

### （四十四）神堂（Shéntáng，BL44）

【定位】在脊柱区，第5胸椎棘突下，后正中线旁开3寸（图3-45）。

【解剖】皮肤→皮下组织→斜方肌→菱形肌→竖脊肌。浅层有第5、6胸神经后支的皮支和伴行的动、静脉。深层有肩胛背神经，肩胛背动、静脉，第5、6胸神经后支的肌支和相应的肋间后动、静脉背侧支的分支或属支及斜方肌、菱形肌等结构。

【主治】①心痛、心悸等心疾；②咳嗽、气喘、胸闷等胸肺病证；③脊背强痛。

【操作】斜刺0.5～0.8寸，不宜直刺、深刺。

### （四十五）譩譆（Yìxǐ，BL45）

【定位】在脊柱区，第6胸椎棘突下，后正中线旁开3寸（图3-45）。

【解剖】皮肤→皮下组织→斜方肌→菱形肌→竖脊肌。浅层有第6、7胸神经后支的皮支和伴行的动、静脉。深层有肩胛背神经，肩胛背动、静脉，第6、7胸神经后支的肌支和相应的肋间后动、静脉背侧支的分支或属支及斜方肌、菱形肌等结构。

【主治】①咳嗽、气喘、心痛等心肺病证；②疟疾，热病；③肩背痛。

【操作】斜刺0.5～0.8寸。

### （四十六）膈关（Géguān，BL46）

【定位】在脊柱区，第7胸椎棘突下，后正中线旁开3寸（图3-45）。

【解剖】皮肤→皮下组织→斜方肌→菱形肌→竖脊肌。浅层有第7、8胸神经后支的皮支和伴行的动、静脉。深层有肩胛背神经，肩胛背动、静脉，第7、8胸神经后支的肌支和相应的肋间后动、静脉背侧支的分支或属支及斜方肌、菱形肌等结构。

【主治】①呕吐、呃逆、嗳气等气逆之证；②脊背强痛。

【操作】斜刺0.5～0.8寸。

### （四十七）魂门（Húnmén，BL47）

【定位】在脊柱区，第9胸椎棘突下，后正中线旁开3寸（图3-45）。

【解剖】皮肤→皮下组织→背阔肌→下后锯肌→竖脊肌。浅层有第9、10胸神经后支的外侧皮支和伴行的动、静脉。深层有第9、10胸神经后支的肌支和相应的肋间后动、静脉背侧支的分支或属支及背阔肌、竖脊肌等结构。

【主治】①呕吐，泄泻，黄疸，胁痛；②胸胁痛，背痛。

【操作】斜刺0.5～0.8寸。

### （四十八）阳纲（Yánggāng，BL48）

【定位】在脊柱区，第10胸椎棘突下，后正中线旁开3寸（图3-45）。

【解剖】皮肤→皮下组织→背阔肌→下后锯肌→竖脊肌。浅层有第10、11胸神经后支的外侧皮支和伴行的动、静脉。深层有第 10、11 胸神经后支的肌支和相应的肋间后动、静脉背侧支的分支或属支及背阔肌、竖脊肌等结构。

【主治】①肠鸣，泄泻，腹痛；②黄疸；③消渴。

【操作】斜刺 0.5～0.8 寸。

### （四十九）意舍（Yìshě，BL49）

【定位】在脊柱区，第 11 胸椎棘突下，后正中线旁开 3 寸（图 3-45）。

【解剖】皮肤→皮下组织→背阔肌→下后锯肌→竖脊肌。浅层有第 11、12 胸神经后支的外侧皮支和伴行的动、静脉。深层有第 11、12 胸神经后支的肌支和相应的肋间后动、静脉背侧支的分支或属支及背阔肌、竖脊肌等结构。

【主治】①腹胀、肠鸣、泄泻、呕吐等脾胃病证；②脊背疼痛。

【操作】斜刺 0.5～0.8 寸。

### （五十）胃仓（Wèicāng，BL50）

【定位】在脊柱区，第 12 胸椎棘突下，后正中线旁开 3 寸（图 3-45）。

【解剖】皮肤→皮下组织→背阔肌→下后锯肌→竖脊肌→腰方肌。浅层有第 12 胸神经和第 1 腰神经后支的外侧皮支及伴行的动、静脉。深层有第 12 胸神经和第 1 腰神经后支的肌支及相应的动、静脉背侧支的分支或属支及背阔肌、竖脊肌等结构。

【主治】①胃脘痛、腹胀、小儿食积等脾胃病证；②水肿；③背脊疼痛。

【操作】斜刺 0.5～0.8 寸。

### （五十一）肓门（Huāngmén，BL51）

【定位】在腰区，第 1 腰椎棘突下，后正中线旁开 3 寸（图 3-45）。

【解剖】皮肤→皮下组织→背阔肌腱膜→竖脊肌→腰方肌。浅层有第 1、2 腰神经后支的外侧皮支和伴行的动、静脉。深层有第 1、2 腰神经后支的肌支，第 1 腰背动、静脉背侧支的分支或属支及背阔肌腱膜、竖脊肌、腰方肌等，更深层接近肾脏。

【主治】①腹痛、胃痛、痞块、便秘等胃肠病证；②乳疾。

【操作】斜刺 0.5～0.8 寸。

### （五十二）志室*（Zhìshì，BL52）

【定位】在腰区，第 2 腰椎棘突下，后正中线旁开 3 寸（图 3-45）。

【解剖】皮肤→皮下组织→背阔肌腱膜→竖脊肌→腰方肌。浅层有第 1、2 腰神经后支的外侧皮支和伴行的动、静脉。深层有第 1、2 腰神经后支的肌支和相应的腰背动、静脉背侧支的分支或属支及背阔肌腱膜、竖脊肌、腰方肌等，更深层接近肾脏。

【主治】①遗精、阳痿、月经不调、遗尿、小便不利、水肿等肾虚病证；②腰脊强痛。

【操作】斜刺 0.5～0.8 寸。

### （五十三）胞肓（Bāohuāng，BL53）

【定位】在骶区，横平第 2 骶后孔，骶正中嵴旁开 3 寸（图 3-45）。

【解剖】皮肤→皮下组织→臀大肌→臀中肌。浅层有臀上皮神经、臀中皮神经。深层有臀上动、静脉，臀上神经及臀大肌、臀中肌等结构。

【主治】①小便不利，癃闭；②肠鸣、腹胀、便秘等肠腑病证；③腰脊强痛。
【操作】直刺 1～1.5 寸。

（五十四）秩边*（Zhìbiān，BL54）

【定位】在骶区，横平第 4 骶后孔，骶正中嵴旁开 3 寸（图 3-45）。
【解剖】皮肤→皮下组织→臀大肌→臀中肌→臀小肌。浅层有臀中皮神经，臀下皮神经。深层有臀上、下动脉，臀上、下静脉，臀上、下神经及臀肌等。
【主治】①腰骶痛，下肢痿痹；②小便不利，痔疾，便秘；③阴痛。
【操作】直刺 1.5～2 寸（临床治疗泌尿生殖疾患时需芒针深刺）。

（五十五）合阳（Héyáng，BL55）

【定位】在小腿后区，腘横纹下 2 寸，腓肠肌内、外侧头之间（图 3-46）。

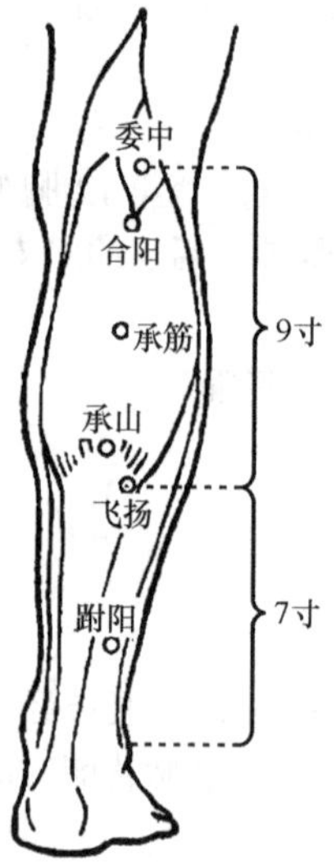

图 3-46 合阳、承筋、承山、飞扬、跗阳

【解剖】皮肤→皮下组织→腓肠肌→跖肌。浅层有小隐静脉、股后皮神经、腓肠内侧皮神经。深层有胫动、静脉，胫神经及腓肠肌、腘肌等。
【主治】①腰脊强痛，下肢痿痹；②疝气；③崩漏。
【操作】直刺 1～2 寸。

（五十六）承筋（Chéngjīn，BL56）

【定位】在小腿后区，腘横纹下 5 寸，腓肠肌两肌腹之间（图 3-46）。
【解剖】皮肤→皮下组织→腓肠肌→比目鱼肌。浅层有小隐静脉，腓肠内侧皮神经。深层有胫后动、静脉，腓动、静脉，胫神经及腓肠肌、比目鱼肌等。
【主治】①腰腿拘急、疼痛；②痔疾。
【操作】直刺 1～1.5 寸。

（五十七）承山*（Chéngshān，BL57）

【定位】在小腿后区，腓肠肌两肌腹与肌腱交角处（当伸直小腿或足跟上提时，腓肠肌肌腹下出现尖角凹陷处）（图 3-46）。
【解剖】皮肤→皮下组织→腓肠肌→比目鱼肌。浅层有小隐静脉，腓肠内侧皮神经。深层有胫神经，胫后动、静脉。
【主治】①腰腿拘急、疼痛，足跟痛；②痔疾，便秘；③腹痛，疝气。
【操作】直刺 1～2 寸。

（五十八）飞扬*（Fēiyáng，BL58）络穴

【定位】在小腿后区，昆仑（BL60）直上 7 寸，腓肠肌外下缘与跟腱移行处（图 3-46）。
【解剖】皮肤→皮下组织→小腿三头肌→𧿹长屈肌。浅层有腓肠外侧皮神经。深层有胫神经，胫后动、静脉及小腿三头肌、𧿹长屈肌等。
【主治】①头痛，目眩；②鼻塞、鼻衄等鼻疾；③颈痛，腰腿痛；④痔疾。
【操作】直刺 1～1.5 寸。

（五十九）跗阳（Fūyáng，BL59）阳跷脉之郄穴

【定位】在小腿后区，昆仑（BL60）直上 3 寸，腓骨与跟腱之间（图 3-46）。

【解剖】皮肤→皮下组织→腓骨短肌→踇长屈肌。浅层有腓肠神经，小隐静脉。深层有胫神经的分支，胫后动、静脉的肌支及腓骨短肌、踇长屈肌等。

【主治】①腰腿痛、下肢痿痹、外踝肿痛等腰、下肢病证；②头痛。

【操作】直刺 0.8～1.2 寸。

（六十）昆仑*（Kūnlún，BL60）经穴

【定位】在踝区，外踝尖与跟腱之间的凹陷处（图 3-47）。

【解剖】皮肤→皮下组织→跟腱前方的疏松结缔组织中。浅层有腓肠神经、小隐静脉。深层有腓动、静脉的分支和属支。

【主治】①头痛，项强，目眩，鼻衄；②腰痛，踝、跟痛；③难产；④癫痫。

【操作】直刺 0.5～0.8 寸。孕妇禁用。

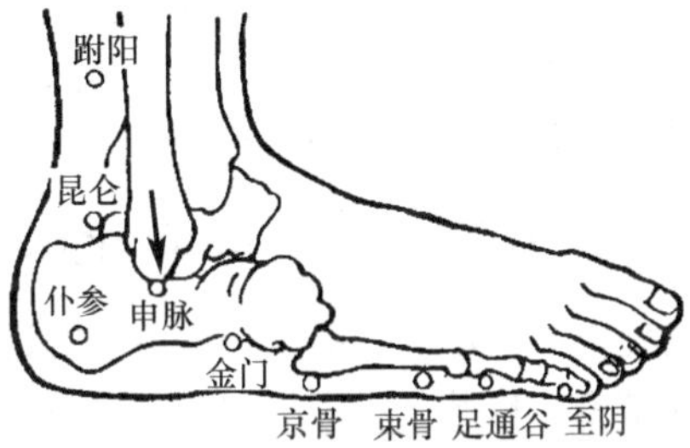


图 3-47 昆仑、仆参、申脉、金门、京骨、束骨、足通谷、至阴

（六十一）仆参（Púcān，BL61）

【定位】在跟区，昆仑（BL60）直下，跟骨外侧，赤白肉际处（图 3-47）。

【解剖】皮肤→皮下组织→跟骨。布有小隐静脉的属支，腓肠神经跟外侧支，腓动、静脉的跟骨外侧支等。

【主治】①下肢痿痹，足跟痛；②癫痫。

【操作】直刺 0.3～0.5 寸。

（六十二）申脉*（Shēnmài，BL62）八脉交会穴（通阳跷脉）

【定位】在踝区，外踝尖直下，外踝下缘与跟骨之间凹陷中（图 3-47）。

【解剖】皮肤→皮下组织→腓骨长肌腱→腓骨短肌腱→距跟外侧韧带。布有小隐静脉，腓肠神经的分支，外踝前动、静脉及腓骨长肌腱、腓骨短肌腱、距跟外侧韧带等。

【主治】①头痛、项强、眩晕等头部病证；②癫狂痫等神志病；③嗜睡、失眠、目赤痛、眼睑下垂等跷脉病证；④腰腿痛，足外翻。

【操作】直刺 0.3～0.5 寸。

（六十三）金门（Jīnmén，BL63）郄穴

【定位】在足背，外踝前缘直下，第 5 跖骨粗隆后方，骰骨下缘凹陷中（图 3-47）。

【解剖】皮肤→皮下组织→腓骨长肌腱及小趾展肌。布有足背外侧皮神经、足外侧缘静脉（小隐静脉）及腓骨长肌腱、小趾展肌等。

【主治】①头痛、腰痛、下肢痹痛、外踝肿痛等痛证、痹证；②癫痫；③小儿惊风。

【操作】直刺 0.3～0.5 寸。

（六十四）京骨（Jīnggǔ，BL64）原穴

【定位】在跖区，第5跖骨粗隆前下方，赤白肉际处（图3-47）。
【解剖】皮肤→皮下组织→小趾展肌。布有足背外侧皮神经，足外侧缘静脉。
【主治】①头痛，项强；②腰腿痛；③癫痫；④目翳。
【操作】直刺0.3～0.5寸。

（六十五）束骨*（Shùgǔ，BL65）输穴

【定位】在跖区，第5跖趾关节的近端，赤白肉际处（图3-47）。
【解剖】皮肤→皮下组织→小趾展肌→小趾对跖肌腱→小趾短屈肌。浅层有足背外侧皮神经，足背静脉弓的属支。深层有趾足底固有神经，趾足底固有动、静脉。
【主治】①头痛、项强、目眩等头项部病证；②癫狂；③腰腿痛。
【操作】直刺0.3～0.5寸。

（六十六）足通谷（Zútōnggǔ，BL66）荥穴

【定位】在足趾，第5跖趾关节的远端，赤白肉际处（图3-47）。
【解剖】皮肤→皮下组织→小趾近节趾骨底的跖侧面。布有足背外侧皮神经，足背静脉弓的属支，趾足底固有动、静脉。
【主治】①头痛，项强；②目眩，鼻衄；③癫狂。
【操作】直刺0.2～0.3寸。

（六十七）至阴*（Zhìyīn，BL67）井穴

【定位】在足趾，足小趾末节外侧，趾甲跟角侧后方0.1寸（指寸）（图3-47）。
【解剖】皮肤→皮下组织→甲根。布有足背外侧皮神经的趾背神经，趾背动、静脉网。
【主治】①胎位不正、滞产、胞衣不下等胎产病证；②头痛，目痛；③鼻塞，鼻衄。
【操作】浅刺0.1寸；或点刺出血。胎位不正用灸法。

# 第八节　足少阴经络及其腧穴

## 一、足少阴经络

### （一）经脉循行及主要病候

足少阴肾经，起于足小趾下，斜走足心，行舟骨粗隆下，经内踝的后方，向下进入足跟中，沿小腿内侧上行，经腘窝内侧，沿大腿内侧后缘上行，贯脊柱，属于肾，络于膀胱（有穴通路还出于前，从横骨穴处上行于腹部前正中线旁0.5寸，胸部前正中线旁2寸，止于锁骨下缘俞府穴处）。其直行支脉，从肾脏向上经过肝、膈，进入肺脏，沿着喉咙，夹舌根旁；另一支脉，从肺分出，联络心，流注于胸中，与手厥阴心包经相接（图3-48）。

主要病候：咯血，气喘，舌干，咽喉肿痛，水肿，大便秘结，泄泻，腰痛，下肢内后侧痛，痿弱无力，足心热等症。

《灵枢·经脉》：肾足少阴之脉，起于小指之下，邪[1]走足心，出于然骨[2]之下，循内踝之后，别入跟中[3]，以上腨内，出腘内廉，上股内后廉，贯脊[4]属肾，络膀胱。其直者，从肾上贯肝膈，入肺中，循喉咙，挟舌本。其支者，从肺出，络心，注胸中。

是动则病：饥不欲食，面如漆柴[5]，咳唾则有血，喝喝[6]而喘，坐而欲起，目𥆧𥆧[7]如无所见，心如悬若饥状，气不足则善恐，心惕惕如人将捕之，是为骨厥[8]。是主肾所生病者，口热、舌干、咽肿，上气，嗌干及痛，烦心，心痛，黄疸，肠澼，脊、股内后廉痛，痿、厥[9]，嗜卧，足下热而痛。

【注释】[1] 邪：通“斜”。指从小趾下斜行走向足心涌泉穴。[2] 然骨：指内踝前突起的舟骨粗隆。[3] 别入跟中：指分支进入脚跟中。[4] 贯脊：从长强穴沿着脊柱上行，贯穿脊柱。[5] 漆柴：形容面色发黑干枯，如漆如炭。[6] 喝喝：指喘气声。[7] 𥆧𥆧：音“荒”，指视物不清。[8] 骨厥：肾主骨，指本经脉经过部出现的证候。[9] 厥：指厥冷。

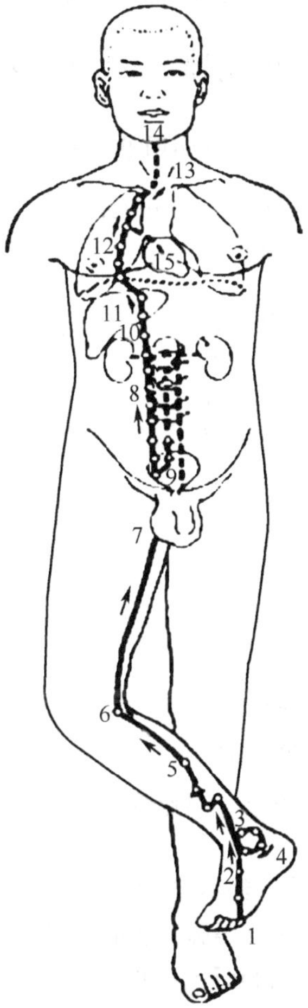


图 3-48 足少阴肾经循行示意图

1. 起于小指之下，邪走足心；2. 出于然骨之下；3. 循内踝之后；4. 别入跟中；5. 以上腨内；6. 出腘内廉；7. 上股内后廉；8. 贯脊属肾；9. 络膀胱；10. 其直者，从肾；11. 上贯肝膈；12. 入肺中；13. 循喉咙；14. 挟舌本；15. 其支者，从肺出络心，注胸中

### （二）络脉循行及主要病候

《灵枢·经脉》：足少阴之别，名曰大钟，当踝后绕跟，别走太阳；其别者，并经上走于心包，下外贯腰脊。其病：气逆则烦闷；实则闭癃；虚则腰痛。取之所别者也。

### （三）经别循行

《灵枢·经别》：足少阴之正，至腘中，别走太阳而合，上至肾，当十四椎出属带脉；直者系舌本，复出于项，合于太阳。

### （四）经筋循行及主要病候

《灵枢·经筋》：足少阴之筋，起于小指之下，并足太阴之筋，邪走内踝之下，结于踵；与足太阳之筋合，而上结于内辅之下；并太阴之筋而上，循阴股，结于阴器。循脊内挟膂，上至项，结于枕骨，与足太阳之筋合。其病：足下转筋，及所过而结者皆痛及转筋。病在此者，主痫瘛及痉，在外者不能俯，在内者不能仰。故阳病者腰反折，不能俯；阴病者，不能仰。

### （五）主治概要

（1）头和五官病证　头痛，目眩，咽喉肿痛，齿痛，耳聋，耳鸣等。

（2）妇科病、前阴病　月经不调，带下病，遗精，阳痿，癃闭，小便频数等。

（3）经脉循行部位的其他病证　下肢厥冷，内踝肿痛等。

## 二、足少阴肾经腧穴（27 穴）

### （一）涌泉*（Yǒngquán，KI1）井穴

【定位】在足底，屈足卷趾时足心凹陷中（当足底第 2、3 趾蹼缘与足跟连线的前 1/3 与后 2/3 交点处）（图 3-49）。

图 3-49　涌泉

【解剖】皮肤→皮下组织→足底腱膜（跖腱膜）→第 2 趾足底总神经→第 2 蚓状肌。浅层有足底内侧神经的分支。深层有第 2 趾足底总神经，第 2 趾足底总动、静脉。

【主治】①昏厥、中暑、癫狂、小儿惊风等急症；②头痛（临床多用治巅顶痛），眩晕，失眠；③咽喉肿痛、失音等肺系病证；④大便难、小便不利等前后二阴病证；⑤足心热；⑥奔豚气。

【操作】直刺 0.5～1 寸。针刺时要防止刺伤足底动脉弓。临床常用灸法或药物贴敷。

### （二）然谷*（Rángǔ，KI2）荥穴

【定位】在足内侧，足舟骨粗隆下方，赤白肉际处（图 3-50）。

【解剖】皮肤→皮下组织→𧿹展肌→趾长屈肌腱。浅层有隐神经的小腿内侧皮支，足底内侧神经皮支，足背静脉网的属支。深层有足底内侧神经，足底内侧动、静脉。

【主治】①月经不调、阴挺、阴痒等妇科病证；②遗精、阳痿、小便不利等生殖泌尿系统病证；③咽喉肿痛、咯血等肺系病证；④小儿脐风，口噤；⑤下肢痿痹，足跗痛；⑥消渴，腹泻，黄疸。

【操作】直刺 0.5～1 寸。

### （三）太溪*（Tàixī，KI3）输穴；原穴

【定位】在踝区，内踝尖与跟腱之间的凹陷中（图 3-50）。

【解剖】皮肤→皮下组织→胫骨后肌腱→趾长屈肌腱与跟腱→跖肌腱之间→𧿹长屈肌。浅层有隐神经的小腿内侧皮支，大隐静脉的属支。深层有胫神经，胫后动、静脉。

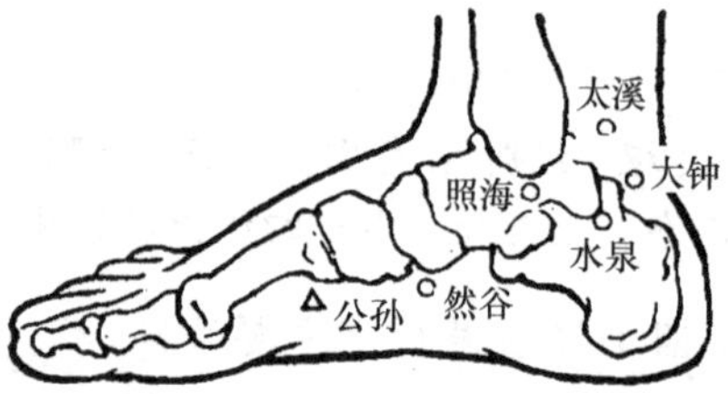

图 3-50　然谷、太溪、大钟、水泉、照海

【主治】①头痛、目眩、失眠等肾虚病证；②耳聋、耳鸣、齿痛、咽喉肿痛等阴虚性五官病证；③咳嗽、气喘、咯血等肺系病证；④消渴，小便频数，便秘；⑤月经不调；⑥腰脊痛，足跟痛，下肢厥冷。

【操作】直刺 0.5～1 寸。

### （四）大钟*（Dàzhōng，KI4）络穴

【定位】在跟区，内踝后下方，跟骨上缘，跟腱附着部的前缘凹陷中（图 3-50）。

【解剖】皮肤→皮下组织→跖肌腱和跟腱的前方→跟骨。浅层有隐神经的小腿内侧皮支，大隐

静脉的属支。深层有胫后动脉的内踝支和跟支构成的动脉网。

【主治】①癃闭，遗尿，便秘；②咯血、气喘等肺系病证；③痴呆，嗜卧；④腰脊痛，足跟痛。

【操作】直刺 0.3～0.5 寸。

### （五）水泉（Shuǐquán，KI5）郄穴

【定位】在跟区，太溪（KI3）直下 1 寸，跟骨结节内侧凹陷中（图 3-50）。

【解剖】皮肤→皮下组织→跟骨内侧面。浅层布有隐神经的小腿内侧皮支，大隐静脉的属支。深层有胫后动、静脉，足底内、外侧神经和跟内侧支（均是胫神经的分支）。

【主治】①月经不调、痛经、阴挺等妇科病证；②小便不利，淋证，血尿；③足跟痛，下肢疼痛麻木。

【操作】直刺 0.3～0.5 寸。

### （六）照海*（Zhàohǎi，KI6）八脉交会穴（通阴跷脉）

【定位】在踝区，内踝尖下 1 寸，内踝下缘边际凹陷中（图 3-50）。

【解剖】皮肤→皮下组织→胫骨后肌腱。浅层有隐神经的小腿内侧皮支，大隐静脉的属支。深层有跗内侧动、静脉的分支或属支。

【主治】①月经不调、痛经、带下、阴挺、阴痒等妇科病证；②小便频数，癃闭，便秘；③咽喉干痛、目赤肿痛等五官热证；④痫证等神志病证；⑤嗜睡、失眠、眼睛开合不利、下肢运动不利等跷脉病证。

【操作】直刺 0.5～0.8 寸。

### （七）复溜*（Fùliū，KI7）经穴

【定位】在小腿内侧，内踝尖上 2 寸，跟腱的前缘（图 3-51）。

【解剖】皮肤→皮下组织→跖肌腱和跟腱前方→䠴长屈肌。浅层有隐神经的小腿内侧皮支，大隐静脉的属支。深层有胫神经，胫后动、静脉。

【主治】①水肿、汗证（无汗或多汗）等津液输布失调病证；②腹胀、肠鸣、泄泻等胃肠病证；③下肢痿痹，腰脊强痛。

【操作】直刺 0.5～1 寸。

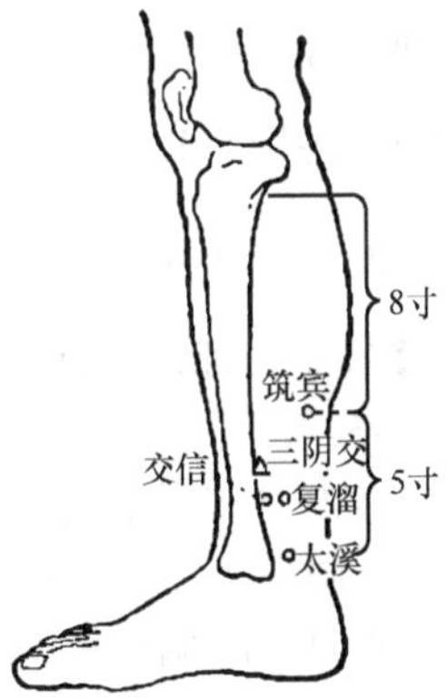

图 3-51　复溜、交信、筑宾

### （八）交信（Jiāoxìn，KI8）阴跷脉之郄穴

【定位】在小腿内侧，内踝尖上 2 寸，胫骨内侧缘后际凹陷中；复溜（KI7）前 0.5 寸（图 3-51）。

【解剖】皮肤→皮下组织→趾长屈肌→胫骨后肌后方→䠴长屈肌。浅层有隐神经的小腿内侧皮支，大隐静脉的属支。深层有胫神经，胫后动、静脉。

【主治】①月经不调、崩漏、阴挺、阴痒等妇科病证；②泄泻、便秘、痢疾；③睾丸疼痛，五淋，疝气；④下肢疼痛，麻木。

【操作】直刺 0.5～1 寸。

（九）筑宾（Zhùbīn，KI9）阴维脉之郄穴

【定位】在小腿内侧，太溪直上5寸，比目鱼肌与跟腱之间（图3-51）。

【解剖】皮肤→皮下组织→小腿三头肌。浅层有隐神经的小腿内侧皮支，浅静脉。深层有胫神经，胫后动、静脉。

【主治】①癫狂；②呕吐，吐舌；③疝气；④小腿内侧痛。

【操作】直刺1～1.5寸。

（十）阴谷*（Yīngǔ，KI10）合穴

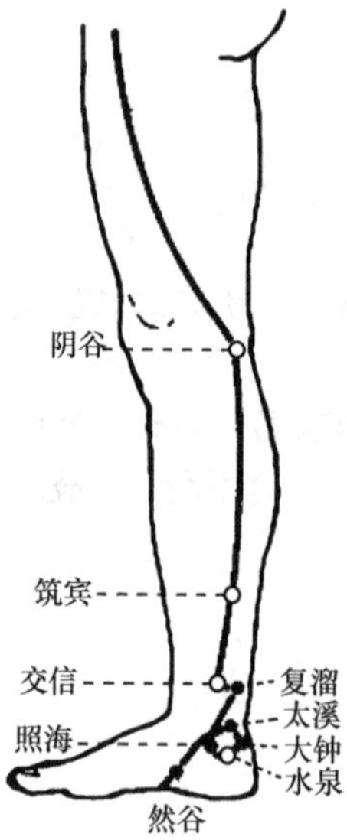


图3-52 阴谷

【定位】在膝后区，腘横纹上，半腱肌腱外侧缘（图3-52）。

【解剖】皮肤→皮下组织→半腱肌腱外侧缘→腓肠肌内侧头。浅层有股后皮神经，皮下静脉。深层有膝上内侧动、静脉的分支或属支。

【主治】①阳痿、崩漏、月经不调、癃闭等生殖泌尿系统病证；②疝气；③癫狂；④膝股内侧痛。

【操作】直刺1～1.5寸。

（十一）横骨（Hénggǔ，KI11）

【定位】在下腹部，脐中下5寸，前正中线旁开0.5寸（图3-53）。

【解剖】皮肤→皮下组织→腹直肌鞘前壁→锥状肌→腹直肌。浅层有髂腹下神经前皮支，腹壁浅静脉的属支。深层有腹壁下动、静脉的分支或属支，第11、12胸神经前支的分支。

【主治】①少腹胀痛，阴痛；②小便不利、遗尿、遗精、阳痿等生殖泌尿系统病证；③疝气。

【操作】直刺1～1.5寸。

（十二）大赫（Dàhè，KI12）

【定位】在下腹部，脐中下4寸，前正中线旁开0.5寸（图3-53）。

【解剖】皮肤→皮下组织→腹直肌鞘前壁→锥状肌上外侧缘→腹直肌。浅层有腹壁浅动、静脉的分支或属支，第11、12胸神经和第1腰神经前支的前皮支及伴行的动、静脉。深层有腹壁下动、静脉的分支或属支，第11、12胸神经前支的肌支及相应的肋间动、静脉。

【主治】①月经不调、阴挺、带下等妇科病证；②遗精、阳痿等男科病证；③泄泻，痢疾。

【操作】直刺1～1.5寸。

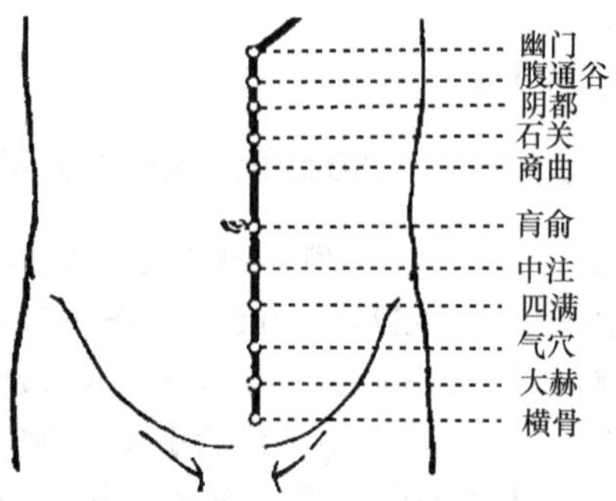


图3-53 横骨、大赫、气穴、四满、中注、肓俞、商曲、石关、阴都、腹通谷、幽门

（十三）气穴（Qìxué，KI13）

【定位】在下腹部，脐中下 3 寸，前正中线旁开 0.5 寸（图 3-53）。

【解剖】皮肤→皮下组织→腹直肌鞘前壁→腹直肌。浅层有腹壁浅动、静脉的分支或属支，第 11、12 胸神经前支和第 1 腰神经前支的前皮支及伴行的动、静脉。深层有腹壁下动、静脉的分支或属支，第 11、12 胸神经前支的肌支及相应的肋间动、静脉。

【主治】①月经不调、带下、经闭、崩漏等妇科病证；②阳痿、不育等男科病证；③小便不通，泄泻；④奔豚气。

【操作】直刺 1～1.5 寸。

（十四）四满（Sìmǎn，KI14）

【定位】在下腹部，脐中下 2 寸，前正中线旁开 0.5 寸（图 3-53）。

【解剖】皮肤→皮下组织→腹直肌鞘前壁→腹直肌。浅层有腹壁浅动、静脉的分支或属支，第 10、11、12 胸神经前支的前皮支及伴行的动、静脉。深层有腹壁下动、静脉的分支或属支，第 10、11、12 胸神经前支的肌支及相应的肋间动、静脉。

【主治】①月经不调、带下、崩漏等妇科病证；②遗精、遗尿；③小腹痛、脐下积聚疝瘕等腹部病证；④便秘，水肿。

【操作】直刺 1～1.5 寸。

（十五）中注（Zhōngzhù，KI15）

【定位】在下腹部，脐中下 1 寸，前正中线旁开 0.5 寸（图 3-53）。

【解剖】皮肤→皮下组织→腹直肌鞘前壁→腹直肌。浅层有脐周皮下静脉网，第 10、11、12 胸神经前支的前皮支及伴行的动、静脉。深层有腹壁下动、静脉的分支或属支，第 10、11、12 胸神经前支的肌支及相应的肋间动、静脉。

【主治】①腹痛、便秘、泄泻等胃肠病证；②月经不调、痛经等妇科病证。

【操作】直刺 1～1.5 寸。

（十六）肓俞*（Huāngshū，KI16）

【定位】在腹部，脐中旁开 0.5 寸（图 3-53）。

【解剖】皮肤→皮下组织→腹直肌鞘前壁→腹直肌。浅层有脐周皮下静脉网，第 9、10、11 胸神经前支的前皮支及伴行的动、静脉。深层有腹壁上、下动、静脉吻合形成的动、静脉网，第 9、10、11 胸神经前支的肌支及相应的肋间动、静脉。

【主治】①腹痛绕脐、腹胀、呕吐、泄泻、便秘等胃肠病证；②月经不调；③疝气，腰脊痛。

【操作】直刺 1～1.5 寸。

（十七）商曲（Shāngqū，KI17）

【定位】在上腹部，脐中上 2 寸，前正中线旁开 0.5 寸（图 3-53）。

【解剖】皮肤→皮下组织→腹直肌鞘前壁→腹直肌。浅层有腹壁浅静脉，第 8、9、10 胸神经前支的前皮支及伴行的动、静脉。深层有腹壁上动、静脉的分支或属支，第 8、9、10 胸神经前支的肌支及相应的肋间动、静脉。

【主治】①胃痛、腹痛、腹胀、泄泻、便秘等胃肠病证；②腹中积聚。

【操作】直刺 1～1.5 寸。

（十八）石关（Shíguān，KI18）

【定位】在上腹部，脐中上 3 寸，前正中线旁开 0.5 寸（图 3-53）。
【解剖】皮肤→皮下组织→腹直肌鞘前壁→腹直肌。浅层有腹壁浅静脉，第 7、8、9 胸神经前支及伴行的动、静脉。深层有腹壁上动、静脉的分支或属支，第 7、8、9 胸神经前支的肌支及相应的肋间动、静脉。
【主治】①呕吐、胃痛、腹痛、便秘等胃肠病证；②产后腹痛，不孕。
【操作】直刺 1～1.5 寸。

（十九）阴都（Yīndū，KI19）

【定位】在上腹部，脐中上 4 寸，前正中线旁开 0.5 寸（图 3-53）。
【解剖】皮肤→皮下组织→腹直肌鞘前壁→腹直肌。浅层有腹壁浅静脉，第 7、8、9 胸神经前支的前皮支及伴行的动、静脉。深层有腹壁上动、静脉的分支或属支，第 7、8、9 胸神经前支的肌支及相应的肋间动、静脉。
【主治】①胃痛、腹痛、腹胀、便秘等胃肠病证；②不孕；③胸胁满闷。
【操作】直刺 1～1.5 寸。

（二十）腹通谷（Fùtōnggǔ，KI20）

【定位】在上腹部，脐中上 5 寸，前正中线旁开 0.5 寸（图 3-53）。
【解剖】皮肤→皮下组织→腹直肌鞘前壁→腹直肌。浅层有腹壁浅静脉，第 6、7、8 胸神经前支的前皮支及伴行的动、静脉。深层有腹壁上动、静脉的分支或属支，第 6、7、8 胸神经前支的肌支及相应的肋间动、静脉。
【主治】①腹痛、腹胀、呕吐、胃痛等胃肠病证；②心痛、心悸、胸痛等心胸病证。
【操作】直刺 0.5～0.8 寸。

（二十一）幽门（Yōumén，KI21）

【定位】在上腹部，脐中上 6 寸，前正中线旁开 0.5 寸（图 3-53）。
【解剖】皮肤→皮下组织→腹直肌鞘前壁→腹直肌。浅层有第 6、7、8 胸神经前支的前皮支及伴行的动、静脉。深层有腹壁上动、静脉的分支或属支，第 6、7、8 胸神经前支的肌支及相应的肋间动、静脉。
【主治】腹痛、腹胀、呕吐、泄泻、善哕等胃肠病证。
【操作】直刺 0.5～0.8 寸。不可向上深刺，以免伤及内脏。

（二十二）步廊（Bùláng，KI22）

【定位】在胸部，第 5 肋间隙，前正中线旁开 2 寸（图 3-54）。
【解剖】皮肤→皮下组织→胸大肌。浅层有第 5 肋间神经的前皮支，胸廓内动、静脉的穿支。深层有胸内、外侧神经的分支。
【主治】①咳嗽、气喘、胸痛、胸胁胀满等胸肺病证；②乳痈；③呕吐。
【操作】斜刺或平刺 0.5～0.8 寸。

### （二十三）神封（Shénfēng，KI23）

【定位】在胸部，第4肋间隙，前正中线旁开2寸（图3-54）。

【解剖】皮肤→皮下组织→胸大肌。浅层有第4肋间神经的前皮支，胸廓内动、静脉的穿支。深层有胸内、外侧神经的分支。

【主治】①咳嗽、气喘、胸胁胀痛等胸肺病证；②乳痈；③呕吐，不欲饮食。

【操作】斜刺或平刺0.5～0.8寸。

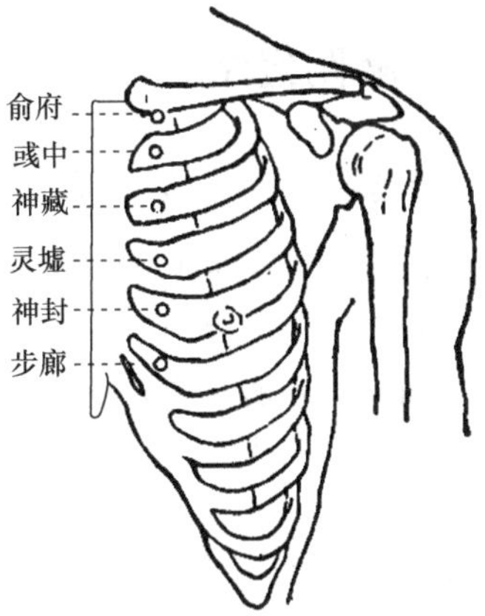

图3-54 步廊、神封、灵墟、神藏、彧中、俞府

### （二十四）灵墟（Língxū，KI24）

【定位】在胸部，第3肋间隙，前正中线旁开2寸（图3-54）。

【解剖】皮肤→皮下组织→胸大肌。浅层有第3肋间神经的前皮支，胸廓内动、静脉的穿支。深层有胸内、外侧神经的分支。

【主治】①咳嗽、气喘、胸胁胀痛等胸肺病证；②乳痈；③呕吐。

【操作】斜刺或平刺0.5～0.8寸。

### （二十五）神藏（Shéncáng，KI25）

【定位】在胸部，第2肋间隙，前正中线旁开2寸（图3-54）。

【解剖】皮肤→皮下组织→胸大肌。浅层有第2肋间神经的前皮支，胸廓内动、静脉的穿支。深层有胸内、外侧神经的分支。

【主治】①咳嗽、气喘、胸痛等胸肺病证；②呕吐，不欲饮食。

【操作】斜刺或平刺0.5～0.8寸。

### （二十六）彧中（Yùzhōng，KI26）

【定位】在胸部，第1肋间隙，前正中线旁开2寸（图3-54）。

【解剖】皮肤→皮下组织→胸大肌。浅层有第1肋间神经的前皮支，锁骨上内侧神经，胸廓内动、静脉的穿支。深层有胸内、外侧神经的分支。

【主治】咳嗽、气喘、胸胁胀满、痰壅等胸肺病证。

【操作】斜刺或平刺0.5～0.8寸。

### （二十七）俞府（Shūfǔ，KI27）

【定位】在胸部，锁骨下缘，前正中线旁开2寸（图3-54）。

【解剖】皮肤→皮下组织→胸大肌。浅层有锁骨上内侧神经。深层有胸内、外侧神经的分支。

【主治】①咳嗽、气喘、胸痛等胸肺病证；②呕吐。

【操作】斜刺或平刺0.5～0.8寸。

# 第九节 手厥阴经络及其腧穴

## 一、手厥阴经络

### （一）经脉循行及主要病候

手厥阴心包经，起于胸中，出属心包络，向下通过横膈，从胸至腹依次联络上、中、下三焦。胸中支脉，沿着胸内出于胁部，当腋下3寸处向上行至腋窝中，沿上臂内侧，行于手太阴和手少阴之间，进入肘窝中，向下行于前臂两筋（掌长肌腱与桡侧腕屈肌腱）之间，入掌中，循行至中指末端（中冲）。掌中支脉，从掌中劳宫穴分出，沿无名指到指端，与手少阳三焦经相接（图3-55）。

主要病候：胸闷，心痛，心悸，心烦，癫狂，腋肿，肘臂挛急，掌心发热等症。

《灵枢·经脉》：心主手厥阴心包络之脉，起于胸中，出属心包络[1]，下膈，历[2]络三焦。其支者，循胸出胁，下腋三寸[3]，上抵腋，下循臑内，行太阴、少阴之间，入肘中，下臂行两筋之间，入掌中，循中指出其端；其支者，别掌中，循小指次指出其端。

是动则病：手心热，臂、肘挛急，腋肿；甚则胸胁支满[4]，心中憺憺[5]大动，面赤，目黄，喜笑不休。是主脉[6]所生病者，烦心，心痛，掌中热。

【注释】[1]心包络：即心包（《千金要方》《铜人腧穴针灸图经》《十四经发挥》引文均无“络”字），心外之包膜。[2]历：经历的意思。[3]下腋三寸：距腋下3寸，与乳头相平处，为天池穴。[4]支满：支撑胀闷。[5]憺憺：音“淡”，形容心悸。[6]主脉：心包为心之卫，代君行令，代心受邪。心主脉，所以本经主“脉”所生病。

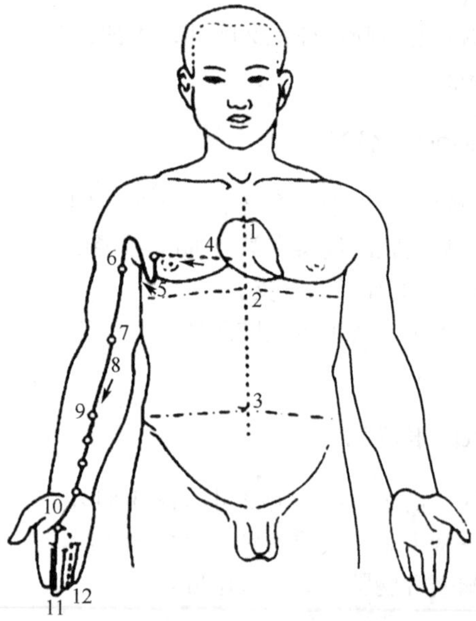


图3-55 手厥阴心包经循行示意图

1. 起于胸中，出属心包络；2. 下膈；3. 历络三焦；4. 其支者，循胸；5. 出胁，下腋三寸；6. 上抵腋下；7. 循臑内，行太阴、少阴之间；8. 入肘中；9. 下臂，行两筋之间；10. 入掌中；11. 循中指，出其端；12. 其支者，别掌中，循小指次指，出其端

（二）络脉循行及主要病候

《灵枢·经脉》：手心主之别，名曰内关，去腕二寸，出于两筋之间，循经以上系于心包，络心系。实则心痛，虚则为烦心。取之两筋间也。

（三）经别循行

《灵枢·经别》：手心主之正，别下渊腋三寸，入胸中，别属三焦，出循喉咙，出耳后，合少阳完骨之下。

（四）经筋循行及主要病候

《灵枢·经筋》：手心主之筋，起于中指，与太阴之筋并行，结于肘内廉；上臂阴，结腋下；下散前后挟胁。其支者，入腋，散胸中，结于贲。其病，当所过者支转筋，及胸痛、息贲。

（五）主治概要

（1）心胸、神志病　心痛、心悸、心烦、胸闷，癫狂痫、不寐等。
（2）胃腑病　胃痛、呕吐等。
（3）经脉循行部位的其他病证　上臂内侧痛，肘臂挛痛、麻木，腕痛，掌中热等。

## 二、手厥阴心包经腧穴（9 穴）

（一）天池*（Tiānchí，PC1）

【定位】在胸部，当第 4 肋间隙，前正中线旁开 5 寸（图 3-56）。

【解剖】皮肤→皮下组织→胸大肌→胸小肌。浅层有第 4 肋间神经外侧皮支，胸腹壁静脉的属支。深层有胸内外侧神经，胸外侧动、静脉的分支或属支。

【主治】①咳嗽、气喘、胸闷、痰多、胸痛等胸肺病证；②腋下肿痛，乳痛，乳少；③瘰疬。

【操作】斜刺或平刺 0.3～0.5 寸，不可深刺，以免伤及心、肺。

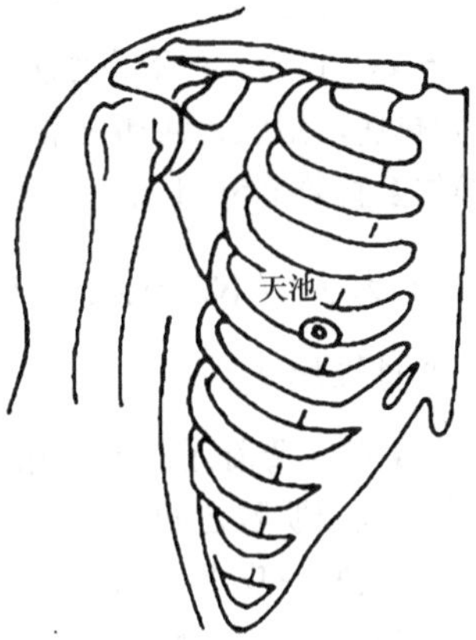

图 3-56　天池

（二）天泉（Tiānquán，PC2）

【定位】在臂前区，腋前纹头下 2 寸，肱二头肌的长、短头之间（图 3-57）。

【解剖】皮肤→皮下组织→肱二头肌→肱肌→喙肱肌腱。浅层有臂内侧皮神经的分支，深层有肌皮神经和肱动、静脉肌支。

【主治】①心痛、咳嗽、胸胁胀满等心肺病证；②胸背及上臂内侧痛。

【操作】直刺 1～1.5 寸。

（三）曲泽*（Qūzé，PC3）合穴

【定位】在肘前区，肘横纹上，肱二头肌腱的尺侧缘凹陷中（图 3-57）。

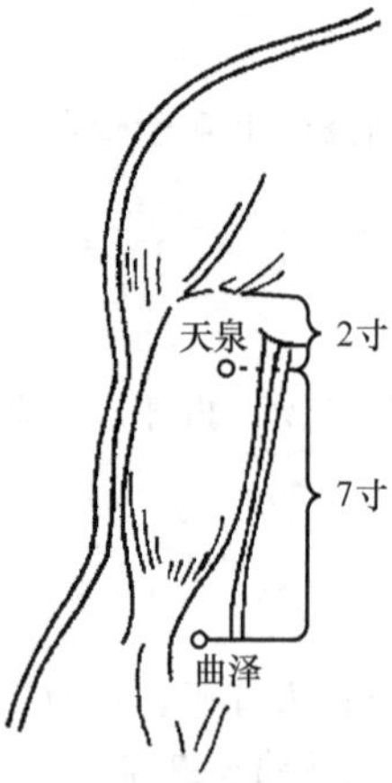

图 3-57 天泉、曲泽

【解剖】皮肤→皮下组织→旋前圆肌→肱肌。浅层有肘正中静脉和前臂内侧皮神经等。深层有肱动、静脉等，以及正中神经的主干。

【主治】①心痛、心悸、善惊等心疾；②胃痛、呕血、呕吐等胃腑热性病证；③热病，中暑；④肘臂挛痛，上肢颤动。

【操作】直刺 1～1.5 寸；或点刺出血。

（四）郄门*（Xìmén，PC4）郄穴

【定位】在前臂前区，腕掌侧远端横纹上 5 寸，掌长肌腱与桡侧腕屈肌腱之间（图 3-58）。

【解剖】皮肤→皮下组织→掌长肌腱与桡侧腕屈肌腱之间→指浅屈肌→指深屈肌→前臂骨间膜。浅层有前臂正中静脉，前臂外侧皮神经、前臂内侧皮神经分支。深层有骨间前动脉及神经，正中神经及伴行的动静脉。

【主治】①心痛、心悸、心烦、胸痛等心胸病证；②咳血、呕血、衄血等血证；③疔疮；④癫痫。

【操作】直刺 0.5～1 寸。

（五）间使*（Jiānshǐ，PC5）经穴

【定位】在前臂前区，腕掌侧远端横纹上 3 寸，掌长肌腱与桡侧腕屈肌腱之间（图 3-58）。

【解剖】皮肤→皮下组织→掌长肌腱与桡侧腕屈肌腱之间→指浅屈肌→指深屈肌→旋前方肌→前臂骨间膜。浅层有前臂内、外侧皮神经的分支，前臂正中静脉。深层有骨间前动脉及神经，正中神经及伴行的动静脉。

【主治】①心痛、心悸等心疾；②胃痛、呕吐等胃腑病证；③热病，疟疾；④癫狂痫；⑤腋肿，肘臂挛痛。

【操作】直刺 0.5～1 寸。

（六）内关*（Nèiguān，PC6）络穴；八脉交会穴（通阴维脉）

【定位】在前臂前区，腕掌侧远端横纹上 2 寸，掌长肌腱与桡侧腕屈肌腱之间（图 3-58）。

【解剖】皮肤→皮下组织→掌长肌腱与桡侧腕屈肌腱之间→指浅屈肌→指深屈肌→旋前方肌。浅层有前臂内、外侧皮神经的分支，前臂正中静脉。深层有骨间前动静脉及神经，正中神经及伴行的动静脉。

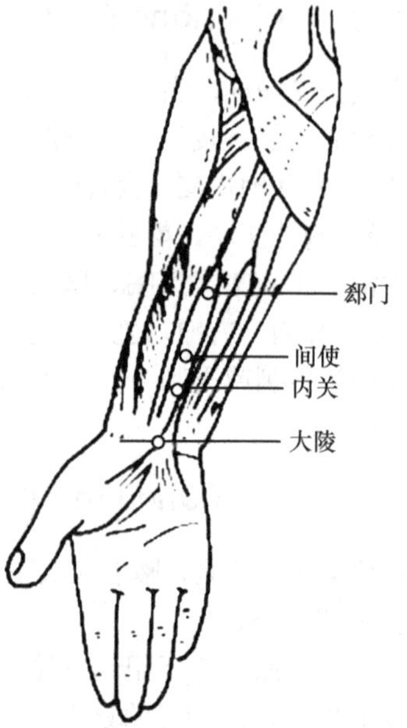

图 3-58 郄门、间使、内关、大陵

【主治】①心痛、心悸（心动过速或过缓）、胸闷等心胸病证；②胃痛、呕吐、呃逆等胃腑病证；③不寐、郁证、癫狂痫等神志病证；④中风，眩晕，偏头痛；⑤胁痛，肘臂腕挛痛。

【操作】直刺 0.5～1 寸。

（七）大陵*（Dàlíng，PC7）输穴，原穴

【定位】在腕前区，腕掌侧远端横纹中，掌长肌腱与桡侧腕屈肌腱之间（图 3-58）。

【解剖】皮肤→皮下组织→掌长肌腱与桡侧腕屈肌腱之间→拇长屈肌腱与指浅屈肌腱、指深屈肌腱之间→桡腕关节前方。浅层有前臂内外侧皮神经，正中神经掌支，腕掌侧静脉网。深层为正中神经本干。

【主治】①心痛、心悸、胸胁满痛等心胸病证；②胃痛、呕吐、口臭等胃腑病证；③喜笑悲恐、癫狂痫等神志病证；④手、臂挛痛。

【操作】直刺 0.3～0.5 寸。

（八）劳宫*（Láogōng，PC8）荥穴

【定位】在掌区，横平第 3 掌指关节近端，第 2、3 掌骨之间偏于第 3 掌骨（图 3-59）。简便取穴法：握拳屈指，中指尖下是穴。

【解剖】皮肤→皮下组织→掌腱膜→指浅、深屈肌腱→第 2 蚓状肌桡侧→第 1 骨间掌侧肌和第 2 骨间背侧肌。浅层有正中神经掌支和手掌侧静脉网。深层有掌侧总动脉，正中神经的指掌侧固有神经。

【主治】①中风昏迷、中暑等急症；②心痛、烦闷等心疾；③癫狂痫等神志病证；④口疮，口臭；⑤鹅掌风。

【操作】直刺 0.3～0.5 寸。

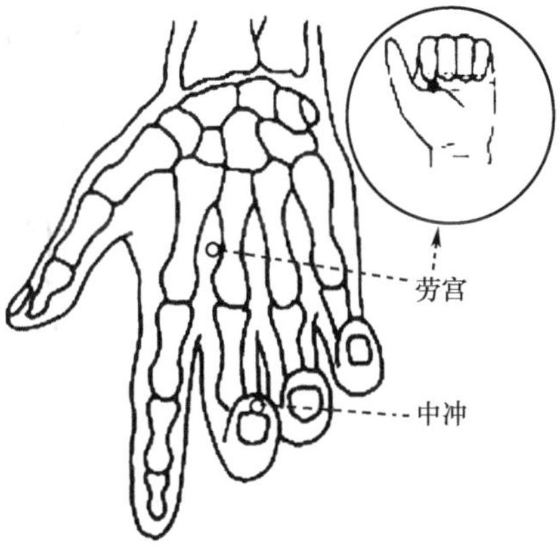

图 3-59　劳宫、中冲

（九）中冲*（Zhōngchōng，PC9）井穴

【定位】在手指，中指末端最高点（图 3-59）。

【解剖】皮肤→皮下组织。浅层有指正中神经掌支和手掌侧静脉网。深层有指掌侧总动脉，正中神经的指掌侧固有神经。

【主治】①中风昏迷、舌强不语、中暑、昏厥、小儿惊风等急症；②高热；③舌下肿痛。

【操作】浅刺 0.1 寸；或点刺出血。

## 第十节　手少阳经络及其腧穴

### 一、手少阳经络

（一）经脉循行及主要病候

手少阳三焦经，起于无名指末端，向上经两指（小指与无名指）之间，沿着手背至腕部，上行于前臂外侧两骨（尺骨与桡骨）之间，向上穿过肘尖部，沿上臂外侧上行至肩部，交出足少阳经的后面，进入缺盆，分布于胸中，散络于心包，向下通过横膈，从胸至腹，依次属于上、中、下三焦。胸中支脉，从膻中向上出缺盆，上行颈项外侧，沿耳后直上出于耳上方，再屈向下行至面颊，到达

眶下部。耳部支脉，从耳后进入耳中，出走耳前，经过上关前，交面颊部，到达目外眦（图 3-60）。

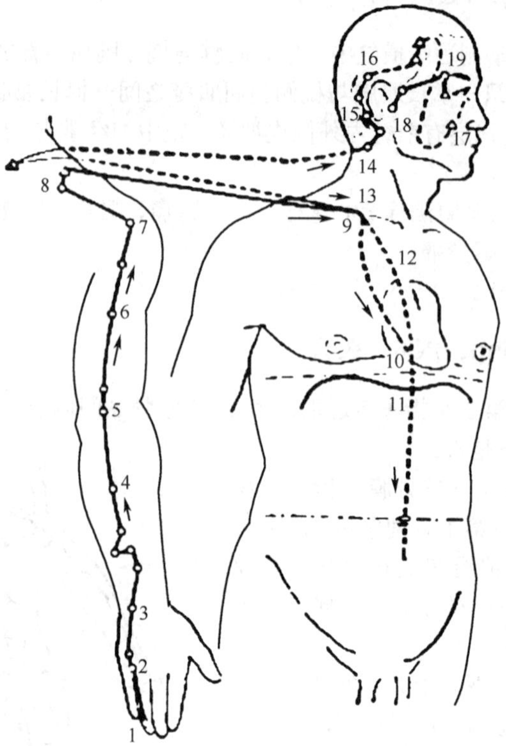


图 3-60　手少阳三焦经循行示意图

1. 起于小指次指之端；2. 上出两指之间；3. 循手表腕；4. 出臂外两骨之间；5. 上贯肘；6. 循臑外；7. 上肩；8. 而交出足少阳之后；9. 入缺盆；10. 布膻中，散落心包；11. 下膈，循属三焦；12. 其支者，从膻中；13. 上出缺盆；14. 上项；15. 系耳后；16. 直上出耳上角；17. 以屈下颊至䪼；18. 其支者，从耳后入耳中，出走耳前，过客主人，前交颊；19. 至目锐眦

主要病候：腹胀，水肿，遗尿，小便不利，耳聋，耳鸣，咽喉肿痛，目赤肿痛，颊肿，耳后、肩、臂、肘部外侧疼痛等症。

《灵枢·经脉》：三焦手少阳之脉，起于小指次指之端，上出两指之间，循手表腕[1]，出臂外两骨之间，上贯肘，循臑外，上肩，而交出足少阳之后，入缺盆，布膻中[2]，散络心包，下膈，遍[3]属三焦。其支者，从膻中，上出缺盆，上项，系耳后，直上出耳上角，以屈下颊至䪼[4]。其支者，从耳后入耳中，出走耳前，过客主人[5]，前交颊，至目锐眦。

是动则病：耳聋，浑浑焞焞[6]，嗌肿，喉痹。是主气所生病者，汗出，目锐眦痛，颊肿，耳后、肩、臑、肘、臂外皆痛，小指次指不用。

【注释】[1] 手表腕：手背腕关节。[2] 膻中：此指胸中，不指穴名。[3] 遍：指自上而下依次连属三焦。[4] 䪼：音“拙”，指眶下骨部。[5] 客主人：上关穴之别名。[6] 浑浑焞焞：焞，音“吞”。浑浑焞焞，形容听觉模糊，耳内出现轰响声。

（二）络脉循行及主要病候

《灵枢·经脉》：手少阳之别，名曰外关，去腕二寸，外绕臂，注胸中，合心主。其病，实则肘挛，虚则不收，取之所别也。

（三）经别循行

《灵枢·经别》：手少阳之正，指天，别于巅，入缺盆，下走三焦，散于胸中也。

（四）经筋循行及主要病候

《灵枢·经筋》：手少阳之筋，起于小指次指之端，结于腕；上循臂，结于肘；上绕臑外廉，上肩，走颈，合手太阳。其支者，当曲颊入系舌本；其支者，上曲牙，循耳前，属目外眦，上乘颔，结于角。其病，当所过者支转筋，舌卷。

（五）主治概要

（1）头面五官病　头、目、耳、颊、咽喉病等。
（2）热病　热病汗出。
（3）经脉循行部位的其他病证　胸胁痛，肩臂外侧痛，上肢挛急、麻木、不遂等。

## 二、手少阳三焦经腧穴（23穴）

（一）关冲*（Guānchōng，TE1）井穴

【定位】在手指，第4指末节尺侧，指甲根角侧上方0.1寸（指寸）（图3-61）。

【解剖】皮肤→皮下组织→指甲根。皮下组织内有尺神经指掌侧固有神经的指背支的分支，指掌侧固有动、静脉指背支的动静脉网。

【主治】①头痛、目赤、耳鸣、耳聋、咽喉肿痛、舌强等头面五官病证；②热病，中暑。

【操作】浅刺0.1寸；或点刺出血。

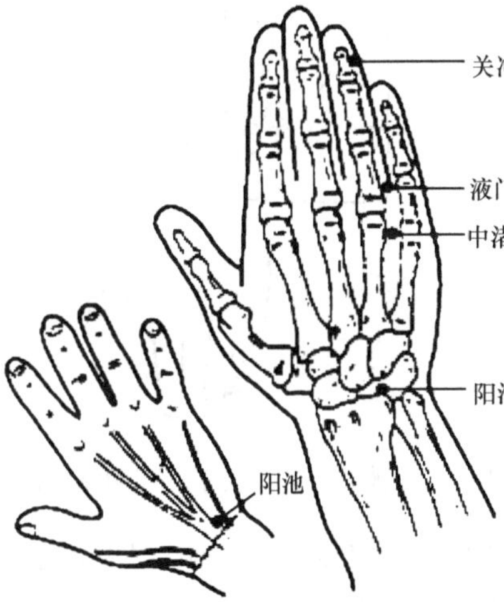

图3-61　关冲、液门、中渚、阳池

（二）液门（Yèmén，TE2）荥穴

【定位】在手背，第4、5指间，指蹼缘上方赤白肉际凹陷中（图3-61）。

【解剖】皮肤→皮下组织→第4、5指近节指骨基底部之间→第4骨间背侧肌和第4蚓状肌。浅层布有尺神经的指背神经，手背静脉网。深层有指背动、静脉。

【主治】①头痛、目赤、耳鸣、耳聋、咽喉肿痛等头面五官热性病证；②疟疾；③手臂痛。

【操作】直刺0.3～0.5寸。

（三）中渚*（Zhōngzhǔ，TE3）输穴

【定位】在手背，第4、5掌骨间，第4掌指关节近端凹陷中（图3-61）。

【解剖】皮肤→皮下组织→第4骨肌背侧肌。浅层布有尺神经的指背神经，手背静脉网的尺侧部。深层有第4掌背动脉。

【主治】①头痛、目赤、耳鸣、耳聋、咽喉肿痛等头面五官病证；②热病，疟疾；③肩背肘臂

酸痛，手指不能屈伸。

【操作】直刺 0.3～0.5 寸。

（四）阳池*（Yángchí，TE4）原穴

【定位】在腕后区，腕背侧远端横纹上，指伸肌腱尺侧缘凹陷中（图 3-61）。

【解剖】皮肤→皮下组织→腕背侧韧带→指伸肌腱与小指伸肌腱之间→桡腕关节。浅层布有尺神经手背支，腕背静脉网，前臂后皮神经的末支。深层有尺动脉腕背支的分支。

【主治】①目赤肿痛、耳聋、咽喉肿痛等五官病证；②消渴，口干；③手指屈伸不利、疼痛、麻木，腕痛，肩臂痛。

【操作】直刺 0.3～0.5 寸。

（五）外关*（Wàiguān，TE5）络穴；八脉交会穴（通阳维脉）

【定位】在前臂后区，腕背侧远端横纹上 2 寸，尺骨与桡骨间隙中点（图 3-62）。

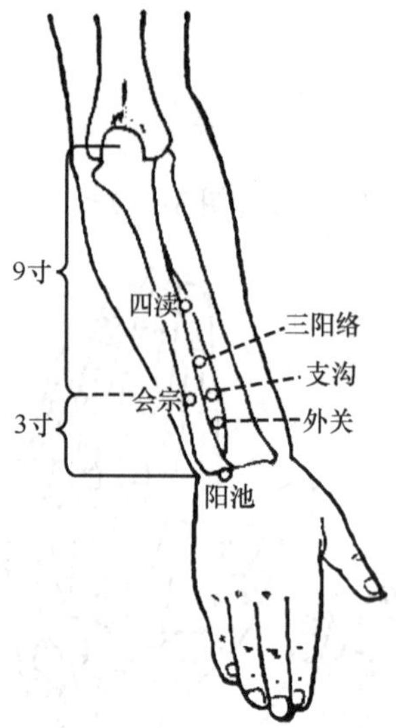

图 3-62　外关、支沟、会宗、三阳络、四渎

【解剖】皮肤→皮下组织→小指伸肌和指伸肌→拇长伸肌和食指伸肌。浅层布有前臂后皮神经，头静脉和贵要静脉的属支。深层有骨间后动、静脉和骨间后神经。

【主治】①热病，疟疾；②耳鸣、耳聋、头痛、目赤肿痛等头面五官病证；③瘰疬；④胁肋痛；⑤上肢痿痹、不遂。

【操作】直刺 0.5～1 寸。

（六）支沟*（Zhīgōu，TE6）经穴

【定位】在前臂后区，腕背侧远端横纹上 3 寸，尺骨与桡骨间隙中点（图 3-62）。

【解剖】皮肤→皮下组织→小指伸肌→拇长伸肌→前臂骨间膜。浅层布有前臂后皮神经，头静脉和贵要静脉的属支。深层有骨间后动、静脉和骨间后神经。

【主治】①便秘；②耳鸣，耳聋，暴喑；③瘰疬；④胁肋疼痛；⑤热病。

【操作】直刺 0.5～1 寸。

（七）会宗（Huìzōng，TE7）郄穴

【定位】在前臂后区，腕背侧远端横纹上 3 寸，尺骨的桡侧缘（图 3-62）。

【解剖】皮肤→皮下组织→尺侧腕伸肌→前臂骨间膜。浅层有前臂后皮神经，贵要静脉的属支。深层有前臂骨间后动、静脉的分支或属支，前臂骨间后神经的分支。

【主治】①耳鸣，耳聋；②痫证；③上肢痹痛。

【操作】直刺 0.5～1 寸。

（八）三阳络（Sānyángluò，TE8）

【定位】在前臂后区，腕背侧远端横纹上 4 寸，尺骨与桡骨间隙中点（图 3-62）。

【解剖】皮肤→皮下组织→指伸肌→拇长展肌→拇短伸肌→前臂骨间膜。浅层布有前臂后皮神经，头静脉和贵要静脉的属支。深层有前臂骨间后动、静脉的分支或属支，前臂骨间后神经的分支。

【主治】①耳聋、暴喑、齿痛等五官病证；②上肢痹痛。

【操作】直刺 0.5～1 寸。

### （九）四渎（Sìdú，TE9）

【定位】在前臂后区，肘尖下 5 寸，尺骨与桡骨间隙中点（图 3-62）。

【解剖】皮肤→皮下组织→小指伸肌与尺侧腕伸肌→拇长展肌和拇长伸肌。浅层布有前臂后皮神经，头静脉和贵要静脉的属支。深层有骨间后动、静脉和骨间后神经。

【主治】①耳聋、暴喑、齿痛、咽喉肿痛等五官病证；②手臂痛。

【操作】直刺 0.5～1 寸。

### （十）天井（Tiānjǐng，TE10）合穴

【定位】在肘后区，肘尖上 1 寸凹陷中（图 3-63）。

【解剖】皮肤→皮下组织→肱三头肌。浅层布有臂后皮神经。深层有肘关节动、静脉网，桡神经肌支。

【主治】①耳聋；②癫痫；③瘰疬，瘿气；④偏头痛，胁肋痛，颈项肩臂痛；⑤肘劳。

【操作】直刺 0.5～1 寸。

### （十一）清冷渊（Qīnglěngyuān，TE11）

【定位】在臂后区，肘尖与肩峰角连线上，肘尖上 2 寸（图 3-63）。

【解剖】皮肤→皮下组织→肱三头肌。浅层布有臂后皮神经。深层有中副动、静脉，桡神经肌支。

【主治】头痛，目痛，胁痛，肩臂痛。

【操作】直刺 0.5～1 寸。

### （十二）消泺（Xiāoluò，TE12）

【定位】在臂后区，肘尖与肩峰角连线上，肘尖上 5 寸（图 3-63）。

【解剖】皮肤→皮下组织→肱三头肌长头→肱三头肌内侧头。浅层有臂后皮神经分布。深层布有中副动、静脉和桡神经的肌支。

【主治】头痛，齿痛，项背痛。

【操作】直刺 1～1.5 寸。

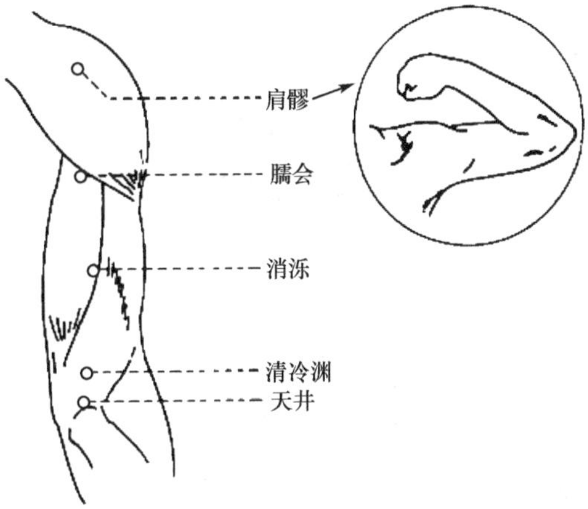

图 3-63　天井、清冷渊、消泺、臑会、肩髎

### （十三）臑会（Nàohuì，TE13）

【定位】在臂后区，肩峰角下 3 寸，三角肌的后下缘（图 3-63）。

【解剖】皮肤→皮下组织→肱三头肌。浅层有臂后皮神经。深层有桡神经，肱深动、静脉。

【主治】①瘰疬；②瘿气；③上肢痹痛。

【操作】直刺 1～1.5 寸。

（十四）肩髎*（Jiānliáo，TE14）

【定位】在三角肌区，肩峰角与肱骨大结节两骨间凹陷中（图 3-63）。简便取穴法：当臂外展时，肩峰后下方呈现凹陷处。

【解剖】皮肤→皮下组织→三头肌→小圆肌→大圆肌→背阔肌腱。浅层布有锁骨上外侧神经。深层有腋神经和旋肱后动、静脉。

【主治】肩臂痛，肩重不能举。

【操作】向肩关节直刺 1～1.5 寸。

（十五）天髎（Tiānliáo，TE15）

【定位】在肩胛区，肩胛骨上角骨际凹陷处（图 3-64）。

【解剖】皮肤→皮下组织→斜方肌→冈上肌。浅层布有锁骨上神经和第 1 胸神经后支外侧皮支。深层有肩胛背动、静脉的分支或属支，肩胛上动、静脉的分支和属支以及肩胛上神经。

【主治】肩臂痛，颈项强急。

【操作】直刺 0.5～1 寸。

（十六）天牖（Tiānyǒu，TE16）

【定位】在颈部，横平下颌角，胸锁乳突肌后缘凹陷中（图 3-65）。

【解剖】皮肤→皮下组织→胸锁乳突肌与斜方肌之间→头、颈夹肌→头、颈半棘肌。浅层布有颈外静脉属支，耳大神经和枕小神经。深层有枕动、静脉的分支或属支，颈深动、静脉升支。

【主治】①头痛、头眩、项强、目不明、暴聋、鼻衄、咽喉肿痛等头项、五官病证；②瘰疬；③颈项强痛。

【操作】直刺 0.5～1 寸。

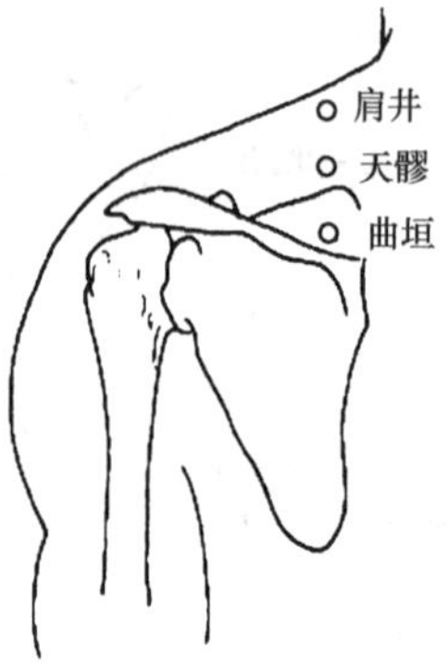


图 3-64 天髎

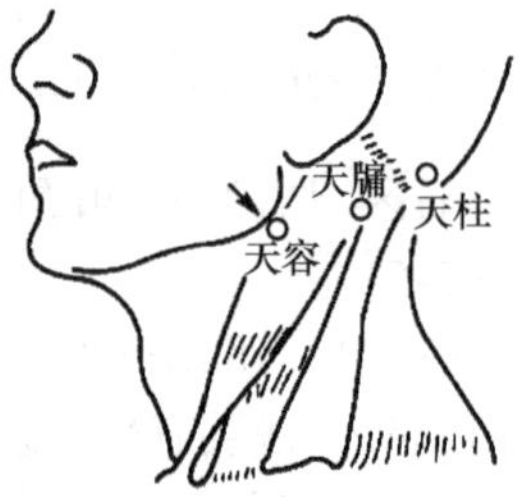


图 3-65 天牖

（十七）翳风*（Yìfēng，TE17）

【定位】在颈部，耳垂后方，乳突下端前方凹陷中（图 3-66）。

【解剖】皮肤→皮下组织→腮腺。浅层布有耳大神经和颈外静脉的属支。深层有颈外动脉的分支耳后动脉，面神经。

【主治】①耳鸣、耳聋等耳疾；②口眼歪斜、面风、牙关紧闭、颊肿等面、口病证；③瘰疬。

【操作】直刺 0.5～1 寸。

### （十八）瘈脉（Chìmài，TE18）

【定位】在头部，乳突中央，角孙与翳风沿耳轮弧形连线的上 2/3 与下 1/3 的交点处（图 3-66）。

【解剖】皮肤→皮下组织→耳后肌。布有耳大神经、面神经耳后支，耳后动、静脉。

【主治】①头痛；②耳鸣，耳聋；③小儿惊风。

【操作】平刺 0.3～0.5 寸；或点刺静脉出血。

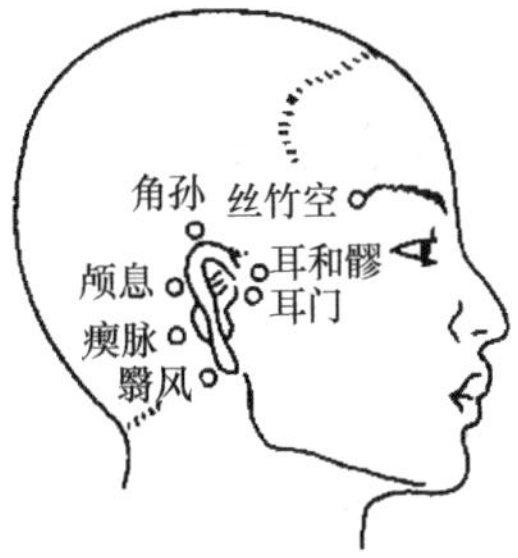

图 3-66　翳风、瘈脉、颅息、角孙、耳门、耳和髎、丝竹空

### （十九）颅息（Lúxī，TE19）

【定位】在头部，角孙与翳风沿耳轮弧形连线的上 1/3 与下 2/3 的交点处（图 3-66）。

【解剖】皮肤→皮下组织→耳后肌。布有耳大神经、枕小神经、面神经耳后支，耳后动、静脉的耳支。

【主治】①头痛；②耳鸣，耳聋；③小儿惊风。

【操作】平刺 0.3～0.5 寸。

### （二十）角孙*（Jiǎosūn，TE20）

【定位】在头部，耳尖正对发际处（图 3-66）。

【解剖】皮肤→皮下组织→耳上肌→颞筋膜浅层及颞肌。布有耳颞神经的分支，颞浅动、静脉耳前支。

【主治】①头痛，项强；②目赤肿痛，目翳；③齿痛，颊肿。

【操作】平刺 0.3～0.5 寸。

### （二十一）耳门*（Ěrmén，TE21）

【定位】在耳区，耳屏上切迹与下颌骨髁状突之间的凹陷中（图 3-66）。

【解剖】皮肤→皮下组织→腮腺。布有耳颞神经，颞浅动、静脉耳前支，面神经颞支。

【主治】①耳鸣、耳聋、聤耳等耳疾；②齿痛，颈颔痛。

【操作】微张口，直刺 0.5～1 寸。

### （二十二）耳和髎（Ěrhéliáo，TE22）

【定位】在头部，鬓发后际，平耳郭根前，当颞浅动脉后缘（图 3-66）。

【解剖】皮肤→皮下组织→耳前肌→颞筋膜浅层及颞肌。浅层布有耳颞神经，面神经颞支，颞浅动、静脉的分支或属支。深层有颞深前、后神经，均是三叉神经下颌神经的分支。

【主治】①头痛，耳鸣；②牙关紧闭，口歪。

【操作】避开动脉，平刺 0.3～0.5 寸。

### （二十三）丝竹空*（Sīzhúkōng，TE23）

【定位】在面部，眉梢凹陷中（图 3-66）。

【解剖】皮肤→皮下组织→眼轮匝肌。布有眶上神经、颧面神经、面神经颞支和颧支，颞浅动、静脉的额支。

【主治】①癫痫；②头痛、目眩、目赤肿痛、眼睑瞤动等头目病证；③齿痛。
【操作】平刺 0.3～0.5 寸。

## 第十一节　足少阳经络及其腧穴

### 一、足少阳经络

#### （一）经脉循行及主要病候

足少阳胆经，起于目外眦，上行额角部，下行至耳后，沿颈项部至肩上，下入缺盆。耳部分支，从耳后进入耳中，出走耳前到目外眦后方。外眦部支脉，从目外眦下走大迎，会合于手少阳经到达目眶下，行经颊车，由颈部下行，与前脉在缺盆部会合，再向下进入胸中，穿过横膈，络肝，属胆，再沿胁肋内下行至腹股沟动脉部，经过外阴部毛际横行入髋关节部。其直行经脉从缺盆下行，经腋部、侧胸部、胁肋部，再下行与前脉会合于髋关节部，再向下沿着大腿外侧、膝外缘下行经腓骨之前，至外踝前，沿足背部，止于第 4 趾外侧端。足背部分支，从足背上分出，沿第 1、2 跖骨间，出于大趾端，穿过趾甲，出趾背毫毛部（图 3-67）。

主要病候：口苦，目眩，疟疾，头痛，颔痛，目外眦痛，缺盆部肿痛，腋下肿，胸、胁、股及下肢外侧痛，足外侧痛，足外侧发热等症。

《灵枢·经脉》：胆足少阳之脉，起于目锐眦，上抵头角[1]，下耳后，循颈，行手少阳之前，至肩上，却交出手少阳之后，入缺盆。其支者，从耳后入耳中，出走耳前，至目锐眦后。其支者，别锐眦，下大迎，合于手少阳，抵于䪼，下加颊车，下颈，合缺盆。以下胸中，贯膈，络肝，属胆，循胁里，出气街，绕毛际，横入髀厌[2]中。其直者，从缺盆下腋，循胸，过季胁[3]，下合髀厌中。以下循髀阳[4]，出膝外廉，下外辅骨[5]之前，直下抵绝骨[6]之端，下出外踝之前，循足跗上，入小指次指[7]之间。其支者，别跗上，入大指之间，循大指歧骨[8]内，出其端；还贯爪甲，出三毛[9]。

是动则病：口苦，善太息，心胁痛，不能转侧，甚则面微有尘，体无膏泽，足外反热，是为阳厥。是主骨所生病者：头痛颔痛，目锐眦痛，缺盆中肿痛，腋下肿，马刀侠瘿，汗出，振寒，疟，胸胁、肋、髀、膝外至胫、绝骨、外踝前，及诸节皆痛，小指次指不用。

【注释】[1] 头角：指额结节部，一般称额角，颞骨部又泛称为耳上角。[2] 髀厌：义同“髀枢”，指髋关节。[3] 季胁：指第 11、12 肋部。[4] 髀阳：大腿外侧。[5] 外辅骨：指腓骨，《铜人腧穴针灸图经》注：“辅骨，谓辅佐骨之骨，在胻之外。”[6] 绝骨：指腓骨长短肌未覆盖的腓骨下端部分的骨骼，其上端稍前为阳辅穴。[7] 小指次指：即第 4 趾。《铜人腧穴针灸图经》注：“次指之端，窍阴所居。”[8] 大指歧骨：指足大趾、次趾本节后骨缝。[9] 三毛：指足大趾爪甲后方有毫毛处，义同“丛毛”。杨上善注：“一名丛毛，在上节后毛中也。”滑寿注：“足大指本节后为歧骨，大指爪甲后为三毛。”张介宾注：“足大指次指本节后骨缝为歧骨，大指爪甲后二节为三毛。”

#### （二）络脉循行及主要病候

《灵枢·经脉》：足少阳之别，名曰光明。去踝五寸，别走厥阴，并经下络足跗。实则厥；虚则痿躄，坐不能起。取之所别也。

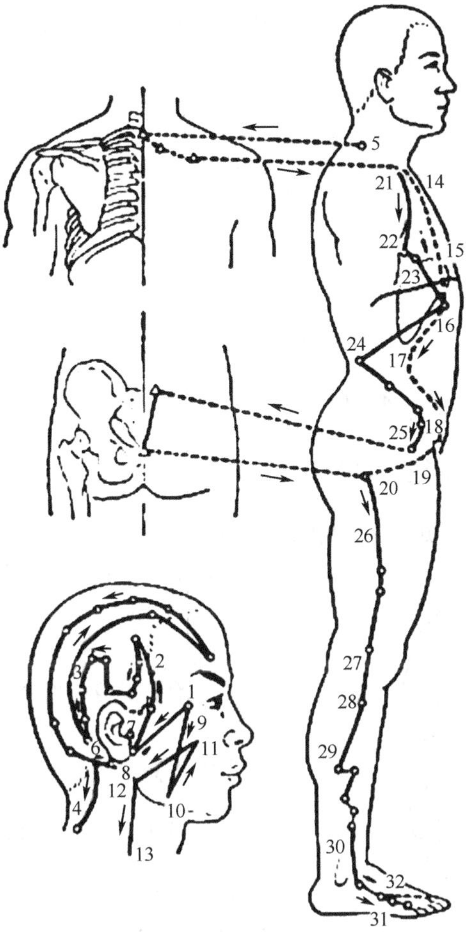


图 3-67　足少阳胆经循行示意图

1. 起于目锐眦；2. 上抵头角；3. 下耳后；4. 循颈，行手少阳之前，至肩上却交出手少阳之后；5. 入缺盆；6. 其支者，从耳后入耳中；7. 出走耳前；8. 至目锐眦后；9. 其支者，别锐眦；10. 下大迎；11. 合于手少阳，抵于䪼，12. 下加颊车；13. 下颈，合缺盆；14. 以下胸中贯膈；15. 络肝；16. 属胆；17. 循胁里；18. 出气街；19. 绕毛际；20. 横入髀厌中；21. 其直者，从缺盆；22. 下腋；23. 循胸；24. 过季胁；25. 下合髀厌中；26. 以下循髀阳；27. 出膝外廉；28. 下外辅骨之前；29. 直下抵绝骨之端；30. 下出外踝之前，循足跗上；31. 入小指次指之间；32. 其支者，别跗上，入大指之间，循大指歧骨内，出其端，还贯爪甲，出三毛

（三）经别循行

《灵枢·经别》：足少阳之正，绕髀，入毛际，合于厥阴；别者入季胁之间，循胸里属胆，散之肝，上贯心，以上挟咽，出颐颔中，散于面，系目系，合少阳于外眦也。

（四）经筋循行及主要病候

《灵枢·经筋》：足少阳之筋，起于小指次指，上结外踝，上循胫外廉，结于膝外廉。其支者别起外辅骨，上走髀，前者结于伏兔之上，后者结于尻。其直者上乘䏚、季胁，上走腋前廉，系于膺乳，结于缺盆。直者上出腋，贯缺盆，出太阳之前，循耳后，上额角，交巅上，下走颔，上结于䪼。支者，结于目外眦，为外维。其病，小指次指支转筋，引膝外转筋，膝不可屈伸，腘筋急，前引髀，后引尻，即上乘眇季胁痛，上引缺盆、膺乳、颈维筋急，从左之右，右目不开，上过右角，并蹻脉而行，左络于右，故伤左角，右足不用，命曰维筋相交。

（五）主治概要

（1）头面五官病证　侧头、目、耳、咽喉病等。
（2）肝胆病证　黄疸、口苦、胁痛等。
（3）神志病　癫狂等。
（4）热病　发热等。
（5）经脉循行部位的其他病证　胁肋痛，下肢痹痛、麻木、不遂等。

## 二、足少阳胆经腧穴（44穴）

### （一）瞳子髎*（Tóngzǐliáo，GB1）

【定位】在面部，目外眦外侧0.5寸凹陷中（图3-68）。

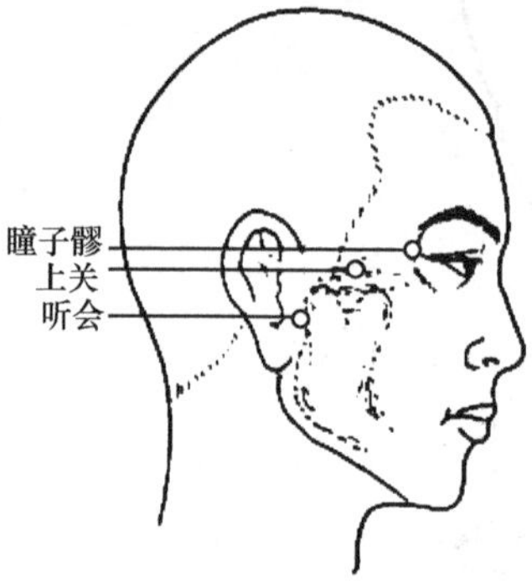


图3-68　瞳子髎、听会、上关

【解剖】皮肤→皮下组织→眼轮匝肌→颞肌。浅层有颧神经的颧颞支与颧面支。深层有颞深前、后神经和颞深前、后动脉的分支。

【主治】①目赤肿痛，目翳，青盲；②头痛，口眼歪斜。

【操作】平刺0.3～0.5寸；或点刺出血。

### （二）听会*（Tīnghuì，GB2）

【定位】在面部，耳屏间切迹与下颌骨髁突之间的凹陷中（图3-68）。

【解剖】皮肤→皮下组织→腮腺囊→腮腺。浅层有耳颞神经和耳大神经。深层有颞浅动、静脉，面神经丛和腮腺等。

【主治】①目赤肿痛，目翳，青盲；②头痛，口眼歪斜。

【操作】微张口，直刺0.5～0.8寸。

### （三）上关（Shàngguān，GB3）

【定位】在面部，颧弓上缘中央凹陷中（图3-68）。

【解剖】皮肤→皮下组织→颞浅筋膜→颞深筋膜→颞筋膜下疏松结缔组织→颞肌。浅层有耳颞神经，面神经颞支和颞浅动、静脉。深层有颞深前、后神经的分支。

【主治】①耳鸣、耳聋、聤耳等耳病；②偏头痛、面痛、齿痛、口眼歪斜、口噤等面口部病证。

【操作】直刺0.5～1寸。

### （四）颔厌（Hànyàn，GB4）

【定位】在头部，从头维至曲鬓的弧形连线（其弧度与鬓发弧度相应）的上1/4与下3/4的交点处（图3-69）。

【解剖】皮肤→皮下组织→耳上肌→颞筋膜→颞肌。浅层有耳颞神经，颞浅动、静脉顶支。深层有颞深前、后神经的分支。

【主治】①偏头痛；②耳鸣、目眩、齿痛等五官病；③癫痫。

【操作】平刺 0.5～0.8 寸。

（五）悬颅（Xuánlú，GB5）

【定位】在头部，从头维至曲鬓的弧形连线（其弧度与鬓发弧度相应）的中点处（图 3-69）。

【解剖】皮肤→皮下组织→耳上肌→颞筋膜→颞肌。浅层有耳颞神经，颞浅动、静脉顶支。深层有颞深前、后神经的分支。

【主治】①偏头痛；②耳鸣，目赤肿痛，齿痛。

【操作】平刺 0.5～0.8 寸。

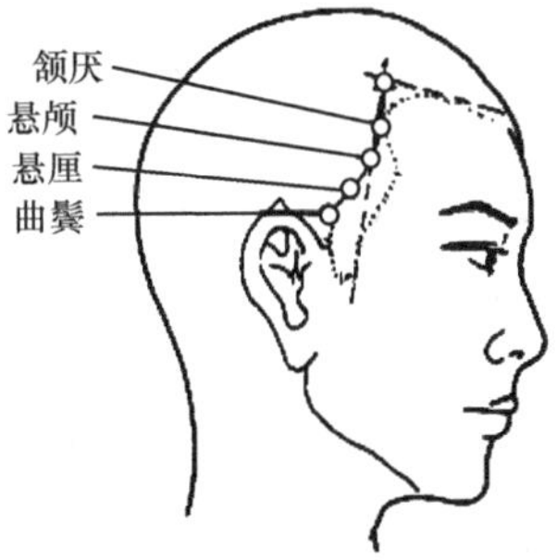

图 3-69　颔厌、悬颅、悬厘、曲鬓

（六）悬厘（Xuánlí，GB6）

【定位】在头部，从头维至曲鬓的弧形连线（其弧度与鬓发弧度相应）的上 3/4 与下 1/4 交点处（图 3-69）。

【解剖】皮肤→皮下组织→耳上肌→颞筋膜→颞肌。浅层有耳颞神经，颞浅动、静脉顶支。深层有颞深前、后神经的分支。

【主治】①偏头痛；②耳鸣，目赤肿痛。

【操作】平刺 0.5～0.8 寸。

（七）曲鬓（Qūbìn，GB7）

【定位】在头部，耳前鬓角发际后缘与耳尖水平线交点处（图 3-69）。

【解剖】皮肤→皮下组织→耳上肌→颞筋膜→颞肌。浅层有耳颞神经，颞浅动、静脉顶支。深层有颞深前、后神经的分支。

【主治】头痛、齿痛、颊肿、口噤等头面部病证。

【操作】平刺 0.5～0.8 寸。

（八）率谷*（Shuàigǔ，GB8）

【定位】在头部，耳尖直上入发际 1.5 寸（图 3-70）。

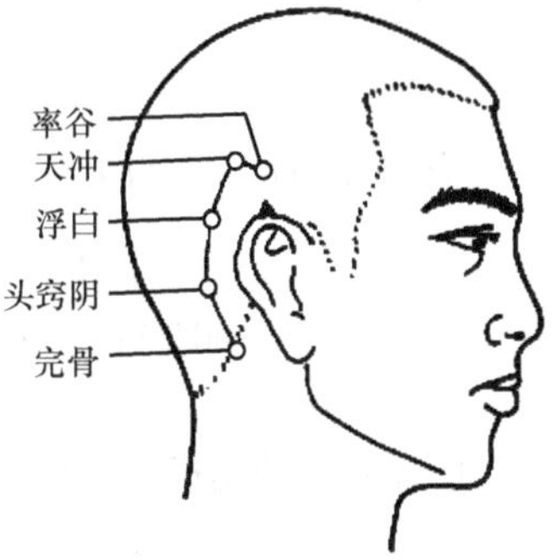

图 3-70　率谷、天冲、浮白、头窍阴、完骨

【解剖】皮肤→皮下组织→耳上肌→颞筋膜→颞肌。布有耳神经和枕大神经会和支及颞浅动、静脉顶支。

【主治】①偏头痛，眩晕；②耳鸣、耳聋等耳病；③小儿急、慢惊风。

【操作】平刺 0.5～0.8 寸。

（九）天冲（Tiānchōng，GB9）

【定位】在头部，耳根后缘直上，入发际 2 寸（图 3-70）。

【解剖】皮肤→皮下组织→耳上肌→颞筋膜→颞肌。布有耳神经和枕小神经以及枕大神经的会后支，颞浅动、静脉顶支和耳后动、静脉。

【主治】①头痛，耳鸣，耳聋，齿痛；②癫痫。
【操作】平刺 0.5～0.8 寸。

（十）浮白（Fúbái，GB10）

【定位】在头部，耳后乳突的后上方，从天冲至完骨的弧形连线（其弧度与耳郭弧度相应）的上 1/3 与下 2/3 交点处（图 3-70）。
【解剖】皮肤→皮下组织→帽状腱膜。布有枕小神经和枕大神经的吻合支以及耳后动、静脉。
【主治】①头痛、耳鸣、耳聋、目痛等头面五官病证；②瘿气。
【操作】平刺 0.5～0.8 寸。

（十一）头窍阴（Tóuqiàoyīn，GB11）

【定位】在头部，耳后乳突的后上方，从天冲至完骨的弧形连线（其弧度与耳郭弧度相应）的上 2/3 与下 1/3 交点处（图 3-70）。
【解剖】皮肤→皮下组织→帽状腱膜。布有枕小神经和耳后动、静脉的分支。
【主治】①头痛；②耳鸣，耳聋。
【操作】平刺 0.5～0.8 寸。

（十二）完骨*（Wángǔ，GB12）

【定位】在头部，耳后乳突的后下方凹陷中（图 3-70）。
【解剖】皮肤→皮下组织→胸锁乳突肌→头夹肌→头最长肌。浅层布有枕小神经，耳后动、静脉的分支或属支。深层有颈深动、静脉。如果深刺可能刺中椎动脉。
【主治】①头痛，颈项强痛；②不寐；③齿痛、口歪、口噤不开、颊肿等面口部病证。
【操作】直刺 0.5～0.8 寸。

（十三）本神（Běnshén，GB13）

【定位】在头部，前发际上 0.5 寸，头正中线旁开 3 寸（图 3-71）。

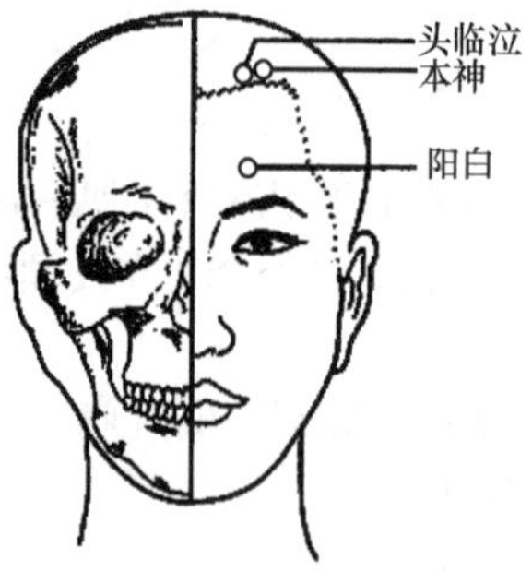

图 3-71　本神、阳白、头临泣

【解剖】皮肤→皮下组织→枕额肌额腹。布有眶上动、静脉和眶上神经以及颞浅动、静脉额支。
【主治】①头痛、眩晕、目赤肿痛等头面病证；②癫痫、小儿惊风、中风昏迷等神志病。
【操作】平刺 0.5～0.8 寸。

（十四）阳白*（Yángbái，GB14）

【定位】在头部，眉上 1 寸，瞳孔直上（图 3-71）。
【解剖】皮肤→皮下组织→枕额肌额腹。布有眶上神经外侧支和眶上动、静脉外侧支。
【主治】①头痛，眩晕；②视物模糊、目痛、眼睑下垂等目疾；③面瘫。
【操作】平刺 0.3～0.5 寸。

（十五）头临泣*（Tóulínqì，GB15）

【定位】在头部，前发际上 0.5 寸，瞳孔直上（图 3-71）。
【解剖】皮肤→皮下组织→帽状腱膜→腱膜下疏松结缔组织。布有眶上神经和眶上动、静脉。
【主治】①头痛、眩晕、流泪、鼻塞、鼻渊等头面五官病证；②小儿惊风、癫痫等神志病。
【操作】平刺 0.3～0.5 寸。

（十六）目窗（Mùchuāng，GB16）

【定位】在头部，前发际上 1.5 寸，瞳孔直上（图 3-72）。
【解剖】皮肤→皮下组织→帽状腱膜→腱膜下疏松结缔组织。布有眶上神经和颞浅动、静脉的额支。
【主治】①目赤肿痛、青盲、视物模糊、鼻塞等五官病证；②头痛，眩晕；③小儿惊风。
【操作】平刺 0.3～0.5 寸。

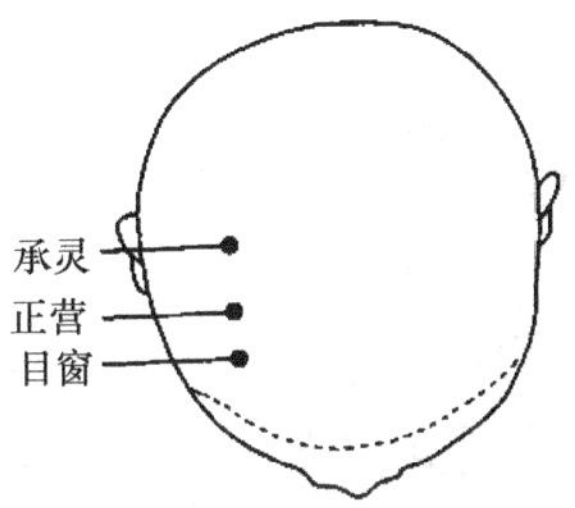

图 3-72 目窗、正营、承灵

（十七）正营（Zhèngyíng，GB17）

【定位】在头部，前发际上 2.5 寸，瞳孔直上（图 3-72）。
【解剖】皮肤→皮下组织→帽状腱膜→腱膜下疏松结缔组织。布有眶上神经和枕大神经的吻合支，颞浅动、静脉的顶支，枕大神经和枕动、静脉的分支。
【主治】①头痛、项强、眩晕等头项部病证；②齿痛；③恶心呕吐。
【操作】平刺 0.3～0.5 寸。

（十八）承灵（Chénglíng，GB18）

【定位】在头部，前发际上 4 寸，瞳孔直上（图 3-72）。
【解剖】皮肤→皮下组织→帽状腱膜→腱膜下疏松结缔组织。布有枕大神经和枕动、静脉的分支。
【主治】①头痛，眩晕；②目痛、鼻塞、鼻衄等五官病证。
【操作】平刺 0.3～0.5 寸。

（十九）脑空（Nǎokōng，GB19）

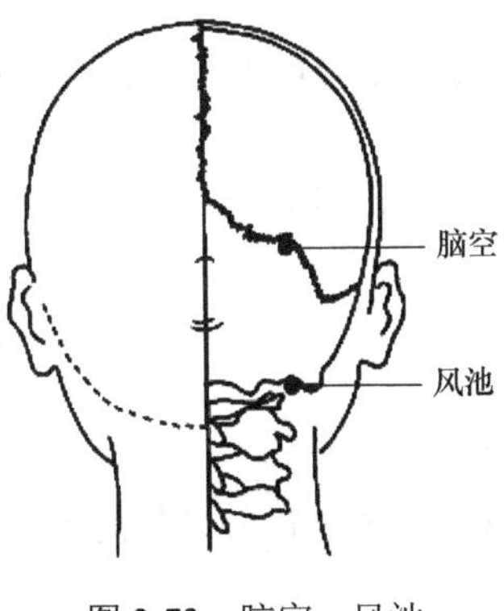

图 3-73 脑空、风池

【定位】在头部，横平枕外隆凸的上缘，风池穴直上（图 3-73）。
【解剖】皮肤→皮下组织→枕额肌枕腹。布有枕大神经，枕动、静脉，面神经耳后支。
【主治】①头痛、眩晕、颈项强痛等头项部病证；②癫狂病、惊悸等神志病。
【操作】平刺 0.3～0.5 寸。

（二十）风池*（Fēngchí，GB20）

【定位】在颈后区，枕骨之下，胸锁乳突肌上端与斜方肌上端之间的凹陷中（图 3-73）。

【解剖】皮肤→皮下组织→斜方肌和胸锁乳突肌之间→头夹肌→头半棘肌→头后大直肌与头上斜肌之间。浅层有枕小神经和枕动、静脉的分支属支。深层有枕大神经。

【主治】①中风、头痛、眩晕、不寐、癫痫等内风所致病证；②恶寒发热、口眼歪斜等外风所致病证；③目赤肿痛、视物不明、鼻塞、鼻衄、鼻渊、耳鸣、咽喉肿痛等五官病证；④颈项强痛。

【操作】向鼻尖方向斜刺 0.8～1.2 寸。

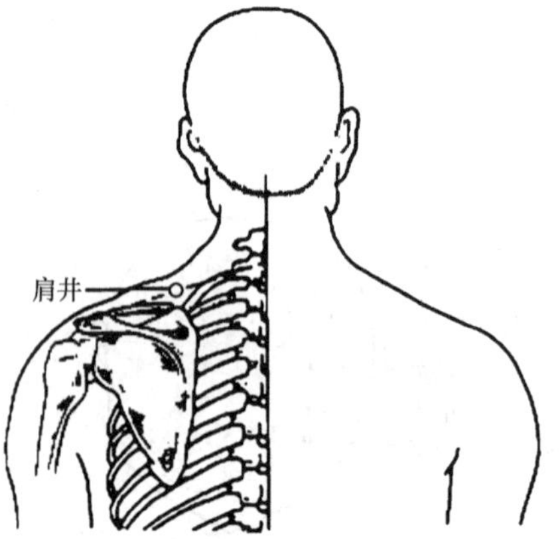


图 3-74 肩井

（二十一）肩井*（Jiānjǐng，GB21）

【定位】在肩胛区，第 7 颈椎棘突与肩峰最外侧点连线的中点（图 3-74）。

【解剖】皮肤→皮下组织→斜方肌→肩胛提肌。浅层有锁骨上神经及颞浅动、静脉的分支或属支。深层有颈横动、静脉的分支或属支和肩胛背神经的分支。

【主治】①头痛、眩晕、颈项强痛等头项部病证；②肩背疼痛，上肢不遂；③瘰疬；④乳痈、乳少、难产、胞衣不下。

【操作】直刺 0.3～0.5 寸，切忌深刺、捣刺。孕妇禁用。

（二十二）渊腋（Yuānyè，GB22）

【定位】在胸外侧区，第 4 肋间隙中，在腋中线上（图 3-75）。

【解剖】皮肤→皮下组织→前锯肌→肋间外肌。浅层有第 3、4、5 肋间神经外侧皮支，胸长神经和胸外侧动、静脉。深层有第 4 肋间神经和第 4 肋间后动、静脉。

【主治】①胸满、胁痛等胸胁部病证；②上肢痹痛。

【操作】平刺 0.5～0.8 寸。

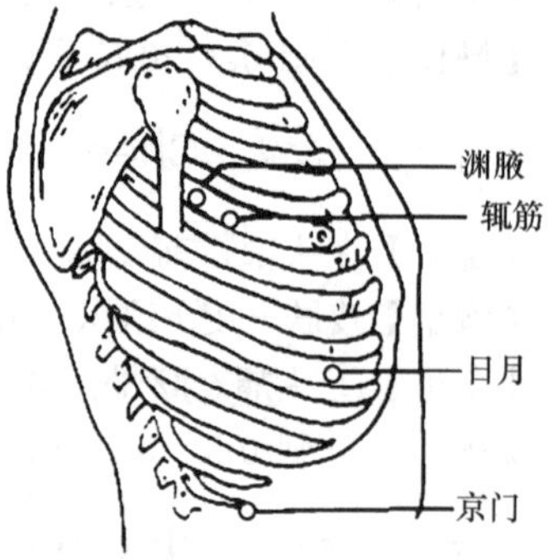


图 3-75 渊腋、辄筋、日月、京门

（二十三）辄筋（Zhéjīn，GB23）

【定位】在胸外侧区，第 4 肋间隙中，腋中线前 1 寸（图 3-75）。

【解剖】皮肤→皮下组织→前锯肌→肋间外肌。浅层有第 3、4、5 肋间神经外侧皮支和胸外侧动、静脉的分支或属支。深层有第 4 肋间神经和第 4 肋间后动、静脉。

【主治】①胸痛、胁痛、腋肿等胸胁部病证；②上肢痹痛；③呕吐，吞酸。

【操作】平刺 0.3～0.5 寸。

（二十四）日月*（Rìyuè，GB24）胆之募穴

【定位】在胸部，第 7 肋间隙中，前正中线旁开 4 寸（图 3-75）。

【解剖】皮肤→皮下组织→腹外斜肌→肋间外肌。浅层有第 6、7、8 肋间神经外侧皮支和伴行的动、静脉。深层有第 7 肋间神经和第 7 肋间后动、静脉。

【主治】①胁肋胀痛、黄疸等肝胆病证；②呕吐、吞酸、呃逆等肝胆犯胃病证。

【操作】斜刺或平刺 0.5～0.8 寸。

### （二十五）京门（Jīngmén，GB25）肾之募穴

【定位】在上腹部，当第 12 肋骨游离端的下际（图 3-75）。

【解剖】皮肤→皮下组织→腹外斜肌→腹内斜肌→腹横肌。浅层有第 11、12 胸神经前支的外侧皮支及伴行的动、静脉。深层有第 11、12 胸神经前支的肌支和相应的肋间、肋下动、静脉。

【主治】①小便不利、水肿等水液代谢失调病证；②肠鸣、腹胀、腹泻等胃肠病证；③胁痛，腰痛。

【操作】直刺 0.5～1 寸。

### （二十六）带脉*（Dàimài，GB26）

【定位】在侧腹部，第 11 肋骨游离端垂线与脐水平线的交点上（图 3-76）。

【解剖】皮肤→皮下组织→腹外斜肌→腹内斜肌→腹横肌。浅层有第 9、10、11 胸神经前支的外侧皮支和伴行的动、静脉。深层有第 9、10、11 胸神经前支的肌支和相应的动、静脉。

【主治】①月经不调、闭经、带下病等妇科病证；②腹痛，腰胁痛；③疝气。

【操作】直刺 0.8～1 寸。

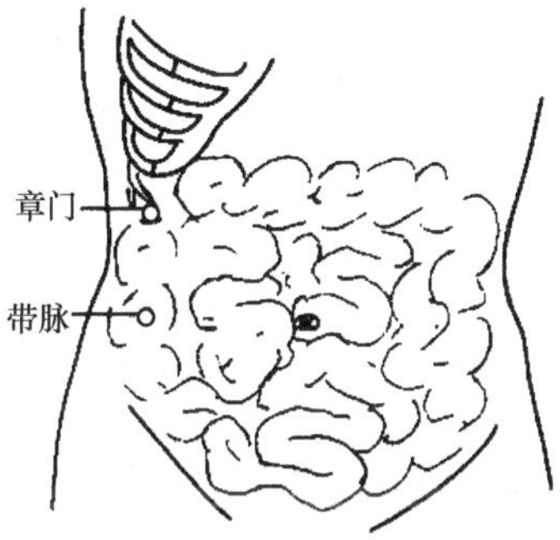


图 3-76　带脉

### （二十七）五枢（Wǔshū，GB27）

【定位】在下腹部，横平脐下 3 寸，髂前上棘内侧（图 3-77）。

【解剖】皮肤→皮下组织→腹外斜肌→腹内斜肌→腹横肌。浅层有第 11、12 胸神经前支和第 1 腰神经前支的外侧皮支及伴行的动、静脉。深层有旋髂深动、静脉，第 11、12 胸神经，第 1 腰神经前支的肌支及相应的动、静脉。

【主治】①腰胯痛，少腹痛；②月经不调、赤白带下、阴挺等妇科病证；③疝气。

【操作】直刺 1～1.5 寸。

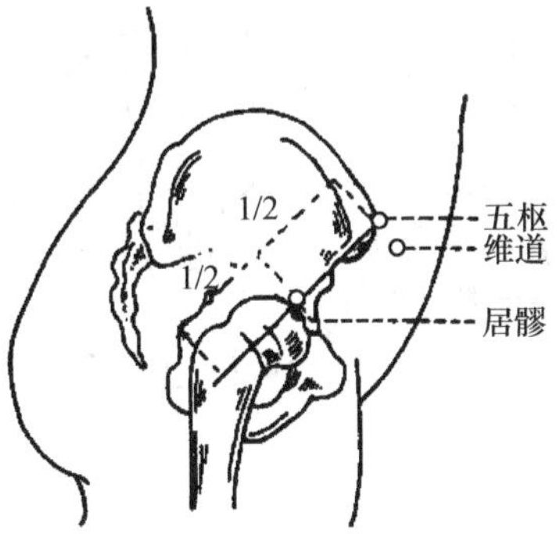


图 3-77　五枢、维道、居髎

### （二十八）维道（wéidào，GB28）

【定位】在下腹部，髂前上棘内下 0.5 寸（图 3-77）。

【解剖】皮肤→皮下组织→腹外斜肌→腹内斜肌→腹横肌→髂腰肌。浅层有旋髂浅动、静脉，第 11、12 胸神经前支和第 1 腰神经前支的外侧皮支及伴行的动、静脉。深层有旋髂深动、静脉，股外侧皮神经，第 11、12 胸神经前支的肌支及相应的动、静脉。

【主治】①腰胯痛，少腹痛；②月经不调、赤白带下、阴挺等妇科病证；③疝气。

【操作】直刺 1～1.5 寸。

### （二十九）居髎（Jūliáo，GB29）

【定位】在臀部，髂前上棘与股骨大转子最凸点连线的中点处（图 3-77）。

【解剖】皮肤→皮下组织→阔筋膜→臀中肌→臀小肌。浅层有臀上皮神经和髂腹下神经外侧皮支。深层有臀上动、静脉的分支或属支和臀上神经。

【主治】①腰腿痛，瘫痪；②疝气；③少腹痛。

【操作】直刺 1～1.5 寸。

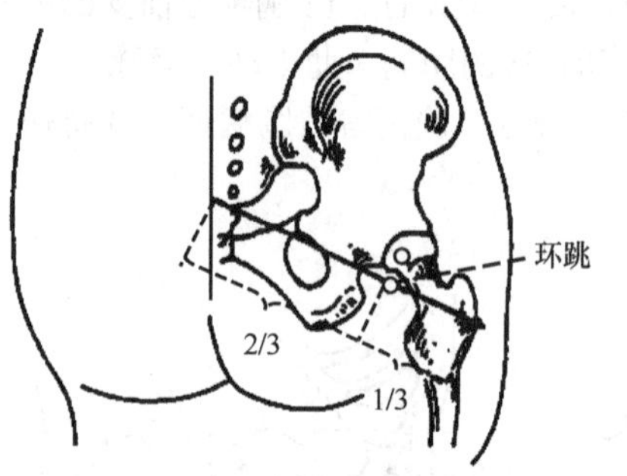


图 3-78 环跳

（三十）环跳*（Huántiào，GB30）

【定位】在臀部，股骨大转子最凸点与骶管裂孔连线的外 1/3 与内 2/3 交点处（图 3-78）。

【解剖】皮肤→皮下组织→臀大肌→坐骨神经→股方肌。浅层有臀上皮神经。深层有坐骨神经，臀下神经，股后皮神经和臀下动、静脉等。

【主治】①腰腿痛、下肢痿痹、半身不遂等腰腿病证；②风疹。

【操作】直刺 2～3 寸。

（三十一）风市*（Fēngshì，GB31）

【定位】在股部，髌底上 7 寸：直立垂手，掌心贴于大腿时，中指尖所指凹陷中，髂胫束后缘（图 3-79）。

【解剖】皮肤→皮下组织→髂胫束→股外侧肌→股中间肌。浅层有股外侧皮神经。深层有旋股外侧动脉降支的肌支和股神经的肌支。

【主治】①下肢痿痹，半身不遂，臀股强痛；②遍身瘙痒，脚气。

【操作】直刺 1～2 寸。

（三十二）中渎（Zhōngdú，GB32）

【定位】在股部，腘横纹上 7 寸，髂胫束后缘（图 3-79）。

【解剖】皮肤→皮下组织→髂胫束→股外侧肌→股中间肌。浅层有股外侧皮神经。深层有旋股外侧动、静脉降支的肌支和股神经的肌支。

【主治】下肢痿痹，半身不遂。

【操作】直刺 1～2 寸。

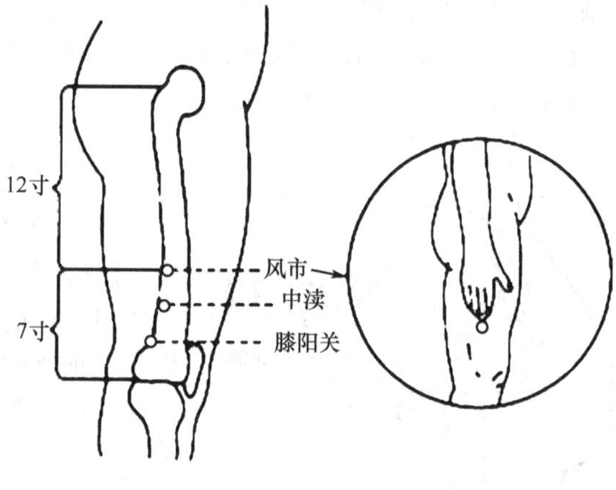


图 3-79 风市、中渎、膝阳关

（三十三）膝阳关（Xīyángguān，GB33）

【定位】在膝部，股骨外上髁后上缘，股二头肌腱与髂胫束之间的凹陷中（图 3-79）。

【解剖】皮肤→皮下组织→髂胫束后缘→腓肠肌外侧头前方。浅层有股外侧皮神经。深层有膝上外侧动、静脉。

【主治】膝腘肿痛、小腿麻木等下肢、膝关节疾患。

【操作】直刺 1～1.5 寸。

### （三十四）阳陵泉*（Yánglíngquán，GB34）合穴；胆下合穴；八会穴之筋会

【定位】在小腿外侧，腓骨头前下方凹陷中（图 3-80）。

【解剖】皮肤→皮下组织→腓骨长肌→趾长伸肌。浅层有腓肠外侧皮神经。深层有胫前返动、静脉，膝下外侧动、静脉的分支或属支和腓总神经分支。

【主治】①黄疸、口苦、呕吐、胁痛等胆腑病证；②下肢痿痹、膝髌肿痛、肩痛等筋病；③脚气；④小儿惊风。

【操作】直刺 1～1.5 寸。

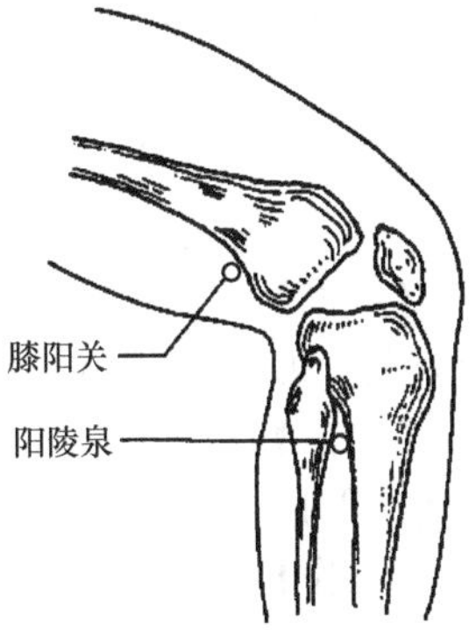

图 3-80 阳陵泉

### （三十五）阳交（Yángjiāo，GB35）阳维脉之郄穴

【定位】在小腿外侧，外踝尖上 7 寸，腓骨后缘（图 3-81）。

【解剖】皮肤→皮下组织→小腿三头肌→腓骨长肌→后肌间隔→䟴长屈肌。浅层有腓肠外侧皮神经。深层有腓动、静脉，胫后动、静脉和胫神经。

【主治】①下肢痿痹；②胸胁满痛；③惊狂，癫痫。

【操作】直刺 1～1.5 寸。

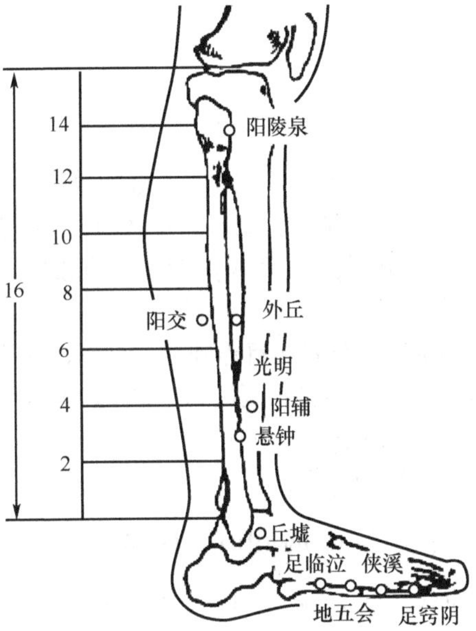

图 3-81 阳交、外丘、光明、阳辅、悬钟

### （三十六）外丘（Wàiqiū，GB36）郄穴

【定位】在小腿外侧，外踝尖上 7 寸，腓骨前缘（图 3-81）。

【解剖】皮肤→皮下组织→腓骨长、短肌→前肌间隔→趾长伸肌→䟴长伸肌。浅层有腓肠外侧皮神经。深层有腓浅神经，腓深神经和胫前动、静脉。

【主治】①胸胁胀满；②下肢痿痹，颈项强痛；③癫狂。

【操作】直刺 1～1.5 寸。

### （三十七）光明*（Guāngmíng，GB37）络穴

【定位】在小腿外侧，外踝尖上 5 寸，腓骨前缘（图 3-81）。

【解剖】皮肤→皮下组织→腓骨短肌→前肌间隔→趾长伸肌→䟴长伸肌→小腿骨间膜→胫骨后肌。浅层有腓浅神经和腓肠外侧皮神经。深层有腓深神经和胫前动、静脉。

【主治】①目痛、夜盲、视物不明等目疾；②下肢痿痹；③乳房胀痛、乳少等乳疾。

【操作】直刺 1～1.5 寸。

### （三十八）阳辅（Yángfǔ，GB38）经穴

【定位】在小腿外侧，外踝尖上 4 寸，腓骨前缘（图 3-81）。

【解剖】皮肤→皮下组织→趾长伸肌→䟴长伸肌→小腿骨间膜→胫骨后肌。浅层有腓浅神经和

腓肠外侧皮神经。深层有腓动、静脉。

【主治】①偏头痛，目外眦痛，咽喉肿痛，腋下肿痛，胸胁满痛；②下肢痿痹；③瘰疬。

【操作】直刺 0.8～1.2 寸。

（三十九）悬钟*（Xuánzhōng，GB39）八会穴之髓会

【定位】在小腿外侧，外踝尖上 3 寸，腓骨前缘（图 3-81）。

【解剖】皮肤→皮下组织→趾长伸肌→小腿骨间膜。浅层有腓肠外侧皮神经。深层有腓深神经的分支。如穿透小腿骨间膜可刺中腓动、静脉。

【主治】①痴呆、中风、眩晕、肢体痿软无力等髓海不足的病证；②颈项强痛，胸胁胀痛，腰腿痛，下肢痿痹。

【操作】直刺 0.5～0.8 寸。

（四十）丘墟*（Qiūxū，GB40）原穴

【定位】在踝区，外踝的前下方，趾长伸肌腱的外侧凹陷中（图 3-82）。

【解剖】皮肤→皮下组织→趾短伸肌→距跟外侧韧带→跗骨窦。布有足背浅静脉，足背外侧皮神经，足背中间皮神经，外踝前动、静脉。

【主治】①目赤肿痛、目翳等目疾；②颈项痛，腋下肿，胸胁胀痛；③外踝肿痛，足内翻，足下垂，下肢痿痹；④疟疾。

【操作】直刺 0.5～0.8 寸。

（四十一）足临泣*（Zúlínqì，GB41）输穴；八脉交会穴（通带脉）

【定位】在足背，第 4、5 跖骨底结合部的前方，第 5 趾长伸肌腱外侧凹陷中（图 3-82）。

【解剖】皮肤→皮下组织→第 4 骨间背侧肌和第 3 骨间足底肌（第 4 与第 5 跖骨之间）。布有足背静脉网，足背中间皮神经，第 4 跖背动、静脉和足底外侧神经的分支等。

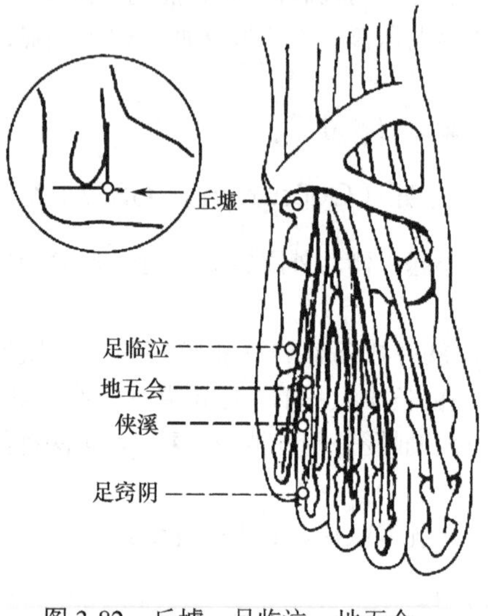

图 3-82 丘墟、足临泣、地五会、侠溪、足窍阴

【主治】①偏头痛、眩晕、目赤肿痛、目涩、耳鸣、耳聋等头面五官病证；②乳痛、乳胀、月经不调等妇科病证；③胁肋胀痛，足跗肿痛；④瘰疬；⑤疟疾。

【操作】直刺 0.3～0.5 寸。

（四十二）地五会（Dìwǔhuì，GB42）

【定位】在足背，第 4、5 跖骨间，第 4 跖趾关节近端凹陷中（图 3-82）。

【解剖】皮肤→皮下组织→趾长伸肌腱→趾短伸肌腱外侧→第 4 骨间背侧肌→第 3 骨间足底肌。浅层有足背中间皮神经，足背静脉网和跖背动、静脉。深层有趾足底总神经和趾底总动、静脉。

【主治】①目赤肿痛、偏头痛、胁肋疼痛、足跗肿痛等诸痛证；②月经不调，乳痛；③瘰疬；④耳鸣，耳聋。

【操作】直刺 0.3～0.5 寸。

### （四十三）侠溪*（Xiáxī，GB43）荥穴

【定位】在足背，第4、5趾间，趾蹼缘后方赤白肉际处（图3-82）。

【解剖】皮肤→皮下组织→第4趾的趾长、短伸肌腱与第5趾的趾长、短伸肌腱之间→第4与第5趾的近节趾骨底之间。布有足背中间皮神经的趾背神经和趾背动、静脉。

【主治】①偏头痛、目赤肿痛、胁肋疼痛、足跗肿痛等诸痛证；②乳痈；③热病。

【操作】直刺0.3～0.5寸。

### （四十四）足窍阴*（Zúqiàoyīn，GB44）井穴

【定位】在足趾，第4趾末节外侧，趾甲根角侧后方0.1寸（图3-82）。

【解剖】皮肤→皮下组织→甲根。布有足背中间皮神经的趾背神经，趾背动、静脉和趾底固有动、静脉构成的动、静脉网。

【主治】①头痛、目赤肿痛、耳聋、咽喉肿痛、热病等头面五官实热病证；②足趾麻木、疼痛，胁痛。

【操作】浅刺0.1寸；或点刺出血。

# 第十二节　足厥阴经络及其腧穴

## 一、足厥阴经络

### （一）经脉循行及主要病候

足厥阴肝经，从大趾爪甲后毫毛部开始，向上沿着足背，至距内踝1寸处，上行至内踝上8寸处，交出足太阴脾经之后，上腘内侧，沿着大腿内侧，进入阴毛中，环绕阴部，至小腹，挟胃旁边，属于肝，络于胆；向上通过膈肌，分布胁肋部，沿喉咙之后，上入颃颡（鼻咽部），连接目系，上出于额部，与督脉交会于头顶（图3-83）。

主要病候：腰痛，胸满，呃逆，遗尿，小便不利，疝气，少腹肿等症。

《灵枢·经脉》：肝足厥阴之脉，起于大指丛毛[1]之际，上循足跗上廉，去内踝一寸，上踝八寸[2]，交出太阴之后，上腘内廉，循股阴[3]，入毛中，环阴器[4]，抵小腹，挟胃，属肝，络胆，上贯膈，布胁肋，循喉咙之后，上入颃颡[5]，连目系，上出额，与督脉会于巅[6]。其支者，从目系下颊里，环唇内。其支者，复从肝，别贯膈，上注肺。

是动则病：腰痛不可以俯仰，丈夫㿗疝，妇人少腹肿，甚则嗌干，面尘，脱色。是主肝所生病者，胸满，呕逆，飧泄，狐疝，遗溺，闭癃。

【注释】[1]丛毛：指足大趾爪甲后方有毫毛处，义同“三毛”。[2]上踝八寸：《铜人腧穴针灸图经》注：“足厥阴行足太阴之前，上踝八寸，而厥阴复出太阴之后也。”[3]股阴：股指大腿，内侧为阴。即指本经行于大腿内侧。[4]环阴器：环，原作“过”，此据《脉经》、《甲乙经》、《太素》、《千金要方》、《素问·刺疟》篇王冰注引文等改，义指环绕阴部。[5]颃颡：指鼻咽部，喉头以上至鼻后窍之间，又写作“吭嗓”。[6]巅：指头顶高处，百会穴所在。

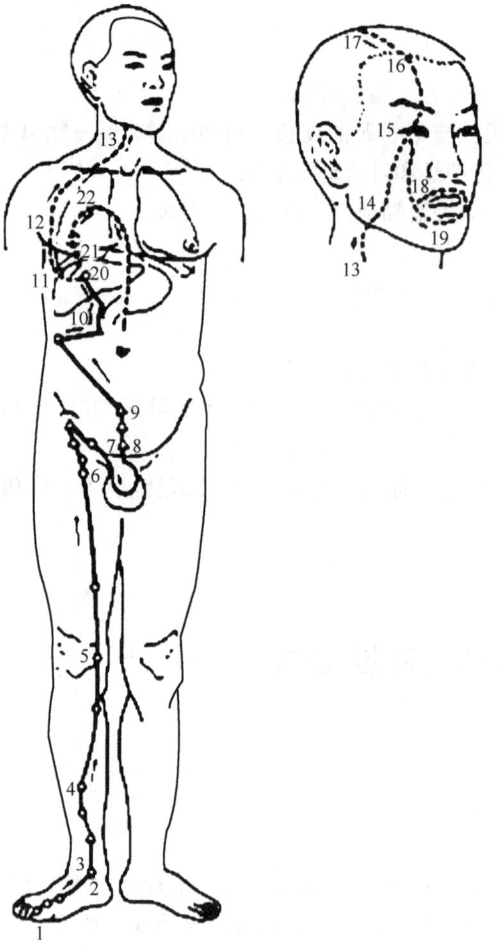


图 3-83 足厥阴肝经循行示意图

1. 起于大指丛毛之际；2. 上循足跗上廉；3. 去内踝一寸；4. 上踝八寸，交出太阴之后；5. 上腘内廉；6. 循股阴；7. 入毛中；8. 环阴器；9. 抵小腹；10. 挟胃，属肝，络胆；11. 上贯膈；12. 布胁肋；13. 循喉咙之后；14. 上入颃颡；15. 连目系；16. 上出额；17. 与督脉会于巅；18. 其支者，从目系下颊里；19. 环唇内；20. 其支者，复从肝；21. 别贯膈；22. 上注肺

（二）络脉循行及主要病候

《灵枢·经脉》：足厥阴之别，名曰蠡沟，去内踝五寸，别走少阳；其别者，循胫，上睾，结于茎。其病，气逆则睾肿卒疝。实则挺长，虚则暴痒。取之所别也。

（三）经别循行

《灵枢·经别》：足厥阴之正，别跗上，上至毛际，合于少阳，与别俱行。

（四）经筋循行及主要病候

《灵枢·经筋》：足厥阴之筋，起于大指之上，上结于内踝之前，上循胫，结内辅骨之下，上循阴股，结于阴器，络诸筋。其病，足大指支，内踝之前痛，内辅痛，阴股痛，转筋，阴器不用。伤于内则不起，伤于寒则阴缩入，伤于热则纵挺不收。

（五）主治概要

（1）肝胆病　黄疸，胸胁胀痛，呕逆及肝风内动所致的中风、头痛、眩晕、惊风等。

（2）妇科病、前阴病　月经不调，痛经，崩漏，带下，遗尿，小便不利等。

（3）经脉循行部位的其他病证　下肢痹痛、麻木、不遂等。

## 二、足厥阴肝经腧穴（14 穴）

（一）大敦*（Dàdūn，LR1）井穴

【定位】在足趾，大趾末节外侧，趾甲根角侧后方 0.1 寸（指寸）（图 3-84）。

【解剖】皮肤→皮下组织。布有腓深神经的背外侧神经和趾背动、静脉。

【主治】①疝气，睾丸肿痛，前阴痛，少腹疼痛，遗尿，癃闭，月经不调，阴挺；②小儿惊风，癫痫，神昏。

【操作】浅刺 0.1 寸；或点刺出血。

（二）行间*（Xíngjiān，LR2）荥穴

【定位】在足背，第 1、2 趾间，趾蹼缘后方赤白肉际处（图 3-84）。

【解剖】皮肤→皮下组织→姆趾近节趾骨基底部与第 2 跖骨头之间。布有腓深神经的趾背神经和趾背动、静脉。

【主治】①疝气，少腹疼痛，前阴痛，遗尿，癃闭，月经不调，带下；②目赤肿痛，口干，胁痛，急躁易怒，善太息；③癫痫，中风；④脚膝肿痛。

【操作】直刺 0.5～0.8 寸。

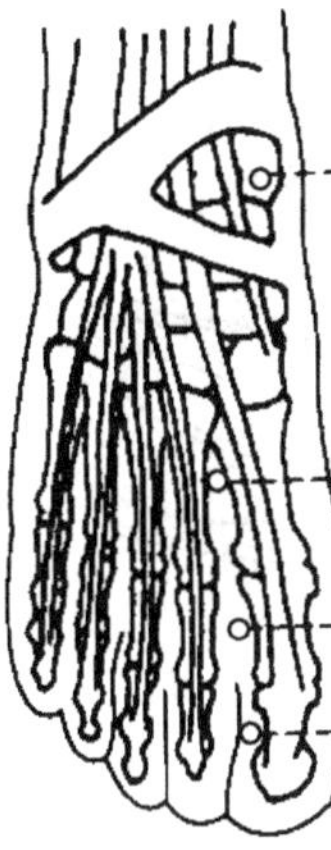

图 3-84 大敦、行间、太冲、中封

### （三）太冲*（Tàichōng，LR3）输穴；原穴

【定位】在足背，第 1、2 跖骨间，跖骨底结合部前方凹陷中，或触及动脉搏动（图 3-84）。

【解剖】皮肤→皮下组织→𧿹长伸肌腱与趾长伸肌腱之间→𧿹短伸肌腱的外侧→第 1 骨间背侧肌。浅层布有足背静脉网、足背内侧皮神经等。深层有腓深神经和第 1 趾背动、静脉。

【主治】①目赤肿痛，咽干，咽痛；②阴疝，前阴痛，少腹肿，遗尿，癃闭，月经不调；③黄疸，胁痛，腹胀，呕逆；④小儿惊风；⑤下肢痿痹，足跗肿痛。

【操作】直刺 0.5～1 寸。

### （四）中封（Zhōngfēng，LR4）经穴

【定位】在踝区，内踝前，胫骨前肌腱的内侧缘凹陷中（图 3-84）。

【解剖】皮肤→皮下组织→胫骨前肌腱内侧→距骨和胫骨内踝之间。布有足背内侧皮神经的分支，内踝前动脉，足背浅静脉。

【主治】疝气引腰痛，少腹痛，遗精，小便不利。

【操作】直刺 0.5～0.8 寸。

### （五）蠡沟*（Lígōu，LR5）络穴

【定位】在小腿内侧，内踝尖上 5 寸，胫骨内侧面的中央（图 3-85）。

【解剖】皮肤→皮下组织→胫骨骨面。浅层布有隐神经的小腿内侧皮支和大隐静脉。

【主治】阴疝，睾丸肿痛，小便不利，遗尿，月经不调，赤白带下，阴痒。

【操作】平刺 0.5～0.8 寸。

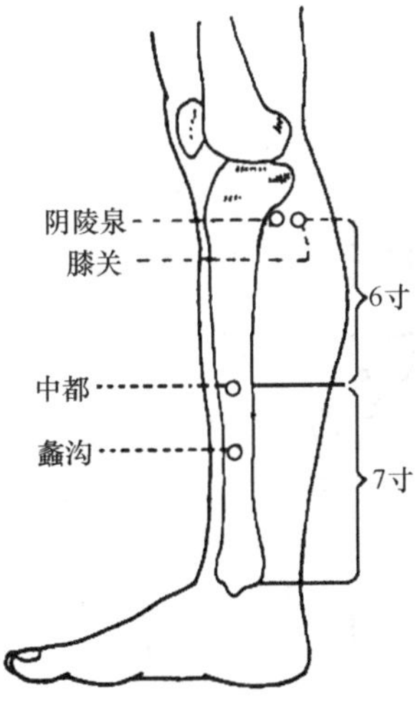

图 3-85 蠡沟、中都、膝关

### （六）中都（Zhōngdū，LR6）郄穴

【定位】在小腿内侧，内踝尖上 7 寸，胫骨内侧面的中央（图 3-85）。

【解剖】皮肤→皮下组织→胫骨骨面。布有隐神经的小腿内侧皮支，大隐静脉。

【主治】①疝气，少腹痛，崩漏，恶露不尽；②泄泻。

【操作】平刺 0.5～0.8 寸。

### （七）膝关（Xīguān，LR7）

【定位】在膝部，胫骨内侧髁的下方，阴陵泉后 1 寸（图 3-85）。

【解剖】皮肤→皮下组织→腓肠肌。浅层布有隐神经的小腿内侧

皮支，大隐静脉的属支。深层布有腘动、静脉，胫神经等结构。

【主治】疝气，少腹痛，膝股痛，下肢痿痹。

【操作】直刺1～1.5寸。

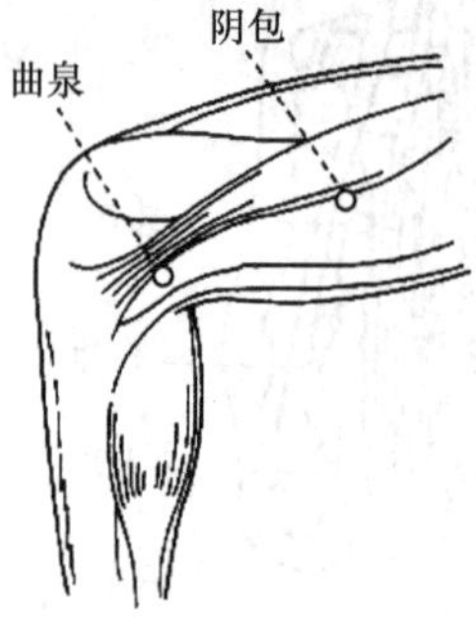


图3-86 曲泉、阴包

（八）曲泉*（Qūquán，LR8）合穴

【定位】在膝部，腘横纹内侧端，半腱肌腱内缘凹陷中（图3-86）。

【解剖】皮肤→皮下组织→半腱肌腱内缘→腓肠肌内侧头。浅层布有隐神经，大隐静脉。深层有膝上内侧动、静脉的分支、属支。

【主治】①疝气，少腹痛，前阴痛，小便不利，遗精，阳痿，月经不调，带下，阴挺，阴痒；②惊狂；③膝肿痛，下肢痿痹。

【操作】直刺0.8～1寸。

（九）阴包（Yīnbāo，LR9）

【定位】在股前区，髌底上4寸，股内侧肌与缝匠肌之间（图3-86）。

【解剖】皮肤→皮下组织→缝匠肌与股薄肌之间→大收肌。浅层布有闭孔神经的皮支，大隐静脉的属支。深层有股神经的肌支，隐神经，股动、静脉等结构。

【主治】①月经不调，遗尿，小便不利；②腰骶痛引小腹。

【操作】直刺1～2寸。

（十）足五里（Zúwǔlǐ，LR10）

【定位】在股前区，气冲直下3寸，动脉搏动处（图3-87）。

【解剖】皮肤→皮下组织→长收肌→短收肌→大收肌。浅层布有股神经的前皮支，大隐静脉。深层有闭孔神经的前支和后支，股深动、静脉的肌支，旋股内侧动、静脉的肌支。

【主治】小腹痛，小便不利，阴挺，睾丸肿痛。

【操作】直刺1～1.5寸。

（十一）阴廉（Yīnlián，LR11）

【定位】在股前区，气冲直下2寸（图3-87）。

【解剖】皮肤→皮下组织→长收肌→短收肌→小收肌。浅层布有股神经前皮支，大隐静脉和腹股沟浅淋巴结。深层有闭孔神经的前、后支，旋股内侧动、静脉的肌支。

【主治】月经不调，不孕，少腹痛。

【操作】直刺1～2寸。

（十二）急脉（Jímài，LR12）

【定位】在腹股沟区，横平耻骨联合上缘，前正中线旁开2.5寸（图3-87）。

【解剖】皮肤→皮下组织→耻骨肌→闭孔外肌。浅层布有股神经前皮支，大隐静脉和腹股沟浅淋巴结。深层有阴部外动、静脉，旋股内侧动、静脉的分支或属支，闭孔神经前

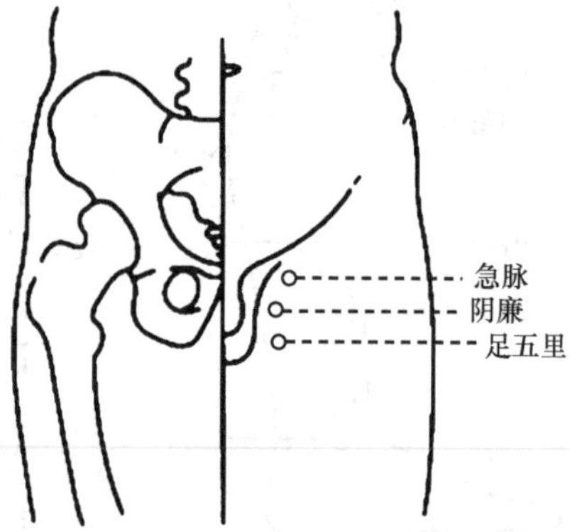


图3-87 足五里、阴廉、急脉

支等结构。

【主治】疝气，前阴痛，少腹痛。

【操作】避开动脉，直刺 0.5～0.8 寸。

（十三）章门*（Zhāngmén，LR13）脾之募穴；八会穴脏会

【定位】在侧腹部，在第 11 肋游离端的下际（图 3-88）。

【解剖】皮肤→皮下组织→腹外斜肌→腹内斜肌→腹横肌。浅层布有第 10 及第 11 胸神经前支的外侧皮支，胸腹壁浅静脉的属支。深层有第 10 及第 11 胸神经和肋间后动、静脉的分支或属支。

【主治】①腹痛，腹胀，肠鸣，呕吐；②胁痛，痞块，黄疸。

【操作】直刺 0.8～1 寸。

（十四）期门*（Qīmén，LR14）肝之募穴

【定位】在胸部，第 6 肋间隙，前正中线旁开 4 寸（图 3-88）。

【解剖】皮肤→皮下组织→胸大肌下缘→腹外斜肌→肋间外肌→肋间内肌。浅层布有第 6 肋间神经的外侧皮支，胸腹壁静脉的属支。深层有第 6 肋间神经与第 6 肋间后动、静脉的分支或属支。

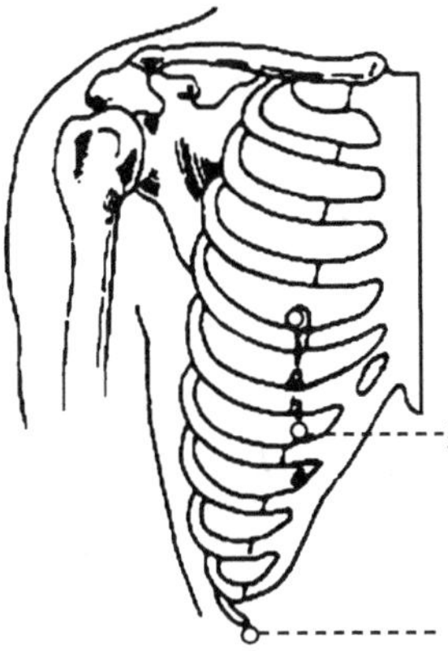

图 3-88 章门、期门

【主治】①胁下积聚，气喘，呃逆，胸胁胀痛；②呕吐，腹胀，泄泻；③乳痈。

【操作】斜刺 0.5～0.8 寸。

# 第十三节 奇经八脉及其腧穴

## 一、督脉及其腧穴

（一）经脉循行及主要病候

督脉，起于小腹内，下行于会阴部，向后从尾骨端上行脊柱的内部，上达项后风府，进入脑内，上行至巅顶，沿前额下行鼻柱，止于上唇系带处（图 3-89）。

主要病候：脊柱强痛，角弓反张等症。

《难经·二十八难》：督脉者，起于下极之输[1]，并于脊里，上至风府，入属于脑[2]。

督脉为病，脊强反折。……此生病，从少腹上冲心痛，不得前后，为冲疝；其女子不孕，癃，痔，遗溺，嗌干。

【注释】[1] 下极之输：指脊柱下端的长强穴。[2] 脑：此下《针灸甲乙经·奇经八脉第二》有“上巅，循额，至鼻柱”七字。

（二）络脉循行及主要病候

《灵枢·经脉》：督脉之别，名曰长强。挟膂上项，散头上，下当肩胛左右，别走太阳，入贯膂。实则脊强，虚则头重，高摇之，挟脊之有过者。取之所别也。

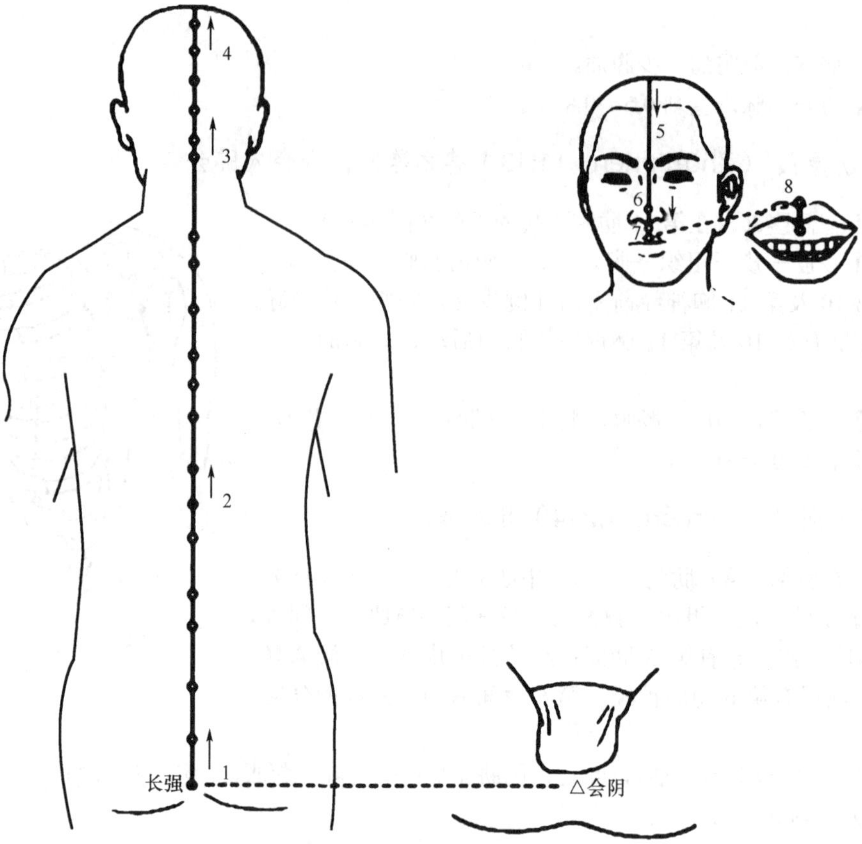


图 3-89　督脉循行示意图

1. 起于下极之输；2. 并于脊里；3. 上至风府，入属于脑；4. 上巅；5. 循额；6. 至鼻柱；7. 行人中沟；8. 至兑端，入龈交

### （三）主治概要

（1）脏腑病　五脏六腑相关病证。
（2）神志病　失眠，健忘，癫痫，昏迷等。
（3）热病　发热，中暑，惊厥等。
（4）头面五官病　头痛，眩晕，口、齿、鼻、目等疾患。
（5）经脉循行部位的其他病证　头项、脊背、腰骶疼痛，下肢痿痹等。

### （四）督脉腧穴（29 穴）

#### 1. 长强*（Chángqiáng，GV1）络穴

【定位】在会阴区，尾骨下方，尾骨尖端与肛门连线的中点处（图 3-90）。
【解剖】皮肤→皮下组织→肛尾韧带→肛门外括约肌。浅层有肛神经皮支。深层有肛神经和肛动脉。
【主治】①痔疾、便血、脱肛、泄泻、便秘等肠腑病证；②癫狂痫；③腰背、尾骶部痛。
【操作】斜刺，针尖斜向上与骶骨平行刺入 0.5～1 寸，不可刺穿直肠壁。

**2. 腰俞（Yāoshū，GV2）**

【定位】在骶区，正对骶管裂孔，后正中线上（图 3-90）。

【解剖】皮肤→皮下组织→骶骨。浅层有骶神经支。深层有尾神经、骶中动脉。

【主治】①腰骶疼痛，下肢痿痹；②痔疾，便血，脱肛，泄泻，便秘；③月经不调，赤白带下；④癫痫。

【操作】向上斜刺 0.5～1 寸。

**3. 腰阳关*（Yāoyángguān，GV3）**

【定位】在脊柱区，第 4 腰椎棘突下凹陷中，后正中线上（图 3-90）。

【解剖】皮肤→皮下组织→棘韧带→弓间韧带。浅层有棘间皮下静脉、腰神经后支的皮支。深层有腰神经后支、腰动脉。

【主治】①腰骶痛、下肢痿痹；②月经不调、赤白带下等妇科病；③遗精，阳痿。

【操作】直刺或向上斜刺 0.5～1 寸。

**4. 命门*（Mìngmén，GV4）**

【定位】在脊柱区，第 2 腰椎棘突下凹陷中，后正中线上（图 3-90）。

【解剖】皮肤→皮下组织→棘韧带→弓间韧带。浅层有棘间皮下静脉、腰神经后支的皮支。深层有腰神经后支，腰动脉。

【主治】①腰脊强痛，下肢痿痹；②遗精、阳痿、早泄、精冷不育、尿频等男性肾阳不足证；③月经不调、经闭、带下、不孕等妇科病证；④耳鸣，头晕。

【操作】向上斜刺 0.5～1 寸。

**5. 悬枢（Xuánshū，GV5）**

【定位】在脊柱区，第 1 腰椎棘突下凹陷中，后正中线上（图 3-90）。

【解剖】皮肤→皮下组织→棘韧带。浅层有棘间皮下静脉、腰神经后支的皮支。深层有腰神经后支，腰动脉。

【主治】①腰脊强痛；②腹痛、肠鸣、泄泻等肠腑病证。

【操作】向上斜刺 0.5～1 寸。

**6. 脊中（Jǐzhōng，GV6）**

【定位】在脊柱区，第 11 胸椎棘突下凹陷中，后正中线上（图 3-90）。

【解剖】皮肤→皮下组织→棘韧带。浅层有第 11 胸神经皮支、棘突间的椎静脉丛。深层有第 11 胸神经后支，第 11 肋间后动脉。

【主治】①腰脊强痛；②泄泻、脱肛、痔疾、黄疸、小儿疳积等胃肠病证；③癫痫。

【操作】向上斜刺 0.5～1 寸。

**7. 中枢（Zhōngshū，GV7）**

【定位】在脊柱区，第 10 胸椎棘突下凹陷中，后正中线上（图 3-90）。

【解剖】皮肤→皮下组织→棘韧带。浅层有第 10 胸神经皮支、棘突间的椎静脉丛。深层有第 10 胸神经后支，第 10 肋间后动脉。

【主治】①胃痛，呕吐，腹满，黄疸，食欲不振；②腰背痛；③癫痫。

【操作】向上斜刺 0.5～1 寸。

**8. 筋缩（Jīnsuō，GV8）**

【定位】在脊柱区，第 9 胸椎棘突下凹陷中，后正中线上（图 3-90）。

【解剖】皮肤→皮下组织→棘韧带。浅层有第 9 胸神经皮支、棘突间的椎静脉丛。深层有第 9 胸神经后支，第 9 肋间后动脉。

【主治】①脊强、筋挛拘急、抽搐等筋病；②胃痛，黄疸；③癫狂痫。

【操作】向上斜刺 0.5～1 寸。

**9. 至阳*（Zhìyáng，GV9）**

【定位】在脊柱区，第 7 胸椎棘突下凹陷中，后正中线上（图 3-90）。

【解剖】皮肤→皮下组织→棘韧带。浅层有第 7 胸神经皮支、棘突间的椎静脉丛。深层有第 7 胸神经后支，第 7 肋间后动脉。

【主治】①胸满，胸闷，咳嗽，气喘；②腰背痛，脊强；③黄疸。

【操作】向上斜刺 0.5～1 寸。

**10. 灵台（Língtái，GV10）**

【定位】在脊柱区，第 6 胸椎棘突下凹陷中，后正中线上（图 3-90）。

【解剖】皮肤→皮下组织→棘韧带。浅层有第 6 胸神经皮支、棘突间的椎静脉丛。深层有第 6 胸神经后支，第 6 肋间后动脉。

【主治】①咳嗽，气喘；②项背痛，脊强；③疔疮。

【操作】向上斜刺 0.5～1 寸。

**11. 神道（Shéndào，GV11）**

【定位】在脊柱区，第 5 胸椎棘突下凹陷中，后正中线上（图 3-90）。

【解剖】皮肤→皮下组织→棘韧带。浅层有第 5 胸神经皮支、棘突间的椎静脉丛。深层有第 5 胸神经后支，第 5 肋间后动脉。

【主治】①心悸、怔忡、心痛、失眠、健忘、癫痫等心神疾患；②咳嗽，气喘；③肩背痛，腰脊强。

【操作】向上斜刺 0.5～1 寸。

**12. 身柱*（Shēnzhù，GV12）**

【定位】在脊柱区，第 3 胸椎棘突下凹陷中，后正中线上（图 3-90）。

【解剖】皮肤→皮下组织→棘韧带。浅层有第 3 胸神经皮支、棘突间的椎静脉丛。深层有第 3 胸神经后支，第 3 肋间后动脉。

【主治】①头痛，身热，咳嗽，气喘；②惊厥，癫狂痫；③腰脊强痛；④疔疮发背。

【操作】向上斜刺 0.5～1 寸。

**13. 陶道（Táodào，GV13）**

【定位】在脊柱区，第 1 胸椎棘突下凹陷中，后正中线上（图 3-90）。

【解剖】皮肤→皮下组织→棘韧带。浅层有第 1 胸神经皮支、棘突间的椎静脉丛。深层有第 1

胸神经后支，第 1 肋间后动脉。

【主治】①头痛，身热，恶寒发热，咳嗽，气喘，疟疾，骨蒸潮热；②癫狂；③脊强。

【操作】向上斜刺 0.5～1 寸。

**14. 大椎***（**Dàzhuī，GV14**）

【定位】在脊柱区，第 7 颈椎棘突下凹陷中，后正中线上（图 3-90）。

【解剖】皮肤→皮下组织→棘韧带。浅层有第 8 颈神经后支的皮支和棘突间皮下静脉丛。深层有第 8 颈神经后支分支。

【主治】①恶寒发热，疟疾；②热病，骨蒸潮热；③咳嗽，气喘；④头痛，项背痛；⑤癫狂痫，小儿惊风；⑥痤疮，风疹。

【操作】向上斜刺 0.5～1 寸。

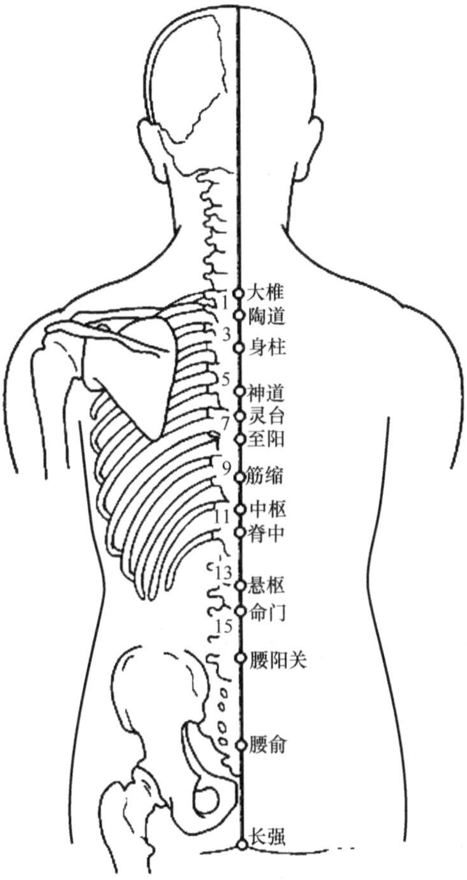


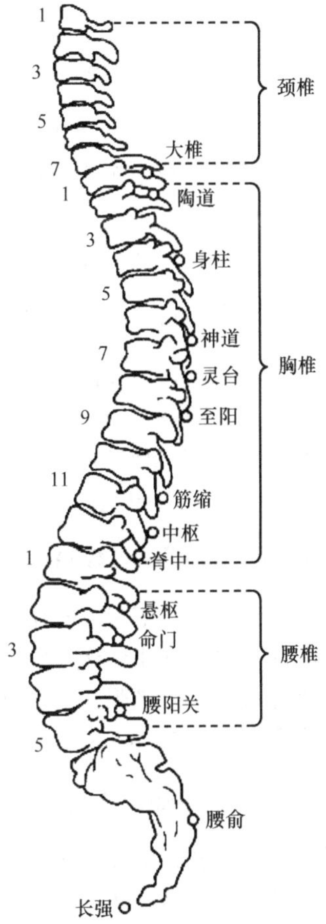


图 3-90　长强、腰俞、腰阳关、命门、悬枢、脊中、中枢、筋缩、至阳、灵台、神道、身柱、陶道、大椎

**15. 哑门***（**Yǎmén，GV15**）

【定位】在颈后区，第 2 颈椎棘突上际凹陷中，后正中线上（图 3-91）。

【解剖】皮肤→皮下组织→棘韧带→黄韧带。浅层有第 3 枕神经和皮下静脉。深层有第 3 颈神经，再深层为脊髓。

【主治】①暴喑，舌强不语；②癫狂痫；③头项强痛。

【操作】正坐位，头稍前倾，项部肌肉放松，向下颌方向缓慢刺入 0.5～1 寸，不可向上深刺，以免伤及延髓。

**16. 风府*（Fēngfǔ，GV16）**

【定位】在颈后区，枕外隆凸直下，两侧斜方肌之间凹陷中（图 3-91）。

【解剖】皮肤→皮下组织→棘韧带→黄韧带。浅层有第 3 枕神经和皮下静脉，深层有第 3 颈神经，再深层为小脑延髓池。

【主治】①中风、眩晕、目痛、鼻衄、咽喉肿痛等内、外风为患的病证；②头痛，项强；③痴呆、癫狂、癔症等神志病。

【操作】正坐位，头稍前倾，项部肌肉放松，向下颌方向缓慢刺入 0.5～1 寸，不可向上深刺，以免伤及延髓。

**17. 脑户（Nǎohù，GV17）**

【定位】在头部，枕外隆凸的上缘凹陷中（图 3-91）。

【解剖】皮肤→皮下组织→枕额肌枕腹。浅层有枕大神经。深层有面神经和枕动脉分支。

【主治】①头痛，眩晕；②中风不语；③癫痫。

【操作】平刺 0.5～0.8 寸。

**18. 强间（Qiángjiān，GV18）**

【定位】在头部，后发际正中直上 4 寸处（图 3-91）。

【解剖】皮肤→皮下组织→帽状腱膜。浅层有枕静脉网。深层有枕大神经和枕动脉分布。

【主治】①头痛，项强，眩晕；②癫狂。

【操作】平刺 0.5～0.8 寸。

**19. 后顶（Hòudǐng，GV19）**

【定位】在头部，后发际正中直上 5.5 寸（图 3-91）。

【解剖】皮肤→皮下组织→帽状腱膜。浅层有枕静脉网。深层有枕大神经和枕动脉分布。

【主治】①头痛，眩晕；②癫狂痫。

【操作】平刺 0.5～0.8 寸。

**20. 百会*（Bǎihuì，GV20）**

【定位】在头部，前发际正中直上 5 寸（图 3-91）。

【解剖】皮肤→皮下组织→帽状腱膜。浅层有颞浅动、静脉。深层有枕动脉、枕大神经及额神经分支。

【主治】①痴呆、小儿脑瘫、失眠、健忘、癫狂痫、癔症等神志病证；②头痛、眩晕、耳鸣等头面病证；③脱肛、子宫脱垂、胃下垂、久泻、阴挺等气失固摄而致的下陷性病证。

【操作】平刺 0.5～0.8 寸，升阳举陷多用灸法。

**21. 前顶（Qiándǐng，GV21）**

【定位】在头部，前发际正中直上 3.5 寸（图 3-91）。

【解剖】皮肤→皮下组织→帽状腱膜。浅层有颞浅动、静脉。深层有额神经及枕大神经分支。
【主治】①头痛，眩晕；②鼻渊；③癫狂痫。
【操作】平刺 0.5～0.8 寸。

**22. 囟会（Xìnhuì，GV22）**

【定位】在头部，前发际正中直上 2 寸（图 3-91）。
【解剖】皮肤→皮下组织→帽状腱膜。浅层有颞浅动、静脉。深层有额神经分支。
【主治】①头痛，眩晕；②鼻渊；③癫狂痫。
【操作】平刺 0.5～0.8 寸。

**23. 上星*（Shàngxīng，GV23）**

【定位】在头部，前发际正中直上 1 寸（图 3-91）。
【解剖】皮肤→皮下组织→枕额肌额腹。浅层有颞浅动、静脉。深层有额动脉、额神经和眶上动脉。
【主治】①头痛、目痛、鼻渊等头面五官病证；②热病，疟疾；③癫狂。
【操作】平刺 0.5～0.8 寸。

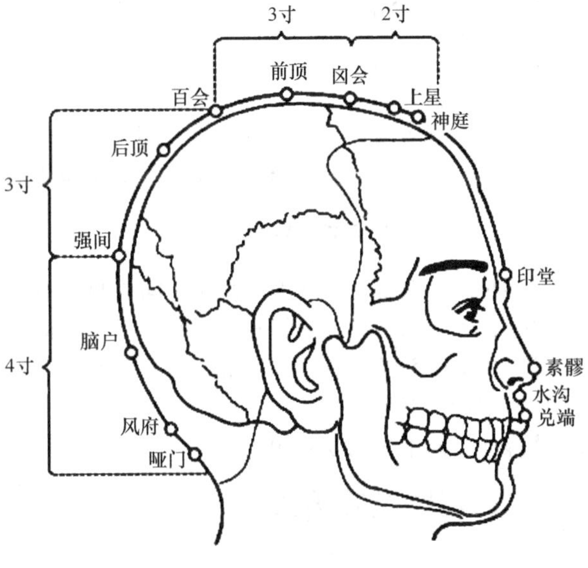

图 3-91　哑门、风府、脑户、强间、后顶、百会、前顶、囟会、上星、神庭

**24. 神庭*（Shéntíng，GV24）**

【定位】在头部，前发际正中直上 0.5 寸（图 3-91）。
【解剖】皮肤→皮下组织→枕额肌额腹。浅层有额静脉。深层有额动脉、额神经分支。
【主治】①癫狂痫、中风、失眠、惊悸等神志病证；②头痛、目痛、目眩、目翳、鼻渊等头面五官病证。
【操作】平刺 0.5～0.8 寸。

**25. 素髎*（Sùliáo，GV25）**

【定位】在面部，鼻尖的正中央（图 3-92）。

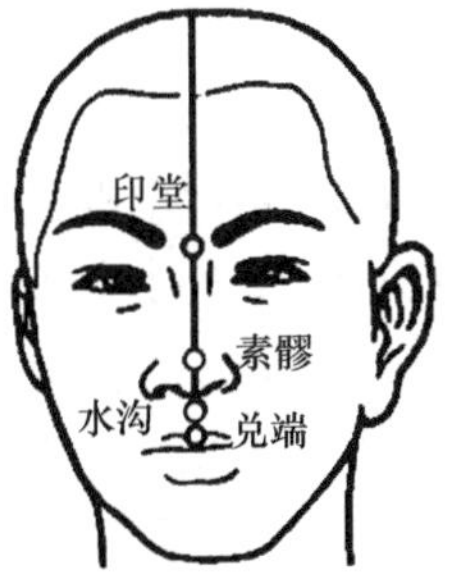

图 3-92　素髎、水沟、兑端、印堂

【解剖】皮肤→皮下组织。浅层有面静脉的鼻背支。深层有面动脉、筛前神经鼻外支。
【主治】①昏迷、惊厥、窒息等急症；②鼻渊、鼻衄、鼻塞等鼻病。
【操作】向上斜刺 0.3～0.5 寸；或点刺出血。

**26. 水沟*（Shuǐgōu，GV26）**

【定位】在面部，人中沟的上 1/3 与中 1/3 交点处(图 3-92)。
【解剖】皮肤→皮下组织→口轮匝肌。浅层有上唇动、静脉。深层有眶下神经分支。

【主治】①昏迷、晕厥、中风、中暑等急症，为急救要穴之一；②癫狂痫、癔症、急慢惊风等神志病证；③口眼歪斜、面肿、齿痛、牙关紧闭等面口病证；④闪挫腰痛。

【操作】向上斜刺 0.3～0.5 寸；或用指甲按掐。

**27. 兑端（Duìduān，GV27）**

【定位】在面部，上唇结节的中点（图 3-92）。

【解剖】皮肤→皮下组织→口轮匝肌。浅层有上唇动、静脉。深层有眶下神经分支。

【主治】①昏迷、晕厥、癫狂痫、癔症等神志病证；②口噤、口歪、口臭、齿衄、齿痛等口部病证。

【操作】向上斜刺 0.2～0.3 寸。

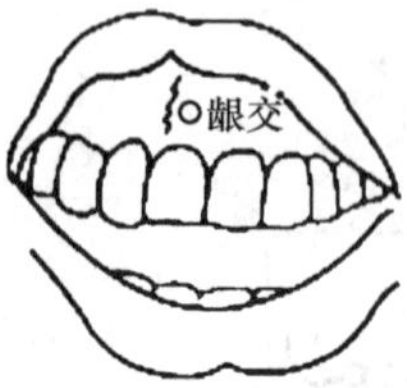

图 3-93 龈交

**28. 龈交（Yínjiāo，GV28）**

【定位】在上唇内，上唇系带与上齿龈的交点（图 3-93）。

【解剖】黏膜→黏膜下层。浅层有上唇动、静脉。深层有上颌神经分支。

【主治】①口歪、口臭、鼻渊、齿龈肿痛、面肿等面口部病证；②癫狂。

【操作】向上斜刺 0.2～0.3 寸；或点刺出血。

**29. 印堂*（Yìntáng，GV29）**

【定位】在头部，两眉毛内侧端中间的凹陷中（图 3-92）。

【解剖】皮肤→皮下组织→降眉间肌。浅层有额静脉。深层有额神经分支。

【主治】①头痛，眩晕，目痛，鼻塞，鼻渊，鼻衄，眉棱骨痛；②失眠、健忘、痴呆、癫痫、小儿惊风等心神病证。

【操作】向下平刺 0.3～0.5 寸。

## 二、任脉及其腧穴

### （一）经脉循行及主要病候

任脉，起于小腹内，下出于会阴部，向前上行于阴毛部，循腹沿前正中线上行，经关元等穴至咽喉，再上行环绕口唇，经面部进入目眶下，联系于目（图 3-94）。

主要病候：疝气，带下，腹中结块等症。

《素问·骨空论》：任脉者，起于中极之下[1]，以上毛际，循腹里，上关元[2]，至咽喉，上颐[3]，循面，入目。

任脉为病，男子内结、七疝[4]，女子带下、瘕聚。

【注释】[1] 中极之下：中极，穴名，在腹正中线脐下 4 寸。张介宾《类经》注："中极之下，即胞宫之所。"[2] 关元：穴名，在腹正中线脐下 3 寸。[3] 颐：指下颌部，承浆穴所在。[4] 七疝：诸疝的总称，即冲疝、狐疝、厥疝、瘕疝、㿗疝、积疝、癃疝。

### （二）络脉循行及主要病候

《灵枢·经脉》：任脉之别，名曰尾翳[1]。下鸠尾，散于腹。实则腹皮痛；虚则痒搔。取之所别也。

【注释】[1] 尾翳：鸠尾之别名；亦有认为是屏翳，即会阴穴。

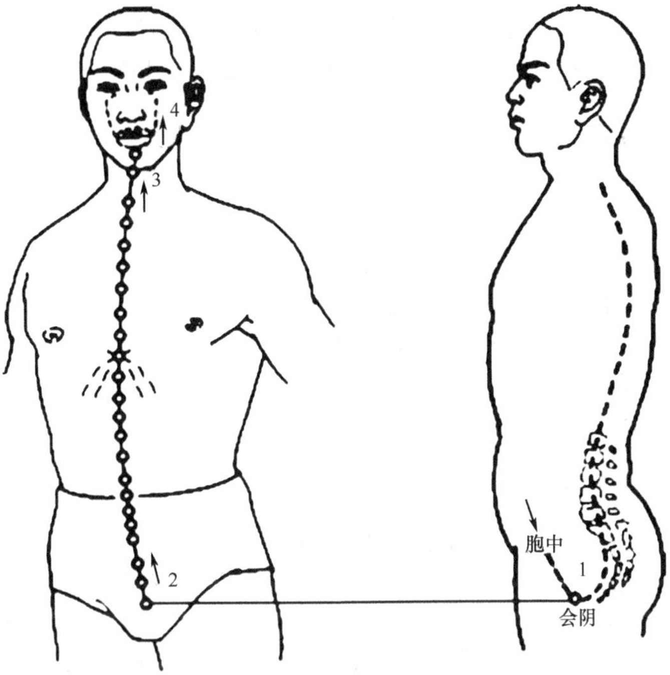


图 3-94　任脉循行示意图

1. 起于中极之下，以上毛际；2. 循腹里，上关元；3. 至咽喉；4. 上颐循面入目

（三）主治概要

（1）脏腑病　腹部、胸部相关内脏病。

（2）妇科病、前阴病　月经不调，痛经，崩漏，带下，遗精，阳痿，小便不利，遗尿等。

（3）颈及口面病　瘿气，梅核气，咽喉肿痛，暴喑，口歪，齿痛等。

（4）神志病　癫痫，失眠等。

（5）虚证　部分腧穴有强壮作用，主治虚劳、虚脱等。

（四）任脉腧穴（24 穴）

**1. 会阴（Huìyīn，CV1）**

【定位】在会阴区，男性在阴囊根部与肛门连线的中点；女性在大阴唇后联合与肛门连线的中点（图 3-95）。

【解剖】皮肤→皮下组织→会阴中心肌。浅层有股后皮神经分支和阴部神经分支。深部有阴部神经的分支。

图 3-95　会阴

【主治】①溺水窒息、昏迷、癫狂痫等急症；②小便不利、遗尿、遗精、阴痛、阴痒、阴挺、脱肛等前后二阴病证。

【操作】直刺 0.5～1 寸。孕妇慎用。

**2. 曲骨（Qūgǔ，CV2）**

【定位】在下腹部，耻骨联合上缘，前正中线上（图 3-96）。

【解剖】皮肤→皮下组织→腹直肌→腹横筋膜。浅层有腹壁浅静脉。深层主要为髂腹下神经分支。

【主治】①少腹胀满，小便不利，遗尿；②遗精，阳痿；③月经不调、痛经、赤白带下等妇科病证。

【操作】直刺 1～1.5 寸。孕妇慎用。

#### 3. 中极*（Zhōngjí，CV3）膀胱之募穴

【定位】在下腹部，脐中下 4 寸，前正中线上（图 3-96）。

【解剖】皮肤→皮下组织→腹直肌→腹横筋膜。浅层有腹壁浅静脉。深层主要为髂腹下神经分支。

【主治】①少腹胀满，小便不利，遗尿，癃闭；②遗精，阳痿，早泄；③月经不调，痛经，崩漏带下，阴挺，产后恶露。

【操作】直刺 1～1.5 寸，不宜深刺，针刺前宜先排尿。孕妇慎用。

#### 4. 关元*（Guānyuán，CV4）小肠之募穴

【定位】在下腹部，脐中下 3 寸，前正中线上（图 3-96）。

【解剖】皮肤→皮下组织→腹白线→腹横筋膜。浅层有腹壁浅静脉。深层为第 12 肋间神经分支。

【主治】①中风脱证、虚劳羸瘦、脱肛、阴挺等元气虚损所致病证；②遗精、阳痿、早泄、不育等男科病证；③崩漏、月经不调、痛经、闭经、不孕、带下等妇科病证；④遗尿、癃闭、尿频、尿急等泌尿系病证；⑤腹痛、泄泻、脱肛、便血等肠腑病证；⑥保健要穴。

【操作】直刺 1～1.5 寸，针刺前宜先排尿，多用灸法。孕妇慎用。

#### 5. 石门（Shímén，CV5）三焦之募穴

【定位】在下腹部，脐中下 2 寸，前正中线上（图 3-96）。

【解剖】皮肤→皮下组织→腹白线→腹横筋膜。浅层有腹壁浅静脉。深层为第 11 肋间神经分支。

【主治】①腹痛，泄泻，痢疾；②小便不利，水肿；③经闭，带下，产后恶露；④遗精，阳痿，疝气，奔豚气。

【操作】直刺 1～1.5 寸。孕妇慎用。

#### 6. 气海*（Qìhǎi，CV6）

【定位】在下腹部，脐中下 1.5 寸，前正中线上（图 3-96）。

【解剖】皮肤→皮下组织→腹白线→腹横筋膜。浅层有脐周静脉网。深层有第 11 肋间神经分支。

【主治】①中风脱证、虚劳羸瘦、脱肛、阴挺等气虚证；②遗精、阳痿、疝气、不育等男科病证；③崩漏、月经不调、痛经、经闭、不孕、带下等妇科病证；④遗尿、癃闭等泌尿系病证；⑤水谷不化、绕脐疼痛、便秘、泄泻等肠腑病证；⑥保健要穴。

【操作】直刺 1～1.5 寸，多用灸法。孕妇慎用。

#### 7. 阴交（Yīnjiāo，CV7）

【定位】在下腹部，脐中下 1 寸，前正中线上（图 3-96）。

【解剖】皮肤→皮下组织→腹白线→腹横筋膜。浅层有脐周静脉网。深层有第 11 肋间神经分支。

【主治】①腹痛，泄泻；②小便不利，水肿；③月经不调，崩漏，带下。

【操作】直刺 1～1.5 寸。孕妇慎用。

**8. 神阙*（Shénquè，CV8）**

【定位】在脐区，脐中央（图 3-96）。

【解剖】浅层有脐周静脉网。深层有第 10 肋间神经分支。

【主治】①虚脱、中风脱证等元阳暴脱证；②腹痛，泄泻，痢疾，便秘，脱肛；③水肿，小便不利；④保健要穴。

【操作】一般不针刺，宜灸，多用艾条温和灸或艾炷隔盐灸。

**9. 水分（Shuǐfēn，CV9）**

【定位】在上腹部，脐中上 1 寸，前正中线上（图 3-96）。

【解剖】皮肤→皮下组织→腹白线→腹横筋膜。浅层有腹壁上动、静脉。深层有第 9 胸神经分支。

【主治】①小便不利、水肿等水液输布失常病证；②呕吐、反胃等胃肠病证。

【操作】直刺 1～1.5 寸，水病多用灸法。

**10. 下脘*（Xiàwǎn，CV10）**

【定位】在上腹部，脐中上 2 寸，前正中线上（图 3-96）。

【解剖】皮肤→皮下组织→腹白线→腹横筋膜。浅层有腹壁上动、静脉。深层有第 9 肋间神经分支。

【主治】①胃脘痛、吐泻、呃逆、吞酸、腹胀、小儿消化不良等脾胃病证；②痞块。

【操作】直刺 1～1.5 寸。

**11. 建里*（Jiànlǐ，CV11）**

【定位】在上腹部，脐中上 3 寸，前正中线上（图 3-96）。

【解剖】皮肤→皮下组织→腹白线→腹横筋膜。浅层有腹壁上动、静脉。深层有第 8 胸神经分支。

【主治】①腹痛、腹胀、胃脘痛、吐泻、呃逆、吞酸、小儿消化不良等脾胃病证；②水肿。

【操作】直刺 1～1.5 寸。

**12. 中脘*（Zhōngwǎn，CV12）胃之募穴；八会穴之腑会**

【定位】在上腹部，脐中上 4 寸，前正中线上（图 3-96）。

【解剖】皮肤→皮下组织→腹白线→腹横筋膜。浅层有腹壁上动、静脉。深层有第 8 肋间神经分支。

【主治】①胃脘痛、吐泻、呃逆、吞酸、腹胀、纳呆、小儿消化不良等脾胃病证；②黄疸；③癫痫，脏躁。

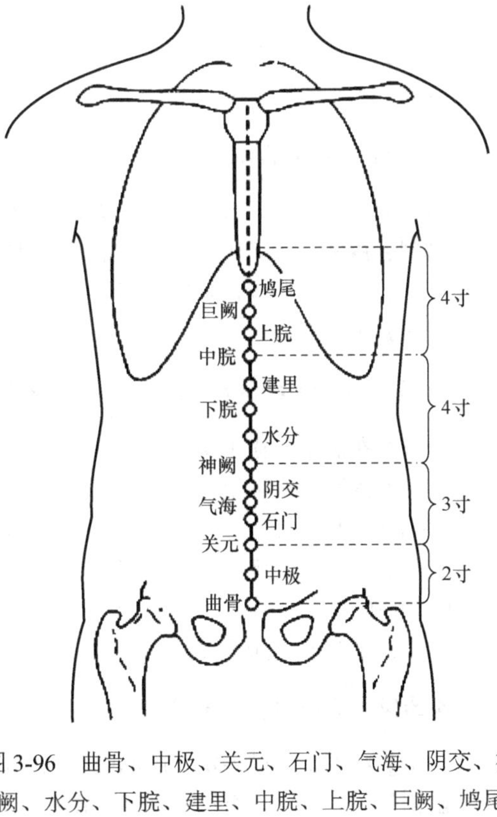

图 3-96　曲骨、中极、关元、石门、气海、阴交、神阙、水分、下脘、建里、中脘、上脘、巨阙、鸠尾

【操作】直刺 1～1.5 寸。

**13. 上脘***（**Shàngwǎn，CV13**）

【定位】在上腹部，脐中上 5 寸，前正中线上（图 3-96）。
【解剖】皮肤→皮下组织→腹白线→腹横筋膜。浅层有腹壁上动、静脉。深层有第 7 肋间神经分支。
【主治】①胃痛、纳呆、吐泻、呃逆、吞酸、腹胀、小儿消化不良等脾胃病证；②癫痫。
【操作】直刺 1～1.5 寸。

**14. 巨阙（Jùquè，CV14）心之募穴**

【定位】在上腹部，脐中上 6 寸，前正中线上（图 3-96）。
【解剖】皮肤→皮下组织→腹白线→腹横筋膜。浅层有腹壁上动、静脉。深层有第 7 肋间神经分支，深部为肝脏。
【主治】①胸痛，胸闷，心悸，心痛；②癫狂痫；③呕吐，腹胀。
【操作】直刺 0.5～1 寸，不可深刺，以免伤及肝脏。

**15. 鸠尾（Jiūwěi，CV15）络穴**

【定位】在上腹部，剑胸结合下 1 寸，前正中线上（图 3-96）。
【解剖】皮肤→皮下组织→腹白线→腹横筋膜。浅层有腹壁上动、静脉。深层有第 7 肋间神经分支。
【主治】①胸痛，胸闷，心悸，心痛；②癫狂痫；③腹胀。
【操作】向下斜刺 0.5～1 寸。

**16. 中庭（Zhōngtíng，CV16）**

【定位】在上腹部，剑胸结合中点处，前正中线上（图 3-97）。
【解剖】皮肤→皮下组织→胸剑联合。浅层有腹壁上动、静脉。深层有第 6 肋间神经分支。
【主治】①胸腹胀满，噎膈，呕吐；②心痛；③梅核气。
【操作】平刺 0.5～1 寸。

**17. 膻中***（**Dànzhōng，CV17）心包之募穴；八会穴之气会**

【定位】在胸部，横平第 4 肋间隙，前正中线上（图 3-97）。
【解剖】皮肤→皮下组织→胸剑联合。在胸骨体上，浅层有第 4 肋间神经皮支。深层有第 4 肋间神经和胸廓内动脉。
【主治】①胸痛、胸闷、乳房胀痛、心悸、咳嗽、气喘、呃逆、噎膈等气机不畅的病证；②产后乳少，乳痈。
【操作】平刺 0.3～0.5 寸。

**18. 玉堂（Yùtáng，CV18）**

【定位】在胸部，横平第 3 肋间隙，前正中线上（图 3-97）。
【解剖】皮肤→皮下组织→胸骨。在胸骨体上，浅层有第 3 肋间神经皮支。深层有第 3 肋间神经和胸廓内动脉。

【主治】胸痛、胸闷、咳嗽、气喘、乳房胀痛等气机不畅的病证。

【操作】平刺 0.3～0.5 寸。

### 19. 紫宫（Zǐgōng，CV19）

【定位】在胸部，横平第 2 肋间隙，前正中线上（图 3-97）。

【解剖】皮肤→皮下组织→胸骨。在胸骨体上，浅层有第 2 肋间神经皮支。深层有第 2 肋间神经和胸廓内动脉。

【主治】胸痛，胸闷，咳嗽，气喘。

【操作】平刺 0.3～0.5 寸。

### 20. 华盖（Huágài，CV20）

【定位】在胸部，横平第 1 肋间隙，前正中线上（图 3-97）。

【解剖】皮肤→皮下组织→胸骨。在胸骨体上，浅层有第 1 肋间神经皮支。深层有第 1 肋间神经和胸廓内动脉。

【主治】胸痛，咳嗽，气喘。

【操作】平刺 0.3～0.5 寸。

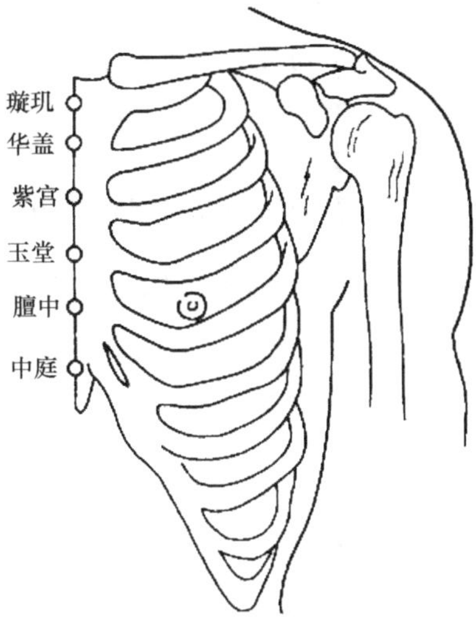

图 3-97　中庭、膻中、玉堂、紫宫、华盖、璇玑

### 21. 璇玑（Xuánjī，CV21）

【定位】在胸部，胸骨上窝下 1 寸，前正中线上（图 3-97）。

【解剖】皮肤→皮下组织→胸骨。在胸骨体上，浅层有第 1 肋间神经皮支。深层有第 1 肋间神经、胸锁上神经和胸廓内动脉。

【主治】①胸痛，咳嗽，气喘；②咽喉肿痛。

【操作】平刺 0.3～0.5 寸。

### 22. 天突*（Tiāntū，CV22）

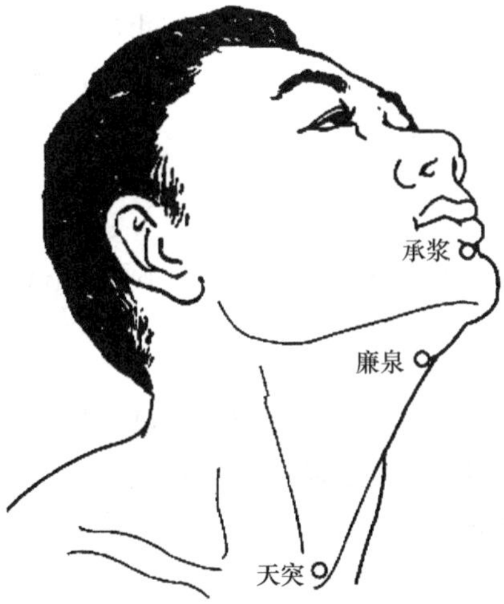

图 3-98　天突、廉泉、承浆

【定位】在颈前区，胸骨上窝中央，前正中线上（图 3-98）。

【解剖】皮肤→皮下组织→腹白线→左、右胸骨头之间→左、右胸骨甲状肌之间→气管前间隙。浅层有锁骨上内侧神经、颈静脉弓。深层有左颈总动脉、主动脉弓，深部为气管。

【主治】①咳嗽、哮喘、咯血、胸痛、咽喉肿痛、暴喑等肺系病证；②瘿气、梅核气、噎膈等气机不畅病证。

【操作】先直刺 0.2～0.3 寸后，然后将针尖转向下紧靠胸骨后方、气管前缘缓慢刺入 1～1.5 寸。针刺时严格掌握深度和角度，以防刺伤气管、肺及有关动、静脉。

### 23. 廉泉*（Liánquán，CV23）

【定位】在颈前区，喉结上方，舌骨上缘凹陷中，前正中线上（图 3-98）。

【解剖】皮肤→皮下组织→下颌舌骨肌→颏舌肌。浅层有颈前浅静脉、面神经颈支。深层为舌根，舌下神经分支及舌咽神经分支。

【主治】舌强失语、舌下肿痛、舌缓流涎、暴喑、吞咽困难等咽喉口舌病证。

【操作】向舌根部斜刺 0.5～0.8 寸。

**24. 承浆***（Chéngjiāng，CV24）

【定位】在面部，颏唇沟的正中凹陷处（图 3-98）。

【解剖】皮肤→皮下组织→口轮匝肌。浅层有下唇动、静脉分支。深层有面神经分支及颏神经分支。

【主治】①口歪，口舌生疮，齿痛龈肿，流涎；②暴喑；③癫狂。

【操作】斜刺 0.3～0.5 寸。

## 三、冲脉

### （一）经脉循行及主要病候

冲脉，主干，起于肾下胞中，出气冲部与足少阴经并行而上，沿着脐旁两侧抵达胸中而散布。分支一，自胸中分散后上行达“颃颡”，环绕口唇。分支二，从气冲部下行，循阴股内廉，入腘中，经胫骨内廉，到内踝后，入足下。分支三，从内踝后，行至足背上，循行足大趾。分支四，从胞中，下出会阴，向上行于脊柱之内（图 3-99）。

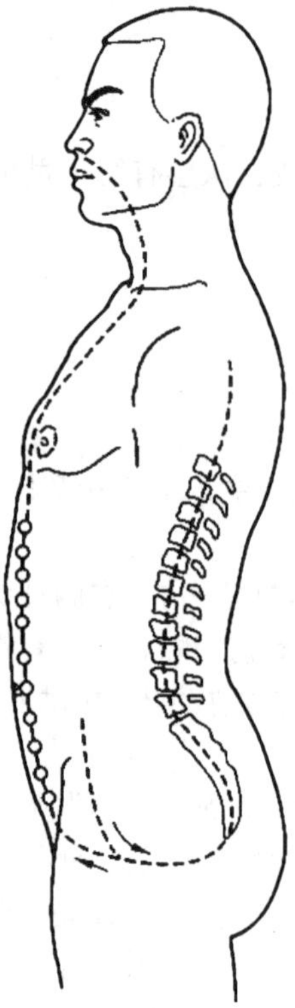

图 3-99　冲脉循行示意图

主要病候：月经不调、不孕等妇科病证及腹痛里急，气逆上冲等。

《灵枢·逆顺肥瘦》：夫冲脉者，五脏六腑之海也，五脏六腑皆禀焉。其上者，出于颃颡，渗诸阳，灌诸精；其下者，注少阴之大络，出于气街，循阴股内廉，斜入腘中，伏行骭骨内，下至内踝之后属而别。其下者，并于少阴之经，渗三阴；其前者，伏行出跗属[1]，下循跗，入大趾间，渗诸络而温肌肉。

《素问·骨空论》：冲脉为病，逆气，里急。从少腹上冲心而痛，不得前后，为冲疝。

【注释】[1] 跗属：跗骨与胫骨连接部。

### （二）主治概要

本经主治腹胀腹痛、气急、气逆上冲、月经不调、不孕等病证。

### （三）交会腧穴

会阴、阴交（任脉），气冲（足阳明经），横骨、大赫、气穴、四满、中注、肓俞、商曲、石关、阴都、腹通谷、幽门（足少阴经）。此外，足太阴脾经络穴公孙通于冲脉。

## 四、带脉

### （一）经脉循行及主要病候

带脉，起于季胁部的下面，斜向下行至带脉、五枢、维道穴，横行绕身一周（图 3-100）。

主要病候：月经不调、赤白带下等妇科经带病证；腹满，腹腰拘急疼痛；痿证等。

《灵枢·经别》：足少阴之正，至腘中，别走太阳而合，上至肾，当十四椎，出属带脉。

《难经·二十八难》：带脉者，起于季胁[1]，回身一周。

《素问·痿论》：阳明虚则宗筋纵，带脉不引，故足痿不用也。

《难经·二十九难》：带之为病，腹满，腰溶溶若坐水中。

【注释】[1] 季胁：胁尽处为季胁，当指第 11 肋端之章门处。

### （二）主治概要

本经主治腹满腹痛、腰脊痛、月经不调、赤白带下、痿证等病证。

### （三）交会腧穴

带脉、五枢、维道（足少阳经）。此外，足少阳胆经之输穴足临泣通于带脉。

图 3-100　带脉循行示意图

## 五、阴维脉

### （一）经脉循行及主要病候

阴维脉，起于小腿内侧，沿大腿内侧上行至腹部，与足太阴经相合，过胸部，与任脉会于颈部（图 3-101）。

主要病候：心痛、胃痛、胸腹痛，郁证，胁满等。

《素问·刺腰痛》：刺飞阳之脉，在内踝上五寸，少阴之前，与阴维之会。

### （二）主治概要

本经主治心痛、胃痛、胸腹痛等里证。

### （三）交会腧穴

筑宾（足少阴经），府舍、大横、腹哀（足太阴经），期门（足厥阴经），天突、廉泉（任脉）。此外，手厥阴心包经的络穴内关通于阴维。

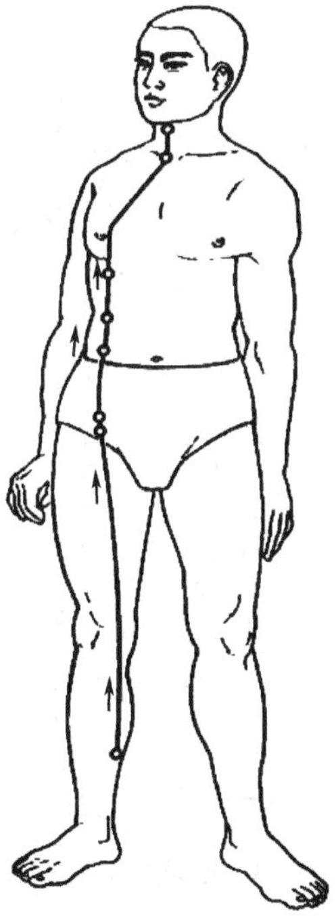

图 3-101　阴维脉循行示意图

## 六、阳维脉

### (一)经脉循行及主要病候

阳维脉，起于足跟外侧，向上经过外踝，沿足少阳经上行至髋关节部，经胁肋后侧，从腋后上肩，至前额，再到项后，合于督脉（图 3-102）。

主要病候：恶寒发热等外感病，头痛、目眩，腰痛等。

《素问·刺腰痛》：阳维之脉，脉与太阳合踹下间，去地一尺所。

### (二)主治概要

本经主治恶寒发热、腰痛、目眩等。

### (三)交会腧穴

金门（足太阳经），阳交（足少阳经），臑俞（手太阳经），天髎（手少阳经），肩井、本神、阳白、头临泣、目窗、正营、承灵、脑空、风池（足少阳经），风府、哑门（督脉）。此外，手少阳三焦经的络穴外关通于阳维。

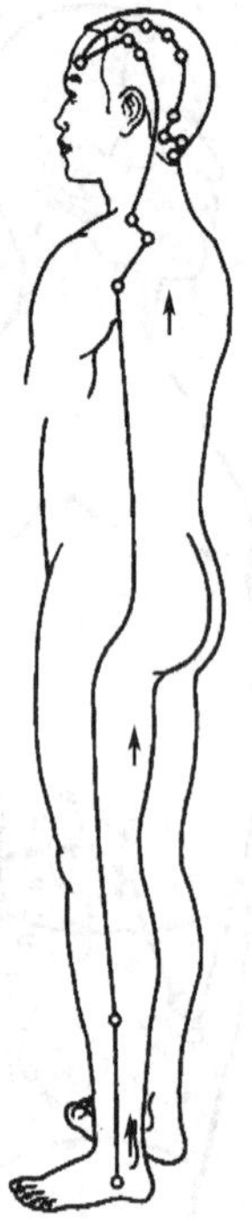

图 3-102　阳维脉循行示意图

## 七、阴跷脉

### (一)经脉循行

阴跷脉，起于足舟骨的后方，上行内踝的上面，沿小腿、大腿的内侧直上，经过阴部，向上沿胸部内侧，进入锁骨上窝，上行人迎的上面，过颧部，至目内眦，与足太阳膀胱经和阳跷脉相会合（图 3-103）。

主要病候：多寐，癃闭及肢体筋脉出现阳缓阴急的病证。

《灵枢·脉度》：（阴）跷脉者，少阴之别，起于然骨之后，上内踝之上，直上循阴股，入阴，上循胸里，入缺盆上，出人迎之前，入頄，属目内眦，合于太阳、阳跷而上行。

### (二)主治概要

本经主治多寐、下肢内侧拘急外侧弛缓、癃闭等。

### (三)交会腧穴

照海、交信（足少阴经），睛明（足太阳经）。

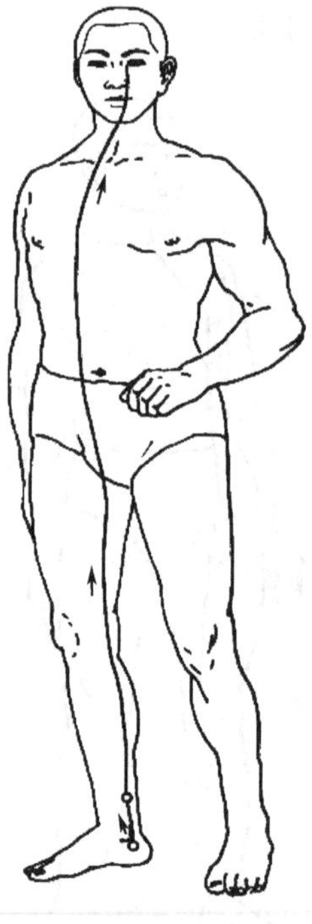

图 3-103　阴跷脉循行示意图

## 八、阳跷脉

### （一）经脉循行

阳跷脉，起于足跟外侧，经外踝上行腓骨后缘，沿股部外侧和胁后上肩，过颈部上夹口角，进入目内眦，与阴跷脉相会合，再沿足太阳膀胱经上额，与足少阳经合于风池（图 3-104）。

主要病候：目痛，不寐及肢体筋脉出现阴缓阳急的病证。

《灵枢·寒热病》：足太阳有通项入于脑者，正属目本[1]，名曰眼系[2]。……在项中两筋间，入脑乃别阴跷、阳跷，阴阳相交……交于目锐眦。

《难经·二十八难》：阳跷脉者，起于跟中，循外踝上行，入风池。

【注释】[1] 目本：意指眼的根部。[2] 眼系：即目系，指眼与脑的连系。

### （二）主治概要

本经主治不寐、下肢外侧拘急内侧迟缓、目眦痛等。

### （三）交会腧穴

睛明、申脉、仆参、跗阳（足太阳经），居髎（足少阳经），臑俞（手太阳经），巨骨、肩髃（手阳明经），天髎（手少阳经），地仓、巨髎、承泣（足阳明经）。

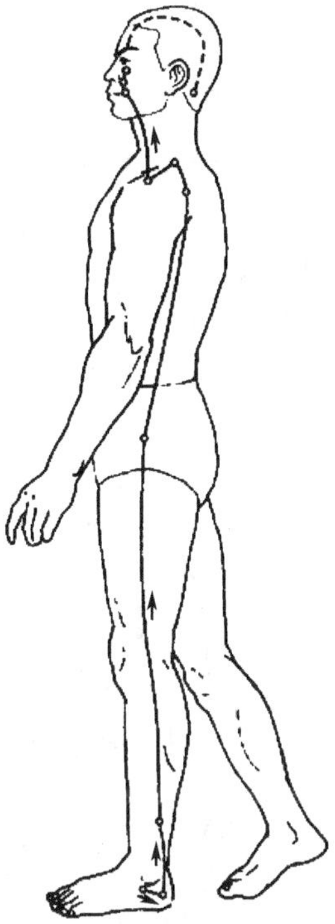

图 3-104　阳跷脉循行示意图

# 第十四节　常用奇穴

## 一、头颈部穴

### 1. 四神聪*（Sìshéncōng，EX-HN1）

【定位】在头部，百会穴前后左右各旁开 1 寸，共 4 穴（图 3-105）。

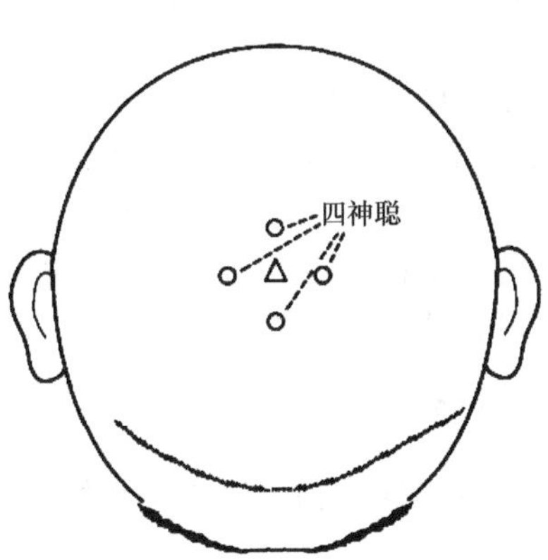


图 3-105　四神聪

【解剖】皮肤→皮下组织→帽状腱膜→腱膜下疏松结缔组织。布有枕动、静脉，颞浅动、静脉顶支和眶上动、静脉的吻合网，有枕大神经，耳颞神经及眶上神经的分支。

【主治】①失眠，健忘，癫狂，痫证；②头痛，头晕，目疾；③中风偏瘫。

【操作】平刺 0.5～0.8 寸。

### 2. 鱼腰（Yúyāo，EX-HN4）

【定位】在头部，瞳孔直上，眉毛中（图 3-106）。

【解剖】皮肤→皮下组织→眼轮匝肌→枕额肌额腹。布有眶上神经外侧支，面神经的分支和眶上动、静脉的外侧支。

【主治】①目赤肿痛、目翳、近视等目疾；②眼睑瞤动，眼睑下垂，口眼歪斜，眉棱骨痛。

【操作】平刺 0.5～0.8 寸。禁灸。

### 3. 太阳*（Tàiyáng，EX-HN5）

【定位】在头部，眉梢与目外眦之间，向后约 1 横指的凹陷处（图 3-107）。

【解剖】皮肤→皮下组织→眼轮匝肌→颞筋膜→颞肌。布有颧神经的分支颧面神经，面神经的颞支和颧支，下颌神经的颞神经和颞浅动、静脉的分支或属支。

【主治】①头痛；②目赤肿痛，目眩，视物不清；③口眼歪斜。

【操作】直刺或斜刺 0.3～0.5 寸；或点刺出血。

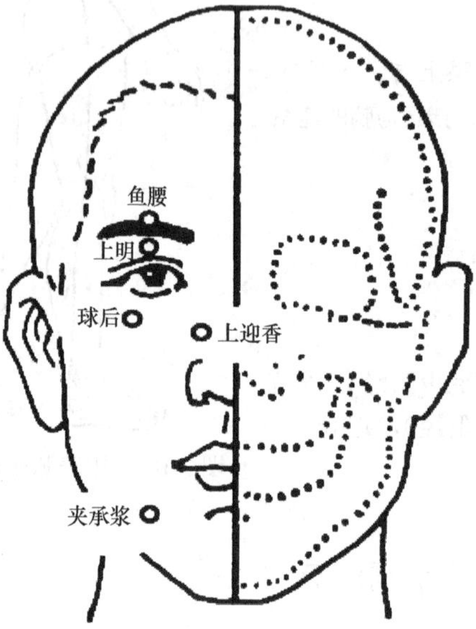


图 3-106　鱼腰、球后、上迎香、夹承浆

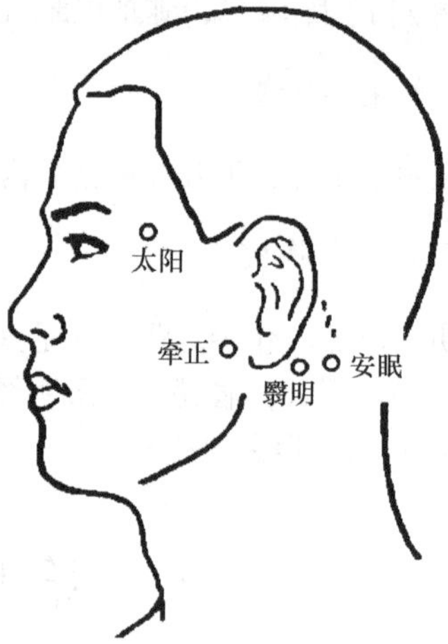


图 3-107　太阳、牵正、翳明、安眠

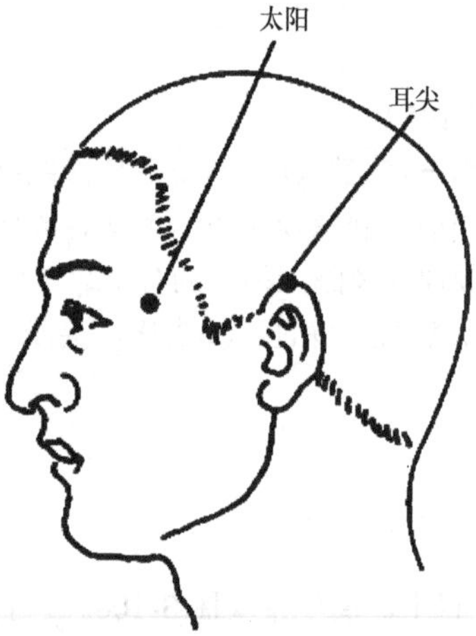


图 3-108　耳尖

### 4. 耳尖（Ěrjiān，EX-HN6）

【定位】在耳区，外耳轮的最高点，折耳向前，耳郭上方的尖端处（图 3-108）。

【解剖】皮肤→皮下组织→耳郭软骨。布有颞浅动、静脉的耳前支，耳后动、静脉的耳后支，耳颞神经耳前支、枕小神经耳后支和面神经耳支等。

【主治】①目赤肿痛，目翳，麦粒肿；②偏正头痛；③喉痹。

【操作】直刺 0.1～0.2 寸；或点刺出血。

### 5. 球后（Qiúhòu，EX-HN7）

【定位】在面部，眶下缘外 1/4 与内 3/4 的交界处（图 3-106）。

【解剖】皮肤→皮下组织→眼轮匝肌→眶脂体→下斜肌与眶下壁之间。浅层布有眶下神经，面神经的分支和眶下动、静脉的分支或属支。深层有动眼神经下支，眼动、静脉的分支或属支，眶下动、静脉。

【主治】目赤肿痛、视物不清、目翳、青盲、雀盲等目疾。

【操作】直刺，嘱患者眼向上看，固定眼球，或医者轻推眼球向上，针尖沿眶下缘略向内上方朝视神经方向缓慢刺入 0.5～0.8 寸，不可提插捻转，退针后压迫局部 2～3min，以防出血。禁灸。

**6. 上迎香（Shàngyíngxiāng，EX-HN8）**

【定位】在面部，鼻翼软骨与鼻甲的交界处，近鼻唇沟上端处（图 3-106）。

【解剖】皮肤→皮下组织→提上唇鼻翼肌。布有眶下神经，滑车神经的分支，面神经的颊支和内眦动、静脉。

【主治】①鼻塞，鼻渊，鼻中息肉；②目赤肿痛，迎风流泪；③头痛。

【操作】向内上方斜刺 0.3～0.5 寸。

**7. 金津、玉液*（Jīnjīn、Yùyè，EX-HN12、EXHN13）**

【定位】在口腔内，舌系带两旁的静脉上，左侧为“金津”，右侧为“玉液”（图 3-109）。

【解剖】黏膜→黏膜下组织→颏舌肌。布有下颌神经的颌神经，舌下神经和面神经鼓索的神经纤维及舌动脉的分支舌深动脉，舌静脉的属支舌深静脉。

【主治】①舌强，失语，舌肿，口疮，喉痹；②消渴，呕吐，腹泻。

【操作】点刺出血。

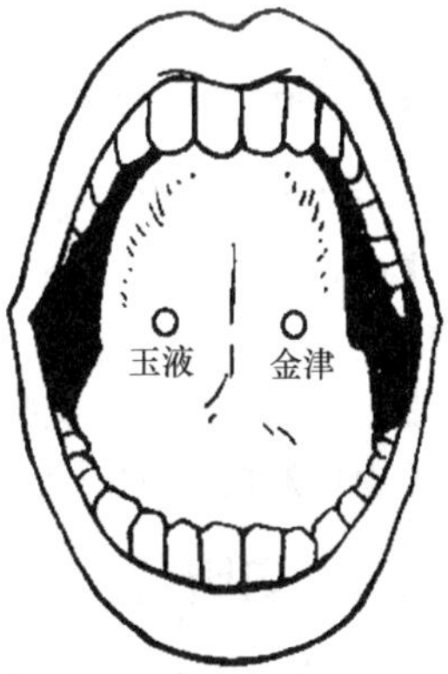

图 3-109 金津、玉液

**8. 夹承浆（Jiāchéngjiāng）**

【定位】在面部，承浆穴左右各旁开 1 寸（图 3-106）。

【解剖】皮肤→皮下组织→口轮匝肌。浅层有颏神经分布。深层有面神经下颌缘支和下唇动脉分布。

【主治】①口歪；②齿龈肿痛。

【操作】斜刺或平刺 0.3～0.5 寸。

**9. 牵正*（Qiānzhèng）**

【定位】在面部，耳垂前 0.5～1 寸压痛点（敏感点）处（图 3-107）。

【解剖】皮肤→皮下组织→咬肌。浅层有耳大神经分布。深层有面神经颊支、下颌神经咬肌支和咬肌动脉分布。

【主治】①口眼歪斜；②口疮。

【操作】向前斜刺 0.5～1 寸。

**10. 翳明（Yìmíng，EX-HN14）**

【定位】在颈部，翳风穴后 1 寸处（图 3-107）。

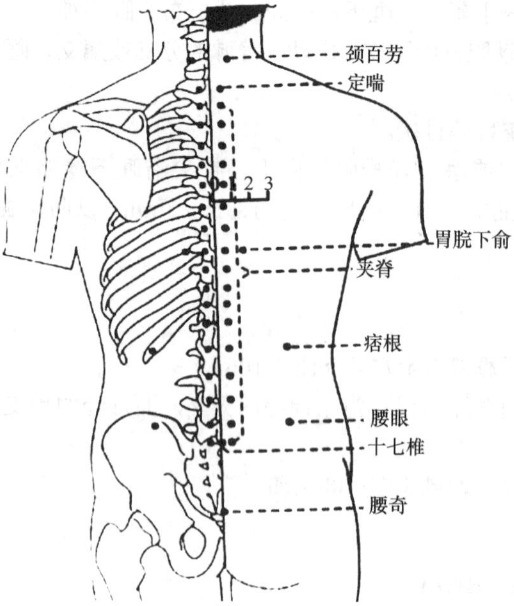


图 3-110 颈百劳

【解剖】皮肤→皮下组织→胸锁乳突肌→头夹肌。浅层布有耳大神经的分支。深层有颈深动、静脉。

【主治】①目赤肿痛，视物不清，夜盲；②耳鸣；③头痛，眩晕，失眠。

【操作】直刺 0.5～1 寸。

**11. 颈百劳（Jǐngbǎiláo，EX-HN15）**

【定位】在项部，大椎直上 2 寸，后正中线旁开 1 寸（图 3-110）。

【解剖】皮肤→皮下组织→斜方肌→上后锯肌→头颈夹肌→头半棘肌→多裂肌。浅层布有第 4、5 颈神经后支的皮支。深层有第 4、5 颈神经后支的分支。

【主治】①颈项强痛；②咳嗽，气喘，骨蒸潮热，盗汗自汗。

【操作】直刺 0.5～1 寸。

**12. 安眠*（Ānmián）**

【定位】在项部，翳风穴与风池穴连线之中点处（图 3-107）。

【解剖】皮肤→胸锁乳突肌→头夹肌→头最长肌。浅层有耳大神经的分支。深层有颈深动、静脉。

【主治】①失眠，头痛，眩晕；②心悸；③癫狂。

【操作】直刺 0.8～1.2 寸。

## 二、胸腹部穴

**1. 子宫（Zǐgōng，EX-CA1）**

【定位】在下腹部，脐中下 4 寸，前正中线旁开 3 寸（图 3-111）。

【解剖】皮肤→皮下组织→腹外斜肌腱膜→腹内斜肌→腹横肌→腹横筋膜。浅层主要布有髂腹下神经的外侧皮支和腹壁浅静脉。深层主要有髂腹下神经的分支和腹壁下动、静脉的分支或属支。

【主治】①子宫脱垂，痛经，崩漏，不孕，月经不调；②腰痛。

【操作】直刺 0.8～1.2 寸。

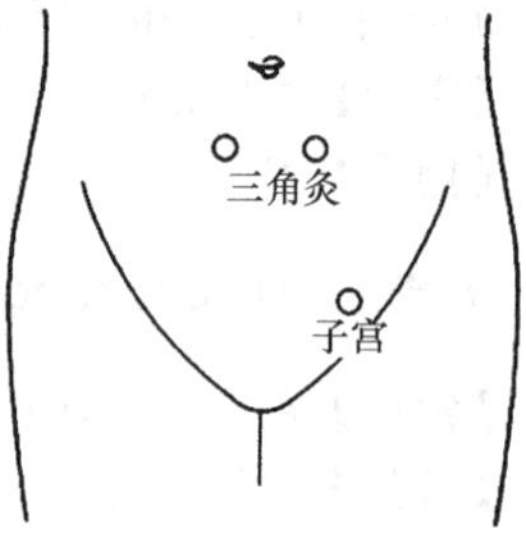


图 3-111 子宫、三角灸

**2. 三角灸*（Sānjiǎojiǔ）**

【定位】在下腹部，以患者两口角间长度为一边，做一等边三角形，将顶角置于患者肚脐中央，底边呈水平线，在两底角处取穴（图 3-111）。

【解剖】皮肤→皮下组织→腹外斜肌腱膜→腹内斜肌→腹横肌→腹横筋膜。穴区有腹壁下动、静脉肌支，有第 10 肋间神经分布。

【主治】①疝气；②绕脐腹痛；③不孕。

【操作】艾灸 5～7 壮。

## 三、背部穴

### 1. 定喘*（Dìngchuǎn，EX-B1）

【定位】在背部，第 7 颈椎棘突下，后正中线旁开 0.5 寸（图 3-112）。

【解剖】皮肤→皮下组织→斜方肌→菱形肌→上后锯肌→颈夹肌→竖脊肌。浅层主要布有第 8 颈神经后支的内侧皮支。深层有颈横动、静脉的分支或属支及第 8 颈神经，第 1 胸神经后支的肌支。

【主治】①咳嗽，哮喘；②肩背痛，落枕，上肢疾患；③荨麻疹。

【操作】直刺或向内斜刺 0.5～1 寸。

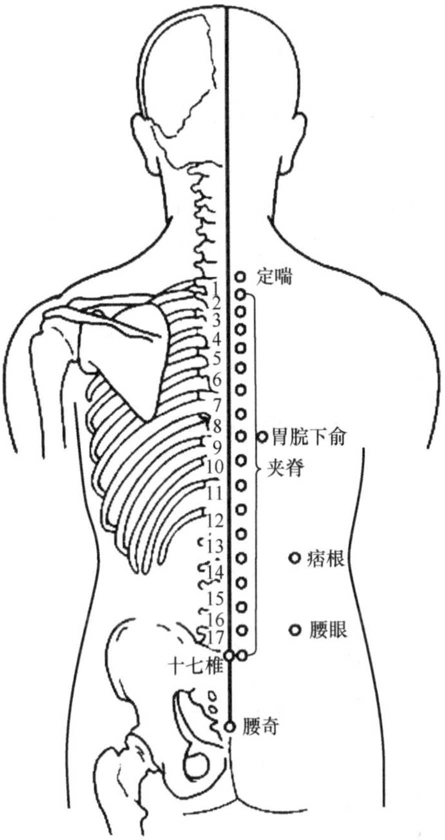

图 3-112　定喘、夹脊、胃脘下俞、痞根、腰眼、十七椎、腰奇

### 2. 夹脊*（Jiájǐ，EX-B2）

【定位】在脊柱区，第 1 胸椎至第 5 腰椎棘突下两侧，后正中线旁开 0.5 寸，一侧 17 穴（图 3-112）。

【解剖】因各穴位置不同，其肌肉、血管、神经也各不相同。一般的层次结构是：皮肤→皮下组织→浅肌层（斜方肌、背阔肌、菱形肌、上后锯肌、下后锯肌）→深层肌（竖脊肌、横突棘肌）。浅层内分别布有第 1 胸神经至第 5 腰神经的内侧皮支和伴行的动、静脉。深层布有第 1 胸神经至第 5 腰神经后支的肌支，肋间后动、静脉或腰动、静脉背侧支的分支或属支。

【主治】①第 1 胸椎至第 5 胸椎夹脊：治疗心肺疾病、胸部及上肢疾病；②第 6 胸椎至第 12 胸椎夹脊：治疗胃肠、脾、肝、胆疾病；③第 1 腰椎至第 5 腰椎夹脊：治疗腰、骶、腹及下肢疾病。

【操作】直刺 0.3～0.5 寸；或向内斜刺 0.5～1 寸；或用梅花针叩刺。

### 3. 胃脘下俞*（Wèiwǎnxiàshū，EX-B3）

【定位】在背部，第 8 胸椎棘突下，后正中线旁开 1.5 寸（图 3-112）。

【解剖】皮肤→皮下组织→斜方肌→背阔肌→竖脊肌。浅层主要布有第 8 胸神经后支的皮支和伴行的动、静脉。深层有第 8 胸神经后支的肌支和第 8 肋间后动、静脉背侧的分支或属支。

【主治】①胃痛，腹痛，胸胁痛；②消渴，胰腺炎；③咳嗽。

【操作】向内斜刺 0.3～0.5 寸。

### 4. 痞根（Pǐgēn，EX-B4）

【定位】在腰部，第 1 腰椎棘突下，后正中线旁开 3.5 寸（图 3-112）。

【解剖】皮肤→皮下组织→背阔肌→下后锯肌→髂肋肌。浅层主要布有第 12 胸神经后支的外侧支和伴行的动、静脉。深层主要有第 12 胸神经后支的肌支。

【主治】①痞块，癥瘕；②腰痛。

【操作】直刺 0.5～1 寸。

**5. 腰眼***（Yāoyǎn，EX-B7）

【定位】在腰部，第 4 腰椎棘突下，后正中线旁开 3.5 寸凹陷中（图 3-112）。

【解剖】皮肤→皮下组织→胸腰筋膜浅层和背阔肌腱膜→髂肋肌→胸腰筋膜深层→腰方肌。浅层主要布有臀上皮神经和第 4 腰神经后支的皮支。深层主要布有第 4 腰神经后支的肌支和第 4 腰动、静脉的分支或属支。

【主治】①腰痛；②月经不调，带下。

【操作】直刺 0.5～1.5 寸。

**6. 十七椎***（Shíqīzhuī，EX-B8）

【定位】在腰部，第 5 腰椎棘突下凹陷中（图 3-112）。

【解剖】皮肤→皮下组织→棘上韧带→棘间韧带。浅层主要布有第 5 腰神经后支的皮支和伴行的动、静脉。深层主要有第 5 腰神经后支的分支和棘突间的椎外（后）静脉。

【主治】①腰骶痛，下肢瘫痪；②痛经，崩漏，月经不调，带下；③小便不利，遗尿。

【操作】直刺 0.5～1 寸。

**7. 腰奇**（Yāoqí，EX-B9）

【定位】在骶部，尾骨端直上 2 寸，骶角之间凹陷中（图 3-112）。

【解剖】皮肤→皮下组织→棘上韧带。布有第 2、3 骶神经后支的分支及伴行的动、静脉。

【主治】①便秘；②头痛，失眠；③癫痫。

【操作】向上平刺 1～1.5 寸。

## 四、上肢穴

**1. 肩前**（Jiānqián）

【定位】在肩前部，腋前皱襞顶端与肩髃穴连线的中点（图 3-113）。

【解剖】皮肤→皮下组织→三角肌。浅层布有锁骨上神经外侧支。深层有腋神经，肌皮神经，胸肩峰动、静脉和旋肱前后动、静脉分布。

【主治】肩臂痛，臂不能举。

【操作】直刺 1～1.5 寸。

**2. 肘尖**（Zhǒujiān，EX-UE1）

【定位】在肘后部，尺骨鹰嘴的尖端处（图 3-114）。

【解剖】皮肤→皮下组织→鹰嘴皮下囊→肱三头肌腱。布有前臂后皮神经和肘关节周围动、静脉网。

【主治】①瘰疬；②痈疽，疔疮；③肠痈。

【操作】不针。只灸。

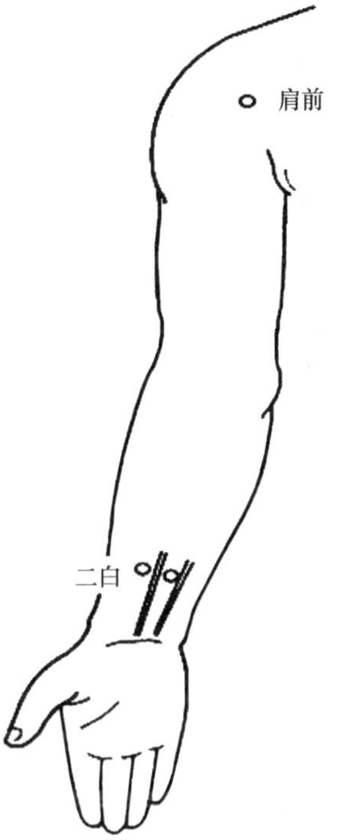


图 3-113　肩前、二白

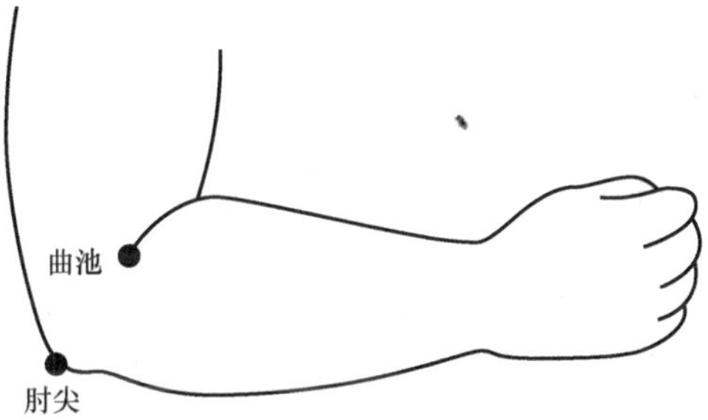


图 3-114　肘尖

**3. 二白（Èrbái，EX-UE2）**

【定位】在前臂掌侧，腕掌侧远端横纹上 4 寸，桡侧腕屈肌腱的两侧，一肢 2 穴（图 3-113）。

【解剖】臂内侧穴：皮肤→皮下组织→掌长肌腱与桡侧腕屈肌之间→指浅屈肌→正中神经→拇长屈肌→前臂骨间膜。浅层布有前臂外侧皮神经和前臂正中静脉的属支。深层布有正中神经、正中动脉。臂外侧穴：皮肤→皮下组织→桡侧腕屈肌与肱桡肌腱之间→指浅屈肌→拇长屈肌。浅层布有前臂外侧皮神经和头静脉的属支。深层有桡动、静脉。

【主治】①痔疮，脱肛；②前臂痛，胸肋痛。

【操作】直刺 0.5～0.8 寸。

**4. 中魁（Zhōngkuí，EX-UE4）**

【定位】在手指，中指背面，近侧指间关节的中点处（图 3-115）。

【解剖】皮肤→皮下组织→指背腱膜。布有指背神经，其桡侧支来自桡神经，其尺侧支来自尺神经。血管有来自掌背动脉的指背动脉和掌背静脉网的属支指背静脉。

【主治】①牙痛，鼻出血；②反胃、食欲不振、噎膈、呕吐、呃逆等脾胃病证。

【操作】一般用灸法。

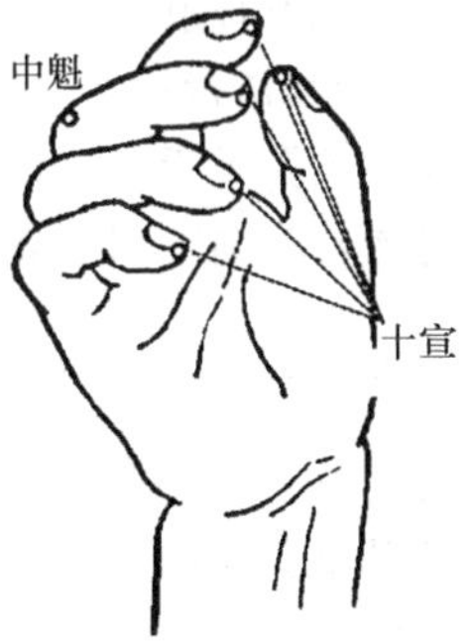


图 3-115　中魁、十宣

**5. 大骨空（Dàgǔkōng，EX-UE5）**

【定位】在手指，拇指背面，指间关节的中点处（图 3-116）。

【解剖】皮肤→皮下组织→拇长伸肌腱。布有桡神经的指背神经、

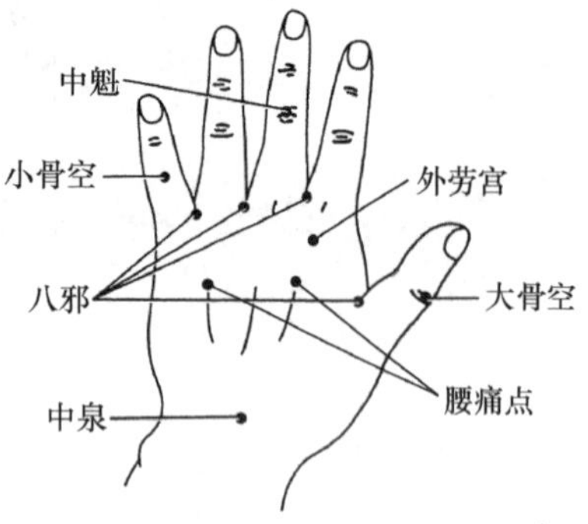


图 3-116　大骨空、小骨空、外劳宫、腰痛点、八邪

指背动脉和指背静脉。

【主治】①目痛，目翳，迎风流泪；②吐泻；③衄血。

【操作】一般用灸法。

### 6. 小骨空（Xiǎogǔkōng，EX-UE6）

【定位】在手指，小指背面，近侧指间关节中点处（图 3-116）。

【解剖】皮肤→皮下组织→指背腱膜。布有指背动、静脉的分支及属支和尺神经的指背神经的分支。

【主治】①目赤肿痛，目翳；②喉痹。

【操作】一般用灸法。

### 7. 腰痛点*（Yāotòngdiǎn，EX-UE7）

【定位】在手背，第 2、3 掌骨及第 4、5 掌骨之间，腕背横纹与掌指关节的中点处，一手 2 穴（图 3-116）。

【解剖】一穴：皮肤→皮下组织→指伸肌腱和桡侧腕短伸肌腱。另一穴：皮肤→皮下组织→小指伸肌腱与第 4 指伸肌腱之间。此两穴处布有手背静脉网和掌背动脉，有桡神经的浅支和尺神经的手背支。

【主治】①急性腰扭伤；②手背红肿疼痛。

【操作】直刺 0.3～0.5 寸；或从两侧向掌中斜刺 0.5～0.8 寸。

### 8. 外劳宫*（Wàiláogōng，EX-UE8）

【定位】在手背，第 2、3 掌骨间，掌指关节后 0.5 寸凹陷处（图 3-116）。

【解剖】皮肤→皮下组织→第 2 骨间背侧肌→第 1 骨间掌侧肌。布有桡神经浅支的指背神经、手背静脉网和掌背动脉。

【主治】①落枕；②手背痛，手指麻木。

【操作】直刺 0.5～0.8 寸。

### 9. 八邪*（Bāxié，EX-UE9）

【定位】在手背，第 1 至第 5 指间指蹼缘后方赤白肉际处，左右共 8 穴（图 3-116）。

【解剖】皮肤→皮下组织→骨间背侧肌→骨间掌侧肌→蚓状肌。浅层布有掌背动、静脉或指背动、静脉和指背神经。深层有指掌侧总动、静脉或指掌侧固有动、静脉和指掌侧固有神经。

【主治】①手背肿痛，手指麻木；②目痛，咽痛，齿痛，头项强痛；③烦热；④毒蛇咬伤。

【操作】向下斜刺 0.5～0.8 寸；或点刺出血。

### 10. 四缝*（Sìfèng，EX-UE10）

【定位】在手指，第 2 至第 5 指掌面近侧指间关节横纹中点处，一手 4 穴（图 3-117）。

【解剖】皮肤→皮下组织→指深屈肌腱。各穴的血管：指掌侧固有动、静脉的分支或属支和指皮下静脉。各穴的神经：食指和中指的四缝穴由正中神经的指掌侧固有神经分布，无名指的四缝穴，桡侧的一支来自正中神经的指掌侧固有神经，尺侧的一支来自尺神经的指掌侧固有神经，小指四缝穴由来自尺神经的指掌侧固有神经分布。

【主治】①小儿疳积；②百日咳；③肠虫症。

【操作】直刺 0.1～0.2 寸；或三棱针挑破皮肤，挤出少量黄白色透明黏液或出血。一般不灸。

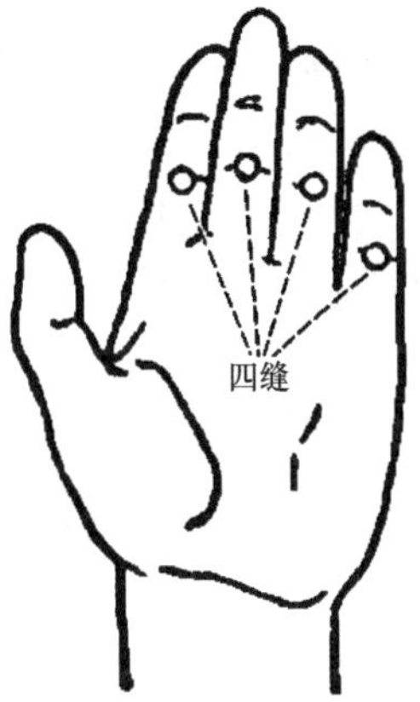


图 3-117　四缝

### 11. 十宣*（Shíxuān，EX-UE11）

【定位】在手指，十指尖端，距指甲游离缘 0.1 寸（指寸），左右共 10 穴（图 3-115）。

【解剖】皮肤→皮下组织。各穴的神经支配，拇指到中指的十宣穴由正中神经分布；无名指的十宣穴由桡侧的正中神经和尺侧的尺神经双重分布；小指的十宣穴由尺神经分布。

【主治】①昏迷，晕厥，中暑；②癫痫，惊风；③热病，咽喉肿痛；④手指麻木。

【操作】直刺 0.1～0.2 寸；或点刺出血。

## 五、下肢穴

### 1. 鹤顶（Hèdǐng，EX-LE2）

【定位】在膝上部，髌底中点的上方凹陷处（图 3-118）。

【解剖】皮肤→皮下组织→股四头肌腱。浅层布有股神经前皮支和大隐静脉的属支。深层有膝关节的动、静脉网。

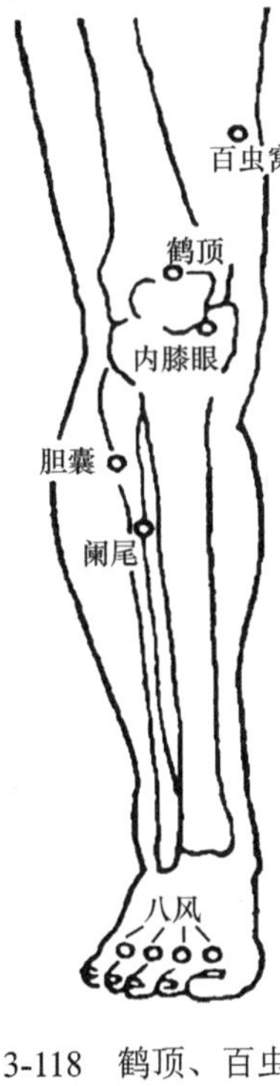


图 3-118　鹤顶、百虫窝、内膝眼、胆囊、阑尾、八风

【主治】①膝关节酸痛，鹤膝风。②腿足无力，脚气。

【操作】直刺 0.8～1 寸。

### 2. 百虫窝（Bǎichóngwō，EX-LE3）

【定位】在大腿内侧，髌底内侧端上 3 寸（血海穴上 1 寸）处（图 3-118）。

【解剖】皮肤→皮下组织→股内侧肌。浅层布有股神经的前皮支，大隐静脉的属支。深层有股动、静脉的肌支和股神经的分支。

【主治】①虫积；②皮肤瘙痒，风疹，湿疹，疮疡。

【操作】直刺 1.5～2 寸。

### 3. 内膝眼*（Nèixīyǎn，EX-LE4）

【定位】在膝部，屈膝，髌韧带内侧凹陷处的中央（图 3-118）。

【解剖】皮肤→皮下组织→髌韧带与髌内侧支持带之间→膝关节囊、翼状皱襞。浅层布有隐神经的髌下支和股神经的前皮支。深层有膝关节的动、静脉网。

【主治】①膝关节肿痛；②脚气。

【操作】从前内向后外与额状面成 45°角斜刺 0.5～1 寸；或透刺对侧膝眼。可灸，不宜化脓灸。

**4. 胆囊*（Dǎnnáng，EX-LE6）**

【定位】在小腿外侧，腓骨小头直下 2 寸（图 3-118）。

【解剖】皮肤→皮下组织→腓骨长肌。浅层布有腓肠外侧皮神经。深层有腓浅神经，腓深神经和胫前动、静脉。

【主治】①胆囊炎，胆石症，胆道蛔虫病，胆绞痛，胁痛；②下肢痿痹。

【操作】直刺 1～1.5 寸。

**5. 阑尾*（Lánwěi，EX-LE7）**

【定位】在小腿外侧，髌韧带外侧凹陷下 5 寸，胫骨前嵴外一横指（中指）（图 3-118）。

【解剖】皮肤→皮下组织→胫骨前肌→小腿骨间膜→胫骨后肌。浅层布有腓肠外侧皮神经和浅静脉。深层有腓深神经和胫前动、静脉。

【主治】①阑尾炎，胃脘痛，消化不良；②下肢痿痹。

【操作】直刺 1～2 寸。

**6. 八风*（Bāfēng，EX-LE10）**

【定位】在足背，第 1 至第 5 趾间，趾蹼缘后方赤白肉际处，左右共 8 穴（图 3-118）。

【解剖】䠴趾与第 2 趾之间的八风穴，层次解剖同行间穴（足厥阴肝经）。第 2 趾与第 3 趾之间的八风穴，层次解剖同内庭穴（足阳明胃经）。第 4 趾与小趾之间的八风穴，层次解剖同侠溪穴（足少阳胆经）。第 3 趾与第 4 趾之间的八风穴的层次解剖是：皮肤→皮下组织→第 3 与第 4 趾的趾长、短伸肌腱之间→第 3、第 4 跖骨头之间。浅层布有足背中间皮神经的趾背神经和足背浅静脉网。深层有跖背动脉的分支趾背动脉，跖背静脉的属支趾背静脉。

【主治】①足跗肿痛，趾痛；②脚气；③毒蛇咬伤。

【操作】斜刺 0.5～0.8 寸；或点刺出血。

**7. 独阴（Dúyīn，EX-LE11）**

【定位】在足底，第 2 趾远侧趾间关节横纹的中点（图 3-119）。

【解剖】皮肤→皮下组织→趾短、长屈肌腱。布有趾足底固有神经，趾底固有动、静脉的分支或属支。

【主治】①胞衣不下，月经不调；②疝气；③胸胁痛，卒心痛；④呕吐。

【操作】直刺 0.1～0.2 寸。孕妇禁用。

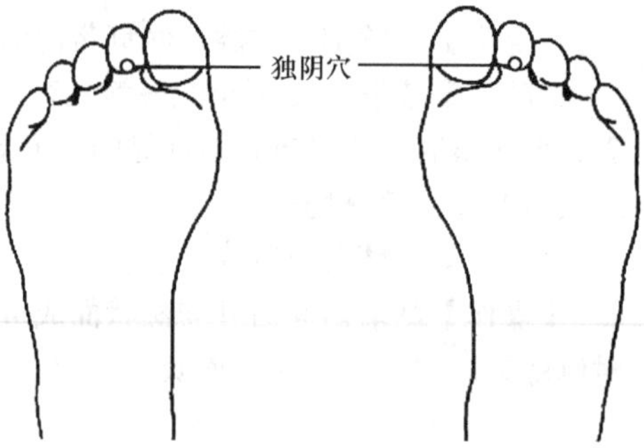


图 3-119 独阴

## 思维导图

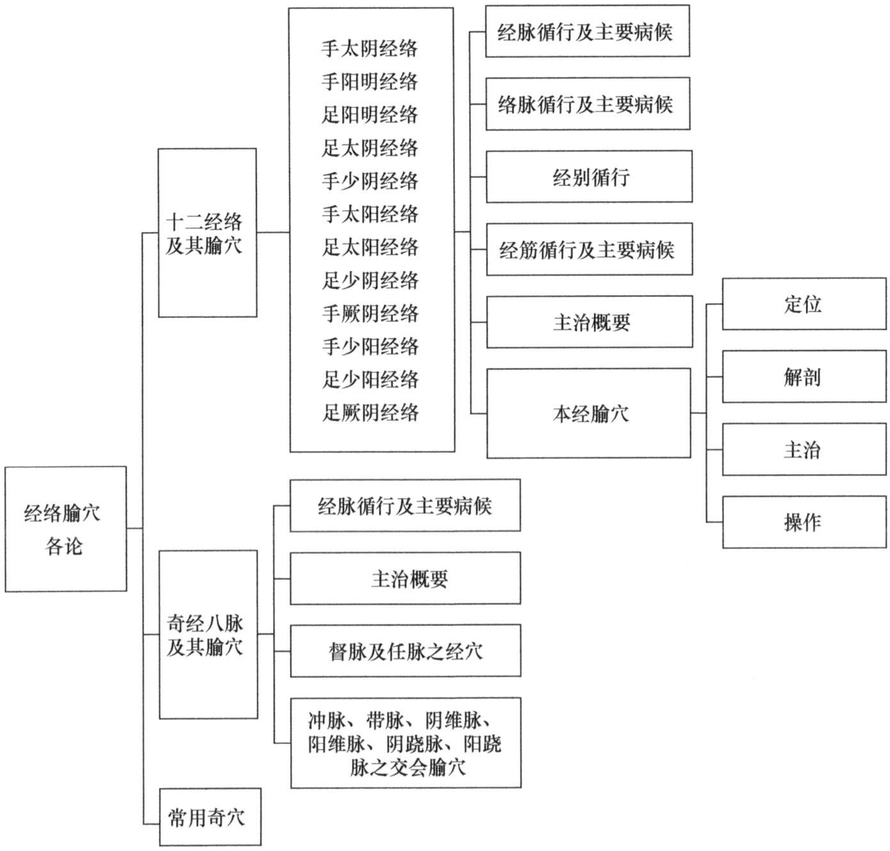


## 思考题

1. 试述“面口合谷收”的经络学依据。
2. 试述足阳明胃经、足少阴肾经的主治概要。
3. 试述手三里、足三里的归经及定位，并比较两穴主治作用的异同点。
4. 试述睛明、风池、天突的针刺操作注意事项。
5. 试述三阴交、关元、大椎的归经、定位及主治。
6. 试述太渊、太冲、太溪的归经、定位及主治。
7. 列出归于本经的募穴，并试述其主治作用。
8. 试述夹脊、胃脘下俞的主治及针刺操作。

# 中　篇

# 第四章　刺灸法总论

## 第一节　刺灸法的概念与分类

### 一、刺法的概念与分类

刺法古称“砭刺”，又称“针法”，指采用特制的针具，通过一定的手法刺激人体的腧穴或部位，以防治疾病的方法。

刺法的种类很多，依据针刺的工具将其分为毫针刺法、电针法、皮肤针刺法、皮内针刺法、三棱针刺法、火针刺法、芒针刺法、针刀刺法、浮针刺法、穴位埋线法等。

依据人体相对独立的特定针刺部位将其分为头针、耳针、眼针、腹针、舌针、面针、鼻针等。

### 二、灸法的概念与分类

灸法古称“灸焫”，又称“艾灸”，指采用以艾绒或其他易燃材料烧灼、熏熨人体的一定部位或腧穴，以防治疾病的方法。依据施灸材料的不同，灸法又分为艾灸法和非艾灸法。艾灸法包括艾炷灸、艾卷灸、温针灸、温灸器灸等多种。非艾灸法包括天灸、灯火灸、黄蜡灸、药锭灸、药捻灸、药笔灸、药线灸等。广义的灸法还包括药物穴位贴敷疗法。

## 第二节　常用针灸器具

### 一、传统针灸器具

#### 1. 针刺用具

针刺用具简称“针具”。《灵枢·九针十二原》记载了九种不同形状和用途的金属针具，包括镵针、圆针、鍉针、锋针、铍针、圆利针、毫针、长针、大针，称为“九针”（图 4-1）。

古代九针的形状与功用：镵针，头大而针尖锐利，适用于浅刺，以泻皮肤肌表的阳热；圆针，针头卵圆，用于按摩肌肉，既不会损伤肌肉，又能疏肌肉之间的邪气；鍉针，针尖像黍粟米粒一样

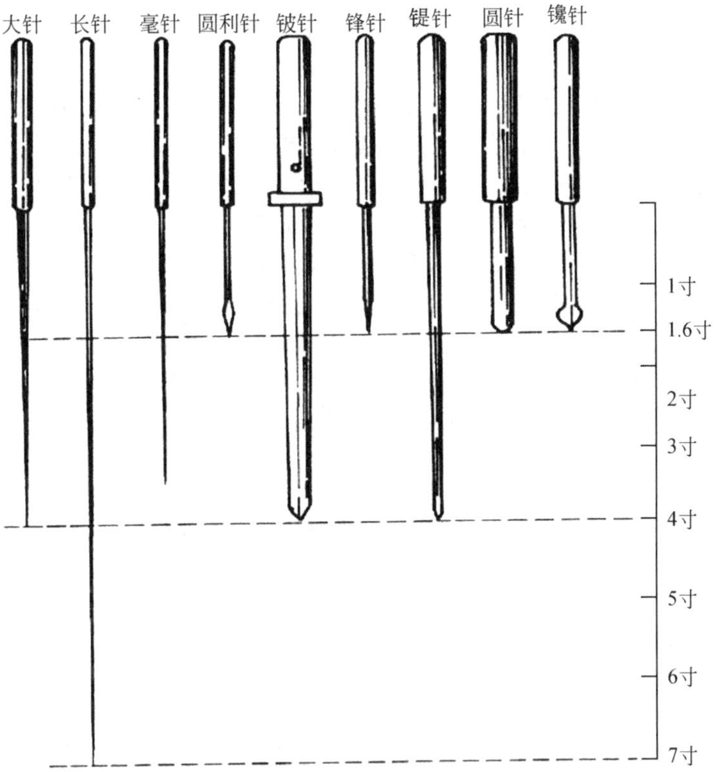


图 4-1　古代九针图

圆而微尖，主要用来按压经脉，流通气血，但不会深陷皮肤之内，所以可以引正气而祛邪气；锋针，针锋锐利，三面有刃，用以治疗顽固的宿疾；铍针，针尖像剑锋一样锐利，可以用来刺痛排脓；圆利针，针尖如长毛，圆而锐利，针的中部较粗，可以用来治疗急病；毫针，针尖纤细像蚊虫的嘴，可以轻缓地刺入皮肤，轻微提针而持久留针，正气因而得到充养，邪气尽散，出针后加以调养，用以治疗痛痹；长针，针尖锋利而针身细长，可以治疗经久不愈的痹病；大针，身粗而巨，针尖略圆，针形如杖，可用来泻去关节积水。

现代针灸临床常用针具由古代九针发展而来，品种多样，规格齐全，以满足临床需要。现代常用针具多采用不锈钢制作而成，光滑亮洁，坚韧耐用，不仅可减轻针刺时患者的疼痛感，而且安全可靠，便于手法操作，有利于提高疗效。

毫针是针灸临床最常用的针具。现代制作的毫针细长尖锐，规格多样，适用于全身各部腧穴，其针刺手法丰富精巧，作用广泛，可用于治疗内、外、妇、儿等各科病证。三棱针由九针中“锋针”改制而来，因其针身较粗、针尖锋利，常作为刺络放血的工具。芒针由九针中“长针”发展而来，针身长度在 5 寸以上，可用于深刺或透刺，善治深邪远痹。火针由九针中“大针”衍化而来，有单头火针和三头火针之分，烧针加热后点刺，适用于寒痹、虚寒性胃肠病证和某些外科、骨伤科、皮肤科病证。铍针如刀，可用于切割皮肤肌肉，多用于排脓以治疗痈肿。在九针基础上，后人又发明了皮肤针、皮内针、针刀、浮针等针具，丰富了针刺方法。在临床实践中，可根据不同病证和刺法的需要，选择使用不同针具。

**2. 灸材与灸具**

灸法所用的材料较多，古今均以艾叶加工制作的艾绒最为常用。艾为菊科多年生灌木状草本植物，全国各地均有生长，以叶入药，古时以湖北蕲州产者为佳，故有“蕲艾”之称。艾叶气味芳香，味辛、微苦，性温热，具有纯阳之性，《本草从新》载：“以之灸火，能透诸经而除百病。”将干燥的艾叶捣制后除去杂质，制成纯净细软的艾绒，晒干贮藏备用，以陈久者为好。艾绒具有易于燃烧、热力温和持久、穿透力强等特点，其温通散寒作用明显。临床使用最广泛的施灸用具是艾炷和艾条（又称艾卷）。艾炷和艾条均由艾绒制作而成。在传统灸法中，还有一些施灸的材料，如灯心草，黄蜡、药捻、药锭及用于天灸的白芥子、细辛、大蒜、斑蝥等具有刺激性的药物。古代还制作了灸盏、灸罩等施灸器具，后世改进为温灸筒、温灸盒、熏灸器等。这些灸具具有灸火集中、温热持久、较少烟尘、舒适安全、节省人力的优点，故为针灸临床所常用。

**3. 拔罐用具**

拔罐是针灸临床常用治疗方法之一。传统罐具选材不一，有陶罐、竹罐、金属罐、玻璃罐等。目前临床上使用最广泛的罐具是玻璃罐和竹罐。

## 二、现代针灸仪器

**1. 电针仪**

一般将可输出脉冲电流并能满足针刺治疗要求的电子仪器，称为电针仪。电针仪的种类很多，主要有交流、直流可调电针仪，脉动感应电针仪，音频振荡电针仪，晶体管电针仪等。目前临床上使用的电针仪大多为集成电路仪器，并引入单片机等微计算机技术，交流、直流电两用，具有安全、省电、耐震、体积小、便携、无噪声、性能稳定、刺激量大小可调等特点。电针仪是在针刺得气基础上使用，可发挥针刺和电刺激双重作用，不仅可以提高毫针的治疗效果，减少了操作者的持续行针时间，还扩大了针刺的治疗范围，故为现代针灸临床所常用。

**2. 灸疗仪**

临床常用的灸疗仪有电热艾灸仪、电热温灸仪、光灸仪等。电热艾灸仪大多采用电加热艾绒等灸材的方式，温熨熏灼经络腧穴以治疗疾病。电热艾灸仪中有一种电热喷灸仪，利用加热特制的艾药饼所产生的热气流，作用于一定的腧穴部位，以达到治疗目的。电热温灸仪大多采用稀土等电发热材料，通电后产生可控的温度，通过电热灸头给予一定的温热刺激，作用于经络腧穴以治疗疾病。光灸仪利用红外线、远红外线或激光产生的热量照射经络腧穴，形成温热或光电效应以起到治疗疾病的作用。现代的温灸仪温度可调控、不产生烟雾是其优势和特点。

**3. 拔罐仪**

利用现代科技研制的拔罐仪大体可分为两类：一类是单纯的抽气罐，另一类是多功能拔罐仪。抽气罐是通过一定的抽气技术，在罐与人体体表部位形成一定负压的罐具。抽气罐的优点是负压可控，使用安全。多功能拔罐仪是一类同时具有负压和磁、热等物理刺激作用的拔罐仪器。这类拔罐仪利用电动机真空泵抽吸罐内空气，可准确调控罐内负压，且罐底装有稀土发热材料，通电后可产生一定强度的磁场和温热刺激，以发挥综合性治疗作用。

此外，临床上较为常用的现代针灸仪器还有特定波谱治疗仪（TDP）、电磁疗机、激光针灸仪、微波针灸仪、经络导平仪等。

## 第三节 刺灸法操作的量学要素

刺灸法操作的量学要素，是指刺灸法的刺激量与效应密切相关的因素。刺灸法是针灸施治的重要手段和过程，因而成为临床取效的关键环节之一。针灸的临床疗效不仅决定于机体的功能状态和针灸处方所选取的经络、腧穴，也与刺灸方法及操作量学选择密切相关。

各种刺灸方法都是通过刺激体表的经络腧穴而达到治疗疾病目的的，故刺法和灸法本身就包含着刺激量等有关量学方面的问题。大量实践证明，刺灸法的相关量学要素也是关系疗效的重要环节之一。其量学要素还与机体对刺激的敏感度有关。

### 一、刺法的量学要素

刺法的种类繁多，不同的刺法在操作上有着不同的量学要素。一般而言，刺法的量学要素主要包括刺法操作刺激的强度和刺激的时间两大方面。

#### （一）刺激的强度

在毫针刺法中，有效的刺激强度是以得气为标志的，使针下产生得气的最小刺激强度是激发经气功能的基本刺激量，也称阈刺激量。

毫针刺法的刺激强度主要是通过手法作用力的强弱而实现的。手法作用力的表现形式有两方面：一是在提插、捻转等手法的操作中，当施术者手、腕、臂同时用力时，刺激量就大，若仅用手指力量刺激量就小；二是由提插的幅度、捻转角度及其操作的频次等多种具体操作手法来体现，提插的幅度大、捻转的角度大、操作的频次多的手法刺激的强度就大，反之则刺激的强度就小。毫针直径的粗细也与刺激的强度有密切关系，直径粗者强度大，反之则小。在进针深度上，分部多层操作者刺激量大，单层操作者刺激量小，如烧山火与透天凉属于分部三层操作，刺激的强度要比在单层进行提插、捻转补泻手法的刺激强度要大。

皮肤针法的操作将叩刺的强度分为轻、中、重三种。电针法的刺激强度与电流强度、频率、波形有密切关系。

#### （二）刺激的时间

刺激的时间包括两方面：一是每种手法操作所用的时间；二是留针的时间。一般而言，用时长者刺激的量就大，反之则小。

### 二、灸法的量学要素

灸法的量学要素包括施灸的方式、方法与施灸的时间等。如艾炷灸中与艾炷的大小、施灸的壮数、施灸的频次和疗程有关，一般而言，艾炷越大、壮数越多，施灸次数越频、疗程长，则艾炷灸的量越大，反之越小。艾卷灸法中与艾卷的粗细、与皮肤的距离和施灸的时间、疗程等均密切相关。

这些刺灸法量学要素都与患者的病种、体质、病情等有关，在临床上要想达到预期的治疗效果，就要针对不同的患者制定相适宜的刺灸法的操作量学方案，才能提高临床疗效。

# 第四节　刺灸施术的注意事项

## 一、施术前的消毒

针灸临床治疗过程中的严格消毒灭菌，是必须执行的操作规范。消毒包括针具器械消毒、医者手指消毒、施术部位消毒和治疗室消毒。

### （一）针具器械消毒

为了避免临床上的交叉感染，提倡使用一次性针刺器具，它是在普通毫针或三棱针基础上，由塑料或铂金等材料加封、灭菌而制成。应用此种针具，不需要再消毒，但应注意在包装盒上注明的保质期内使用。

对于部分需要反复应用的针具，也应注意每位患者的针具专用，不得用于他人。每次用完后，用 75%酒精擦拭、整理后装于干净的玻璃管或针盒内，标明患者姓名后进行消毒处理。消毒方法，选择高压蒸汽锅消毒。用过的针具不能随便丢弃，应放在专用的容器内，由专门部门收回处理。

### （二）医者手指消毒

医生的手在施术前，需用肥皂水刷洗干净，并用 75%酒精棉球或 0.5%碘伏（碘-聚醇醚溶液）棉球涂擦后，方可持针操作。

### （三）施术部位消毒

在患者需要针刺的穴位皮肤上用 75%酒精棉球或 0.5%碘伏棉球擦拭即可。擦拭时应从中点向外环绕进行。最好先用 2%碘酒涂擦穴位皮肤，稍干后再用 75%酒精棉球由内向外环绕脱碘。穴位皮肤消毒后，注意保持洁净，避免接触污物，以防污染。

### （四）治疗室消毒

治疗室消毒包括治疗台上用的床垫、枕巾、毛毯、垫席等物品，要按时换洗，推荐采用一人一用的消毒垫布、垫纸、枕巾。治疗室也应定期消毒净化，保持空气流通，环境卫生洁净。

## 二、刺灸法的宜忌

### （一）施术部位的宜忌

刺灸施术时所选择的腧穴都有确切的位置，要求医者必须熟悉腧穴局部的解剖特点，除以刺血络、刺筋骨为目的的特殊刺法外，都应避开要害部位。

（1）禁刺的部位与腧穴　在针刺特殊部位的腧穴时，应严格掌握针刺的深浅、进针的角度。后项部内为延髓，不可深刺；胸腹和腰背部，必须掌握分寸，严禁深刺；大血管附近的腧穴，操作时要慎重，如邻近动脉的委中、箕门、气冲、曲泽、经渠、冲阳等。乳中、脐中和小儿囟门部位也不宜针刺。

（2）禁灸的部位与腧穴　妊娠期妇女的腰骶部和下腹部；睾丸、乳头、阴部；颜面部不宜直接灸，以免形成瘢痕；皮薄肌少筋肉结聚处和关节处不宜直接瘢痕灸。

### （二）患者体质的宜忌

人体有强弱、肥瘦、老幼的不同，体质的类型也各有异，针刺时必须区别对待。对强壮者可用较强的刺法，可多针，留针时间较长；对瘦弱者则用较轻的刺法，宜少针，留针时间较短；对小儿则用多针、浅刺疾出针法。关于施灸的标准，亦应结合体质条件掌握。初病、体质强壮者，艾炷宜大，壮数宜多；久病、体质虚者及妇女和儿童，艾炷宜小，壮数宜少。

此外，孕妇尤其有习惯性流产史者，应慎用针刺。

### （三）病情性质的宜忌

病情有表里、寒热、虚实的不同，临床应在辨证的基础上，选择不同的刺灸方法给予适当的治疗。一般表证宜浅刺，表寒可用温针，表热应疾出针；里证宜深刺，里寒可用补法，里热应行泻法；虚证用补法，虚寒宜少针，虚热可多针；实证用泻法，表实宜浅刺，里实可深刺；寒证宜深刺，久留针；热证宜浅刺，疾出，并可刺出血。

### （四）刺灸时间的宜忌

（1）留针时间　留针时间的长短与疾病的性质相关。一般对表热证，宜疾出针；对里证和虚寒证，一般均需留针。留针的宜忌，治疗热证时留针的时间宜短，而治疗寒证留针时间宜长。

（2）施术时间　《素问・八正神明论》论述了人体生理功能与天时变化的关系。古人结合日月的运行盈亏推论人体血气的周期性活动，根据气的开阖而行补泻，提出“候时而刺”的针法。即“是以因天时而调血气也，是以天寒无刺，天温无疑，月生无泻，月满无补，月郭空无治，是谓得时而调之”。后世在此基础上发展形成了子午流注针法。按照患者生理、病理的变化规律择时针灸也是合理行使施术时间的具体表现。

### （五）特殊情况的宜忌

《素问・刺禁论》和《灵枢・终始》均提出了一些特殊情况下勿刺，如对于大醉、大怒、大惊、大劳、饱腹、饥饿、大渴等暂时现象，不宜立即针刺，必须待其恢复后再行针刺。

## 思维导图

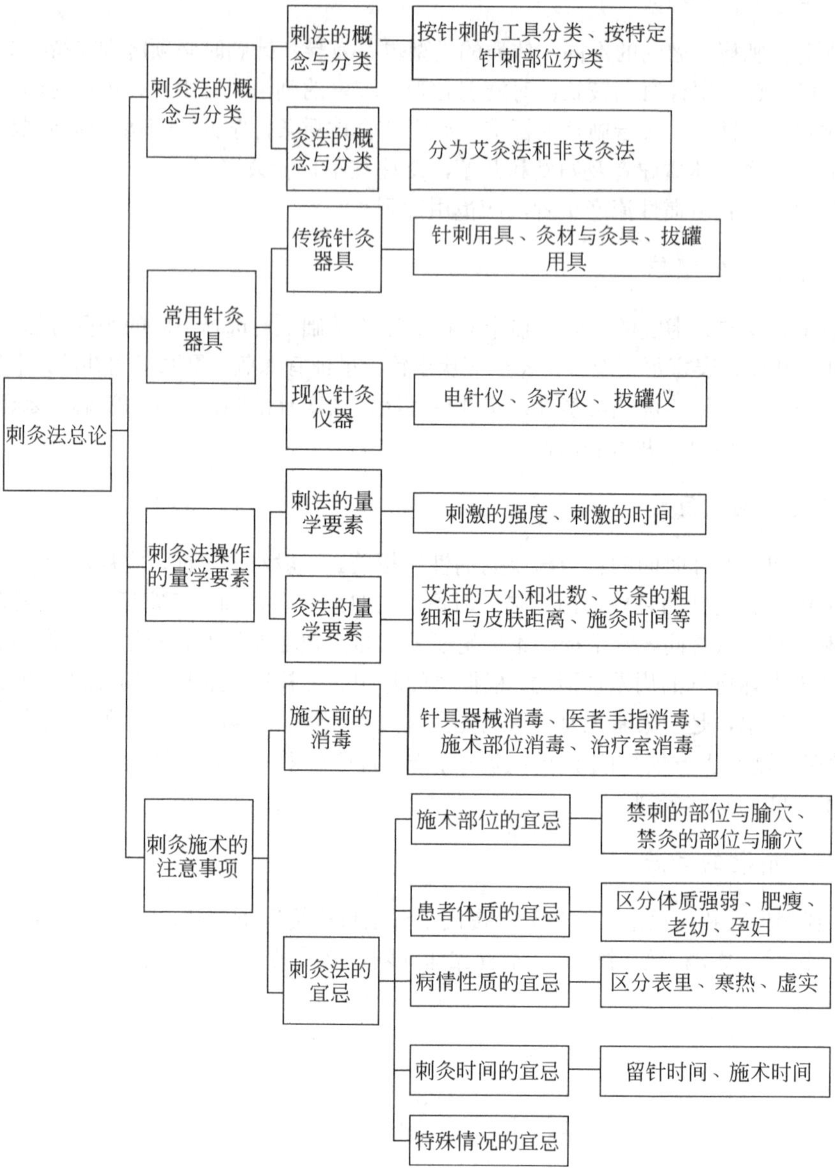


## 思考题

1. 何谓刺法、灸法？它们各自的分类是什么？

2. 何谓刺灸法的量学要素？其有哪些具体内容？选择适宜的刺灸法量学要素对临床有什么作用？

3. 针灸临床消毒包括哪几方面的内容？怎样具体实施？

4. 针灸的宜忌包括哪些方面？

# 第五章　刺灸法各论

## 第一节　毫针刺法

毫针是古今临床应用最广的一种针具。毫针刺法是针灸临床所必须掌握的基本技术。

### 一、毫针的构造、规格、检查和保养

#### （一）毫针的构造

毫针一般用金属制成，常以不锈钢为制针材料，针体挺直滑利，能耐高热、防锈，具有较高的强度和韧性，不易被化学物品腐蚀，目前被临床广泛采用。也有用其他金属制作的毫针，如金针、银针，其传热、导电性能虽优，但强度、韧性不如不锈钢针，加之价格昂贵，除特殊需要外，一般临床很少应用。

毫针之结构，由针尖、针身、针根、针柄、针尾五个部分构成（如环柄针），因厂家出品工艺不同，现多数一次性毫针往往不含针尾部分（如平柄针）（图5-1）。

（1）针尖　是针身的尖端锋锐部分，亦称针芒。
（2）针身　是针尖至针根间的主体部分，又称针体。
（3）针根　是针身与针柄分界的部分。
（4）针柄　是针根至针尾的部分，也是医者持针操作的部位。
（5）针尾　是针柄的末端部分（现常用毫针大多无此部分）。

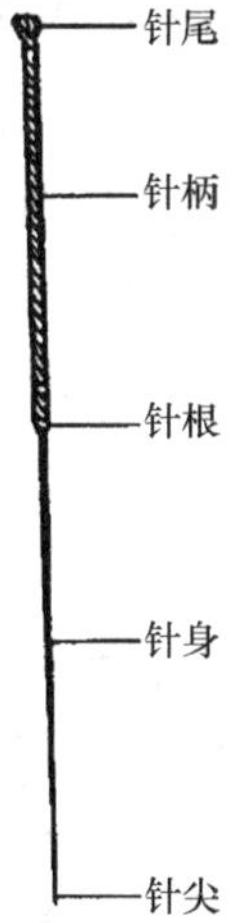

图5-1　毫针结构

#### （二）毫针的规格

据GB 2024—2016《针灸针》（中华人民共和国国家标准）规定，针灸针的规格以针身直径×针身长度表示，如0.30mm×40mm。

毫针的粗细规格，见表5-1。

**表5-1　毫针直径规格表**

| 直径（mm） | 0.45 | 0.42 | 0.38 | 0.34 | 0.32 | 0.30 | 0.28 | 0.26 | 0.24 | 0.22 | 0.20 |
|---|---|---|---|---|---|---|---|---|---|---|---|
| 号数 | 26 | 27 | 28 | 29 | 30 | 31 | 32 | 33 | 34 | 35 | 36 |

毫针的长短规格，见表 5-2。

**表 5-2 毫针长度规格表**

| 寸 | 0.5 | 1.0 | 1.5 | 2.0 | 3.0 | 4.0 | 5.0 |
|---|---|---|---|---|---|---|---|
| 长度（mm） | 13 | 25 | 40 | 50 | 75 | 100 | 125 |

不同针具有其各自的特点和作用，就毫针而言，临床应用时可根据患者的体质、体形、年龄、病情、腧穴部位和选用刺法等不同，选用长短、粗细不同规格的毫针。一般以直径为 0.32～0.38mm（30～28 号）和长度为 25～75mm（1.0～3.0 寸）者最常用。

（三）毫针的检查

为确保针刺操作顺利进行，提高针刺治疗效果，避免出现异常情况，针刺前应对毫针进行检查。目前多使用一次性无菌针灸针，使用时要注意检查其包装及有效期，在有效期内、包装完好者方可使用。在使用前亦需严格检查针尖、针身、针根和针柄等，如发现有损坏等不合格者，应予剔除。若消毒后的毫针再次使用，使用前要仔细检查和挑选，如针尖要尖中带圆，圆而不钝，形如“松针”；针身要光滑挺直，圆正匀称，坚韧而富有弹性；针根要牢固，无剥蚀、伤痕；针柄长短、粗细适中，金属丝缠绕要均匀、牢固等。

（四）毫针的保养

除了一次性应用的毫针外，需反复使用的毫针都应注意保养，以防止针尖受损、针身弯曲或锈蚀、污染等。毫针在使用后，用棉球擦拭干净并检查，将不合格针具剔除，放在器具（针盒、针管和针夹）内，并在针尖端放置干棉球，用纱布或棉球等柔软之物把针具与针盒的四壁分隔开，以防针尖受损。已经消毒备用的毫针，存放时应避免受到污染，在消毒有效期内使用。

## 二、毫针刺法的练习

毫针刺法的练习主要是对指力和手法的训练。良好的指力是掌握针刺手法的基础，熟练的手法是针刺治病的必备技能。只有加强两者的训练，促进手指力度和灵活度的协调性，才能手法运用自如。

（一）指力练习

指力是指手指的力度和控针的能力。指力练习一般在纸垫上进行。用松软的纸张，折叠成 8cm×5cm×（2～3）cm 的纸垫，用棉线呈“井”字形扎紧。练针时，左手平执纸垫，右手拇、食、中三指持针柄，如持笔状，使毫针针尖垂直地抵在纸垫上，然后右手拇指与食、中指交替捻动针柄，并渐加一定的压力，待针穿透纸垫后另换一处（图 5-2）。如此反复练习至针身可以垂直刺入纸垫，并能保持针身不弯、不摇摆、进退深浅自如时，说明指力已达到基本要求。练针必须循序渐进，先用短针，后用长针。还可在质地更硬的普通包装纸板上练针，增强指力。

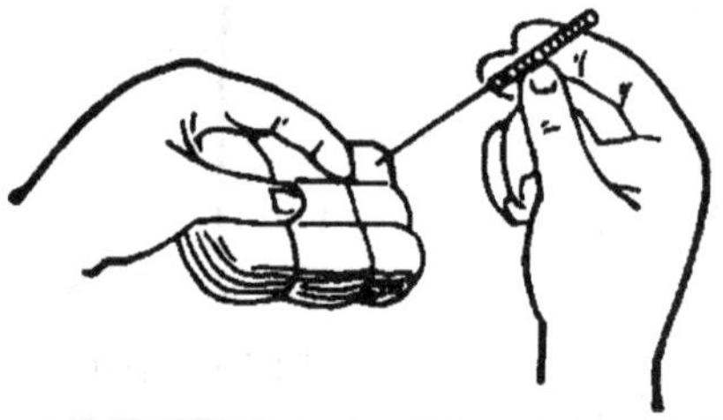

图 5-2 指力练习

（二）手法练习

手法是指各种针刺操作的规范性、协调性和灵活度。手法练习主要在棉团上进行。取棉絮一团，用棉线缠绕，外紧内松，做成直径为 6～7cm 的圆球，外包白布一层缝制即可练针。因棉团松软，可以练习提插、捻转、进针、出针等各种毫针操作手法的模拟动作。做提插练针时，以执笔式持针，将针刺入棉球，在原处做上提下插的动作，要求深浅适宜，幅度均匀，针身垂直。在此基础上，可将提插与捻转动作配合练习，要求提插幅度上下一致，捻转角度来回一致，操作频率快慢一致，达到手法熟练、动作协调、运用自如的程度（图 5-3）。

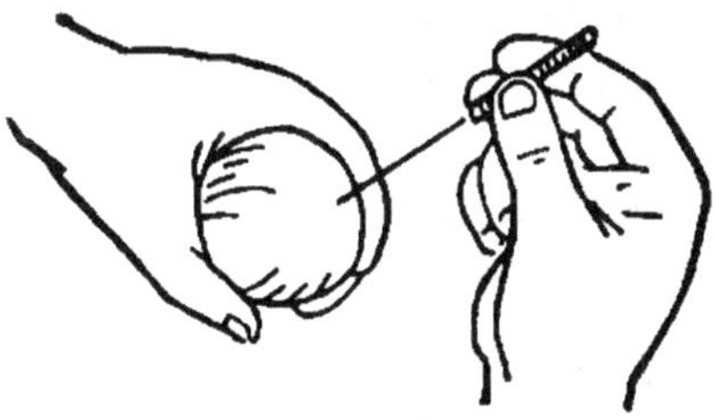
图 5-3　手法练习

（三）实体练习

掌握了一定的指力和手法后，在教师指导下，可以在自身进行试针练习。要求逐渐做到进针无痛或微痛，针身挺直不弯，刺入顺利，提插、捻转行针自如，用力均匀，手法熟练。同时，要仔细体会指力与进针、手法与得气的关系，以及持针手指的感觉和受刺部位的感觉。

在自身练习比较熟练的基础上，模拟临床实际，可两人交叉进行试针练习。练习时要注重人文关怀，共同切磋、提高，以便进入临床实际操作时心中有数，真正提高毫针刺法的基本技能。

## 三、针刺前的准备

（一）毫针的选择

毫针的选择包括针具质量和规格的选择。在选择针具规格时，应根据患者的性别、年龄、形体的肥瘦、体质的强弱、病情的虚实、病变部位的表里深浅和腧穴所在的部位，选择长短、粗细适宜的针具。男性体壮、形肥，病变部位较深者，可选粗且略长的毫针。反之，若女性体弱、形瘦，病变部位较浅者，就应选用较短、较细的毫针。根据腧穴所在部位进行选针时，一般是皮薄肉少之处和针刺宜浅的腧穴，选针宜短而针身宜细；皮厚肉多而针刺宜深的腧穴，选针宜长而针身宜粗。临床上选针，常以针刺入腧穴应至之深度，而针身还应露在皮肤上约 10mm 左右为宜。

（二）体位的选择

指导患者选择合适的体位，对于腧穴的正确定位、针刺的施术操作、针感的取得、持久的留针或结合其他疗法的应用以及防止晕针、滞针、弯针甚至折针等，具有重要意义。临床上针刺时的体位一般为卧位和坐位，常用体位主要有以下几种：

（1）仰卧位　适宜于取头、面、胸、腹部腧穴和上下肢部分腧穴。

（2）侧卧位　适宜于取身体侧面腧穴和上下肢部分腧穴。

（3）俯卧位　适宜于取头、项、脊背、腰骶部、下肢背侧和上肢部分腧穴。

（4）仰靠坐位　适宜于取前头、颜面和颈前等部位的腧穴。

（5）侧伏坐位　适宜于取头部的一侧、面颊及耳前后部位的腧穴。

（6）俯伏坐位　适宜于取后头和项、背部的腧穴。

除上述常用体位外，临床上对某些腧穴可根据具体要求采取不同的体位。

在针刺处方选穴时，医者应注意根据施术要求选择合适的体位。应注意所取腧穴的位置，尽可能选取用一种体位能完成针刺治疗的所有腧穴；对初诊、精神紧张或年老、体弱、病重的患者，应尽可能采取卧位，以防患者感到疲劳或晕针等。在针刺施术和留针过程中，应嘱患者不可移动或改变体位，以免妨碍针刺操作或导致弯针、滞针的发生。不管采用何种体位，应尽量做到暴露足够的施术部位，并能维持治疗所需的时间。

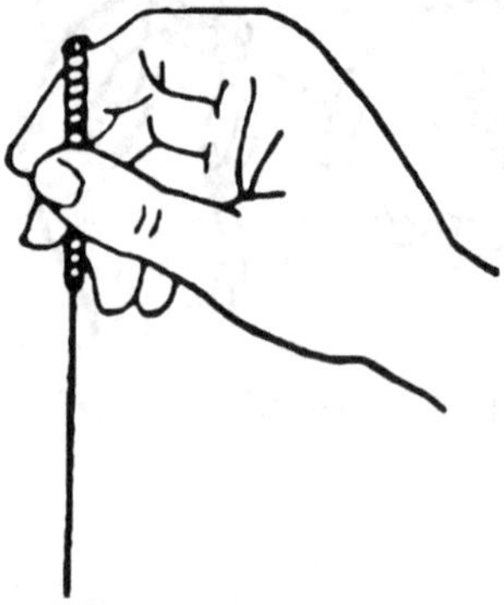

图 5-4　持针姿势

## 四、进针法

进针法是将毫针刺入腧穴皮下的操作技术，必须做到手法熟练，用力均匀。毫针操作时，一般将医者持针施术的手称为“刺手”，多为右手；按压穴位局部的手称为“押手”，多为左手。持针姿势主要是以拇、食、中三指挟持针柄，拇指指腹与食、中指指腹相对，其状如握毛笔（图 5-4）。

刺手有掌握针具、实施操作的作用，如进针时运用指、腕、臂力快速透皮；行针时进行左右捻转、上下提插，以及施行补泻手法；出针时的手法操作等。押手有固定、依托和辅助作用，即固定穴位皮肤，使毫针准确刺入穴位；使长毫针有所依靠，不致摇晃、弯曲，顺利进针；在穴位上下循按，减少疼痛，协助刺手调节与控制针感。刺手与押手应协同操作，紧密配合。正如《针经指南•标幽赋》所说的“左手重而多按，欲令气散；右手轻则徐入，不痛之因”。

据进针时刺手、押手的运用情况，临床上常用的进针方法分为单手进针法、双手进针法、针管进针法。

### （一）单手进针法

右手拇、食指指腹挟持针柄下段，中指指腹紧贴针身旁边，依靠拇、食指关节的屈伸运动，将针刺入穴位，适用于短针的进针（图 5-5）。

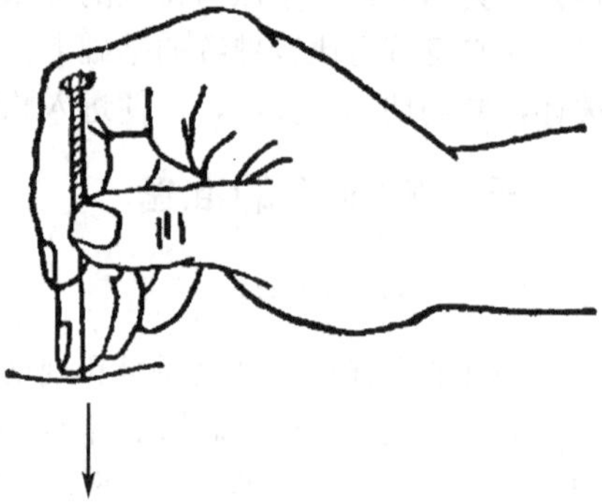

图 5-5　单手进针法

### （二）双手进针法

本法为刺手与押手相互配合将针刺入的方法。常用方法有以下四种。

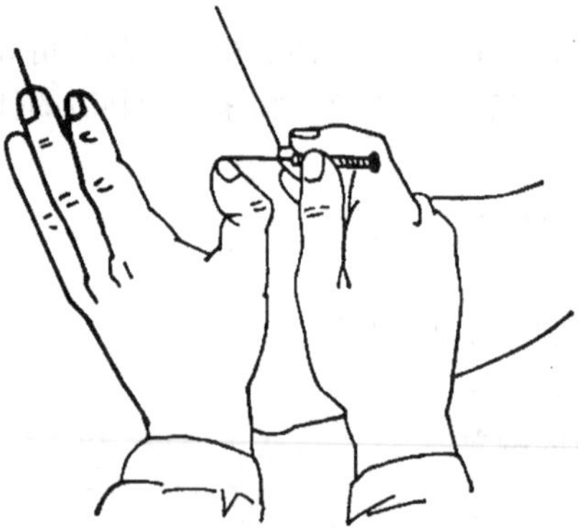

图 5-6　指切进针法

**1. 指切进针法**

指切进针法又称爪切进针法，是以押手拇指指甲切掐穴位，刺手持针，将针紧靠押手指甲面刺入穴位。适用于短针的进针（图 5-6）。针刺部位有肌腱、血管等，可先以押手指端做分拨动作以充分暴露穴位。

**2. 夹持进针法**

夹持进针法押手拇、食两指持消毒干棉球夹住针身下端，针尖露出 2～3 分，并固定在穴位皮肤表面，刺手持针柄，双手配合，押手下压，刺手捻转，将针刺入穴位，适用于长针的进针（图 5-7）。

**3. 提捏进针法**

提捏进针法押手拇、食两指将针刺部位的皮肤捏起，刺手持针，从捏起部位的上端刺入。适用于皮肉浅薄部位的腧穴进针（图 5-8）。

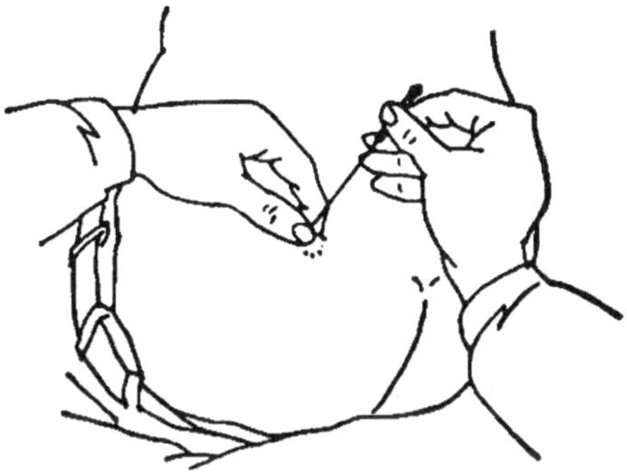

图 5-7　夹持进针法

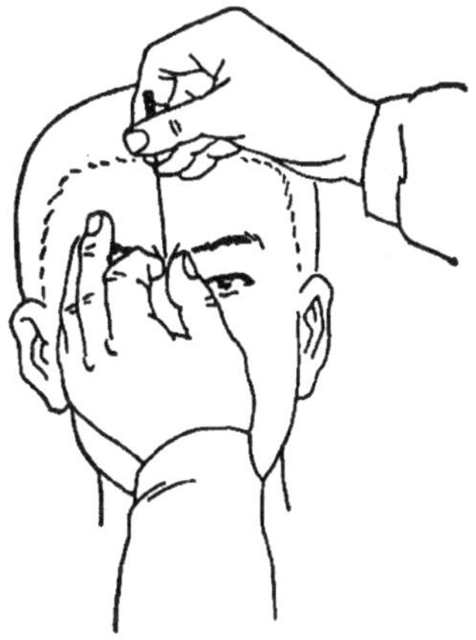

图 5-8　提捏进针法

**4. 舒张进针法**

舒张进针法押手拇、食两指将穴位处皮肤向两侧撑开，使之绷紧，刺手持针，使针从押手拇、食指中间刺入。适用于皮肤松弛部位的腧穴进针（图 5-9）。

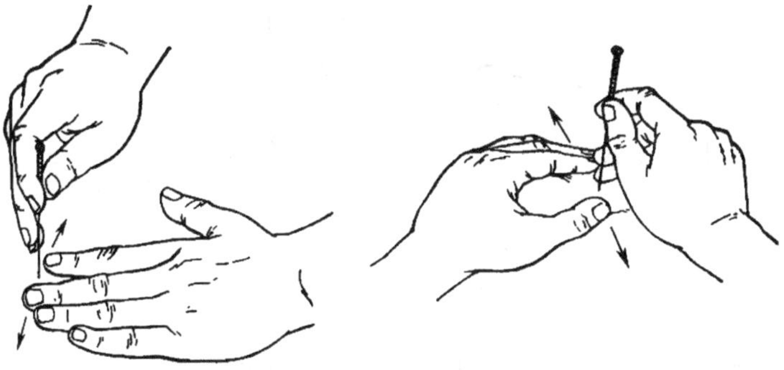

图 5-9　舒张进针法

（三）针管进针法

本法为利用针管代替押手进针的方法。针管多为塑料、玻璃或金属制成。针管放在穴位皮肤上，将毫针放入针管内（针管一般比针短 3 分左右），押手挟持针管，刺手食指对准露在针管上端的针尾快速叩击，将针尖刺入穴位，然后退出针管。此法进针不痛，多用于儿童和惧针者（图 5-10）。现代还有用特制的弹簧进针器进针者。

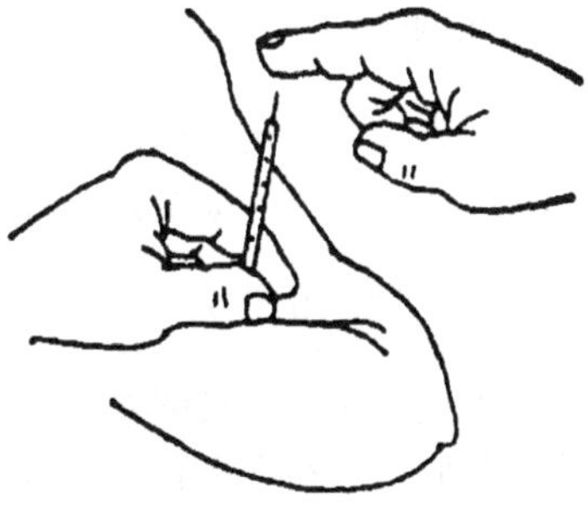

图 5-10　针管进针法

## 五、针刺的方向、角度和深度

针刺疗效的取得，不仅取决于准确的腧穴定位，还与恰当的针刺方向、角度和深度密切相关。

### （一）针刺的方向

针刺的方向指针刺时针尖的朝向。一般需根据经脉循行方向、腧穴分布部位和要求达到的组织结构等情况而定。

**1. 依经脉循行定方向**

可按照“迎随补泻”的要求，针刺时结合经脉循行方向，或顺经而刺，或逆经而刺，从而达到针刺补泻的目的。

**2. 依腧穴部位定方向**

针刺时，为保证针刺的安全，应依据针刺腧穴所在部位的解剖特点确定针刺的方向。如针刺哑门穴时，针尖应朝向下颌方向缓慢刺入；针刺背俞穴时针尖宜指向脊柱。

**3. 依病情治疗需要定方向**

据治疗需要，针刺时针尖朝向病所，促使针感到达病变部位，通过“气至病所”提高临床疗效。

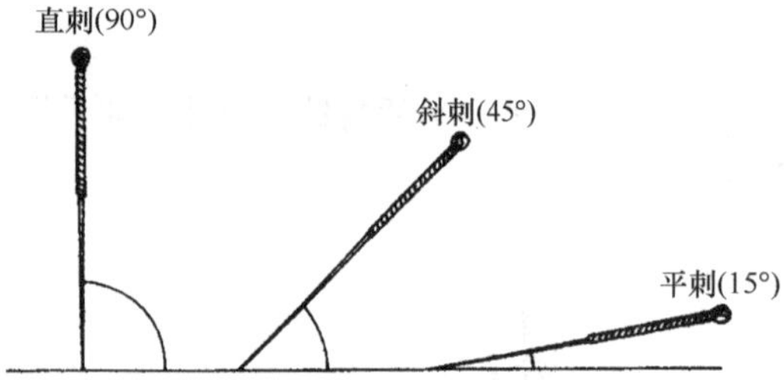

图 5-11　针刺的角度

### （二）针刺的角度

针刺的角度是指针刺时针身与皮肤表面所形成的夹角。可根据腧穴部位的解剖特点和针刺治疗要求而确定。一般分为直刺、斜刺和平刺三种（图 5-11）。

**1. 直刺**

直刺是针身与皮肤表面呈 90°垂直刺入。此法适用于人体大部分腧穴，浅刺与深刺均可。

**2. 斜刺**

斜刺是针身与皮肤表面呈 45°左右倾斜刺入。此法适用于骨骼边缘或内有重要脏器不宜直刺、深刺的腧穴，如需避开血管、肌腱时也可用此法。

**3. 平刺**

平刺即横刺、沿皮刺，是针身与皮肤表面呈 15°左右或沿皮以更小的角度刺入。此法适用于皮薄肉少部位的腧穴，如头部的腧穴等。

### （三）针刺的深度

针刺的深度指针身刺入穴位内的深度。针刺深浅主要根据腧穴部位的解剖特点和疾病治疗需要确定，同时还要结合患者年龄、体质、时令等因素综合考虑。其基本原则应以既有针感，又能保证安全为准。

（1）依据腧穴部位定深浅 一般肌肉浅薄或内有重要脏器处宜浅刺；肌肉丰厚之处宜深刺。

（2）依据病情性质定深浅 阳证、表证、新病宜浅刺；阴证、里证、久病宜深刺。

（3）依据年龄定深浅 年老体弱，娇嫩小儿，均不宜深刺；中青年身强体壮者，可适当深刺。

（4）依据体质体形定深浅 形瘦体弱者，宜浅刺；形盛体强者，可适当深刺。故《灵枢•终始》说：“凡刺之法，必察其形气。”

（5）依据季节、时令定深浅 不同的季节可采用不同的针刺深浅。一般来说，“春夏宜刺浅，秋冬宜刺深”。

（6）依据得气与补泻要求定深浅 针刺后浅部不得气，宜插针至深部以催气；深部不得气，宜提针至浅部以引气。有些补泻方法强调针刺时先浅后深或先深后浅。

## 六、行针与得气

“行针”，亦称“运针”，即毫针进针后，采用一定的方法，使患者产生针刺感应，或调整针感的强弱，或使针感向某一方向扩散、传导。行针手法包括基本手法和辅助手法两类。

### （一）行针

#### 1. 行针的基本手法

行针的基本手法包括提插法和捻转法两种，两者既可单独应用，又可配合应用。

（1）提插法 指将针刺入腧穴一定深度后，施以上提下插呈纵向运动的操作手法。将针从深层向上引退至浅层为提，将针由浅层向下刺入深层为插，如此反复地做上下纵向运动就构成了提插法（图 5-12）。

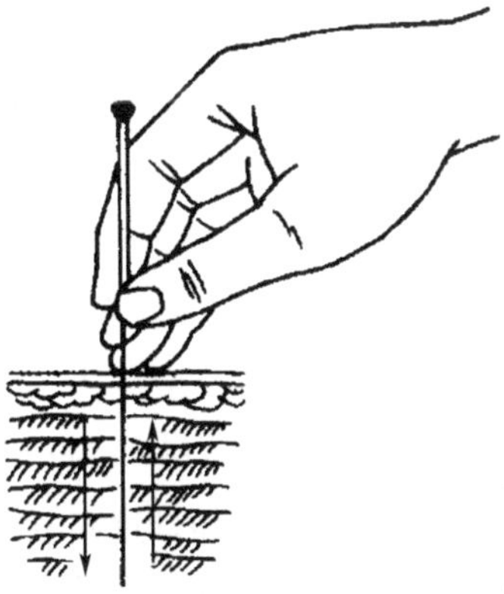
图 5-12 提插行针

提插幅度的大小、层次的变化、频率的快慢和操作时间的长短，应根据患者的体质、病情、腧穴部位和针刺目的等灵活掌握。运用提插法时，指力一定要均匀一致，幅度不宜过大，一般以 3～5 分为宜；频率不宜过快，每分钟 60～120 次左右；保持针身垂直，不改变针刺角度、方向。通常认为行针时提插的幅度大，频率快，刺激量就大；反之，提插的幅度小，频率慢，刺激量就小。

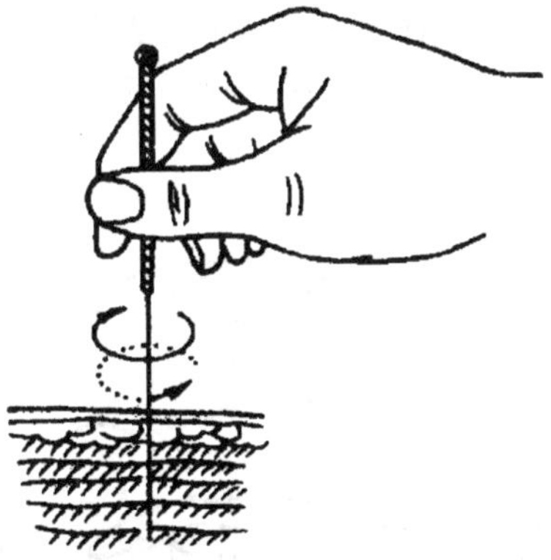
图 5-13 捻转行针

（2）捻转法 指将针刺入腧穴一定深度后，施以反复前后来回捻转动作的行针手法（图 5-13）。捻转角度的大小、频率的快慢、时间的长短等，需根据患者的体质、病情、腧穴的部位、针刺目的等具体情况而定。使用捻转法时，指力要均匀，角度要适当，一般应掌握在 180°～360° 左右，不能过度单向捻针，否则针身易被肌纤维等缠绕，引起局部疼痛，导致滞针而使出针困难。一般认为捻转角度大，频率快，其刺激量就大；捻转角度小，频率慢，其刺激量则小。

**2. 行针的辅助手法**

行针的辅助手法是行针基本手法的补充，是以促使得气、加强针刺感应和行气为目的的操作手法。临床常用的行针辅助手法有以下八种。

（1）循法　医者用食指沿着经络上下轻轻循按，或以指腹沿经络叩击，以推动气血，激发经气，促使气至的方法称为循法（图 5-14)。《针灸大成》指出“凡下针，若气不至，用指于所属部分经络之路，上下左右循之，使气血往来，上下均匀，针下自然气至沉紧”。

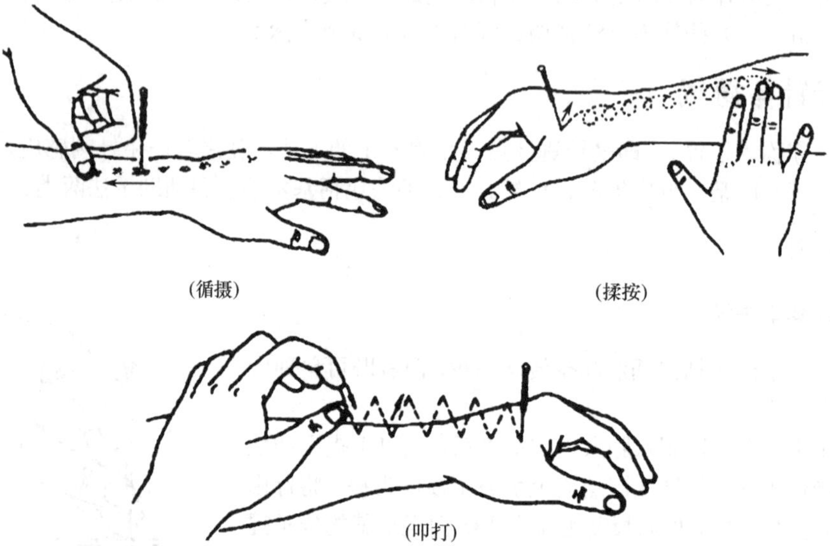

(循摄)　(揉按)

(叩打)

图 5-14　循法

（2）弹法　在留针过程中，医者以手指轻弹针尾或针柄，使针体微微振动，以加强针感，促使气行的方法称为弹法（图 5-15)。《素问・离合真邪论》有“弹而怒之”的记载，《针灸问对》曰：“如气不行，将针轻轻弹之，使气速行。”

（3）刮法　毫针刺入一定深度后，医者以拇指或食指的指腹抵住针尾，用拇指、食指或中指指甲，由下而上或由上而下频频刮动针柄，或者用拇指、中指固定针柄，以食指指尖由上至下刮动针柄的方法称为刮法（图 5-16)。本法在针刺不得气时用之可激发经气，如已得气者可以加强针刺感应的传导和扩散。

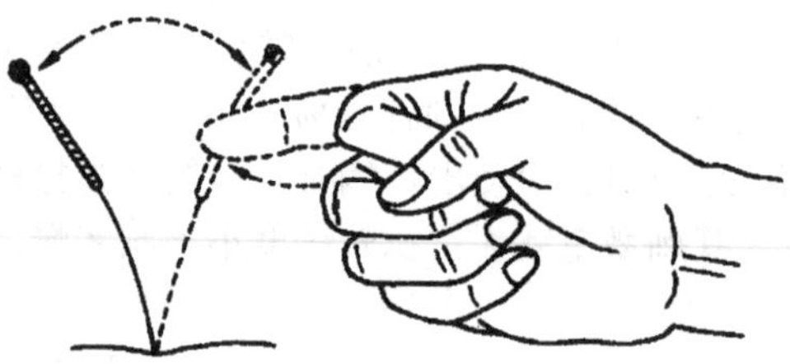

图 5-15　弹法

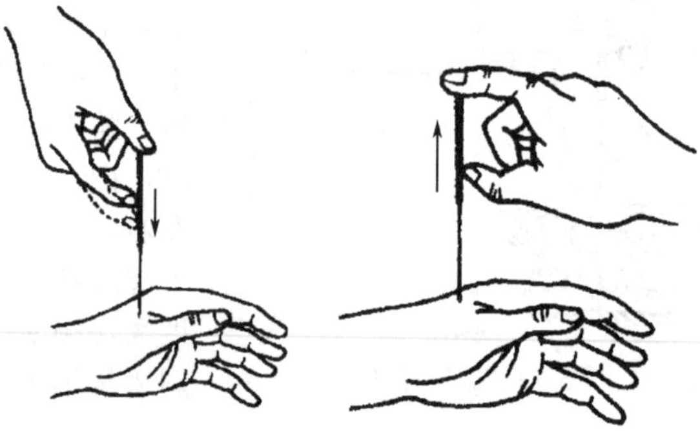

图 5-16　刮法

（4）摇法 毫针刺入一定深度后，医者刺手手持针柄，将针轻轻摇动的方法称为摇法（图 5-17）。其法有二：一是直立针身而摇，以泻实清热；二是卧倒针身而摇，使经气向一定方向传导。《针灸问对》有“摇以行气”的记载。

（5）飞法 医者用刺手拇、食两指持针，细细捻搓数次，然后张开两指，一搓一放，反复数次，状如飞鸟展翅，故称为飞法（图 5-18）。《医学入门》载：“以大指次指捻针，连搓三下，如手颤之状，谓之飞。”本法的作用在于催气、行气，并使针刺感应增强，适用于肌肉丰厚部位的腧穴。

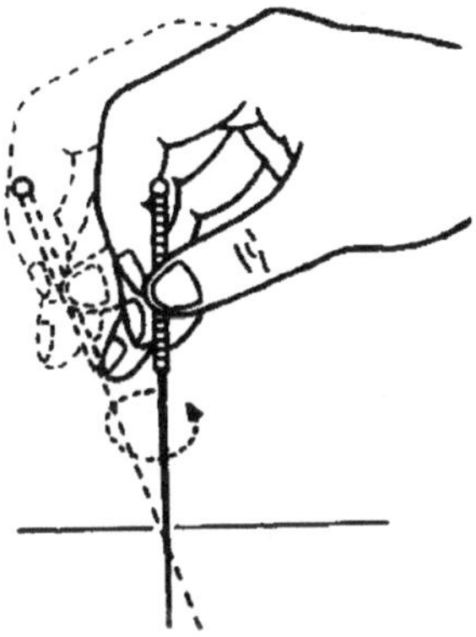

图 5-17 摇法

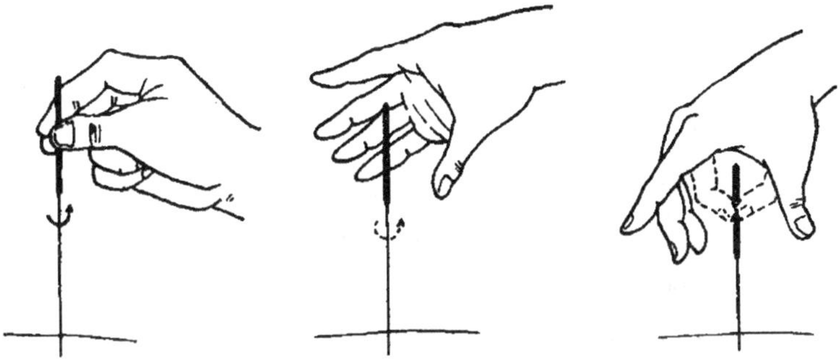

图 5-18 飞法

（6）震颤法 针刺入一定深度后，医者刺手拇、食两指夹持针柄，用小幅度、快频率的提插、捻转手法，使针身轻微震颤的方法称为震颤法（图 5-19）。本法可促使针下得气，增强针刺感应。

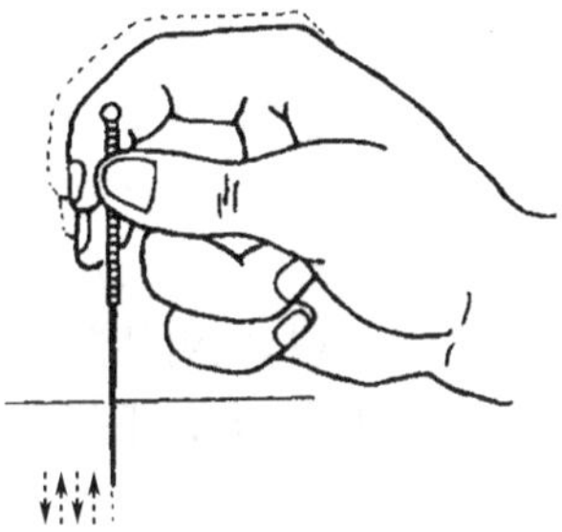

图 5-19 震颤法

（7）搓法 针刺入一定深度后，医者持针柄反复做单向捻转，如搓线状，使肌纤维适度地缠绕针体的方法称为搓法（图 5-20）。《针灸问对》说：“搓，下针之后，将针或内或外，如搓线之状，勿转太紧，令人肥肉缠针，难以进退。”本法有催气、加强针感的作用。

（8）按法 针刺得气后，医者用押手按压所刺腧穴的上方或下方，以控制针感走向的方法称为按法（图 5-21）。《针灸问对》中的“行针之时，开其上气，闭其下气，气必上行；开其下气，闭其上气，气必下行。如刺手足，欲使气上行，以指下抑之；使气下行，以指上抑之”即是此法。本法具有行气的作用。

（二）得气

**1. 得气的概念**

得气是指医者将毫针刺入腧穴一定深度后，施以一定的行针手法，使针刺部位产生经气感应，这种针下的经气感应又称为“气至”或“针感”。临床上可以通过患者对针刺的反应与医者手下的感觉两个方面加以判定。

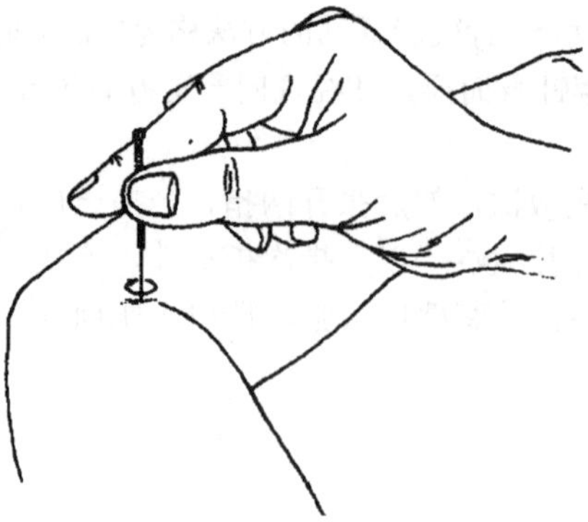

图 5-20　搓法

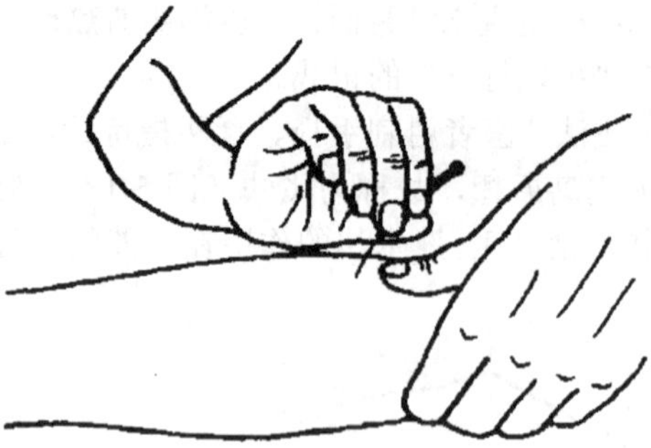

图 5-21　按法

**2. 得气的表现**

一方面是指患者对针刺的感觉和反应；另一方面是指医者刺手指下的感觉。

接受针刺的患者主观感觉和反应，主要有酸、麻、胀、重、凉、热、触电感、跳跃感、蚁走感、气流感、水波感和不自主的肢体活动，以及在特殊情况下的疼痛感等。施针者感觉和观察到的得气表现主要有：针下可由原来的轻松虚滑，慢慢地变为沉紧，或出现如鱼吞饵等手感。

**3. 针刺得气的意义**

得气是针刺产生治疗作用的关键，是判定医生针刺操作正确与否、患者经气盛衰、疾病预后转归、临床治疗效果有无的重要依据，也是针刺过程中进一步实施手法的基础。

（1）得气是针灸取效的基础　《灵枢·九针十二原》指出"刺之要，气至而有效"，表明针刺的根本作用在于通过针刺腧穴，激发经气、疏通经络、调整阴阳、补虚泻实。针下得气，说明经气通畅、气血调和，神气游行出入自如。

（2）得气是应用补泻的前提　《灵枢·终始》指出"邪气来也紧而疾，谷气来也徐而和"，《针灸大成》指出"若针下气至，当察其邪正，分清虚实"，说明针下之经气感应当有正、邪之分。故只有在得气的基础上，才能分辨正邪，而有针对性地施用不同补泻方法。

（3）得气是判定正邪的依据　针下得气的迟速是判断机体正气盛衰和病情轻重的重要依据。《针灸大成》指出"针若得气速，则病易痊而效亦速也；若气来迟，则病难愈而有不治之忧"，可见得气迅速者，正气相对充足，经气旺盛，机体反应灵敏，见效较快，预后较好。如《针经指南·标幽赋》所云："气速至而速效，气迟至而不治。"反之，正气虚损，经气衰弱，机体反应迟缓，得气慢，则疾病缠绵难愈，且预后较差。

**4. 影响得气的因素**

影响针刺得气的因素主要包括以下几个方面。

（1）医者因素　主要与取穴是否准确，行针手法是否熟练，针刺角度、方向、深浅把握是否适当，注意力是否集中等原因关系密切。

（2）患者因素　主要与患者个体禀赋、体格强弱及机体状态等原因相关。一般来说，新病、体形强壮者，得气较快；久病体衰，得气较慢或较弱。实证得气较快，虚证得气较慢。

（3）环境因素　主要与四时节气、雨雪阴晴、冷暖燥湿等原因相关。一般而言，天气清爽、室温适宜、干湿适度时针刺易于得气；反之得气较慢或不易得气。如《素问·八正神明论》所云："天温日明，则人血淖液而卫气浮，故血易泻，气易行；天寒日阴，则人血凝泣而卫气沉……是以因天时而调血气也。”

## 七、针刺补泻手法

针刺补泻手法是指在针刺得气的基础上，采用适当的针刺手法补益正气或疏泻病邪，从而调节人体脏腑经络功能，促使阴阳平衡，恢复人体健康的针刺方法。针刺补泻是针刺治病的重要环节。针刺补泻理论的建立源于《内经》，如《灵枢·经脉》说：“盛则泻之，虚则补之，热则疾之，寒则留之，陷下则灸之。”《灵枢·九针十二原》言：“虚实之要，九针最妙，补泻之时，以针为之。”《灵枢·终始》说：“凡刺之道，气调而止，补阴泻阳，音气益彰。”

针刺调节阴阳平衡通过“补虚泻实”来实现，而“补虚泻实”则通过特定的针刺操作手法完成。其中能鼓舞人体正气，使低下的机能状态恢复正常的针刺手法，即为“补法”；能疏泻病邪，使亢进的机能状态恢复正常的针刺手法，即为“泻法”。

### （一）单式补泻手法

#### 1. 徐疾补泻

徐疾补泻是依据针体在穴位中进内、退外动作的快慢，以及出针、按闭穴位的快慢来区分补泻的针刺手法（图 5-22）。

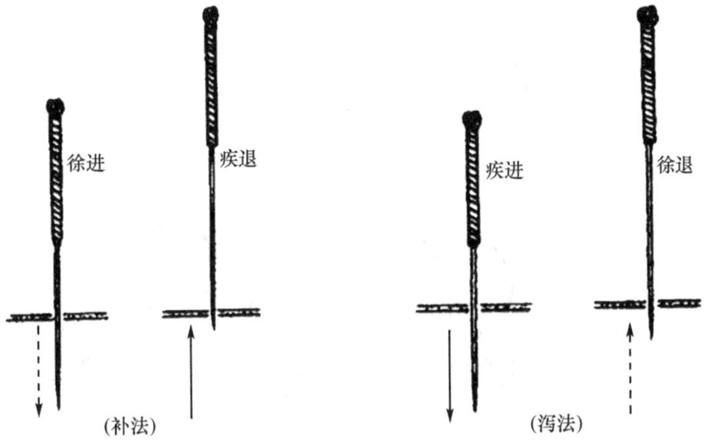


图 5-22　徐疾补泻

《灵枢·九针十二原》说“徐而疾则实，疾而徐则虚”“刺之微在速迟者，徐疾之意也”。对徐疾补泻提出了基本术式要求，“徐”为缓慢之意，“疾”为快速之意。《灵枢·小针解》说：“徐而疾则实者，言徐内而疾出也；疾而徐则虚者，言疾内而徐出也。”

进针后，浅层得气，随之缓慢进针至一定深度，再迅速退针至浅层，反复施行；重在徐入，是为补法。快速进针至一定深度，得气后，随之缓慢退针至浅层，反复施行；重在徐出，是为泻法。

本法主要作用为调和阴阳，用于治疗虚寒证或实热证。

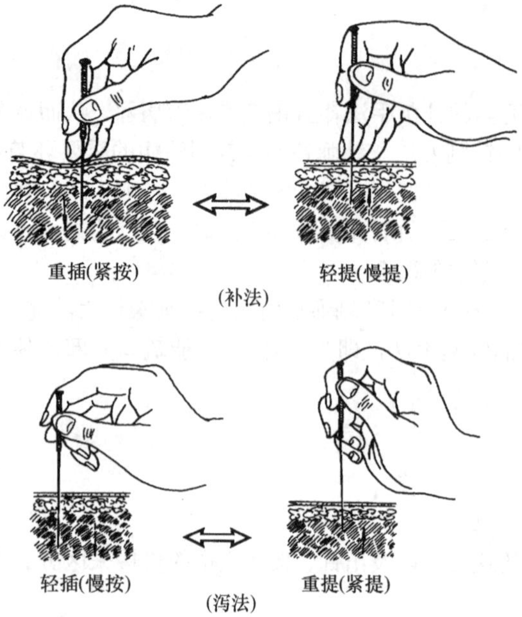


图 5-23 提插补泻

**2. 提插补泻**

提插补泻是依据实施提、插手法时用力轻重的变化来区分补泻的针刺手法。

《难经·七十八难》说："得气，因推而内之，是谓补；动而伸之，是谓泻。"针刺得气后，在针下得气处反复施行小幅度的重插轻提手法，以下插用力为主，为补法；针刺得气后，在针下得气处反复施行小幅度的轻插重提手法，以上提用力为主，为泻法（图 5-23）。

**3. 捻转补泻**

捻转补泻是依据向不同方向捻转时用力轻重的不同以区分补泻的针刺手法。

窦汉卿在《针经指南》中指出"以大指次指相合，大指往上进，谓之左；大指往下退，谓之右"及《针灸大成》中指出"左转从阳，能行诸阳；右转从阴，能行诸阴"，为捻转补泻奠定了基础。

针刺得气后，在针下得气处反复施行捻转手法，拇指向前捻转时用力重，指力下沉，拇指向后还原时用力轻，为补法。拇指向后捻转时用力重，指力上浮，拇指向前还原时用力轻，为泻法（图 5-24）。

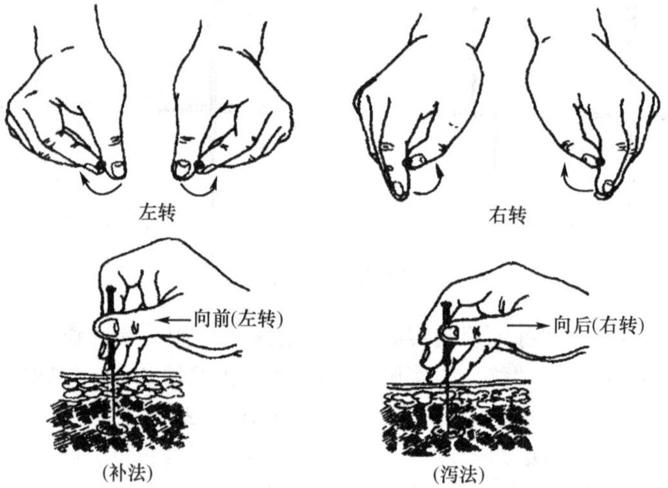


图 5-24 捻转补泻

**4. 迎随补泻**

迎随补泻是依据针刺方向与经脉气血运行方向的顺逆以区分补泻的针刺手法（图 5-25）。

《灵枢·终始》说："泻者迎之，补者随之，知迎知随，气可令和。"《难经·七十二难》说："所谓迎随者，知荣卫之流行，经脉之往来也。随其逆顺而取之，故曰迎随。"

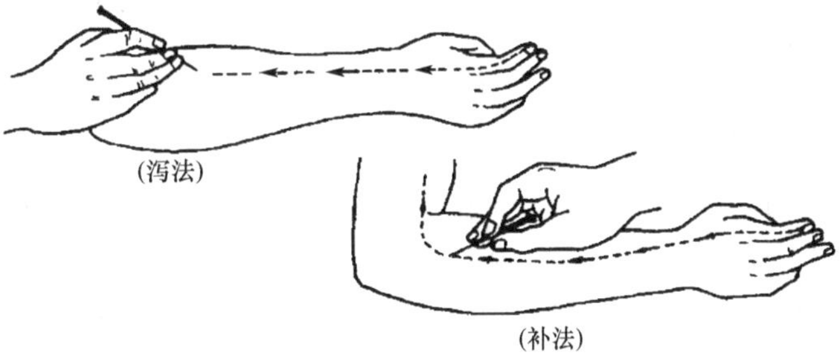

图 5-25　迎随补泻

进针时针尖随着经脉循行方向刺入为补法，针尖迎着经脉循行方向刺入为泻法。也有学者认为迎随补泻不是指具体的手法，而是一切针刺补泻手法的总则。

**5. 呼吸补泻**

呼吸补泻是依据针刺进退与患者呼吸状态配合以区分补泻的针刺手法（图 5-26）。

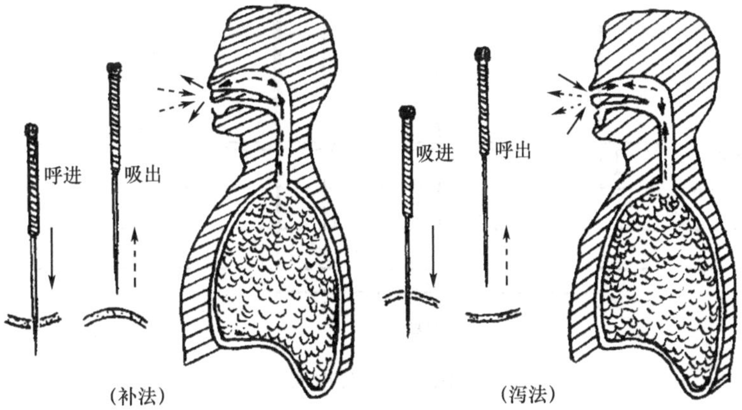

图 5-26　呼吸补泻

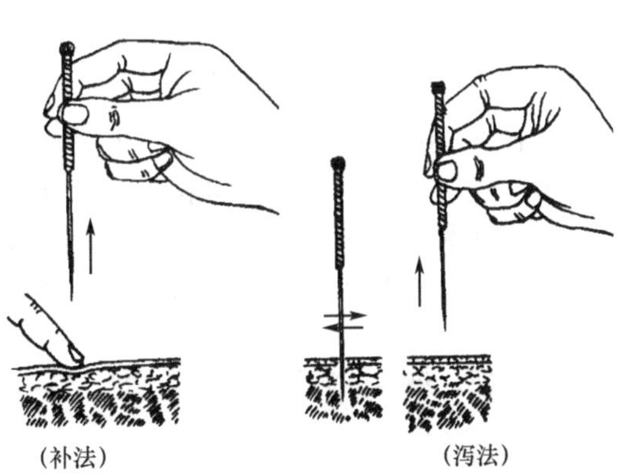

图 5-27　开阖补泻

《针灸大成》中"欲补之时，气出针入，气入针出；欲泻之时，气入入针，气出出针"，即阐明了呼吸补泻的操作要点。令患者呼气时进针，吸气时出针，为补法；吸气时进针，呼气时出针，为泻法。

**6. 开阖补泻**

开阖补泻是依据出针之时，是否按闭针孔以区分补泻的针刺手法（图 5-27）。《素问·刺志论》中"入实者，左手开针空也，入虚者，左手闭针空也"。缓慢退针，出针后迅速按压针孔片刻，为补法；疾速出针，出针时摇大针孔且不加按压，为泻法。

**7. 平补平泻**

针刺得气后，施行均匀、平和的行针动作即为平补平泻手法。

## （二）复式补泻手法

**1. 烧山火法**

烧山火法由几种单式补法如呼吸、徐疾、提插、开阖等组成。操作时将所刺腧穴的深度分作浅、中、深三层（天、人、地三部）。令患者呼气时，将针刺入浅层得气。重插轻提，行九阳数。再将针刺入中层，重插轻提，行九阳数。其后将针刺入深层，重插轻提，行九阳数。随患者吸气时将针一次提到浅层，此为一度。如针下未产生热感可随患者呼气时，再施前法，一般不过三度。候患者吸气时将针快速拔出，疾按针孔（图 5-28）。

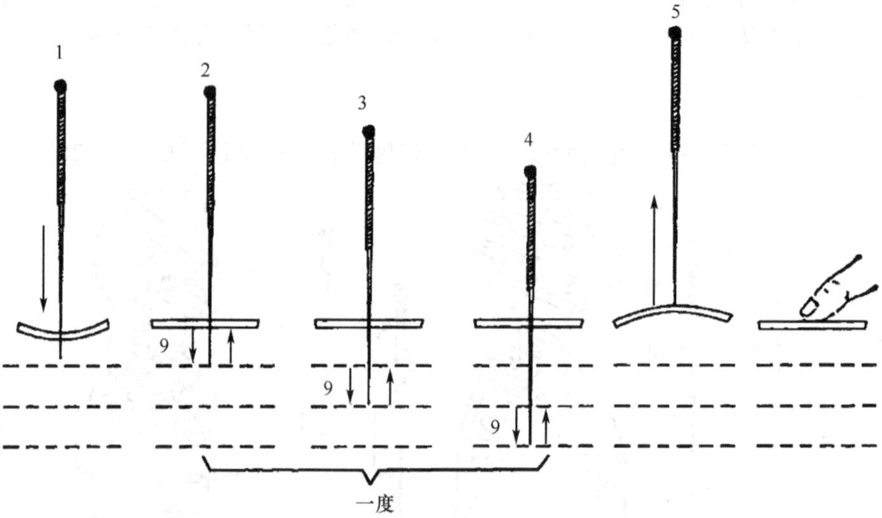


图 5-28　烧山火

本法临床适用于脾肾阳虚、沉寒痼结、阳气衰微等所致的中风脱证、瘫痪、 痿证、寒湿痹证、腹痛、腹泻、阳痿、遗精、内脏下陷等虚寒证。

**2. 透天凉法**

透天凉法由多种单式泻法组成。操作时将所刺腧穴分作浅、中、深三层（天、人、地三部）。令患者吸气将针刺入深层得气。轻插重提，如此行六阴数。再将针提至中层，轻插重提，行六阴数。再将针提至浅层，轻插重提，行六阴数。称为一度。如果针下未出现凉感，可将针一次下插至深部，再施前法。但一般不超过三度。随患者呼气将针缓慢拔出，不按针孔或缓按针孔（图 5-29）。

本法临床适用于实热火邪、痰热内盛所致的中风闭证、癫狂、热痹、痈肿、丹毒、咽喉肿痛、齿痛、口臭、聤耳、腹痛、痢疾、高热等实热证。

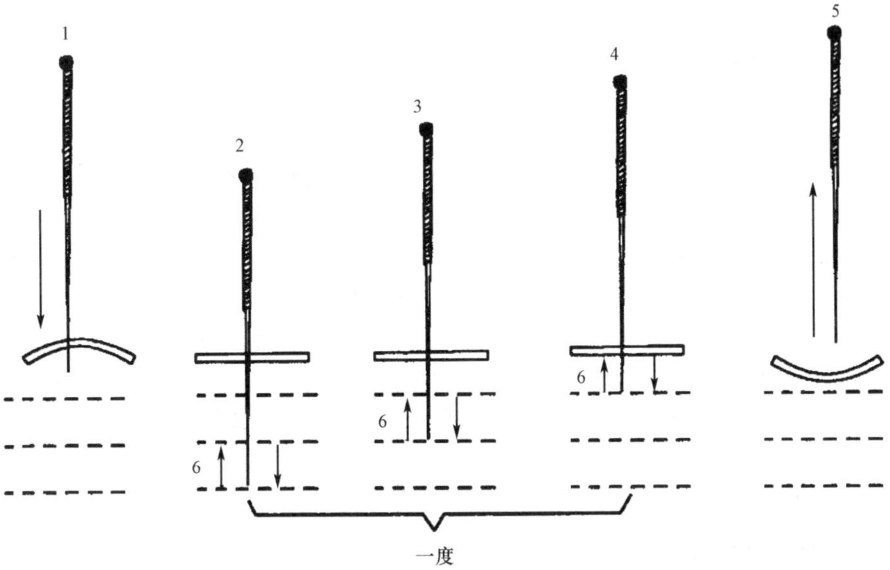


图 5-29　透天凉

（三）影响针刺补泻效应的因素

**1. 机体的功能状态**

机体的功能状态是影响针刺作用效应的决定因素。当机体功能状态低下而呈虚证时，针刺可以起到扶正补虚的作用；当机体功能状态亢进，或因实热、邪闭而呈实证时，针刺可以起到清热启闭、祛邪泻实的作用。如胃肠功能亢进而痉挛疼痛时，针刺可解痉止痛；胃肠功能抑制而腹胀纳呆时，针刺可促进胃肠蠕动，消除腹胀，增进食欲。

**2. 腧穴相对特异性**

腧穴的临床主治功用不仅具有普遍性，还具有一定的相对特异性。诸如关元、气海、命门、膏肓等腧穴，能鼓舞人体正气，促使功能旺盛，具有强壮作用，适于补虚。诸如水沟、委中、十二井、十宣等腧穴，能疏泻病邪，抑制人体功能亢进，具有祛邪作用，适于泻实。

**3. 针刺手法的选择和运用**

针刺手法、特别是补泻手法，是激发、促进腧穴功能特性发挥，改善机体反应状态的手段，取得补泻效果的关键因素。同时，不同规格针具的选用，刺入角度、方向与深度的选择，也会影响针刺补泻作用的发挥。

## 八、留针与出针

（一）留针

留针即指将针刺入腧穴施术后，使针留置穴内一定时间。留针的目的是加强针刺的作用和便于继续行针施术。留针时长多是 15～30min，但对一些特殊病证，如急性腹痛，寒性、顽固性疼痛或痉挛性疾病，可适当延长留针，以便在留针过程中做间歇性行针来增强、巩固疗效。

根据留针期间是否间歇行针，可分为静留针法和动留针法。其间不施行任何针刺操作手法为静留针法；在留针过程中间歇进行行针操作、施以各种手法，称动留针法。

（二）出针

出针，又称起针，在施行针刺手法或留针达到预定针刺目的和治疗要求后，即可出针，是毫针操作技术的最后步骤，《金针赋》云："出针贵缓，太急伤气。"《针灸大成》云："凡持针欲出之时，待针下气缓，不沉紧，便觉轻滑，用指捻针，如拔虎尾之状也。"都强调出针不可草率。

出针的方法，一般是押手持消毒棉签轻轻按压于针刺部位，刺手持针做轻微的小幅度捻转，并随势将针缓慢提至皮下，静留片刻，然后快速拔出。不可单手猛拔，一般而言，只有在针下轻松滑利时方可出针。如遇针下沉紧，不可马上取针，宜再适度留针或采取一定措施后再渐渐将针退出。出针后，除特殊需要外，都要用消毒棉签轻压针孔片刻，以防出血或针孔疼痛。针刺头部腧穴出针时，应适当延长按压时间。当针退出后，要仔细查看针孔是否出血，询问针刺部位有无不适感，检查核对针数有否遗漏，还应注意患者有无晕针延迟反应现象等。

## 九、异常情况的处理和预防

针刺是一种既简便又安全的治疗方法，但如操作不慎、疏忽大意，或触犯针刺禁忌，或针刺手法不当，或对人体解剖部位缺乏全面的了解，也会出现一些异常情况。常见的有以下几种：

（一）晕针

晕针是指在针刺过程中患者发生晕厥的现象。

（1）表现　在针刺过程中，患者出现神情异常、头晕目眩、恶心欲吐等；甚见心慌气短、面色苍白、冷汗出、四肢厥冷、脉沉细等；重者出现神志昏迷、唇甲发绀、大汗淋漓、二便失禁、脉微欲绝等。

（2）原因　多见于首次接受针刺，恐针、畏痛、情绪紧张者；或素体虚弱，或劳累过度，或空腹者，或大汗、大泻、大出血者；或体位不当，或刺激手法过强，或诊室环境过于闷热或寒冷等。

（3）处理　立即停止针刺，迅速全部出针。患者平卧，头部放低，松解衣带，保温；服用糖类饮料或制品（可能影响自身原有疾病者慎用）或温开水；通畅空气。重者在行上述处理后，可选水沟、素髎、内关、合谷、太冲、涌泉、足三里等穴指压或针刺之，亦可灸百会、气海、关元等穴；一般患者可逐渐恢复正常。若见不省人事、呼吸微弱、脉微欲绝者，可配合现代医学的急救措施。

（4）预防　对于初次接受针刺治疗，特别是精神紧张者，要先做好解释工作，消除其恐惧心理；对体质虚弱、大汗、大泻、大出血等患者，取穴宜精，手法宜轻。对于饥饿或过度疲劳者，应推迟针刺时间，待其体力恢复、进食后再行针刺。注意患者体位的舒适自然，尽可能选取卧位。注意室内空气流通，消除过热、过冷因素。医者在治疗施术过程中，应守神入微，密切观察患者的神态，随时询问其感觉，如有不适立即处理。

（二）滞针

滞针是指在行针或出针时，医者捻转、提插、出针均感困难，且患者感觉疼痛或疼痛加剧的现象。

（1）表现　针在体内捻转、提插和出针均感困难，若强行施术，患者痛不可忍。

（2）原因　针刺入腧穴后，引起局部肌肉痉挛；进针后患者移动体位；医者向单一方向捻针太过，肌纤维缠绕于针身。若留针时间过长，也可出现滞针。

（3）处理 如患者精神紧张而致肌肉痉挛引起者，需耐心做好解释，消除其紧张情绪；患者体位移动者，需帮助其恢复原来体位；单向捻转过度者，需向反方向捻转；或用手指在滞针邻近部位做循按手法，或弹动针柄，或在针刺邻近部位再刺一针，解除滞针。

（4）预防 对于初诊患者和精神紧张者，要做好针刺前解释工作，消除紧张情绪。针刺时选择较舒适体位，避免留针时移动体位。痉挛性疾病行针时手法宜轻巧，不可捻转角度过大。若用搓法时，应注意防止滞针。

### （三）弯针

弯针是指进针、行针或留针时，针身在患者体内出现弯曲的现象。

（1）表现 针柄改变了进针时或留针时的方向和角度，医者提插、捻转和出针均感困难，患者感觉针刺部位疼痛。

（2）原因 医者手法不熟练，进针用力过猛过速，或针下碰到坚硬组织；进针后患者改变了体位；或外力碰击或压迫针柄；或针刺部位处于痉挛状态；或滞针处理不当等。

（3）处理 出现弯针后，不得再行手法，切忌强拔针、猛退针，以防引起折针、出血等。若体位移动所致者，须先恢复原来体位，局部放松后始可退针。若针身弯曲度较小者，可按一般的起针方法，随弯针的角度将针慢慢退出。若针身弯曲度大者，可顺着弯曲的方向轻微地摇动退针。如针身弯曲不止一处，须结合针柄扭转倾斜的方向逐次分段退出，切勿急拔猛抽，以防断针。

（4）预防 首先医者手法要熟练、轻巧，避免进针过猛、过速。患者的体位选择应适当，留针期间不可移动体位。防止针刺部位和针柄受外力碰压。另外，针刺痉挛状态的部位时应尤宜慎重。

### （四）断针

断针又称折针，是指针刺过程中，毫针针身折断在患者体内的现象。

（1）表现 在行针、出针时，发现针身折断，或部分针身浮露于皮肤之外，或全部没于皮肤之下。

（2）原因 针具质量差；针刺或留针时患者改变了体位；针刺时将针身全部刺入；行针时强力提插、捻转，引起肌肉痉挛；遇弯针、滞针等异常情况处理不当，并强力出针；外物碰撞、压迫针柄等。

（3）处理 医者应冷静、沉着，并告诫患者不要恐惧，保持原有体位，以防残端向深层陷入。若残端尚有部分露于皮肤之外，可用镊子钳出。若残端与皮肤相平或稍低，而折面仍可看见，可用左手拇、食两指垂直向下挤压针孔两旁皮肤，使残端露出皮肤之外，右手持镊子将针拔出。若残端深入皮下，须采用外科手术方法取出。

（4）预防 针刺前必须仔细检查针具，尤其是针根部分，对于不符合质量的针具应剔除不用。避免过猛、过强地行针。选择的毫针长度必须大于应行针深度，针刺时切勿将针身全部刺入腧穴，更不能进至针根，应留部分针身在体外。行针和退针时，如果发现有弯针、滞针等异常情况，应及时处理，不可强力硬拔。

### （五）血肿

血肿是指针刺导致皮下出血引起肿痛的现象。

（1）表现 出针后针刺部位出血或肿胀疼痛，甚见皮肤呈青紫等现象。

（2）原因 针刺过程中刺伤血管，或者患者凝血机制障碍。

（3）处理　出血者，可用干棉球行长时间按压。若微量的皮下出血而出现局部小块青紫时，一般不必处理，可自行消退。若局部肿胀疼痛较剧，青紫面积大而且影响到活动功能时，在 24 小时内先冷敷止血，24 小时之后，再做热敷或在局部轻轻按揉，使局部瘀血吸收消散。

（4）预防　术前仔细检查针具，熟悉腧穴解剖结构，避开血管针刺。针刺时避免针刺手法过重，并嘱患者不可随意移动体位。分层延时出针，出针时立即用消毒干棉球按压针孔。有出血倾向者，针刺时要慎重。

### （六）创伤性气胸

创伤性气胸是指针刺入胸腔伤及肺组织，使空气进入胸膜腔，所造成的呼吸困难等现象。

（1）表现　患者突感胸闷、胸痛、心悸、气短、呼吸不畅、刺激性干咳，严重者呼吸困难、发绀、冷汗、烦躁、精神紧张，甚至出现血压下降、休克等危急现象。

体格检查：视诊可见患侧肋间隙变宽、胸廓饱满，叩诊患侧呈鼓音，听诊患侧呼吸音减弱或消失，触诊或可见气管向健侧移位。

影像学检查：可见患侧肺组织被压缩。部分患者，出针后并不立即出现症状，而是过一定时间才逐渐感到胸闷、疼痛、呼吸困难等。

（2）原因　针刺胸部、背部及邻近穴位不当，刺伤肺脏，空气聚于胸腔而造成气胸。

（3）处理　一旦发生气胸，应立即出针；患者采取半卧位休息，避免屏气、用力、高声呼喊，应平静心情，尽量减少体位翻转。一般轻者可自然吸收；如有症状，可对症处理，如给予镇咳、消炎等药物，以防止因咳嗽扩大创孔，避免加重和感染。重者，如出现呼吸困难、发绀、休克等现象，应立即组织抢救。

（4）预防　为患者选择合适体位。对于胸部、背部及邻近腧穴，根据患者体形，严格掌握针刺的角度、方向和深度，施行提插手法的幅度不宜过大。

### （七）刺伤其他内脏

刺伤其他内脏是指针刺胸、腹和背部相关腧穴不当，引起心、肝、脾、肾等内脏损伤而出现的各种症状。

（1）表现

1）刺伤心脏时，轻者可出现胸部强烈的刺痛；重者有剧烈的撕裂痛，引起心外射血，导致休克、甚至死亡。

2）刺伤肝、脾时，可引起内出血，患者可感到肝区或脾区疼痛，或向背部放射；如出血过多，可出现腹痛、腹肌紧张、压痛及反跳痛等症状、体征。

3）刺伤肾脏时，可有腰痛，肾区压痛及叩击痛，或见血尿；严重时血压下降、休克。

4）刺伤胆囊、膀胱、胃、肠等空腔脏器时，可引起局部疼痛、腹肌紧张、压痛及反跳痛等。

（2）原因　医者缺乏腧穴解剖学知识，或未能掌握正确进针的角度、方向和深度。

（3）处理　损伤轻者，卧床休息后，一般即可自愈。如果损伤严重或出血征象明显者，应用止血药等对症处理。密切观察病情及血压变化。若损伤严重，出血较多，出现失血性休克时，则必须迅速进行输血等急救或外科手术治疗。

（4）预防　熟悉腧穴解剖学知识，明确腧穴下的脏器组织。对其相应部位的穴位，都应掌握好针刺的角度、方向和深度，特别是针刺的深度。

### （八）刺伤脑脊髓

刺伤脑脊髓是指针刺颈项部、背部、脊柱及附近腧穴不当，造成脑及脊髓的损伤。

（1）表现　刺伤延髓时，可出现头痛、恶心、呕吐、抽搐、呼吸困难、休克和神志昏迷等，甚至危及生命。刺伤脊髓时，可出现触电样感觉向肢端放射、暂时性肢体瘫痪等，有时可危及生命。

（2）原因　针刺项部穴时，若针刺的方向及深度不当，容易伤及延髓，造成脑组织损伤，重者出现脑疝等不良后果。针刺胸、腰段，以及棘突间腧穴时，针刺过深，或手法太强，可误伤脊髓。

（3）处理　立即出针；轻者，加强观察，安静休息，能逐渐恢复；重者应配合现代医学措施进行及时救治。

（4）预防　凡针刺督脉腧穴、头项及背腰部的腧穴，特别是风府、哑门、风池等穴时，不可向上针刺，也不可刺之过深。医者应认真掌握进针深度、方向和角度。行针中必须随时注意针感，选用捻转手法，尽量避免大幅度提插等手法。

### （九）刺伤神经干

刺伤神经干是指针刺引起的周围神经损伤，出现损伤部位感觉异常、肌肉萎缩、运动障碍等现象。

（1）表现　针刺误伤周围神经，可立即出现触电样的放射感，甚至沿神经分布路线发生麻木、热、痛等感觉异常，或有程度不等的运动障碍、肌肉萎缩等。

（2）原因　在有神经干或主要分支分布的腧穴上，针刺或使用粗针强刺激出现触电感后仍然大幅度提插，或留针时间过长，或同一腧穴反复针刺等。

（3）处理　应该在损伤后立即采取治疗措施，轻者可做按摩，嘱患者加强功能锻炼，可应用 B 族维生素类药物治疗。重者应配合现代医学措施进行处理。

（4）预防　针刺神经干附近的腧穴时，手法宜轻，出现触电感时，勿继续提插捻转。刺激时间不宜过长，刺激次数不宜过多，留针时间不宜过长。

## 十、毫针刺法注意事项

毫针施术除遵循常规流程外，还应注意以下几个方面：

1）过于饥饿、疲劳、精神高度紧张者，不行针刺。体质虚弱者，刺激不宜过强，并尽可能采取卧位。

2）怀孕三个月以下者，下腹部禁针。三个月以上者，腹部、腰骶部及一些能引起子宫收缩的腧穴如合谷、三阴交、昆仑、至阴等均不宜针刺。月经期间，如月经正常者，最好不予针刺。若月经周期不正常或有痛经者，为了调经，可以酌情针刺。

3）小儿囟门未闭时，头顶部腧穴不宜针刺。此外，因小儿不能配合，故一般不宜留针。

4）针刺时避开血管，防止出血；常有自发性出血或损伤后出血不止的患者，不宜针刺。

5）皮肤有感染、溃疡、瘢痕的部位，一般不宜针刺。

6）掌握腧穴结构，防止刺伤重要脏器。明了腧穴周围脏器解剖，控制针刺深度，行针幅度不宜过大。

A. 针刺眼区腧穴，要掌握一定的角度和深度。不宜大幅度提插捻转或长时间留针，防止刺伤眼球和出血。

B. 背部第 11 胸椎两侧，侧胸（胸中线）第 8 肋间，前胸（锁骨中线）第 6 肋间以上的腧穴，禁止直刺、深刺，以免刺伤心、肺，尤其对肺气肿患者，更需谨慎，防止发生气胸。

C. 两胁及肾区的腧穴，禁止直刺、深刺，以免刺伤肝、脾、肾脏，尤以肝脾肿大患者，更应注意。

D. 针刺下腹部腧穴前，嘱患者排空小便。对于胃溃疡、肠粘连、肠梗阻患者的腹部和尿潴留患者的耻骨联合区，必须注意针刺的角度、深度，如刺法不当，也可能刺伤胃肠道和膀胱，引起不良后果。

E. 针刺项部及背部正中线第 1 腰椎以上的腧穴，如进针角度、深度不当，易误伤延髓和脊髓，引起严重后果。针刺这些穴位至一定深度，如患者出现触电感向四肢或全身放散，应立即退针。

## 第二节 灸 法

灸法是指利用艾叶等易燃材料或药物，点燃后在穴位上或患处进行烧灼或熏熨，借其温热性刺激及药物的药理作用，以防病治病的方法。

### 一、灸法的作用

#### （一）防病保健

《备急千金要方·灸例第六》曰：“凡宦游吴蜀，体上常须三两处灸之，勿令疮暂瘥，则瘴疠温疟毒气不能着人也。”灸疗用于防病保健有着悠久的历史，可以激发人体正气，增强抗病能力，延年益寿。如俗语说：“若要安，三里常不干。”因此，灸法又有“保健灸法”、“长寿灸法”之称。

#### （二）温经散寒

《素问·异法方宜论》曰：“脏寒生满病，其治宜灸焫。”灸法以温热性刺激为主，灸火的热力能透达组织深部，温能助阳通经，又能散寒逐痹。因此，凡阳虚导致的虚寒证或寒邪侵袭导致的实寒证，都是灸法的治疗范围，这也是灸法作用的重要特点之一。

#### （三）扶阳固脱

阳气衰则阴气盛，阴气盛则为寒、为厥，甚则欲脱。当此之时，就可用灸法来温补虚脱之阳气。如阳虚暴脱，灸之有回阳固脱作用。《伤寒论·辨厥阴病脉证并治》曰：“下利，手足逆冷，无脉者，灸之。”故灸法可用于阳气虚脱的大汗淋漓、四肢厥冷、脉微欲绝证及阳气不固的遗尿、脱肛、阴挺等。

#### （四）消瘀散结

《灵枢·禁服》曰：“陷下者，脉血结于中，中有著血，血寒，故宜灸之。”即脉陷不起的原因，是寒气入于血，血因寒而凝滞，血瘀脉中，故灸法可用于治疗气血凝滞之疾，如乳痈初起、瘰疬、瘿瘤等。

#### （五）引热外行

早在《内经》中就有艾灸治疗痈肿的记载，《备急千金要方》中进一步指出灸法具有宣泄脏腑实热的作用，说明热证用灸并非禁忌。《医学入门》指出“热者灸之，引郁热之气外发，火就燥之义也”，故艾灸可引热外行。此外，对阴虚发热也可用灸法，如选用膏肓、四花穴可治疗骨蒸潮热、虚劳咳嗽。

## 二、灸法的种类及运用

灸法的种类十分丰富，一般依据施灸材料可分为艾灸和其他灸法两大类。艾灸是灸法的主体，临床应用最为广泛，依据操作方式的不同，又可分为艾炷灸、艾条灸、温针灸、温灸器灸等。其他灸法则使用艾绒以外的其他材料。常用灸法分类可见表 5-3。

**表 5-3　灸法分类**

- 常用灸法
  - 艾灸
    - 艾炷灸
      - 直接灸
        - 无瘢痕灸
        - 瘢痕灸
      - 间接灸
        - 隔姜灸
        - 隔蒜灸
        - 隔盐灸
        - 隔附子饼灸
    - 艾条灸
      - 悬起灸
        - 温和灸
        - 雀啄灸
        - 回旋灸
      - 实按灸
        - 太乙针灸
        - 雷火针灸
    - 温针灸
    - 温灸器灸
  - 其他灸法
    - 灯火灸
    - 天灸
      - 白芥子灸
      - 蒜泥灸
      - 斑蝥灸

（一）艾灸

**1. 艾炷灸**

用手工或器具将艾绒制成圆锥状物，称为艾炷（图 5-30，图 5-31）。将艾炷放在穴位上施灸，称为艾炷灸。艾炷每燃烧一个艾炷，称为一壮。艾炷灸可分为直接灸和间接灸两种。

（1）直接灸　又称着肤灸、明灸，是将艾炷直接放置施灸部位皮肤上烧灼的方法。根据灸后有无烧伤化脓，又分为化脓灸（瘢痕灸）和非化脓灸（非瘢痕灸）。

1）化脓灸：本法对皮肤灼伤较重，可使局部化脓，并留瘢痕，故又称烧灼灸、瘢痕灸。施灸方法和灸后处理如下：①选择适宜体位并定穴：所选体位既要令患者感觉舒适，又要便于准确取穴及操作，一般“坐点坐灸、卧点卧灸”，取准穴后可用笔做标记。②在穴位皮肤上涂少许大蒜汁，将艾炷黏附在穴位上，并用线香自艾炷尖端点燃。待艾炷自然燃尽，用镊子除去艾灰，另换一炷再灸，直至灸

图 5-30　手工制作艾炷

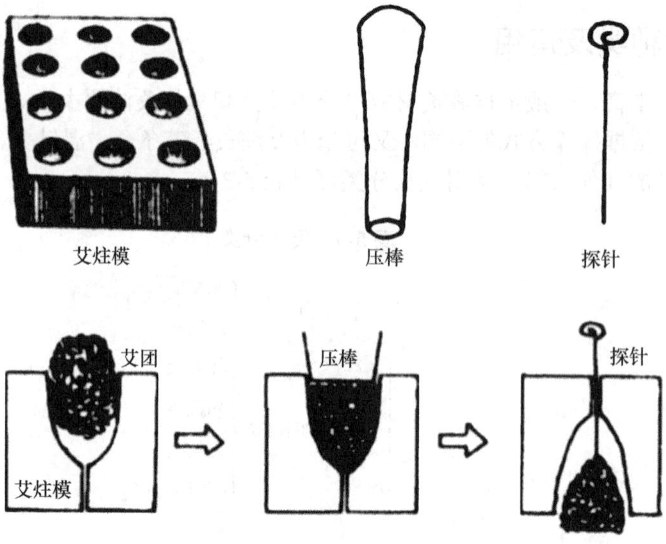


图 5-31　器具制作艾炷

满规定的壮数为止。一般每穴灸 5～9 壮。③减轻灼痛：化脓灸时，为了减轻患者的烧灼疼痛，术者用双手拇指于穴位两旁处用力按压，或于穴位附近用力拍打（图 5-32）。④灸疮处理：灸后，穴位局部呈黑痂状，周围有红晕色，继而起水疱，7 日左右，出现无菌性化脓，脓液呈白色，此即灸疮。如脓液呈黄绿色或有渗血现象者，应贴敷玉红膏或消炎药膏，可 1～2 日换贴 1 次。经 35～45 日，灸疮结痂后脱落，留有瘢痕。如偶尔发现有灸疮不愈合者，可采用外科予以处理。⑤灸后调理：灸后应注意休息，避免过度劳累，多食富含蛋白质的食物。应注意局部清洁，以防感染。《针灸资生经》中说："凡着艾得疮发，所患即瘥，若不发，其病不愈。"说明形成灸疮是取得疗效的关键。本法在施灸前需征得患者同意。临床常用于治疗哮喘、肺痨、瘰疬等慢性顽疾。

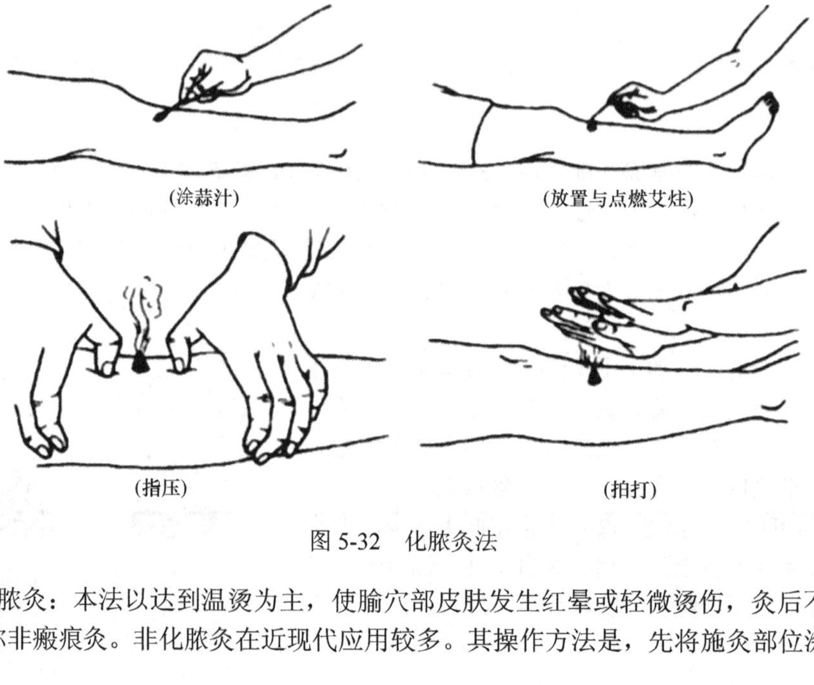


图 5-32　化脓灸法

2）非化脓灸：本法以达到温烫为主，使腧穴部皮肤发生红晕或轻微烫伤，灸后不化脓，不留瘢痕，故又称非瘢痕灸。非化脓灸在近现代应用较多。其操作方法是，先将施灸部位涂以少量凡士林，然后将艾炷放在穴位上，并将之点燃，当艾炷燃剩至1/3左右而患者感到灼痛时即用镊子将艾炷移去或压灭，更换艾炷再灸，灸满规定的壮数为止。一般每穴灸 3～7 壮，以局部皮肤出现轻度红晕为度。

本法适应证广泛，一般常见病均可应用，虚寒性疾患应用更多。因其灸时痛苦小，且灸后不化脓、不留瘢痕，易为患者接受。

（2）间接灸　也称隔物灸、间隔灸，是将艾炷与皮肤之间隔某种药物或其他灸材而施灸的方法。本法所隔药物，可为单味药，也可为复方药。药物性能不同，临床应用的范围也有差异。临床常用有隔姜灸、隔盐灸、隔蒜灸、隔附子饼灸等。

1）隔姜灸：切取直径2～3cm，厚0.3cm的生姜1片。在中心处用针穿刺数孔，上置艾炷，放在穴位上，用火点燃艾炷施灸（图5-33）。若患者感觉灼痛，可将姜片向上提起，稍待片刻，重新放下再灸。艾炷燃尽后另换一炷依前法再灸，直到局部皮肤潮红为止。一般每穴灸5～7壮。本法可根据病情反复施灸，适用于风寒咳嗽、腹痛、泄泻、风寒湿痹、痛经、面神经麻痹等，尤宜于寒证。

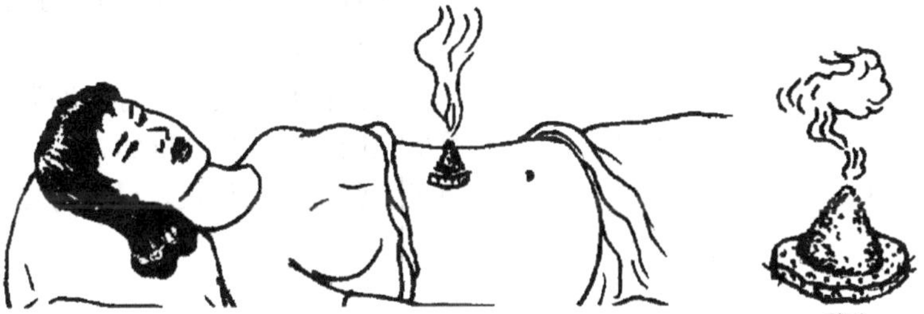


图 5-33　隔姜灸

2）隔盐灸：又称神阙灸，用于脐窝部施灸，用干燥纯净的食盐末适量，将脐窝填平，或于盐上再置一薄姜片，上置大艾炷施灸（图 5-34）。如患者感到灼痛时即用镊子移去残炷，另换一炷再灸，灸满规定的壮数为止，一般可灸 5～9 壮。本法可治疗急性腹痛、泄泻、痢疾；亦有回阳救逆固脱之功，治疗伤寒阴证、中风脱证，须连续施灸，不拘壮数，以脉起肢温、证候改善为度，古代常用于强身健体。

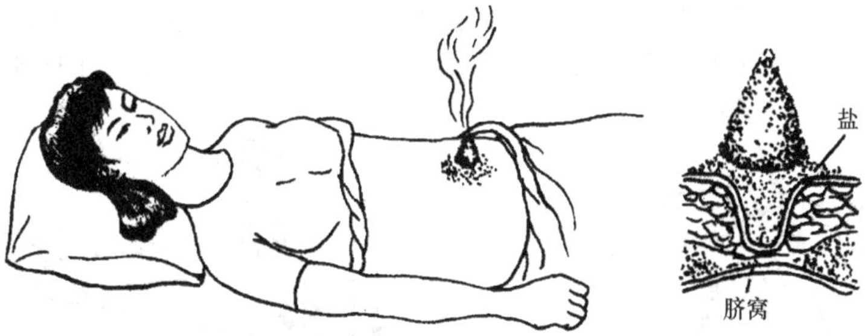


图 5-34　隔盐灸

3）隔蒜灸：用独头蒜，或较大蒜瓣横切成 0.3cm 厚的蒜片，中心处用针穿刺数孔，置于穴位或患处皮肤上，再将艾炷置于蒜瓣之上，用火点燃艾炷施灸。当患者感到灼痛时，另换一炷再灸，每灸 4～5 壮可换一新蒜片。也可将大蒜捣烂如泥，敷于患处，上置艾炷点燃施灸。两种隔蒜灸法均以灸处泛红为度。本法有清热解毒、杀虫的作用，多用于肺结核、乳痈、疖肿等疮疡初起，以及瘰疬、牛皮癣、神经性皮炎、关节炎、手术后瘢痕等。

4）隔附子饼灸：将生附子研为细末，用黄酒调和制饼，直径 3cm，厚约 0.8cm，中心处用针穿刺数孔，上置艾炷，放于穴位或患处皮肤上，点燃艾炷施灸，当患者感到灼痛时另换一炷再灸，一般每穴灸 5～7 壮。附子辛温大热，有温肾益火作用，故此灸法多用来治疗各种阳虚病证。如灸关元、命门等穴，可用于治疗男性肾阳虚的阳痿、早泄、不育症，女性宫寒不孕、痛经、闭经。外科中的疮毒窦道、盲管久不收口，或既不化脓又不消散的阴性、虚性外症，多在患处进行施灸，灸至皮肤出现红晕，有利于疮毒的好转。

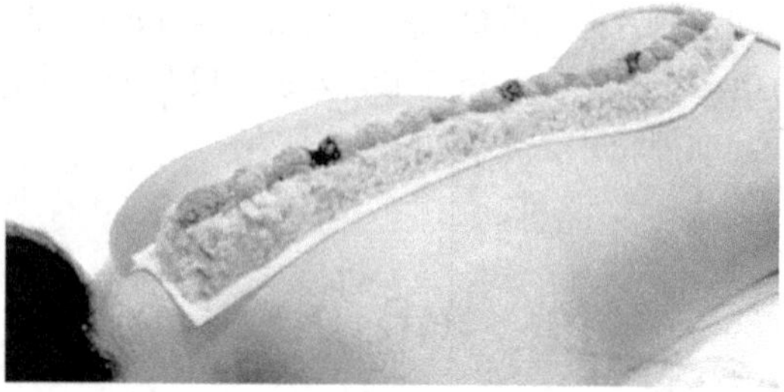

图 5-35　铺灸

5）铺灸：铺灸是在继承传统隔姜灸法、隔蒜灸法的基础上变化而来，是一种新型艾炷间接灸法（图 5-35）。其艾炷大、火力足、灸治时间较长，在灸温、灸量上都有所增强，而且施术面广，施灸部位可涉及多个腧穴，功效非一般灸法所及。因铺灸常选在背腰部督脉施灸，如长蛇状，故也称为“督灸”、“长蛇灸”。

本法在临床用于治疗风寒湿邪侵袭，或阳虚寒凝所致的疾病，如颈椎病、腰痛、痹证、风湿性关节炎、强直性脊柱炎、经行身痛、产后身痛等。

**2. 艾条灸**

艾条灸，又称艾卷灸，是用艾条在穴位上熏烤或温熨的施灸方法。如用在艾绒中加入辛温芳香药物制成的药艾条施灸，称为药条灸。艾条灸可分为悬起灸和实按灸两种。

（1）悬起灸　是将点燃的艾条悬于施灸部位之上的一种灸法。一般艾火距皮肤 2～3cm，灸 10～15min，以灸至皮肤温热红晕，而又不致烧伤皮肤为度。悬起灸又分为温和灸、雀啄灸和回旋灸。

1）温和灸：将艾卷的一端点燃，对准应灸的腧穴部位或患处，距离皮肤 2～3cm，进行熏烤，使患者局部有温热感而无灼痛为宜，一般每穴灸 10～15min，至皮肤稍有红晕为度（图 5-36）。如遇到昏厥或局部知觉减退的小儿及患者时，医师可将食、中两指置于施灸部位两侧，这样可以通过医师的手指来测知患者局部受热程度，以便随时调节施灸距离，掌握施灸时间，防止烫伤患者皮肤。

2）雀啄灸：将点燃的艾卷置于穴位或患处上方 2～3cm 高处，施灸时，艾卷点燃的一端与施灸部位的皮肤并不固定在一定的距离，而是像鸟雀啄食一样，将艾卷一上一下地移动（图 5-37）。

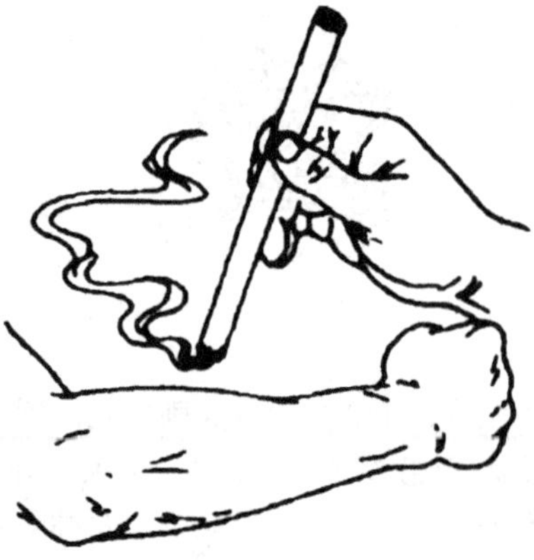

图 5-36　温和灸

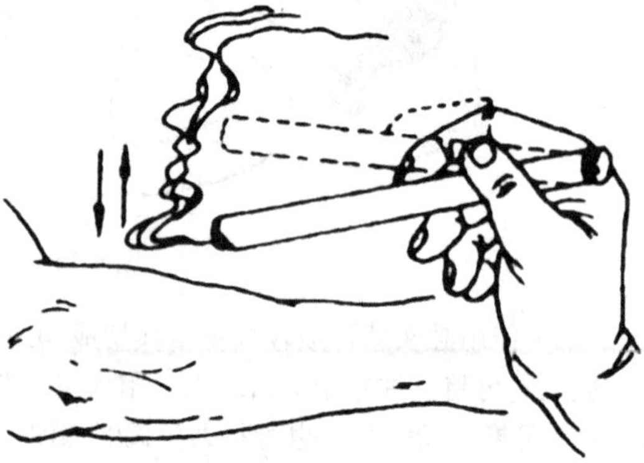

图 5-37　雀啄灸

3）回旋灸：施灸时，艾卷点燃的一端与施灸皮肤保持在一定的距离，但位置不固定，而是均匀地向左右方向移动或反复旋转地进行灸治（图 5-38）。

（2）实按灸　多采用药艾条，古代的太乙针灸、雷火针灸等多为此法。施灸时，先在施灸腧穴或患处皮肤垫上布或纸 6～8 层，然后将药物艾卷的一端点燃，趁热按到施术部位上，使热力透达深部（图 5-39）。

图 5-38　回旋灸

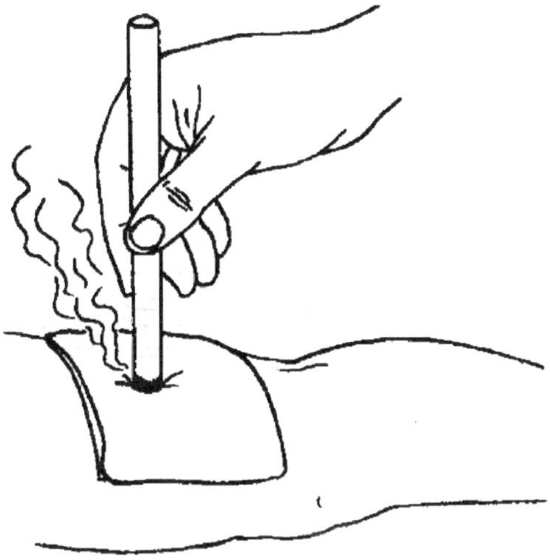
图 5-39　实按灸

1）太乙针灸：其药物配方历代医家记载各异。近代处方为人参 250g，参三七 250g，山羊血 62.5g，千年健 500g，钻地风 500g，肉桂 500g，川椒 500g，乳香 500g，没药 500g，穿山甲（土炮）250g，小茴香 500g，蕲艾 2kg，甘草 1kg，防风 2kg，人工麝香少许，经加工炮制后共研为末。取棉皮纸一层，高方纸二层（纸宽 41cm，长 40cm），内置药末约 25g，卷紧成爆竹状，越紧越好，外用桑皮纸糊 6～7 层，阴干待用。此法可用于治疗风寒湿痹、肢体顽麻、痿弱无力、半身不遂等病证。

2）雷火针灸：其操作方法与“太乙针灸”相同。唯药物处方有异。用艾绒 94g，沉香、木香、乳香、茵陈、羌活、干姜、穿山甲（土炮）各 9g，研为细末，过筛后，加入麝香少许。

**3. 温针灸**

温针灸是针刺与艾灸相结合的一种方法，即毫针留针时在针尾（或针柄上）置艾绒（艾团或艾条段）施灸。本法适用于既需要针刺留针，又需施灸的疾病。操作方法为，在针刺得气后，将针留在适当的深度，在针尾（或针柄上）穿置一段长约 1.5cm 的艾卷，或搓捏少许艾绒，点燃施灸（图 5-40）。待艾卷燃尽，除去灰烬，再将针取出。此法是一种简便易行的针灸并用方法。其艾绒燃烧的热力，可通过针身传入体内，使其发挥针与灸的作用，达到治疗的目的。应用此法需注意，尽可能选择带有针尾的毫针，以确保其上艾绒安放牢固，防止艾火脱落，烧伤皮肤或衣物，灸时嘱患者不要移动体位，并在施灸的下方垫一纸片，以防艾火掉落烫伤皮肤。

**4. 温灸器灸**

温灸器是便于施灸的器械，常用的有 3 种类型，即温灸盒、温灸筒、温灸架。

（1）温灸盒灸　温灸盒是一种特制的盒形灸具，内装艾卷或无烟艾条（图 5-41）。用温灸盒每次灸 15～30min。

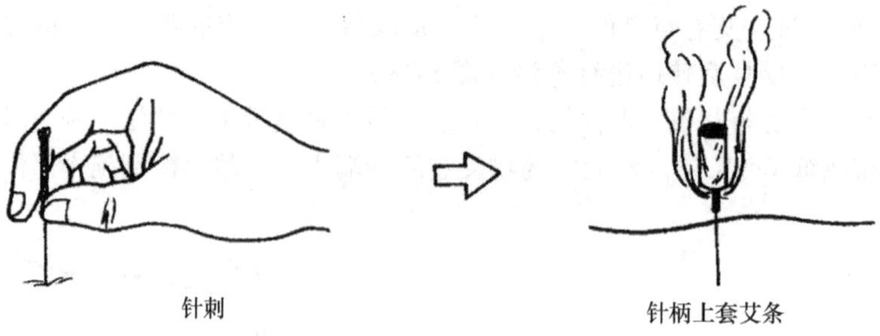


图 5-40　温针灸

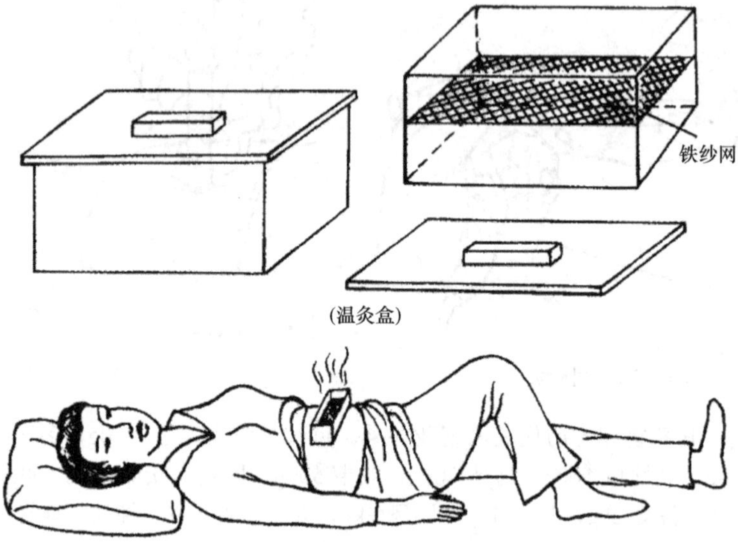


图 5-41　温灸盒灸

（2）温灸筒灸　温灸筒为筒状的金属灸具，常用的有平面式和圆锥式两种。平面式底部面积较大，布有许多小孔，内套有小筒，用于放置艾绒施灸，适用于治疗较大面积的皮肤病。圆锥式底面瘦小，只有一个小孔，适用于点灸某一个穴位（图 5-42）。

（3）温灸架灸　温灸架为架状灸具（图 5-43），将艾卷的一端点燃，插入灸疗架的上孔内灸 15～30min。

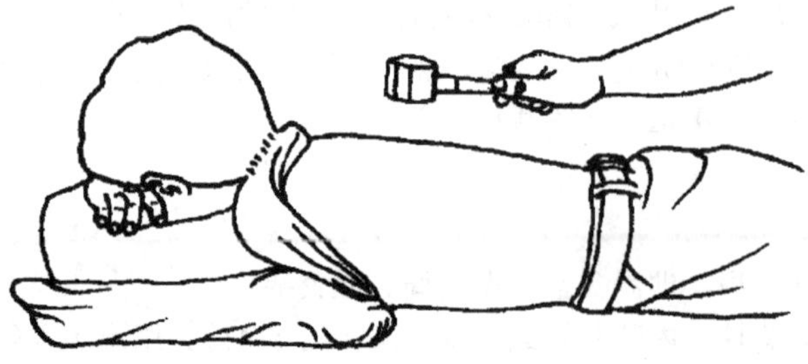

图 5-42　温灸筒灸

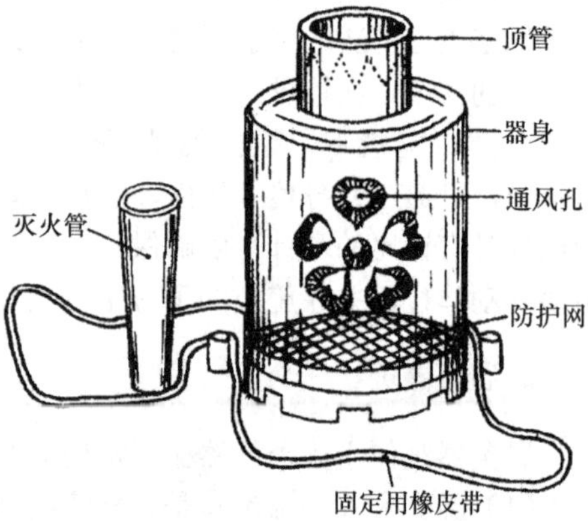


图 5-43　温灸架

### 附　热敏灸

热敏灸疗法又称腧穴热敏化艾灸疗法，以腧穴热敏化理论为指导，选择热敏腧穴，施以饱和灸量，以激发经气感传，促使气至病所，从而显著提高临床疗效。热敏灸疗法重视腧穴敏化状态与个体化消敏灸量。

**1. 操作**

（1）操作前准备　调定灸态，灸态就是艾灸时的状态，包括环境、患者和医生三方面因素。

进行热敏灸操作时，首先要保证环境安静。同时，嘱患者放松全身肌肉，调整呼吸使之均匀而缓慢，并保持心神宁静，集中注意力体会施灸部位的感觉。而医者也要专一其神，再将艾条固定在热敏化腧穴上施灸。

（2）操作要领　可概括为“探感定位、辨敏施灸、量因人异、敏消量足”。

1）探感定位：是指以艾热为刺激源探查不同部位的灸感从而确定热敏腧穴为施灸部位。临床上，可根据二步定位法来进行探查：

A. 粗定位：采用体表标志法、骨度分寸法、指寸法、简便取穴法等方法定位与疾病相关的腧穴热敏化发生的区域部位。

B. 细定位：用点燃的艾条，对准上述热敏腧穴高发区域进行悬灸探查（距离皮肤 3cm 左右），使患者局部感觉温热而无灼痛感。热敏腧穴在艾热的刺激下，会产生透热、扩热、传热、局部不（微）热远部热、表面不（微）热深部热及其他非热觉的 6 种灸感，只要出现其中的一种或一种以上的灸感就表明该部位已发生热敏化，即为热敏腧穴的准确位置。

2）辨敏施灸：临床中一般按以下原则，择优选取热敏腧穴进行治疗。

A. 以出现灸感经过或直达病变部位的热敏腧穴为首选热敏腧穴。

B. 以出现非热觉灸感的热敏腧穴为首选热敏腧穴，痛感又优于酸胀感。

C. 以出现较强灸感的热敏腧穴为首选热敏腧穴。

3）量因人异：在施行热敏灸疗法时，每穴的施灸时间不是固定的，而是因人、因病、因穴而不同，以个体化的热敏灸感消失为度。不同热敏腧穴施灸时从热敏灸感产生至热敏灸感消失所需要的时间是不同的，从 10min 至 200min 不等。

4）敏消量足：热敏灸疗法强调每次艾灸要达到个体化的消除腧穴敏化状态的饱和灸量，每次给予艾热刺激的量最终取决于热敏化态腧穴的消敏或脱敏量，达到这个剂量则疗效明显提高，这时腧穴的热敏态转化为消敏态（即非热敏态）。

**2. 临床应用**

热敏灸临床可用于过敏性疾病、胃肠功能性疾病、生殖系统疾病、神经系统疾病、脊柱关节及软组织疾病、皮肤科疾病的临床治疗，尤其对中医辨证为阳虚、气虚的慢性病有良好的疗效。

## （二）其他灸法

### 1. 灯火灸

灯火灸又称灯草灸、油捻灸。

操作方法：根据疾病选定穴位后，取灯心草一根约 10cm，将一端浸入植物油中（香油、麻油、苏子油均可）3cm，取出用棉纸吸去浮油，右手拇、食指捏住前 1/3 处，用明火点燃，火焰不宜过大，将火焰慢慢向穴位移动，并稍停瞬间，待火焰略一变大，则立即垂直接触穴位，一触即离，并听到清脆的“叭”的焠爆声，火焰也随之熄灭（图 5-44）。一般每穴焠灸 2～4 次。灸后局部皮肤可见黄褐色斑点，偶尔有小水疱，应保持清洁，防止感染。多用于治疗小儿痄腮、乳蛾、吐泻、惊风等病证。

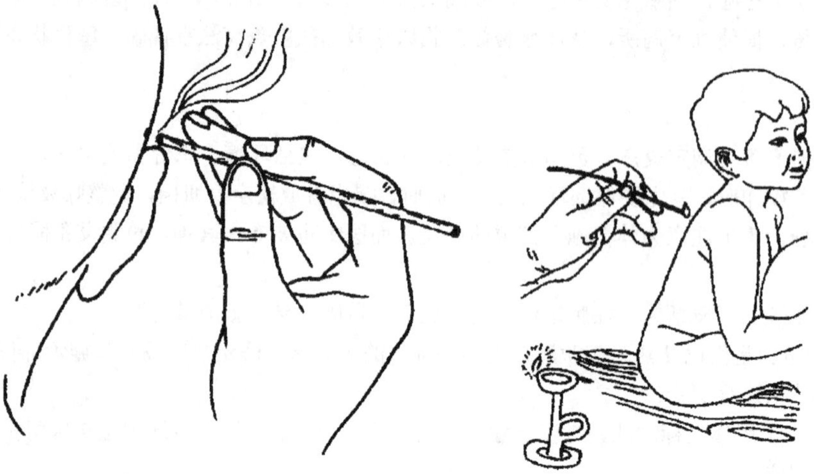

图 5-44 灯火灸

**2. 天灸**

天灸又称药物灸、发疱灸，是用对皮肤有刺激性的药物，涂敷于穴位或患处，使局部充血、起疱，犹如灸疮，故名天灸。所用药物多是单味中药，也有用复方者，其常用的有白芥子、蒜泥、斑蝥等。其操作参见后篇“穴位贴敷法”。

## 三、灸感及灸法补泻

### （一）灸感

灸感，是指施灸时患者的自我感受。同针感一样，灸感既有施灸部位的局部感觉，也有向远处传导或循经感传的感觉。在局部的感觉中，化脓灸局部为烧灼疼痛的感觉，其他多数灸法为温热或微有灼痛的感觉。局部的热感也有不同的表现形式，有仅表面有热感者，可称为表热；有表面不热或微热而深部较热者，可称为深热；有表面的热感进一步透达组织深部者，可称为透热；有热感以施灸穴位为中心向周围逐渐扩散者，可称为扩热；也有局部的热感向远处传导者，称为传热；或热感沿着经脉传导的，称为循经感传。灸法的循经感传有时不是热感的传导，而是类似针法经气传导的感觉。在灸感中还有比较特殊的现象，即施灸局部不热或微热而远部较热，或与所灸经穴相关的脏腑、器官热。

### （二）灸法补泻

灸法也有“补泻”之说。《灵枢·背腧》说：“气盛则泻之，虚则补之。以火补者，毋吹其火，须自灭也；以火泻者，疾吹其火，传其艾，须其火灭也。”指出灸法亦须根据辨证施治的原则进行补虚泻实，并提出了艾炷直接灸的具体补泻方法。具体操作方法：补法是点燃艾炷后，不吹其火，待其慢慢燃烧、自灭；泻法是点燃艾炷后，以口速吹旺其火，快燃速灭。由此看来，补法是火力温和、时间稍长，能使真气聚而不散；泻法是火力较猛而时间较短，能促使邪气消散。

## 四、灸法的注意事项

### （一）施灸的先后顺序

临床一般先灸上部，后灸下部；先灸阳部，后灸阴部；先灸背、腰部，后灸腹部；先灸头部，后灸四肢。壮数是先灸少而后灸多，艾炷是先灸小而后灸大。但在特殊情况下，则可酌情而施。如脱肛时，即可先灸长强以收肛，后灸百会以举陷。因此，不可过于拘泥。

### （二）施灸的禁忌

1）颜面部、心前区、有大血管的部位和关节活动部位不可用瘢痕灸。妇女妊娠期腰骶部和小腹部不宜施灸。对昏迷肢体，麻木不仁及感觉迟钝的患者，勿灸过量，以避免烧伤。

2）一般空腹、过饱、极度疲劳及对灸法恐惧者，应慎灸。

3）施灸过程中要防止燃烧的艾绒脱落烧伤皮肤和衣物。

### （三）灸后的处理

灸疮的处理，详见“化脓灸”。灸后起疱者，小者可自行吸收，大者可用消毒针穿破，放出液体，敷以消毒纱布，用胶布固定即可。

# 第三节　拔　罐　法

拔罐法是一种以罐为工具，利用燃烧、抽吸、蒸汽等方法造成罐内负压，使罐吸附于体表腧穴或患处的一定部位，使局部皮肤充血、瘀血产生良性刺激，以达到调节脏腑、平衡阴阳、疏通经络、防治疾病的方法。

拔罐法属于中医传统外治法范畴，历史悠久。因古人使用兽角作为拔罐工具，故又称“角法”。目前临床主要采用的罐具有竹罐（图 5-45）、玻璃罐（图 5-46）、抽气罐（图 5-47）、陶瓷罐、多功能罐等。此外，也出现了磁疗罐、红外线罐、激光罐等新型罐具。

图 5-45　竹罐

图 5-46　玻璃罐

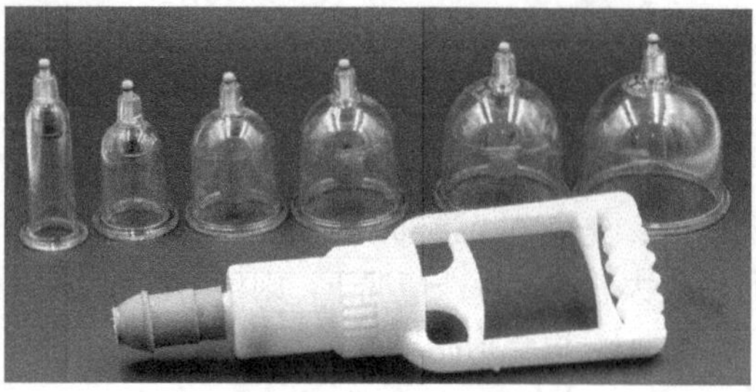

图 5-47　抽气罐

## 一、罐的吸附方法

### （一）火罐法

火罐法是利用燃烧时消耗罐中氧气，并借火焰的热力使罐内的气体膨胀而排出罐内部分空气，使罐内气压低于外面大气压（统称负压），借以将罐吸附于施术部位的皮肤上。火罐法吸拔力的大小与罐具的大小和深度、罐内燃火的温度和方式、扣罐的时机与速度及空气在扣罐时再进入罐内的多少等因素有关。如罐具深而且大，在火力旺时扣罐，罐内热度高、扣罐动作快，下扣时空气再进入罐内少，则罐的吸拔力大，反之则小。临床常用的方法有以下几种：

**1. 闪火法**

用止血钳或镊子等夹住 95%酒精棉球（或用 7～8 号粗铁丝，一头缠绕石棉绳或线带，做成酒精棒），一手握罐体，罐口朝下，将棉球点燃后立即伸入罐内摇晃数圈随即退出，迅速将罐扣于应拔部位，此时罐内已成负压即可吸住。此法适用于人体各部位，可拔留罐、闪罐、走罐等，临床最为常用。闪火法罐内无燃烧物坠落，不易烫伤皮肤，操作比较安全，不受体位限制。注意所蘸酒精宜少，且不能沾于罐口，以免烫伤皮肤（图 5-48）。

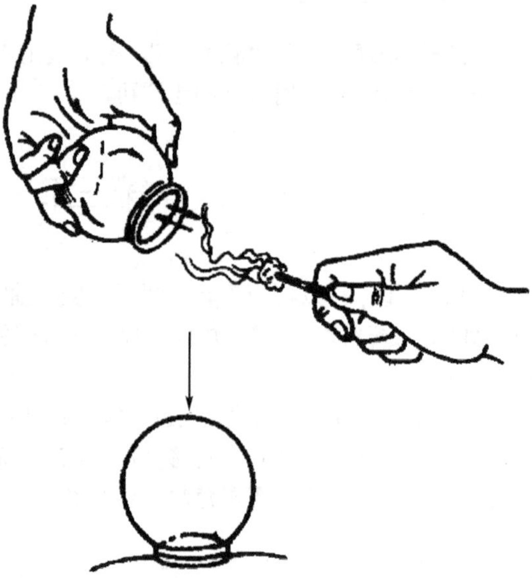

图 5-48　闪火法

**2. 投火法**

将易燃软质纸片（卷），或蘸酒精的棉球点燃后投入罐内，趁火旺时迅速将罐扣于应拔部位。投火时，不论使用纸卷或纸条，都必须高出罐口 1 寸多，等到燃烧 1 寸左右后，纸卷和纸条都能斜立罐内侧面，火焰不会烧着皮肤。此法罐内燃烧物易坠落烫伤皮肤，故多用于身体侧面或横向拔罐、留罐、排罐等（图 5-49）。

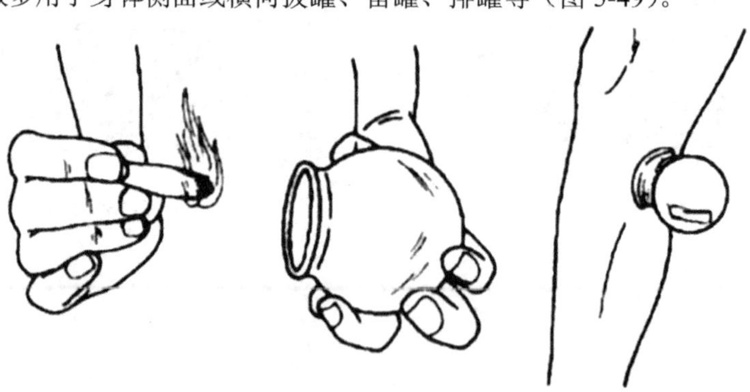

图 5-49　投火法

**3. 贴棉法**

将直径 1～2cm 的棉片，薄蘸 95%酒精，紧贴于罐内壁，点燃后迅速将罐扣于应拔部位。此法多用于侧面拔，亦用于身体侧面横向拔罐。操作时所蘸酒精必须适量，酒精过多或过少均易使棉片坠落，且酒精过多易淌流于罐口，而引起皮肤烫伤（图 5-50）。

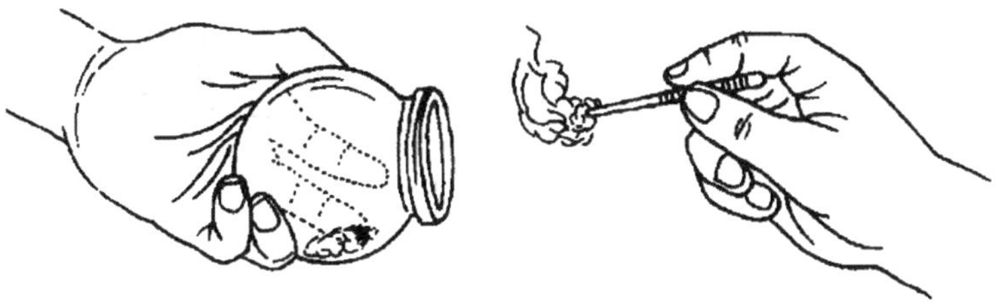

图 5-50　贴棉法

（二）水罐法

此法一般使用竹罐。先将竹罐放在锅内加水煮沸（也可在水里加煮中药制成药液使用），使用时将罐子倾倒用镊子夹出，甩去水液，用折叠的湿冷毛巾紧扪罐口，降低罐口温度，趁热按在皮肤上，即能吸住。此法适用于任何部位，吸拔力较小，操作需快捷。

（三）抽气罐法

此法先将抽气罐紧扣在应拔部位，用抽气筒将罐内的部分空气抽出，使其产生负压，吸拔于皮肤上。或用抽气筒套在塑料杯罐活塞上，将空气抽出，即能吸着。此法适用于任何部位的拔罐。

（四）其他罐法

如电磁罐、远红外罐、药物多功能罐等，可根据相应的说明书进行操作。

## 二、拔罐的应用方法

（一）留罐法

留罐法又名坐罐法。拔罐后将吸拔在皮肤上的罐具留置一定时间（5～15min），使浅层皮肤和肌肉局部潮红，甚或皮下瘀血呈紫红色后，再将罐具取下。罐大吸力强者应适当减少留罐时间，留罐时间视拔罐反应与体质而定；肌肤反应明显、皮肤薄弱、老年人与儿童留罐时间不宜过长；夏季及肌肤薄处，留罐时间也不宜过长，以免起水疱并烫伤皮肤。

（二）走罐法

走罐法又名推罐法、拉罐法。先于施罐部位涂上润滑剂（常用医用凡士林、医用甘油、液状石蜡或润肤霜等），也可用温水或药液，同时还可将罐口涂上油脂；使用闪火法将罐吸住后，立即用手握住罐体，略用力将罐沿着一定路线反复推拉，至走罐部位皮肤紫红为度，推罐时着力在罐口，用力均匀，防止罐漏气脱落（图 5-51）。该法适用于病变范围较广、肌肉丰厚而平整的部位，如背部脊柱两旁、下肢股四头肌处、腰骶部、腹部及肩关节等。操作时应根据病情与患者体质，调节负压及走罐的快慢与轻重；若负压过大或用力过重、速度过快，患者往往疼痛难忍，且易拉伤皮肤；

负压过小，吸拔力不足，罐容易脱落，治疗效果较差。

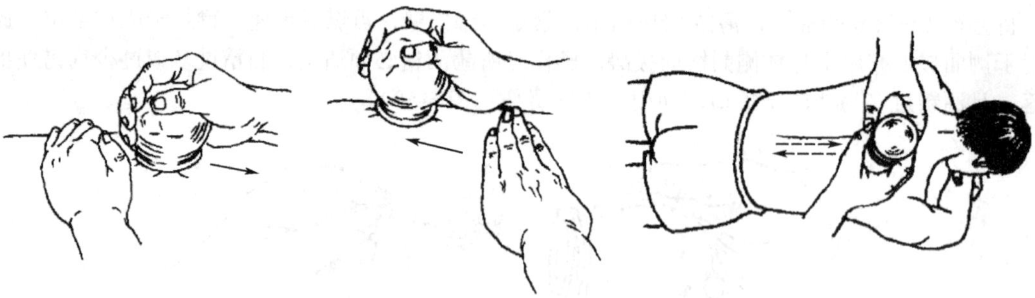

图 5-51　走罐

（三）闪罐法

用闪火法将罐吸拔于应拔部位，随即取下，再吸拔，再取下，反复吸拔至局部皮肤潮红，或罐体底部发热为度；动作要迅速而准确（图 5-52）；必要时也可在闪罐后留罐；适用于肌肉较松弛，吸拔不紧或留罐有困难的部位，适用于治疗风湿痹证、中风后遗症，以及肌肤麻木、肌肉萎软等。

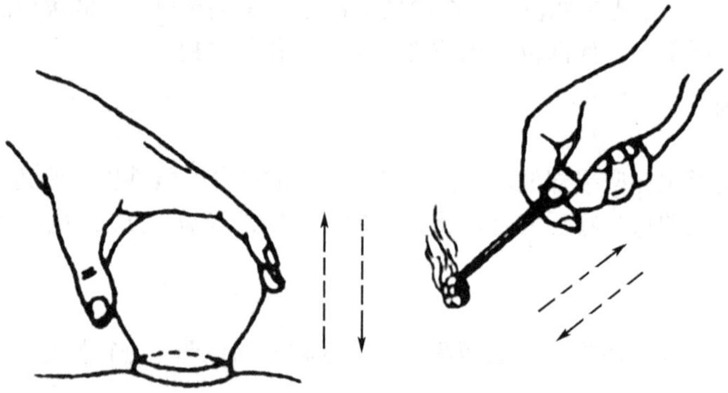

图 5-52　闪罐

（四）刺血拔罐法

用皮肤针、三棱针或粗毫针等，在腧穴或患处点刺出血，或三棱针挑刺后，再行拔罐留罐；起罐后用消毒棉球擦净血迹；刺血部位用消毒敷料或创可贴贴敷。多用于治疗神经性皮炎、痤疮、丹毒、扭伤、乳痈等。

（五）留针拔罐法

在毫针针刺留针时，以针为中心拔罐，留置规定时间后，起罐再起针（图 5-53）。胸背部慎用本法，因罐内负压易加深针刺深度，容易引起气胸。

## 三、起罐方法

一般罐具起罐时，一手握住罐体腰底部稍倾斜，另一手拇指或食指按压罐口边缘的皮肤，使罐口与皮肤之间产生空隙，空气进入罐内，即可将罐取下。不可生硬拉拔，以免拉伤皮肤，引起患者的疼痛（图 5-54）。

图 5-53　留针拔罐

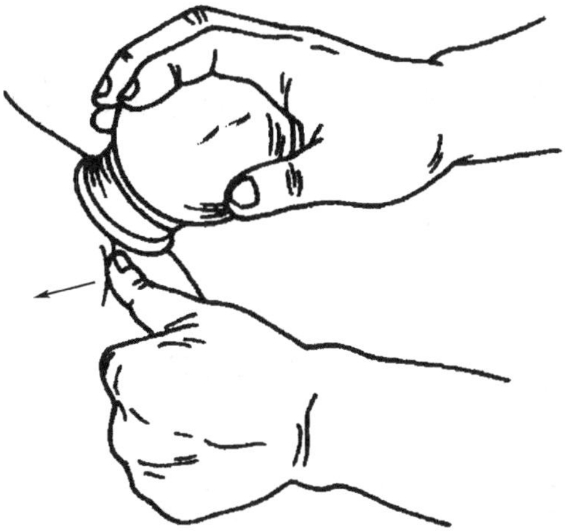

图 5-54　起罐

抽气罐起罐时，提起抽气罐上方的塞帽，使空气注入罐内，罐具即可脱落。也可用一般罐的起罐方法起罐。水（药）罐起罐时，为防止罐内有残留水（药）液漏出，若吸拔部位呈水平面，应先将拔罐部位调整为侧面后再起罐。

## 四、拔罐法的作用和适用范围

### （一）拔罐法的作用

拔罐法具有通经活络、行气活血、消肿止痛、祛风散寒的作用。研究表明，拔罐法的机械刺激作用和温热作用，可以促进血液循环和新陈代谢，从而调节神经系统功能，调节肌肉及关节活动，缓解机体疼痛，改善功能状态，达到治疗疾病、预防疾病和强身健体的作用。

### （二）拔罐法的适用范围

拔罐法的适应范围非常广泛，尤其对于各种疼痛类疾病、软组织损伤、急慢性炎症、风寒湿痹证，以及脏腑功能失调、经脉闭阻不通所引起的各种病证均有较好的疗效。临床上使用已从早期的疮疡治疗发展到包括内科、外科、妇科、儿科、皮肤科、五官科等 100 多种疾病的治疗。

## 五、拔罐的注意事项

1）拔罐要选择适当体位和肌肉丰厚、毛发较少的部位。拔罐时嘱患者不要移动体位，以免罐具脱落。

2）根据所拔部位的面积大小而选择大小适宜的罐。拔罐数目多时，罐具之间的距离不宜太近。留针拔罐应避免碰压针柄。

3）拔罐动作要轻、快、稳、准。要防止酒精滴落烧烫伤皮肤。拔多罐时，罐具之间的距离不宜太近。留罐时间不宜过长。起罐时不可强拉或旋转罐具。

4）若烫伤或留罐时间太长而皮肤起水疱时，小疱勿需处理，仅敷以消毒纱布，防止擦破即可。水疱较大时，用消毒针将疱液放出，涂以烫伤油或消毒剂，或用消毒纱布包敷，以防感染。

5）皮肤有过敏、溃疡、水肿和大血管分布部位，不宜拔罐。高热抽搐者和孕妇的腹部、腰骶部位，亦不宜拔罐。有自发性出血倾向疾患、高热、抽搐等禁止拔罐。

# 第四节 三棱针法、火针法、皮肤针法、皮内针法、芒针法

## 一、三棱针法

三棱针法是指以三棱针为工具，按一定手法刺入人体腧穴或血络积聚部位，以达到防治疾病的一种治疗技术。《灵枢・官针》称之为“络刺”、“赞刺”、“豹纹刺”，现代称之为“放血疗法”。

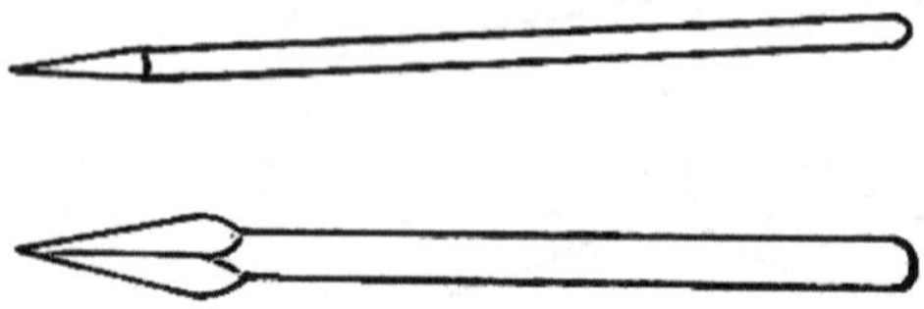

图 5-55 三棱针

三棱针由古代九针之一的锋针发展而来。《灵枢·九针论》中记载锋针可以“泻热出血”。《灵枢·九针十二原》曰：“锋针者，刃三隅以发痼疾。”三棱针多用不锈钢制成，针柄较粗呈圆柱形，针身呈三棱形，尖端三面有刃，针尖锋利（图 5-55）。

### （一）操作方法

**1. 操作前准备**

针具使用前应行高压灭菌消毒。施针前在局部皮肤用碘伏消毒。医者洗手消毒后戴一次性手套。临床上为了避免因消毒不严引起的交叉感染，多选择一次性三棱针具，或采用一次性注射针头或一次性采血针。

**2. 持针姿势**

一般以右手持针，用拇、食两指捏住针柄中段，中指指腹紧靠针身侧面，露出针尖 2～3mm（图 5-56）。

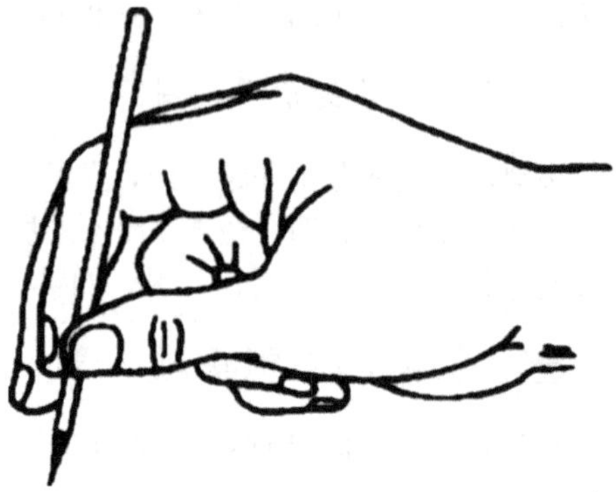

图 5-56 三棱针持针法

**3. 针刺方法**

三棱针的操作方法一般分为点刺法、刺络法、散刺法、挑刺法四种。

（1）点刺法 是用三棱针点刺腧穴出血或挤出少量液体以治疗疾病的方法。先在被刺腧穴或其周围用推、揉、挤、捋等方法，使血液积聚于点刺腧穴。常规消毒后，左手拇、食、中三指夹紧被刺部位，右手持针，直刺 3～5mm，对准所刺部位快进快出，进出针时针体应保持在同一轴线上。动作要求稳准快。点刺后轻轻挤压针孔周围，或辅以推挤方法增加出血量。一次出血 5～10mL。然后用消毒干棉球按压针孔。为了刺出一定量的血液，点刺穴位的深度不宜太浅。本法多用于指趾末端、面部、耳部的穴位，如十宣、十二井穴等处（图 5-57）。

（2）刺络法 先用带子或橡皮管结扎在针刺部位上端（近心端），然后迅速消毒，针刺时左手拇指压在被针刺部位下端。右手持三棱针对准被针刺部位的静脉，刺入脉中 2～3mm 深，即

将针迅速退出，出血停止后，再用消毒棉球按压针孔。本法（图 5-58）出血量较大，一次治疗可出血几十甚至上百毫升，多用于肘窝曲泽穴、腘窝委中穴静脉瘀滞处，治疗急性吐泻、中暑、发热、疼痛等。

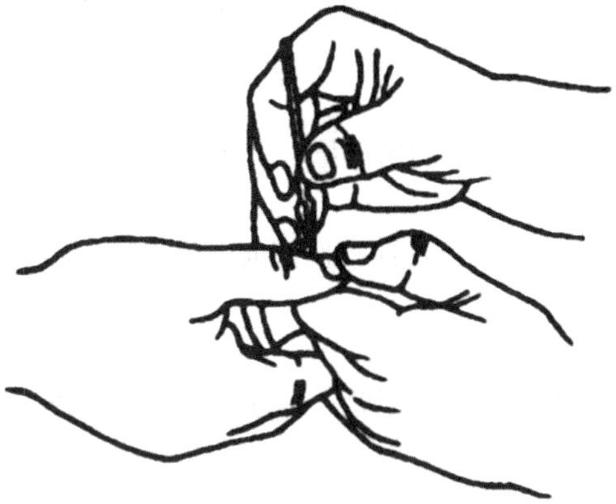

图 5-57　点刺法

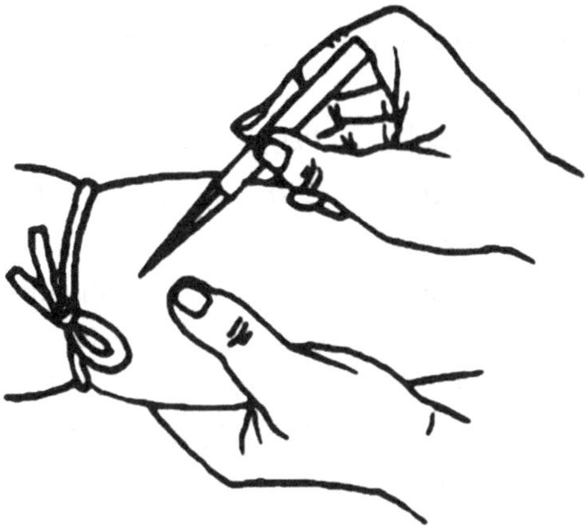

图 5-58　刺络法

（3）散刺法　是在病变局部周围进行点刺的一种方法。根据病变部位大小不同，可刺数针，甚至十余针以上，由病变外缘环形向中心点刺，以促使瘀血或水肿的排泄，达到“菀陈则除之”，通经活络的目的。本法（图 5-59）多用于局部瘀血、水肿、顽癣等。

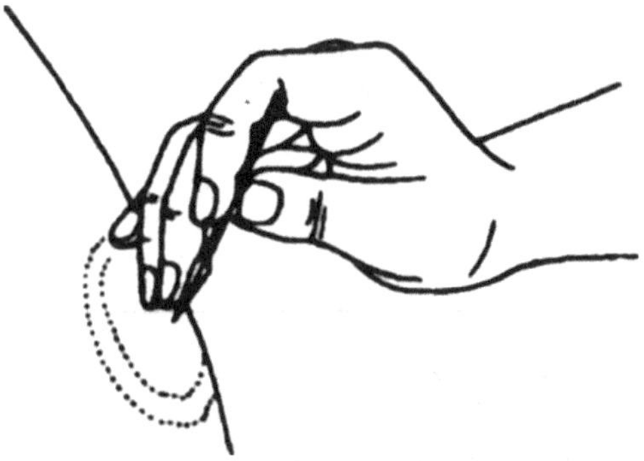

图 5-59　散刺法

（4）挑刺法　是以三棱针挑断穴位皮下纤维组织以治疗疾病的方法。局部消毒后，左手捏起施术部位皮肤，右手持针先横刺进入皮肤，挑断皮肤 0.2～0.3cm，再将针深入皮下，挑断几根皮下白色纤维组织，并可挤出一定量的血液或少量液体，然后用无菌敷料保护创口，以胶布固定。对于一些畏惧疼痛者，可先用 2%利多卡因局部麻醉后再挑刺。挑刺的部位可以选用经穴，也可选用奇穴，更多选用阿是穴。在选用阳性反应点时，应注意与痣、毛囊炎、色素斑及背俞穴相鉴别。本法常用于治疗肩周炎、胃病、颈椎病、失眠、支气管哮喘、血管神经性头痛等。

**4. 疗程**

三棱针点刺法、三棱针散刺法宜 1～3 天 1 次。三棱针刺络法治疗时，如出血量较多，可间隔 1 个星期或 1 个月治疗 1 次。三棱针挑刺法宜 3～7 日 1 次，3～5 次为 1 个疗程，休息 10～14 天后，可进行下一个疗程。

（二）适用范围

三棱针刺络法具有通经活络、开窍泻热、消肿止痛、祛瘀生新等作用。各种实证、热证、瘀血、疼痛等均可应用，并常用于急症及部分慢性病的治疗，如高热、惊厥、中暑、中风闭证、急性咽喉肿痛、目赤肿痛、头痛、三叉神经痛、高血压、腱鞘炎、顽痹、指（趾）端麻木、痈疖初起、丹毒、小儿消化不良、骨折后功能障碍、腰椎间盘突出、腱鞘囊肿、顽固特征性皮损的慢性鳞屑性皮肤病、皮肤瘙痒症、扁平疣、荨麻疹等。

（三）注意事项

1）患者精神紧张、大汗、饥饿时不宜刺；对于刺血量较大的患者，术前做好解释工作，或签署知情同意书。

2）注意无菌操作，以防感染。

3）点刺、散刺时，手法宜轻浅、快，并根据病证的不同控制出血量（表 5-4）。出血较多时，患者宜适当休息后离开。

4）虚证、孕妇及新产后慎用。有凝血机制障碍的患者、自发性出血倾向或损伤后出血不止的患者禁用；重度下肢静脉曲张处，禁用本法。

5）血管瘤部位、不明原因的肿块部位禁刺。

6）勿伤及大动脉，避开动脉血管，若误伤动脉出现血肿，以无菌干棉球按压局部止血。

7）注意血压、心率变化，注意晕针或晕血的发生。

8）医者避免接触患者所出血液。

**表 5-4　三棱针点刺、散刺治疗出血量**

| 分类 | 出血量计量（mL） |
|---|---|
| 微量 | 1.0 以下（含 1.0） |
| 少量 | 1.1～5.0（含 5.0） |
| 中等量 | 5.1～10.0（含 10.0） |
| 大量 | 10.0 以上 |

## 二、火针法

火针法是将特制的金属针具或针灸针烧红，迅速刺入人体一定部位或腧穴，并迅速退出以治疗疾病的一种方法。

火针古称“燔针”，火针刺法称为“焠刺”。《灵枢・官针》曰：“焠刺者，刺燔针则取痹也。”张仲景在《伤寒论》中论述了火针的适应证和禁忌证。唐・孙思邈《千金翼方》有“外疖痈疽，针惟令极热”的记载。明・吴鹤皋说：“焠针者，用火先赤其针而后刺，此治寒痹之在骨也。”明・高武在《针灸聚英》中总结了明代以前用火针治疗疾病的经验，详细论述了火针刺法的针具选材、制作、加热方法、刺法、注意事项及其适应证、禁忌证以及火针刺法的功效机理等内容。

(1)细火针

(2)粗火针

(3)三头火针

图 5-60　火针

火针多选用耐高温、不退火、变形少、不易折、高温下硬度强的钨合金或不锈钢丝制作，形似毫针，针型较粗，针柄多以铜丝缠绕而成。常用的火针（图 5-60）有单头火针、三头火针、平头火针、三棱火针等。单头火针又有细火针（针身直径约为 0.5mm）、中火针

（针身直径约为 0.75mm）和粗火针（针身直径约为 1.2mm）三种规格。近年，也有选用直径大于 0.5mm 的针灸针，烧红后使用以治疗疾病，又称毫火针。

（一）操作方法

**1. 选穴与消毒**

（1）选穴 与毫针刺法选穴原则基本相同，但选穴宜少，多以局部取穴法为主。

（2）消毒 施针前局部皮肤用碘伏消毒。医者双手先用消毒清洗液清洗干净，再用免洗手消毒凝胶进行手消毒。

**2. 烧针**

烧针是使用火针的关键步骤。《针灸大成·火针》明确指出："灯上烧，令通红，用方有功。若不红，不能去病，反损于人。"因此，在使用火针前必须将针烧红，先烧针身，后烧针尖（图 5-61）。烧灼火针根据治疗需要，有烧至白亮、通红或微红三种程度。若针刺较深者，宜烧至白亮，速进疾出；若针刺较浅，可烧至通红，速入疾出，轻浅点刺；若针刺表浅，则可烧至微红，在表皮部位轻而稍慢地烙熨。

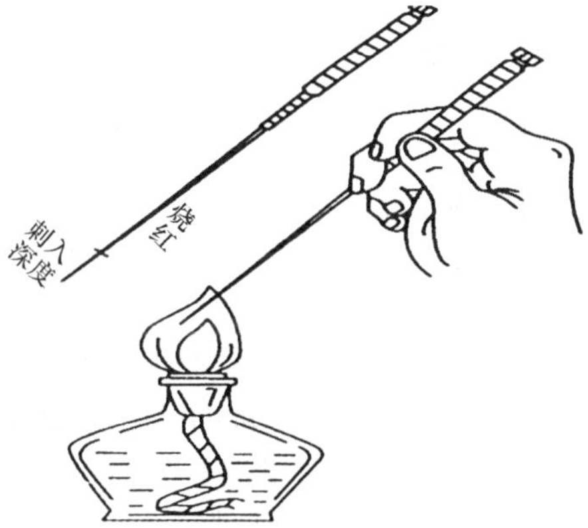

图 5-61 烧针

**3. 针刺方法及操作要点**

医者左手拿点燃的酒精灯，右手持针，尽量靠近施治部位，烧针后对准穴位垂直点刺，速进速退。出针后用无菌干棉球按压针孔，以减少疼痛。如针刺处出血，一般勿止，待其自止。根据治疗需要，可分为以下 5 种刺法：

（1）点刺法 在腧穴上施以单针点刺的方法。

（2）密刺法 在体表病灶上施以多针密集刺激的方法，每针间隔不超过 1cm。

（3）散刺法 在体表病灶上施以多针疏散刺激的方法，每针间隔 2cm 左右。

（4）围刺法 围绕体表病灶周围施以多针刺激的方法，针刺点在病灶与正常组织的交界处。

（5）刺络法 用火针刺入体表血液瘀滞的血络，放出适量血液的方法。

火针的操作要点是"红"、"准"、"快"。"红"即针一定要烧红，这样的火针具有穿透力强，阻力小的特点，并能缩短进针的时间，减少患者的痛苦。"准"即进针要准，因火针进针后不能再变动，因此进针一定要准确。"快"就是指进针和出针时迅速而敏捷，给患者造成的痛苦少。

**4. 针后处理**

针孔的处理，视针刺浅深而定，若针刺 1～3 分，一般不需要特殊的处理，若针刺 4～5 分深，可用消毒纱布敷贴，胶布固定 1～2 天。

**5. 针刺深度**

针刺深度应根据病情、体质、年龄和针刺部位的肌肉厚薄、血管深浅、神经分布而定。一般而言，四肢、腰腹部针刺稍深，可刺2～5分深；胸背部针刺宜浅，可刺1～2分深；至于痣、疣的针刺深度以其基底的深度为宜。

**6. 疗程**

火针刺法宜7天1次，毫火针3天1次；3～5次为1个疗程，休息7天后，可进行下一个疗程治疗。

（二）适用范围

火针法具有温经散寒、通经活络、软坚散结、祛腐生肌等作用。临床上主要用于治疗疼痛类疾病，如风寒湿痹、颈痹、漏肩风、腰痛、膝痛、软组织扭伤；皮外科疾病，如蛇串疮、湿疹、神经性皮炎、扁平疣、痣、痈疽、疮疡、瘘、痔、瘰疬等；也可用于胃下垂、泄泻、痢疾、脱肛、痛经、阳痿、小儿疳积等疾病。

（三）注意事项

1）施术时应注意安全，防止烧伤等异常情况。

2）除治疗痣、疣外，面部禁用火针；有大血管、神经干的部位禁用火针，勿损伤内脏和重要器官。

3）针刺后局部呈现红晕或红肿，应避免洗浴；局部发痒，不宜搔抓，以防感染。

4）孕妇、产妇及婴幼儿慎用；糖尿病患者、瘢痕体质或过敏体质者慎用；精神过于紧张、饥饿、疲劳的患者不宜用。

5）不明原因的肿块部位及大失血、凝血机制障碍患者禁用。

6）对初次接受火针治疗的患者，应做好解释工作，消除恐惧心理，以防晕针。

## 三、皮肤针法

皮肤针法是以多根短针浅刺人体一定的部位或腧穴，以防治疾病的方法。本法由古代“毛刺”、“扬刺”、“半刺”等传统刺法发展而来。《灵枢·官针》曰“毛刺者，刺浮痹皮肤也”，“扬刺者，正内一，旁内四而浮之，以治寒气之博大者也”，“半刺者，浅内而疾发针，无针伤肉如拔毛状，以取皮气，此肺之应也”。皮肤针法通过叩刺皮部，以疏通经络、调和气血，促使机体恢复正常。

皮肤针由针盘和针柄组成。针盘如小锤状，上嵌多枚不锈钢短针。根据所嵌短针的数目，皮肤针又可称为“梅花针”（5支针）、“七星针”（7支针）、“罗汉针”（18支针）等。针柄分为软柄（图5-62）和硬柄（图5-63）两种，多用树脂材料制成，长15～19cm。

图5-62 软柄皮肤针

图5-63 硬柄皮肤针

现代创制了一种滚刺筒（图 5-64），是用金属等材料制成的滚筒，滚筒表面均匀分布不锈钢短针的新型皮肤针，具有刺激面广、刺激量均匀、使用简便等优点。

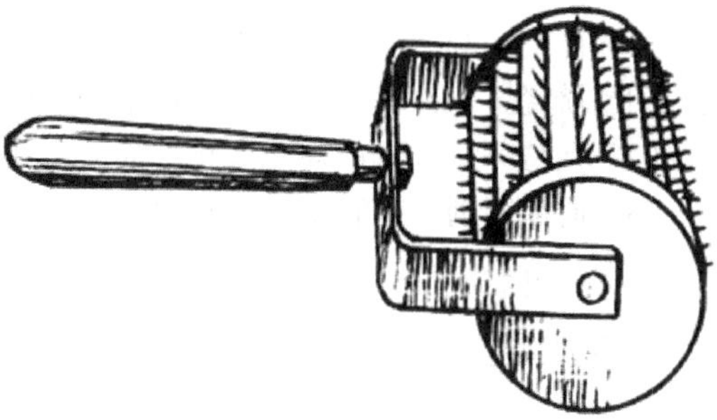

图 5-64　滚刺筒

（一）操作方法

**1. 操作前准备**

（1）针具消毒和检查　皮肤针使用前应进行高压蒸汽灭菌消毒，或使用一次性皮肤针。使用前可用消毒干脱脂棉轻沾针尖，如果针尖有钩或有缺损则棉絮易被带动，则不宜使用。

（2）皮肤局部消毒　施针前在局部皮肤用碘伏棉球消毒。医者双手先用消毒清洗液清洗干净，再用免洗手消毒凝胶进行手消毒。

**2. 持针法**

（1）软柄皮肤针持针法　将针柄末端置于掌心，拇指居上，食指在下，两指相对捏住针柄中段，其余手指呈握拳状握住针柄末端（图 5-65）。

（2）硬柄皮肤针持针法　用拇指和中指夹持针柄中段两侧，食指置于针柄中段的上面，无名指和小指将针柄末端固定于大小鱼际之间（图 5-66）。

图 5-65　软柄皮肤针持针式

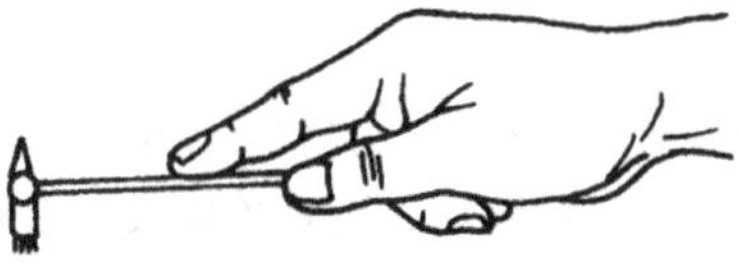

图 5-66　硬柄皮肤针持针式

**3. 叩刺方法**

针尖对准叩刺部位，运用腕力垂直叩刺在皮肤上，并立即弹起，反复叩刺。力度要均匀。循经叩刺时每隔 1cm 左右叩刺一下。叩刺时保持针尖与皮肤垂直，不可斜刺、压刺、拖刺，避免使用臂力（图 5-67）。叩刺后皮肤如有出血，用消毒干棉球擦拭干净，保持清洁，以防感染。

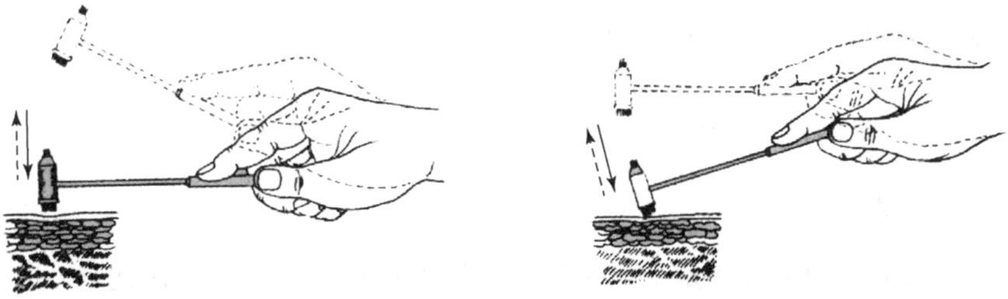

正确　　错误

图 5-67　叩刺法

**4. 叩刺部位**

(1)循经叩刺　沿着与疾病有关的经脉循行路线叩刺，常选用位于项、背、腰、骶部的督脉和足太阳膀胱经，其次是四肢肘、膝以下的三阴经、三阳经，可治疗相应脏腑经络病变。

(2)穴位叩刺　选取与疾病相关的穴位叩刺，常选用背俞穴等特定穴、夹脊、阿是穴。

(3)局部叩刺　在病变局部叩刺。常用于治疗头面五官疾病、扭伤后局部肿胀疼痛、顽癣、肌肤麻木不仁等。

**5. 叩刺强度**

根据患者病情、体质、年龄和叩刺部位的不同，分别采用弱刺激、强刺激和中等刺激。

(1)弱刺激　用力较小，针尖接触皮肤时间较短。患者略有疼痛感觉，叩刺后局部皮肤略见潮红。适用于老年人、儿童、久病体虚、初诊患者以及头面五官肌肉浅薄处。

(2)强刺激　用力较大，针尖接触皮肤时间稍长。患者有明显疼痛感觉，叩刺后局部皮肤可见明显潮红，可见出血。适用于年壮体强的患者，以及肩、背、腰、臀、四肢等肌肉丰厚处。

(3)中等刺激　用力介于强、弱刺激之间。患者稍有疼痛感觉，叩刺后局部皮肤明显潮红，微渗血。适用于多数患者，除头面五官等肌肉浅薄处，其他部位均可选用。

**6. 疗程**

皮肤针治疗的间隔时间根据病情和叩刺强度而定，弱刺激和中等刺激可每天 1～2 次，强刺激可每天或隔天 1 次。3～5 次为 1 个疗程，休息 7 天后，可进行下一个疗程治疗。

### (二)适用范围

皮肤针法具有疏通经络、调和气血的作用，治疗范围广泛，临床还可与拔罐法配合应用。本法主要用于各种痛证、皮肤病、五官疾病及部分慢性病的治疗，如头痛、腰痛、痛经、带状疱疹后遗神经痛、斑秃、顽癣、近视、鼻炎、失眠、慢性胃肠病等。

### (三)注意事项

1)施术前检查针具，如针尖有钩曲、缺损、参差不齐，针柄有松动的不宜使用。

2)叩刺时运用腕力，避免使用臂力。针尖与皮肤垂直，用力均匀，避免斜刺、压刺、慢刺或钩刺，以减轻疼痛。

3)皮肤针及叩刺局部的皮肤要严格消毒。叩刺后皮肤如有出血，用消毒干棉球擦拭干净，保持清洁，以防感染；术者勿直接接触患者血液。

4)皮肤局部有感染、创伤、溃疡、瘢痕时不宜应用。急性传染性疾病、凝血功能障碍性疾病患者禁用。

5)如发生晕针，立即停止叩刺，并参照晕针进行处理。

## 四、皮内针法

皮内针法是以皮内针刺入并固定于腧穴部位的皮内或皮下，进行较长时间刺激以治疗疾病的方法。本法源于《素问·离合真邪论》中“静以久留”的方法，通过给予皮部较长时间的刺激来调整经络脏腑的功能。

皮内针是用不锈钢制成的小针，有揿钉型(图钉型)和麦粒型(颗粒型)两种。揿钉型皮内针，针身长 2～3mm，针柄呈圆形，针身与针柄垂直（图 5-68）。麦粒型皮内针，针身长 5～10mm，针身与针柄在同一平面（图 5-69）。

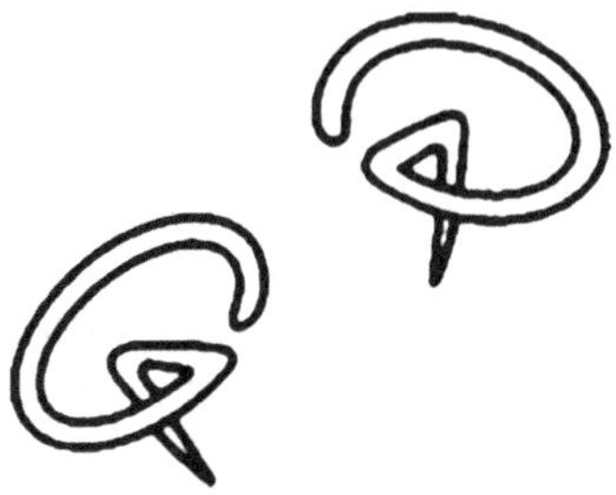
图 5-68　揿钉型皮内针

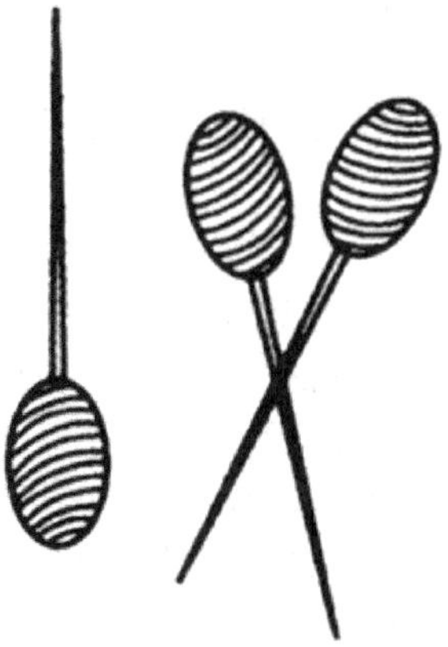
图 5-69　麦粒型皮内针

（一）操作方法

**1. 操作前准备**

采用一次性皮内针。针刺前对埋针部位皮肤严格消毒。医者双手先用消毒清洗液清洗干净，再用免洗手消毒凝胶进行手消毒。

**2. 针刺方法**

（1）进针及固定　押手固定腧穴部皮肤，刺手持镊子或持针钳夹持皮内针刺入皮内或皮下（揿钉型皮内针直刺，麦粒型皮内针平刺），以无菌胶布固定针具。

（2）留针期间刺激　静留针或每日按压胶布 3～4 次，每次约 1min，以患者耐受为度，两次间隔约 4 小时，以增强疗效。

（3）出针　一手固定埋针部位两侧皮肤，另一手持镊子或血管钳夹持皮内针胶布及针柄，将针取出。如果针孔局部红肿，应对埋针部位常规消毒。

**3. 疗程**

单次埋针时间，1～2 天为宜，2 次/周，3～5 次为 1 个疗程，休息 7 天后，可进行下一个疗程治疗。

（二）适用范围

皮内针具有疏经通络的作用，主要应用于慢性疾病以及经常发作的疼痛性疾病的治疗，如偏头痛、三叉神经痛、面肌痉挛、高血压病、神经衰弱、哮喘、胆绞痛、抑郁、失眠、痛经、遗尿、近视等。此外，也可用于减肥和戒毒。

（三）注意事项

1）局部感染、溃疡、瘢痕、紫癜、体表大血管部位、不明原因的肿胀部位、孕妇下腹及腰骶部、金属过敏者，禁忌埋针。

2）埋针宜选用较易固定和不妨碍肢体运动的穴位。

3）埋针后，若患者感觉局部刺痛，应调整针的深度和方向，调整后仍疼痛，应将针取出重埋或改用其他穴位。

4）埋针期间，针处不要着水以免感染。若发现埋针局部感染，应将针取出，并对症处理。

## 五、芒针法

芒针法是指用芒针针刺腧穴以治疗疾病的方法。芒针由九针之一的“长针”发展而来，因其针身细长如麦芒，故名。《灵枢·九针十二原》曰：“八曰长针，长七寸……长针者，锋利身薄，可以取远痹。”本法用穴少而疗效高。

芒针的结构与毫针相同。现代芒针多用银质、铜质或不锈钢丝制成，临床以弹性韧性较好的细不锈钢丝制成的芒针较为常用。芒针的长短、粗细规格也指针体而言的。临床上长100～200mm，粗细为29～32号的芒针应用较多。

### （一）操作方法

#### 1. 针具选择

根据病情需要和操作部位选择不同型号芒针，所选择的芒针针体应光滑、无锈蚀，针尖宜端正不偏，光洁度高，尖中带圆。

#### 2. 操作前准备

针具使用前应行高压灭菌消毒。临床上为了避免因消毒不严引起的交叉感染，多选择一次性芒针。施针前在局部皮肤用碘伏消毒。医者双手先用消毒清洗液清洗干净，再用免洗手消毒凝胶进行手消毒。

#### 3. 进针

进针采用夹持进针法，医者刺手、押手紧密配合。利用刺手的指力和腕力，压捻结合，针尖垂直迅速刺过表皮，进入皮下后，刺手边小幅度（180°～360°）、高频率（>100 次/分钟）捻转边进针，押手辅助控制针尖方向，达到一定深度，针根露于皮肤外2cm以上。多采用捻转行针法促使得气。捻针时不可单向捻转，否则针体容易缠绕肌纤维和皮肤，产生疼痛和滞针。

#### 4. 针刺角度

芒针的针刺角度与毫针相同，也分为直刺、斜刺和平刺。临床还常根据治疗需要及解剖特点进行透穴针刺。

#### 5. 出针

芒针因进针较深，故出针时应先以左手拇指、食指，或食指、中指固定被刺腧穴周围皮肤。右手轻柔缓慢捻转抽提针体，将针尖退至皮下，停留3～5s，再轻轻出针。出针后用消毒干棉球按压针孔，防止出血。

（二）适用范围

芒针适应范围广泛，一般用于普通毫针难以取得显著疗效，须长针深刺的疾病，如脑血管病、神经根炎、多发性神经炎、坐骨神经痛、三叉神经痛、肩关节周围炎、梨状肌综合征、哮喘、胃下垂、胃神经官能症、便秘、尿潴留、月经不调、不孕不育、吞咽障碍、癫狂痫等。

（三）注意事项

1）医者必须练好基本功，掌握穴位局部解剖，操作时双手协同，准确地把握针刺的角度和深度。针刺过程中如遇阻力不可强行进针，立即退针改变方向后再进针，防止发生滞针、弯针。

2）若出现局部肿胀，提示皮下出血，先局部冷敷止血，24 小时后热敷促进瘀血消散。若出针后其酸胀疼痛感不减，且遗留时间较长，多系手法过重、刺激过强，可辅以按摩或热敷。

3）针刺部位有血管怒张、瘢痕、伤口、严重溃疡及肿物，以及孕妇与自发性出血倾向者禁用。体质虚弱、消瘦、有晕针史、严重精神病等患者应慎用。患者精神紧张、大汗后、劳累后或饥饿时不适宜接受本刺法。

# 第五节 新九针疗法、针刀法、浮针法

## 一、新九针疗法

新九针疗法是用新九针针具（又称中国怀堂九针针具）进行临床治病的一种独特的针刺疗法。新九针是山西省针灸研究所依据《内经》关于古九针的文字记载以及后世绘制的九针图谱，与临床相结合而研制的多种新型针具。

（一）针具

新九针包括镵针、磁圆梅针、鍉针、锋勾针、三棱针、铍针、员利针、毫针、长针、火针、梅花针。

镵针由耐高温金属制作，针头呈菱形、刃尖锋利（图 5-70）。

图 5-70 镵针

磁圆梅针结合了古代圆针、近代梅花针和磁疗的治疗特点，外形似斧锤，针头分为 3 个，一端为磁圆针；另一端形如梅花，为磁梅花针；在针柄尾端加有一个直径为 3mm 的圆形点穴头，针头均嵌有高磁块（图 5-71）。

鍉针针体为耐高温金属材料制作而成，具体分为大鍉针、小鍉针、弹簧鍉针和长鍉针四种（图 5-72）。

锋勾针是锋针与民间勾针结合而形成的一种速效、实用的新型针具。针柄中部呈六角柱体；针头为针身末端勾尖部分，与针身呈 45°角，三面有刃，分为双头与单头两种类型（图 5-73）。

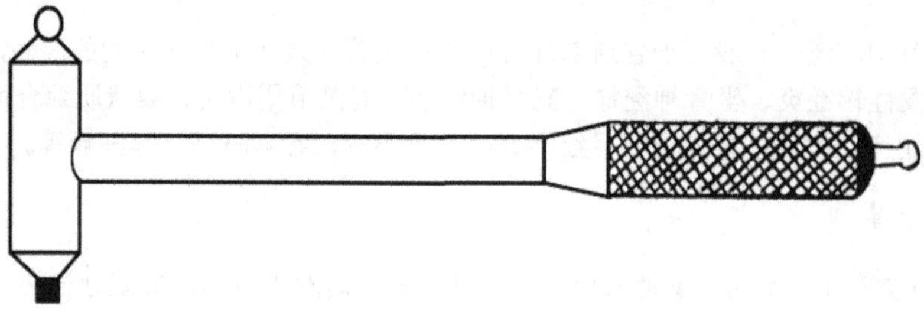

图 5-71　磁圆梅针

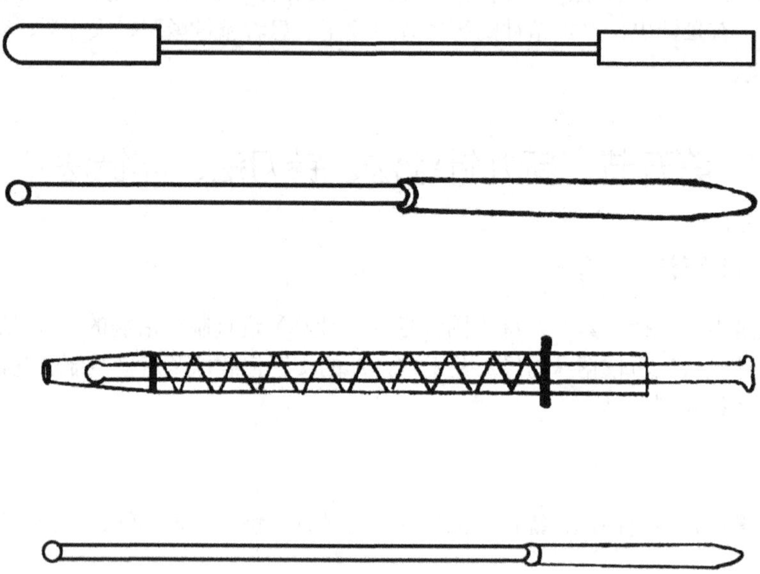

图 5-72　大鍉针、小鍉针、弹簧鍉针和长鍉针

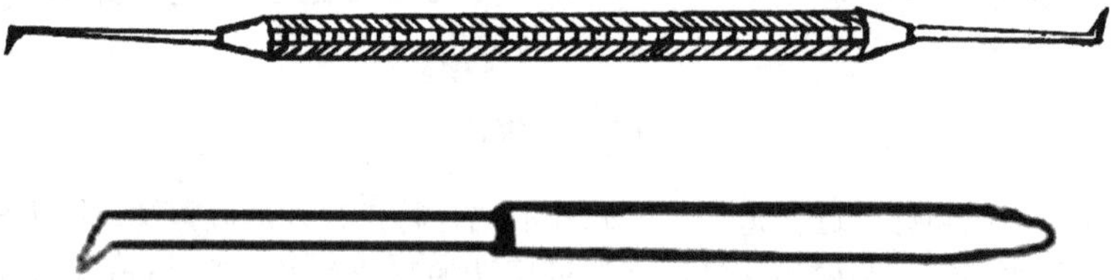

图 5-73　锋勾针

铍针针头由耐高温金属制作，为宝剑形状的长方矩形，长 2cm，宽 0.5cm，尖端与两边均锋利有刃（图 5-74）。

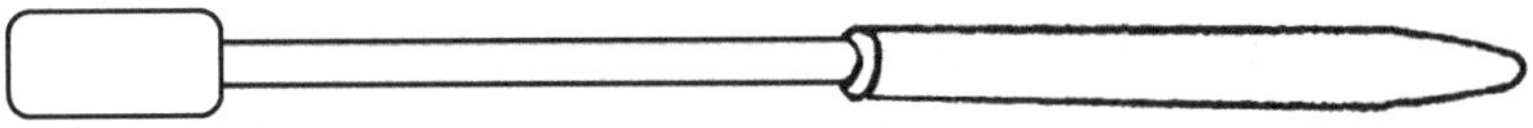

图 5-74　铍针

员利针为不锈钢材质，分针体与针柄两个部分。其中针身直径 1.5mm，针尖为尖中带圆的松针形（图 5-75）。

图 5-75　员利针

（二）操作方法与适应证

镵针主要分为划割法和切割法。划割法是在口腔黏膜、耳部穴位及背部腧穴以针尖或边刃进行划割，以微出血为度；切割法主要针对体表赘生物或痈疡脓包用针头边刃进行切割，铍针操作与此相似。在进行以上操作时，针具需进行不同温度的高温灼烧。临床上，口腔黏膜斑划割主要用于治疗胃肠疾患或面神经麻痹，耳部穴位及背部腧穴划割可用于临床各科；切割法主要用于皮肤疣赘、瘤痣的切割及对粉渣瘤、腱鞘囊肿、脓肿痈疡的切开排脓，此法也可用铍针替代。

磁圆梅针主要用三个不同针头弹叩、刮摩或点揉体表一定部位，其中弹叩和刮摩可沿经脉循行线、腧穴及病变局部进行，临床操作常普叩经、重叩穴。刺激强度分轻、中、重，用较轻的腕力叩刺，皮肤颜色无明显改变，或仅有略红，为轻刺激；用较重的腕力叩刺，皮下痛感明显，叩刺后，皮下可出现黄青色斑点，为强刺激；叩刺的腕力介于弱、强刺激之间，叩击时皮肤潮红，第 2 天可出现黄青色斑点为中度刺激。磁圆梅针疗法主要用于单纯性下肢静脉曲张、高脂血症、颈肩腰腿痛、头痛、失眠的辅助治疗，也可用于皮肤、妇儿科疾病的治疗。

鍉针操作分为冷鍉针刺法和火鍉针刺法。冷鍉针刺法用鍉针在选定部位、腧穴处按压，用于点按腧穴、标记位置或寻找疾病反应点。火鍉针刺法需将针头在酒精灯上烧至一定温度，在特定刺激点或患处烙烫，一般常用于外科病证，如小血管瘤、疣赘、色素痣、老年斑、外痔、久不愈合溃疡面、肛裂、瘘管等。其中对风湿、类风湿关节炎疼痛者，可以火鍉针隔药膏在局部温熨；对宫颈糜烂、阴道炎患者，可用大鍉针在患处以 80℃左右温度进行烙灼；对咽炎、咽后壁滤泡、扁桃体炎或化脓性扁桃体炎患者，可用弹簧鍉针或大鍉针在患处烙灼。长鍉针主要适用于肛瘘的治疗。

锋勾针操作要求为：右手拇指、食指、中指持捏针柄，呈持笔式；左手食指、中指或拇指绷紧所刺部位皮肤，右手持针迅速将针头刺入皮下，针尖与皮肤呈 75° 角。刺入后，将针体扭正与皮肤垂直，挑刺、勾割皮下纤维。上下提动针柄，勾割皮下纤维，可听到“喀嚓”声；勾割完毕，将针体恢复到进针时的角度，出针，针尖部分顺孔而出，减轻皮损，出针后用棉球按压。也可在选定部位如穴位或刺激点上迅速点刺，用于刺血，作用与三棱针同。锋勾针疗法适用于实证性疾病及顽固性、疼痛性疾病的治疗，如肩周炎、腰背肌劳损、腱鞘炎等疾病，也可用于急性结膜炎、急性扁桃体炎、急性咽炎等疾病的急性期；此外，中风后遗症、支气管炎、哮喘、胃痉挛、神经性头痛等也可应用。

员利针因其针体较粗、针身较长，刺激量较大，临床需夹持进针。进针后缓慢将针刺至所需深度，运用提插捻转手法，获得针感。针刺得气后，迅速出针，不留针。出针后，立即用干棉球按压针孔。临床主要用于腰三横突综合征、坐骨神经痛、梨状肌综合征、腰腿痛等重症、急症、顽症、痛证等疾病治疗。

其他针具，如师氏梅花针疗法参硬柄梅花针操作；长针疗法参芒针法；毫针疗法、火针疗法参考相应针具操作即可。

## 二、针刀法

针刀法是在针刀医学理论的指导下，应用针刀治疗疾病的方法，具有针刺和局部微创手术的双重治疗作用。

针刀是由针刀柄、针刀体和刀刃三部分组成（图 5-76），能够切割、分离病灶组织，具有疏通经络作用。针刀的刀刃端呈线形刃口，称刀口线，其方向与针刀柄一致。常用针刀刀具因刀柄形状、针刀体直径不同分为不同的型号。

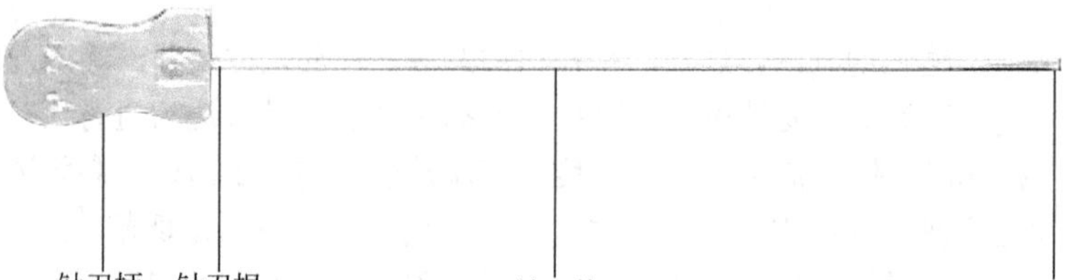


图 5-76 针刀刀具及其结构

### （一）操作方法

**1. 施术前准备**

（1）刀具选择　根据治疗点，选用适宜的针刀。所选刀具应光滑、无锈蚀，刀刃应锐利、无卷刃，刀柄应牢固、无松动。

（2）部位选择　根据病情，选择相应的针刀治疗点。例如，各种慢性软组织损伤性疾病，选取损伤部位相应肌肉、韧带、筋膜在骨面起止点的体表投影点；神经卡压综合征，选取卡压部位 Tinel 征阳性点旁开 0.5cm 处；脊柱相关性疾病，选取相应脊柱棘突、棘间、两侧关节突关节囊及横突部位的体表投影点。

（3）体位选择　根据病情，选择医者便于操作、患者适宜的体位。

（4）环境要求　应建立针刀专用治疗室，每日进行环境消毒。工作人员应穿无菌手术衣，戴一次性口罩和手术帽。

（5）消毒

1）刀具消毒：可采用高温消毒法，推荐使用一次性针刀。

2）部位消毒：施术部位用 0.5%碘伏或棉球消毒两遍，铺无菌洞巾，治疗点应位于洞巾中间。

（6）局部麻醉　每个针刀治疗点注射 1%利多卡因 1mL，用量应控制在每人每次 10mL 以内。

**2. 施术方法**

（1）持针刀姿势　以食指和拇指捏住针刀柄，中指在针刀体的中上部位托住针体，无名指和小指置于施术部位的皮肤上并作为针刀刺入时的一个支撑点，以控制针刀刺入的深度。

（2）进针刀方法

1）定点：在确定病变部位、准确掌握该处的解剖结构后，在进针刀部位做一标记。

2）定向：将刀刃压在进针刀点上，使刀口线与重要血管、神经及肌腱走行方向平行。

3）加压分离：持针刀手的拇、食指捏住针刀柄，其余 3 指托住针刀体，稍加压力不使刀刃刺破皮肤，使进针刀点处形成一个线形凹陷，将浅层神经和血管分离在刀刃两侧。

4）刺入：继续加压，快速刺破皮肤，匀速推进至病灶部位。

（3）常用针刀刀法

1）纵行疏通法：针刀体以皮肤为中心，刀刃端在体内沿刀口线方向做纵向运动。

2）横行剥离法：针刀体以皮肤为中心，刀刃端在体内垂直刀口线方向做横向运动。

3）提插切割法：刀刃到达病变部位后，切割第 1 刀，然后针刀上提 0.5cm，再向下插入 0.5cm，切割第 2 刀，如此提插 3 刀为宜。

4）骨面铲剥法：针刀到达骨面，刀刃沿骨面或骨嵴将粘连的组织从骨面上铲开，感觉针刀下有松动感时为度。

5）通透剥离法：针刀刺破囊壁，经过囊内，刺破对侧囊壁。

（4）出针刀　出针刀时，宜快速将针刀取出，压迫止血 3min，并用无菌敷料或创可贴覆盖针刀施术部位。针刀术后，施术部位保持清洁、干燥，防止局部感染，24 小时后去除无菌敷料或创可贴。

**3. 针刀治疗间隔时间及疗程**

对于同一种疾病，针刀治疗间隔时间以 5～7 天为宜，一般 3 次为 1 个疗程，每个治疗点只做一次针刀治疗。

### （二）适用范围

针刀疗法的适用范围比较广泛，主要用于各种慢性软组织损伤疾病、部分骨质增生性疾病和骨关节病、脊柱及脊柱相关疾病、瘢痕挛缩等。

### （三）注意事项

1）针刀操作应严格执行无菌操作，有毛发部位宜备皮。

2）正确预防和处理出血、晕针刀和断针刀等情况。

3）凝血机制障碍患者、恶性肿瘤患者、一切严重内脏疾病的发作期，均禁用本法。

4）施术部位有红肿、灼热、皮肤感染、肌肉坏死、深部有脓肿者，施术部位有重要的神经血管，或有重要脏器而施术时无法避开者，均禁用本法。

5）瘢痕体质者及妇女月经期、妊娠期、产后均慎用本疗法。

6）体质虚弱者、精神紧张者缓用本法。

## 三、浮针法

浮针法是采用一次性使用浮针等针具在引起局限性病痛的紧张性肌肉的周围或邻近四肢的皮下针刺法。该法是传统针灸学和现代医学相结合的产物，具有见效快、痛苦小、疗效显著、适应证广等特点。

一次性使用浮针是复合结构，由实心不锈钢为主要成分的针芯、软套管和保护套管构成。

## （一）操作方法

（1）明确患肌　患肌是指神经系统正常的前提下，放松时依旧紧张的肌肉。局部常有酸胀不适、疼痛、或其他明显异常感，相关关节活动范围减小，并常伴有无力感。医生触摸患肌肌腹时，手下有“紧、僵、硬、滑”的感觉。

（2）确定进针点　进针点的选择应遵循以下原则：

1）小范围、少患肌进针点宜近，大范围、多患肌进针点宜远。

2）如区域内有多个患肌，并伴有上肢和下肢肌肉异常者，进针点的选取要从远到近，先四肢部后头面躯干部。

3）多数情况下，进针点选择在患肌周围，上、下、左、右或斜取皆可。

（3）进针　将去除保护套的一次性使用浮针放入进针器传动杆，突点面向上，向后拉入固定（图 5-77）。将进针器前端放置在消毒过的进针点的皮肤上，按动按钮，将浮针发射进入皮下层（图 5-78）。然后将进针器向后退出（图 5-79）。

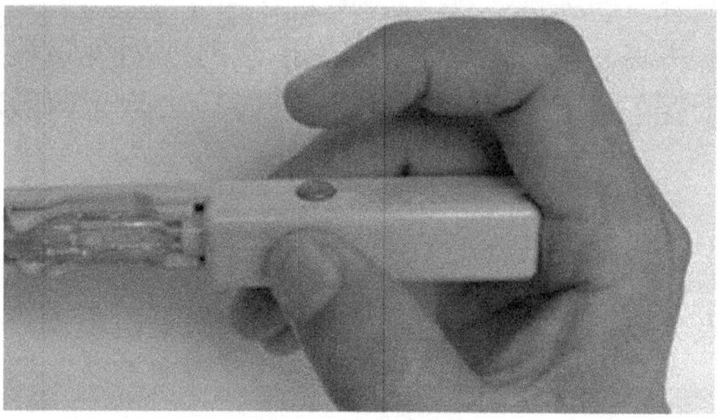

图 5-77　浮针持针姿势

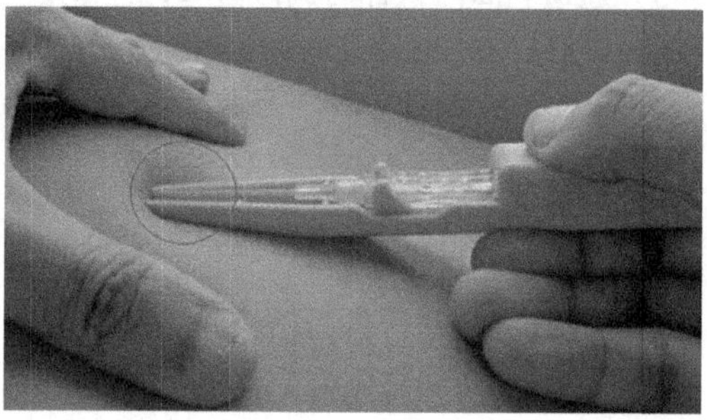

图 5-78　浮针进针

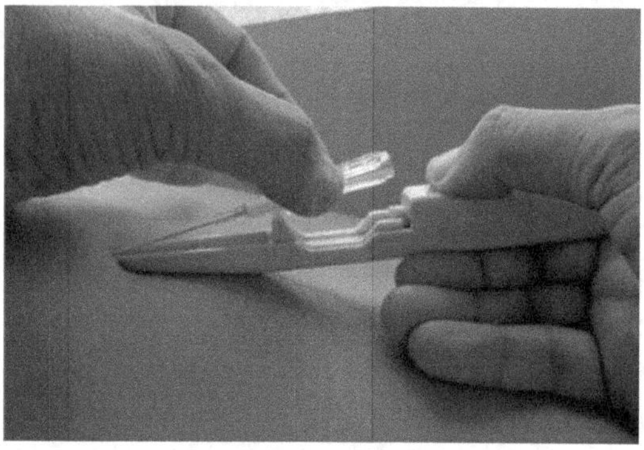

图 5-79　退出进针器

（4）运针　右手持针，使针体沿皮下向前推进，针尖略微翘起，这时可见皮肤呈线状隆起。将软套管全部埋入皮下后，将针芯稍退回，转入卡槽，确保针尖不突出在软套管外。

（5）扫散　以拇指为支点，食指和无名指配合前后摆动针座，做扇形扫散动作。扫散动作易稳、匀、柔，这时患者应当没有酸胀等感觉。每个进针点的扫散时间不超 2min，频率每分钟 100 次左右。

（6）再灌注活动　使得患肌紧张 8s 左右，然后放松的动作，多在扫散时实施。再灌注活动遵循幅度大、速度慢、次数少（不超过 3 次）、间隔长、变化多的原则。

（7）留管和取管　扫散后，抽出针芯，以胶布贴附于针座，固定留于皮下的软套管。留管时间一般为 5～8 小时。

## （二）适用范围

浮针法主治疼痛性疾患，如肩关节周围炎、颈椎病、网球肘、腰椎间盘突出症、膝关节炎、腱鞘炎、带状疱疹后遗痛、胆囊炎、慢性胃痛、泌尿道结石、痛经、乳腺增生等。此外，也适用于部分非疼痛性疾病，如失眠、抑郁、哮喘、咳嗽、呃逆、便秘、内痔、漏尿、前列腺炎等。

（三）注意事项

1）传染性疾病、恶性肿瘤、急性炎症、发热、自发性的出血、凝血功能障碍，以及体内留置心脏起搏器、支架患者，均不宜采用浮针治疗。

2）患者过于饥饿、疲劳、精神紧张时，不宜立即治疗，以防晕针。

3）妇女怀孕 3 个月以内者，不宜在小腹部针刺。若怀孕 3 个月以上者，腹部、腰骶部也不宜针刺。

# 第六节　电　针　法

电针法是在毫针针刺得气后，在针具上通以微量脉冲电流，以针和电的刺激代替手针刺激，激发并调整经络之气，以防治疾病的一种方法。电针是电刺激疗法与中医针灸疗法相结合的产物，不仅可以提高毫针的治疗效果，替代手针持续行针，可客观控制刺激量，还扩大了针刺的治疗范围，已经成为临床及科研普遍使用的针刺治疗方法。

19 世纪初法国医师首次提出针上并用电流的设想。20 世纪 30 年代，我国开始有人试制电针仪器，至 50 年代后期，电针法得到迅速发展，一直兴旺至今。目前，电针仪器的类型多种多样，如 G6805 型电针治疗仪、韩氏穴位神经刺激仪、电子针疗仪、音乐电针仪等。

## 一、操作方法

（一）配穴处方

电针的选穴方法除了按经络辨证、脏腑辨证取穴外，通常还可选用神经干通过和肌肉神经运动点取穴。电针腧穴的选用还应根据患病部位、病情需要、腧穴间的距离等进行配对和调整。一般选用其中的主穴，配相应的辅穴。多选同侧肢体的穴位配对，以 1～3 对穴位为宜。

（二）电针方法

使用电针仪器前，首先应该逐一检查电针仪器各输出旋钮并调整到“零”位（即归“0”）。

针刺穴位得气后，接电针仪器治疗，每根电极线输出端分为正、负两个夹头，将两极的导线夹分别连接于毫针针柄或针体，形成电流回路，应确保连接牢靠、导电良好。通常电针治疗选穴宜成对，以 1～3 对（2～6 个穴位）为宜。通常主穴接负极，配穴接正极。当选择单个腧穴进行治疗时，应使用无关电极，可选取有主要神经干通过的穴位（如下肢的环跳穴），将针刺入后，连接电针仪的一个电极，另一个电极则用盐水浸湿的纱布裹上，作为无关电极，固定在同侧经脉的皮肤上。应该特别注意：一般将同一对输出电极连接在身体的同侧，在胸、背部的穴位上使用电针时，更不可将两个电极跨身体中线接在身体两侧，要避免电流回路经过心脏。每对穴位间的距离不可过近，以免短路，影响疗效。

打开电针仪电源开关，选择治疗所需的波形、频率，调节对应输出旋钮，从零位开始逐级、缓慢加大电流强度，调节至合适的刺激强度，避免突然加大电流强度而给患者造成突然的刺激。

如进行较长时间的电针治疗，患者会产生适应性，即感到刺激逐渐变弱，此时可适当增加刺激强度，或采用间歇通电的方法。如有必要在电针治疗过程中对波形、频率进行调整时，应首先调节电流强度至最小，然后再变换波形和频率。电针治疗完成后，应首先将各个旋钮调至零位，关闭电针仪电源开关，然后从针柄或针体上取下电极线，并出针。

各种不同疾病的疗程不尽相同，一般 5～10 天为 1 个疗程，每日或隔日治疗 1 次，急症患者每日可电针 2 次。两个疗程中间可以间隔 3～5 天。

### （三）电针刺激参数的作用

电针刺激参数包括波形、波幅、波宽、频率和持续时间等，集中体现为刺激量。波幅一般指脉冲电压或电流的最大值与最小值之差，也指它们从一种状态变化到另一种状态的跳变幅度值。临床操作时，一般可选择和可调节的刺激参数是波形、频率、强度和时间。

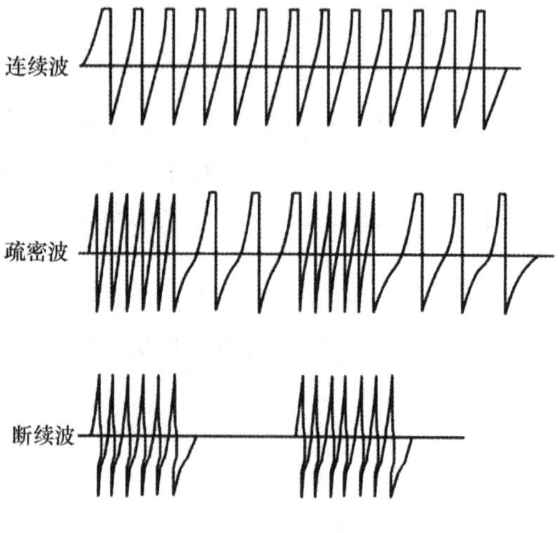


图 5-80　电针波形

**1. 波形**

常见电针刺激仪根据单个脉冲波的频率和不同输出方式组合形成了连续波、疏密波、断续波（图 5-80）。

（1）连续波　是一种时间间隔一样的连续脉冲，有频率可调性。频率低于 30Hz 的连续波称为疏波。疏波刺激作用较强，能引起肌肉收缩，产生较强的震颤感，提高肌肉韧带张力，促进神经肌肉功能的恢复。临床常用于治疗痿证，慢性疼痛，各种肌肉、关节及韧带的损伤等。频率高于 30Hz 的连续波称为密波。密波能降低神经应激功能，抑制脊髓兴奋性，常用于止痛、镇静、缓解肌肉和血管痉挛等。

（2）疏密波　是疏波和密波交替出现的频率固定的组合波，疏密交替持续的时间各约 1.5s。该波具有克服单一波形产生电适应的特点，能引起肌肉有节奏地舒缩，刺激各类镇痛介质的释放，加强血液循环和淋巴循环，调节组织的营养代谢，消除炎症水肿等，常用于各种痛证、软组织损伤、关节炎、面瘫、肌肉无力等。

（3）断续波　是有节律地时断时续自动出现的组合波，频率可调。断时无脉冲电输出，续时密波连续输出，一般均在 1.5s。这种波形对人体有强烈的震颤感，机体不易产生电适应性，能提高肌肉组织的兴奋性，对横纹肌有良好的刺激收缩作用，常用于治疗痿证、瘫痪。

**2. 频率**

频率是指每秒钟内出现的脉冲个数，其单位为赫兹（Hz），目前使用的电针仪器设置的常用频率为 1～100Hz。连续波可通过频率的调整而组合成不同的刺激波形，不同频率的电针可引起中枢释放不同类型的神经递质。就镇痛而言，低频（2Hz）主要刺激高位中枢释放脑啡肽和内啡肽等，而高频（100Hz）刺激脊髓释放强啡肽，因其生物效应不同，临床使用时应根据不同病情适当选择。

**3. 强度**

电针刺激强度一般通过电极输出端强度调节旋钮实施，当电流开到一定强度时，患者开始有麻刺感，这时的电流刺激强度称为“感觉阈”；当电流强度继续增加，患者产生刺痛感时，这时的电流刺激强度称为“痛阈”。一般适宜的电流刺激强度为介于“感觉阈”和“痛阈”之间。但总体来说，电针刺激时，局部肌肉应呈节律性收缩，但也无需过强刺激，应以患者能接受和耐受的强度为宜。因机体对电流刺激极易适应，做较长时间电针刺激时，一般应做强度调整。

**4. 时间**

电针单次刺激的时间一般为15～60min，刺激长短须因病、因人而异，用于镇痛一般需有30min及以上的电针刺激时间。电针时间过短可能尚未起效，过长则容易产生耐受。

## 二、适用范围

电针的适应范围和毫针刺法基本相同，可广泛应用于内、外、妇、儿、眼、耳鼻咽喉、骨伤等各科疾病，并可用于针刺麻醉，尤常用于头痛、三叉神经痛、坐骨神经痛、牙痛、痛经、面神经麻痹、多发性神经炎、精神分裂症、癫痫、神经衰弱、视神经萎缩、肩周炎、风湿性关节炎、类风湿关节炎、腰肌劳损、骨质增生、关节扭挫伤、脑血管病后遗症、耳鸣、耳聋、子宫脱垂、遗尿、尿潴留等。

## 三、注意事项

1）电针仪器使用前必须检查其性能是否良好，输出是否正常。

2）连接针具前，首先要将强度输出旋钮归“0”。调节输出旋钮时应缓慢，使输出强度逐渐从小到大，切勿突然增大，以免发生意外。

3）靠近延脑、脊髓等部位使用电针时，电流量宜小，不可过强刺激并注意电流的回路不要横跨中枢神经系统。

4）禁止电流直接流过心脏，不允许左右上肢的两个穴位同时接受一路输出治疗。

5）电针治疗过程中患者出现晕针现象时，应立即停止电针治疗，关闭电源，按毫针晕针的处理方法处理。

6）作为温针使用过的毫针，针柄表面往往氧化而不导电，应用时须将输出线夹在毫针的针体上或使用新的毫针。

7）年老、体弱、醉酒、饥饿、过饱、过劳等患者，不宜使用电针。

8）皮肤破损处、肿瘤局部、孕妇腹部、心脏附近、安装心脏起搏器者，以及颈动脉窦附近禁忌电针。

# 第七节　穴位注射法、穴位贴敷法、穴位埋线法

## 一、穴位注射法

穴位注射是以中西医理论为指导，依据穴位作用和药物性能，在穴位内注入药物以防治疾病的方法，又称“水针”。穴位注射是在针刺疗法和现代医学封闭疗法相结合的基础上发展而来的。它将针刺刺激与穴位药理有机地结合起来，发挥协同效应，以提高疗效。本法具有操作简便、用药量小、适应证广、作用迅速等优点，临床应用药物越来越丰富，应用病种也日益增多。

（一）用具和常用药液

**1. 针具** 使用无菌注射器和针头，现在临床多使用一次性注射器。根据使用药物和剂量大小、腧穴部位及针刺的深浅，选用不同规格的注射器和针头，一般可使用 1mL、2mL、5mL 注射器，肌肉肥厚部位可使用 10mL、20mL 注射器。针头可选用 5～7 号普通注射针头、牙科用 5 号长针头，以及封闭用长针头等。

**2. 药物** 常用的注射液，中药包括复方当归注射液、丹参注射液、川芎嗪注射液、鱼腥草注射液、银黄注射液、柴胡注射液、板蓝根注射液等；西药包括维生素 $B_1$ 注射液、维生素 $B_6$ 注射液、维生素 $B_{12}$ 注射液、维生素 C 注射液、维丁胶性钙注射液、葡萄糖注射液、生理盐水、注射用水、注射用三磷腺苷、注射用辅酶 A、神经生长因子、胎盘组织液，以及硫酸阿托品、山莨菪碱、加兰他敏、泼尼松、盐酸普鲁卡因、利多卡因、氯丙嗪等。

（二）操作方法

**1. 选穴处方**

穴位注射法可根据针灸治疗的选穴原则辨证选穴。一般选取肌肉比较丰厚的部位进行穴位注射，选穴宜少而精，以 1～3 个腧穴为宜，最多不超过 4 个腧穴。 临床常结合经络、经穴触诊法选取阳性反应点进行治疗，常在背腰部的背俞穴、胸腹部的募穴和四肢部的某些特定穴寻找。在压痛等阳性反应点进行穴位注射，往往效果较好。

**2. 操作**

（1）选择注射器及针头 根据所选穴位或部位、用药剂量，选择合适的注射器及针头。抽吸相应剂量药液，排出注射器筒内空气。

（2）进针 患者取舒适体位，局部皮肤常规消毒后，将针头迅速刺入，然后慢慢推进或上下提插，待针下有得气感后，回抽无血，即可将药推入，并随时观察患者的反应（图 5-81）。

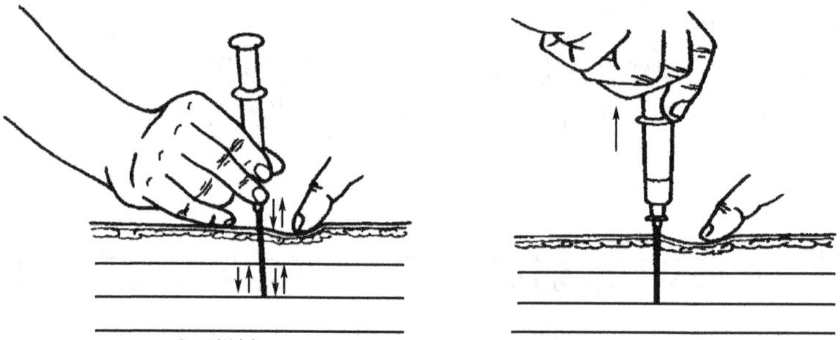


图 5-81 进针

（3）推药 一般使用中等速度推入药物。慢性病、体弱者用轻刺激，将药物缓慢轻轻推入；急性病、体强者用强刺激，将药物快速推入。如果注射药物较多时，可以将注射针由深部逐渐退后至浅层，边退针边推药，或将注射器变换不同的方向进行穴位注射（图 5-82）。

（4）出针 注射后缓慢出针，并用无菌棉签或无菌棉球压迫 1～2min。

**3. 药物剂量**

穴位注射的用药剂量决定于注射部位、药物的性质和浓度，不可过量。

不同部位每穴每次常规注射量：耳穴 0.1～0.2mL，头面部穴位 0.1～0.5mL，腹背及四肢部穴位 1～2mL，腰臀部穴位 2～5mL。

刺激性较小的药物如葡萄糖注射液、生理盐水等用量可较大，如 5%～10%葡萄糖注射液每次可注射 10～20mL；刺激性较大的药物（如乙醇）和特异性药物（如抗生素、激素、阿托品等）一般用量较小，每次用量多为常规的 1/10～1/3。

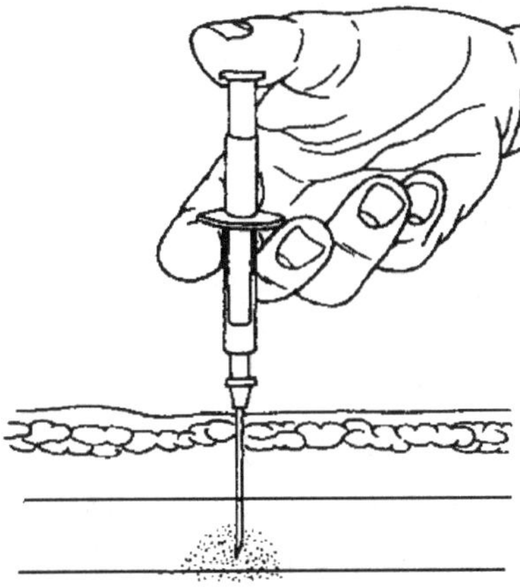

图 5-82　推药

**4. 疗程**

同一组穴位两次注射宜间隔 1～3 天，一个疗程的治疗次数取决于疾病的性质及特点，以 3～10 次为宜，两个疗程间宜间隔 5～7 天。

（三）适用范围

穴位注射的适用范围非常广泛，内、外、妇、儿等各科均可以运用。应用于运动系统疾病，如肩周炎、关节炎、腰肌劳损、骨质增生、关节扭挫伤等；神经精神系统疾病，如三叉神经痛、面神经麻痹、坐骨神经痛、多发性神经炎、精神分裂症、癫痫、神经衰弱等；消化系统疾病，如胃下垂、胃肠神经官能症、腹泻、痢疾等；呼吸系统疾病，如急慢性支气管炎、上呼吸道感染、支气管哮喘、肺结核等；心血管疾病，如高血压、冠心病、心绞痛等；皮肤疾病，如荨麻疹、痤疮、神经性皮炎等；妇科疾病，如子宫脱垂、滞产；儿科疾病，如小儿肺炎、小儿腹泻等。

（四）注意事项

1）严格遵守无菌操作规则，防止感染。

2）应向患者说明本疗法的特点和注射后的正常反应。如注射局部会出现酸胀感、4～8 小时内局部有轻度不适，或不适感持续较长时间，但是一般不超过 1 天。

3）注意药物的性能、药理作用、剂量、配伍禁忌及毒副作用。凡能引起过敏的药物，如青霉素、链霉素、普鲁卡因等，必须常规皮试，皮试阳性者不可应用。不良反应较严重的药物，使用时应谨慎。

4）药物不可注入关节腔、血管内和脊髓腔。应注意避开神经干，以免损伤神经。耳穴注射应选用易于吸收、无刺激性的药物。

5）年老体弱及初次接受治疗者，体位应取卧位，注射部位不宜过多，药量也可酌情减少，以免晕针。孕妇的下腹部、腰骶部及合谷、三阴交等穴，不宜做穴位注射，以免引起流产。

## 二、穴位贴敷法

穴位贴敷法是指在某些穴位上贴敷药物，通过药物和腧穴的共同作用以治疗疾病的方法。其中将一些带有刺激性的药物如斑蝥、白芥子、甘遂、蓖麻子等捣烂或研末，贴敷于穴位，如果引起局部发疱、化脓如“灸疮”，则称为“天灸”或“自灸”，现代也称为发疱疗法。若将药物贴敷于神阙穴，通过脐部吸收或刺激脐部以治疗疾病时，又称为“敷脐疗法”或“脐疗”。若将药物贴敷于涌泉穴，通过足部吸收或刺激足部以治疗疾病时，又称为“足心疗法”或“涌泉疗法”。

## （一）贴敷药物

### 1. 药物的选择

凡是临床上有效的汤剂、丸剂，一般都可以熬膏或研末用作穴位贴敷。与内服药物相比，贴敷用药的选用具有以下特点。

1）多用通经走窜、开窍活络之品。《理瀹骈文》载：“膏中用药，必得通经走络、开窍透骨、拔毒外出之品为引。”以引领诸药开结行滞，直达病所，祛邪外出。常用的药物有冰片、麝香、丁香、花椒、白芥子、乳香、没药、肉桂、细辛、白芷、姜、葱、蒜等。这些药物刺激性较强，不仅本身能治疗相应的病变，而且通经活络、走而不守，能促进其他药物向体内的渗透，以发挥最佳效应。

2）多选气味俱厚、生猛有毒之品，如生天南星、生半夏、生川乌、生草乌、巴豆、斑蝥、甘遂、马前子、蓖麻子、大戟等。这些药物气味俱厚，药性猛烈，口服有毒，对肝肾等脏器有损害。通过穴位贴敷，透皮给药，能通过经络腧穴直达病所，避免了对肝肾等脏器的损害，又能起到速捷的效果。

3）选择适当的溶剂调和贴敷药物或熬膏，以达药力专、吸收快、收效速的目的。常用溶剂有水、白酒或黄酒、醋、姜汁、蜂蜜、蛋清、凡士林等。此外，还可针对病情应用药物的浸剂作为溶剂（表 5-5）。

**表 5-5 贴敷药物调和常用溶剂**

| 调和剂 | 功效特性 |
|---|---|
| 醋剂 | 解毒、化瘀、敛疮，对峻猛药可缓其性 |
| 酒调 | 行气、活血、通络、消肿、止痛，对缓性药可激其性 |
| 油调 | 润肤生肌，保润时间长 |
| 姜汁调 | 温经通络、行气活血，促进药物的渗透与吸收 |

### 2. 常用剂型

根据病情及药物性能，临床中有多种剂型可供临床贴敷使用。如散剂、膏剂、丸剂、糊剂、熨贴剂、鲜药剂、泥剂、膜剂、锭剂、浸膏剂、水（酒）渍剂等。

## （二）操作方法

### 1. 选穴处方

以辨证选穴为主，腧穴力求少而精。此外，还可选用病变局部、阿是穴或经验穴。如马钱子粉贴敷颊车、地仓穴治疗周围性面瘫，葱白泥外敷治疗急性乳腺炎，吴茱萸贴敷涌泉穴治疗小儿流涎，威灵仙贴敷身柱穴治疗百日咳等。

### 2. 贴敷方法

（1）取适当体位，定准穴位　对腧穴局部皮肤进行消毒，也可使用助渗剂，在敷药前先在穴位上涂以助渗剂或将助渗剂与药物调和后再贴敷。

（2）贴敷药物 以胶布或专供贴敷穴位的特制敷料固定，也可先将纱布或油纸覆盖其上，再用胶布固定。

（3）换药及贴敷时间 如需换药，可用消毒干棉球蘸温水或各种植物油，或液状石蜡轻轻擦去黏在皮肤上的药物，擦干后再敷药。一般刺激性小的药物，每隔1～3天换药1次；不需溶剂调和的药物，还可适当延长到5～7天换药1次；刺激性大的药物，应视患者的反应和发疱程度确定贴敷时间，数分钟至数小时不等，如需再贴敷，应待局部皮肤愈后再贴敷，或改用其他有效穴位交替贴敷。敷脐疗法每次贴敷3～24小时，隔日1次，所选药物不应为刺激性大及发疱之品；冬病夏治穴位贴敷从每年入伏到末伏，每7～10天贴1次，每次贴3～6小时，连续3年为1个疗程。

（4）水疱处理 对于贴敷部位起水疱者，色素沉着、潮红、微痒、烧灼感、疼痛、轻微红肿、小的水疱一般不需特殊处理，让其自然吸收；大的水疱应以消毒针具挑破其底部，排尽液体，消毒以防感染；破溃的水疱应在消毒之后，外用无菌纱布覆盖，以防感染。

#### （三）适用范围

本法临床适用范围较为广泛，可以治疗呼吸系统、消化系统、骨关节系统、神经系统及儿科、妇科等疾病。如感冒、急慢性支气管炎、支气管哮喘、风湿性关节炎、三叉神经痛、面神经麻痹、神经衰弱、胃下垂、胃肠神经症、腹泻、遗精、阳痿、月经不调、痛经、子宫脱垂、牙痛、口疮、小儿夜啼、厌食、遗尿、流涎等。此外，本法还可用于防病保健。

#### （四）注意事项

1）凡用溶剂调敷药物时，需随调制随贴敷，以防挥发。

2）若用膏剂贴敷，应掌握好温化膏剂的温度（膏剂温度不应超过45℃），以防烫伤或贴不住。

3）对胶布过敏者，可改用低过敏胶布或用绷带固定贴敷药物。

4）色素沉着、潮红、微痒、烧灼感、疼痛、轻微红肿、轻度出水疱属于穴位贴敷的正常皮肤反应。但贴敷后若出现范围较大、程度较重的皮肤红斑、水疱、瘆痒现象，应立即停药，进行对症处理；若出现全身性皮肤过敏症状者，应及时到医院就诊。

5）对刺激性强、毒性大的药物，如斑蝥、马钱子、巴豆等，贴敷药量与穴位宜少、面积宜小、时间宜短，防止发疱过大或发生药物中毒。

6）久病、体弱、消瘦、孕妇、幼儿，以及有严重心肝肾功能障碍者慎用。

7）糖尿病患者以及贴敷部位有创伤、溃疡者禁用。

8）能引起皮肤发疱的药物不宜贴敷面部和关节部位。

9）对于残留在皮肤的药膏等，不可用汽油或肥皂等有刺激性物品擦洗。

10）贴敷药物后注意局部防水。

### 三、穴位埋线法

穴位埋线法是将可吸收性外科缝线置入穴位内，利用线对穴位的持续刺激作用，激发经气、调和气血，以防治疾病的特殊针灸方法。

#### （一）埋线用具

常规的埋线用具有皮肤消毒用品、洞巾，注射器、止血钳、镊子，一次性埋线针，7、8号注射针头，28号1.5、2寸毫针，或经改制的12号腰椎穿刺针（将针芯前端磨平），2%利多卡因，剪刀、消毒纱布及敷料等。0～1 号铬制羊肠线，纯天然胶原蛋白缝合线，PGA 线（高分子化学合成线）。

（二）操作方法

**1. 选穴处方**

穴位埋线法一般可根据针灸治疗时的处方原则辨证取穴。穴位埋线法常选择肌肉比较丰厚部位的穴位，以背腰部及腹部穴最常用。取穴应精简，每次 1～3 穴为宜。

**2. 埋线方法**

现代临床埋线方法以专用埋线针埋线为代表介绍如下。

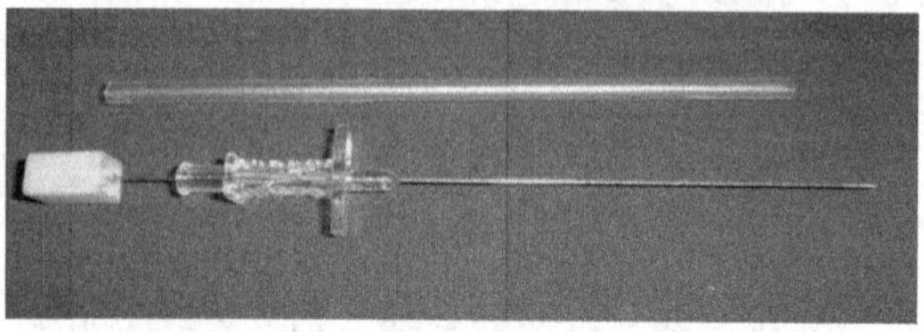

图 5-83 专用埋线针

专用埋线针（图 5-83）是根据腰椎穿刺针的原理改制而成，现多为一次性使用。选用羊肠线或胶原蛋白缝合线。常规消毒局部皮肤，取一段 1～2cm 长已消毒的羊肠线或胶原蛋白缝合线，放置在专用埋线针针管的前端，后接针芯，左手拇、食指绷紧或捏起拟进针穴周皮肤，右手持针，刺入穴位，到达所需深度，施以适当的提插捻转手法；当出现针感后，边推针芯，边退针管，将羊肠线或胶原蛋白线埋植在穴位的肌层或皮下组织内。出针后用无菌干棉球（签）按压针孔止血。

此外，还有穿刺针埋线法、三角针埋线法、切开埋线法和切开结扎埋线法等。

**3. 术后反应及处理**

1）在术后 1～5 天内，由于刺激损伤及医用羊肠线的刺激，埋线局部可能出现红、肿、热、痛等无菌性炎症反应，少数病例反应较重，伤口处有少量渗出液，此为正常现象，一般不需处理。若渗液较多凸出于皮肤表面时，可将乳白色渗液挤出，用 75%酒精棉球擦去，覆盖消毒纱布。

2）局部出现血肿一般先予以冷敷止血，再行热敷消瘀。

3）少数患者可有全身反应，表现为埋线后 4～24 小时内体温上升，一般在 38℃，局部无感染现象，持续 2～4 天后体温恢复正常。如出现高热不退，应酌情给予消炎、退热药物治疗。

4）由于埋线疗法间隔较长，宜对埋线患者进行不定期随访，了解患者埋线后的反应，及时给出处理方案。

5）若患者对医用羊肠线过敏，治疗后局部红肿、瘙痒、发热等反应较为严重，甚至埋线处脂肪液化，线体溢出，应适当做抗过敏处理，必要时切开取线。

（三）适用范围

穴位埋线法主要用于治疗慢性病，如哮喘、胃痛、腹泻、便秘、遗尿、面瘫、鼻渊、阳痿、痛经、腰腿痛、失眠、痿证、癫痫、视神经萎缩、神经性皮炎、脊髓灰质炎后遗症、神经症等，现也用于减肥、美容或防病保健等方面。

（四）注意事项

1）注意无菌操作，以防感染。线应埋入穴位，不可暴露在皮肤之外。

2）肺结核活动期，骨结核，严重心脏病，妊娠期等，糖尿病及其他各种疾病导致皮肤和皮下组织吸收及修复功能障碍者，或埋线局部皮肤有感染或溃疡均禁止使用本法。

3）有出血倾向的患者，以及精神紧张、过劳或者过饥者，均慎用埋线。

4）根据不同部位，掌握埋线的深度，避免伤及内脏、大血管和神经干（不要直接结扎神经和血管），以免造成功能障碍和疼痛。

5）若发生晕针应立即停止治疗，按照晕针处理。

6）注意术后反应，有异常现象，应及时处理。

# 第八节　头　针　法

头针法又称头皮针法，是指在头皮部特定穴线进行针刺以治疗疾病的方法。

头针的理论依据主要有二：一是根据传统的脏腑经络理论。手足六阳经皆上循于头面，手足六阴经中足厥阴经直接循行于头面部，六阴经通过各自的经别与阳经相合后上达于头面。因此，头面部是脏腑经络之气汇集的重要部位。《素问•脉要精微论》曰："头者精明之府。"二是根据大脑皮质功能定位在头皮的投影，确立相应的头穴线。

头针因其疗效独特、适应证广泛而成为临床医生常用的针灸治疗方法之一。为了适应国际上头针疗法的推广与交流，中国针灸学会根据分区定经、经上选穴、穴点连线及古代透刺方法等拟定了《头皮针穴名标准化国际方案》，其于 1984 年在日本召开的世界卫生组织西太区会议上被正式通过。本节标准头针穴线的名称、定位等均依据该方案。

## 一、标准头针穴线的定位和主治

标准头针穴线共 25 条，分别位于额区、顶区、颞区、枕区 4 个区域的头皮部，各区定位及主治如下。

### （一）额区

额区定位及主治如表 5-6 与图 5-84 所示。

**表 5-6　额区**

| 穴线名 | 定位 | 与经脉的关系 | 主治 |
|---|---|---|---|
| 额中线（MS1） | 在额部正中，前发际上下各 0.5 寸，即神庭穴向下 1 寸 | 分布于督脉 | 头痛、失眠、健忘、多梦、癫狂痫、痴呆、鼻病等 |
| 额旁 1 线（MS2） | 在额部，直对目内眦，发际上下各 0.5 寸，即眉冲穴向下 1 寸 | 分布于足太阳经 | 冠心病、心绞痛、失眠、支气管哮喘、支气管炎等 |
| 额旁 2 线（MS3） | 在额部，直对瞳孔，发际上下各 0.5 寸，即头临泣穴向下 1 寸 | 分布于足少阳经 | 急慢性胃炎、胃和十二指肠溃疡、肝胆疾病等 |
| 额旁 3 线（MS4） | 在额部，自胃经头维穴内侧 0.75 寸，发际上下各 0.5 寸，共 1 寸 | 位于足少阳经、足阳明经之间 | 功能性子宫出血、阳痿、遗精、子宫脱垂、尿频、尿急等 |

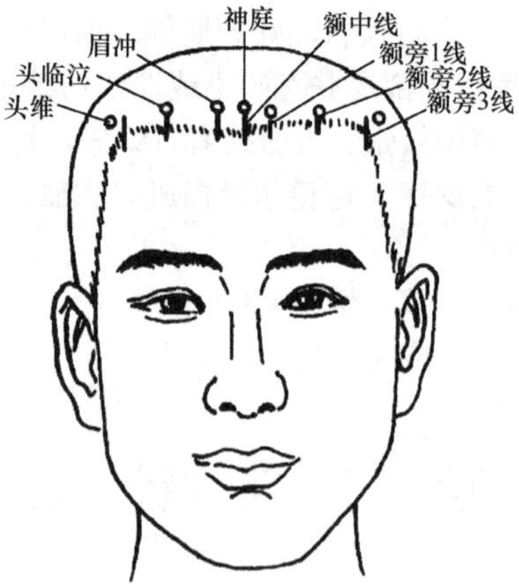


图 5-84 额区

（二）顶区

顶区定位及主治如表 5-7 与图 5-85～图 5-87 所示。

**表 5-7 顶区**

| 穴线名 | 定位 | 与经脉的关系 | 主治 |
|---|---|---|---|
| 顶中线（MS5） | 在头顶正中线上，自百会穴向前 1.5 寸至前顶穴 | 分布于督脉 | 腰腿足病证如瘫痪、麻木、疼痛，皮质性多尿，小儿夜尿，脱肛，胃下垂，子宫脱垂，高血压，头顶痛等 |
| 顶颞前斜线（MS6） | 在头部侧面，从前顶穴至悬厘穴的连线 | 斜穿督脉、足太阳经、足少阳经 | 对侧肢体中枢性运动功能障碍。将全线分五等分，上 1/5 治疗对侧下肢中枢性瘫痪，中 2/5 治疗对侧上肢中枢性瘫痪，下 2/5 治疗对侧中枢性面瘫、运动性失语、流涎等 |
| 顶颞后斜线（MS7） | 在头部侧面，从百会穴至曲鬓穴的连线 | 斜穿督脉、足太阳经和足少阳经 | 对侧肢体中枢性感觉障碍。将全线分为五等分，上 1/5 治疗对侧下肢感觉异常，中 2/5 治疗对侧上肢感觉异常，下 2/5 治疗对侧头面部感觉异常 |
| 顶旁 1 线（MS8） | 在头顶部，正中线旁开 1.5 寸，自承光穴起向后 1.5 寸 | 分布于足太阳经 | 腰腿足病证，如瘫痪、麻木、疼痛等下肢病证 |
| 顶旁 2 线（MS9） | 在头顶部，距正中线 2.25 寸，自正营穴起沿经线向后 1.5 寸 | 分布于足少阳经 | 肩、臂、手病证，如瘫痪、麻木、疼痛等上肢病证 |

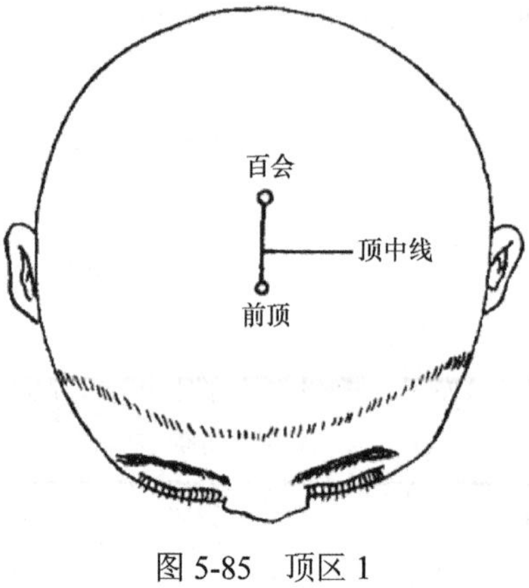


图 5-85 顶区 1

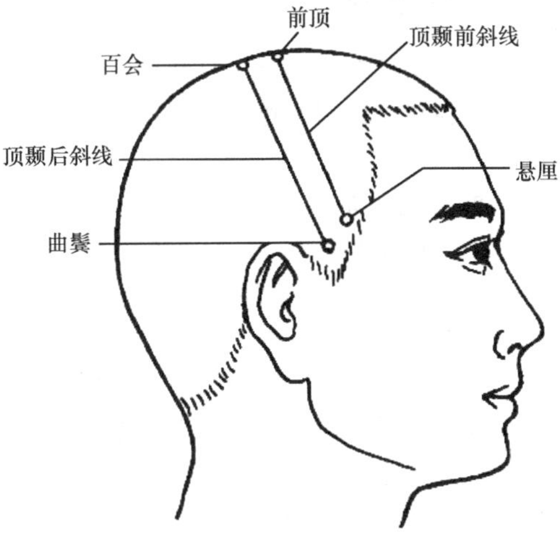


图 5-86　顶区 2

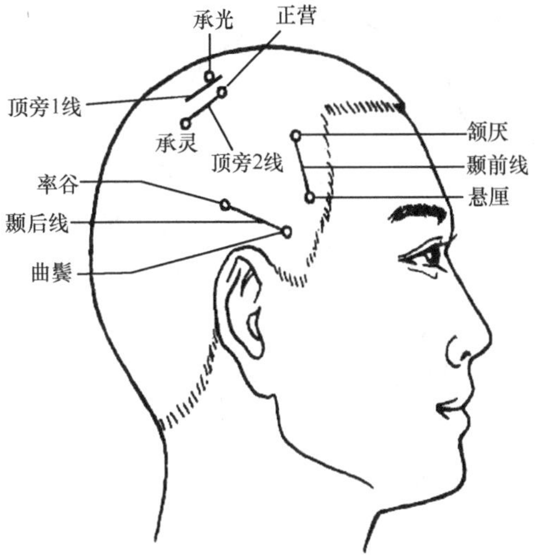


图 5-87　顶区和颞区

## （三）颞区

颞区定位与主治如表 5-8 与图 5-87 所示。

**表 5-8　颞区**

| 穴线名 | 定位 | 与经脉的关系 | 主治 |
|---|---|---|---|
| 颞前线（MS10） | 在头部侧面，颔厌穴至悬厘穴 | 分布于足少阳经 | 偏头痛、运动性失语、周围性面神经麻痹及口腔疾病等 |
| 颞后线（MS11） | 在头部侧面，率谷穴至曲鬓穴 | 分布于足少阳经 | 偏头痛、眩晕、耳聋、耳鸣等 |

## （四）枕区

枕区定位与主治如表 5-9 与图 5-88 所示。

**表 5-9　枕区**

| 穴线名 | 定位 | 与经脉的关系 | 主治 |
|---|---|---|---|
| 枕上正中线（MS12） | 在枕部，枕外粗隆上方正中的垂直线，自强间穴至脑户穴 | 分布于督脉 | 眼病 |
| 枕上旁线（MS13） | 在枕部，枕上正中线平行向外 0.5 寸 | 分布于足太阳经 | 皮质性视力障碍、白内障、近视、目赤肿痛等眼病 |
| 枕下旁线（MS14） | 在枕部，从膀胱经玉枕穴，向下引一直线，长 2 寸 | 分布于足太阳经 | 小脑疾病引起的平衡障碍、后头痛、腰背两侧痛 |

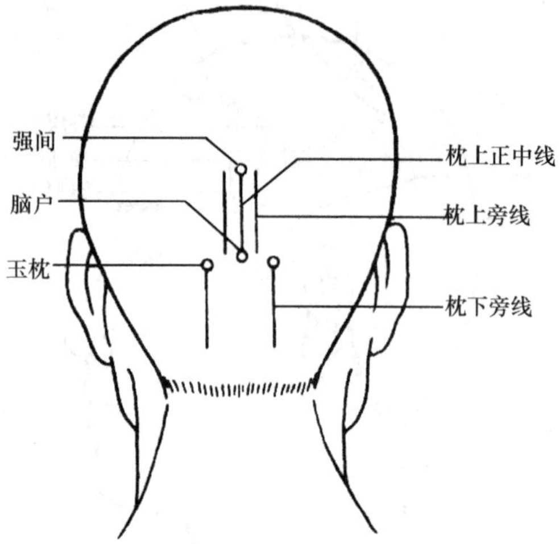


图 5-88 枕区

## 二、适用范围

采用头皮针治疗的病种已达百余种，涉及内、外、妇、儿等临床各科，但对脑源性疾病疗效较为显著，具体如下。

（1）中枢神经系统疾患 脑血管疾病所致的偏瘫、失语、假性延髓性麻痹，小儿神经发育不全和脑性瘫痪，颅脑外伤后遗症，脑炎后遗症，以及癫痫、舞蹈病和帕金森病等。

（2）精神疾患 精神分裂症、癔症、考场综合征、抑郁症等，也可用于老年性痴呆和小儿先天痴呆者。

（3）疼痛和感觉异常 头痛、三叉神经痛、颈项痛、肩痛、腰背痛、坐骨神经痛、胆绞痛、胃痛、痛经等各种急慢性疼痛病证，以及肢体远端麻木、皮肤瘙痒症等病证。

（4）皮质内脏功能失调所致疾患 高血压、冠心病、溃疡、性功能障碍和月经不调，以及神经性呕吐、功能性腹泻等。

## 三、操作方法

### （一）穴位选择

单侧肢体疾病，选用对侧头针穴线；双侧肢体疾病，选用双侧头针穴线；内脏全身疾病或不易区别左右的疾病，可双侧取穴。一般根据具体的病情选用相应的头针穴线，如下肢瘫痪，可选顶旁1线配顶颞前斜线、顶颞后斜线的上 1/5。

### （二）进针方法

患者多取坐位或卧位，局部常规消毒。一般选用 28～30 号长 1.5～3 寸的毫针，针尖与头皮呈 30°左右夹角，快速将针刺入头皮下，当针尖抵达帽状腱膜下层时，指下感到阻力减小，然后使针与头皮平行，继续捻转进针，刺入相应深度（线段的长度）。若进针角度不当，患者痛甚且医者手下有抵抗感，应调整进针角度（图 5-89）。

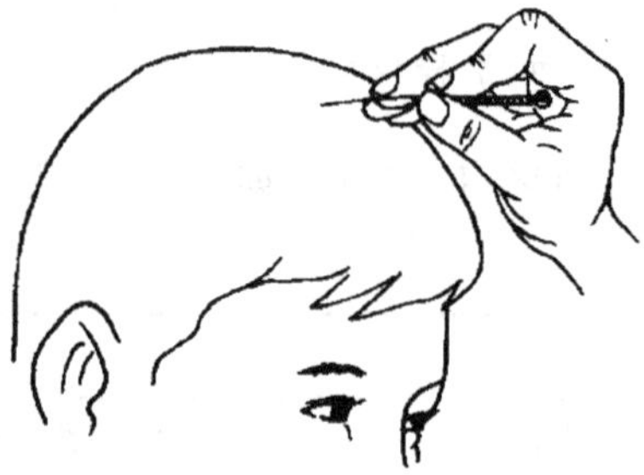

图 5-89 进针方法

### （三）行针方法

（1）捻转手法 进针至适当深度后，刺手食指第一、二节呈半屈曲状，用食指第一节的桡侧面与拇指第一节的掌侧面持住针柄，然后食指掌指关节做伸屈运动，使针体快速旋转，一般捻转频率为 200 次/分钟左右，持续 2～3min。

（2）提插法 押手按压进针处以固定头皮，刺手拇、食指紧捏针柄，针体平卧提插行针，指力保持均匀一致，幅度不宜过大，持续行针 2～3min，根据病情需要及患者体质，调整提插幅度和频率。

（四）留针方法

留针一般分为静留针与动留针两种。静留针一般留针时间为 15～30min，并可辅用电针以加强刺激效果。动留针则是在 15～30min 的留针时间内，间歇行针 2～3 次，每次 2min 左右。

（五）出针方法

到达所需留针时间后，先缓慢出针至皮下，然后迅速拔出，拔针后须用消毒干棉球按压针孔片刻，以防出血。出针后需清点针数，以免遗留针在体内。

## 四、注意事项

1）婴儿囟门尚未闭合的、颅骨缺损或开放性脑损、孕妇患者不宜用头皮针治疗。

2）头颅手术部位，头皮严重感染、溃疡和创伤处不宜使用头皮针，如必要时，可在其对侧区线头皮针治疗。

3）头皮针刺激较强，预防晕针发生。留针时避免碰撞针柄，以免发生弯针和疼痛。

4）对部分感觉、运动异常病证，头皮针常配合适当运动，可提高临床疗效。

5）严重心脏病、重度糖尿病、重度贫血、急性炎症和脑血管意外急性期患者或血压、病情不稳定者不宜使用头皮针。精神紧张、过饱、过饥者应慎用。

# 第九节 耳 针 法

耳针法是指采用毫针或其他方式刺激耳部特定部位，以诊断、预防和治疗全身疾病的一种方法。耳针治疗范围较广，操作方法简单易行。

耳针诊治疾病历史悠久，早在春秋战国即有记载，如《灵枢·五邪》曰："邪在肝，则两胁中痛……取耳间青脉起者去其掣。"《灵枢·厥病》曰："耳聋无闻，取耳中。"唐朝《备急千金要方》中有取耳中穴治疗黄疸、寒暑疫毒等病的记载。其后，以耳郭诊断疾病，以针刺、按摩、塞药、艾灸、温熨等方法刺激耳郭以防治疾病等有关叙述更是散见于历代医书之中，为耳针的形成和发展奠定了理论基础。20 世纪 50 年代，法国医学博士诺基尔（P. Nogier）提出了 42 个耳穴点和形如胚胎倒影的耳穴图，对我国医务工作者影响很大，在一定程度上推动了耳针疗法在我国的普及和发展。为促进耳穴应用的发展与研究，国家质量监督检验检疫总局和国家标准化管理委员会于 2008 年颁布及实施了中华人民共和国国家标准 GB/T 13734—2008《耳穴名称与定位》。

## 一、耳与经络脏腑的关系

耳与经络有着密切的关系。马王堆帛书《阴阳十一脉灸经》提及与上肢、眼、颊、咽喉相联系的"耳脉"。《内经》时期，不仅将"耳脉"发展成了手少阳三焦经，而且对耳与经脉、经别、经筋的关系均有详细的记载。在十二经脉循行中，有的经脉直接入耳中，有的分布在耳郭周围。如手太阳小肠经、手少阳三焦经、足少阳胆经等经脉、经筋分别入耳中，或循耳之前、后；足阳明胃经、足太阳膀胱经则分别上耳前，至耳上角；手阳明大肠经之别络入耳合于宗脉。六条阴经虽不直接联系耳郭，但均可借助经别与阳经相合而达于耳。因此十二经脉均直接或间接上行到达于耳。故《灵枢·口问》曰："耳者，宗脉之所聚也。"所以刺激耳郭上的穴位，就具有疏通经络、行气和血、调和百脉的作用。

耳与五脏六腑的关系十分密切，其论述散见于历代医典。例如，《素问·金匮真言论》所载“南方赤色，入通于心，开窍于耳，藏精于心”。《灵枢·脉度》所载“肾气通于耳，肾和则耳能闻五音矣”。又如，《素问·玉机真藏论》曰：“（脾）不及，则令人九窍不通。”《素问·藏器法时论》载“肝病者……虚则耳无所闻……气逆则头痛，耳聋不聪”。《难经·四十难》云：“肺主声，故令耳闻声。”此后历代医著对于耳与脏腑的关系论述更为详细。《厘正按摩要术》中进一步将耳背分为心、肝、脾、肺、肾五部，其云：“耳珠属肾，耳轮属脾，耳上轮属心，耳皮肉属肺，耳背玉楼属肝。”说明耳与脏腑在生理方面相互联系，在病理方面相互影响，关系密切。

## 二、耳针刺激部位

耳针刺激部位即为耳穴，是耳郭表面与人体脏腑经络、组织器官、躯干四肢相互沟通的特殊部位。耳穴既是疾病的反应点，也是防治疾病的刺激点。

### （一）耳郭表面解剖

**1. 耳郭正面（图 5-90～图 5-92）**

耳垂：耳郭下部无软骨的部分。
耳垂前沟：耳垂与面部之间的浅沟。
耳轮：耳郭外侧边缘的卷曲部分。
耳轮脚：耳轮深入耳甲的部分。
耳轮脚棘：耳轮脚和耳轮之间的隆起。
耳轮脚切迹：耳轮脚棘前方的凹陷处。
耳轮结节：耳轮外上方的膨大部分。
耳轮尾：耳轮向下移行于耳垂的部分。
轮垂切迹：耳轮和耳垂后缘之间的凹陷处。
耳轮前沟：耳轮与面部之间的浅沟。
对耳轮：与耳轮相对呈“Y”字形的隆起部，由对耳轮体、对耳轮上脚和对耳轮下脚三部分组成。

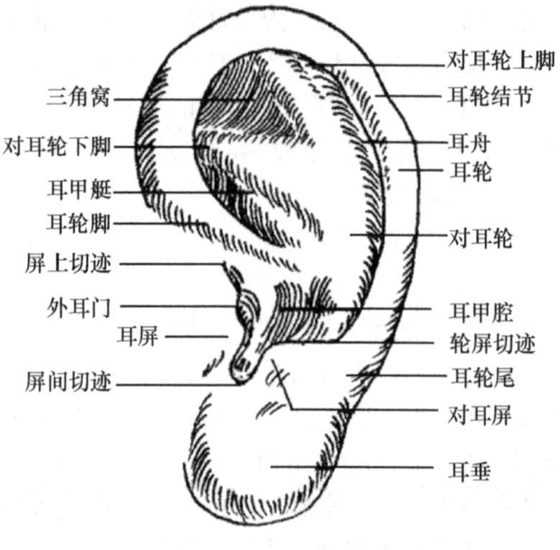

图 5-90 耳郭正面 a

对耳轮体：对耳轮下部呈上下走向的主体部分。
对耳轮上脚：对耳轮向上分支的部分。
对耳轮下脚：对耳轮向前分支的部分。
轮屏切迹：对耳轮与对耳屏之间的凹陷处。
耳舟：耳轮与对耳轮之间的凹沟。
三角窝：对耳轮上、下脚与相应耳轮之间的三角形凹窝。
耳甲部分：部分耳轮和对耳轮、对耳屏、耳屏及外耳门之间的凹窝。由耳甲艇、耳甲腔两部分组成。
耳甲艇：耳轮脚以上的耳甲部。
耳甲腔：耳轮脚以下的耳甲部。
耳屏：耳郭前方呈瓣状的隆起。
屏上切迹：耳屏与耳轮之间的凹陷处。
上屏尖：耳屏游离缘上隆起部。

下屏尖：耳屏游离缘下隆起部。
耳屏前沟：耳屏与面部之间的浅沟。
对耳屏：耳垂上方，与耳屏相对的瓣状隆起。
对屏尖：对耳屏游离缘隆起的顶端。
屏间切迹：耳屏和对耳屏之间的凹陷处。
外耳门：耳甲腔前方的孔窍。

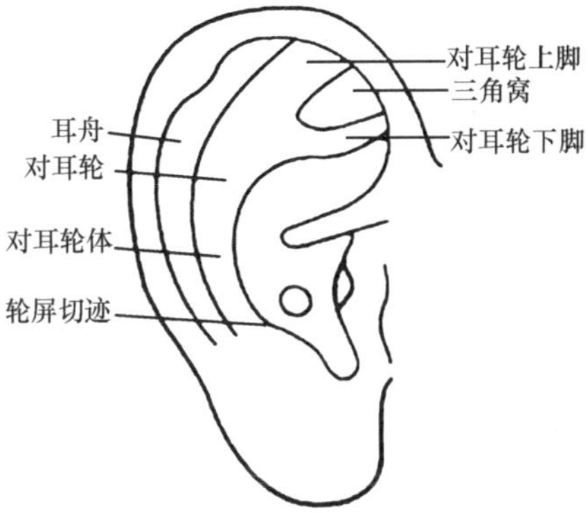


图 5-91　耳郭正面 b

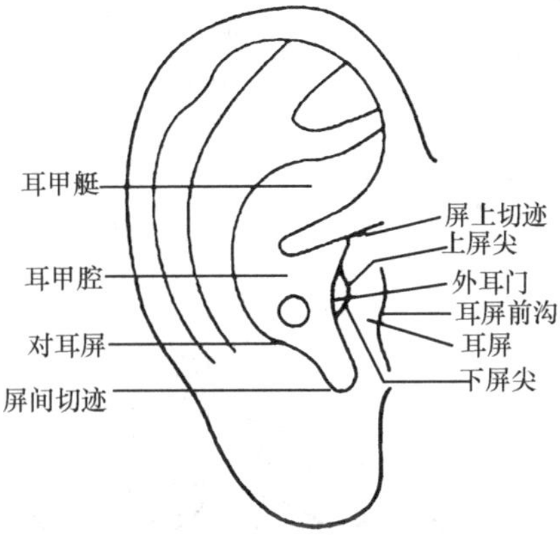


图 5-92　耳郭正面 c

**2. 耳郭背面（图 5-93）**

耳轮背面：耳轮背部的平坦部分。
耳轮尾背面：耳轮尾背部的平坦部分。
耳垂背面：耳垂背部的平坦部分。
耳舟隆起：耳舟在耳背呈现的隆起。
三角窝隆起：三角窝在耳背呈现的隆起。
耳甲艇隆起：耳甲艇在耳背呈现的隆起。
耳甲腔隆起：耳甲腔在耳背呈现的隆起。
对耳轮上脚沟：对耳轮上脚在耳背呈现的凹沟。
对耳轮下脚沟：对耳轮下脚在耳背呈现的凹沟。
对耳轮沟：对耳轮体在耳背呈现的凹沟。
耳轮脚沟：耳轮脚在耳背呈现的凹沟。
对耳屏沟：对耳屏在耳背呈现的凹沟。

**3. 耳根（图 5-93）**

上耳根：耳郭与头部相连的最上处。
下耳根：耳郭与头部相连的最下处。

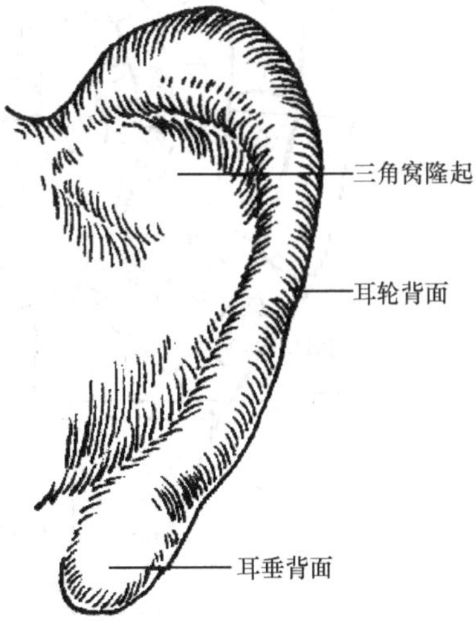


图 5-93　耳郭背面及耳根

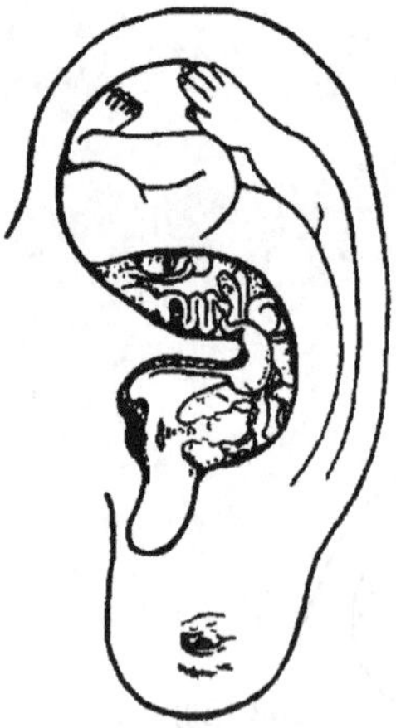

图 5-94　耳穴分布规律

（二）耳穴分布规律

耳穴在耳郭表面的分布状态形似倒置在子宫内的胎儿（头部朝下，臀部朝上）（图 5-94）。

其分布规律是：与头面相应的穴位分布在耳垂；与上肢相应的穴位分布在耳舟；与躯干相应的穴位分布在对耳轮体部；与下肢相应的穴位分布在对耳轮上、下脚；与腹腔脏器相应的穴位分布在耳甲艇；与胸腔脏器相应的穴位分布在耳甲腔；与盆腔脏器相应的穴位分布在三角窝；与消化道相应的穴位分布在耳轮脚周围等。

（三）耳穴的部位与主治

耳穴共 93 个，耳郭分区及耳穴定位见图 5-95 和图 5-96。

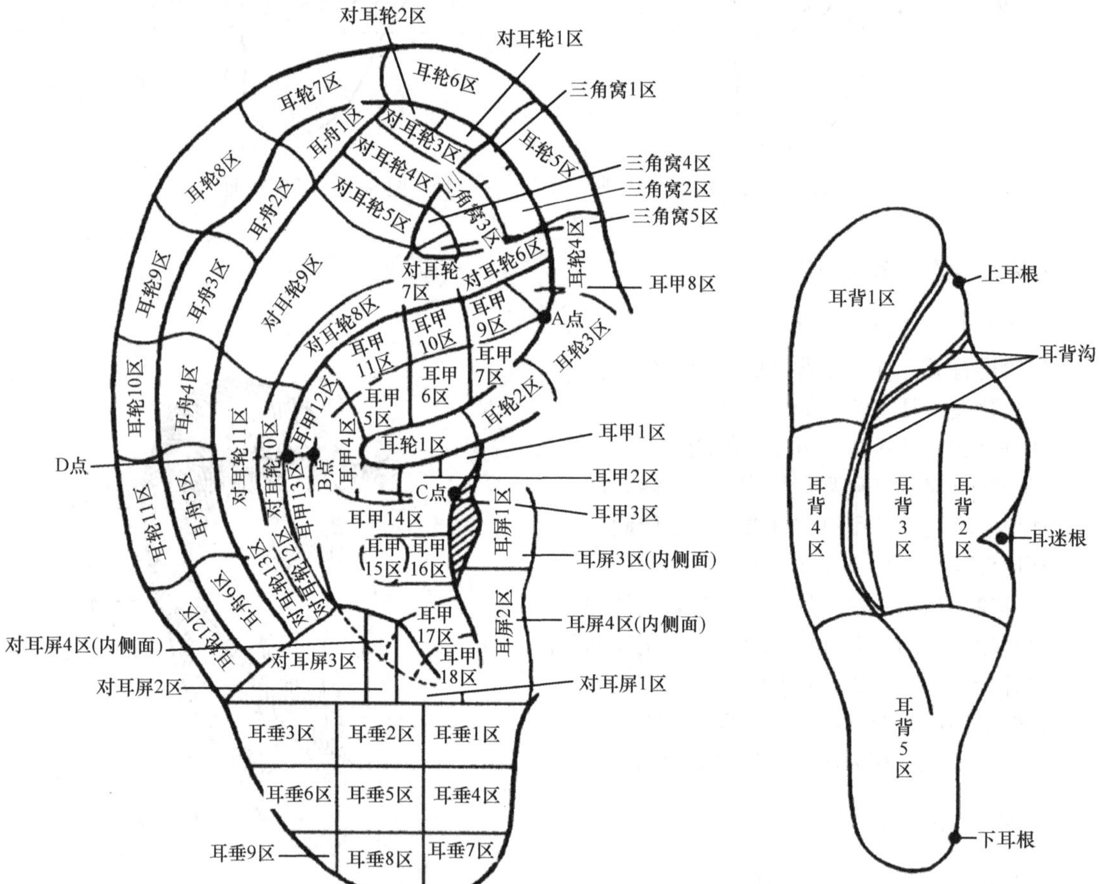


图 5-95　耳郭分区

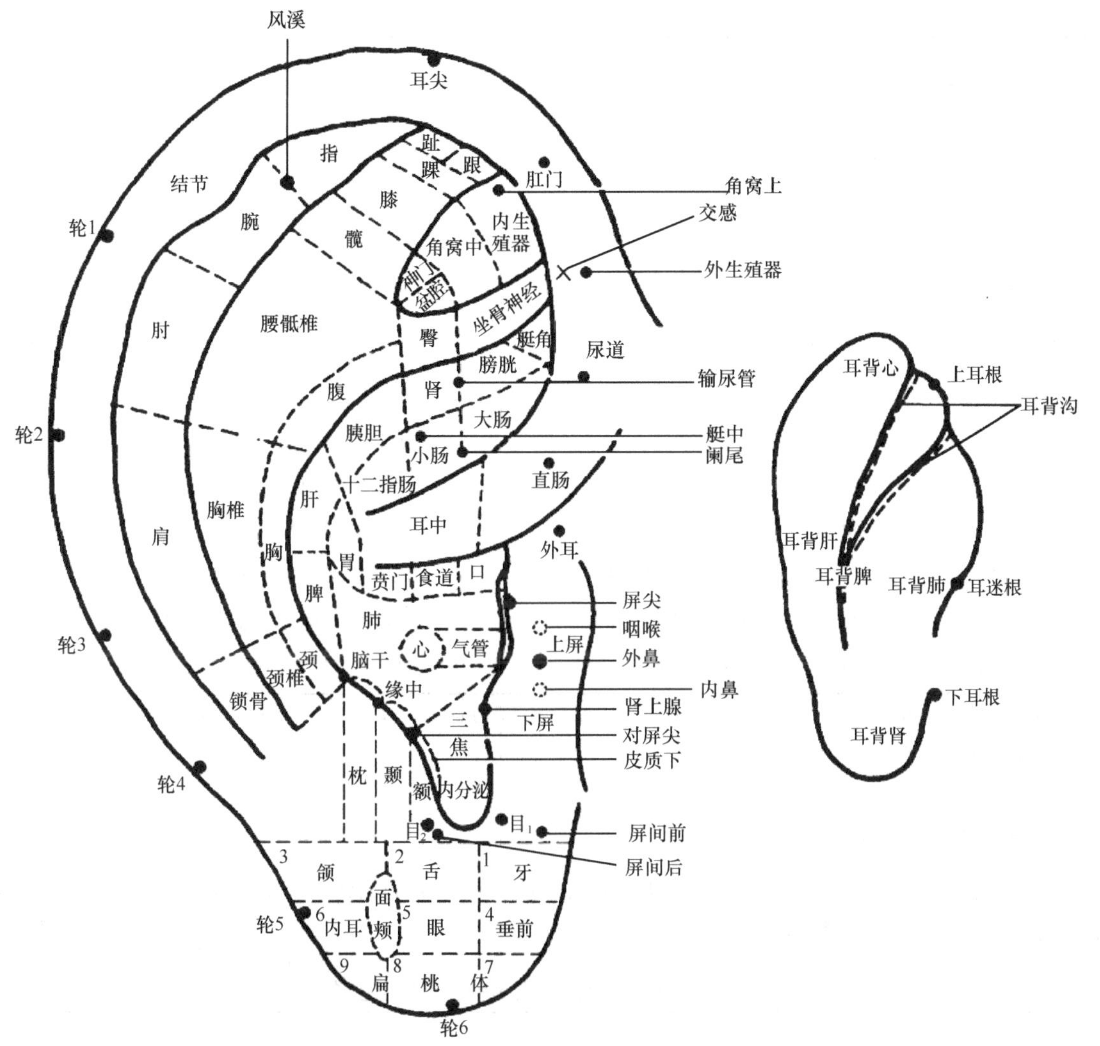


图 5-96 耳穴定位

### 1. 耳轮部分区与耳穴

耳轮部总计分为 12 区，共有 13 穴。耳轮脚为耳轮 1 区。耳轮脚切迹到对耳轮下脚上缘之间的耳轮分为三等分，自下而上依次为耳轮 2 区、耳轮 3 区、耳轮 4 区。对耳轮下脚上缘到对耳轮上脚前缘之间的耳轮为耳轮 5 区。对耳轮上脚前缘到耳尖之间的耳轮为耳轮 6 区。耳尖到耳轮结节上缘为耳轮 7 区。耳轮结节上缘到耳轮结节下缘为耳轮 8 区。耳轮结节下缘至轮垂切迹之间的耳轮分为四等分，自上而下依次为耳轮 9 区、耳轮 10 区、耳轮 11 区和耳轮 12 区（表 5-10）。

**表 5-10 耳轮部耳穴名称、定位及主治**

| 穴名 | 定位 | 主治 |
| --- | --- | --- |
| 耳中（$HX_1$） | 在耳轮脚处，即耳轮 1 区 | 呃逆，荨麻疹，皮肤瘙痒，咯血 |
| 直肠（$HX_2$） | 在耳轮脚棘前上方的耳轮处，即耳轮 2 区 | 便秘，腹泻，脱肛，痔疮 |

续表

| 穴名 | 定位 | 主治 |
| --- | --- | --- |
| 尿道（$HX_3$） | 在直肠上方的耳轮处，即耳轮3区 | 尿频，尿急，尿痛，尿潴留 |
| 外生殖器（$HX_4$） | 在对耳轮下脚前方的耳轮处，即耳轮4区 | 睾丸炎，附睾炎，阴道炎，外阴瘙痒症 |
| 肛门（$HX_5$） | 三角窝前方的耳轮处，即耳轮5区 | 痔疮，肛裂 |
| 耳尖前（$HX_6$） | 在耳尖的前部，即耳轮6区 | 发热，结膜炎 |
| 耳尖（$HX_{6,7i}$） | 在耳郭向前对折的上部尖端处，即耳轮6、7区交界处 | 发热，高血压，急性结膜炎，睑腺炎，痛证，风疹，失眠 |
| 耳尖后（$HX_7$） | 在耳尖的后部，即耳轮7区 | 发热，结膜炎 |
| 结节（$HX_8$） | 在耳轮结节处，即耳轮8区 | 头晕，头痛，高血压 |
| 轮1（$HX_9$） | 在耳轮结节下方的耳轮处，即耳轮9区 | 扁桃体炎，上呼吸道感染，发热 |
| 轮2（$HX_{10}$） | 在轮1区下方的耳轮处，即耳轮10区 | 扁桃体炎，上呼吸道感染，发热 |
| 轮3（$HX_{11}$） | 在轮2区下方的耳轮处，即耳轮11区 | 扁桃体炎，上呼吸道感染，发热 |
| 轮4（$HX_{12}$） | 在轮3区下方的耳轮处，即耳轮12区 | 扁桃体炎，上呼吸道感染，发热 |

注：大写字母标示该穴位所在解剖分区英文缩写；下标数字为该穴位所在分区编号； i：两穴区交界；a：该穴区前端；p：该穴区后缘；l：该穴区下缘；u：该穴区上缘

**2. 耳舟部分区与耳穴**

耳舟部总计分为6区，共有6穴。耳舟部自上而下依次分为六等分，分别为耳舟1区、2区、3区、4区、5区、6区（表5-11）。

**表5-11 耳舟部耳穴名称、定位及主治**

| 穴名 | 定位 | 主治 |
| --- | --- | --- |
| 指（$SF_1$） | 在耳舟上方处，即耳舟1区 | 甲沟炎，手指疼痛和麻木 |
| 腕（$SF_2$） | 在指区的下方处，即耳舟2区 | 腕部疼痛 |
| 风溪（$SF_{1,2i}$） | 在耳轮结节前方，指区与腕区之间，即耳舟1、2区交界处 | 荨麻疹，皮肤瘙痒，过敏性鼻炎，哮喘 |
| 肘（$SF_3$） | 在腕区的下方处，即耳舟3区 | 肱骨外上髁炎，肘部疼痛 |
| 肩（$SF_{4,5}$） | 在肘区的下方处，即耳舟4、5区 | 肩关节周围炎，肩部疼痛 |
| 锁骨（$SF_6$） | 在肩区的下方处，即耳舟6区 | 肩关节周围炎 |

**3. 对耳轮部分区与耳穴**

对耳轮部总计分为13区，共有14穴。

对耳轮上脚分为上、中、下三等分，下1/3为对耳轮5区，中1/3为对耳轮4区；再将上1/3分为上、下两等分，下1/2为对耳轮3区，再将上1/2分为前后两等分，后1/2为对耳轮2区，前1/2为对耳轮1区。

对耳轮下脚分为前、中、后三等分，中、前 2/3 为对耳轮 6 区，后 1/3 为对耳轮 7 区。将对耳轮体从对耳轮上、下脚分叉处至轮屏切迹分为五等分，再沿对耳轮耳甲缘将对耳轮体分为前 1/4 和后 3/4 两部分，前上 2/5 为对耳轮 8 区，后上 2/5 为对耳轮 9 区，前中 2/5 为对耳轮 10 区，后中 2/5 为对耳轮 11 区，前下 1/5 为对耳轮 12 区，后下 1/5 为对耳轮 13 区（表 5-12）。

**表 5-12　对耳轮部耳穴名称、定位及主治**

| 穴名 | 定位 | 主治 |
|---|---|---|
| 跟（$AH_1$） | 在对耳轮上脚前上部，即对耳轮 1 区 | 足跟痛 |
| 趾（$AH_2$） | 在耳尖下方的对耳轮上脚后上部，即对耳轮 2 区 | 甲沟炎，足趾部麻木疼痛 |
| 踝（$AH_3$） | 在趾、跟区下方处，即对耳轮 3 区 | 踝关节扭伤，踝关节炎 |
| 膝（$AH_4$） | 在对耳轮上脚中 1/3 处，即对耳轮 4 区 | 膝关节肿痛 |
| 髋（$AH_5$） | 在对耳轮上脚的下 1/3 处，即对耳轮 5 区 | 髋关节疼痛，坐骨神经痛，腰骶部疼痛 |
| 坐骨神经（$AH_6$） | 在对耳轮下脚的前 2/3 处，即对耳轮 6 区 | 坐骨神经痛，下肢瘫痪 |
| 交感（$AH_{6a}$） | 在对耳轮下脚前端与耳轮内缘交界处，即对耳轮 6 区前端 | 自主神经功能疾病及胃肠、心、胆、输尿管等疾病 |
| 臀（$AH_7$） | 在对耳轮下脚的后 1/3 处，即对耳轮 7 区 | 坐骨神经痛，臀部疼痛 |
| 腹（$AH_8$） | 在对耳轮前部上 2/5 处，即对耳轮 8 区 | 消化系统、盆腔疾病 |
| 腰骶椎（$AH_9$） | 在腹区后方，即对耳轮 9 区 | 腰骶部疼痛 |
| 胸（$AH_{10}$） | 在对耳轮体前部中 2/5 处，即对耳轮 10 区 | 胸胁疼痛，经前乳房胀痛，产后乳少，乳痈 |
| 胸椎（$AH_{11}$） | 在胸区后方，即对耳轮 11 区 | 相应部位疾病 |
| 颈（$AH_{12}$） | 在对耳轮体前部下 1/5 处，即对耳轮 12 区 | 落枕，颈项强痛 |
| 颈椎（$AH_{13}$） | 在颈区后方，即对耳轮 13 区 | 落枕，颈椎病 |

### 4. 三角窝部分区与耳穴

三角窝部总计分为 5 区，共有 5 穴。

将三角窝由耳轮内缘至对耳轮上、下脚分叉处分为前、中、后三等分，中 1/3 为三角窝 3 区；再将前 1/3 分为上、中、下三等分，上 1/3 为三角窝 1 区，中、下 2/3 为三角窝 2 区；再将后 1/3 分为上、下两等分，上 1/2 为三角窝 4 区，下 1/2 为三角窝 5 区（表 5-13）。

**表 5-13　三角窝部耳穴名称、定位及主治**

| 穴名 | 定位 | 主治 |
|---|---|---|
| 角窝上（$TF_1$） | 在三角窝前 1/3 的上部，即三角窝 1 区 | 高血压 |
| 内生殖器（$TF_2$） | 在三角窝前 1/3 的下部，即三角窝 2 区 | 痛经，月经不调，白带过多，功能性子宫出血，遗精，阳痿，早泄 |
| 角窝中（$TF_3$） | 在三角窝中 1/3 处，即三角窝 3 区 | 哮喘，咳嗽，肝炎 |
| 神门（$TF_4$） | 在三角窝后 1/3 的上部，即三角窝 4 区 | 失眠，多梦，各种痛证，咳嗽，哮喘，眩晕，高血压，过敏性疾病，戒断综合征 |
| 盆腔（$TF_5$） | 在三角窝前 1/3 的下部，即三角窝 5 区 | 盆腔炎、附件炎等盆腔内病证 |

**5. 耳屏部分区与耳穴**

耳屏部总计分为4区，共有9穴。

耳屏外侧面分为上、下两等分，上部为耳屏1区，下部为耳屏2区。将耳屏内侧面分上、下两等分，上部为耳屏3区，下部为耳屏4区（表5-14）。

**表5-14 耳屏部耳穴名称、定位及主治**

| 穴名 | 定位 | 主治 |
|---|---|---|
| 上屏（$TG_1$） | 在耳屏外侧面上1/2处，即耳屏1区 | 咽炎，单纯性肥胖症 |
| 下屏（$TG_2$） | 在耳屏外侧面下1/2处，即耳屏2区 | 鼻炎，单纯性肥胖症 |
| 外耳（$TG_{1u}$） | 在屏上切迹前方近耳轮部，即耳屏1区上缘处 | 外耳道炎，中耳炎，耳鸣 |
| 屏尖（$TG_{1p}$） | 在耳屏游离缘上部尖端，即耳屏1区后缘处 | 发热，牙痛，腮腺炎，咽炎等 |
| 外鼻（$TG_{1,2i}$） | 在耳屏外侧面中部，即耳屏1、2区之间 | 鼻疖，鼻部痤疮，鼻炎 |
| 肾上腺（$TG_{2p}$） | 在耳屏游离缘下部尖端，即耳屏2区后缘处 | 低血压，腮腺炎，休克，鼻炎，哮喘，咽炎，过敏性疾病等 |
| 咽喉（$TG_3$） | 在耳屏内侧面上1/2处，即耳屏3区 | 咽喉肿痛，扁桃体炎，咽炎 |
| 内鼻（$TG_4$） | 在耳屏内侧面下1/2处，即耳屏4区 | 鼻炎，鼻旁窦炎，鼻衄 |
| 屏间前（$TG_{21}$） | 在屏间切迹前方耳屏最下部，即耳屏2区下缘处 | 眼病 |

**6. 对耳屏部分区与耳穴**

对耳屏部总计分为4区，共有8穴。

由对屏尖及对屏尖至轮屏切迹连线之中点，分别向耳垂上线作两条垂线，将对耳屏外侧面及其后部分成前、中、后3区，前为对耳屏1区、中为对耳屏2区、后为对耳屏3区。对耳屏内侧面为对耳屏4区（表5-15）。

**表5-15 对耳屏部耳穴名称、定位及主治**

| 穴名 | 定位 | 主治 |
|---|---|---|
| 额（$AT_1$） | 在对耳屏外侧面的前部，即对耳屏1区 | 额窦炎，头痛，头晕，失眠，多梦 |
| 屏间后（$AT_{11}$） | 在屏间切迹后方对耳屏前下部，即对耳屏1区下缘处 | 眼病 |
| 颞（$AT_2$） | 在对耳屏外侧面的中部，即对耳屏2区 | 偏头痛 |
| 枕（AT3） | 在对耳屏外侧面的后部，即对耳屏3区 | 头痛，眩晕，哮喘，癫痫，神经衰弱 |
| 皮质下（$AT_4$） | 在对耳屏内侧面，即对耳屏4区 | 痛证，间日疟，神经衰弱，假性近视，胃溃疡，腹泻，高血压病，冠心病，心律失常，失眠等 |
| 对屏尖（$AT_{1,2,4l}$） | 在对耳屏游离缘的尖端，即对耳屏1、2、4区交点处 | 哮喘，腮腺炎，皮肤瘙痒，睾丸炎，附睾炎 |
| 缘中（$AT_{2,3,4i}$） | 在对耳屏游离缘上，对屏尖与轮屏切迹之中点处，即对耳屏2、3、4区交点处 | 遗尿，内耳眩晕症，功能性子宫出血 |
| 脑干（$AT_{3,4i}$） | 在轮屏切迹处，即对耳屏3、4区之间 | 头痛，眩晕，假性近视 |

### 7. 耳甲部分区与耳穴

耳甲部总计分为 18 区，共有 21 穴。

将 BC 线前段与耳轮脚下缘间分成三等分，前 1/3 为耳甲 1 区，中 1/3 为耳甲 2 区，后 1/3 为耳甲 3 区。ABC 线前方，耳轮脚消失处为耳甲 4 区。将 AB 线前段与耳轮脚上缘及部分耳轮内缘间分成三等分，后 1/3 为 5 区，中 1/3 为 6 区，前 1/3 为 7 区。

将对耳轮下脚下缘前、中 1/3 交界处与 A 点连线，该线前方的耳甲艇部为耳甲 8 区。将 AB 线前段与对耳轮下脚下缘间耳甲 8 区以后的部分，分为前、后两等分，前 1/2 为耳甲 9 区，后 1/2 为耳甲 10 区。在 AB 线后段上方的耳甲艇部，将耳甲 10 区后缘与 BD 线之间分成上、下两等分，上 1/2 为耳甲 11 区，下 1/2 为耳甲 12 区。由轮屏切迹至 B 点作连线，该线后方、BD 线下方的耳甲腔部为耳甲 13 区。以耳甲腔中央为圆心，圆心与 BC 线间距离的 1/2 为半径作圆，该圆形区域为耳甲 15 区。过 15 区最高点及最低点分别向外耳门后壁作两条切线，切线间为耳甲 16 区。15、16 区周围为耳甲 14 区。将外耳门的最低点与对耳屏耳甲缘中点相连，再将该线下的耳甲腔部分为上、下两等分，上 1/2 为耳甲 17 区，下 1/2 为耳甲 18 区（表 5-16）。

**表 5-16　耳甲部耳穴名称、定位及主治**

| 穴名 | 定位 | 主治 |
|---|---|---|
| 口（$CO_1$） | 在耳轮脚下方前 1/3 处，即耳甲 1 区 | 面瘫，口腔炎，胆囊炎，胆石症，戒断综合征，牙周炎，舌炎 |
| 食道（$CO_2$） | 在耳轮脚下方中 1/3 处，即耳甲 2 区 | 食管炎，食管痉挛 |
| 贲门（$CO_3$） | 在耳轮脚下方后 1/3 处，即耳甲 3 区 | 贲门痉挛，神经性呕吐 |
| 胃（$CO_4$） | 在耳轮脚消失处，即耳甲 4 区 | 胃炎，胃溃疡，失眠，牙痛，消化不良，恶心呕吐等 |
| 十二指肠（$CO_5$） | 在耳轮脚及部分耳轮与 AB 线之间的后 1/3 处，即耳甲 5 区 | 十二指肠球部溃疡，胆囊炎，胆石症，幽门痉挛，腹胀，腹泻，腹痛 |
| 小肠（$CO_6$） | 在耳轮脚及部分耳轮与 AB 线之间的中 1/3 处，即耳甲 6 区 | 消化不良，腹痛，心动过速，心律不齐 |
| 大肠（$CO_7$） | 在耳轮脚及部分耳轮与 AB 线之间的前 1/3 处，即耳甲 7 区 | 腹泻，便秘，痢疾，咳嗽，痤疮 |
| 阑尾（$CO_{6,\ 7i}$） | 在小肠区与大肠区之间，即耳甲 6、7 区交界处 | 单纯性阑尾炎，腹泻，腹痛 |
| 艇角（$CO_8$） | 在对耳轮下脚下方前部，即耳甲 8 区 | 前列腺炎，尿道炎 |
| 膀胱（$CO_9$） | 在对耳轮下脚下方中部，即耳甲 9 区 | 膀胱炎，遗尿，尿潴留，腰痛，坐骨神经痛，后头痛 |
| 肾（$CO_{10}$） | 在对耳轮下脚下方后部，即耳甲 10 区 | 腰痛，耳鸣，神经衰弱，水肿，哮喘，遗尿，月经不调，遗精，阳痿，早泄，眼病，五更泻 |
| 输尿管（$CO_{9,\ 10i}$） | 在肾区与膀胱区之间，即耳甲 9、10 区交界处 | 输尿管结石绞痛 |
| 胰胆（$CO_{11}$） | 在耳甲艇的后上部，即耳甲 11 区 | 胆囊炎，胆石症，胆道蛔虫病，偏头痛，带状疱疹，中耳炎，耳鸣，听力减退，胰腺炎，口苦，胁痛 |
| 肝（$CO_{12}$） | 在耳甲艇的后下部，即耳甲 12 区 | 胁痛，眩晕，经前期紧张症，月经不调，更年期综合征，高血压，假性近视，单纯性青光眼，目赤肿痛 |

续表

| 穴名 | 定位 | 主治 |
|---|---|---|
| 艇中（$CO_{6,10i}$） | 在小肠区与肾区之间，即耳甲6、10区交界处 | 腹痛，腹胀，腮腺炎 |
| 脾（$CO_{13}$） | 在BD线下方，耳甲腔的后上部，即耳甲13区 | 腹胀，腹泻，便秘，食欲不振，功能性子宫出血，白带过多，内耳眩晕症，水肿，痿证，内脏下垂 |
| 心（$CO_{15}$） | 在耳甲腔正中凹陷处，即耳甲15区 | 心动过速，心律不齐，心绞痛，无脉症，自汗盗汗，癔症，口舌生疮，心悸怔忡，失眠，健忘 |
| 气管（$CO_{16}$） | 在心区与外耳门之间，即耳甲16区 | 咳嗽，气喘，急慢性咽炎 |
| 肺（$CO_{14}$） | 在心、气管区周围处，即耳甲14区 | 咳喘，胸闷，声音嘶哑，痤疮，皮肤瘙痒，荨麻疹，扁平疣，便秘，戒断综合征，自汗盗汗，鼻炎 |
| 三焦（$CO_{17}$） | 在外耳门后下，肺与内分泌区之间，即耳甲17区 | 便秘，腹胀，水肿，耳鸣，耳聋，糖尿病 |
| 内分泌（$CO_{18}$） | 在屏间切迹内，耳甲腔的底部，即耳甲18区 | 痛经，月经不调，更年期综合征，痤疮，间日疟，糖尿病 |

**8. 耳垂部分区与耳穴**

耳垂部总计分为9区，共有8穴。

在耳垂上线至耳垂下缘最低点之间划两条等距离平行线，于该平行线上引两条垂直等分线，将耳垂分为9个区，上部由前到后依次为耳垂1区、2区、3区；中部由前到后依次为耳垂4区、5区、6区；下部由前到后依次为耳垂7区、8区、9区（表5-17）。

**表5-17 耳垂部耳穴名称、定位及主治**

| 穴名 | 定位 | 主治 |
|---|---|---|
| 牙（$LO_1$） | 在耳垂正面前上部，即耳垂1区 | 牙痛，牙周炎，低血压 |
| 舌（$LO_2$） | 在耳垂正面中上部，即耳垂2区 | 舌炎，口腔炎 |
| 颌（$LO_3$） | 在耳垂正面后上部，即耳垂3区 | 牙痛，颞颌关节功能紊乱症 |
| 垂前（$LO_4$） | 在耳垂正面前中部，即耳垂4区 | 神经衰弱，牙痛 |
| 眼（$LO_5$） | 在耳垂正面中央部，即耳垂5区 | 假性近视，目赤肿痛，迎风流泪 |
| 内耳（$LO_6$） | 在耳垂正面后中部，即耳垂6区 | 内耳眩晕症，耳鸣，听力减退 |
| 面颊（$LO_{5,6i}$） | 在耳垂正面，眼区与内耳区之间，即耳垂5、6区交界处 | 周围性面瘫，三叉神经痛，痤疮，扁平疣 |
| 扁桃体（$LO_{7,8,9}$） | 在耳垂正面下部，即耳垂7、8、9区 | 扁桃体炎，咽炎 |

**9. 耳背及耳根部分区与耳穴**

耳背及耳根部总计分为5区，共有9穴。

分别过对耳轮上、下脚分叉处耳背对应点和轮屏切迹耳背对应点作两条水平线，将耳背分为上、中、下3部，上部为耳背1区，下部为耳背5区，再将中部分为内、中、外三等分，内1/3为耳背2区，中1/3为耳背3区、外1/3为耳背4区（表5-18）。

表 5-18　耳背及耳根部耳穴名称、定位及主治

| 穴名 | 定位 | 主治 |
|---|---|---|
| 耳背心（$P_1$） | 在耳背上部，即耳背 1 区 | 心悸，失眠，多梦 |
| 耳背肺（$P_2$） | 在耳背中内部，即耳背 2 区 | 咳喘，皮肤瘙痒症 |
| 耳背脾（$P_3$） | 在耳背中央部，即耳背 3 区 | 胃痛，消化不良，食欲不振，腹胀，腹泻 |
| 耳背肝（$P_4$） | 在耳背中外部，即耳背 4 区 | 胆囊炎，胆石症，胁痛 |
| 耳背肾（$P_5$） | 在耳背下部，即耳背 5 区 | 头痛，眩晕，神经衰弱 |
| 耳背沟（Ps） | 在对耳轮沟和对耳轮上、下脚沟处 | 高血压，皮肤瘙痒症 |
| 上耳根（$R_1$） | 在耳郭与头部相连的最上处 | 鼻衄，哮喘 |
| 耳迷根（$R_2$） | 在耳轮脚沟的耳根处 | 胆囊炎，胆石症，胆道蛔虫病，鼻炎，心动过速，腹痛，腹泻 |
| 下耳根（$R_3$） | 在耳郭与头部相连的最下处 | 低血压，下肢瘫痪 |

## 三、耳针操作技术

### （一）操作前准备

**1. 选穴**　根据耳穴选穴原则或采用耳穴探测法进行选穴组方。

**2. 消毒**　耳穴局部皮肤应用 75%乙醇或碘伏消毒。

### （二）刺激方法

**1. 毫针刺法**

（1）针具选择　选用 0.25～0.30mm 粗细的 15～25mm 长的毫针。

（2）操作方法　进针时，押手固定耳郭，刺手持针速刺进针；针刺方向视耳穴所在部位灵活掌握，针刺深度宜 0.1～0.3cm，以不穿透对侧皮肤为度；多用捻转、刮法或震颤法行针，刺激强度视患者病情、体质和敏感性等因素综合决定；得气以热、胀、痛，或局部充血红润多见；一般留针 15～30min，可间歇行针 1～2 次。疼痛性或慢性疾病留针时间可适当延长；出针时，押手托住耳背，刺手持针速出，同时用消毒干棉球压迫针孔片刻。

**2. 电针法**

得气后连接电针仪，具体操作参考电针法，刺激 15～20min 为宜。

**3. 埋针法**

（1）针具选择　揿针型皮内针。

（2）操作方法　押手固定耳郭并绷紧欲埋针处皮肤，刺手用镊子夹住皮内针柄，速刺（压）入所选穴位皮内，再用胶布固定并适度按压，可留置 1～3 天，期间可嘱患者每日自行按压 2～3 次；起针时轻轻撕下胶布即可将针一并取出，并再次消毒。通常两耳穴交替埋针。

**4. 压籽法**

（1）压籽选择　压籽又称压豆或埋豆，以王不留行、磁珠、磁片等为主，或油菜籽、小绿豆、莱菔子等表面光滑、硬度适宜、直径在2mm左右的球状物为宜。

（2）操作方法　将所选“压豆”贴于 0.5cm×0.5cm 大小的透气胶布中间，医师用镊子将其夹持，敷贴于所选耳穴并适当按揉，以耳穴发热、胀痛为宜；可留置 2～4 天，期间可嘱患者每日自行按压 2～3 次。

**5. 刺血法**

针刺前在欲点刺部位的周围向中心处推揉，以使血液聚集；常规消毒后，押手固定耳郭，刺手持三棱针或粗毫针点刺，挤压使之适量出血，施术后用消毒干棉球或棉签压迫止血，并再次消毒刺血处。

此外，还有其他操作方法如耳穴穴位注射法、割治法等。

## 四、耳针临床应用

### （一）辅助诊断

人体疾病的发生，往往会在耳郭的相应部位出现不同的病理反应（阳性反应），如皮肤色泽、形态改变（变形、变色、脱屑、丘疹），局部痛阈降低，耳穴电阻下降等。以上改变可以借助下列检查法加以判定，结合临床症状、体征，从而起到辅助诊断的作用。常用耳穴检查方法：

（1）望诊观察法　在自然光线下，肉眼或借助放大镜观察耳郭皮肤有无变色、变形等征象，如脱屑、丘疹、硬结、充血，以及血管形状、颜色的改变等，以确定所在区域与脏腑的关系。

（2）压痛点测定法　围绕全耳或在与疾病相关耳穴的周围，用弹簧探棒等工具以均匀的压力触压耳穴，当触压某穴区时患者出现呼痛或躲闪、皱眉、眨眼等反应，即可确定为压痛敏感。

（3）皮肤电阻测定法　用特制仪器如耳穴探测仪等，依照使用方法测定皮肤电阻、电位、电容等变化；仪器会以蜂鸣或指针等形式显示其异常，提示某穴区有电阻降低、导电增加等异常改变。

### （二）临床应用

**1. 适应范围**

（1）各种疼痛性疾病　如偏头痛、三叉神经痛、肋间神经痛等神经性疼痛；扭伤、挫伤、落枕等外伤性疼痛；各种外科手术所产生的伤口痛；胆绞痛、肾绞痛、心绞痛、胃痛等内脏痛证。

（2）各种炎症性疾病　如急性结膜炎、牙周炎、咽喉炎、扁桃体炎、胆囊炎、腮腺炎、支气管炎、风湿性关节炎、面神经炎等。

（3）功能紊乱性疾病　如心脏神经症、心律不齐、高血压、多汗、眩晕、胃肠神经症、月经不调、遗尿、神经衰弱、癔症等。

（4）过敏与变态反应性疾病　如过敏性鼻炎、支气管哮喘、过敏性结肠炎、荨麻疹、过敏性紫癜等。

（5）内分泌代谢性疾病　如单纯性肥胖症、糖尿病、甲状腺功能亢进或减低、绝经期综合征等。

（6）其他　如用于手术麻醉，预防感冒、晕车、晕船，戒烟、戒毒，美容、延缓衰老、防病保健等。

**2. 选穴原则**

（1）辨证取穴　根据中医的脏腑、经络学说辨证选用相关耳穴。如皮肤病，按“肺主皮毛”的理论，选用“肺”穴；目赤肿痛，按“肝开窍于目”的理论，选用“肝”穴；骨折的患者，按照“肾主骨”的理论选取“肾”穴。此外，根据经络理论，坐骨神经痛取“膀胱” 或“胰胆”穴，牙痛取“大肠”穴。

（2）对症取穴　即可根据中医理论对症取穴，如“耳中”穴与膈肌相应，可以治疗呃逆，又可凉血清热，用于治疗血证和皮肤病；也可根据西医学的生理病理知识对症选用有关耳穴，如月经不调选“内分泌”穴，神经衰弱选“皮质下”穴等。

（3）对应取穴　直接选取发病脏腑器官对应的耳穴。如眼病选“眼”穴及“屏间前”、“屏间后”穴；胃病取“胃”穴。

（4）经验取穴　临床医师结合自身经验灵活选穴。如“外生殖器”穴可以治疗腰腿痛。

**3. 注意事项**

1）严格消毒，防止感染；埋针法不宜留置过久。

2）耳针治疗亦可发生晕针，应注意预防并及时处理。

3）有习惯性流产史的孕妇应禁用，其他孕妇慎用。

4）严重器质性疾病患者不宜采用本法。

5）脓肿、溃破、冻疮局部的耳穴禁用耳针。

6）耳穴压丸、耳穴埋针留置期间应防止胶布过敏、脱落或污染等情况的发生。

7）对运动障碍性疾病，结合运动针法有助于提高疗效。

8）耳穴刺血治疗时，医师应避免接触患者血液。

## 思维导图

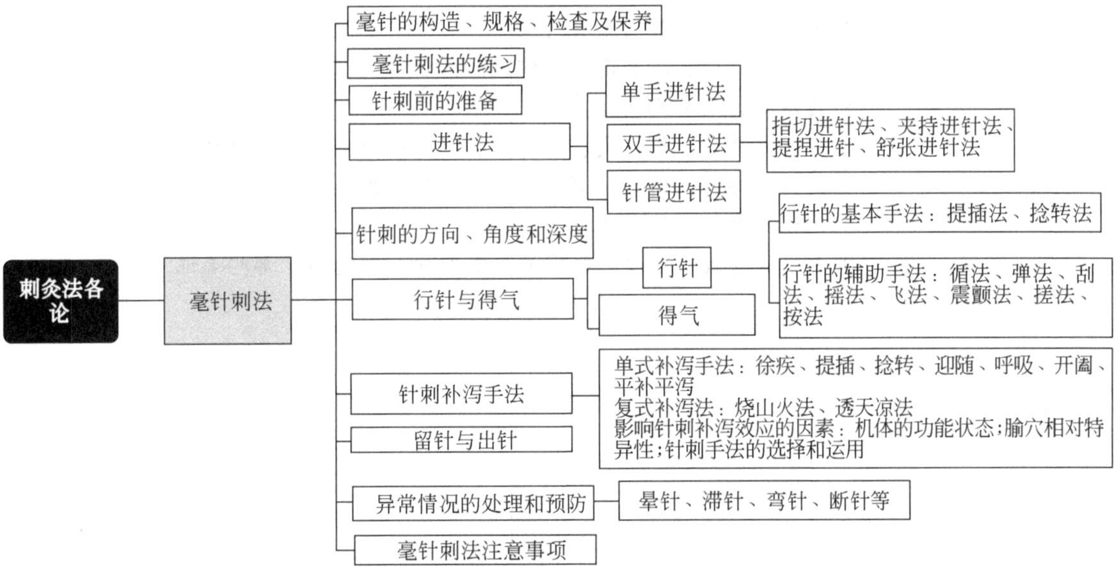

- **刺灸法各论**
  - 灸法
    - 灸法的作用
    - 灸法的种类及运用
      - 艾灸
        - 艾炷灸：直接灸和间接灸
        - 艾条灸（悬起灸和实按灸）、温针灸、温灸器灸
      - 其他灸法
        - 灯火灸、天灸
    - 灸感及灸法补泻
    - 灸法的注意事项
  - 拔罐法
    - 罐的吸附方法
      - 火罐法、水罐法、抽气罐法、其他罐法
    - 拔罐的应用方法
      - 留罐法、走罐法、闪罐法、刺血拔罐法、留针拔罐法
    - 拔罐法的作用和适用范围
  - 特种针具刺法
    - 三棱针法、火针法、皮肤针法、皮内针法、芒针法、新九针疗法、针刀法、浮针法
      - 针具概述、操作方法、适用范围、注意事项
  - 腧穴特种疗法
    - 电针法、穴位注射法、穴位贴敷法、穴位埋线法
      - 针具（用具用药）概述、操作方法、适用范围、注意事项
  - 特定部位刺法
    - 头针法
      - 标准头针穴线的定位和主治、适用范围、操作方法、注意事项
    - 耳针法
      - 耳与经络脏腑的关系、耳针刺激部位、耳针操作技术、耳针临床应用

## 思考题

1. 双手进针法有哪些？临床如何应用？
2. 捻转行针法和捻转补泻法操作有何不同？
3. 影响针刺的补泻因素有哪些？
4. 试述晕针的临床表现，如何预防晕针？
5. 灸法的作用有哪些？
6. 试述隔姜灸、隔盐灸、隔蒜灸、隔附子饼灸的操作要领及主治作用。
7. 何为走罐法？何为闪罐法？临床如何应用？
8. 试述三棱针法的适用范围。
9. 电针的密波、疏波、疏密波、断续波分别适用于哪些病证？

# 下　　篇

# 第六章　治 疗 总 论

针灸治疗是针灸学的重要组成部分，它是在熟悉和掌握经络腧穴理论和刺灸方法的基础上，进一步阐述针灸治疗疾病的具体运用。本章重点介绍针灸治疗的作用、原则、特点，针灸处方的组成及特定穴的应用等基本内容，为针灸治疗各论提供理论支撑。

## 第一节　针灸治疗作用和原则

### 一、针灸治疗作用

（一）疏通经络

疏通经络是指针灸通过调理经气，使瘀阻不通的气血运行通畅，从而发挥正常生理功能。这是针灸最基本和最直接的治疗作用。

经络“内属于府藏，外络于肢节”，其主要生理功能之一是运行气血。病理状态下，经络不通，气血运行受阻，所联系的脏腑肢节失于濡养，临床表现除脏腑病外，还可有经脉循行所过部位的疼痛、麻木、肿胀、皮肤色泽改变等症状。《灵枢·刺节真邪》云：“用针者，必先察经络之实虚……必有横络盛加于大经，令之不通，视而泻之，此所谓解结也。”“解结”就是疏通经络的意思。针灸临床主要通过经络腧穴配伍和刺灸方法的作用，使经络通畅、气血运行正常，从而达到治疗疾病的目的。

（二）调和阴阳

疾病发生发展的根本原因是阴阳失调。调和阴阳是指针灸治疗可使人体从阴阳失调的状态向阴平阳秘的状态转化，该作用是针灸治病的最终目的。正如《灵枢·根结》所言：“用针之要，在于知调阴与阳，调阴与阳，精气乃光。”《素问·至真要大论》云：“谨察阴阳所在而调之，以平为期。”

针灸调和阴阳，主要通过经络的阴阳属性、腧穴配伍和针刺手法来实现。如中风后足内翻，经络辨证为阳（经）缓而阴（经）急，治疗则补阳经而泻阴经，以平衡阴阳。又如阴盛阳虚、阳不出阴可见嗜睡，阳盛阴虚、阳不入阴可见失眠，针灸临床均可取照海和申脉治疗，此两穴分别为阴跷与阳跷脉气所发之穴，阴盛阳虚的嗜睡，可补申脉、泻照海（补阳泻阴）；阳盛阴虚的失眠，宜补照海、泻申脉（补阴泻阳）。阴阳调和，则诸症自除。

（三）扶正祛邪

扶正祛邪是指针灸治疗可扶助机体正气，祛除致病邪气。该作用是针灸治病的根本法则和手段。疾病的发生、发展及其转归，实质上就是正邪相争的过程。针灸治疗不外乎扶助正气和祛除邪气两个方面，所以《素问·评热病论》曰：“邪之所凑，其气必虚。”《灵枢·刺节真邪》曰：“用针之类，在于调气。”《灵枢·终始》说：“凡刺之道，气调而止。”对于邪气有余的实证，需用泻法调气，邪去而正气自调；对于正气不足的虚证，当用补法调气，正气复而邪气自去。

## 二、针灸治疗原则

（一）补虚泻实

补虚泻实就是扶正祛邪。《素问·通评虚实论》说：“邪气盛则实，精气夺则虚。”“虚”指正气不足，“实”指邪气有余。补虚即扶助正气，泻实就是祛除邪气。正如《灵枢·经脉》说：“盛则泻之，虚则补之……陷下则灸之，不盛不虚以经取之。”《灵枢·九针十二原》云：“凡用针者，虚则实之，满则泄之，菀陈则除之，邪胜则虚之。”都是针对虚证和实证制订的补虚泻实的治疗原则。

**1. 虚则补之、陷下则灸之**

“虚则补之”就是虚证采用补法治疗。针刺治疗虚证用补法主要通过腧穴选取、刺灸方法、补泻手法来实现。首先是选用偏于补益的穴位，如背俞穴和原穴，多用于五脏虚证；下腹部穴位，如神阙、气海、关元，以及其他偏补的穴位，如足三里、膏肓、命门、太溪等穴。其次是刺灸方法的选择，针和灸皆可补可泻，但针偏于泻，灸偏于补，所以虚证多用灸法。三是针灸补泻手法的选择，虚证当用补法，可采用针刺补法，或用灸补法；阴阳两虚首选灸补法。

“陷下则灸之”属“虚则补之”的范畴。“陷下”，在《内经》中一是指脉象，如《灵枢·九针十二原》说：“凡将用针，必先诊脉，视其气之剧易，乃可以治也。”此之“陷下”主要指脉象沉伏。脉之“陷下”主要见于血寒或气虚之证。二是指穴位，如《灵枢·经脉》说：“实则必见，虚则必下，视之不见，求之上下。”意思是说实证在相应的穴位可见隆起，虚证在相应的穴位可见下陷。

“陷下则灸之”本意是说对脉象沉伏，或穴位有凹陷者皆宜用灸法。其内在病机是血寒，或气虚。临床常见脾胃虚者多在脾俞、足三里有凹陷或按之虚软，肾虚者多在肾俞、太溪见有凹陷或按之虚软，元气不足者气海、关元处有凹陷或按之虚软，脱肛、阴挺等清阳不升者多在百会有凹陷，此类病证都可以用灸法治疗。

**2. 实则泻之、菀陈则除之**

“实则泻之”，就是实证采用泻法治疗，针灸治疗中，主要通过腧穴选取、刺灸方法、补泻手法来实现。首先选用偏泻的穴位，如十二井穴、十宣、水沟、耳尖、太阳等穴。其次是刺灸方法的选择，多针少灸，或不灸，除毫针外，三棱针放血、皮肤针重叩出血也较为常用。三是针灸补泻手法的选择，实证当用泻法。实证病在卫分的多采用毫针浅刺出气，病在营血则必须刺血。

“菀陈则除之”，“菀”同“瘀”，即瘀结、瘀滞；“陈”即“陈旧”，引申为久病。《素问·针解》曰：“菀陈则除之者，出恶血也。”菀陈则除之意即络脉瘀阻之类的病证用清除瘀血的刺血疗法。对于病久入络，及跌仆损伤、毒蛇咬伤、丹毒、腱鞘囊肿等病证，都可以选局部络脉瘀阻处或反应点及尺泽、委中、十二井、十宣等穴，采取三棱针或者皮肤针等方法使之出血，或者可刺血后加拔罐。

**3. 不盛不虚，以经取之**

“不盛不虚”，不是指病证本身无虚实，而是指本经自病，不涉及其他的经络或脏腑而言。本病自病，当取本经穴。现在临床一般根据经脉循行及经脉病候来判定病在何经，针刺补泻手法多用平补平泻手法，穴位常用五输穴和原穴，以调和本经气血，恢复脏腑功能。

（二）清热温寒

清热是指热证用清法，温寒就是寒证用温法。《灵枢·经脉》说：“热则疾之，寒则留之。”这是针对热证和寒证制订的清热、温寒的治疗原则。

**1. 热则疾之**

热则疾之是指热证的治疗原则是浅刺疾出或点刺出血，手法宜轻而快，可以不留针或较短留针，以清热解毒。《灵枢·九针十二原》云：“刺诸热者，如以手探汤。”例如，风热感冒，当取大椎、曲池、合谷、外关等穴浅刺疾出，即可清热解表。若伴咽喉肿痛，可用三棱针点刺少商、商阳出血，以泻热、消肿、止痛。

**2. 寒则留之**

寒则留之即寒证的治疗原则是深刺而久留针，以温经散寒。《灵枢·九针十二原》云：“刺寒清者，如人不欲行。”因寒性凝滞而主收引，针刺不易得气，需留针以候气。若寒邪在里，凝滞脏腑，则针刺应深而久留，或加艾灸助阳散寒，使阳气得复，寒邪乃散，临床以温针灸最常用；若寒邪在表留于经络，则用艾灸温经散寒。

（三）治病求本

**1. 急则治其标**

急则治其标是指标病急于本病时，首先要治疗标病，目的在于抢救生命或缓解患者的急迫症状，为治疗本病创造有利的条件。《灵枢·病本》云“先病而后中满者，治其标……大小便不利，治其标”，是指出现中满或者大小便不利时，需要先治标病。例如，各种昏迷，都应先针刺水沟，以醒脑开窍；小便潴留，应首先针刺中极、膀胱俞、水道、秩边、委阳，以急利小便；高热抽搐，当先针大椎、水沟、合谷、太冲等穴，以泻热开窍、息风止痉。

**2. 缓则治其本**

治本是治疗疾病的基本原则，一般情况下，都应遵循“治病求本”的原则，尤其是慢性病和急性病的恢复期。正虚者固其本，邪盛者祛其邪；治其病因，症状可除；治其先病，后病可解，这就是“伏其所主，先其所因”。如脾胃虚寒的呕吐，呕吐为标，脾胃虚寒为本，治疗宜针灸并用，选取脾俞、胃俞、足三里、内关、中脘，以温补脾胃、降逆止呕。又如肾阳虚引起的五更泄，泄泻为标，肾阳不足为本，宜灸气海、关元、命门、肾俞，以温补肾阳。

**3. 标本同治**

标本同治是标病和本病俱重或俱缓时，应采用的治疗原则。当标本俱急，应当标本同治。如体虚感冒，若只解表，可使正气更虚，而单纯扶正，或能留邪；因此，当益气解表，宜补关元、足三里以益气治本，泻风池、合谷、列缺以解表治标。当标本俱缓时，也当标本兼治。如脾虚气滞引起的腹胀，既取脾俞、足三里以健脾治本，又取大横、天枢以理气消胀治标。

（四）三因制宜

**1. 因时制宜**

因时制宜是根据不同的季节和时辰特点，制订适宜的治疗方法。针灸时，应充分考虑患者就诊季节和时辰，因为四时气候对人体的生理和病理有一定影响。春夏之季，阳气升发，气血趋向体表，病邪多在浅表，宜浅刺；秋冬之季，气血潜藏于内，病邪多在深部，宜深刺。人体气血流注与时辰变化相对应，针灸治疗强调择时选穴，古代医家创立子午流注、灵龟八法、飞腾八法等针法，就是“因时制宜”的具体应用。另外，因时制宜还包括对于时间发作性疾病针灸介入时机的选择，如精神疾患多在春季发作，应在冬末春初针灸；排卵障碍性不孕症应在排卵前几天开始针灸治疗。

**2. 因地制宜**

因地制宜是根据不同的地理环境及气候条件特点，制订适宜的治疗方法。不同的地理环境、气候条件，直接影响人体的生理和病理，治法当有差异。如寒冷地区多用温灸；而温热地区，少用灸法。正如《素问·异法方宜论》指出：“北方者……其地高陵居，风寒冰冽，其民乐野处而乳食，藏寒生满病，其治宜艾焫。南方者……其地下，水土弱，雾露之所聚也，其民嗜酸而食胕，故其民皆致理而赤色，其病挛痹，其治宜微针。”

**3. 因人制宜**

因人制宜是根据患者的性别、年龄、体质等的不同特点，制订适宜的治疗方法。如男女生理特点不同，女性以血为用，多气有余而血不足，又有经期、孕期、产后等情况，治疗时需注意调理冲任二脉等。年龄不同，针刺方法也有差别，《灵枢·逆顺肥瘦》说：“年质壮大，血气充盈，肤革坚固，因加以邪，刺此者，深而留之。……婴儿者，其肉脆血少气弱，刺此者，以毫针，浅刺而疾发针，日再可也。”患者个体差异更是决定针灸治疗方法的重要因素。如体质虚弱、皮肤薄嫩、对针刺较敏感者，针刺手法宜轻；体质强壮、皮肤粗厚、针感较迟钝者，针刺手法宜重。

## 第二节　针灸临床诊疗特点

### 一、辨经与辨证结合

辨证是将四诊所收集的有关疾病的症状和体征，运用中医学理论进行分析、综合，辨清疾病的原因、性质、部位及发展趋向，综合判断为某种性质的证候的过程。辨经，即运用经络理论，根据患者的各种症状和体征来辨别其病变经脉脏腑归属，从而选择相应的经络腧穴进行治疗。辨证与辨经都是针灸临床辨证论治的核心。针灸临床辨证，虽以脏腑辨证、经络辨证为主，却也离不开八纲辨证、气血津液辨证、三焦辨证等。

针灸临床除了辨病和辨证外，还必须辨经，进一步确定病与何经相关，应该取何经何穴进行治疗。经络证治是针灸临床最重要最鲜明的诊疗特点，其重要性恰如窦材《扁鹊心书》所言：“学医不明经络，开口动手便错。”《灵枢·卫气》曰：“能别阴阳十二经者，知病之所生，候虚实之所在者，能得病之高下。”《灵枢·官能》曰：“察其所痛，左右上下，知其寒温，何经所在。”《灵枢·经脉》将不同的病候按十二经脉系统予以分类，成为历代针灸临床辨证归经的依据。窦汉卿《针经指南·标幽赋》曰：“论脏腑虚实，须向经寻。”明代张三锡《经络考》载：“脏腑阴阳各有其经，四肢筋骨各有其主，明其部以定经。”均说明应用脏腑经络进行辨证时，或根据疼痛所在部位进行归经，或将复杂的症状进行经脉归属，可以有效指导循经取穴，提高治病效果。如周围性面瘫出现泪腺分泌障碍，因厥阴之脉从目系下颊里，环唇内，肝胆郁火外窜经络，出现口眼歪斜，泪腺分泌障碍，故可取肝经太冲穴进行治疗。

经络辨证主要包括两种方法，首先是病位辨经，对于有明确和固定部位的病证，都可以根据患病部位有哪条或哪几条经络通过而辨其与何经相关，治疗时就可取其相关经脉的腧穴。故《灵枢·卫气》说：“能别阴阳十二经者，知病之所生，候虚实之所在者，能得病之高下。”如漏肩风，疼痛以肩前外部为主，肩髃穴处疼痛明显者，为手阳明证；疼痛以肩外侧部为主，肩髎穴处疼痛明显者，为手少阳经证；疼痛以肩后部为主，肩贞穴处疼痛明显者，为手太阳经证；疼痛以肩前部为主，中府穴处疼痛明显者为手太阴经证。针灸治疗时即可取相应经脉腧穴，如肩前外部疼痛伴外展障碍者可针同侧三间穴，常有针入痛缓之效。其次是病候辨经，主要根据《灵枢·经脉》中记载的十二经脉“是动则病……”和“是主……所生病”的内容进行辨经，当经脉变动出现有关的病候，就可以取此经脉腧穴来治疗。

在临床应用上，辨证与辨经并不矛盾。辨证本身就涵盖了经络辨证，在明确辨证的基础上，结合经络的循行部位及所联系的脏腑而进行辨证归经，然后根据辨证与辨经的结果，进行相应的配穴处方，依方施术。在针灸临床，针对不同的疾病，若是脏腑病，以脏腑辨证为主，辨病在何脏何腑；若是经络肢节病，以经络辨证为主，辨在经还是在络，及在何经何络。

## 二、辨证与辨病结合

“病”是中西医共有的概念。辨病是指对疾病做出诊断，概括其特征、属性、基本病理规律。辨病论治是中西医共同的原则。针灸临床在辨证和辨经的基础上，将辨病结合应用于疾病的诊治过程中，更有利于选择适宜的治疗方案。辨病可以为辨证从整体上、宏观上把握疾病的病位、病势、病理、诊断及发展变化；辨证可以为辨病在分析、认识疾病某一阶段患者的功能状态时提供依据。综合辨病与辨证思维，大量临床实践证实了结合病变部位与性质确定针灸治疗方案的有效性。如临床常见的腰痛，中医辨证可分寒湿腰痛、瘀血腰痛和肾虚腰痛，若由腰椎间盘脱出、腰肌劳损、肾脏病变引起的腰痛，治疗方案就要有所不同，在明确诊断（辨病）的前提下，采用不同治疗手段进行治疗。在临床应用上，不仅在神经系统和运动系统疾病的诊治中可采用此方法，而且在许多内脏病变中往往也需要辨证与辨病的结合。

## 三、调神与调气并重

调神又称治神、守神。《素问·宝命全形论》曰：“凡刺之真，必先治神。”调神要求医者在针刺治疗过程中掌握和重视患者的精神状态和机体变化，主要包括两个方面，一是指在针灸施治前后注重调治患者的精神状态；二是指在针灸操作过程中，医者专一其神，意守神气，患者神情安定，意守感传。调神贯穿于针灸治病的全过程。

调气就是采用补虚泻实等针刺手法使经气调和。调气也包括两个方面，一是要求医者认真体会针下感应，根据患者变化施以手法；二是要求患者专心体会针刺感应，配合治疗。《灵枢·刺节真邪》曰：“用针之类，在于调气。”《灵枢·终始》曰：“凡刺之道，气调而止。补阴泻阳，音气益彰，耳目聪明，反此者，血气不行。”针灸治病就是通过采用各种刺灸方法，刺激一定的腧穴以激发经气，疏通全身气血，从而使偏盛偏衰的脏腑功能趋于平衡，这就是“调气”。

《素问·针解》说：“制其神，令气易行。”《灵枢·官能》指出：“工之用针也……明于调气。”又说：“用针之要，无忘其神。”说明调气和调神是密不可分、相互促进的。气的活动以神为主导，神动则气行，患者神志专一，精神内守，医者也要神志专一，以助针灸得气和气至病所。而调气又是调神的重要环节或具体手段，通过调气，有助于“神守志一”，从而进一步改善患者的功能状态。调神和调气是针灸作用的关键，也是有别于中医其他学科的诊治特色，针灸的治疗作用都是建立在调神调气基础上的。

## 第三节 针灸处方

针灸处方是在中医理论尤其是经络学说指导下，明确辨证立法的基础上，依据选穴原则和配穴方法，选取腧穴并配伍，确立刺灸方法而形成的治疗方案。针灸处方包括两大要素，即穴位与刺灸法。

### 一、腧穴的选择

腧穴是针灸处方的第一组成要素，选取并配伍适当的腧穴是临床获得疗效的关键，主要包括选穴原则和配穴方法。

#### （一）选穴原则

选穴原则是针灸临床选取腧穴的基本法则，主要包括近部选穴、远部选穴、辨证选穴和对症选穴。近部选穴和远部选穴是针对病变部位而确定腧穴的选穴原则，辨证选穴和对症选穴是针对证候或症状而确定腧穴的选穴原则。

**1. 近部选穴**

近部选穴是指选取病痛的所在部位或邻近部位的腧穴。这一取穴原则是根据腧穴具有近治作用的特点而来的，体现了“腧穴所在，主治所在”的治疗规律。如胃痛取中脘，项痹取颈夹脊，耳鸣取听宫，面瘫取颊车、地仓等。近部选穴适用于所有病证，尤其经筋病最为常用。

**2. 远部选穴**

远部选穴是指选取距离病痛较远处部位的腧穴。这一取穴原则是根据腧穴具有远治作用的特点而来的，体现了“经脉所通，主治所及”的治疗规律。例如，耳鸣取手少阳三焦经的中渚，胃痛取足阳明胃经的足三里，侧头痛取足少阳胆经的侠溪，上牙痛取足阳明胃经的内庭，下牙痛取手阳明大肠经的合谷等。正如《灵枢·终始》云：“病在上者下取之，病在下者高取之，病在头者取之足，病在腰者取之腘。”远部选穴在针灸临床上应用广泛，尤以在四肢肘膝关节以下腧穴，常用于治疗头面、五官、躯干、脏腑病证。

**3. 辨证选穴**

辨证选穴是根据疾病辨证选取腧穴的方法。临床上全身性病证，无法辨位，如发热、晕厥、失眠、嗜睡、癫狂、月经不调、贫血等疾病，不能按部位取穴，就需要结合疾病的性质进行经络辨证或脏腑辨证，然后按经选穴，也可根据辨证所属的脏腑，取相应的背俞穴。如遗尿一病，属肝经郁热者，在肝经选穴，可取蠡沟、行间；属肺脾气虚者，可取肺俞、脾俞。

**4. 对症选穴**

对症选穴是根据疾病的特殊症状选取腧穴的方法，是腧穴特殊治疗作用及临床经验在针灸处方中的具体运用，又称经验取穴，这是针灸处方中不可忽视的环节。如哮喘取定喘，小儿疳积取四缝，腰痛取腰痛点，失眠取安眠，中风后失语取金津、玉液等，也是大部分奇穴主治作用的临床应用。

（二）配穴方法

配穴方法是在选穴原则的指导下，针对疾病的病位、病因病机等，选取主治作用相同或相近、对疾病治疗具有协同作用的腧穴进行配伍应用的方法。临床上，穴位配伍方法主要有按部配穴和按经配穴两大类。

**1. 按部配穴**

按部配穴是根据腧穴分布的部位进行穴位配伍的方法，主要包括上下配穴法、前后配穴法、左右配穴法。

（1）上下配穴法　是指人体腰部以上或上肢腧穴和腰部以下或下肢腧穴配伍应用的方法，临床应用十分广泛。如胃脘痛可上取内关、下取足三里，头项强痛可上取大椎、下取昆仑，阴挺可上取百会、下取三阴交，咽喉肿痛可上取列缺、下取照海。八脉交会穴的配伍应用就属于上下配穴法。

（2）前后配穴法　是指人体前部和后部的腧穴配伍应用的方法。“前”指胸腹为阴，“后”指背腰为阳，故又称腹背阴阳配穴法，即《内经》中“偶刺”法，主要指将胸腹部和背腰部的腧穴配合应用。俞募配穴法就属此法。本法常用于治疗脏腑疾患和躯干病变，如膀胱病，前取水道或中极，后取膀胱俞或秩边；肺病前取中府，后取肺俞；胃脘痛前取中脘，后取胃俞。

（3）左右配穴法　是指人体左侧和右侧的腧穴配伍应用的方法。本法基于人体十二经脉左右对称分布和部分经脉左右交叉的特点。临床常左右双穴同取，如胃痛取双侧足三里、梁丘等；或左右腧穴并取，如偏头痛可取同侧太阳、头维和对侧外关、足临泣；左侧面瘫可取左侧太阳、颊车、地仓和右侧合谷。《内经》中记载的“巨刺、缪刺”，也属本意。

**2. 按经配穴**

按经配穴法是指依据经络理论和经脉之间的联系而进行腧穴配伍的方法，主要包括本经配穴法、表里经配穴法、同名经配穴法。

（1）本经配穴法　是指某一脏腑、经脉发生病变时，即选相应经脉的腧穴配伍处方。如胃火循经上扰导致的牙痛，可在足阳明胃经上近取颊车，远取内庭；又如肺病咳嗽，可取局部中府，远取肺经尺泽、太渊。首尾配穴法就属于本经配穴法的范畴，是指运用某条经的起止穴配穴治疗本经病证，如坐骨神经痛足太阳膀胱经证可取睛明、至阴治疗。

（2）表里经配穴法　是以脏腑、经脉的阴阳表里配合关系为依据的配伍方法。当某一脏腑、经脉发生疾病时，取该经及与其相表里经脉的腧穴配合成方。如风热袭肺导致的感冒咳嗽，可选肺经的尺泽和大肠经的曲池、合谷。《灵枢·五邪》也载有：“邪在肾，则病骨痛，阴痹……取之涌泉、昆仑。”另外，原络配穴法是表里经配穴法的具体应用。

（3）同名经配穴法　是在同名经“同气相通”的理论指导下，手足同名经的腧穴相互配伍的方法。如阳明头痛取手阳明大肠经的合谷配足阳明胃经的内庭，失眠可取手少阴心经的神门和足少阴肾经的太溪。

此外，按经选穴还有子母经配穴法和交会经配穴法等。以上介绍的选穴原则和常见的选穴方法，为针灸治疗提供了基本思路，因为一个针灸处方常是几种选穴原则和多种配穴方法的综合运用，临床要根据疾病的辨证、症状等灵活运用。

## 二、刺灸法的选择

刺灸法是针灸处方的第二组成要素，包括刺灸方法、操作方法和治疗时间的选择。

### （一）刺灸方法的选择

刺灸方法选择指应针对患者病情和具体情况确立治疗手段。不同的针灸用具有其不同的适应病证，毫针疗法、灸法、拔罐、耳针疗法、三棱针、皮肤针等不同针灸方法，其治疗作用也各有所长。因此在针灸处方中要注明使用何种针灸方法。在确定主穴及其配伍腧穴后，应选择适宜的刺灸方法，才能取得疗效。

### （二）操作方法的选择

针灸操作方法与处方的作用密切相关。疗法确立后，要进一步说明操作方法，如毫针刺法是用补法还是泻法，是深刺还是浅刺，是否留针，具体留针时间；艾灸用艾条灸还是艾炷灸、艾灸的壮数及时间等，特别是对于处方中的有些穴位，不同于常规方法的针刺操作的深度、方向，要特别强调。此外，针刺治疗频次如一般每日 1 次，急性病可每日两次，慢性病可隔日 1 次，部分灸法可每周 1 次或 2 次，应根据疾病的具体情况确定。

### （三）治疗时间的选择

治疗时间是提高针灸疗效的重要方面。主要包括留针时间、治疗时机、疗程时间等。

1）留针时间的长短与疾病的虚实、寒热、表里、新久等有密切关系，一般可留针 15～30min。还要根据具体情况确定不留针或者久留针，如阑尾炎急性期可留针 1 小时，婴幼儿则不适合留针，可施手法后立即出针。

2）治疗时机的选择：如果疾病的发作和加重有明显的时间规律性，应在发作前进行针灸治疗。如痛经可在月经来潮前 3～7 天开始针灸，直到经期结束停止；经期头痛可在经前几天头维点刺放血等，这样可明显提高疗效。

3）疗程时间：急性病证所需治疗时间较短，如急性腰扭伤 1～2 次即可治愈，感冒发热需要治疗 2～3 次，周围性面瘫一般治疗半个月到 1 个月左右。部分疾病如中风偏瘫、截瘫、肥胖症、不孕症等，可能需要较长时间，一般 1 个月为一个疗程。

**附　针灸处方的常用符号**

在针灸处方时，对于针具、灸法的类别和补泻，可不用文字说明，而以表 6-1 中的符号代之。

**表 6-1　针灸处方中常用的符号**

| 方法 | 符号 | 方法 | 符号 |
|---|---|---|---|
| 针刺平补平泻法 | \| | 针刺补法 | ⊤ |
| 三棱针点刺放血 | ↓ | 针刺泻法 | ⊥ |
| 皮肤针 | ※ | 艾条灸 | × |

续表

| 方法 | 符号 | 方法 | 符号 |
|---|---|---|---|
| 艾炷灸 | △ | 温针灸 | 仐 |
| 拔罐法 | ○ | 水针 | IM |
| 皮内针 | ⊖— | 电针 | IN |

## 第四节　影响针灸疗效的因素

同一疾病，因腧穴选择、针灸方法、针刺深度、补泻手法、治疗时间的不同，所产生的疗效也将不同，这些都是影响针灸处方疗效的基本因素。

### 一、穴分主次，术分先后

“凡欲行针须审穴”，选穴直接影响针灸的疗效。临床中，不同的腧穴治疗作用差异较大，故医者应遵循疾病的病因病机、准确了解各个腧穴的特性，选择恰当的腧穴进行配伍，才能发挥协同增效的作用，从而提高疗效。如胆经郁热导致的少阳头痛，可采用本经配伍法，近取胆经的率谷、风池，远取本经的荥穴侠溪；再如肾阴不足虚火上炎的咽喉肿痛，可采用上下配伍法，上取曲池或鱼际，下取太溪或照海。具体选穴配伍方法见第三节配穴方法。

针灸处方中的腧穴也要有主次之分，主穴应每次都取，且重点施以操作手法，配穴则酌情选用，不须每次都选；施术有先后之别，施术先后不同，疗效有所差异，若顺序不当，可能还会导致病情恶化，正如《灵枢・五色》所言：“病生于内者，先治其阴，后治其阳，反者益甚；病生于外者，先治其外，后治其内，反者益甚。”临床上针灸施术一般顺序是先上后下，先阳后阴，但不拘泥于此，可根据病情灵活处理。

### 二、针所不为，灸之所宜

《灵枢・官针》中有云：“九针之宜，各有所为，长短大小，各有所施也……病小针大，气泻太甚。疾必为害，病大针小，气不泄泻，亦复为败。”说明九针有不同的用途。此外，毫针刺、艾灸、皮肤针、拔罐等具有不同的作用及适应证，临床应根据病情灵活选用，如实热证一般不用灸法，多用毫针刺泻法或者刺络放血，虚寒证一般不用针刺，多用灸法；病在经脉用针调气，病在络脉多用三棱针或皮肤针刺络以调血；痹证多用拔罐等。临床应根据疾病具体情况，选择适宜的针灸用具，方可取得疗效。

### 三、深浅不同，作用有别

针刺疗效与深浅密切相关，一般来说病浅浅刺，病深深刺。针灸治疗要根据疾病病位确定针刺的深度，如《灵枢・本输》：“甚者深取之，间者浅取之。”《灵枢・阴阳清浊》：“刺阴者，深而留之；刺阳者，浅而疾之。”《灵枢・邪气脏腑病形》：“刺急者，深内而久留之；刺缓者，浅内而疾发针。”《灵枢・终始》“久病者，邪气入深，刺此病者，深内而久留之”，“脉实者，深刺之……脉虚者，浅刺之”等等。再就是根据腧穴所在部位决定针刺深度，如《针灸聚英》：“肌肉厚实处则可深，浅薄处则宜浅。”《针灸大成》：“前面深似井，后面薄似饼，用针前面宜深，后面宜浅。”这些都是决定临床针刺深浅的依据。

针刺深浅不当，则疗效不佳甚或招致不良后果，如《灵枢·官针》云："疾浅针深，内伤良肉，皮肤为痈；疾深针浅，病气不泻，支为大脓。"

### 四、手法不同，效果有异

补泻是针灸施治的基本法则，《金针赋》中言："观夫针道，捷法最奇，须要明于补泻，方可起于倾危。"说明针刺补泻手法的重要性。同一个腧穴处方，如果补泻手法不同，其治疗作用可完全相反，例如，治疗汗证，先补合谷，次泻复溜，可以发汗；反之，先泻合谷、次补复溜，则可以止汗；再如补合谷、泻三阴交有行气活血通经之效，可治疗气滞血瘀之经闭、痛经；泻合谷、补三阴交则理气养血固经，可治疗月经过多、崩漏。这都是补泻手法不同所产生的相反治疗结果。《灵枢·邪气脏腑病形》曰："补泻反则病益笃。"也提示了补泻手法的重要性。

### 五、知常达变，增减腧穴

针灸处方中腧穴的增加或减少，不仅会影响到疗效，甚至可以改变主治功效。一般来说，治疗方案的处方主穴是基本不变的，但应随着病情的变化而灵活增减腧穴。如治疗胃痛以中脘、内关、足三里为基本处方，若为寒邪犯胃，疼痛剧烈者，可加梁丘；若饮食伤胃，可加下脘；若属肝气犯胃，可加太冲；若是胃阴不足，则加胃俞、内庭。

## 第五节　特定穴的临床应用

特定穴的概念和分类在腧穴总论中已经论述，其分布、特性和治疗作用各有特点，本节主要讨论特定穴在临床上的具体应用。

### 一、五输穴的临床应用

五输穴在临床上的应用非常广泛，是远部选穴的主要穴位。这类腧穴每经 5 穴，十二经五输穴共计 60 个。五输穴不仅有经脉归属，而且具有自身的五行属性，按照"阴井木"、"阳井金"的规律进行配属。十二经脉五输穴、五行属性见表 6-2 及表 6-3。

**表 6-2　阴经五输穴表**

| 经脉名称 | 井（木） | 荥（火） | 输（土） | 经（金） | 合（水） |
|---|---|---|---|---|---|
| 手太阴肺经 | 少商 | 鱼际 | 太渊 | 经渠 | 尺泽 |
| 手厥阴心包经 | 中冲 | 劳宫 | 大陵 | 间使 | 曲泽 |
| 手少阴心经 | 少冲 | 少府 | 神门 | 灵道 | 少海 |
| 足太阴脾经 | 隐白 | 大都 | 太白 | 商丘 | 阴陵泉 |
| 足厥阴肝经 | 大敦 | 行间 | 太冲 | 中封 | 曲泉 |
| 足少阴肾经 | 涌泉 | 然谷 | 太溪 | 复溜 | 阴谷 |

**表 6-3　阳经五输穴表**

| 经脉名称 | 井（金） | 荥（水） | 输（木） | 经（火） | 合（土） |
|---|---|---|---|---|---|
| 手阳明大肠经 | 商阳 | 二间 | 三间 | 阳溪 | 曲池 |
| 手少阳三焦经 | 关冲 | 液门 | 中渚 | 支沟 | 天井 |

续表

| 经脉名称 | 井（金） | 荥（水） | 输（木） | 经（火） | 合（土） |
|---|---|---|---|---|---|
| 手太阳小肠经 | 少泽 | 前谷 | 后溪 | 阳谷 | 小海 |
| 足阳明胃经 | 厉兑 | 内庭 | 陷谷 | 解溪 | 足三里 |
| 足少阳胆经 | 足窍阴 | 侠溪 | 足临泣 | 阳辅 | 阳陵泉 |
| 足太阳膀胱经 | 至阴 | 足通谷 | 束骨 | 昆仑 | 委中 |

根据古代文献和临床实际，五输穴的应用可归纳为以下三点：

### （一）按五输穴主病特点选用

《灵枢·邪气脏腑病形》说“荥输治外经”。《灵枢·寿夭刚柔》云“病在阴之阴者，刺阴之荥输”，指出阳经的荥输穴主要治疗经脉循行所过部位的外经病，阴经的荥输穴治疗五脏病。《灵枢·顺气一日分为四时》云：“病在脏者，取之井；病变于色者，取之荥；病时间时甚者，取之输；病变于音者，取之经；经满而血者，病在胃及以饮食不节得病者，取之合。”其后，《难经·六十八难》又作了补充：“井主心下满，荥主身热，输主体重节痛，经主喘咳寒热，合主逆气而泄。”综合近代临床的应用情况，井穴多用于急救，荥穴多用于各种热证，阳经的输穴多用于肢节疼痛，阴经输穴（阴经以输代原）主要治疗五脏病，经穴治疗作用规律不甚典型，合穴多用于治疗脏腑病证。

### （二）按五行生克关系选用

《难经·六十九难》提出“虚者补其母，实者泻其子”的原则，根据“生我者为母，我生者为子”，确定出各经五输穴中的母穴和子穴，虚证用母穴，实证用子穴，这一取穴法亦称为子母补泻取穴法。

在具体运用时，补母泻子法分本经子母补泻和他经子母补泻两种方法。例如，肺经的实证应“泻其子”，肺在五行中属“金”，因“金生水”，“水”为“金”之子，故可选本经五输穴中属“水”的合穴即尺泽；肺经的虚证应“补其母”，肺属“金”，“土生金”，“土”为“金”之母，因此，应选本经属“土”的五输穴，即输穴太渊。他经子母补泻同理，如肺经实证，五行配属中肺属“金”，肾属“水”，肾经为肺经的“子经”，根据“实则泻其子”的原则，应在其子经（肾经）上选取属“水”的五输穴，为肾经合穴阴谷。各经五输穴子母补泻取穴详见表 6-4。

**表 6-4　子母补泻取穴表**

| 经脉 | 虚实 | 本经取穴 | 他经取穴 | 经脉 | 虚实 | 本经取穴 | 他经取穴 |
|---|---|---|---|---|---|---|---|
| 肺经 | 虚 | 太渊 | 太白 | 脾经 | 虚 | 大都 | 少府 |
| | 实 | 尺泽 | 阴谷 | | 实 | 商丘 | 经渠 |
| 心经 | 虚 | 少冲 | 大敦 | 肾经 | 虚 | 复溜 | 经渠 |
| | 实 | 神门 | 太白 | | 实 | 涌泉 | 大敦 |
| 心包经 | 虚 | 中冲 | 大敦 | 肝经 | 虚 | 曲泉 | 阴谷 |
| | 实 | 大陵 | 太白 | | 实 | 行间 | 少府 |
| 大肠经 | 虚 | 曲池 | 足三里 | 胃经 | 虚 | 解溪 | 阳谷 |
| | 实 | 二间 | 足通谷 | | 实 | 厉兑 | 商阳 |

续表

| 经脉 | 虚实 | 本经取穴 | 他经取穴 | 经脉 | 虚实 | 本经取穴 | 他经取穴 |
|---|---|---|---|---|---|---|---|
| 小肠经 | 虚 | 后溪 | 足临泣 | 膀胱经 | 虚 | 至阴 | 商阳 |
| | 实 | 小海 | 足三里 | | 实 | 束骨 | 足临泣 |
| 三焦经 | 虚 | 中渚 | 足临泣 | 胆经 | 虚 | 侠溪 | 足通谷 |
| | 实 | 天井 | 足三里 | | 实 | 阳辅 | 阳谷 |

**本经子母补泻歌诀**

肺泻尺泽补太渊，大肠二间曲池间；胃泻厉兑解溪补，脾在商丘大都边；
心先神门后少冲，小肠小海后溪连；膀胱束骨补至阴，肾泻涌泉复溜焉；
包络大陵中冲补，三焦天井中渚痊；胆泻阳辅补侠溪，肝泻行间补曲泉。
五输五行相配合，实泻其子大病安；井荥输经合五穴，虚补其母顺势间。

（三）按时选用

天人相应是中医整体观念的重要内容，经脉的气血运行和流注与季节、时辰密切相关。《难经·七十四难》云："春刺井，夏刺荥，季夏刺输，秋刺经，冬刺合。"即是根据手足三阴经的五输穴均以井木为始，与一年的季节顺序相应而提出的季节选穴法。另外，子午流注针法则是根据一日之中十二经脉气血盛衰开合的时间，而治以不同的五输穴。

## 二、原穴、络穴的临床应用

原穴是脏腑原气经过和留止的腧穴。原气源于脐下肾间动气，通过三焦输布全身，故针刺原穴能通达三焦原气，调整内脏功能。《难经·六十六难》说："三焦者，原气之别使也，主通行三气，经历于五脏六腑。"《灵枢·九针十二原》指出："五脏有疾也，当取之十二原……凡此十二原者，主治五脏六腑之有疾也。"临床上，原穴主要用于相关脏腑疾病，也可协助诊断。

络穴是络脉从本经别出的部位。络穴除了治疗其络脉虚实病证外，还可用于治疗表里两经的病证，如《针经指南》云："络穴正在两经中间……若刺络穴，表里皆治。"如脾胃相表里，脾经络穴公孙，既可治疗脾经的腹泻、腹胀，又可治疗足阳明胃经的胃脘痛等疾患。络穴扩大了经脉的主治范围。

原穴和络穴既可单独应用，也可相互配合使用。临床常把先病脏腑的原穴和后病相表里经脉的络穴配伍，称为原络配穴法或主客原络配穴法，是表里经配穴法的典型应用。如肺经先病，先取肺经的原穴太渊，大肠后病，再取大肠经络穴偏历。反之，大肠先病，肺经后病，先取大肠经原穴合谷为主，后取肺经络穴列缺为客。十二经脉原穴、络穴见表 6-5。

**表 6-5 十二经脉原穴与络穴表**

| 经脉 | 原穴 | 络穴 | 经脉 | 原穴 | 络穴 |
|---|---|---|---|---|---|
| 手太阴肺经 | 太渊 | 列缺 | 手阳明大肠经 | 合谷 | 偏历 |
| 手厥阴心包经 | 大陵 | 内关 | 手少阳三焦经 | 阳池 | 外关 |
| 手少阴心经 | 神门 | 通里 | 手太阳小肠经 | 腕骨 | 支正 |
| 足太阴脾经 | 太白 | 公孙 | 足阳明胃经 | 冲阳 | 丰隆 |
| 足厥阴肝经 | 太冲 | 蠡沟 | 足少阳胆经 | 丘墟 | 光明 |
| 足少阴肾经 | 太溪 | 大钟 | 足太阳膀胱经 | 京骨 | 飞扬 |

## 三、俞穴、募穴的临床应用

俞穴位于背腰部膀胱经第一侧线上，亦称背俞穴。募穴位于胸腹部，又称“腹募穴”。两者均是脏腑之气直接输注的部位，与脏腑关系密切，主要用于治疗相应脏腑病证。例如，肺热咳嗽，可泻肺之背俞穴肺俞；寒邪犯胃出现的胃痛，可灸胃之募穴中脘。同时，俞募穴尚可用于治疗其脏腑经络相联属的五官九窍、皮肉筋骨的病证。例如，肝俞可以治疗胁痛、黄疸等肝脏病证，又可治疗与肝相关的目赤肿痛等目系疾病和筋病；肾俞既能治疗肾病，又能治疗与肾相关的耳鸣耳聋和骨病等。

根据《难经·六十七难》“阴病行阳，阳病行阴。故令募在阴，俞在阳”及《素问·阴阳应象大论》“从阴引阳，从阳引阴”等理论，脏病（阴病）多与背俞穴（阳部）相关，腑病（阳病）多与募穴（阴部）联系。临床腑病多取募穴，脏病多取背俞穴。《灵枢·卫气》云：“气在胸者，止之膺与背腧。气在腹者，止之背俞。”说明脏腑之气通过气街与其俞、募穴相联系，所以临床常俞募配伍治疗脏腑病变，发挥其协同作用，即俞募配穴法，这是前后配穴法的经典应用。《素问·奇病论》“口苦者……此人者，数谋虑不决，故胆虚，气上溢，而为之口苦。治之以胆募、俞”为最早记载的俞募配穴法。

此外，脏腑发生病变时，常在背俞穴、募穴见压痛、敏感等阳性反应，故诊察背俞穴和募穴，结合四诊之辨证资料，可用于脏腑疾病的诊断。脏腑背俞穴与募穴，见表 6-6。

**表 6-6　脏腑背俞穴与募穴表**

| 六脏 | 背俞穴 | 募穴 | 六腑 | 背俞穴 | 募穴 |
|---|---|---|---|---|---|
| 肺 | 肺俞 | 中府 | 大肠 | 大肠俞 | 天枢 |
| 心包 | 厥阴俞 | 膻中 | 三焦 | 三焦俞 | 石门 |
| 心 | 心俞 | 巨阙 | 小肠 | 小肠俞 | 关元 |
| 脾 | 脾俞 | 章门 | 胃 | 胃俞 | 中脘 |
| 肝 | 肝俞 | 期门 | 胆 | 胆俞 | 日月 |
| 肾 | 肾俞 | 京门 | 膀胱 | 膀胱俞 | 中极 |

## 四、八脉交会穴的临床应用

八脉交会穴是指十二经脉与奇经八脉经气相通的八个腧穴，均分布在四肢肘膝关节以下。李梴在《医学入门·子午八法》中说“周身三百六十穴统于手足六十六穴，六十六穴又统于八穴”，可见八脉交会穴的重要性。八脉交会穴既能治疗奇经病，又能治疗正经病。例如，后溪既能治疗手太阳经病，还可治疗督脉病见腰脊强痛；公孙既能治疗足太阴脾经病，还可治疗冲脉病见胸腹气逆。此外，八脉交会穴属于上下配合应用，如公孙配内关，治疗胃、心、胸部疾病；后溪配申脉，治内眼角、耳、项、肩胛部位疾病及发热恶寒等表证；外关配足临泣，治外眼角、耳、颊、颈、肩部疾病及寒热往来症；列缺配照海，治咽喉、胸膈、肺系疾病等，属于经典的上下配穴法。古代医家还以八脉交会穴为基础，创立按时取穴的灵龟八法和飞腾八法。八脉交会穴配伍及主治病证，见表 6-7。

**表 6-7　八脉交会穴及主治表**

| 穴名 | 主治 | 相配合主治 |
|---|---|---|
| 公孙 | 冲脉病证 | 心、胸、胃疾病 |
| 内关 | 阴维脉病证 | |

续表

| 穴名 | 主治 | 相配合主治 |
| --- | --- | --- |
| 后溪<br>申脉 | 督脉病证<br>阳跷脉病证 | 目内眦、颈项、耳、肩部疾病 |
| 足临泣<br>外关 | 带脉病证<br>阳维脉病证 | 目锐眦、耳后、颊、颈、肩部疾病 |
| 列缺<br>照海 | 任脉病证<br>阴跷脉病证 | 肺系、咽喉、胸膈疾病 |

**八脉交会穴歌诀**

公孙冲脉胃心胸，内关阴维下总同；
临泣胆经连带脉，阳维目锐外关逢；
后溪督脉内眦颈，申脉阳跷络亦通；
列缺任脉行肺系，阴跷照海膈喉咙。

## 五、八会穴的临床应用

八会穴组成是：脏会章门、腑会中脘、气会膻中、血会膈俞、筋会阳陵泉、脉会太渊、骨会大杼、髓会绝骨。八会穴虽分属不同经脉，但是，对于各自所会的脏、腑、气、血、筋、脉、骨、髓的相关病证有特殊的治疗作用。如腑病可取中脘，血病可取膈俞，脉病可以取太渊等。《难经・四十五难》说“热病在内者，取其会之穴也”，提示八会穴尚可治疗相关热病。

## 六、郄穴的临床应用

郄穴是循行四肢的十六经脉经气深聚的腧穴，主治本经和相应脏腑病证，尤其是急症。一般来说，阴经郄穴主治血证，阳经郄穴主治痛证，如急性胃脘痛，取胃经郄穴梁丘；肺病咯血、鼻衄，取肺经郄穴孔最等。郄穴除单独使用外，常与八会穴配合使用，故有“郄会配穴”之称，如梁丘配腑会中脘治疗急性胃痛疗效更好。各经郄穴见表 6-8。

**表 6-8 十六经脉郄穴表**

| 经脉 | 郄穴 | 经脉 | 郄穴 |
| --- | --- | --- | --- |
| 手太阴肺经 | 孔最 | 足少阴肾经 | 水泉 |
| 手厥阴心包经 | 郄门 | 足阳明胃经 | 梁丘 |
| 手少阴心经 | 阴郄 | 足少阳胆经 | 外丘 |
| 手阳明大肠经 | 温溜 | 足太阳膀胱经 | 金门 |
| 手少阳三焦经 | 会宗 | 阴维脉 | 筑宾 |
| 手太阳小肠经 | 养老 | 阳维脉 | 阳交 |
| 足太阴脾经 | 地机 | 阴跷脉 | 交信 |
| 足厥阴肝经 | 中都 | 阳跷脉 | 跗阳 |

## 七、下合穴的临床应用

下合穴是指六腑之气下合于下肢足三阳经的 6 个腧穴，又称“六腑下合穴”，主要用于治疗六腑疾病。《灵枢・邪气脏腑病形》指出“合治内腑”，概括了下合穴的主治特点。胃、大肠、小肠、胆、膀胱、三焦的下合穴依次分别为足三里、上巨虚、下巨虚、阳陵泉、委中、委阳。临床上六腑相关的疾病常选其相应的下合穴治疗，例如，肠痈取上巨虚、泻痢选下巨虚。另外，下合穴也可协助诊断。

## 八、交会穴的临床应用

交会穴具有治疗交会经脉疾病的特点。如三阴交属足太阴脾经腧穴，但它又是足三阴经的交会穴，因此，它不仅可以治疗脾经病证，也可治疗足少阴肾经和足厥阴肝经的病证；关元、中极属于任脉与足三阴经相交会，除了可以治疗任脉病证外，又可治疗足三阴经的病证。在历代中医文献中对交会穴的记载略有不同，今据《针灸甲乙经》列经脉交会穴于表 6-9。

**表 6-9 经脉交会穴表** ○所属经 √交会经

| | 足太阴经 | 手太阴经 | 足厥阴经 | 手厥阴经 | 足少阴经 | 手少阴经 | 足太阳经 | 手太阳经 | 足少阳经 | 手少阳经 | 足阳明经 | 手阳明经 | 任脉 | 冲脉 | 督脉 | 带脉 | 阴维脉 | 阳维脉 | 阴跷脉 | 阳跷脉 | 备注 |
|---|---|---|---|---|---|---|---|---|---|---|---|---|---|---|---|---|---|---|---|---|---|
| 承浆 | | | | | | | | | | | √ | √ | ○ | | √ | | | | | | 《针灸大成》 |
| 廉泉 | | | | | | | | | | | | | ○ | | | | √ | | | | |
| 天突 | | | | | | | | | | | | | ○ | | | | √ | | | | |
| 上脘 | | | | | | | | √ | | | √ | | ○ | | | | | | | | |
| 中脘 | | | | | | | | √ | | √ | √ | | ○ | | | | | | | | 手太阳，手少阳，足阳明所生 |
| 下脘 | √ | | | | | | | | | | | | ○ | | | | | | | | |
| 阴交 | | | | | | | | | | | | | ○ | | √ | | | | | | |
| 关元 | √ | | √ | | √ | | | | | | | | ○ | | | | | | | | |
| 中极 | √ | | √ | | √ | | | | | | | | ○ | | | | | | | | |
| 曲骨 | | | √ | | | | | | | | | | ○ | | | | | | | | |
| 会阴 | | | | | | | | | | | | | ○ | √ | √ | | | | | | |
| 三阴交 | ○ | | √ | | √ | | | | | | | | | | | | | | | | |
| 冲门 | ○ | | √ | | | | | | | | | | | | | | | | | | |
| 府舍 | ○ | | √ | | | | | | | | | | | | | | √ | | | | |
| 大横 | ○ | | | | | | | | | | | | | | | | √ | | | | |
| 腹哀 | ○ | | | | | | | | | | | | | | | | √ | | | | |
| 中府 | √ | ○ | | | | | | | | | | | | | | | | | | | |
| 章门 | | | ○ | | | | | | √ | | | | | | | | | | | | |
| 期门 | √ | | ○ | | | | | | | | | | | | | | √ | | | | |
| 天池 | | | | ○ | | | | | √ | | | | | | | | | | | | |
| 横骨 | | | | | ○ | | | | | | | | | √ | | | | | | | |
| 大赫 | | | | | ○ | | | | | | | | | √ | | | | | | | |
| 气穴 | | | | | ○ | | | | | | | | | √ | | | | | | | |
| 四满 | | | | | ○ | | | | | | | | | √ | | | | | | | |
| 中注 | | | | | ○ | | | | | | | | | √ | | | | | | | |

续表

| | 足太阴经 | 手太阴经 | 足厥阴经 | 手厥阴经 | 足少阴经 | 手少阴经 | 足太阳经 | 手太阳经 | 足少阳经 | 手少阳经 | 足阳明经 | 手阳明经 | 任脉 | 冲脉 | 督脉 | 带脉 | 阴维脉 | 阳维脉 | 阴跷脉 | 阳跷脉 | 备注 |
|---|---|---|---|---|---|---|---|---|---|---|---|---|---|---|---|---|---|---|---|---|---|
| 膏俞 | | | | | ○ | | | | | | | | | √ | | | | | | | |
| 商曲 | | | | | ○ | | | | | | | | | √ | | | | | | | |
| 石关 | | | | | ○ | | | | | | | | | √ | | | | | | | |
| 阴都 | | | | | ○ | | | | | | | | | √ | | | | | | | |
| 腹通谷 | | | | | ○ | | | | | | | | | √ | | | | | | | |
| 幽门 | | | | | ○ | | | | | | | | | √ | | | | | | | |
| 照海 | | | | | ○ | | | | | | | | | | | | | | √ | | |
| 交信 | | | | | ○ | | | | | | | | | | | | | | √ | | |
| 筑宾 | | | | | ○ | | | | | | | | | | | | √ | | | | |
| 神庭 | | | | | | | √ | | | | √ | | | | ○ | | | | | | |
| 水沟 | | | | | | | | | | | √ | √ | | | ○ | | | | | | |
| 百会 | | | | | | | √ | | | | | | | | ○ | | | | | | |
| 脑户 | | | | | | | √ | | | | | | | | ○ | | | | | | |
| 风府 | | | | | | | | | | | | | | | ○ | | | √ | | | |
| 哑门 | | | | | | | | | | | | | | | ○ | | | √ | | | |
| 大椎 | | | | | | | √ | | √ | | √ | | | | ○ | | | | | | |
| 陶道 | | | | | | | √ | | | | | | | | ○ | | | | | | 《铜人腧穴针灸图经》 |
| 长强 | | | | | √ | | | | √ | | | | | | ○ | | | | | | 《铜人腧穴针灸图经》 |
| 睛明 | | | | | | | ○ | √ | | | √ | | | | | | | | √ | √ | 《素问》 |
| 大杼 | | | | | | | ○ | √ | | | | | | | | | | | | | |
| 风门 | | | | | | | ○ | | | | | | | | √ | | | | | | |
| 附分 | | | | | | | ○ | √ | | | | | | | | | | | | | |
| 跗阳 | | | | | | | ○ | | | | | | | | | | | | | √ | |
| 申脉 | | | | | | | ○ | | | | | | | | | | | | | √ | |
| 仆参 | | | | | | | ○ | | | | | | | | | | | | | √ | |
| 金门 | | | | | | | ○ | | | | | | | | | | | √ | | | |
| 臑俞 | | | | | | | | ○ | | | | | | | | | | √ | | √ | |
| 秉风 | | | | | | | | ○ | √ | √ | | √ | | | | | | | | | |
| 颧髎 | | | | | | | | ○ | | √ | | | | | | | | | | | |
| 听宫 | | | | | | | | ○ | √ | √ | | | | | | | | | | | |
| 瞳子髎 | | | | | | | | √ | ○ | √ | | | | | | | | | | | |
| 上关 | | | | | | | | | ○ | √ | √ | | | | | | | | | | |
| 颌厌 | | | | | | | | | ○ | √ | √ | | | | | | | | | | |
| 悬厘 | | | | | | | | | ○ | √ | √ | | | | | | | | | | |

续表

| | 足太阴经 | 手太阴经 | 足厥阴经 | 手厥阴经 | 足少阴经 | 手少阴经 | 足太阳经 | 手太阳经 | 足少阳经 | 手少阳经 | 足阳明经 | 手阳明经 | 任脉 | 冲脉 | 督脉 | 带脉 | 阴维脉 | 阳维脉 | 阴跷脉 | 阳跷脉 | 备注 |
|---|---|---|---|---|---|---|---|---|---|---|---|---|---|---|---|---|---|---|---|---|---|
| 曲鬓 | | | | | | | √ | | ○ | | | | | | | | | | | | |
| 率谷 | | | | | | | √ | | ○ | | | | | | | | | | | | |
| 浮白 | | | | | | | √ | | ○ | | | | | | | | | | | | |
| 头窍阴 | | | | | | | √ | | ○ | | | | | | | √ | | | | | |
| 完骨 | | | | | | | √ | | ○ | | | | | | | √ | | | | | |
| 本神 | | | | | | | | | ○ | | | | | | | | | √ | | | |
| 阳白 | | | | | | | | | ○ | | | | | | | | | √ | | | |
| 头临泣 | | | | | | | √ | | ○ | | | | | | | | | √ | | | |
| 目窗 | | | | | | | | | ○ | | | | | | | | | √ | | | |
| 正营 | | | | | | | | | ○ | | | | | | | | | √ | | | |
| 承灵 | | | | | | | | | ○ | | | | | | | | | √ | | | |
| 脑空 | | | | | | | | | ○ | | | | | | | | | √ | | | |
| 风池 | | | | | | | | | ○ | | | | | | | | | √ | | | |
| 肩井 | | | | | | | | | ○ | √ | | | | | | | | √ | | | |
| 日月 | √ | | | | | | | | ○ | | | | | | | | | √ | | | |
| 环跳 | | | | | | | √ | | ○ | | | | | | | | | | | | |
| 带脉 | | | | | | | | | ○ | | | | | | | √ | | | | | |
| 五枢 | | | | | | | | | ○ | | | | | | | √ | | | | | |
| 维道 | | | | | | | | | ○ | | | | | | | √ | | | | | |
| 居髎 | | | | | | | | | ○ | | | | | | | | | | | √ | |
| 阳交 | | | | | | | | | ○ | | | | | | | | | √ | | | |
| 天髎 | | | | | | | | | | ○ | | | | | | | | √ | | | |
| 翳风 | | | | | | | | | √ | ○ | | | | | | | | | | | |
| 角孙 | | | | | | | | | √ | ○ | | √ | | | | | | | | | |
| 耳和髎 | | | | | | | | √ | √ | ○ | | | | | | | | | | | 《铜人腧穴针灸图经》 |
| 承泣 | | | | | | | | | | | ○ | | √ | | | | | | | √ | |
| 巨髎 | | | | | | | | | | | ○ | | | | | | | | | √ | |
| 地仓 | | | | | | | | | | | ○ | √ | | | | | | | | √ | |
| 下关 | | | | | | | | | √ | | ○ | | | | | | | | | | |
| 头维 | | | | | | | | | √ | | ○ | | | | | | | √ | | | |
| 气冲 | | | | | | | | | | | ○ | | | √ | | | | | | | 冲脉所起 |
| 臂臑 | | | | | | | | | | | | ○ | | | | | | | | | 手阳明络之会 |
| 肩髃 | | | | | | | | | | | | ○ | | | | | | | | √ | |
| 巨骨 | | | | | | | | | | | | ○ | | | | | | | | √ | |
| 迎香 | | | | | | | | | | | √ | ○ | | | | | | | | | |

## 思维导图

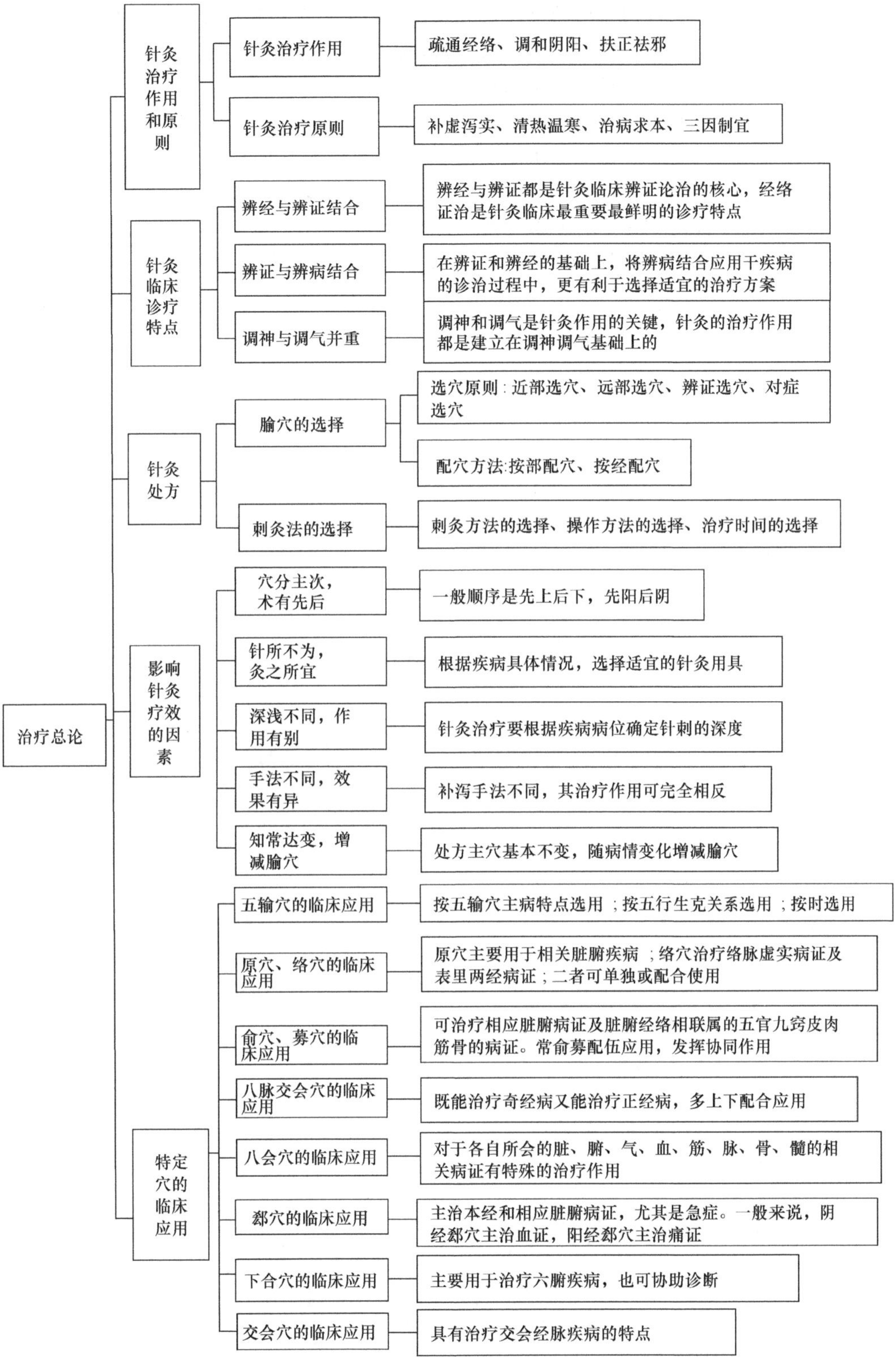
治疗总论
针灸治疗作用和原则
针灸治疗作用
疏通经络、调和阴阳、扶正祛邪
针灸治疗原则
补虚泻实、清热温寒、治病求本、三因制宜
针灸临床诊疗特点
辨经与辨证结合
辨经与辨证都是针灸临床辨证论治的核心，经络证治是针灸临床最重要最鲜明的诊疗特点
辨证与辨病结合
在辨证和辨经的基础上，将辨病结合应用于疾病的诊治过程中，更有利于选择适宜的治疗方案
调神与调气并重
调神和调气是针灸作用的关键，针灸的治疗作用都是建立在调神调气基础上的
针灸处方
腧穴的选择
选穴原则：近部选穴、远部选穴、辨证选穴、对症选穴
配穴方法：按部配穴、按经配穴
刺灸法的选择
刺灸方法的选择、操作方法的选择、治疗时间的选择
影响针灸疗效的因素
穴分主次，术有先后
一般顺序是先上后下，先阳后阴
针所不为，灸之所宜
根据疾病具体情况，选择适宜的针灸用具
深浅不同，作用有别
针灸治疗要根据疾病病位确定针刺的深度
手法不同，效果有异
补泻手法不同，其治疗作用可完全相反
知常达变，增减腧穴
处方主穴基本不变，随病情变化增减腧穴
特定穴的临床应用
五输穴的临床应用
按五输穴主病特点选用；按五行生克关系选用；按时选用
原穴、络穴的临床应用
原穴主要用于相关脏腑疾病；络穴治疗络脉虚实病证及表里两经病证；二者可单独或配合使用
俞穴、募穴的临床应用
可治疗相应脏腑病证及脏腑经络相联属的五官九窍皮肉筋骨的病证。常俞募配伍应用，发挥协同作用
八脉交会穴的临床应用
既能治疗奇经病又能治疗正经病，多上下配合应用
八会穴的临床应用
对于各自所会的脏、腑、气、血、筋、脉、骨、髓的相关病证有特殊的治疗作用
郄穴的临床应用
主治本经和相应脏腑病证，尤其是急症。一般来说，阴经郄穴主治血证，阳经郄穴主治痛证
下合穴的临床应用
主要用于治疗六腑疾病，也可协助诊断
交会穴的临床应用
具有治疗交会经脉疾病的特点

## 思考题

1. 何为解结？如何理解针灸疏通经络的治疗作用？
2. 针灸临床使用泻法有哪些注意事项？
3. 菀陈则除之的含义是什么？举例说明其临床应用及注意事项。
4. 如何应用“热则疾之”指导临床治疗？
5. 针灸临床治疗特点有哪些？
6. 如何理解“辨经与辨证相结合”？
7. “辨证选穴”的选穴方法临床如何应用？
8. 何为“前后配穴法”？应用特例是什么？分别举例说明。
9. 请结合临床考虑针灸处方中穴位对针灸疗效的影响。
10. 何为“八脉交会穴”？临床应用及配穴特点是什么？

# 第七章 治疗各论

## 第一节 头面肢体经络病证

### 一、头痛

头痛（headache）是以患者自觉头部疼痛为主要表现的一种病证，又称“头风”。

头痛与外感六淫、情志失调、饮食劳倦、头部外伤或先天不足、体虚久病等因素有关。病位在头，与手足三阳经、足厥阴肝经和督脉关系密切。基本病机是头部气血失和、经络不通或脑络失养。

现代医学认为头痛主要分为原发性和继发性两大类，前者包括偏头痛、紧张性头痛、丛集性头痛等；后者则是由其他疾病引起，如感染、高血压病、脑血管病、颅脑外伤、颅内肿瘤、五官科疾病等。

（一）辨证

主症 患者自觉头部疼痛，根据头痛的部位、疼痛的性质、影响因素及兼证等进行辨证。

**1. 辨经络**

阳明头痛：以前额、眉棱骨、鼻根部疼痛为主。
少阳头痛：以侧头部疼痛为主。
太阳头痛：以后枕部，或下连项部疼痛为主。
厥阴头痛：以巅顶部位疼痛为主，或连于目系。

**2. 辨证型**

外感头痛属实证。发病较急，痛连项背，痛无休止，多表现为掣痛、跳痛、灼痛、胀痛、重痛，外感表证明显。内伤头痛多属虚证或虚实夹杂证，发病较缓，时作时休，多伴头晕，遇劳或情志刺激而发作、加重，表现为隐痛、空痛、昏痛、刺痛。

风寒头痛：恶风畏寒，遇风痛增，口不渴，苔薄白，脉浮紧。
风热头痛：头痛而胀，发热或恶风，口渴欲饮，小便黄，苔黄，脉浮数。
风湿头痛：头痛如裹，肢体困倦，苔白腻，脉濡。
肝阳头痛：头胀痛，目眩，心烦易怒，面红目赤，口苦，舌红苔黄，脉弦数。
痰浊头痛：头痛昏蒙，脘腹痞满，呕吐痰涎，苔白腻，脉滑。
瘀血头痛：头痛迁延日久，或头部有外伤史，痛处固定不移，痛如锥刺，舌紫暗，脉细涩。

血虚头痛：头部空痛、昏痛，神疲无力，面色不华，遇劳加重，舌淡苔薄白，脉细弱。

肾虚头痛：头痛且空，眩晕耳鸣，腰膝酸软，神疲乏力，滑精带下，舌红苔少，脉细无力。

（二）治疗

**1. 基本治疗**

治法　调和气血，通络止痛。根据头痛部位循经取穴和局部选穴为主。

主穴　百会　风池　阿是穴　合谷

配穴　阳明头痛配阳白、内庭；少阳头痛配率谷、外关、足临泣；太阳头痛配天柱、后溪、昆仑；厥阴头痛配四神聪、太冲、内关；全头痛配太阳、头维、印堂。风寒头痛加风门、列缺；风热头痛加大椎、曲池；风湿头痛加头维、阴陵泉；肝阳头痛加太溪、太冲；痰浊头痛加中脘、丰隆；瘀血头痛加血海、膈俞；血虚头痛加脾俞、足三里；肾虚头痛加肾俞、太溪、悬钟、三阴交。

方义　百会属督脉，别名三阳五会，具有通达阴阳脉络、通经止痛的作用；风池为足少阳与阳维脉的交会穴，可以祛风活血，通络止痛；阿是穴可疏导头部经气；合谷为行气止痛要穴，善治头面诸疾。诸穴合用，共奏通经活络止痛之效。

操作　毫针刺法，补虚泻实；风池要严格掌握针刺角度和方向，避免伤及延髓；风寒证加灸；瘀血头痛可在阿是穴及膈俞刺血；头痛急性发作时，可先刺远端腧穴，强刺激，持续行针 1～3min，每日治疗 2 次，适当延长留针时间。

**2. 其他治疗**

（1）耳针法　取枕、额、脑、神门、肝，毫针刺，或埋针法、压丸法。对于顽固性头痛可在耳背静脉点刺出血。

（2）皮肤针法　取太阳、印堂、阿是穴，中、重度叩刺，使少量出血。适用于外感头痛、瘀血头痛。

（3）穴位注射法　取风池，用 1%利多卡因或维生素 $B_{12}$ 注射液，每穴注射 0.5～1.0mL，每日或隔日 1 次，适用于顽固性头痛。

**按 语**

1. 针灸治疗头痛的效果与病因及类型有关，通常原发性头痛针灸疗效较好，继发性头痛应以治疗原发病为主。对于多次针灸治疗无效，或逐渐加重者，尤其要排除颅内占位病变。

2. 当患者确诊为枕神经卡压所致偏头痛者，可用小针刀或锋勾针对病变组织部位（扳机点）以及风池、完骨（肌腱附着点附近）、颈夹脊等部位实施勾割、切割松解等手法，可即刻减轻局部的张力、压力，从而迅速起效。

3. 患者在治疗期间，应禁烟酒，适当参加体育锻炼，避免过劳和精神刺激，注意休息。

## 二、面瘫

面瘫（facial paralysis）是以口角向一侧歪斜、眼睑闭合不全为主症的病证，又称“口眼㖞斜”。

本病的发生多与正气不足，风寒、风热之邪乘虚而入等因素有关。病位在面部，与少阳、阳明经筋有关。基本病机是气血痹阻，经筋功能失调。

现代医学中，本病多指周围性面神经麻痹，最常见于贝尔麻痹，其次为亨特综合征。

（一）辨证

主症　口眼歪斜。本病常急性发作，一般在睡眠醒来时，发现一侧面部肌肉麻木、瘫痪，额纹消失，眼裂变大，露睛流泪，鼻唇沟变浅，口角下垂、歪向健侧，病侧不能皱眉、蹙额、闭目、露齿、鼓颊。初起时可有耳后疼痛，还可出现患侧舌前2/3味觉减退或消失、听觉过敏等。部分患者病程迁延日久，病程超过半年以上者，则为后遗症，可见面肌板滞，或面肌痉挛，或口角反牵向患侧，形成“倒错”现象。

风寒外袭：面部有受凉史，舌淡，苔薄白，脉浮紧。

风热侵袭：继发于风热感冒或其他头面部炎症性、病毒性疾病，常伴有耳后疼痛不适，舌红，苔薄黄，脉浮数。

气血不足：恢复期或病程较长者，兼见肢体困倦无力，舌淡，苔白，脉沉细。

（二）治疗

**1. 基本治疗**

治法　祛风通络，疏调经筋。取局部穴和手、足阳明经穴为主。

主穴　攒竹　阳白　四白　颧髎　地仓　颊车　合谷　太冲

配穴　急性期风寒外袭，配风池、风府；风热侵袭配外关、关冲；气血不足配足三里、气海；眼睑闭合不全配鱼腰、申脉；人中沟歪斜者配水沟；鼻唇沟变浅者配迎香；颏唇沟歪斜配承浆；乳突部疼痛配翳风；舌麻、味觉减退配廉泉、足三里；听觉过敏配听宫、中渚。

方义　面部腧穴可疏调局部经气，通行气血，濡润经筋；合谷为循经远端取穴，“面口合谷收”，可祛风通络，疏调面部经筋；太冲为足厥阴肝经原穴，与合谷相配，具有加强疏调面颊部经气，共奏通经活络之效。

操作　面部腧穴均行平补平泻法，风寒证可加灸法。急性期，面部穴位手法不宜过重，针刺不宜过深，取穴不宜过多，肢体远端的腧穴行泻法且手法宜重；在恢复期，足三里行补法，合谷行平补平泻。

**2. 其他治疗**

（1）*罐法*　取阳白、颊车、地仓、颧髎，行闪罐、走罐，每周2次，适用于恢复期。

（2）*刺络法*　取阳白、颧髎、地仓、颊车。用皮肤针叩刺或三棱针点刺，加拔火罐，令每个部位出血3～5mL，留罐时间不超过5min，适用于恢复期。

（3）*穴位贴敷*　参照主穴，将马钱子锉成粉末1～2分，撒于胶布上，贴敷腧穴，5～7日换药1次；或用白附子研细末，加少许冰片，作面饼，贴敷腧穴，每日1次。

按语

1. 针灸治疗面瘫具有良好疗效，是目前治疗本病安全有效的首选方法，宜尽早治疗。预后与面神经损伤的性质、程度、部位、基础疾病等情况有关，风寒型病情轻、病位低，预后良好；而风热型病情重、病位高，预后较差。另外，本病应与中枢性面瘫相鉴别。

2. 面瘫早期很难以全身症状及舌脉来辨证分型。一般而言，惟有风热型才有明显的耳后乳突部位疼痛不适，或有听觉、味觉异常，此时治疗以浅刺、轻刺为主，不宜使用电针，必要时配合中西药物治疗。

3. 治疗期间避免风寒，面部可配合热敷、理疗及按摩；注意保护患眼，预防眼部感染。

## 三、面肌痉挛

面肌痉挛（hemifacial spasm）是以阵发性、不规则的一侧面部肌肉不自主抽搐为主要临床表现的疾病。

本病属于中医学“面风”、“筋惕肉瞤”的范畴，其发生常与正气不足、外邪侵袭等因素有关。病位在面部经筋，基本病机是外邪壅遏筋脉或虚风内动。

### （一）辨证

主症　面部肌肉阵发性不自主抽搐痉挛。初期常为一侧眼轮匝肌阵发性抽搐，逐渐扩大至同侧面部的其他面肌，双侧面肌痉挛者少见。少数患者阵发性痉挛发作时，伴有面部轻微疼痛。晚期可出现肌无力和肌瘫痪。

风寒外袭：发病初期，面部有受凉史，舌淡，苔薄白，脉浮紧。

风热侵袭：发病初期，伴有咽痛，口干，舌红，苔薄黄，脉浮数。

阴虚风动：心烦失眠，口干咽燥，舌红，少苔，脉细数。

气血不足：头晕目眩，神疲肢倦，食欲不振，舌淡，苔薄白，脉沉缓。

### （二）治疗

#### 1. 基本治疗

治法　舒筋通络，息风止搐。面颊局部取穴为主，配合循经远端取穴。

主穴　攒竹　颧髎　风池　翳风　合谷　太冲

配穴　风寒外袭配外关；风热侵袭配曲池；阴虚风动配太溪、三阴交；气血不足配足三里、血海。面颊部痉挛配颊车、下关、地仓等穴；上胞振跳者配丝竹空、阳白、鱼腰；下胞振跳者配承泣、四白。

方义　攒竹、颧髎局部取穴，具活血舒筋通络之作用；近取风池、翳风息风止搐；合谷为大肠经原穴，“面口合谷收”，太冲为肝经原穴，肝经从目系下颊里，环唇内，两穴相配，能柔肝息风，舒筋通络。

操作　毫针刺，平补平泻为主。可先刺太冲、合谷，重刺行泻法；面部穴位针感不宜过强，多用平补平泻。风寒重者可加艾条温和灸或温针灸。

#### 2. 其他治疗

（1）耳穴压丸　取眼、面颊、心、肝、神门等穴，选 2～4 穴，与耳背处对应贴丸，形成对压。实证用强刺激对压泻法，虚证用轻柔按摩补法。每隔 2～5 天换压另一侧耳穴，10 次为 1 个疗程。

（2）皮内针　取阿是穴，将揿针埋入，胶布固定。3～5 天后更换穴位，重新埋针。

（3）火针　选择细火针，在痉挛点及患侧面部穴位（如下关）进行快速啄刺法。

**按 语**

1. 针灸治疗初期阵发性面肌痉挛效果良好，可缓解症状、减少发作次数。对病程较长的患者疗效较差，可作为辅助治疗。

2. 注意排除脑内肿瘤、囊肿等占位性病变引起的面肌痉挛。癫痫小发作也可引起局限性面肌痉挛，可通过脑电图进行鉴别。

3. 治疗期间，应保持心情舒畅，避免劳累和精神过度紧张。

## 四、面痛

面痛（facial pain）是以眼、面颊部出现放射性、烧灼样、抽掣疼痛为主症的疾病，中医又称“面风痛”、“面颊痛”。

面痛发生常与外感邪气、情志内伤、久病或外伤成瘀等因素有关。病位在面部，与手、足三阳经密切相关。基本病机是面部经络气血阻滞，不通则痛。

本病多见于现代医学的三叉神经痛，亦可见于翼管神经痛、眶上神经痛等病证。

### （一）辨证

主症　本病初起疼痛时间短暂而剧烈。面部疼痛突然发作，呈闪电样、刀割样、针刺样、电灼样，疼痛剧烈。痛时可引起面部肌肉抽搐，多伴有面部潮红、流泪、流涎、流涕等，常因说话、吞咽、刷牙、洗脸、冷刺激、情绪变化等诱发。一般持续数秒至数分钟。疼痛以面颊、上下颌和舌部最明显，轻触鼻翼、颊部和舌可以诱发，称为扳机点。

**1. 辨经络**

足太阳经病证：面痛表现为眼部呈电灼样疼痛。

阳明和手太阳经病证：面痛表现为上颌、下颌部电击样疼痛。

**2. 辨证型**

风寒证：面部有感受风寒史，遇寒则甚，得热则轻，鼻流清涕，舌淡红，苔白，脉浮紧。

风热证：痛处有灼热感，流涎，目赤流泪，苔薄黄，脉浮数。

气血瘀滞：有外伤史，或病变日久，痛点多固定不移，情志变化可诱发，舌暗或有瘀斑，脉细涩。

肝胃郁热：面痛伴烦躁易怒，口渴，便秘，舌红，苔黄，脉数。

阴虚阳亢：面痛日久，形体消瘦，颧红，舌红，少苔，脉细数。

### （二）治疗

**1. 基本治疗**

治法　疏通经络，祛风止痛。取面部局部穴位和手、足阳明及足太阳经穴为主。

主穴　攒竹　四白　地仓　下关　合谷　太冲　内庭

配穴　风寒配风池、列缺；风热配曲池、尺泽；气血瘀滞配三阴交；肝胃郁热配行间；阴虚阳亢配风池、太溪。眼部痛加丝竹空、阳白、昆仑；上颌部痛加颧髎、迎香；下颌部痛加承浆、颊车、翳风。

方义　攒竹、四白、地仓、下关为局部近取，疏通面部经络。合谷与太冲相配为“开四关”，可祛风通络，止痛定痉；内庭为足阳明经荥穴，可清泻阳明邪热。诸穴相配，疏通经络，祛风止痛。

操作　毫针刺，泻法，下关深刺。急性发作期，针刺时宜先取远端穴、重刺激，局部穴位宜轻刺。风寒证可酌情加灸。

**2. 其他治疗**

（1）耳针　选面颊、肝、颌、胃、肾、神门等穴，每次选 2～3 穴，毫针刺法，亦可用揿针埋藏，或用王不留行籽贴压。

（2）刺络拔罐　选颊车、地仓、颧髎等穴，用三棱针点刺，行闪罐法，隔日 1 次。

（3）皮肤针　在局部及其周围找出麻痹点或酸胀点，作为叩刺重点，耳前、耳下、太阳穴、鼻区部、两手掌及指端均可适当叩刺。在麻痹或酸胀部叩刺宜重，其他均用轻、中度刺激，隔日 1 次。

按语

1. 本病多见于三叉神经痛，是一种顽固难治之证，针刺治疗有一定的止痛效果。发病早期，邪浅病轻，经过治疗可望痊愈；迁延日久，邪深病重，缠绵难愈。对继发性三叉神经痛要寻找病因，对因施治。

2. 患者应起居规律，忌食生冷辛辣等刺激性食物，避免情绪过激及精神紧张。

## 五、痹证

痹证（arthralgia syndrome）是以肢体肌肉、筋骨、关节发生疼痛、重着、酸楚、麻木，甚或关节屈伸不利、肿大、变形等为主要症状的一类病证。

痹证发生多与禀赋素亏、正气不足、卫外不固，又感受风、寒、湿、热等邪气，致使邪侵人体，注于经络，留于关节，痹阻气血而发病。基本病机为经络不通、气血痹阻。

现代医学中风湿性关节炎、类风湿关节炎、骨性关节炎、痛风等均属于本病范畴。

### （一）辨证

主症　肢体肌肉、关节疼痛。

（1）行痹（风痹）　肢体关节走窜疼痛，痛无定处，有时兼有恶风发热，舌淡，苔薄白或薄黄，脉浮。

（2）痛痹（寒痹）　局部关节痛甚，痛有定处，得热稍缓，遇冷则剧，局部皮色不红，触之不热，舌淡，苔白，脉弦紧。

（3）着痹（湿痹）　关节酸痛、重着，痛有定处，或见肌肤麻木，阴雨天加重或发作，舌淡胖，苔白腻，脉濡缓。

（4）热痹　关节疼痛，痛处有灼热感，或见红肿，痛不可触，得冷则舒，关节活动障碍，并兼有发热，口渴，烦闷不安，舌红，苔黄燥，脉滑数。

### （二）治疗

**1. 基本治疗**

治法　通经活络，蠲痹止痛。以局部取穴为主，结合辨证选穴与循经取穴。

主穴　阿是穴　局部经穴

肩部：肩髃　肩髎　臑俞

肘部：曲池　肘髎　手三里　少海

腕部：阳池　阳溪　腕骨　外关

脊背：大椎　身柱　腰阳关　夹脊

髀部：环跳　居髎　髀关　秩边
股部：伏兔　承扶　风市　阳陵泉
膝部：内、外膝眼　梁丘　鹤顶　足三里　阳陵泉
踝部：丘墟　申脉　昆仑　太溪　照海

配穴　行痹配膈俞、血海；痛痹配关元、肾俞；着痹配阴陵泉、足三里；热痹配大椎、曲池。另可根据疼痛的部位循经配穴。

方义　病痛局部取穴及循经选穴可疏通经络气血，使营卫调和而邪无所依，通则不痛，痹痛遂解。

操作　毫针泻法或平补平泻。痛痹、着痹者加灸法，或用火针。热痹者大椎可刺血拔罐、曲池泻法，局部腧穴亦可加拔罐法。

**2. 其他治疗**

（1）刺络拔罐　取阿是穴，用皮肤针重叩，使出血少许，加拔火罐。

（2）穴位注射　取阿是穴、局部经穴，用 1%利多卡因、维生素 $B_{12}$ 注射液或当归注射液，每穴注入 0.5～1mL。每隔 1～3 日注射 1 次。适用于顽固性疼痛。

（3）灸法　以艾条温和灸阿是穴为主，配合在病痛所属经脉循行线施以回旋灸，也可进行热敏灸。

按语

1. 针刺治疗痹证有较好的效果，但类风湿关节炎病情缠绵反复，属于顽痹范畴，非一时能获效。
2. 注意鉴别风湿性关节炎与类风湿关节炎，还要注意排除骨结核、骨肿瘤等，以免延误病情。
3. 患者平时应注意关节的保暖，避免风寒湿邪的侵袭；适当锻炼，增强体质。

## 六、落枕

落枕（stiff neck）是指急性单纯性颈项强痛、活动受限的一种病证，又称“失枕”。

本病多属实证，常与睡眠姿势不当、枕头高低不适，或颈部过度扭转，或寒邪侵袭项背等因素有关。病位在颈项部经筋，与督脉、手足太阳和足少阳经密切相关。基本病机是经筋受损，筋络拘急，气血阻滞不通。

现代医学认为本病是各种原因导致颈部肌肉痉挛所致，如颈肌劳损、颈椎关节突滑膜嵌顿、肌肉筋膜炎症等。

（一）辨证

主症　多于晨起后发病，突感颈项强痛，头颈活动受限，转动不利，头向患侧倾斜，压痛明显。

**1. 辨经络**

督脉与太阳经证：项背部强痛为主，低头加重。
少阳经证：颈肩部压痛明显，头部歪向患侧。

**2. 辨证型**

风寒袭络：有明显的感受风寒史，颈项疼痛重着，或伴恶寒发热、头痛，舌淡红，苔薄白，脉浮紧。

气滞血瘀：有明显的夜卧姿势不当或颈项外伤史，颈项部刺痛，固定不移，舌紫，苔薄白，脉弦紧。

（二）治疗

**1. 基本治疗**

治法 行气活血，舒筋通络。以局部阿是穴及手太阳、足少阳经穴为主。

主穴 天柱 阿是穴 外劳宫 后溪 悬钟

配穴 督脉与太阳经证配大椎、束骨；少阳经证配肩井、外关；风寒袭络配风池、合谷；气滞血瘀配内关、合谷。

方义 天柱、阿是穴合用，舒缓局部筋脉，解痉止痛；外劳宫为治疗落枕的有效经验穴；后溪、悬钟为循经取穴，疏调太阳、少阳经经脉气血。腧穴远近相配，共达舒筋通络、缓急止痛之效。

操作 毫针泻法，先刺远端外劳宫、后溪或悬钟，持续捻转，嘱患者慢慢活动颈项，一般疼痛当即缓解，再针刺局部诸穴。风寒重者可配艾灸，气滞血瘀者可配合三棱针点刺放血。

**2. 其他治疗**

（1）耳针 选颈、颈椎、枕、神门、皮质下。毫针刺，中强度刺激，捻针时嘱患者徐徐转动颈项，每次留针 30～60min，每日 1 次。

（2）拔罐 在患侧项背、肩背部加拔火罐，或顺着肌肉走行行闪罐法。

按 语

1. 针灸治疗本病效果良好。操作时，先对远端穴位进行强刺激，并嘱患者配合颈部运动是治疗的关键。

2. 睡眠时，注意枕头高度要适中，保持正确的睡眠姿势。注意颈部保暖，免受风寒。

## 七、项痹

项痹（neck pain）是由于风、寒、湿等邪气痹阻项部经络，影响气血运行，导致颈项部强硬疼痛，上肢疼痛、重着、麻木等症状的一种疾病，属于中医“痹证”范畴。

本病多与伏案久坐、跌仆损伤、外邪侵袭或年老体衰、肝肾不足等有关。病位在颈部肌肉、筋骨，与督脉、手足太阳、手阳明经脉关系密切。基本病机是筋骨受损，经络气血痹阻不通。

现代医学认为本病多与颈椎病、颈项部肌群劳损等疾病相关。

（一）辨证

主症 颈项疼痛、麻木。

**1. 辨经络**

手阳明经证：颈项、肩、臂放射性疼痛、麻木，或伴有拇指、食指和中指麻木。

手太阳经证：颈项疼痛，伴有无名指、小指麻木。

督脉、足太阳经证：颈项后枕部疼痛，颈部僵紧不舒。

**2. 辨证型**

风寒痹阻：有受寒史，颈、肩、上肢窜痛麻木发冷，以痛为主，头有沉重感，颈部僵硬，恶寒畏风，舌淡红，苔薄白，脉弦紧。

劳伤血瘀：有颈部外伤或劳作过度史，颈肩部、上肢刺痛，痛处固定，伴有肢体麻木，舌质暗或有瘀点，脉弦涩。

肝肾亏损：颈项、肩臂麻木乏力，眩晕头痛，耳鸣耳聋，腰膝酸软，舌红少津，脉弦细或细弱。

（二）治疗

**1. 基本治疗**

治法　祛风活血，通经止痛。以颈项局部取穴为主。

主穴　天柱　颈夹脊　阿是穴　大椎　后溪

配穴　风寒痹阻者配风门、风府；劳伤血瘀者配膈俞、合谷、太冲；肝肾亏虚配肝俞、肾俞、足三里。肩部压痛配肩井、天宗；上肢及手指麻痛者配曲池、外关。

方义　天柱疏通太阳经气；颈夹脊、阿是穴具有梳理局部气血而止痛的作用；大椎是督脉穴，为诸阳之会，激发诸阳经经气，通经活络；后溪属手太阳经，为八脉交会穴之一，又与督脉相通，可疏调太阳、督脉经气，通络止痛。诸穴远近相配，共奏祛风散寒、舒筋活络、理气止痛之功。

操作　毫针刺，泻法或平补平泻，亦可针灸并施。大椎直刺1～1.5寸，使针感向肩臂部传导；夹脊直刺或向颈椎斜刺。

**2. 其他治疗**

（1）穴位注射　取局部压痛点，选维生素 $B_{12}$ 注射液或1%利多卡因注射液，每穴注射1mL，隔日1次。

（2）耳针　取颈椎、肩、颈、神门、交感、肾上腺、皮质下、肝、肾，每次选3～4穴，毫针强刺激；亦可用王不留行籽贴压。

（3）电针　取穴参照刺灸法，每次选用2～4穴，选连续波或疏密波，刺激20min。

**按语**

1. 针灸治疗项痹有较好疗效，对于缓解颈项痛、肩背痛、上肢痛尤为明显。若配合按摩、外敷则疗效更佳。

2. 长期伏案或低头工作者要注意颈部保健；睡眠时，枕头高低要适中；避免风寒之邪侵袭颈部。

3. 临床所见，对于久治不愈或反复发作者，宜于胸大肌、腹直肌处探寻压痛点施以强刺激，可获良效。

**附　颈椎病**

颈椎病（cervical spondylosis）是指因颈椎间盘退行性病变及椎间关节退变，引起颈椎管或椎间孔变形、狭窄，刺激、压迫颈部脊髓、神经根、血管及交感神经，造成其结构或功能性损害所引起的一组以头、颈、肩、背及上下肢疼痛麻木为主要症状的疾病的总称。本病属中医“项痹”、“痿证”、“头痛”、“眩晕”、“项强”、“项筋急”和“项肩痛”的范畴。

本病发生常因年老肝肾亏虚、劳损过度、感受风寒或颈项部创伤导致经络阻塞，气血运行不畅。病位在筋骨，与督脉、手足太阳、足少阳经脉关系密切。基本病机是筋骨受损，经络气血阻滞不通。

现代医学将颈椎病主要分为6型，即颈型、神经根型、脊髓型、椎动脉型、交感型、混合型。

（一）辨证

主症　头枕、颈项、肩背、上肢等部位疼痛以及进行性肢体感觉和运动功能障碍。

风寒痹阻：久卧湿地或夜寐露肩而致项强脊痛，肩臂酸楚，颈部活动受限，甚则手臂麻木冷痛，遇寒加重，舌淡，苔白，脉弦紧。

瘀血阻滞：多在外伤后出现颈项、肩臂疼痛，手指麻木，劳累后加重，项部僵直或肿胀，活动不利，肩胛冈上下窝及肩峰有压痛，舌质紫暗有瘀点，脉涩。

肝肾亏虚：颈项、肩臂疼痛，四肢麻木乏力，头晕耳鸣，腰膝酸软，遗精，月经不调，舌红，少苔，脉细弱。

（二）治疗

治法　活血通经。以颈夹脊及手足太阳、足少阳经穴为主。

主穴　风池　天柱　颈夹脊　大杼　肩井　后溪　合谷

配穴　风寒痹阻配风门、大椎；瘀血阻滞加膈俞、血海；肝肾亏虚加肝俞、肾俞。头晕、头痛者配百会或四神聪；恶心呕吐者配天突、内关；下肢麻木、有踩棉花感者配肾俞、委中、足三里。另可参照项痹，根据疼痛、麻木部位循经取穴。

方义　风池、天柱、颈夹脊、大杼、肩井为局部取穴，在于疏通经络；后溪通于督脉，可疏调手太阳及督脉经气；合谷为手阳明经原穴，阳明经多气多血，可疏调上肢气血运行。

操作　参照项痹刺法。

按语

1. 针灸治疗本病可明显改善症状，尤其对颈型、椎动脉型有较好的效果。可配合推拿、牵引等方法，以提高疗效。

2. 脊髓型颈椎病一旦确诊，经非手术治疗无效、且病情日益加重者，应当积极手术治疗。

3. 平时注意颈部保暖，尽量避免长期伏案或保持低头的姿势。

## 八、肩周炎

肩周炎（periarthritis of shoulder）是指肩部酸重疼痛及活动受限为主症的病证。因本病好发于50岁左右的成年人，故俗称“五十肩”；后期常出现肩关节炎粘连，活动明显受限，又被称作“肩凝症”、“冻结肩”。

肩周炎的发生常与体虚、劳损及风寒之邪侵袭肩部等因素有关。病位在肩部，与手三阳、手太阴经关系密切。基本病机是肩部筋脉阻滞不通或筋脉失于濡养。

本病发生与慢性劳损有关，主要是软组织慢性退行性、炎症性改变，可分为急性期（冻结进行期）、慢性期（冻结期）及功能恢复期。

（一）辨证

主症　肩周疼痛、酸重，呈静止痛，夜间为甚，患者肩前、后及外侧均有压痛，有时可向颈部和整个上肢放射，主动和被动外展、后伸、上举等功能明显受限，后期可出现肌肉萎缩。

**1. 辨经络**

手阳明经证：肩前外部（肩髃）疼痛、压痛明显，上臂外展疼痛加重。

手少阳经证：肩外侧（肩髎）疼痛、压痛明显，上臂前屈、后伸（不能做梳头动作）疼痛加重。

手太阳经证：肩后部（肩贞、臑俞）疼痛、压痛明显，肩内收疼痛明显加重。

手太阴经证：肩前近腋窝处（中府）疼痛、压痛明显，后伸疼痛加重。

**2. 辨证型**

风寒内侵：有明显感受风寒史，肩部疼痛遇风寒痛增，得温痛缓，畏风恶寒，舌淡红，苔薄白，脉浮紧。

气滞血瘀：肩部有外伤或劳作过度史，疼痛拒按，舌暗或有瘀斑，脉涩。

气血虚弱：肩部酸痛，劳累加重，或伴见头晕目眩，四肢乏力，舌淡，苔薄白，脉细弱。

### （二）治疗

**1. 基本治疗**

治法　通经活络，舒筋止痛。以局部穴位为主，配合循经远端取穴。

主穴　肩髃　肩髎　肩贞　阿是穴　曲池　阳陵泉　条口透承山

配穴　手阳明经证配合谷；手太阳经证配后溪；手少阳经证配外关；手太阴经证配列缺；风寒内侵配合谷、风池；气血虚弱配足三里、气海；气滞血瘀配内关、膈俞。

方义　肩髃、肩髎、肩贞分别为手阳明、手少阳、手太阳经穴，配合阿是穴，均为局部选穴，可疏通肩部经络气血，活血止痛；阳陵泉为筋会，可以舒筋止痛；条口透承山可疏导太阳、阳明两经气血，为临床经验效穴。

操作　主穴用毫针泻法或平补平泻。先刺远端穴，行针时鼓励患者活动肩关节，肩部穴位可加灸法。足三里、气海可用补法。

**2. 其他治疗**

（1）刺络拔罐　用三棱针或皮肤针在肩部压痛点点刺，使少量出血，加拔火罐。

（2）穴位注射　超声引导下取维生素 $B_{12}$ 注射液在肩部穴位注射，每穴 2mL，隔日 1 次。

（3）电针　取肩髃、肩髎、肩贞、肩前、天宗、曲池、外关等穴。每次选 2～4 穴，接通电针仪，早期用连续波，后期用续断波，强刺激 10～15min。

（4）火针　常规消毒后，将火针置酒精灯上烧红，迅速点刺阿是穴 2～3 次。出针后用干棉球按压针眼，疼痛剧烈可每日治疗 1 次，慢性疼痛可 3～5 日治疗 1 次。

（5）针刀或锋勾针疗法　将针刀或锋勾针刺入肩关节痛点（以喙突、结节间沟处最为常见），触及硬结和条索行切割或勾割，以松解粘连。

**按语**

1. 针灸治疗本病有较好的疗效。但应排除肩关节骨折、结核、肿瘤等疾患。

2. 注意与肩袖损伤相鉴别。肩袖损伤一般被动活动可，压痛点多见冈上肌、冈下肌及大圆肌、小圆肌等。

3. 坚持适当的肩部功能锻炼，如爬墙、拉绳等。注意肩部保暖，避免风寒侵袭。

## 九、肘劳

肘劳（elbow strain）是指肘部疼痛为主症的疾病。

本病与慢性劳损有关，多见于从事旋转前臂和屈伸关节的劳动者，如木工、钳工、矿工、水电工及网球运动员等。病位在肘部经筋，与手三阳经关系密切。基本病机是筋脉不通，气血痹阻。

现代医学中，本病多见于肱骨外上髁炎（俗称“网球肘”）、肱骨内上髁炎（俗称“高尔夫肘”）和尺骨鹰嘴炎（俗称“学生肘”或“矿工肘”）。

（一）辨证

主症　肘关节活动时疼痛，有时可向前臂、腕部和上臂放射，局部肿痛不明显，有明显而固定的压痛点，肘关节屈伸活动不受限。

手阳明经证：肘关节外上方（肱骨外上髁周围）有明显压痛。此型临床最为常见。

手少阳经证：肘关节外部（尺骨鹰嘴处）有明显压痛。

手太阳经证：肘关节内下方（肱骨内上髁周围）有明显压痛。

（二）治疗

**1. 基本治疗**

治法　舒筋通络。以局部阿是穴为主。

主穴　阿是穴

配穴　手阳明经证配曲池、手三里；手少阳经证配天井、外关；手太阳经证配小海、阳谷。

方义　阿是穴疏通局部筋脉气血，活血止痛。

操作　毫针泻法。在局部阿是穴采用多向透刺，或做多针齐刺，得气后留针，局部可加温针灸、隔姜灸或天灸。亦可取阿是穴和配穴用电针治疗。

**2. 其他治疗**

（1）艾灸　选压痛点、曲池、肘髎、手三里、外关等穴，用艾炷隔姜灸，每穴灸 3～5 壮，每日或隔日 1 次，10 次为 1 个疗程。

（2）刺络拔罐　选压痛点，用皮肤针叩刺局部出血，加拔火罐，每 2～3 日 1 次，适宜于局部肿胀者。

（3）穴位注射　取阿是穴，选用当归注射液或维生素 $B_{12}$ 或 1%的利多卡因，常规穴位注射。

（4）针刀或锋勾针　用针刀或锋勾针松解相应部位肌腱附着点的粘连。

按 语

1. 针灸治疗肘劳有较好疗效，可配合推拿、药物熏洗等疗法。临床所见，对于久治不愈或反复发作者，宜于肩胛区、颈项部寻找压痛点，施以强刺激，方可获效。

2. 西医多采用局部封闭疗法，初次效可，然多次后有局部肌肉萎缩之虞。

3. 急性发作者，尽量减少肘部活动，注意局部保暖，免受风寒。

## 十、腰痛

腰痛（lumbago）又称“腰脊痛”，是以自觉腰部疼痛为主症的一类病证，疼痛的部位或在脊中，或在一侧，或两侧俱痛。

其发生与感受外邪、跌仆损伤或年老体衰、劳欲过度等因素相关。病位在腰部，与肾、足太阳膀胱经和督脉关系密切。基本病机是腰部经络不通，气血痹阻，或肾精亏虚、腰府失养。

本病多见于现代医学的腰部软组织损伤、肌肉风湿病、腰椎及其椎间盘病变及部分腹腔、盆腔内脏病。

（一）辨证

主症　腰部疼痛。发病较急，腰痛明显，痛处拒按者为实证；起病较缓，腰部酸痛，遇劳加重，痛处喜按者为虚证。

**1. 辨经络**

督脉证：疼痛位于腰脊中线部，并有明显压痛。

足太阳经证：疼痛位于腰脊两侧，并有明显压痛。

带脉证：腰痛，痛引少腹季肋。

**2. 辨证型**

寒湿腰痛：腰部冷痛重着、酸麻，活动转侧不利，拘急不可俯仰，或腰脊痛连臀腿。如迁延日久，则时轻时重，患部发凉，遇阴雨天疼痛发作或加剧，苔白腻，脉沉而迟缓。

瘀血腰痛：部分患者有外伤史，腰部触之僵硬、有牵制感，痛有定处，轻则俯仰不变，重则转侧困难，舌质暗，脉涩。

肾虚腰痛：起病缓慢，隐隐作痛，或酸多痛少，腰腿酸软无力，喜按喜揉，劳则更甚，如兼神倦肢冷，滑精，面色白，四肢不温，舌淡，脉沉细者，为肾阳虚；如伴有虚烦咽干，手足心热，舌红，脉细数者，为肾阴虚。

（二）治疗

**1. 基本治疗**

治法　舒筋活络，通经止痛。以局部及足太阳经经穴为主。

主穴　肾俞　大肠俞　阿是穴　委中

配穴　寒湿腰痛者配命门、腰阳关；瘀血腰痛者配膈俞、次髎；肾虚腰痛者配太溪；病在督脉配后溪；病在足太阳经配申脉；病在带脉配足临泣；腰椎病变配腰夹脊。

方义　腰为肾之府，肾俞乃肾经经气转输之处，可补益肾气，灸之可祛湿散寒；大肠俞、阿是穴可疏通局部经络及经筋之气血，通经止痛。“腰背委中求”，委中可通调足太阳经气，通络活血止痛。

操作　毫针刺，根据病情虚实，酌情应用补泻或平补平泻，寒湿证或肾阳虚加艾灸；瘀血证加刺络拔罐。

**2. 其他治疗**

（1）皮肤针　选取阿是穴，选择腰部疼痛部位，用梅花针叩刺出血，加拔火罐，隔日 1 次。适用于寒湿腰痛和瘀血腰痛。

（2）耳针　选腰骶椎、肾、神门、命门等穴，用毫针刺患侧耳穴，针刺后嘱患者活动腰部，每次留针 30min，每日 1 次。或用揿针埋藏，或用王不留行籽贴压。

（3）穴位注射　以痛点为主。用利多卡因 5mL 或醋酸泼尼松龙注射液 0.125g（5mL），严格消毒后痛点刺入，无回血后推药液，每穴注射 0.5～1mL，每日或隔日 1 次。

（4）拔罐　取肾俞、大肠俞、阿是穴。瘀血腰痛和寒湿腰痛可行刺络拔罐。

（5）针刀　在腰部痛点行针刀治疗。

按 语

1. 针灸治疗腰痛，疗效较好。腰肌劳损疗效为佳；腰椎病变和椎间盘病变引起的腰痛，可明显缓解症状；对腰部小关节周围的韧带撕裂疗效较差；内脏疾患引起的腰痛要以治疗原发病为主；因脊椎结核、肿瘤等引起的腰痛，一般不在局部取穴。

2. 急性期，注意卧床休息，减少运动；注意劳动姿势与体位，避免久坐和侧身弯腰，加强腰腹肌锻炼。平时常用两手掌根部揉擦腰部，早晚各 1 次，可减轻和防止腰痛。

3. 确因第三腰椎横突综合征所致的腰痛，痛位较深，常牵扯到骶部、臀部，甚至同侧下腹部（如右侧发病，有时容易被误诊为阑尾炎）。普通毫针治疗缠绵难愈，宜用针刀治疗。

### 附　坐骨神经痛

坐骨神经痛（sciatic）是指多种病因所致的沿坐骨神经及其分布区疼痛为主的综合征。本病属于中医学“痹证”、“腰腿痛”范畴。

坐骨神经痛发生多与感受外邪、跌仆损伤或先天发育异常有关。病位在足太阳、足少阳经，基本病机是经络不通，气血瘀滞。

本病通常分为根性坐骨神经痛和干性坐骨神经痛两种。腰部病变使神经根受压迫或刺激引起者为根性坐骨神经痛；坐骨神经干受压迫或刺激引起者为干性坐骨神经痛。

（一）辨证

主症　本病以腰或臀、大腿后侧、小腿后外侧及足外侧放射性、电击样、烧灼样疼痛为主症。

**1. 辨经络**

足太阳经证：疼痛以下肢后侧为主。
足少阳经证：疼痛以下肢外侧为主。

**2. 辨证型**

寒湿证：腰腿冷痛、重着，遇冷加重，得温痛减，舌淡，苔白滑，脉沉迟。
瘀血证：腰腿疼痛剧烈，痛处固定不移，痛如针刺，夜间加重，或伴有外伤史，舌质紫暗，脉涩。
气血不足证：痛势隐隐，喜揉喜按，遇劳加重，舌淡，脉细。

（二）治疗

**基本治疗**

治法　通经止痛。以足太阳、足少阳经穴为主。
主穴　足太阳经证：腰夹脊　秩边　委中　承山　昆仑　阿是穴
　　　足少阳经证：腰夹脊　环跳　阳陵泉　悬钟　丘墟　阿是穴
配穴　寒湿证配命门、腰阳关；血瘀证配血海；气血不足证配足三里、三阴交。

方义　腰夹脊是治疗腰腿痛的要穴，合用阿是穴可疏通局部气血；坐骨神经痛多发于足太阳经、足少阳经循行部位，故循经取足太阳、足少阳经穴可疏导两经闭阻不通之气血，达到“通则不痛”的治疗目的。

操作　毫针虚补实泻法。秩边、环跳以针感沿腰腿部足太阳、足少阳经向下传导为佳，但不宜多次重复。

按 语

1. 针刺治疗坐骨神经痛效果显著，腰椎间盘突出引起的可配合牵引或推拿治疗，急性期慎用；继发性坐骨神经痛要查明病因，如因肿瘤、结核等引起者，应积极治疗其原发病。

2. 急性期应卧床休息，腰椎间盘突出症应睡硬板床、佩戴护腰；平时注意防寒保暖，保持腰部姿势正确。

## 十一、扭伤

扭伤（sprain）是指四肢关节或躯体的软组织损伤，属于中医“伤筋”的范畴。

扭伤多与剧烈运动、负重不当、跌仆闪挫或牵拉和过度扭转等因素有关，病位在经筋，基本病机是气血壅滞，不通则痛。

### （一）辨证

主症　扭伤部位疼痛，关节活动不利或不能，继则出现肿胀，伤处肌肤发红或青紫。患肢有不同程度的功能障碍，常伴有局部热痛。多发于颈、肩、肘、腕、腰、髋、膝、踝等部位。

气滞血瘀：多见新伤，疼痛肿胀，活动不利。

寒凝血瘀：多为陈伤，遇天气变化，反复发作。

### （二）治疗

#### 1. 基本治疗

治法　祛瘀消肿，舒筋通络。以受伤局部腧穴为主。

主穴　阿是穴　扭伤局部腧穴为主

颈部：阿是穴　风池　绝骨　后溪

肩部：阿是穴　肩髃　肩髎　肩贞

肘部：阿是穴　曲池　小海　天井

腕部：阿是穴　阳池　阳溪　阳谷

腰部：阿是穴　委中　大肠俞　腰痛点

髋部：阿是穴　环跳　秩边　居髎

膝部：阿是穴　膝阳关　梁丘　血海　膝眼

踝部：阿是穴　丘墟　解溪　申脉

配穴　①根据病位配合循经远端取穴。急性腰扭伤：督脉病证配水沟或后溪；足太阳经证配昆仑或后溪；手阳明经证配手三里或三间。②根据病位在其上下循经邻近取穴，如膝内侧扭伤，病在足太阴脾经，可在扭伤部位其上取血海，其下取阴陵泉。③根据手足同名经配穴法进行配穴。方法：踝关节与腕关节对应，膝关节与肘关节对应，髋关节与肩关节对应。例如，踝关节外侧昆仑、申脉处扭伤，病在足太阳经，可在对侧腕关节手太阳经养老、阳谷处寻找最明显的压痛的穴位针刺；以此类推。

方义　扭伤属经筋病，治疗当取近部腧穴，以行气血、通经络，使损伤组织恢复正常。伤势较重者，可用循经近治和远治相结合的方法。

操作　毫针泻法。急性扭伤者常先针刺远端穴位，并令患者同时活动患部；陈旧性扭伤毫针刺，用温通手法，留针加灸或用温针灸，每日 1 次，每次留针 30min。

#### 2. 其他治疗

（1）刺络拔罐　选阿是穴，用皮肤针重叩肿胀明显部位至微出血，或用粗针点刺出血，加拔火罐，每次留罐 10～15min。本法适用于新伤局部血肿明显、陈伤瘀血久留等症。

（2）耳针　选取对应部位的敏感点、神门，毫针中强刺激，或用埋针法、压丸法。

按语

1. 针灸治疗扭伤有较好疗效，可配合药物敷贴、药物熏洗等治疗。治疗须排除骨折、脱位、韧带断裂等情况。

2. 扭伤24小时内应配合冰敷，24小时后可配合热敷，注意休息。急性期患者疼痛剧烈，不宜针刺阿是穴，以远端取穴为主。

## 第二节　内科病证

### 一、眩晕

眩晕（vertigo）是一种自觉头晕眼花、视物旋转动摇的病证。轻者发作时间短，平卧闭目片刻即安；重者如坐舟车，旋转起伏不定，以致难于站立，甚至恶心呕吐。

眩晕的发生常与忧郁恼怒、饮食厚味或劳伤过度、气血亏虚等因素有关。病位在脑髓清窍，与肝、脾、肾关系密切。基本病机为清窍失养或邪扰清窍。

现代医学中多见于原发性高血压、颈椎病、脑血管疾病、耳源性良性发作性位置性眩晕及贫血、神经官能症等。

（一）辨证

**1. 实证**

主症　头晕头胀，视物旋转，目眩耳鸣。

肝阳上亢：头目胀痛，口苦耳鸣，暴躁易怒，舌红，苔黄，脉弦。

痰湿中阻：头重如裹，胸闷恶心，神疲困倦，呕吐痰涎，口黏，纳差，舌胖，苔腻，脉濡滑。

**2. 虚证**

主症　头晕目眩，体虚乏力，失眠健忘，甚则昏眩欲仆。

气血两虚：头晕目眩，神疲乏力，心悸不寐，面色苍白，舌淡，苔白，脉细弱。

肾精亏虚：眩晕反复，时轻时重，腰膝酸软，耳鸣健忘，舌淡，苔薄，脉沉细。

（二）治疗

**1. 基本治疗**

（1）实证

治法　平肝化痰，定眩止晕。取足少阳、督脉和手足厥阴经穴为主。

主穴　风池　风门　百会　内关　太冲

配穴　肝阳上亢者，配行间、太溪；痰湿中阻者，配丰隆、阴陵泉；耳源性眩晕者配合谷、太阳、曲池；高血压病配曲池、足三里；颈性眩晕配风府、天柱、颈夹脊。

方义　肝经与胆经互为表里，取胆经风池和肝经太冲，清泄肝胆，平抑肝阳；内关宽胸理气、止呕；百会用泻法，清利脑窍。

操作　毫针泻法。风池向鼻尖方向斜刺，约1寸深；百会沿皮向后刺令针感向四周扩散，直至整个巅顶发胀；内关直刺1寸，针感向下放射至中指；太冲斜刺，针感传至足背。

（2）虚证

治法 益气养血，定眩止晕。取足少阳、督脉和背俞穴为主。

主穴 百会 风池 肝俞 肾俞 足三里

配穴 气血两虚者加气海、脾俞、胃俞；肾精亏虚者加太溪、悬钟、三阴交；贫血者加膏肓、膈俞；神经性眩晕加神门、内关、三阴交。

方义 百会位于巅顶，可升提气血，风池可疏调头部气血，二穴配合以充养脑髓；肝俞、肾俞滋补肝肾，养血益精，以培元固本；足三里健运脾胃以资气血生化之源。

操作 百会用补法；风池用平补平泻法，肝俞、肾俞向棘突斜刺1～1.5寸，施捻转补法；足三里直刺1.5～2寸，用补法，令针感放射，必要时可配合灸法或温针灸。

**2. 其他治疗**

（1）头针 选双侧晕听区，沿头皮刺入，快速捻转，每日1次，每次留针30min。

（2）耳针 选肾上腺、皮质下、额。肝阳上亢者，加肝、胆；痰湿中阻加脾；气血两虚加脾、胃；肾精亏虚加肾、脑。毫针刺或用王不留行籽贴压。

（3）穴位注射 以合谷、太冲、翳明为一组，或内关、风池、四渎为一组，每次一组，每穴注射5%或10%葡萄糖液1～2mL，或维生素$B_{12}$（100μg）注射液0.5mL，隔日1次。

按语

1. 针灸治疗本病临床效果较好，但应查明原因，明确诊断。同时要分清标本缓急，眩晕较重者，先治其标；眩晕较轻者或在发作间歇期，应注意原发病的治疗。

2. 眩晕发作时，嘱患者闭目或平卧，保持安静。如伴呕吐，应防呕吐物误入气管。

3. 痰湿较重者，宜饮食清淡。

### 附 高血压病

高血压病（hypertensive disease），又称“原发性高血压”，是一种常见慢性病，以安静状态下持续性动脉血压增高（BP＞140/90mmHg或18.6/12.0kPa以上）为主要表现。

本病常与先天体质、情志失调、饮食失节或内伤虚损等因素有关。病位与肝肾关系密切，基本病机为肝肾阴阳失调。

（一）辨证

主症 临床以持续性动脉血压增高为诊断依据的基础上，根据全身兼症进行辨证。临床可见头痛，头晕，头胀，眼花耳鸣，失眠健忘；重则出现心、脑、肾、眼底等器质性损害和功能障碍。

肝火亢盛：兼见面红目赤，焦躁不安，惊悸，口苦，尿赤，便秘，舌红，苔干黄，脉弦数。

痰湿壅盛：兼见头重胸闷，心悸，食少，呕恶痰涎，苔白腻，脉滑。

阴虚阳亢：兼见头重脚轻，耳鸣，心悸，失眠，健忘，五心烦热，舌红，少苔，脉弦细而数。

气虚血瘀：兼见面色萎暗，耳鸣，心悸，神疲乏力，失眠多梦，夜尿频多，时有浮肿，舌淡或暗，苔白，脉细。

（二）治疗

**1. 基本治疗**

治法 清泻肝火，育阴潜阳。取督脉、足厥阴、阳明经穴为主。

主穴 百会 曲池 太冲 三阴交 合谷

配穴 肝火盛者配风池、行间；阴虚阳亢配太溪、肝俞；痰湿壅盛配丰隆、足三里；气虚血瘀配血海、膈俞；头痛、头重配太阳；心悸怔忡配内关、神门。

方义 百会为诸阳之会，并与肝经相通，可泻诸阳之气。取曲池、合谷清泻阳明，理气降压。平肝潜阳取肝经原穴太冲，疏肝理气。足三阴经交会穴三阴交可调补肝脾肾以治其本。

操作 气虚血瘀者，可灸百会；太冲向涌泉方向透刺，以增滋阴潜阳之力；其他穴常规刺。

**2. 其他治疗**

（1）皮肤针 叩刺项后、腰骶部和气管两侧，叩刺轻重依病情虚实和患者体质强弱而定，每日1次。

（2）三棱针 取耳尖、大椎、印堂、曲池等穴。每次选1～2穴，点刺出血，2～3日1次。

（3）耳针 取耳背沟、耳尖、交感、神门、心等。每次选3～4穴，针刺或埋针，也可用王不留行籽贴压；血压过高者还可在降压沟和耳尖点刺出血。

按 语

1. 针灸对各期高血压病均有降压作用，其对Ⅰ期高血压病尤为明显。如血压超过200/120mmHg，针刺或电针时应避免强刺激。

2. 临床所见，对顽固性高血压病患者，可加人迎穴，因为穴下恰为颈动脉窦，针刺后可即刻缓解病情。但需注意手法，须缓慢捻转进针，直至针下有抵触感，且针身随动脉搏动而见颤动为度。

3. 患者避免精神刺激，清淡饮食。

## 二、中风

中风（stroke）是以突然晕仆、不省人事，伴口角㖞斜、语言不利、半身不遂，或不经昏仆，仅以口㖞语謇、半身不遂为临床表现的一种疾病。因发病急骤，症见多端，病情变化迅速，有如“暴风之骤，矢石之中”，故名中风、卒中。

本病常与年老体衰、情志内伤、饮食失宜等因素有关。病位在脑，与心、肝、脾、肾关系密切。本病病机复杂，归纳起来不外风、火、痰、瘀上扰脑窍，导致“窍闭神匿，神不导气”。

本病多见于现代医学的急性脑血管病，如脑梗死、脑出血、蛛网膜下腔出血等。

（一）辨证

**1. 中经络**

主症 半身不遂，舌强语謇，口角㖞斜，无意识障碍。

风痰阻络：肢体麻木，头晕目眩，苔白腻或黄腻，脉弦滑。

肝阳暴亢：面红目赤，眩晕头痛，心烦易怒，口苦咽干，尿黄，便秘，舌红，苔黄，脉弦有力。

痰热腑实：伴见口黏痰多，腹胀便秘，舌红，苔黄腻或灰黑，脉弦滑大。

气虚血瘀：肢体软弱，偏身麻木，手足肿胀，面色淡白，气短自汗，舌暗，苔白，脉细涩。

阴虚风动：肢体麻木，心烦失眠，眩晕耳鸣，手足拘挛或蠕动，舌红，苔少，脉细数。

**2. 中脏腑**

主症 神志恍惚、嗜睡或昏迷，伴见半身不遂，舌强失语，口角㖞斜等。

闭证：神志昏迷，牙关紧闭，双手握固，面赤气粗，喉中痰鸣，二便闭塞，脉弦滑而数。

脱证：目合口张，手撒，遗溺，气息短促，四肢逆冷，脉散或微。如见汗出如油，脉微欲绝，脉象浮大无根，为真阳外越的危候。

（二）治疗

**1. 基本治疗**

（1）中经络 半身不遂

治法 醒脑开窍，疏通经络。取督脉和手厥阴、少阴经为主。

主穴 水沟 内关 三阴交 极泉 尺泽 委中

配穴 上肢不遂配肩髃、曲池、外关、合谷；下肢不遂配环跳、足三里、阳陵泉、丘墟；口角㖞斜配地仓、颊车、合谷、太冲；病侧肢体屈曲痉挛，肘部配曲泽，腕部配大陵；手指不伸配合谷透三间；足内翻配丘墟透照海。

风痰阻络配风池、丰隆；肝阳暴亢配行间、太溪；痰热腑实配丰隆、天枢、内庭；气虚血瘀配气海、足三里；阴虚风动配太溪、风池。

方义 水沟为督脉要穴，督脉入络脑，针水沟可开窍启闭、健脑安神；心主血脉，心藏神，内关为心包经络穴，通于阴维脉，可养心安神、通调气血；三阴交为肝、脾、肾三条阴经的交会穴，可补三阴、益脑髓；极泉、尺泽、委中可疏通肢体经络气血。

操作 水沟向鼻中隔方向斜刺 0.3～0.5 寸，雀啄手法，眼球湿润为度；内关捻转泻法；三阴交提插补法。极泉、委中以上、下肢分别有放射感或抽动为度。

（2）中脏腑

1）闭证

治法 平肝息风，醒脑开窍。取督脉和十二井穴为主。

主穴 水沟 十二井 太冲 内关 丰隆 劳宫

配穴 牙关紧闭者配颊车、合谷；语言不利者配哑门、廉泉、关冲。

方义 闭证乃肝阳暴亢，气血上逆，故泻水沟和十二井点刺出血，以开闭泄热、醒脑开窍。肝经上巅，泻足厥阴之原穴太冲，平息肝阳。内关为心包经络穴，可调理心神，疏通气血。足阳明经之别络丰隆，蠲化浊痰。再取心包经之荥穴劳宫以清心泄热。本方可奏平肝息风、清火豁痰、开窍启闭之功。

操作 水沟向上斜刺，行雀啄手法，使眼球充泪为度；十二井点刺出血，手法要轻快；太冲、劳宫及丰隆用泻法。

2）脱证

治法 回阳固脱。取任脉经穴为主。

主穴 关元 神阙

方义 任脉为阴脉之海，关元系任脉与足三阴经交会穴，为三焦元气所出，联系命门真阳，是阴中含阳要穴，元阳外脱，取之救阳。神阙位于脐中，为真气所系，故用大艾炷重灸，以回垂绝之阳。

操作 关元大艾炷隔姜灸，神阙大艾炷隔盐灸，直至四肢转温。

**2. 其他治疗**

（1）头针 选对侧顶颞前斜线、顶颞后斜线、顶旁 1 线及顶旁 2 线，头针常规针刺，行针期间鼓励患者活动肢体。

（2）电针 在患侧上、下肢体各选两个穴位，针刺得气后留针，接通电针仪，采用断续波或疏密波，以患者肌肉微颤为度，每次通电 20min。

（3）火罐 采用小口径火罐，选取肩髃、曲池、阳池、秩边、环跳、风市、伏兔、阳陵泉、丘墟等穴，分组轮换应用。本法适用于半身不遂证。

按 语

1. 针灸治疗中风疗效较满意，尤其对于神经功能的康复，如肢体运动、语言、吞咽功能等有促进作用。

2. 中风急性期，出现高热、神昏、心力衰竭、颅内压增高、上消化道出血等情况时，应采取综合治疗措施。

3. 治疗期间应配合适时、积极的功能锻炼；注意防止褥疮，保证呼吸道通畅，并密切注意生命体征变化。

**附　假性延髓麻痹**

假性延髓麻痹（pseudobulbar paralysis）又称假性球麻痹，是两侧皮质延髓束损害所产生的证候。临床表现为延髓所支配的肌肉呈上运动神经元性瘫痪或不完全瘫痪，患者常以软腭、咽喉、舌肌运动障碍，吞咽、构音、语言、情感障碍为主要特征。常有下颌反射（+），掌颏反射亢进。严重者可危及生命。脑血管意外、肌萎缩性侧索硬化、梅毒性脑动脉炎等可引起本病。

本病属中医学的噎膈、喑痱等范畴，常与饮食不节、情志内伤、思虑过度、年老体衰等因素有关，病位在脑，累及舌咽。基本病机为痰浊、瘀血阻滞脑络舌窍。

治疗

治法　通关利窍。取任脉、督脉及足少阳局部经穴为主。

主穴　廉泉　哑门　风池　翳风　完骨

配穴　痰涎壅盛配丰隆；肝阳上亢配百会、太冲；舌强配金津、玉液；强哭强笑配内关、神门、三阴交等。

方义　廉泉、哑门、风池、翳风、完骨为对症局部选穴，可疏通患部气血、通关利窍。

操作　廉泉，向舌根方向深刺 0.8～1.2 寸，平补平泻运针 1～2min，使针感向舌体放射；哑门，宜对准口部，与耳垂水平进针，直刺，缓缓进针至得气（患者似有触电样感觉）即起针，不提插，不捻转；风池、完骨、翳风用 3 寸针，针向喉结，徐入 2～2.5 寸，施小幅度捻转，以咽喉麻胀为佳，应持续捻转 1～3min。

按 语

1. 针灸治疗本病效果较好，应当注意针刺的深度和手法刺激量。

2. 根据导致皮质延髓束损伤的原发病不同，应酌情变更治疗方案。

## 三、痿证

痿证（flaccidity syndrome），是指肢体筋脉弛缓，痿软无力，或伴有肢体麻木，肌肉萎缩的一类病证。临床上以下肢痿弱无力较为多见，故又称“痿躄”。

痿证的发生常与感受外邪、饮食不节、药物损伤、跌打损伤或久病房劳等因素有关。病位在筋脉、肌肉，根于五脏虚损。基本病机实证多为筋脉肌肉受损，气血运行受阻；虚证多为气血阴精亏耗，筋脉肌肉失养。

现代医学中，多见于急性脊髓炎、脊髓灰质炎、感染性多发性神经根炎、多发性末梢神经炎、运动神经元病、重症肌无力、肌营养不良及周围神经损伤等。

（一）辨证

主症　四肢筋肉弛缓无力，甚则肌肉萎缩或瘫痪。初起多有发热，继则上肢或下肢，偏左或偏右，痿软无力，重者完全不能活动，肌肉日渐消瘦，并有麻木、发凉等症状。

肺热伤津：兼有发热，咳嗽，心烦，口渴，小便短赤，大便干燥，舌红，苔黄，脉细数。

湿热侵淫：兼有身重，胸脘痞闷，小便赤涩热痛，苔黄腻，脉濡数。

脾胃虚弱：兼见纳差，气短，腹胀便溏，面色无华，神疲无力，苔薄白，脉细弱。

肝肾亏损：兼见腰脊酸软，眩晕耳鸣，遗精早泄，或月经不调，舌红，少苔，脉细数。

（二）治疗

**1. 基本治疗**

治法 利湿除热，培补脾胃，滋养肝肾。以手足阳明经穴为主。

主穴 上肢：肩髃 曲池 外关 合谷

下肢：髀关 风市 阳陵泉 足三里

配穴 咽部麻痹配天突、廉泉，失语配通里、水沟。肺热配尺泽、肺俞；湿热配阴陵泉、脾俞；脾胃虚弱配脾俞、胃俞；肝肾不足配肝俞、肾俞、悬钟。

方义 本方取穴侧重阳明，阳明经多血多气，又“主润宗筋”，宗筋约束骨骼，利于关节运动，故治痿证重在调理阳明，补益气血，舒筋通络；配筋之会穴阳陵泉，加强疗效。

操作 毫针刺，实证用泻法，虚证用补法，施灸。

**2. 其他治疗**

（1）耳针 选受累相应部位，如肺、胃、肝、肾，每次选取 3～5 穴，毫针刺，或用揿针埋藏或王不留行籽贴压。

（2）头针 选顶中线、顶颞前斜线、顶旁 1 线，头针常规针刺。

（3）穴位注射 参照基本治疗穴位，用维生素 $B_1$ 或维生素 $B_{12}$ 注射液，每穴位注射 0.5mL，每日 1 次，11 次为 1 个疗程。

（4）电针 参照常规处方主穴，针刺得气后，连接电针仪，选断续波，中强度刺激，每日 1 次，每次留针 30min，10 次为 1 个疗程。

按语

1. 针灸治疗本病有较好的疗效。现代临床选穴多以阳明经穴及夹脊为主，治疗时可配合药物、推拿、理疗等，以提高疗效。

2. 卧床患者应保持四肢功能体位，以免造成足下垂或内翻，还要注意预防褥疮。治疗期间，配合主动及被动的肢体功能锻炼，效果更佳。

## 四、癫狂

癫狂（depressive and manic psychosis）是一种精神失常性疾病。癫证以精神抑郁，表情淡漠，沉默静呆，语无伦次为特征，属阴证；狂证以精神亢奋、狂躁不安，甚则打人毁物者为特征，属阳证。两者可相互转化，故临床上常癫狂并称。

本病常与先天禀赋异常或情志刺激有关。病位在脑，与心、肝、脾等脏关系密切，病理因素责之于痰，癫因痰气，狂因痰火。基本病机是痰气、痰火扰神，神明失常。

本病相当于现代医学的狂躁型及抑郁型精神分裂症、反应性精神病、躁狂抑郁症、更年期精神病等。

（一）辨证

**1. 癫证**

主症　精神抑郁，善疑多虑，或焦急胆怯，喃喃自语，语无伦次，静而少动，或悲郁善哭，呆痴叹息。

肝郁气滞：兼见急躁易怒，悲郁易哭，时时太息，胸胁胀满，舌淡红，苔薄白，脉弦。

痰气郁结：兼见喜怒无常，秽洁不分，胸脘痞闷，不思饮食，舌淡红，苔白腻，脉弦滑。

心脾两虚：兼见神志恍惚，言语错乱，心悸易惊，善悲欲哭，食少倦怠，舌淡，苔白，脉沉细弱。

**2. 狂证**

主症　精神错乱，喧闹不宁，妄语高歌，狂躁不安，不避亲疏，甚者打人毁物。

痰火扰神：兼见彻夜不眠，两目怒视，面红目赤，狂乱无制，气力逾常，骂人毁物，逾垣上屋，高歌狂呼，舌红绛，苔黄腻或黄燥，脉弦大滑数。

火盛伤阴：狂病日久，病势较缓，时而烦躁不安，时而多言善惊，恐惧不安，形瘦面红而秽，舌红少苔或无苔，脉细数。

气血瘀滞：躁扰不安，恼怒多言，甚则登高而歌，或妄闻妄见，面色暗滞，头痛，胸胁满闷，舌质紫暗或有点瘀斑，脉弦或细涩。

（二）治疗

**1. 基本治疗**

（1）癫证

治法　理气豁痰，醒神开窍。以任脉、手厥阴、手少阴经穴为主。

主穴　神庭　膻中　巨阙　间使　隐白　神门

配穴　肝郁气滞加期门；痰气郁结加中脘、丰隆；心脾两虚加心俞、脾俞。

方义　心和心包经之募穴巨阙、膻中可理气宽胸解郁，辅以神庭可醒脑开窍、宁神定志；间使是治癫狂之要穴，与神门相配，宁心安神；隐白为十三鬼穴之一，解郁除烦。

操作　毫针刺，以补法为主。

（2）狂证

治法　清心泻火，宁神定志。以督脉、手厥阴、手少阴穴经为主。

主穴　强间　鸠尾　内关　劳宫　丰隆　合谷　太冲

配穴　痰火扰神加内庭、中脘；火盛伤阴加行间、太溪、三阴交；气血瘀滞加血海、膈俞。

方义　强间属督脉，鸠尾属任脉，合用可治"癫疾狂走"；内关、劳宫可清心包而泻心火以安神定志；合谷、太冲为"开四关"，可理气解郁，醒脑开窍；丰隆化痰通络、助开窍醒脑。

操作　毫针刺，以泻法为主。

**2. 其他治疗**

（1）耳针　选心、皮质下、肾、枕、神门。每次选用 3～5 穴，毫针浅刺，癫证轻刺激，狂证强刺激，留针 30min，每日 1 次。也可用揿针埋针或王不留行籽贴压。

（2）穴位注射　选心俞、膈俞、间使、足三里、三阴交。每次选 1～2 穴，以 25～50mg 氯丙嗪，每日或隔日注射 1 次。

（3）刺络放血 选大椎、身柱、水沟、百会、中冲（十宣或十二井）。点刺出血，隔日 1 次。适用于狂证。

（4）电针 选百会、水沟、通里、丰隆。四肢部穴位连接电针仪，癫证用断续波，狂证用连续波，强刺激 15～30min，每日 1 次。

按语

1. 针灸治疗本病有一定疗效，但病程越长治疗难度越大。本病易复发，病情缓解后需继续巩固治疗。

2. 在治疗过程中，对患者应严密监控，防止自伤或伤人毁物；加强护理，结合心理治疗，家属积极配合，避免精神刺激。

## 五、痴呆

痴呆（dementia）是以呆傻愚钝为主要临床表现的一种疾病，又称为“呆病”、“痴证”等。

痴呆的发生常与先天遗传、年迈体虚、七情内伤、久病耗损、外伤中毒等因素有关。本病病位在脑，与心、肝、脾、肾功能失调有关。基本病机是髓海不足，神机失用。

痴呆多见于现代医学的老年性痴呆（阿尔茨海默病）、脑血管性痴呆和混合性痴呆等病。

### （一）辨证

主症 呆傻愚钝。轻者出现神情淡漠，寡言少语，善忘迟钝等症；重者出现神情呆滞，语言颠倒，思维异常，行为怪僻，智力衰退甚至呆傻等症。以记忆力减退、认知障碍、人格改变、情感障碍、言语障碍和精神异常等各种神经功能障碍为主要表现。

肝肾亏虚：伴有头晕耳鸣，怠惰思卧，头昏眩晕，或可见手足发麻、步履艰难，舌瘦质淡红，脉沉细弱。

气血不足：伴面色淡白，神疲乏力，舌淡苔薄白，脉细弱。

痰浊闭窍：伴倦怠思卧，不思饮食，脘腹胀满，口多涎沫，舌淡胖苔白腻，脉濡滑者。

瘀血阻络：健忘善惊，行为怪僻或离奇幻想，可伴有肢体麻木不遂，肌肤甲错，皮肤晦暗，舌质紫暗、有瘀点或瘀斑，脉细涩者。

### （二）治疗

**1. 基本治疗**

治法 补肾填精，醒脑调神。以任脉、督脉、足少阴和足太阳经穴为主。

主穴 百会 四神聪 五脏俞 关元 太溪 悬钟 足三里

配穴 肝肾阴虚加肝俞、三阴交；气血不足加气海、膈俞、脾俞；痰浊闭窍加丰隆、中脘；瘀血阻络者，加膈俞、血海。

方义 督脉入络脑，百会、四神聪均位于巅顶，为局部取穴，以醒脑调神，宁心定志；肾主骨生髓，补肾即为生髓，故取太溪补肾养髓，与关元同用以培补元气；悬钟为髓会，可充养髓海，健脑益智，配合足三里补益后天，化生气血以助生髓之源；五脏俞旨在激发五脏经气，使肝脾肾健运，生髓充脑以开窍。

操作 所有腧穴常规针刺。四神聪刺向百会，捻转行针；合谷、太冲用泻法；太溪、悬钟用补法；余穴用平补平泻法。

**2. 其他治疗**

（1）耳针　选脑点、神门、心、肝、肾、枕、肾上腺。每次选用 3～5 穴，毫针浅刺，亦可揿针埋藏或王不留行籽贴压。

（2）穴位注射　参照基本治疗的针灸选穴。用维生素 $B_1$、维生素 $B_{12}$ 注射液，每穴注射 0.5mL，隔日 1 次。

（3）头针　选顶中线、额中线、顶颞前斜线、顶颞后斜线，毫针强刺激，每日 1 次。还可配合使用电针，疏密波，中强电流刺激，每日或隔日治疗 1 次。

按 语

1. 针灸治疗痴呆有一定效果，但重在预防与延缓进程。本病早期治疗效果好，晚期则治疗效果较差。因本病较为顽固，疗程较长且需坚持治疗。

2. 针灸治疗多用头、项部穴位与四肢穴位相配。有明确病因者，在针灸治疗的同时，还应积极治疗原发病。

## 六、痫病

痫病（epilepsy）是以卒然昏仆、强直抽搐、口吐涎沫、两目上视、移时自醒、醒后神志如常人为特征的一种发作性疾病，又称癫痫、痫证，俗称“羊痫风”。

本病多与先天因素、感受六淫、饮食失调、头部受损及母孕受惊、高热、服药不慎等因素有关。病位在脑，涉及心、肝、脾、肾。基本病机是风、火、痰、瘀上扰脑部清窍，致使神机受累，元神失控。

本病相当于现代医学的癫痫，包括原发性癫痫及继发性癫痫。

### （一）辨证

**1. 发作期**

主症　起病急骤，每因惊恐、劳累、情志过极等诱发。发作前常有眩晕、胸闷等先兆。

大发作：突然昏仆，不省人事，两目上视，牙关紧闭，四肢抽搐，口吐白沫，甚则吼叫声，二便失禁，短暂即清醒，醒后神志如常人，发作过后则觉头昏，精神恍惚，乏力欲寐。

小发作：动作突然中断，手中物件落地，或头突然向前倾下而后迅速抬起，或两目上吊，多在数秒至数分钟即可神志清醒，但对上述症状发作全然不知。

其他：可见多种形式，如口、眼、手等局部抽搐而无突然昏倒；或幻视，或呕吐，多汗，或言语障碍，或见有无意识动作等。

**2. 间歇期**

痰火扰神：兼见平日情绪急躁易怒，心烦失眠，咯痰不爽，口苦咽干，目赤，舌红苔黄腻，脉弦滑数。

风痰闭窍：兼见眩晕，胸闷脘痞，痰多，纳差，舌苔白腻，脉弦滑。

瘀阻脑络：既往有脑外伤（或产伤）史，伴头痛，颜面口唇青紫，舌质紫暗或有瘀点瘀斑，脉弦细涩。

心脾两虚：兼见神疲乏力，失眠健忘，面色无华，口唇色淡，纳少腹胀，大便溏薄，舌淡苔薄白，脉细弱。

肝肾阴虚：兼见头晕目眩，神志恍惚，面色晦暗，两目干涩，健忘失眠，腰膝酸软，舌红少苔，脉细数。

（二）治疗

**1. 基本治疗**

（1）发作期

治法　醒脑开窍，息风止痫。以督脉及手厥阴经穴为主。

主穴　水沟　百会　内关　后溪　涌泉

配穴　病在夜间发作加照海，白昼发作加申脉。

方义　百会为督脉穴，具有醒脑开窍、息风解痉作用；后溪通督脉，可醒脑定痫；内关为心包经络穴，通阴维脉可调畅气机，宁心安神。涌泉为肾经井穴，既可开窍醒神，又可激发肾气，促进脑神的恢复。

操作　水沟向鼻中隔，用雀啄手法，以眼球充泪为度。

（2）间歇期

治法　豁痰开窍，息风定痫。以督脉、任脉和手、足厥阴经穴为主。

主穴　印堂　长强　鸠尾　间使　太冲　丰隆　腰奇

配穴　痰火扰神加行间、神门、内庭；风痰闭阻加风池、阴陵泉；瘀阻脑络加膈俞、太阳。心脾两虚加心俞、脾俞、足三里；肝肾阴虚加肝俞、肾俞、太溪、三阴交。

方义　印堂可醒脑开窍宁神；鸠尾为任脉络穴，任脉为阴脉之海，长强为督脉络穴，督脉为阳脉之海，两穴合用能交通任督，调整阴阳，是治疗痫病的重要组穴；间使为心包经穴，可疏通心包经气血，宁心安神；太冲调畅气机，息风开窍；丰隆和胃降浊，为豁痰化浊的要穴。腰奇属经外奇穴，可醒脑定痫，是治疗痫证的经验效穴。

操作　针刺鸠尾应掌握正确的针刺方向、角度和深度，以防伤及肝、脾等腹腔脏器；其余穴位毫针刺，虚补实泻。

**2. 其他治疗**

（1）耳针　选胃、皮质下、神门、心、枕、脑点。每次取 3～5 穴，毫针强刺激，亦可用揿针埋藏或用王不留行籽贴压。

（2）穴位注射　选足三里、内关、大椎、风池。用维生素 $B_1$ 注射液，每穴注射 0.5mL，隔日 1 次。

（3）穴位埋线　参照辨证选穴、腰奇（尾尖上 2 寸）、癫痫（第 8 胸椎棘突下），埋线法常规操作。

**按语**

1. 针灸治疗癫痫有一定的疗效，但应做脑电图等常规检查以明确诊断。

2. 对于继发性癫痫须详细询问病史，专科检查，必要时，应做 CT、磁共振检查，以明确诊断，积极治疗原发病。

3. 本病属顽症痼疾，病情复杂，病程长，治疗上宜坚持长期治疗，需要有耐心、恒心、信心。

## 七、震颤麻痹

震颤麻痹（paralysis agitans）又称“帕金森病”，是一种以静止性震颤、肌强直、运动徐缓为主要症状的中枢神经系统变性的锥体外系疾病。分为原发性和继发性两种。

本病的发生常与年老体虚、情志过极、劳逸失当或久病脏腑受损等因素有关。本病病位在脑，以肾为本，以脾为根，以肝为标，与肝、脾、肾相关。基本病机是肝肾亏虚，虚风内动，或痰热动风，筋脉阻遏。

（一）辨证

主症　以震颤、肌强直、运动徐缓为三大主症。震颤在情绪激动时症状加重，运动时减轻，睡眠时消失；上肢可有“搓丸样”动作。肌强直时出现全身肌肉紧张度增高，可呈“铅管样强直”、“齿轮样强直”，面肌可出现“面具脸”。运动徐缓表现为随意运动始动困难，动作缓慢和活动减少，可表现为“慌张步态”、书写可出现“写字过小症”等。此外，部分患者还可有自主神经紊乱和精神症状。

肝肾亏虚：筋脉拘紧，肌肉强直，动作笨拙，头及四肢震颤（静止时明显，情绪激动时加剧，随意运动时减轻或消失），伴头目眩晕，耳鸣，失眠或多梦，腰酸肢软，肢体麻木，舌体瘦质暗红，脉细弦。

气血不足：筋脉拘紧，肌肉强直，运动减少，肢体震颤，伴头晕心悸，面色无华，神疲乏力，倦怠懒言，舌淡苔薄白，脉细弱。

痰浊动风：筋脉拘紧，肌肉强直，动作困难（震颤时重时轻，常可自制），胸脘痞闷，食少腹胀，头晕，舌胖大有齿痕，舌质淡苔腻，脉弦滑。

（二）治疗

**1. 基本治疗**

治法　柔肝息风，通络止颤。以督脉、足厥阴经穴为主。

主穴　百会　四神聪　风池　合谷　太冲　阳陵泉

配穴　肝肾阴虚加肝俞、肾俞、太溪、三阴交；气血不足加气海、脾俞、足三里；痰浊动风加丰隆、中脘、阴陵泉。

方义　百会、四神聪均位于巅顶部，属近部取穴，可醒脑通络，息风宁神；风池可息风宁神定痉；阳陵泉为筋之会穴，可疏筋通络，柔筋止颤；合谷属手阳明经穴，通经络，行气血；太冲乃肝经原穴，平肝息风，与合谷相配属“开四关”法，可通行气血，调和阴阳，息风止痉。

操作　四神聪针刺时四个穴点的针尖都朝向百会；其余穴位用平补平泻法。

**2. 其他治疗**

（1）耳针　选心、脑点、枕、肝、神门、脾、肾、交感、神门、皮质下、颈、肘、腕、指、膝。每次选 3～5 穴，毫针刺中强刺激，亦可用揿针或王不留行籽按压。

（2）穴位注射　参照基本治疗选穴。根据病情选用当归注射液、丹参注射液、黄芪注射液，或用10%葡萄糖注射液 10mL，加维生素 $B_{12}$ 注射液 1mL，每穴注入药液 0.5～2mL。每日或隔日治疗 1 次。

（3）头针　选顶中线、顶颞后斜线、顶旁 1 线、顶旁 2 线，常规头针操作。或可加用电针，每日或隔日 1 次。

（4）灸法　取陶道与身柱之间的压痛点。化脓灸法，每月 1 次，第 2 次再寻找压痛点，连续 3 年。

**按语**

1. 针灸能够减轻手足、头部、口唇的不自主颤抖，对生理性震颤可在短期内改善，对静止性震颤也有一定效果。对长期药物控制的患者，针灸可以减少用量和减轻副作用。

2. 患者应注意避免一氧化碳、锰、汞、氰化物侵害以及酚塞嗪类、抗忧郁剂、利血平等药物的使用。

3. 注意精神调养，保持心情愉快；起居有节，饮食清淡；劳逸适度，适当进行体育锻炼。

## 八、感冒

感冒（cold），又称伤风、冒风，是风邪侵袭人体所致的常见外感疾病。轻者称为“伤风”，重者在一个时期内广泛流行，称为“时行感冒”。

本病发生常与体质虚弱、感受外邪或时疫毒邪有关，以风邪为主要因素。病位在肺卫，基本病机是卫表失和，肺失宣肃。

现代医学中的上呼吸道感染、流行性感冒属本病范畴。

### （一）辨证

主症　鼻塞、咳嗽、头痛、恶寒发热、全身不适。

风寒证：症见恶寒重，发热轻或不发热，无汗，头痛，肢体酸楚，鼻塞声重，咳嗽流涕，鼻痒喷嚏，痰液稀薄，苔薄白，脉浮紧。

风热证：症见微恶风寒，发热重，有汗，头痛昏胀，咳嗽痰稠，鼻塞涕浊，口渴咽痛，苔薄黄，脉浮数。

暑湿证：症见头痛如裹，胸闷纳呆；夹暑则汗出不解，心烦口渴，苔薄黄而腻，脉濡数。

### （二）治疗

#### 1. 基本治疗

治法　祛风散寒，解表宣肺。以督脉、手太阴、手足太阳经穴为主。

主穴　大椎　风门　列缺　合谷

配穴　头痛配太阳、风池；咳嗽甚配尺泽；鼻塞配迎香；气虚感冒配足三里；风热感冒配曲池、外关；咽喉痛配少商放血；全身酸楚配身柱；夹湿配阴陵泉，夹暑配委中放血。

方义　本证起因风寒之邪束表，卫阳闭阻，大椎是督脉与诸阳经之会，功可疏风散邪、通阳解表；外感风寒先犯太阳而伤肺部，故取风门疏调太阳，解表宣肺；外邪侵犯肺卫，太阴、阳明互为表里，取合谷、列缺宣通肺气以助祛邪解表。

操作　毫针刺，用泻法。风寒感冒，大椎行灸法；风热感冒，大椎行刺络拔罐。

#### 2. 其他治疗

（1）刺络拔罐　选大椎、风门、身柱、肺俞等穴，穴位常规消毒，先用三棱针点刺出血，再施以火罐，本法适用于风热感冒。

（2）耳针　选肺、内鼻、下屏尖、额等穴，毫针刺，用中、强刺激。咽痛加咽喉、扁桃体等穴。

**按语**

1. 针刺治疗感冒有良好疗效。但感冒与流行性脑脊髓膜炎、流行性乙型脑炎、流行性腮腺炎等传染病早期症状相似，要注意鉴别诊断。

2. 应嘱患者清淡饮食，多饮热水。在感冒多发季节或患者体虚时，针灸足三里、风门，每日1次，连续3～7日，有加强体质，防御外邪作用。

## 九、咳嗽

咳嗽（cough）是指以发出咳声或咳吐痰液为主要表现的一种病证。有声无痰常为“咳”，有痰无声常为“嗽”。临床一般多声痰并见，故并称咳嗽。

咳嗽分为外感、内伤两类。外感咳嗽常因风寒、风热之邪侵袭于肺；内伤咳嗽多因脏腑功能失调，累及于肺。病位在肺，与肝、脾、肾关系密切。基本病机是肺失宣降。

现代医学中，本病常见于上呼吸道感染、急慢性支气管炎、支气管扩张、肺炎、肺结核等肺系疾病。

（一）辨证

主症　咳嗽。外感咳嗽，起病急骤，病程较短，或兼有表证。内伤咳嗽，起病缓慢，病程较长，可兼脏腑功能失调症状。

风寒束肺：咳嗽声重，咽喉作痒，咳痰稀薄，头痛发热，鼻塞流涕，形寒无汗，肢体酸楚，苔薄白，脉浮紧。

风热犯肺：咳痰黏稠，身热头痛，汗出恶风，苔薄黄，脉浮数。

燥热伤肺：干咳无痰，咽痛喉痒，舌红苔黄，脉浮数。

痰湿阻肺：咳嗽痰多，色白黏痰，胸脘作闷，神疲纳差，苔白腻，脉濡滑。

肝火犯肺：气逆咳嗽，引胁作痛，面赤咽干，苔黄少津，脉弦数。

肺阴亏虚：干咳少痰，或痰中带血，潮热盗汗，形体消瘦，两颊红赤，神疲乏力，舌质红少苔，脉细数。

（二）治疗

**1. 基本治疗**

（1）外感咳嗽

治法　疏风解表，宣肺止咳。以手太阴肺经和足太阳膀胱经穴为主。

主穴　肺俞　尺泽　列缺

配穴　外感风寒者配风门；外感风热者配大椎；咽喉肿痛者，取少商点刺出血；鼻塞配迎香；燥热者配曲池。

方义　肺主皮毛，司一身之表，取肺之背俞宣肺止咳，宜浅刺；尺泽乃肺之合穴，“合治内腑”，宣降肺气，化痰止咳；列缺为肺之络穴，散风祛邪，宣肺解表。

操作　毫针刺。寒邪重者可艾灸或拔火罐。

（2）内伤咳嗽

治法　调补肺气，止咳化痰。以手、足太阴经穴为主。

主穴　太渊　三阴交　肺俞　中府

配穴　痰湿侵肺者配丰隆、阴陵泉；肝火犯肺者配行间；肺阴亏虚者配膏肓；肾阴亏虚者配太溪；咯血者配孔最。

方义　内伤咳嗽，肺之气阴损耗，肺失清肃，取肺俞调补肺气，清肃之令自行，且与中府俞募相配。太渊为肺经原穴，本脏真气所注，取之宣理肺气。三阴交为肝脾肾三经交会穴，疏肝健脾，化痰止咳。

操作　毫针刺，补虚泻实，或加用灸法。

**2. 其他治疗**

（1）拔罐法　针后在中府、肺俞、大椎、膏肓、脾俞等穴上拔罐，留罐 5～10min，多用于外感风寒咳嗽。

（2）穴位贴敷　选肺俞、定喘、风门、膻中、丰隆，用白芥子、甘遂、细辛、丁香、苍术、川芎等量研成细粉，加入基质，调成糊状，制成直径 1cm 圆饼，贴在穴位上，用胶布固定，贴敷 1～

2 小时，以局部红晕微痛为度。适用于内伤咳嗽的“夏治”。

（3）皮肤针　取项后、背部第 1 胸椎至第 2 腰椎两侧足太阳膀胱经、颈前喉结两侧足阳明胃经。外感咳嗽者叩至皮肤隐隐出血，每日 1～2 次；内伤咳嗽者叩至皮肤潮红，每日或隔日 1 次。

**按语**

1. 针灸对本病发作期或初发期疗效较为满意。若出现高热、咳吐脓痰、胸闷喘促气短等重症时，应采取综合治疗。

2. 咳嗽急性发作时宜标本兼顾，缓解期需从调整肺、脾、肾等脏腑功能入手，重在治本。新冠肺炎各期出现咳嗽时，也可参考本节治疗方法。

3. 日常防护不容忽视，平时需避风寒、忌生冷、调情志、戒烟酒等，并加强锻炼，增强体质，提高机体免疫力。

## 十、哮喘

哮喘（asthma）是一种常见的、发作性、以阵发性呼气困难为特点的肺部疾患。“哮以声响名，喘以气息言”，临床哮必兼喘，喘未必兼哮。

哮喘以宿痰伏肺为主因，外邪侵袭、饮食不当、情志刺激、体虚劳倦为诱因。本病病位在肺，与肾、脾、心等密切相关。基本病机是痰气搏结，壅阻气道，肺失宣降。

现代医学中支气管哮喘、慢性喘息性支气管炎、肺炎、肺气肿、心源性哮喘等均属中医“哮喘”范畴。

### （一）辨证

主症　呼吸急促，喉间哮鸣，甚则张口抬肩，不能平卧。一般分为实证、虚证两类。

风寒外袭：咳嗽喘息，咯痰稀薄，形寒无汗，头痛，口不渴，苔薄白，脉浮紧。

痰热阻肺：咳喘痰黏，咯痰不爽，胸中烦闷，咳引胸胁作痛，或见身热口渴，恶心纳呆，苔黄腻，脉滑数。

肺气不足：喘促气短，喉中痰鸣，气怯声低，吐痰稀薄，或烦热口干，两颊潮红，舌淡苔白，脉细弦。

肺肾两虚：气息短促，动则喘甚，形瘦神疲，汗出肢冷，舌淡苔红，脉沉细。

### （二）治疗

#### 1. 基本治疗

（1）实证

治法　祛邪肃肺，止哮平喘。以任脉、足太阳、手太阴经穴为主。

主穴　定喘　肺俞　膻中　天突　尺泽　列缺

配穴　风寒者配风门，痰热者配丰隆、曲池。

方义　定喘是止喘经验穴，能缓解症状。肺俞可以宣发太阳经气，祛邪外出，宣肺平喘；膻中乃气之会穴，宽胸理气，舒展气机；天突降逆平喘止哮；尺泽宣肃手太阴经气，与列缺畅达表里二经，以肃肺化痰，降逆平喘。

操作　毫针刺，用泻法，背俞穴可艾灸或拔火罐。

（2）虚证

治法　补益肺肾，止哮平喘。以背俞、手太阴经穴为主。

主穴　肺俞　肾俞　膏肓　太渊　然谷

配穴　肺气虚配气海、足三里，肾气虚配太溪，盗汗配阴郄，喘甚配定喘、天突。

方义　肺俞、肾俞补益肺肾之气；膏肓理肺补虚；太渊乃手太阴经之原穴、输穴，补土生金；然谷是足太阴经的荥穴，以补母泻子。数穴通用，调整虚实，哮喘自平。

操作　毫针刺，用补法，亦可艾灸，拔火罐。

**2. 其他治疗**

（1）穴位贴敷　选肺俞、膏肓、膻中、定喘，用白芥子 30g、甘遂 15g、细辛 15g 共为细末，用生姜汁调敷，贴 30～60min，以局部红晕微痛为度。若起疱，消毒后挑破，涂龙胆紫。

（2）穴位埋线　选肺俞、膻中、定喘，常规消毒，用埋线针将“0”号羊肠线埋于穴下肌肉层，每 15～20 日更换 1 次。

（3）耳针　选平喘、下屏尖、肺、神门、皮质下、下脚端，每次取 2～3 穴，捻转法用中、强刺激，适用于哮喘发作期。

按语

1. 针刺对缓解支气管哮喘发作症状有一定疗效，对于发作严重或哮喘持续不缓解者，应配合药物治疗。

2. 气候变化时，应注意保暖。过敏体质者，注意避免接触致敏原和进食过敏食物。

## 十一、心悸

心悸（palpitation）是指患者自觉心中悸动，惊惕不安，甚则不能自主的一种病证，又称“惊悸”、“怔忡”。

本病发生常与体虚劳倦、七情所伤、感受外邪、药食不当等因素有关。病位在心，与胆、脾、肾等关系密切。基本病机是气血阴阳亏虚，心失濡养，或邪扰心神，心神不宁。

本病多见于现代医学的心神经官能症、风湿性心脏病、冠状动脉硬化性心脏病、肺源性心脏病、贫血、甲状腺功能亢进等。

### （一）辨证

主症　患者自觉心慌，时作时息。

心虚胆怯：心悸常因惊恐而发，兼见气短自汗，神倦乏力，自汗，多梦易惊，舌淡苔薄白，脉细弦。

心脾两虚：心悸思虑劳心则甚。兼见神疲乏力，失眠健忘，面色无华，口唇色淡，纳少腹胀，大便溏薄，舌淡、苔薄白，脉细弱。

阴虚火旺：心悸不宁，兼见五心烦热，少寐多梦，头晕目眩，耳鸣腰酸，口干，面颊烘热，舌红、少苔或无苔，脉细数。

心血瘀阻：兼见胸闷不舒，心痛阵发，或面唇紫暗，爪甲青紫，舌质紫暗或有瘀点、瘀斑，脉细涩或结代。

水气凌心：兼见眩晕，胸脘痞闷，咳喘不能平卧，咳吐大量泡沫痰涎，或下肢浮肿，渴不欲饮，形寒肢冷，尿少，舌淡胖苔白腻或白滑，脉弦滑或沉细而滑。

### （二）治疗

**1. 基本治疗**

治法　宁心通络，安神定悸。以心、心包的俞、募穴为主。

主穴 神门 内关 心俞 厥阴俞 巨阙 膻中

配穴 心虚胆怯加胆俞；心脾两虚加脾俞、足三里；阴虚火旺加太溪、三阴交；心血瘀阻加膈俞；水气凌心加水分、阴陵泉。

方义 神门为手少阴心经原穴，宁心安神以定悸；内关为手厥阴心包经的络穴，可宁心通络、安神定悸；心俞、厥阴俞、巨阙、膻中分别为心和心包之俞穴、募穴，两对俞募配穴，可疏调心气以宁心定悸。

操作 所有腧穴常规针刺，实证用泻法，虚证用补法，阳虚者可加用灸法。背部穴位应当注意针刺的角度、方向和深浅。

**2. 其他治疗**

（1）耳针 选心、交感、神门、皮质下、肝、胆、脾、肾。每次取 3～5 穴，毫针轻刺激，亦可用揿针埋藏或用王不留行籽贴压。

（2）穴位注射 参照基本治疗的针灸选穴。用维生素 $B_1$、维生素 $B_{12}$ 注射液，每穴注射 0.5mL，隔日 1 次。

按语

1. 针灸治疗心悸，不仅能控制症状，而且对疾病的本身也有调整和治疗作用。但在器质性心脏病出现心力衰竭倾向时，应及时采用综合治疗，以免延误病情。

2. 心悸可由于多种疾病引起，应积极查找原发病，对因治疗。

## 十二、胸痹

胸痹（chest pain）以胸部闷痛，甚则胸痛彻背，喘息不得卧为主症的一种疾病，轻者仅感胸闷如窒，呼吸欠畅，重者则有胸痛，严重者心痛彻背，背痛彻心。

本病发生常与寒邪侵袭、饮食失节、忧思恼怒或素体阳虚等因素有关。病位在心，但与肝、脾、肾三脏功能失调关系密切。基本病机为心脉痹阻。

本病主要见于现代医学的冠状动脉粥样硬化性心脏病。

（一）辨证

主症 胸部疼痛，轻者胸闷如塞，重者胸痛如绞。

心血瘀阻：胸部刺痛，固定不移，入夜更甚，心悸失眠，舌质紫暗或有瘀点、瘀斑，脉象沉涩。

痰浊壅塞：胸闷如窒而痛，形体肥胖，肢体困重，胸脘痞闷，咳嗽痰多，气短，舌体胖大边有齿痕，苔白腻，脉滑。

阴寒凝滞：起病急骤，卒然心痛如绞，胸痛彻背，背痛彻胸，往往遇寒而发，胸闷气短，心悸，重则喘息，不能平卧，面色㿠白，四肢厥冷，舌苔白，脉沉细或沉紧。

（二）治疗

**1. 基本治疗**

治法 理气宽胸，通络止痛。以俞、募穴为主。

主穴 内关 心俞 厥阴俞 巨阙 膻中 通里

配穴 心血瘀阻加膈俞、血海；痰浊壅塞加丰隆、太渊；阴寒凝滞加关元、命门。

方义　心俞为心的背俞穴，配心包募穴膻中可行气活血，宽胸理气，属于“前后配穴”、“俞募配穴”，也是“偶刺”的具体运用；厥阴俞可振奋心阳而散寒邪，配心募巨阙可疏调心气以通络止痛；内关、通里分别为心经、心包经的络穴，可调和心脉之气血，宽胸宁神而通络止痛。

操作　毫针刺，平补平泻法；阳虚阴寒内盛者可加用灸法；背部穴位应当注意针刺的角度、方向和深浅。

**2. 其他治疗**

耳针　选心、交感、神门、皮质下、肝、脾、肾。每次取 3～5 穴，毫针中强刺激，留针期间捻针 2～3 次，每日 1 次。亦可用揿针或王不留行籽贴压。

按语

1. 针灸治疗胸痹在缓解症状方面有较好疗效。
2. 如果患者出现心绞痛，应采取综合治疗措施。

## 十三、不寐

不寐（insomnia）是以经常不能获得正常睡眠为特征的一类病证，又称“失眠”、“不得眠”、“不得卧”、“目不眠”。

本病的发生常与情志失调、饮食不节、劳逸失宜、病后体虚等因素有关。病位在心，与肝、胆、肾、脾密切相关。基本病机是心神不宁，或阳盛阴衰，阴阳失调。

本病可见于现代医的神经衰弱、神经官能症、焦虑症、抑郁症、围绝经期综合征、贫血等疾病中。

### （一）辨证

主症　经常不能获得正常睡眠。或入睡困难；或睡眠时间不足；或睡眠不深；严重者彻夜不眠。

肝火扰心：心烦不能入睡，兼见急躁易怒，胸胁胀满疼痛，头痛眩晕，面红目赤，口苦，便秘尿黄，舌红苔黄，脉弦数。

脾胃不和：胸脘痞闷嗳气，嗳腐吞酸，心烦口苦，舌苔厚腻或黄腻，脉滑数。

心脾两虚：多梦易醒，神疲乏力，健忘，面色无华，口唇色淡，纳少腹胀，便溏，舌淡苔薄白，脉细弱。

心肾不交：手足心热，头晕耳鸣，心悸，健忘，腰膝酸软，遗精盗汗，颜红潮热，口干少津，舌红少苔，脉细数。

心虚胆怯：夜寐多梦易惊，心悸胆怯，善惊易恐，气短倦怠，舌淡苔薄白，脉弦细。

### （二）治疗

**1. 基本治疗**

治法　交通阴阳，宁心安神。以手、足少阴经，督脉穴为主。

主穴　百会　四神聪　神门　三阴交　申脉　照海　安眠

配穴　肝火扰心者，加行间；痰热内扰者，加丰隆、中脘、内庭；心脾两虚者，加心俞、脾俞、足三里；心肾不交者，加太溪；心虚胆怯者，加心俞、胆俞；脾胃不和者，加中脘、足三里。

方义　脑为元神之府，百会调局部经气，以宁静安神，配四神聪镇静催眠；神门为心经原穴，远配三阴交以疏调肝脾肾气机，益气养血安神；照海、申脉为八脉交会穴，分别与阴、阳跷脉相通，可使“阴气盛则瞑目”；安眠为治疗失眠的经验效穴。诸穴合用，共奏交通阴阳、宁心安神之功。

操作 常规针刺，用平补平泻法；百会可采用迎随补泻法，虚证针尖向前，实证针尖向后；照海用补法，申脉用泻法。

**2. 其他治疗**

（1）耳针 选神门、心、交感、皮质下、枕。每次取 3～5 穴，毫针轻刺激，亦可用揿针埋藏或用王不留行籽贴压，于睡前 1 小时每穴按压 2～3min。

（2）皮肤针 取印堂、百会、颈项部、腰背部膀胱经第一条侧线。用轻刺激手法，每次 5～10min，以局部皮肤潮红为度，每日或隔日 1 次。

（3）穴位注射 取安眠、三阴交、心俞、脾俞、肝俞、肾俞。用维生素 $B_1$、维生素 $B_{12}$ 注射液或黄芪注射液，每穴注射 0.5mL，隔日 1 次。

（4）灸法 取涌泉、百会、足三里。用麦粒灸法，每穴 5 壮。也可每日睡前 1 小时用艾条温和灸 10min，具有改善和预防失眠作用。

按语

1. 针灸治疗不寐效果良好，疗效与病程有关，病程越短，疗效越好。

2. 针灸治疗时间以下午和晚上为佳，尤其是睡前 2 小时、患者处于安静状态下治疗效果更好。

3. 在治疗前应做相关检查，如由于发热、咳喘、疼痛或皮肤病的瘙痒等其他疾病引起者，应同时治疗原发病。

## 十四、胁痛

胁痛（hypochondriac pain）是以一侧或两侧胁肋部疼痛为主要表现的病证。

胁痛的发生常与情志不畅、跌仆损伤、饮食所伤、外感湿热、劳欲久病等因素有关。病位在胁肋，与肝、胆、脾、胃、肾等脏腑有关。基本病机是肝胆脉络不通或脉络失养。

本病多见于现代医学的肋间神经痛、肋软骨炎、急慢性肝炎、肝硬化、肝癌、急慢性胆囊炎、胆石症、胆道蛔虫病等，肝胆病变等亦可参照本节治疗。

### （一）辨证

主症 以一侧或两侧胁肋部疼痛为主症。由于病因、病性、病程的不同，疼痛性质可有胀痛、刺痛、隐痛、闷痛、窜痛等，常反复发作。

肝气郁结：胁肋胀痛，走窜不定，疼痛每因情志变动而增减，情志不舒，胸闷短气，喜叹息，得嗳气及矢气则舒，纳呆食少，脘腹胀满，苔薄白，脉弦。

瘀血阻络：胁肋刺痛，痛处固定不移，入夜尤甚，舌质紫暗或有瘀点瘀斑，脉沉涩。

肝胆湿热：胁肋胀痛灼热，触痛明显，拒按，口干口黏，胸闷，纳呆，恶心呕吐，厌食油腻，小便黄赤，或有黄疸，舌红苔黄腻，脉弦滑数。

肝阴不足：胁肋隐隐作痛，绵绵不已，遇劳加重，头晕目眩，口干咽燥，两目干涩，舌红少苔，脉弦细或细数。

### （二）治疗

**1. 基本治疗**

治法 疏利肝胆，通经止痛。以足厥阴、足少阳经穴为主。

主穴　期门　支沟　阳陵泉　足三里

配穴　肝气郁结加内关、太冲；瘀血阻络加膈俞、阿是穴；肝胆湿热加行间、侠溪；肝阴不足加肝俞、三阴交。

方义　肝、胆经布于胁肋，期门为肝之募穴，又为近部选穴，阳陵泉为胆的下合穴，为远部选穴，二穴相配为“远近配穴”，可疏利肝胆气机，调经止痛；取支沟调理三焦气机以理气止痛；取足三里引气下行，和胃消痞，以止胁痛，取《金匮要略》“见肝之病，当先实脾”之意。

操作　虚证时足三里用补法，其余主穴用泻法；配穴按虚补实泻法常规操作；期门、膈俞、肝俞等穴不可直刺、深刺，以免伤及内脏；瘀血阻络者，可用三棱针点刺出血或再加拔火罐。

**2. 其他治疗**

（1）耳针　选肝、胆、胸、神门、脾、胃、肾、交感、神门、皮质下。每次选 2～4 穴，实证强刺激，虚证弱刺激，亦可用揿针或王不留行籽按压。

（2）穴位注射　参照基本治疗的选穴或夹脊，用 10%葡萄糖注射液 10mL，或加维生素 $B_{12}$ 注射液 1mL，隔日 1 次，适用于肋间神经痛。

（3）皮肤针　选胁肋部痛点及相应夹脊，用皮肤针轻轻叩刺，并加拔火罐，适用于瘀血胁痛。

按 语

1. 针灸治疗胁痛有较好效果，往往能迅速缓解疼痛，但针刺止痛后应积极治疗原发病。确诊为肋间神经痛者，在相应的背部华佗夹脊穴施以强刺激，可获良效。

2. 急性胁痛用针灸止痛后反复发作者，应注意查明病因以明确诊断，必要时采取综合治疗或专科治疗。

## 十五、胃痛

胃痛（stomachache）又称胃脘痛，是以上腹胃脘部疼痛为主症。由于疼痛部位近心窝部，古人又称“心痛”、“胃心痛”、“心腹痛”、“心下痛”等。

本病发生常与寒邪客胃、饮食伤胃、情志不畅和脾胃虚弱等因素有关。病位在胃，与肝、脾关系密切。基本病机是胃气失和、胃络不通或胃失温养。

现代医学中急慢性胃炎、消化性溃疡、胃痉挛、胃扭转、胃下垂、胃黏膜脱垂症、胃神经官能症等疾病所出现的胃痛可参照本节辨治。

（一）辨证

主症　上腹胃脘部疼痛。若胃痛发作较急，痛势较剧，痛处拒按，食后加重者，多属实证；若胃痛发作较缓，隐隐作痛，痛处喜按，喜暖，空腹痛甚，食后痛减者，多属虚证。

寒邪犯胃：胃痛因感受寒邪而暴作，脘腹得温痛减，遇寒则痛增，畏寒喜暖，口不渴，喜热饮，苔薄白，脉弦紧。

饮食停滞：因暴饮暴食而胃脘胀满疼痛，拒按，嗳腐吞酸，嘈杂不舒，呕吐或矢气后痛减，苔厚腻，脉滑。

肝气犯胃：胃脘胀满疼痛，连及两胁，嗳气反酸，心烦易怒，喜太息，大便不畅，每因情志因素而诱发，苔薄白，脉弦。

气滞血瘀：胃脘疼痛（多呈刺痛），痛有定处，按之痛甚，或有呕血黑便，舌质紫暗或有瘀点、瘀斑，脉细涩。

脾胃虚寒：胃痛隐隐，喜温喜按，空腹加重，食后痛减，泛吐清水，大便溏薄，神疲乏力，或手足不温，每因劳累、受凉、生冷饮食而诱发或加重，舌淡苔薄白，脉虚弱或迟缓。

胃阴不足：胃脘灼热隐痛，饥不欲食，咽干口燥，大便干结，舌红少津，脉弦细或细数。

（二）治疗

**1. 基本治疗**

治法　和胃止痛。以足阳明、手厥阴经穴及募穴为主。

主穴　中脘　内关　足三里

配穴　寒邪犯胃加胃俞、神阙；饮食停滞加下脘、梁门；肝气犯胃加太冲、期门；气滞血瘀加膈俞、三阴交；脾胃虚寒加关元、脾俞；胃阴不足者，加三阴交、内庭。

方义　胃腑以通降为顺，中脘为胃之募穴、腑之会穴，足三里为胃之下合穴，二穴可通调腑气、和胃止痛；内关为手厥阴心包经之络穴，可畅达三焦气机，和胃降逆止痛。三穴合用可作为治疗胃病的基本处方，可冠名为“腧穴胃病方”。

操作　足三里用平补平泻法，疼痛发作时，持续行针 1～3min，直到痛止或缓解。内关、中脘均用泻法。寒邪犯胃和脾胃虚寒者，施行温和灸、隔姜灸或温针灸，并可加拔火罐；神阙用隔盐灸。

**2. 其他治疗**

（1）火针　选至阳、中脘、足三里，火针速刺不留针，3 日 1 次。对胃痉挛、急慢性胃炎可起速效。

（2）穴位埋线　选至阳、肝俞、脾俞、胃俞、中脘、足三里，行常规埋线操作，20～30 日 1 次，适宜于慢性胃炎。

（3）耳针　选胃、十二指肠、脾、肝、神门、交感。每次选用 3～5 穴，毫针浅刺，留针 30min，每日 1 次。亦可用揿针埋藏或用王不留行籽贴压。

（4）穴位注射　参照基本治疗的针灸选穴，辨证选用当归注射液、丹参注射液、参附注射液或生脉注射液，或维生素 $B_1$ 或维生素 $B_{12}$ 注射液，每次 2～3 穴，每穴 1mL，每日或隔日 1 次。

按语

1. 针灸治疗胃痛疗效显著。但慢性胃痛需坚持治疗才能取得较好的远期疗效。

2. 临床所见，至阳是胃病的一个敏感点，故可作为经验有效穴。

3. 胃痛的临床表现有时可与肝胆疾患、胰腺炎、心肌梗死等相似，须注意鉴别，以免延误病情；对溃疡病出血、胃穿孔等重症胃痛，应及时采取综合治疗。

4. 平时要注意饮食规律，忌食刺激、生冷食物；调畅情志。

## 十六、呕吐

呕吐（vomiting）是呕与吐的合称，指胃气上逆，胃内容物从口中吐出而言。有物有声为“呕”，有物无声为“吐”，无物有声为“干呕”。因呕与吐常同时出现，故并称为呕吐。

本病发生常与外邪犯胃、饮食停滞、情志失调、病后体虚等因素有关。病位在胃，与肝、脾关系密切，虚证多涉及脾，实证多因于肝。基本病机是胃失和降、胃气上逆。

本病多见于现代医学的急慢性胃炎、胃扩张、贲门痉挛、幽门痉挛或梗阻、胃黏膜脱垂症、十二指肠壅积症、胃神经官能症、胆囊炎、胰腺炎等。

（一）辨证

主症　以呕吐食物、痰涎、水液、胆汁诸物或干呕无物为主症。

寒邪犯胃：呕吐清水或痰涎，食久乃吐，头身疼痛，胸脘痞闷，喜暖畏寒，舌苔薄白，脉迟缓。

热邪内蕴：食入即吐，呕吐物酸腐臭秽，口干而渴，喜寒恶热，小便短赤，大便燥结，舌苔黄，脉数。

饮食停滞：因暴饮暴食后见呕吐酸腐，脘腹胀满，嗳气厌食，吐后则舒，舌苔厚腻，脉滑实。

肝气犯胃：平素多烦易怒，每因情志不畅而呕吐或吐甚，嗳气吞酸，胸胁胀满，舌苔薄白，脉弦。

痰饮内停：呕吐清水痰涎，脘痞纳呆，眩晕心悸，舌苔白滑或白腻，脉滑。

脾胃虚弱：平素脾虚胃弱，饮食稍有不慎即发呕吐，时作时止，面色无华，少气懒言，纳呆便溏，舌淡苔薄白，脉细弱无力。

胃阴不足：呕吐反复发作，呕量不多或时作干呕，饥不欲食，咽干口燥，舌红少津，脉细数。

（二）治疗

**1. 基本治疗**

治法　和胃降逆止呕。以足阳明、手厥阴经穴及募穴为主。

主穴　中脘　内关　足三里

配穴　寒邪犯胃加胃俞、上脘；热邪内蕴加合谷，金津、玉液点刺出血；饮食停滞加下脘、梁门；痰饮内停加膻中、丰隆；肝气犯胃加阳陵泉、太冲；脾胃虚弱加脾俞、胃俞；胃阴不足加三阴交、内庭。

方义　胃腑以通降为顺，中脘为胃之募穴、腑之会穴，足三里为胃之下合穴，二穴可通调腑气、和胃降逆止呕；内关为手厥阴心包经之络穴，功擅理气降逆，和胃止呕。

操作　足三里用平补平泻法，内关、中脘用泻法；呕吐发作时，可在内关行强刺激并持续运针1～3min；有寒或脾胃虚弱者，可加用艾灸。

**2. 其他治疗**

（1）耳针　根据病变部位取胃、贲门、幽门、十二指肠、胆、肝、脾、神门、交感。每次选用3～5穴，毫针刺，中等刺激，亦可用揿针埋藏或用王不留行籽贴压。

（2）穴位注射　参照基本治疗的针灸选穴，可选用甲氧氯普胺、维生素 $B_1$ 或维生素 $B_{12}$ 注射液穴位注射，每穴0.5～1mL，每日或隔日1次。

按语

1. 针灸治疗呕吐效果良好，因晕车、轻度休克、药物反应或妊娠引起的呕吐也可参照本节治法，即使指压内关一穴也可起到缓解效应。

2. 上消化道严重梗阻、癌肿引起的呕吐及脑源性呕吐，应综合处理，针灸只能作为对症治疗。

## 十七、呃逆

呃逆（hiccough）是以气逆上冲，喉间呃呃连声、声短而频，不能自控为主症的病证。俗称“打嗝”，古称“哕”，又称“哕逆”。

本病发生常与饮食不当、情志不畅、正气亏虚等因素有关。病位在膈，与肝、脾、肺、肾等脏腑有关。基本病机是胃气上逆动膈。

现代医学中，呃逆多见于单纯性膈肌痉挛、胃肠神经官能症、胃炎、胃癌、肝硬化晚期、脑血管病、尿毒症，以及胃、食管手术后等疾病中。

（一）辨证

主症　气逆上冲，喉间呃呃连声，声短而频，不能自控。

胃寒积滞：呃声沉缓有力，胸脘不舒，得热则减，遇寒更甚，口淡不渴，舌淡，苔白滑，脉迟缓。

胃火上逆：呃声洪亮有力，冲逆而出，口臭烦渴、多喜冷饮，脘腹满闷，大便秘结，小便短赤，舌红，苔黄燥，脉滑数。

气机郁滞：呃逆连声，常因情志不畅而诱发或加重，胸胁满闷，脘腹胀满，苔薄白，脉弦。

脾胃虚弱：呃声低长无力，气不得续，泛吐清水，脘腹不舒，喜温喜按，面色㿠白，手足不温，食少乏力，舌质淡，苔薄白，脉细弱。

胃阴不足：呃声短促而不得续，口干咽燥，饥不欲食，舌红，少苔，脉细数。

（二）治疗

**1. 基本治疗**

治法　理气和胃，降逆止呃。取胃的募穴、下合穴为主。

主穴　中脘　足三里　内关　膻中　膈俞

配穴　胃寒积滞配胃俞、建里；胃火上逆配内庭、天枢；气机郁滞配期门、太冲；脾胃虚弱或胃阴不足配脾俞、胃俞。

方义　本病的基本病机为胃气上逆动膈，中脘为胃之募、腑之会，穴居胃脘部，足三里为胃的下合穴，二穴相配可和胃降逆，不论胃腑寒热虚实所致胃气上逆动膈者均可用之；内关通阴维脉，且为手厥阴心包经的络穴，可宽胸利膈，畅通三焦气机；膻中位置近膈，又为气会，可理气降逆；本病病位在膈，故不论何种呃逆，均可用膈俞利膈止呃。

操作　毫针常规针刺。胃火上逆、气机郁滞只针不灸，泻法；胃寒积滞、脾胃虚弱可加灸。

**2. 其他治疗**

（1）穴位按压　取攒竹、翳风，用拇指按揉1～3min。

（2）耳针　耳中、胃、神门、相应病变脏腑（肺、脾、肝、肾），每次选用3～5穴，毫针刺法，或埋针法、压丸法。

（3）穴位贴敷　麝香粉0.5g，放入神阙内，适用于实证呃逆，尤其以气机郁滞者取效更捷。吴茱萸10g，研细末，用醋调成膏状，敷于双侧涌泉，适用于各种呃逆，对下焦冲气上逆引起的呃逆尤为适宜。

按语

1. 针灸对呃逆有很好的疗效，但对于反复发作的慢性、顽固性呃逆，应积极查明原因并治疗原发病。

2. 如呃逆见于危重病后期，可能是胃气衰败、病情转亟之象，应加以注意。

## 十八、腹痛

腹痛（bellyache）是指胃脘以下、耻骨联合以上部位发生的以疼痛为主要表现的病证。因腹内有许多脏腑，且为诸多经脉所过之处，故腹痛可见于多种脏腑疾病。

腹痛的发生常与感受外邪、饮食不节、情志不畅、劳倦体虚等因素有关。病位在腹，与肝、胆、脾、肾、膀胱、大小肠等脏腑有关。基本病机是腹部脏腑经脉气机不通，或脏腑经脉失养。

现代医学的急慢性肠炎、胃肠痉挛、肠易激综合征等疾病引起的腹痛，可参照本节进行治疗。

### （一）辨证

主症　以腹部疼痛为主要临床表现，可分别表现为全腹痛、脐腹痛、小腹痛、少腹痛等。若发病急骤，痛势剧烈，拒按，多为实证；若病程较长，腹痛绵绵，喜按，多为虚证。

寒邪内阻：多因感寒饮冷突发腹部拘急剧痛，得温痛减，遇寒更甚，四肢欠温，口不渴，小便清长，舌淡苔白，脉沉紧。

饮食停滞：暴饮暴食后脘腹胀痛，拒按，嗳腐吞酸，恶食，得吐泻后痛减，舌苔厚腻，脉滑。

气机郁滞：脘腹胀痛，攻窜作痛，痛则欲便，便后痛缓，喜叹息，得嗳气或矢气则减，遇恼怒则剧，舌苔薄白，脉弦。

脾阳不振：腹痛隐隐，时作时止，喜温喜按，饥饿劳累后则重，进食及休息后痛减，大便溏薄，神疲怯冷，舌淡苔薄白，脉沉细。

### （二）治疗

#### 1. 基本治疗

治法　通调腑气，缓急止痛。以相应的募穴、下合穴为主。

主穴　中脘　天枢　上巨虚

配穴　寒邪内阻加神阙；饮食停滞加下脘、内庭；气机郁滞加太冲；脾阳不振加脾俞、关元。

方义　中脘在脐上，为胃之募穴、腑会穴，天枢在脐旁，为大肠募穴，均属局部选穴；上巨虚为大肠下合穴，属于远部选穴。三穴合用，可作为治疗胃肠疾患的基本处方，可冠名为“腧穴肠病方”。

操作　毫针刺。上巨虚用泻法，其余主穴用平补平泻法；腹痛发作时，上巨虚持续强刺激 1～3min；寒证可用温和灸法、隔姜灸或温针灸，并可加拔火罐；神阙用隔盐灸。

#### 2. 其他治疗

（1）耳针　选胃、小肠、大肠、肝、脾、交感、神门、皮质下。每次选 2～4 穴，疼痛时用中强刺激捻转，亦可用揿针或王不留行籽按压。本法适用于急、慢性肠炎引起的腹痛。

（2）穴位注射　选天枢、足三里，用异丙嗪和阿托品混合液，每穴注入 0.5mL 药液，每日 1 次。

**按语**

1. 针灸治疗腹痛有较好的疗效，但针刺止痛后反复发作者，应明确诊断，积极治疗原发病。
2. 急腹症引起的腹痛，在针灸治疗的同时，应严密观察，必要时应采取其他治疗措施或转外科治疗。

## 十九、泄泻

泄泻（diarrhea）亦称“腹泻”，是指大便次数增多、便质清稀或完谷不化，甚至如水样。所谓“泄”，有漏泄之义，是指粪出稀溏，其势较缓；“泻”有倾泻的含义，是指粪出如水，其势较急，统称为“泄泻”。

本病发生常与饮食不节、感受外邪、情志失调、脾胃虚弱、年老体衰等因素有关。病位在肠，与脾、胃、肝、肾关系密切。基本病机是脾虚湿盛，肠道分清泌浊、传导功能失司。

现代医学中急性肠炎、炎症性肠病、吸收不良综合征、肠道肿瘤、肠结核、肠易激综合征、功能性腹泻等可参照本节辨证论治。

（一）辨证

**1. 急性泄泻**

主症　发病势急，病程短，大便次数显著增多。

寒湿泄泻：感受寒湿而发病，大便清稀或如水样，水谷相混，腹痛肠鸣，恶寒食少，口不渴，苔白滑，脉濡缓。

湿热泄泻：泻下急迫，热如水注，或泻下不爽，粪色黄褐，气味臭秽，肛门灼热，腹痛，口渴喜冷饮，小便短赤，舌红苔黄腻，脉濡数。

饮食停滞：暴饮暴食后腹满胀痛，大便恶臭如败卵，泻后痛减，伴有未消化的食物，嗳腐吞酸，纳呆，舌苔垢浊或厚腻，脉滑。

**2. 慢性泄泻**

主症　发病势缓，病程较长，可由急性泄泻演变而来。

脾胃虚弱：大便溏薄，夹有不消化食物，迁延反复，稍进油腻饮食则便次增多，腹部隐痛喜按，伴有神疲乏力，面色萎黄，舌淡苔薄白，脉细弱。

肝气乘脾：腹痛泄泻每因情志不畅而发，肠鸣攻窜作痛，腹痛即泻，泻后痛缓，素有胸胁胀闷，嗳气食少，矢气频作，舌苔薄白，脉弦。

肾阳亏虚：每于黎明之前，脐腹作痛，继则肠鸣而泻，完谷不化，泻后则安，形寒肢冷，腹部喜暖，腰膝酸软，舌淡苔白，脉沉细。

（二）治疗

**1. 基本治疗**

（1）急性泄泻

治法　除湿导滞，调肠止泻。以大肠的俞穴、募穴、下合穴及足太阴经穴为主。

主穴　大肠俞　天枢　上巨虚　阴陵泉

配穴　寒湿泄泻加神阙；湿热泄泻加内庭；饮食停滞加中脘。

方义　本病病位在肠，故取大肠募穴天枢、大肠背俞穴为“俞募配穴”，上巨虚为大肠之下合穴，“合治内府”，三穴合用，可调理肠腑气机而止泄泻；阴陵泉为化湿要穴，可健脾化湿。

操作　毫针刺泻法。神阙用温和灸或隔盐灸，寒湿者可配合用灸法。

（2）慢性泄泻

治法　健脾温肾，固本止泻。以任脉、大肠的俞、募穴及足阳明经穴为主。

主穴　神阙　天枢　大肠俞　足三里

配穴　脾胃虚弱加脾俞、胃俞；肝气乘脾加太冲；肾阳亏虚加肾俞、命门、关元。

方义　灸神阙可温补元阳，固本止泻；大肠俞、天枢为“俞募配穴”，能调理肠胃气机止泻；足三里健脾益胃。

操作　神阙用灸法；天枢用平补平泻法；足三里用补法；肾阳不足者可重用灸法，或可用隔附子饼灸。

**2. 其他治疗**

（1）穴位注射　选天枢、上巨虚。用维生素 $B_1$ 或维生素 $B_{12}$ 注射液，每穴每次注射 0.5～1.0mL，每日或隔日 1 次。

（2）耳针　选大肠、小肠、胃、脾、肝、肾、神门、交感。每次选 3～5 穴，毫针刺，中等刺激。亦可用揿针或王不留行籽按压。

按 语

1. 针灸治疗泄泻疗效显著。若急性胃肠炎或溃疡性结肠炎等因腹泻频繁而出现脱水现象者，应配合输液等综合疗法。

2. 急性泄泻治疗期间须控制饮食，注意饮食卫生，宜清淡，忌生冷、辛辣、油腻之品。

## 二十、痢疾

痢疾（dysentery），是以腹痛，里急后重，下痢赤白脓血为主症的病证。古称“肠澼”、“滞下”、“下利”，是一类具有传染性的疾病，多发于夏秋季节。

本病发生多因饮食生冷不洁、外感暑湿疫毒，致使大肠传导功能失职。病位在肠，与脾、胃密切相关。基本病机是气血壅滞，肠道传化失司。

现代医学中的细菌性痢疾、阿米巴痢疾、溃疡性结肠炎等，可参照本节辨证论治。

### （一）辨证

主症　腹痛，里急后重，下痢赤白脓血。

寒湿痢：腹痛拘急，下痢赤白黏冻，白多赤少，或纯为白冻，头身困重。苔白腻，脉濡缓。

湿热痢：下痢赤白脓血，赤多白少，肛门灼热疼痛，小便短赤。苔黄腻，脉滑数。

疫毒痢：发病急骤，腹痛剧烈，痢下脓血，壮热口渴，头痛烦躁，甚则神昏、痉厥。舌红绛，苔黄燥，脉滑数。

噤口痢：下痢赤白脓血，恶心呕吐，不能进食。苔腻，脉滑。

休息痢：下痢时发时止，日久不愈，常因饮食不慎、受凉、劳累而发，发则便中带有赤白黏冻，或伴有脱肛。舌淡，苔腻，脉细。

### （二）治疗

**1. 基本治疗**

治法　通肠导滞，调气和血。取大肠的募穴、下合穴为主。

主穴　天枢　上巨虚　合谷　三阴交

配穴　寒湿痢配关元、阴陵泉；湿热痢配曲池、内庭；疫毒痢配大椎、十宣；噤口痢配内关、中脘；休息痢配脾俞、足三里；久痢脱肛加气海、百会。

方义　本病病位在肠，故取大肠的募穴天枢、下合穴上巨虚、原穴合谷，三穴同用，可通调大肠腑气，行气和血，气行则后重自除，血和则便脓自愈；三阴交为肝脾肾三经交会穴，可健脾利湿。

操作　毫针刺。寒湿痢、休息痢可用温和灸、温针灸、隔姜灸或隔附子饼灸。急性痢疾每日治疗 1～2 次，慢性痢疾每日治疗 1 次。

**2. 其他治疗**

（1）穴位注射　取天枢、上巨虚选用5%葡萄糖注射液、维生素$B_1$注射液，常规穴位注射。

（2）耳针　取大肠、直肠下段、小肠、腹、脾、肾。每次选用3～5穴，毫针刺法，或可用王不留行籽按压。

（3）穴位贴敷　取神阙，平胃散研末炒热后用布包，趁热熨敷，用于噤口痢。

按语

1. 针灸治疗急性细菌性痢疾、阿米巴痢疾，疗效显著，但中毒性菌痢病情凶险，应采取综合治疗措施。

2. 急性痢疾发病时，应进行床边隔离，注意饮食。

## 二十一、便秘

便秘（constipation）是指大便秘结，排便周期或时间延长，或虽有便意但排便困难的病证。

本病发生常与饮食不节、情志失调、年老体衰和不良生活习惯等因素有关。病位在大肠，但与脾、胃、肺、肝、肾等功能失调均有关联，基本病机是大肠传导失常。

现代医学的功能性便秘、肠道易激综合征、药物性便秘、内分泌及代谢性疾病的便秘等均可参照本节进行治疗。

### （一）辨证

主症　排便困难。

热秘：大便干结，腹胀腹痛，面红身热，口干口臭，喜冷饮，小便短赤，舌红苔黄或黄燥，脉滑数。

气秘：欲便不得，嗳气频作或喜叹息，腹中胀痛连及两胁，得矢气或便后则舒，胸胁痞满，纳食减少，舌苔薄腻，脉弦。

冷秘：大便艰涩，排出困难，腹部拘急冷痛，手足不温，畏寒喜暖，小便清长，舌淡苔白，脉弦紧或沉迟。

虚秘：虽有便意但排便不畅，或数日不便但腹无所苦，临厕努挣乏力，挣则汗出心悸气短，便后疲乏，大便并不干硬，面色无华，舌淡苔薄，脉细弱。

### （二）治疗

**1. 基本治疗**

治法　通调腑气，润肠通便。以大肠的俞穴、募穴、下合穴为主。

主穴　天枢　大肠俞　上巨虚　支沟　照海

配穴　热秘加合谷、内庭；气秘加太冲、中脘；虚秘加脾俞、气海、足三里、三阴交；冷秘加神阙、关元。

方义　便秘病位在大肠，故取大肠募穴天枢与大肠俞同用属俞募配穴，再加下合穴上巨虚以“合治内府”，三穴合用，能通调大肠腑气而开秘；支沟宣通三焦气机以通腑气，照海养阴以增液行舟，润肠通便，支沟、照海为治疗便秘之经验效穴。

操作　热秘、气秘只针不灸，用泻法；冷秘、虚秘针灸并用，可用温针灸、温和灸、隔姜灸或隔附子饼灸。

**2. 其他治疗**

（1）耳针　选大肠、直肠、三焦、腹、肝、脾、肾、交感、皮质下。每次选 3～5 穴，毫针刺，中等强度或弱刺激，亦可用揿针或王不留行籽按压。

（2）穴位注射　选穴参照基本治疗穴位。用生理盐水或维生素 $B_1$、维生素 $B_{12}$ 注射液，每穴注射 0.5～1.0mL，每日或隔日 1 次。

按 语

1. 针灸治疗便秘有较好效果，如经多次治疗无效者，应查明病因。

2. X 线钡剂透视、纤维结肠镜等有关检查，有助于本病的诊断。

3. 患者应多吃新鲜蔬菜、水果，进行适当体育活动，并养成定时排便的习惯。

## 二十二、癃闭

癃闭（dysuria）是指排尿困难，点滴而下，甚至小便闭塞不通的一种疾患。“癃”是指小便不利，点滴而下，病势较缓；“闭”是指小便不通，欲溲不下，病势较急，两者合称癃闭。

本病发生常与外伤损伤、久病体弱、情志失常、感受外邪等因素有关。病位在膀胱，与肾、三焦、肺、脾等关系密切。基本病机是膀胱气化不利。

本病多见于现代医学中膀胱、尿道器质性和功能性病变及前列腺疾患等所造成的排尿困难和尿潴留。

### （一）辨证

主症　尿液排出困难。

膀胱湿热：小便难出，点滴而下且短赤灼热，甚或点滴不出，小腹胀满，口苦口黏，或口渴不欲饮，大便不畅，舌红苔黄腻，脉濡数。

肝郁气滞：小便不通，或通而不畅，小腹胀急，胁胀痛，多烦易怒，舌红苔薄黄，脉弦。

瘀浊闭阻：小便滴沥不畅，或时而通畅，时而阻塞不畅，小腹胀满疼痛，舌紫暗或有瘀点瘀斑，脉涩。

肺热壅盛：小便不畅，或点滴不通，呼吸急促，或有咳嗽，咽干烦渴，舌红苔薄黄，脉数。

脾气虚弱：小便淋漓不爽，排出无力，小腹坠胀，时欲小便而不得出，或量少不畅，神疲乏力，气短懒言，纳差，舌淡苔白，脉细弱。

肾气亏虚：小便不通，或滴沥不畅，排出无力，腰膝酸软，精神不振，或手足不温，舌淡苔白，脉沉细无力。

### （二）治疗

**1. 基本治疗**

治法　疏利膀胱，行气通闭。以膀胱的俞、募穴为主。

主穴　中极　膀胱俞　三阴交　阴陵泉

配穴　膀胱湿热加委阳、行间；肝郁气滞加太冲；瘀浊闭阻加血海、次髎；肺热壅盛加尺泽；脾气虚弱加气海、脾俞、足三里；肾气亏虚加肾俞、太溪、关元。

方义　本病病位在膀胱，中极、膀胱俞分别为膀胱的募穴及背俞穴，二穴同用属“俞募配穴”，能疏利膀胱气机；三阴交为足三阴经交会穴，可调理肝、脾、肾，配阴陵泉共奏健脾利水、助膀胱气化、通利小便之功。

操作 毫针刺，实证用泻法，虚证用补法；针刺中极，针尖向下，不可过深，以免伤及膀胱。

**2. 其他治疗**

（1）耳针 选肾、膀胱、肺、肝、脾、三焦、交感、神门、皮质下等。每次选 3～5 穴，毫针刺，中等强度，亦可用揿针或王不留行籽按压。

（2）灸法 选神阙。将食盐炒黄，待冷，放于神阙填平，再用二根葱白压成 0.3cm 厚的饼，置于盐上，艾炷置葱饼上施灸，至温热感入腹内有便意为止。

（3）芒针 选秩边，用 6～7 寸芒针，向水道透刺，轻捻徐入，务使针感传到会阴部为度。名为“秩边透水道”针法。

（4）电针 选双侧维道。针尖向曲骨刺 2～3 寸，采用断续波，每次 15～30min。

按语

1. 针灸治疗癃闭有一定的效果，可以避免导尿的痛苦和泌尿道感染，尤其对功能性尿潴留疗效更好。

2. 若膀胱充盈过度，经针灸治疗 1 小时后仍不能排尿者，应及时采取导尿措施。

## 二十三、尿失禁

尿失禁（urinary incontinence）是指在清醒状态下小便不能控制而自行流出的一种疾病，本病可分为充溢性尿失禁、无阻力性尿失禁、反射性尿失禁、急迫性尿失禁和压力性尿失禁五类。

本病发生常与禀赋不足、老年肾亏、暴受惊恐、跌打损伤、病后体虚等因素有关。本病病位在膀胱，与肾、脾、肺关系密切。基本病机是下元不固、膀胱失约。

现代医学中，中枢神经系统疾患、手术损伤膀胱及括约肌的运动或感觉神经、尿潴留、不稳定性膀胱、妇女绝经期后及分娩损伤等病可参照此节进行治疗。

### （一）辨证

主症 在清醒状态下小便不能控制而自行流出。

肾气不固：小便不禁，尿液清长，神疲怯寒，腰膝酸软，两足无力，舌淡，苔薄，脉沉细无力。

脾肺气虚：尿意频急，时有尿自遗，甚则在咳嗽、谈笑时出现小便自遗，小腹时有坠胀，面白气短，乏力纳呆，舌淡红，脉虚无力。

湿热下注：小便频数，排尿灼热，时有尿自遗，溲赤而臭，舌偏红，苔黄腻，脉细滑数。

下焦瘀滞：小便不禁，小腹胀满隐痛，或可触及肿块，舌暗或有紫斑，苔薄，脉涩。

### （二）治疗

**1. 基本治疗**

治法 益肾固脬。以膀胱的背俞穴、募穴为主。

主穴 中极 膀胱俞 肾俞 三阴交

配穴 肾气不固配关元、命门；脾肺气虚配肺俞、脾俞；湿热下注配秩边透水道、阴陵泉；下焦瘀滞配次髎、蠡沟。

方义 中极属任脉，其下为膀胱，中极、膀胱俞为俞募配穴法，可调理膀胱气机，增强膀胱对尿液的约束能力；肾俞为肾的背俞穴，可补益肾气，增强肾的闭藏功能；三阴交为足三阴经的交会穴，可调理脾、肝、肾的气机。诸穴相配，可奏益肾固脬之功。

操作 毫针刺。刺中极时针尖朝向会阴部；肺俞、脾俞不可直刺、深刺。肾气不固、脾肺气虚可加灸。

**2. 其他治疗**

（1）耳针 取膀胱、尿道、肾、肺、脾。毫针刺法，或埋针法、压丸法。

（2）头针 取顶中线。头针常规针刺。

（3）穴位贴敷 取神阙。用煅龙牡各 30g，五味子、五倍子各 15g，肉桂、冰片各 6g，共研细末备用。每用 3～6g，用醋调成膏状贴敷。适用于虚证。

（4）电针 取气海、关元、中极、足三里、三阴交，腹部三穴针刺时，要求针感放射至前阴部，电针用疏密波或断续波刺激 30min。每日 1～2 次。

（5）芒针 选秩边，用 6～7 寸芒针，向水道透刺，轻捻徐入，务使针感传到会阴部为度。

按 语

1. 针灸治疗本病有较好的疗效，但应注意对原发病的治疗。

2. 加强锻炼，增强体质，经常做收腹、提肛练习。

## 二十四、阳痿

阳痿（erectile dysfunction）是指男子未到性功能衰退年龄，在性生活过程中出现阴茎痿软不举，或举而不坚，或坚而不久，影响正常性生活的病证。

本病发生与情志失调、劳伤久病、饮食不节、外邪侵袭等因素有关。病位在宗筋，与肝、肾、心、脾有密切的关系。基本病机是宗筋失养，弛缓不振。

现代医学中的男性勃起功能障碍可参照本病治疗，男性勃起功能障碍根据病因可分为原发性和继发性两大类。其发病机制十分复杂，主要涉及神经、内分泌、性腺和血管功能，以及心理、药物等多方面因素。

### （一）辨证

主症 性生活时阴茎不能勃起，或勃起不坚，或虽能性交，但不经泄精而自行疲软。

命门火衰：精薄清冷，头晕耳鸣，面色淡白，腰膝酸软，畏寒肢冷，舌淡，苔白，脉沉细。

心脾两虚：神疲乏力，面色萎黄无华，心悸，失眠健忘，气短纳差，舌淡，苔白，脉细弱。

惊恐伤肾：神怯惊悸，焦虑紧张，夜寐不安，胸闷，舌红，苔薄白，脉弦细。

湿热下注：阴茎痿软，阴囊湿痒臊臭，下肢沉重，小便黄赤，舌红，苔黄腻，脉滑数。

肝郁气滞：精神抑郁，焦躁不安，胸闷叹息，口苦胁痛，少寐多梦，少腹不舒，牵引睾丸，舌边尖红，苔薄白，脉弦。

### （二）治疗

**1. 基本治疗**

治法 补益肾气，荣养宗筋。以任脉和足少阴肾经穴为主。

主穴 关元 肾俞 太溪 三阴交

配穴 命门火衰配命门；心脾两虚配心俞、脾俞；惊恐伤肾配百会、神门；湿热下注配中极、阴陵泉；肝郁气滞配太冲、蠡沟。

方义 关元为任脉与足三阴经的交会穴，可调补肝脾肾，温下元之气，直接兴奋宗筋；肾俞可补益元气，培肾固本；太溪为肾之原穴，可滋阴补肾；三阴交是肝、脾、肾三经的交会穴，可健脾益气，补益肝肾，又可清热利湿。诸穴合用，可达补益肾气，强筋起痿之目的。

操作 关元针尖向下斜刺，力求针感传向前阴，其他腧穴均常规针刺。虚证可加用灸法。

**2. 其他治疗**

（1）耳针 取内生殖器、外生殖器、内分泌、肾、神门、皮质下。每次选用 2～4 穴，毫针刺法，或埋针法、压丸法。

（2）穴位注射 取关元、中极、肾俞。选用胎盘注射液或黄芪注射液、当归注射液、维生素 $B_1$ 或维生素 $B_{12}$ 注射液。每次取 2 穴，常规穴位注射。

（3）穴位埋线 取关元、中极、肾俞、三阴交、次髎等，每次选 2～3 穴，埋入羊肠线。

（4）电针 取关元、曲骨、肾俞、三阴交。接电针，疏密波治疗 20～30min。

（5）芒针 选秩边，用 6～7 寸芒针，向水道透刺，轻捻徐入，务使针感传到会阴部为度。

按语

1. 针灸治疗阳痿有一定的效果。取得疗效后，仍需注意节制房事。

2. 在针灸治疗的同时配合心理治疗，给予精神疏导。在性生活时男方要消除紧张心理，克服悲观情绪，树立信心。

## 二十五、郁证

郁证（depressive disorder）是以心情抑郁、情绪不宁、胸部满闷、胁肋胀痛，或易怒善哭，以及咽中如有异物梗塞、失眠等为主要临床表现的一类病证。

本病发生多与愤恨恼怒、郁怒不畅、忧愁思虑等不良情志因素相关，病位在脑，涉及心、肝、胆、脾、胃。基本病机是气机郁滞，脏腑阴阳气血失调。

现代医学中的抑郁症、癔症、焦虑症、围绝经期综合征、反应性精神病等疾病，可参照本节辨证论治。

（一）辨证

主症 忧郁不畅，失眠多梦，易怒善哭。

肝气郁结：精神抑郁，善太息，胸胁胀痛，痛无定处，或脘腹痞闷，嗳气频作，女子月事不调，舌淡，苔薄白，脉弦。

气郁化火：急躁易怒，胸闷胁胀，头痛目赤，耳鸣，口干而苦，小便黄赤，舌红，苔黄，脉弦数。

痰气郁结：咽中不适，如有物梗阻，吞之不下，咳之不出，胸部窒塞，胁肋胀满，舌淡，苔白腻，脉弦滑。

心神失养：心神不宁，失眠，多疑易惊，悲忧善哭，喜怒无常，舌淡，苔薄，脉弦细。

心脾两虚：多思善虑，心悸胆怯，失眠健忘，面色萎黄，头晕目眩，神疲倦怠，食欲不振，舌淡，脉细弱。

心肾阴虚：病程日久，虚烦少寐，烦躁易怒，口干咽燥，或遗精腰酸，女子月经不调，舌红，脉细数。

（二）治疗

**1. 基本治疗**

治法　疏肝解郁，养心调神。取督脉和手足厥阴、手少阴经穴为主。

主穴　人中　百会　印堂　太冲　神门　内关　膻中

配穴　肝气郁结配期门；气郁化火配行间；痰气郁结配丰隆、中脘；心神失养配心俞、少海；心脾两虚配心俞、脾俞；心肾阴虚配心俞、肾俞。

方义　人中为调神要穴；脑为元神之府，督脉入络脑，故百会配印堂可调神解郁；肝之原穴太冲，可疏肝理气解郁；心主神明，故取心之原穴神门宁心调神；内关为心包经的络穴，与气会膻中合用，可疏理气机，宽胸解郁。

操作　毫针常规刺。

**2. 其他治疗**

（1）耳针　取肝、心、胆、脾、肾、枕、缘中、内分泌、神门，每次选 3～5 穴，毫针刺法或埋针法、压丸法。

（2）穴位注射　取风池、肝俞、心俞、脾俞、肾俞、足三里。每次选用 2～3 穴，用丹参注射液或参麦注射液，或维生素 $B_1$、维生素 $B_{12}$ 注射液，常规穴位注射。

（3）灸法　取百会、膈俞、胆俞。百会可用温和灸，膈俞、胆俞直接灸。

（4）三棱针　取心俞、胆俞、肝俞，点刺出血。

按语

1. 临床所见，失眠日久可发展为郁证，郁证也往往伴有重症失眠，故本病的选穴常在治疗失眠的基本处方上，加刺人中以调神解郁。

2. 针灸对郁证的疗效较好。治疗时应配合语言暗示等心理治疗。

3. 应做相关检查以排除器质性疾病。注意与癫病、狂病和脑动脉硬化、脑外伤等所产生的精神症状鉴别。

## 二十六、消渴

消渴（diabetes）是以多饮、多食、多尿、形体消瘦，或尿浊、尿有甜味为主症的病证。

本病发生常与禀赋不足、饮食不节、情志失调、劳欲过度等因素有关。病变脏腑主要在肺、胃、肾，又以肾为关键。基本病机是阴津亏损，燥热偏盛。临床根据患者症状，可分为上、中、下三消。其中，上消属肺燥，中消属胃热，下消属肾虚。肺燥、胃热、肾虚亦可同时存在。

现代医学的糖尿病属于本病范畴。

（一）辨证

主症　多饮，多食，多尿，形体消瘦，或尿有甜味。

上消证：口渴多饮，口干舌燥，尿频量多，舌边尖红，苔薄黄，脉洪数。

中消证：多食易饥，形体消瘦，大便干燥，舌苔黄，脉滑实有力。

下消证：尿频量多，浑浊如脂膏，或尿甜，口干舌燥，舌红，脉细数。

（二）治疗

**1. 基本治疗**

治法　清热润燥，养阴生津。取相应的背俞穴为主。

主穴　肺俞　胃俞　肾俞　胃脘下俞　三阴交　太溪

配穴　上消证配太渊、少府；中消证配内庭，地机；下消证配复溜、太冲。视物模糊配太冲、光明；肌肤瘙痒配膈俞、血海；上肢疼痛配肩髃、曲池；上肢麻木配少海、手三里；下肢疼痛或麻木配阳陵泉、八风。

方义　消渴因肺燥、胃热、肾虚等所致，故取肺俞以清热润肺，生津止渴；取胃俞、三阴交清胃泻火，和中养阴；取肾俞、太溪以益肾滋阴、增液润燥；胃脘下俞为治疗消渴的经验穴。

操作　肺俞、胃俞、胃脘下俞不可深刺，以免伤及内脏。余穴常规针刺。

**2. 其他治疗**

（1）耳针　取胰（胆）、肾、肺、脾、内分泌、三焦、神门、耳迷根。每次选用2～4穴，毫针刺法，或压丸法。

（2）穴位注射　肺俞、脾俞、胃俞、肾俞、胃脘下俞、三阴交。每次选用2～4穴，选用当归注射液、黄芪注射液或小剂量胰岛素，常规穴位注射。

按语

1. 针灸治疗消渴对早、中期患者及轻型患者效果较好，但需坚持较长时间治疗。若病程长而病重者，应积极配合药物治疗。

2. 消渴患者的皮肤极易并发感染，在针刺过程中应注意严格消毒。

3. 现代医学中的尿崩症，因具有多尿、烦渴的临床特点，与消渴有某些相似之处，可参考本节内容治疗。

# 第三节　妇科病证

## 一、月经不调

月经不调（irregular menstruation），以妇女月经周期、经量、经色、经质异常为主要表现。本病主要包括月经先期（经早）、月经后期（经迟）、月经先后不定期（经乱）。

本病发生多与感受外邪、饮食不节、情志不畅或先天体虚等因素有关。病位在胞宫，与冲、任二脉及肝、脾、肾关系密切。基本病机是脏腑失常，气血不和，冲任损伤。

本病多见于现代医学的排卵型功能失调性子宫出血、生殖器炎症或肿瘤等疾病。

（一）辨证

**1. 月经先期**

主症　月经周期提前7天以上，甚或1个月2次，连续3个周期以上者，亦可伴有经量、经色、经质的改变；但经期基本正常者称为月经先期，多见于育龄期妇女。

实热证：月经提前，兼见月经量多，色深红或紫，质黏有块，流出时有热感。伴见面红口渴，心烦易怒，胸胁胀闷，小便短赤，大便干结，舌质红，苔黄，脉数或滑数。

虚热证：月经提前，兼见量少或正常或多，颜色深红、质稠。伴见两颧潮红，手足心热，或潮热盗汗，心烦不寐，或咽干口燥，舌质红苔少，脉细数。

气虚证：月经提前，经量少或量多，色淡质稀。伴见面色萎黄或苍白，神疲乏力，倦怠嗜卧，气短懒言，舌质淡，苔薄白，脉细弱。

**2. 月经后期**

主症　月经周期推迟 7 天以上，并连续出现 3 个周期以上称为月经后期，月经量和经期基本正常，也有部分患者伴经量偏少。

实寒证：月经周期延后，色暗量少，有血块，小腹冷痛或胀痛，得热痛减，畏寒肢冷，舌暗苔白，脉沉紧或弦紧。

虚寒证：月经周期延后，色暗量少，质稀，腹痛绵绵，喜按喜暖，或腰脊酸冷，小便清长，舌淡，苔薄白，脉沉迟无力。

血虚证：月经周期延后，色淡量少，小腹隐痛，头晕眼花，心悸少寐，面色无华或萎黄，舌淡红苔薄，脉细弱。

**3. 月经先后无定期**

主症　月经不按正常周期来潮，时或提前，时或延后 7 天以上，且连续 3 个月经周期者，称为月经先后无定期。

肝郁证：月经先后无定期，经量多或少，经色暗红或紫红，或有块，或经行不畅；伴见胸胁、乳房、小腹胀痛，胸脘憋闷，时叹息，嗳气少食；舌常苔白或薄黄，脉弦。

肾虚证：月经先后无定期，经量少，经色暗淡，质清稀；伴见腰膝酸软，或头晕耳鸣，舌淡苔白，脉细弱。

（二）治疗

**1. 基本治疗**

（1）月经先期

治法　清热和血，益气调经。以任脉及足太阴经穴为主。

主穴　关元　气海　血海　三阴交　地机

配穴　实热证加曲池、行间；虚热证加太溪；气虚证加脾俞、足三里；月经过多加灸隐白；烦躁易怒，胸胁胀闷不舒加太冲、期门。

方义　关元、气海属任脉穴，为调理冲任的要穴，气海又可益气调经；血海可清热和血；三阴交调理肝脾肾；地机为足太阴脾经郄穴，以上腧穴均为调经之要穴。

操作　关元、三阴交用平补平泻，气海用补法，血海用泻法；配穴按补虚泻实法操作；气虚者针后加灸或用温针灸。

（2）月经后期

治法　温经散寒，和血调经。以任脉及足太阴经、足阳明经穴为主。

主穴　气海　归来　血海　三阴交

配穴　实寒证加神阙、子宫；虚寒证加命门、腰阳关；血虚证加膈俞。

方义　气海可益气温阳，温灸更可温经散寒；三阴交为肝脾肾三经交会穴，可调补三阴调和气血；归来为足阳明经穴，配血海可调理气血而调经。

操作　气海、三阴交用毫针补法，可用灸法。归来用泻法。配穴按补虚泻实法操作，可用灸法或温针灸。

（3）月经先后无定期

治法　疏肝益肾，调理冲任。以任脉及足太阴经穴为主。

主穴　关元　肝俞　三阴交　交信

配穴　肝郁证加太冲、期门；肾虚证加肾俞、太溪；胸胁胀痛加膻中、内关。

方义　关元、三阴交为治疗月经病要穴，交信为肾经经气交于三阴交穴之处，三穴配合，通调冲任及三阴经的气血；肝俞为肝之背俞穴，可疏肝理气。

操作　肝俞用毫针泻法，其余主穴用补法，配穴按补虚泻实法操作，虚证可以加灸。

**2. 其他治疗**

（1）耳针　选皮质下、内分泌、内生殖器、子宫、卵巢、肝、肾、脾。每次选 2～4 穴，毫针刺法或耳穴压丸法。

（2）皮肤针　选腰骶部夹脊或背俞穴，下腹部任脉、肾经、脾经、胃经，下肢足三阴经。用梅花针叩刺，至局部皮肤潮红，隔日 1 次。

（3）穴位注射　选关元、三阴交、气海、血海、肝俞、脾俞、胃俞、肾俞。每次选 2～3 穴，用 5%当归注射液或 10%丹参注射液，每穴注入药液 1mL，隔日 1 次。

**按语**

1. 针灸治疗月经不调有较好疗效，如是生殖系统器质性病变引起的月经不调应采取综合治疗措施。

2. 多经行前 5～7 天进行针灸治疗，至月经来潮停止，连续治疗 3 个月经周期为 1 个疗程。

3. 日常应保持心情舒畅，节制房事，避免劳累。

## 二、痛经

痛经（dysmenorrhea），是女性经期或经期前后出现的以周期性小腹疼痛或痛引腰骶部，甚至剧痛难忍伴恶心欲吐、昏厥等主要表现的病证，又称“经行腹痛”。

本病发生多与情志不畅、起居不慎、感受外邪、素体亏虚或久病失养等因素有关。病位在胞宫，与冲、任二脉和肝、肾二脏密切相关。基本病机是气血滞于胞宫，冲任瘀阻；或冲任虚损，胞脉失养。

现代医学将痛经分为原发性与继发性痛经。原发性痛经指生殖器官无器质性病变，以青少年女性多见；继发性痛经是因盆腔内器官发生器质性病变导致的痛经，常见于子宫内膜异位症、盆腔炎性疾病、宫颈狭窄或肿瘤等。

（一）辨证

主症　经期或行经前后出现周期性小腹疼痛。疼痛剧烈、拒按，经行痛减为实证；经期或经后小腹隐隐作痛，按之痛减，或腰骶部绵绵隐痛为虚证。

寒凝血瘀：冷痛为主，得热痛减，经血色暗，常伴瘀血块，舌淡苔白，脉沉紧。

肝郁气滞：经行不畅，常伴瘀血块，兼见胸胁、乳房胀痛，舌暗苔白，脉弦。

气血不足：经血色淡，量少，质清稀，伴见少气乏力，面色苍白，舌淡苔薄，脉细弱。

肾气亏损：绵绵作痛，腰膝酸软，头晕耳鸣，舌淡苔薄，脉沉细。

（二）治疗

**1. 基本治疗**

（1）实证痛经

治法　行气散寒，通经止痛。以任脉、足太阴经穴为主。

主穴　十七椎　次髎　中极　三阴交

配穴　寒凝加归来、地机；肝气郁滞加肝俞、太冲；腹胀加天枢、足三里；胸闷加膻中、内关。

方义　十七椎、次髎为治疗痛经的经验效穴；三阴交为足三阴经交会穴，可通经而止痛；中极为任脉穴位，可通调冲任之气，散寒行气。

操作　十七椎用3寸毫针直刺，次髎用4寸针向下呈30°～45°夹角斜刺，泻法。寒凝者可用灸或温针灸。

（2）虚证痛经

治法　调补气血，温养冲任。以任脉、足太阴经、足阳明经穴为主。

主穴　关元　气海　足三里　三阴交

配穴　气血亏虚加脾俞、胃俞；肾气亏虚加肾俞、太溪。

方义　三阴交为肝脾肾三经之交会穴，可以健脾益气，调补肝肾，肝脾肾精血充盈，胞脉得养，冲任自调；关元、气海为任脉穴，可暖下焦，温养冲任；足三里补益气血。

操作　毫针补法，可用灸法或温针灸。

**2. 其他治疗**

（1）耳针　可选内生殖器、交感、神门、皮质下、内分泌、肝、肾、卵巢、腰骶椎，每次选2～4穴，毫针刺用中等刺激度或用埋针法或耳穴压丸。

（2）皮内针　可选择气海、中极、阿是穴、地机、三阴交。消毒后，取揿针皮内刺入，留针时间一般3～5天，夏季炎热留针时间1～2天，每隔4小时左右可按压埋针穴位处1～2min，结束后可自行取出。

（3）穴位注射　选中极、关元、次髎、关元俞，用5%当归注射液，每穴注入药液1mL，隔日1次。

按语

1. 针灸对于原发性痛经有很好的疗效，对继发性痛经应采取综合治疗。

2. 注意经期卫生和保暖、保持心情愉悦。

## 三、经闭

经闭（amenorrhea），又称闭经，是指女子年过16周岁而月经尚未来潮，或正常来月经后又复中断3个周期以上的病证。前者又称原发性闭经，后者又称继发性闭经。至于青春期、妊娠期、哺乳期以及绝经期的闭经都属生理性现象。

本病发生常与禀赋素虚、受寒饮冷、情志失调、产育或失血过多等因素有关。病位主要在胞宫，与肝、肾、脾、胃有关。基本病机是冲任阻滞不通，胞脉闭阻或血海空虚，胞脉失养。

现代医学中闭经多因大脑皮质、下丘脑、垂体、卵巢、子宫等功能失调或甲状腺、肾上腺等疾病所致，另外，环境改变、寒冷、消耗性疾病、过度节食、刮宫过深、放射线治疗也会引起闭经。

（一）辨证

主症　年过 16 岁月经尚未来潮，或已行经又中断 3 个月经周期以上的病证。月经超龄未至，或近来周期延迟、经量逐渐减少，终致闭经者多见于血枯经闭；以往月经正常，骤然经闭不行，伴有腹部胀痛等实象者多为血滞经闭。

肝肾不足：闭经伴有头晕耳鸣，腰膝酸软，口干咽燥，五心烦热，潮热盗汗，舌红，苔少，脉弦细。

气血亏虚：闭经伴有头晕目眩，心悸气短，神疲肢倦，食欲不振，舌淡，苔薄白，脉沉缓。

气滞血瘀：闭经伴情志抑郁，或烦躁易怒，胸胁胀满，小腹胀痛拒按，舌质紫暗或有瘀斑，脉沉弦。

痰湿阻滞：闭经伴形体肥胖，胸胁满闷，神疲倦怠，白带量多，苔腻，脉滑。

寒凝胞宫：闭经伴小腹冷痛，形寒肢冷，喜温暖，苔白，脉沉迟。

（二）治疗

**1. 基本治疗**

（1）血枯经闭

治法　调补冲任，养血调经。以任脉及足阳明经穴为主。

主穴　关元　归来　脾俞　足三里

配穴　气血不足加气海、胃俞；肝肾不足加肾俞、肝俞；潮热盗汗加太溪；心悸加内关；纳呆加中脘。

方义　关元为任脉与足三阴经交会穴，可补下焦元气、化生精血，足三里、归来为胃经腧穴，配脾俞健运脾胃、化生精血，血海充盈，月事自然按时而下。

操作　毫针补法，可施灸法。

（2）血滞经闭

治法　通调冲任，活血通经。以任脉及足太阴、手阳明经穴为主。

主穴　中极　血海　三阴交　合谷

配穴　气滞血瘀配膈俞、太冲；寒凝胞宫配命门、神阙；痰湿阻滞配阴陵泉、丰隆。

方义　中极为任脉穴，能通调冲任，疏通下焦；血海、合谷、三阴交活血通经，三穴相配活血化瘀作用明显，同用可使气血、冲任调和，经闭可通。

操作　毫针泻法，寒凝者可施灸。

**2. 其他治疗**

（1）耳针　内分泌、内生殖器、皮质下、肝、脾、肾。每次选 2～4 穴，毫针用中等刺激；或用揿针埋藏，或用王不留行籽贴压。

（2）皮肤针　选腰骶部相应背俞穴及夹脊，下腹部任脉、肾经、胃经、脾经、带脉等。皮肤针从上而下，循经每隔 1cm 叩刺一处，用轻刺激或中等刺激，反复叩刺 3 遍，隔日 1 次。

（3）穴位注射　关元、归来、足三里、三阴交、血海、肾俞。每次选 2～3 穴，用黄芪、当归、红花等中药注射液，或维生素 $B_{12}$ 注射液，每穴每次注入药液 1～2mL，隔日 1 次。

按语

1. 针灸对精神因素及功能性疾病所致的闭经疗效较好；因生殖系统疾病或全身性疾病或先天发育不全所致的闭经，效果不太理想。

2. 育龄期妇女，应注意与早期妊娠后生理性闭经相鉴别。

3. 注意情绪调节，保持乐观豁达的心态；加强体育锻炼，增强体质；保持营养均衡，劳逸结合，生活作息规律等。

## 四、崩漏

崩漏（menorrhagia）是指妇女非周期性子宫出血。一般发病急骤，暴下如注，大量出血者为“崩”；病势缓，出血量少，淋漓不绝者为“漏”。两者常互相转化，临床多以崩漏并称。

本病发生常与素体阳盛、七情内伤、饮食不节或劳倦思虑、脾肾亏虚、房劳多产等因素有关。病位在胞宫，与冲、任二脉及脾、肾关系密切。基本病机是冲任不固，血失统摄。

本病见于现代医学无排卵型功能失调性子宫出血、盆腔炎性疾病及某些生殖器良性肿瘤（如子宫肌瘤）等引起的非经期阴道出血。

### （一）辨证

主症　经血非时而下，淋漓不断。

血热：月经量多，色鲜红或深红，质稠，伴面赤头晕，烦躁易怒，可喜冷饮，尿赤便秘，舌红苔黄，脉弦数。

血瘀：月经时多时少，伴小腹疼痛，血下痛减，舌暗有瘀斑苔薄，脉沉涩。

脾虚：月经量多、色淡质稀，伴头晕心悸，纳呆便溏，舌淡苔薄，脉沉细无力。

肾虚：月经色淡质清，伴腰膝酸软，畏寒肢冷，舌淡，苔薄，脉沉细。

### （二）治疗

#### 1. 基本治疗

治法　调理冲任，固崩止漏。以任脉及足太阴经穴为主。

主穴　关元　三阴交　隐白

配穴　血热加血海、行间；血瘀加血海、太冲；脾虚配脾俞、足三里；肾阳虚配肾俞、命门；肾阴虚配肾俞、太溪。

方义　关元是任脉与足三阴经交会穴，有通调冲任、固摄经血的作用；三阴交为足三阴经交会穴，可疏调足三阴经之经气，以健运脾胃、益肝固肾、补益气血、调理经血；隐白为足太阴脾经井穴，可止血调经。

操作　关元针尖向下斜刺使针感传至耻骨联合上下，隐白施雀啄灸法，三阴交及腹部、背部腧穴均可针灸并用。

#### 2. 其他治疗

（1）耳针　取子宫、卵巢、内分泌、皮质下、肝、脾、肾、神门。每次选 3～4 穴，实证毫针刺泻法；虚证用王不留行籽贴压。

（2）穴位注射　取气海、血海、三阴交、膈俞、足三里。每次选 2～3 穴，用维生素 $B_{12}$ 注射液或黄芪注射液、当归注射液，每穴注射 1mL，隔日 1 次。

（3）三棱针 在腰骶部督脉或足太阳经上寻找红色丘疹样反应点，每次 2～4 个点，用三棱针挑刺，将白色纤维挑断。每月 1 次，连续治疗 3 次。

按语

1. 针灸对崩漏有一定疗效。但对于大量出血、病情急重、出现虚脱者，应及时采取抢救措施，进行综合治疗。绝经期妇女反复多次出血，需作妇科检查以明确诊断。

2. 注意保持外阴清洁；注意饮食调摄，加强营养，忌食辛辣及生冷饮食；防止过度劳累。

## 五、带下病

带下病（leukorrheal diseases），是指妇女带下明显增多，色、质、气味异常的一种病证。

本病发生多与素体虚弱、感受湿邪、饮食劳倦等因素有关。病位在胞宫，与带脉、任脉及脾、肾关系密切。基本病机是湿邪伤及任带，任脉失固，带脉失约。

现代医学中阴道炎、宫颈炎、盆腔炎及妇科肿瘤等疾病所致的带下异常可参照本病治疗。

### （一）辨证

主症 带下增多，色、质、气味异常。

湿热下注：带下量多，色黄质稠，气味秽臭，外阴或阴中瘙痒、灼热、疼痛等，小腹作痛，小便短赤，身热，口苦咽干，舌红苔黄或黄腻，脉滑数。

脾虚：带下量多，色白或淡黄，无臭味，质稀或稠，绵绵不断，面色萎黄，食少便溏，神疲乏力，舌淡苔白腻，脉濡弱。

肾虚：带下色白，量多，质清稀，绵绵不断，小腹寒凉，腰部酸痛，小便频数清长，夜间尤甚，大便溏薄，舌淡苔薄白，脉沉。

### （二）治疗

**1. 基本治疗**

治法 健脾利湿，补益肾气，固摄带脉。取足少阳经、任脉及足太阴经穴为主。

主穴 带脉 中极 三阴交 白环俞 阴陵泉

配穴 湿热下注配行间、水道、曲骨、次髎；脾虚配气海、足三里、脾俞、丰隆；肾虚配关元、肾俞、照海、命门。

方义 带脉穴固摄带脉，调理经气；中极可清理下焦，利湿化浊；白环俞助膀胱之气化，利下焦之湿邪；三阴交健脾利湿，调理肝肾，固经止带；阴陵泉健脾利湿以止带。

操作 毫针刺，带脉穴用平补平泻法，其余主穴用泻法。配穴按补虚泻实手法操作，或针灸并用。

**2. 其他治疗**

（1）穴位注射 关元、中极、三阴交、足三里，每次选用腹部和下肢各 1 个穴，用黄芪注射液或当归注射液，每穴注药 1～2mL，隔日 1 次。

（2）刺络拔罐 在十七椎、八髎周围寻找瘀血络脉，三棱针点刺出血，出血处拔火罐并留罐 5～10min，每 3～5 日治疗 1 次。适用于湿热下注所致带下病。

按语

1. 针灸治疗带下病效果较好。但 40 岁以上的妇女，如带下黄赤、气味异常者，需做相关检查，以明确诊断。

2. 保持外阴清洁干爽，注意经期及产褥期卫生；饮食有节，忌食辛辣刺激物。

## 六、不孕症

不孕症（sterility）又称绝子、无子，指女子婚后未避孕，其配偶生殖功能正常，有正常性生活、同居 1 年以上而未怀孕者；或曾有过生育或流产，而又两年以上未怀孕者；前者称原发性不孕，后者为继发性不孕。

本病发生常与先天禀赋不足、房事不节、反复流产、久病大病、情志失调、饮食不节及外伤等因素有关。病位在胞宫，与任、冲二脉及肾、肝、脾关系密切。基本病机为肾气不足，冲任气血失调。

现代医学中，不孕症多见于输卵管炎、卵巢炎、子宫内膜炎、宫颈炎和内分泌失调等疾病。

### （一）辨证

主症　育龄妇女，婚后未避孕，配偶生殖功能正常，有正常性生活，同居 2 年以上而未受孕。

肾虚：婚后不孕，兼见月经后期，量少色淡，面色晦暗，性欲淡漠，腰膝酸软，小便清长，大便不实，舌淡苔白，脉沉细或沉迟。

肝郁：多年婚后不孕，经期先后不定，经来腹痛，行而不畅，量少色暗有块，经前乳房胀痛，精神抑郁，烦躁易怒，舌质正常或暗红，苔薄白，脉弦。

脾虚痰阻：婚后久不受孕，形体肥胖，经行推后而不畅，夹有血块，甚或闭经，带下量多，质黏稠，头晕，心悸，胸胁胀满，纳呆泛恶，苔白腻，脉滑。

瘀滞胞宫：月经推后，经来腹痛，经量多少不一，经色紫暗或有血块，血块下痛减，舌质紫暗或有瘀斑，苔薄白，脉弦或细涩。

### （二）治疗

**1. 基本治疗**

治法　调理冲任、补肾助孕。取任脉穴及肾的背俞穴、原穴为主。

主穴　关元　肾俞　太溪　次髎　三阴交

配穴　偏肾阳虚宫寒者配命门；偏肾阴虚者配阴谷；肝郁配肝俞、太冲、期门；脾虚痰阻配足三里、丰隆、归来；血瘀配膈俞、血海、子宫。

方义　关元为任脉与肝、脾、肾经的交会穴，针之调和冲任，灸之温暖胞宫；肾主生殖，取肾之背俞穴肾俞、肾经原穴太溪，补益肾气，以治其本；三阴交为肝、脾、肾三条阴经的交会穴，既能疏肝理气，又能健脾化湿导滞，还能补益肾阴肾阳；次髎位于骶部，邻近胞宫，能行瘀通络，调经助孕。

操作　毫针刺，主穴用补法，配穴按补虚泻实手法操作，可针灸并用，肾阳虚明显者可重灸。

**2. 其他治疗**

（1）穴位埋线　双侧三阴交，按埋线法常规操作，置入可吸收性外科缝合线，如传统的羊肠线，或胶原蛋白线，或更易吸收的高分子聚合物线（PGA 或 PGLA），每两周 1 次。

（2）穴位注射　选用主穴和配穴。每次 2～3 个穴，以当归注射液、绒毛膜促性腺激素等，每穴注入药液 1～2mL，从月经周期第 12 天开始治疗，每日 1 次，连续治疗 5 日。

（3）耳针　选内生殖器、内分泌、皮质下、肾、肝、脾，每次 2～4 穴，两耳交替。从月经周期第12日开始，每日1次，连续5日，毫针中等刺激；或用揿针埋藏或用王不留行籽贴压。

按语

1. 针灸对神经内分泌功能失调导致的不孕症有较好疗效，但其疗程较长，需要坚持治疗。

2. 引起不孕症的原因很多，应排除男方因素及自身生殖系统器质性不孕症，以便针对性治疗。针灸治疗应重视时机，关注排卵期，即从月经周期第12日开始，连续治疗3～5日，以促进排卵。

3. 注意情志调节，经期卫生，要节欲保精。

## 七、绝经前后诸证

绝经前后诸证（menopause syndrome）是指妇女在绝经前后，出现月经停止或月经紊乱，烘热面赤，汗出，精神倦怠，烦躁易怒，头晕目眩，耳鸣心悸，失眠健忘，腰酸背痛，手足心热等一系列症状的病证，又称"经断前后诸证"。

本病发生常与先天禀赋、情志所伤、劳逸失度、经孕产乳所伤等因素有关。病位在肾，与肝、脾、心关系密切。基本病机是肾精不足，冲任亏虚。

现代医学中女性更年期综合征、双侧卵巢切除或放射治疗后卵巢功能衰竭也可出现类似症状，可参照本节治疗。

### （一）辨证

主症　绝经前后出现月经紊乱，情绪不宁，潮热汗出，心悸等症状。

肾阴虚：头晕耳鸣，烘热汗出，五心烦热，口燥咽干，舌红、少苔，脉细数。

肾阳虚：头晕耳鸣，形寒肢冷，腰酸尿频，舌淡，苔薄，脉沉细。

肾阴阳俱虚：头晕心烦，潮热汗出，腰酸神疲，肢冷尿长，便溏，舌胖大，苔白，脉沉细。

### （二）治疗

#### 1. 基本治疗

治法　补益肾精，调理冲任。取任脉及肾的背俞穴、原穴为主。

主穴　关元　三阴交　肾俞　太溪

配穴　肾阴虚配照海；肾阳虚配命门；肾阴阳俱虚配照海、命门；烦躁易怒者加百会、太冲；心神不宁、失眠健忘者加神门、心俞；头晕目眩者加阴陵泉、丰隆。

方义　肾的背俞穴肾俞，原穴太溪均为补益肾精要穴，为治病求本之意；关元属任脉，是任脉与足三阴经交会穴，可补益肾之元气、调理冲任；三阴交为足三阴经交会穴，可健脾、疏肝、益肾，理气开郁，调补冲任。

操作　主穴用毫针补法或平补平泻，肾阳虚可加灸，配穴可按照补虚泻实手法操作。

#### 2. 其他治疗

（1）耳针　内生殖器、皮质下、内分泌、肾、肝、心、脾、神门、交感。每次选3～4穴，毫针刺，或埋针法或压丸法。

（2）穴位埋线　选取肾俞、脾俞、肝俞、心俞、关元、三阴交等穴，按埋线法常规操作，置入可吸收性外科缝合线，如传统的羊肠线，胶原蛋白线，或更易吸收的高分子聚合物线（PGA或PGLA），每两周1次。

按语

1. 针灸治疗本病证效果较好。

2. 加强心理疏导与自我情绪调节，保持乐观心态；加强体育运动，增强体质。

## 八、阴挺

阴挺（uterine prolapse）是指妇女子宫下脱，甚则脱出阴户之外，或阴道壁膨出的病证，两者统称为“阴挺”，又称“阴脱”。

本病发生常与产伤未复、房产多劳、禀赋虚弱、年老多病等因素有关，病位在胞宫，与冲、任、督、带及脾、肾关系密切，主要病机是气虚下陷与肾虚不固致胞络受损，带脉失约。

现代医学中的子宫脱垂、宫颈脱垂、阴道脱垂属于本病范畴。

### （一）辨证

主症　胞宫下坠，重则脱出阴道口，或阴道壁膨出。

中气下陷：子宫下移或脱出阴道口外，状如鹅卵，劳则加剧，小腹下坠，少气懒言，四肢无力，带下色白，质稀量多，舌淡苔薄，脉虚弱。

肾气不固：子宫下垂，状如鹅卵，小腹下坠，腰膝酸软，小便频数，夜间尤甚，头晕耳鸣，舌淡苔白，脉沉弱无力。

### （二）治疗

**1. 基本治疗**

治法　补脾益肾，固摄胞宫。取任督二脉经穴为主。

主穴　百会　气海　关元　维道　子宫

配穴　脾虚配足三里，肾虚配太溪。

方义　本方以升举阳气，固摄胞宫为目的。百会为督脉经穴，乃诸阳之会，具振奋阳气，升阳举陷之功；气海、关元为任脉经穴，能益气、固胞、调任；维道为足少阳经脉与带脉之会，有收摄胞宫的作用；子宫乃经外奇穴，是临床治疗阴挺之有效穴。

操作　毫针刺用补法，并留针多灸。

**2. 其他治疗**

（1）耳针　选内生殖器、皮质下、脾、肾，每次选 2～3 穴，毫针刺法，间歇性强刺激，每日 1 次，每次留针 30min，10 次为 1 个疗程。

（2）穴位注射　选足三里、三阴交，用 5%当归注射液和黄芪注射液，每穴注射 0.5～1.0mL，每日 1 次，每次 1 穴，10 天为 1 个疗程。

（3）芒针　取子宫、提托、气海、带脉。每次选 1 穴，用 3～5 寸长毫针，针尖朝向耻骨联合方向，横行刺入肌层，反复捻转，使患者会阴和小腹有抽动感，或单向捻针，使肌纤维缠绕针身后，再缓慢提针。隔日 1 次。

按语

1. 针灸治疗子宫脱垂Ⅰ度、轻Ⅱ度疗效明显，重Ⅱ度、Ⅲ度患者宜针药并用，综合治疗。

2. 治疗期间，患者可配合盆底肌肉锻炼；不宜参加重体力劳动，禁房事；积极治疗引起腹压增高的病变，如便秘、咳嗽等。

## 九、缺乳

缺乳（hypogalactia）是指产后乳汁分泌甚少或全无，又称“产后缺乳”、“产后乳少”等。

缺乳的发生常与素体亏虚、分娩失血过多、缺乏营养、操劳过度或形体肥胖、产后情志不畅等因素有关。病位在乳房，足厥阴肝经至乳下，足阳明胃经经过乳房，足太阴脾经行乳外，故本病与胃、肝、脾关系密切。基本病机为乳络不通或乳汁生化不足。

现代医学中产后缺乳、泌乳过少等均可参照本病证辨证治疗。

### （一）辨证

主症　产后哺乳期乳汁分泌量少，甚或乳汁全无。

气血虚弱：产后乳少，乳汁清稀，甚或全无，乳房柔软无胀痛，面色苍白，神疲乏力，食少便溏，舌淡，苔薄白，脉细无力。

肝气郁滞：产后乳汁不行或乳少，乳房胀满疼痛，甚至身有微热，情志抑郁不乐，胸胁胀闷，脘痞食少，舌红，苔薄黄，脉弦。

痰浊阻络：产后乳少，乳汁黏稠，甚或全无，乳房硕大，形体肥胖，食多膏粱，舌淡胖，苔腻，脉滑。

### （二）治疗

#### 1. 基本治疗

治法　调理气血，疏通乳络。取足阳明经、任脉穴为主。

主穴　乳根　膻中　肩井　少泽

配穴　气血虚弱配足三里、气海；肝气郁滞配太冲、内关、期门；痰浊阻络配丰隆、中脘、阴陵泉。

方义　乳根可调理阳明气血，催生乳汁；膻中为气会，肩井擅疏利气机，二穴疏通乳络，开郁通乳；少泽为通乳的经验效穴，诸穴合用，共奏理气调血、通经下乳之功。

操作　少泽用 0.5 寸毫针浅刺，其余主穴用平补平泻法；配穴按补虚泻实手法操作。

#### 2. 其他治疗

（1）耳针　选皮质下、内分泌、交感、胸、肝、脾、肾。每次选 2～3 穴，毫针刺，中等刺激强度，每日 1 次，每次 15～20min；或用揿针埋藏、用王不留行籽贴压。

（2）皮肤针　背部从肺俞至三焦俞及乳房周围，一般多用轻刺激或中等刺激。背部从上而下每隔 2cm 叩打一处，并可沿肋间向左右两侧斜行叩刺 5～7 遍；乳房周围作放射状叩刺，乳晕部作环形叩刺，每次叩刺 10min，每日 1 次。

（3）艾灸　取膻中、乳根，温和灸，每穴 10～20min，每日 1～2 次。多用于虚证。

（4）电针　取双乳根，针刺得气后接电针仪，以疏密波、弱刺激，使患者稍有针感即可。

**按语**

1. 针灸治疗缺乳效果显著，早期治疗效果更佳，多数 1 次即效，一般每日 1 次，1～3 日可获显效。但先天乳腺发育不良者，效果较差。

2. 治疗期间患者应饮食上给予高蛋白食物，可多食猪蹄汤、鲫鱼汤等；保持心情愉快，切忌暴怒或忧思；保证睡眠充足，劳逸结合等。

3. 对因乳汁排出不畅而又乳房胀满者，应及时用吸乳器排乳，以免罹患乳腺炎。

# 第四节 儿 科 病 证

## 一、遗尿

遗尿（enuresis）指5周岁以上的小儿不能自主控制排尿，经常睡中小便自遗，醒后方觉的一种病证，又称“尿床”、“遗溺”。

本病发生常与禀赋不足、久病体虚及习惯不良等因素有关。病位在膀胱，与任脉及肾、脾、肺、肝关系密切。基本病机是膀胱和肾的气化功能失调，膀胱约束无权。

本病可见于现代医学中泌尿系统感染、隐形脊柱裂等疾病，也与精神因素有关。

### （一）辨证

主症　夜间没有自主控制的排尿，轻者几天1次，重者每夜1～2次或更多。

肾气不足：睡中遗尿，白天小便亦多，甚至难于控制，兼见面色苍白，神疲乏力，肢冷畏寒，舌淡苔薄，脉沉细无力。

脾肺气虚：睡中遗尿，白天小便频而量少，疲劳后遗尿加重，兼见少气懒言，面白少华，食欲不振，大便溏薄，舌淡苔白，脉细无力。

肝经郁热：睡中遗尿，尿量少，色黄味臊臭，兼见性情急躁，面赤唇红，或夜间磨牙，舌红苔黄，脉弦滑。

### （二）治疗

**1. 基本治疗**

治法　调理膀胱，温肾健脾。以任脉穴及膀胱的背俞穴、募穴为主。

主穴　关元　中极　膀胱俞　三阴交

配穴　肾气不足加肾俞；脾肺气虚加肺俞、脾俞、足三里；夜卧不安加百会、神门。

方义　关元为任脉与足三阴经交会穴，培补元气，益肾固本；中极、膀胱俞合用为膀胱的俞募配穴，振奋膀胱气化功能。三阴交为足三阴经交会穴，既可健脾益气，也可调理肝、脾、肾三经经气而止遗尿。

操作　毫针补法，配合用灸法。下腹部穴位针尖向下斜刺，以针感达到前阴部为佳。

**2. 其他治疗**

（1）耳针　选肾、膀胱、皮质下、内分泌、尿道、脑点。每次选2～3个穴位，毫针刺轻刺激，或用耳穴埋针法或压丸法。

（2）穴位注射　选中极、膀胱俞、气海、肾俞、关元、关元俞。每次选2个穴，用当归注射液或维生素$B_{12}$注射液、1%普鲁卡因注射液等，每次每穴注入药液1mL，隔日1次。

（3）皮肤针　选夹脊、气海、关元、中极、肾俞、脾俞、膀胱俞、八髎。用皮肤针轻叩，使皮肤微微潮红，也可叩刺后加拔火罐，隔1～2日1次。

**按语**

1. 针灸治疗遗尿疗效较好，可选择在下午治疗，或睡前用灸法治疗。偶尔疲劳或睡前多饮而遗尿者，不作病态。

2. 解除患儿心理负担和紧张情绪；培养小儿按时、睡前排尿的习惯；白天避免过度疲劳，晚间适当限制进水量。

## 二、惊风

惊风（infantile convulsion）是四肢抽搐、口噤不开、角弓反张，甚则神志不清为特征的病证，又称“惊厥”。为儿科危急重症之一。

临床上根据其表现可分为急惊风和慢惊风两类。急惊风多因外感时邪、痰热内蕴、暴受惊恐引起。慢惊风多由先天禀赋不足或久病正虚所致。本病病位主要在心、肝、脑，慢惊风还与脾、肾关系密切。基本病机为热极生风或虚风内动。

现代医学中，惊风可见于高热、脑膜炎、脑炎、原发性癫痫等疾病。

### （一）辨证

**1. 急惊风**

主症　发病急骤，高热，四肢抽搐，甚则神昏。

外感惊风：发热，头痛，鼻塞，流涕咳嗽，咽痛，随即出现烦躁不安、神昏、四肢抽搐或颤动，两目上视等，舌红，苔薄白或薄黄，脉浮数。

痰热生风：壮热面赤，烦躁不宁，摇头弄舌、磨牙，呼吸急促，舌红，苔薄黄或腻，脉浮数或弦滑。

惊恐惊风：暴受惊恐后惊惕不安，身体颤栗，喜投母怀，夜间惊啼，甚至痉厥抽搐，神志不清，大便色青，脉律不齐，指纹紫滞。

**2. 慢惊风**

主症　起病缓慢，抽动无力，时发时止，神志不清。

脾肾阳虚：面黄肌瘦，形神疲惫，四肢不温，囟门低陷，昏睡露睛，时有抽搐，大便稀薄，舌淡，苔薄，脉沉迟无力。

肝肾阴虚：神倦虚烦，面色潮红，手足心热，舌红，少苔或无苔，脉沉细而数。

### （二）治疗

**1. 基本治疗**

（1）急惊风

治法　醒脑开窍，息风镇惊。取督脉及手阳明、足厥阴经穴为主。

主穴　水沟　印堂　合谷　太冲　百会

配穴　壮热配大椎、十宣或十二井；痰多配丰隆、中脘；惊恐配神门；口噤配颊车。

方义　百会、印堂位居督脉，有醒脑开窍、醒神镇惊之功；合谷、太冲相配，谓“开四关”，擅长息风镇惊，开窍止痉，为治疗惊风的常用效穴。

操作　毫针常规针刺，泻法，大椎、十宣或十二井点刺出血。

（2）慢惊风

治法　健脾益肾，镇惊息风。取督脉、任脉及足厥阴、足阳明经穴为主。

主穴　百会　印堂　气海　足三里　太冲。

配穴　脾肾阳虚配神阙、脾俞、关元；肝肾阴虚配肾俞、肝俞、太溪。

方义 百会、印堂为督脉经穴，有醒神定惊之功，且印堂为止痉的经验穴；气海益气培元；足三里健脾和胃，补益气血；太冲平肝息风。

操作 毫针常规针刺，补法或平补平泻法，可加艾灸。

**2. 其他治疗**

（1）耳针 取交感、神门、皮质下、心、肝、脑干，慢惊风加脾、肾。急惊风毫针刺法，强刺激；慢惊风毫针刺法，中等刺激，或用埋针法、压丸法。

（2）灸法 取印堂、承浆，灯火灸，多用于急惊风。大椎、脾俞、命门、关元、气海、百会、足三里，温和灸，多用于慢惊风中脾肾阳虚者。

按 语

1. 针刺对惊风有较好的缓解作用，但症状缓解后应查明惊风的原因，积极治疗原发病。

2. 惊风发作时立即让患儿平卧，头偏向一侧，解开衣领，将压舌板缠上多层纱布塞入上下齿之间，以防咬伤舌头。随时吸出呼吸道的痰涎和分泌物，保持呼吸道通畅，同时可给予吸氧。

3. 平时应加强锻炼，提高抗病力，饮食有节制，加强营养，改善体质，避免惊恐等。

## 三、积滞

积滞（indigestion）是指不思饮食、食而不化、腹部胀满、大便不调为主症的病证，经常发生在儿童，又称小儿食积。

本病发生常与素体虚弱、饮食不节、喂养不当等因素有关，病位在脾胃，基本病机是脾胃运化失调、气机升降失常。

现代医学中，积滞多见于小儿的消化不良、肠消化不良等疾病。

### （一）辨证

主症 不思饮食、脘腹胀满或疼痛、呕吐酸馊乳食、大便酸臭、或溏薄或便秘。

乳食内积：腹痛胀满拒按，烦躁多啼，夜卧不安，小便短黄如米泔，低热，手足心热，舌红，苔白厚或黄腻，脉滑数，指纹紫滞。

脾胃虚弱：面色萎黄，形体较瘦，困倦乏力，夜卧不安，腹满喜按，大便稀溏，夹有乳食物残渣，唇舌淡红，苔白腻，脉细滑。

### （二）治疗

**1. 基本治疗**

治法 健脾和胃，消食化积。以胃、大肠的募穴、下合穴为主。

主穴 中脘 天枢 足三里 上巨虚

配穴 乳食内积配梁门、建里；脾胃虚弱配脾俞、胃俞；呕吐配内关。

方义 本病因脾胃大肠运化失常，故取胃之募穴中脘、大肠之募穴天枢，以疏通脘腹部气机，胃之下合穴足三里与大肠之下合穴天枢相配共调理胃肠。

操作 常规操作。

**2. 其他治法**

（1）耳针 胃、脾、大肠、神门。毫针刺，或压丸法。

（2）皮肤针　脾俞、胃俞、三焦俞、华佗夹脊穴、足三里、四缝。皮肤针轻叩，以皮肤潮红为度，每日1次，10次为1个疗程。

（3）捏脊法　沿患儿背部脊柱及其两侧由下而上用拇指、食指捏起皮肤，一捏一放，交替向上，3～5遍，每日1次。

按语

1. 针灸对本病治疗效果良好，配合捏脊疗法效果更佳。

2. 掌握小儿成长过程中的饮食要求，科学喂养。

## 四、疳证

疳证（infantile malnutrition）是以面黄肌瘦、毛发稀疏、腹部膨隆、精神萎靡为主症的病证。可由多种慢性疾病引起，一般多见于5岁以下的婴幼儿。

疳证的发生常与喂养不当、病后失调、禀赋不足、感染虫疾等因素有关。“疳”字含义有二：一为“疳者，甘也”，指病因，本病多由恣食肥甘厚味所致；二为“疳者，干也”，指病证，即气液干涸、形体羸瘦、肢颈细小的临床征象。病位主要在脾、胃，可涉及心、肝、肺、肾。基本病机是脾胃受损，气血津液亏耗。

现代医学中，疳证多见于小儿严重营养不良、佝偻病以及慢性腹泻、肠道寄生虫病等病。

### （一）辨证

主症　患儿形体消瘦，饮食异常，面黄肌瘦，毛发稀疏，腹部膨隆，精神萎靡。

疳气：形体略瘦，面色少华，乏力，纳呆，性急易怒，大便干稀不调，舌淡，脉细无力。

疳积：形体消瘦，肚腹鼓胀，甚则青筋暴露，嗜食异物，烦躁不安或揉眉挖眼，吮指磨牙，食欲不振，大便酸臭夹有不消化食物，舌淡，苔腻，脉沉滑而细。

干疳：极度消瘦，皮肤干瘪，毛发干枯，啼哭无力，腹凹如舟，舌淡，苔花剥或无苔，脉细。

### （二）治疗

#### 1. 基本治疗

治法　健脾益胃，化滞消疳。以胃之募穴，下合穴为主。

主穴　中脘　足三里　四缝　脾俞

配穴　疳气配章门、脾俞；疳积配下脘、天枢；干疳配神阙、膏肓；大便下虫配百虫窝、天枢。

方义　本病本在脾胃，中脘乃胃募、腑会穴，足三里是胃之下合穴，合脾之背俞穴，共奏健运脾胃、化滞消疳之效；四缝为经外奇穴，是治疗疳积的经验效穴。

操作　足三里、脾俞用补法；中脘用平补平泻法或补法；四缝穴应在严格消毒后用三棱针点刺，挤出少量黄水或乳白色黏液。对婴幼儿可采取速刺不留针。

#### 2. 其他治疗

（1）捏脊　沿患儿背部脊柱及其两侧由下而上用拇指、食指捏起皮肤，一捏一放，交替向上，3～5遍，每日1次。

（2）皮肤针　脾俞、胃俞、夹脊（第7～12胸椎）从上至下轻轻叩刺，以局部皮肤潮红为度。

（3）割治　取鱼际部位局部麻醉后，纵切约0.4cm，取出脂肪0.3g左右，然后进行外科包扎。

按语

1. 针刺治疗本病有较好的疗效。因其他疾病如肠寄生虫等引起的，要根治原发病。
2. 提倡母乳喂养，食物须定时、定量，不宜过饱，勿过食肥甘油腻、生冷。
3. 多进行户外活动，多晒太阳，增强体质。

## 五、小儿多动症

小儿多动症（attention deficit hyperactivity disorder）是指儿童智力正常或基本正常，但有不同程度的注意力涣散、活动过多、情绪不稳、冲动任性、自我控制能力差、学习困难等症状。又名注意力缺陷多动障碍。

中医学认为本病与先天禀赋不足、后天失养、外伤瘀滞或情志失调等因素有关。病位在心、脑，与肝、脾、肾关系密切。基本病机是髓海空虚，元神失养，或气血不足，心神失养。

本病属于中医学“脏躁”、“躁动”、“虚烦”、“健忘”的范畴。

### （一）辨证

主症　注意力不集中，活动过多，情绪不稳，冲动任性，伴有不同程度的学习困难，但智力正常或基本正常。

肝肾阴虚：急躁易怒，难以静坐，或有遗尿、腰酸乏力，五心烦热，盗汗，大便秘结，舌红，苔薄，脉细弦。

心脾两虚：神思涣散，神疲乏力，形瘦或虚胖，多动而不烦躁，言语冒失，睡眠不实，偏食纳少，面色无华，舌淡，苔薄白，脉虚弱。

痰火内扰：多动多语，心烦懊恼，胸闷脘痞，夜寐不安，口苦，便秘尿赤，舌质红，苔黄腻，脉滑数。

### （二）治疗

**1. 基本治疗**

治法　健脑益智，安神定志。取督脉穴及手少阴、手足厥阴经穴为主。

主穴　百会　印堂　神门　内关　风池　太冲。

配穴　肝肾阴虚配太溪、三阴交；心脾两虚配心俞、脾俞；痰火内扰配丰隆、劳宫；烦躁不安配照海、神庭；记忆力差配悬钟；盗汗配阴郄、复溜；纳少配中脘、足三里。

方义　百会、印堂为督脉穴，可安神定志，健脑益智；神门为心之原穴，内关为心包经的络穴，二穴合用可宁心安神；风池、太冲潜阳息风。

操作　毫针刺，风池、太冲用泻法，太溪用补法，其余主穴用平补平泻法；背俞穴不宜直刺、深刺，以防伤及内脏。

**2. 其他治疗**

（1）耳针　取脑干、心、神门、肾、交感、皮质下、肾上腺、枕，每次选 2～4 穴，毫针刺法或压丸法。

（2）头针　取顶颞前斜线、额中线、顶中线、顶旁 1 线、顶旁 2 线、颞前线，头针常规针刺。

按语

1. 针灸能较好地减轻小儿多动症的临床症状。

2. 注意加强教育和诱导，配合一定的心理治疗，多加关怀和鼓励，逐步养成良好的生活习惯和健康行为。

## 六、小儿脑性瘫痪

小儿脑性瘫痪（pediatric cerebral palsy）是以小儿大脑发育不全、智力低下、四肢运动障碍为主要症状的一种疾病，简称小儿脑瘫。

本病属于中医儿科“五迟”、“五软”的范畴。其发生常与先天禀赋不足、肝肾亏虚或后天调养适当、气血虚弱等因素有关。病位在脑，与五脏关系密切。基本病机是脑髓失充或脑络受损，脏腑、筋骨肌肉失养。

### （一）辨证

主症　智力低下，发育迟缓，四肢运动障碍。

肝肾不足：筋骨瘦弱，发育迟缓，兼目无神采，面色无华，舌淡，苔薄，脉沉细，指纹淡紫。

心脾两虚：肌肉痿软，头项无力，兼精神倦怠，食欲不佳，口角流涎，伸舌口外，咀嚼无力，头发稀疏枯槁，纳少，便溏，舌质淡，苔少，脉细弱。

痰瘀阻滞：反应迟钝，痴呆，失语，口角流涎或喉间痰鸣，手足软而不用或关节强硬，肢体麻木，舌淡紫或边有瘀点，苔黄腻，脉弦滑或涩。

### （二）治疗

**1. 基本治疗**

治法　健脑益智，调补五脏。取督脉及手足三阳经穴、夹脊为主。

主穴　百会　四神聪　风府　夹脊　足三里　悬钟

配穴　肝肾不足配肝俞、肾俞；心脾两虚配心俞、脾俞；痰瘀阻滞配丰隆、膈俞；语言障碍配风池、哑门、通里；手软配肩髃、曲池、外关、合谷；足软配环跳、阳陵泉、承山、三阴交。

方义　百会、风府为督脉穴，入脑络，可补髓健脑，开窍益智；四神聪为经外奇穴，有醒脑益智宁神之功；夹脊可调整脏腑功能，通阳活络；悬钟为髓之会穴，可益髓充脑，强筋健骨；足三里为胃的下合穴，可培补后天之本，化生气血，滋养筋骨、脑髓和五脏。

操作　毫针常规刺法，补法。四神聪可向百会透刺，留针 15～20min。

**2. 其他治疗**

（1）灸法　选取肢体穴位及心俞、脾俞、肾俞等穴，采用温和灸法，每日 1～2 次，10 次为 1 个疗程。

（2）头针　根据患儿情况，选顶颞前斜线、枕下旁线、额中线、顶中线、顶旁 1 线、顶旁 2 线等相应穴线，按头针法操作，留针 30～60min，留针同时配合肢体活动或行走训练，隔日 1 次，15 次为 1 个疗程。

（3）耳针　选枕、心、肝、肾、胃、脑干、皮质下等，每次选用 2～4 穴，毫针刺法或压丸法，15 次为 1 个疗程。

**按语**

1. 针灸能较好减轻临床症状，治疗期间，要配合肢体功能锻炼和语言、智能训练，方能疗效更佳。

2. 平素小儿应合理喂养，加强营养。

# 第五节　皮外科病证

## 一、瘾疹

瘾疹（urticaria）是以皮肤出现成片、成块的风团，伴有异常瘙痒为主症的变态反应性皮肤病。因其时隐时现，又名“风疹”、“风疹块”等。

本病多与体质素虚、腠理不固，或食用鱼虾荤腥食物，以及肠道寄生虫等有关。病位在肌肤，基本病机为营卫不调，邪郁腠理。

本病相当于西医学的急、慢性荨麻疹。

### （一）辨证

主症：皮肤出现形状、大小不等风团，呈淡红色或白色，边界清楚，发无定处，时发时止，伴有瘙痒，消退后不留痕迹。

风热袭表：风团色红，皮肤瘙痒，潮红或灼热，遇热加重，舌红，苔薄黄，脉浮数。

风寒束表：风团色白，遇风寒加重，舌淡，苔薄白，脉浮紧。

胃肠积热：风团色红，脘腹胀痛，恶心呕吐，大便秘结或腹泻，小便黄赤，舌红，苔腻，脉滑数。

血虚风燥：风团反复发作，午后或夜间加剧，迁延数月或数年，口干，舌红，苔少，脉细无力。

### （二）治疗

**1. 基本治疗**

治法　疏风解表，活血和营。以手阳明、足太阳、足太阴经穴为主。

主穴　曲池　合谷　血海　膈俞　委中　风市　三阴交

配穴　风邪侵袭加外关、风池；胃肠积热加内庭、天枢；湿邪较重加阴陵泉；血虚风燥加足三里；呼吸困难加天突；恶心呕吐加内关。

方义　本病为风邪遏于肌表，曲池、合谷同属阳明，善于疏风清热。血海、三阴交属足太阴，主血分病，调营活血；膈俞为血之会穴，活血祛风，取“治风先治血，血行风自灭”之意。风市可祛邪疏风。诸穴共奏疏风和营之功。

操作　毫针刺，泻法。风寒或湿邪较重者可灸；血虚风燥者只针不灸，补泻兼施；委中可刺络出血。

**2. 其他治疗**

（1）皮肤针　选风池、血海、夹脊（胸 2～5，骶 1～4）。每日 1 次，每次叩打 20min，穴位处重叩至点状出血。

（2）耳针　选肺、肾上腺、内分泌、神门、胃、耳尖、耳背静脉。毫针刺，中强度刺激；亦可用王不留行籽贴压；或耳尖、耳背静脉可点刺出血。

（3）拔罐法　神阙，拔火罐，留罐 5min，反复 3 遍为 1 次治疗，每日治疗 1 次。

（4）埋线 选大椎、肺俞、膈俞、肩髃、曲池、血海、足三里，埋线常规操作。每月1次，连续3个月。适宜于慢性荨麻疹。

按语

1. 针灸治疗本病效果较好，但部分慢性发作者较难根除，应查明原因，针对病因进行治疗。若患者伴见胸闷、气喘、呼吸困难，应采取综合治疗措施。

2. 慢性荨麻疹病程迁延日久，难以短期治愈。临床宜配合埋线疗法，但每次埋线数量不宜过多，控制在12根以内。

3. 忌食辛辣鱼腥等食物。

## 二、湿疹

湿疹（eczema）是以皮肤出现丘疹、疱疹、渗出、瘙痒等多形性损害，易于反复发作为主要临床表现的变态反应性皮肤病。临床上分为急性、亚急性和慢性。

本病属中医学"湿疮"的范畴。多与湿邪有关，可与感受风湿热邪、饮食失调、情志不畅及素体脾虚有关。病位在皮肤，基本病机是湿热相搏，化燥生风。

### （一）辨证

主症 皮疹呈多形性损害，如丘疹、疱疹、糜烂、渗出、结痂、鳞屑、肥厚、苔藓样变、皮肤色素沉着等，可呈对称性分布，瘙痒剧烈，遇热或入睡时加剧。病程较长，可迁延数月或数年。

湿热浸淫：发病急，可泛发全身各部，初期皮肤潮红灼热、肿胀，继而粟疹成片或水疱密集，渗液、瘙痒，伴身热，心烦，口渴，便干，溲赤，舌红，苔黄腻，脉滑数。

脾虚湿蕴：发病缓慢，皮损潮红，瘙痒，抓后糜烂，可见鳞屑，伴纳少神疲，腹胀便溏，舌淡白胖嫩，边有齿痕，苔白腻，脉濡缓。

血虚风燥：病情反复发作，病程较长，皮损色暗或色素沉着，粗糙肥厚，呈苔藓样变，剧痒，皮损表面有抓痕、血痂和脱屑。伴头昏乏力，腰酸肢软，口干不欲饮，舌淡，苔白，脉弦细。

### （二）治疗

**1. 基本治疗**

治法 清热化湿，健脾利湿，养血润燥。以局部阿是穴及足太阴经穴为主。

主穴 曲池 足三里 三阴交 阴陵泉 血海 阿是穴

配穴 湿热浸淫配脾俞、肺俞、水道；脾虚湿蕴配太白、脾俞、胃俞；血虚风燥配膈俞、肝俞；痒甚失眠者配风池、安眠、百会、四神聪等。

方义 曲池为手阳明经合穴，既能清肌肤湿气，又可化胃肠湿热；足三里既能健脾化湿，又能补益气血，标本兼顾；血海可清血分之热邪；三阴交、阴陵泉运脾利湿，除肌肤之湿热；皮损局部阿是穴疏调局部经络之气，祛风止痒。

操作 毫针刺，泻法。急性期每日1次，慢性期隔日1次。

**2. 其他治疗**

（1）皮肤针 轻叩夹脊及足太阳膀胱经第一侧线，以皮肤潮红为度。每日1次。也可用皮肤针重叩皮损局部出血后，再拔火罐。隔日1次。

（2）耳针 急性湿疹选肺、神门、肾上腺、耳背静脉；慢性湿疹加肝、皮质下。耳背静脉点刺出血，余穴均用毫针刺法，或王不留行籽贴压。

（3）穴位注射　选曲池、足三里、血海、大椎等穴，每次 2 穴，用维生素 $B_1$、维生素 $B_{12}$、板蓝根注射液，或自血加 2.5%的枸橼酸钠注射液，每穴注 1～2mL。隔日 1 次。

（4）埋线　选大椎、肺俞、肩髃、曲池、足三里，埋线常规操作。每月 1 次，连续 3 个月。

按语

1. 针灸治疗本病近期疗效显著，远期疗效较差，疗程亦长。故临床多配合埋线疗法为宜。一般 1 个月为 1 个疗程，至少治疗 3 个疗程。

2. 患处避免搔抓，忌用热水烫洗或用肥皂等刺激物洗涤，忌用不适的外用药。

3. 避免致敏因素，忌鱼虾、浓茶、咖啡、酒等。

## 三、蛇串疮

蛇串疮（herpes zoster）是以突发簇集状疱疹，呈带状分布，并伴有强烈痛感为主症的皮肤病证，又称“蛇丹”、“缠腰火丹”等。其多发于腰、胁腹、胸背和颜面部。

本病多由情志内伤、饮食失节或外感火热时邪所致。病位在皮肤，多与肝、脾相关。基本病机是毒热交阻，凝结于肌肤、经络。

本病相当于现代医学的带状疱疹。

### （一）辨证

主症　初起患部皮肤烧灼刺痛，局部皮肤潮红，伴有轻度发热、乏力、食欲不振等全身症状。继则出现簇集性粟粒大丘疹，成群聚集如带状，多发生于身体一侧，以腰、胁部为最常见。疱疹在 2～3 周后，逐渐干燥结痂，愈后一般不留瘢痕，可遗留疼痛感。

肝经火毒：皮损鲜红，疱壁紧张，口苦口渴，烦躁易怒，便秘尿赤，舌红苔黄，脉弦数。

脾经湿热：皮损淡红，疱壁松弛，起黄白水疱，疱壁易于穿破，渗水糜烂，身重腹胀，苔黄腻，脉滑数。

瘀血阻络：皮损消退后遗留顽固性疼痛，皮肤色暗，舌紫暗，苔薄白，脉弦细。

### （二）治疗

#### 1. 基本治疗

治法　泻火燥湿，解毒止痛。以局部阿是穴、相应节段夹脊及手足少阳经穴为主。

主穴　阿是穴　夹脊　支沟　行间　曲池

配穴　肝经火毒配太冲、侠溪；脾经湿热配阴陵泉、血海；瘀血阻络配合谷、血海。

方义　本病取局部阿是穴、夹脊、行间，泻火止痛；支沟、曲池配合疏导少阳、阳明经气，以清解邪毒。

操作　毫针泻法，疱疹局部阿是穴围针刺法，向疱疹带中央沿皮平刺、浅刺。留针期间再施温和灸。

#### 2. 其他治疗

（1）火针　用于疱疹形成期，乃“火郁发之”之意。在疱疹起止端，根据疱疹簇数量、大小，选择适宜针数，深度以刺破疱疹到达基底部为度，治疗前期每日 1 次，后期隔日 1 次。

（2）刺络拔罐　用火针或三棱针点刺疱疹及周围，加拔火罐，每罐出血 3～5mL，配穴亦可用三棱针点刺出血。

（3）针刀 选相应节段的夹脊，用针刀切割，每周1次。

（4）皮肤针 疱疹后遗神经痛可在局部用皮肤针叩刺后，加艾条温和灸。

按语

1. 针灸治疗本病疗效卓著，但以上述多种优势技术组合为宜。临床所见，多种方法联合使用治疗带状疱疹作用明显，急性期可即刻止痛，且不易产生后遗神经痛，近期与远期疗效均优于单纯药物、单纯毫针治疗。一般1次即可基本控制病情，特别是在第1次火针拔罐后，疱疹区域颜色即刻变成暗褐色效果最佳，次日即见患处结痂好转，通常不超过1周。

2. 本病治疗应及时，如能在疱疹未发、仅有前驱症状时就及早预见，进行干预治疗，如口服抗病毒颗粒、疼痛部位细火针针刺，或艾灸治疗则疗效最佳。

3. 若治疗不及时，往往留有皮损区域神经痛，此时仍需选用针刀、毫针、皮肤针、灸法配合治疗，每周1～2次即可。

4. 治疗期间，应忌食辛辣、油腻、鱼虾等发物。注意饮食和情绪，保持病损局部干净卫生，以防感染。

## 四、神经性皮炎

神经性皮炎（neurodermatitis）是以皮肤肥厚变硬、腠理加深、苔藓样变，皮肤革化和阵发性剧痒为主症的皮肤病，为皮肤神经功能失调所致，又称慢性单纯性苔癣。

本病属中医学中“顽癣”、“牛皮癣”、“摄领疮”等范畴。本病多与情志不遂、风热侵袭、过食辛辣等因素有关，病位在肌肤腠理，基本病机是风热或郁火侵结肌肤，化燥生风。

### （一）辨证

主症 本病多局限于某处，初起时如颈项、肘、腘、阴部、骶部、踝等部位瘙痒但无皮疹；随后皮肤出现粟米或米粒大小扁平皮疹呈圆形或多角形，成群分布；日久则融合成片，皮肤增厚，呈皮革样、苔藓样粗糙状，引起搔抓和阵发性巨痒，缠绵难愈。

风热侵袭：初起局部仅有阵发瘙痒，皮疹如帽头大小，皮色淡红或如常，食辛辣食物会加重，舌淡红，苔薄黄，脉浮数或濡。

血虚风燥：日久皮肤增厚，干燥粗糙，或有灰白鳞屑，而呈苔藓化，阵发性瘙痒加剧，色素沉着，舌淡，苔薄，脉细。

肝郁化火：情志不舒可诱发或加重，心烦易怒，口苦咽干，舌红，脉弦。

### （二）治疗

#### 1. 基本治疗

治法 疏风止痒，清热润燥。以病变局部阿是穴及手阳明、足太阴经穴为主。

主穴 阿是穴 合谷 曲池 血海 膈俞

配穴 风热侵袭配外关、风池；血虚风燥配肝俞、足三里；肝郁化火配肝俞、太冲；失眠配心俞、神门；血虚取脾俞、三阴交。

方义 本病是风热之邪客于肌肤，日久成血虚风燥之证，故取阿是穴以疏通局部气血，肌肤得以濡养；合谷、曲池祛风止痒；“治风先治血，血行风自灭”，故取血海、膈俞以活血养血。

操作 毫针刺，泻法。阿是穴围刺，并温和灸或铺棉灸等。

**2. 其他治疗**

（1）耳针　选交感、神门、耳中、耳郭上相应点、肝、肺。毫针刺，中等强度刺激，每日1次，每次留针30min。

（2）皮肤针　选阿是穴。先轻叩刺皮损周围，后重叩患处以少量出血为度，同时配合拔罐或艾条灸。

（3）埋线　选大椎、肺俞、肩髃、曲池、足三里，埋线常规操作。每月1次，连续3个月。

按语

1. 针灸治疗本病有一定效果，但本病较难痊愈，需坚持治疗。

2. 忌食辛辣、饮酒，注意劳逸结合，避免精神过度紧张。

## 五、粉刺

粉刺（acne）是一种毛囊及皮脂腺的慢性炎症性皮肤病，以皮肤丘疹、脓疱疹、囊肿等为特征，好发于颜面、胸背等处，好发于青春期，又称"肺风粉刺"、"痤疮"、"青春痘"。

粉刺的发生与先天禀赋、过食辛辣厚味、冲任不调等因素有关。病位在肌肤腠理，与肺、脾、胃、肠关系密切。基本病机是热毒郁蒸肌肤。

### （一）辨证

主症　初起为粉刺或黑头丘疹，可挤出乳白色粉质样物，后期可出现脓疱、硬结、瘢痕。

肺经风热：颜面、胸背出现丘疹，色红，焮热，疼痛或有脓疱，舌红，苔薄，脉数。

肠胃湿热：皮疹红肿疼痛，可有脓疱、结节等，面部油腻，脘腹胀满，便秘，尿赤，舌红，苔黄腻，脉滑数。

冲任不调：病情与月经周期有关，可伴有月经不调、痛经，舌暗红，苔薄黄，脉弦细。

### （二）治疗

**1. 基本治疗**

治法　清热解毒，散郁消痤。取督脉穴及手足阳明经穴为主。

主穴　大椎　合谷　曲池　内庭　肺俞　阳白　四白　阿是穴

配穴　肺经风热配少商、尺泽；肠胃湿热配足三里、阴陵泉；冲任不调配血海、三阴交。

方义　《内经》曰："寒薄为皶，郁乃痤。"督脉为诸阳之会，大椎为督脉与三阳经交会穴，可透达诸阳经之郁热；肺俞可清肺泻热；阳明经脉上循于面，且手阳明与肺经相表里，肺主皮毛，故取合谷、曲池、内庭，以清泻阳明邪热；阿是穴、四白、阳白为局部取穴，可疏通局部气血，使肌肤疏泄功能得以调畅。

操作　毫针刺，泻法。大椎点刺出血后加拔罐。

**2. 其他治疗**

（1）耳针　取交感、肺、脾、胃、大肠、神门、内分泌、皮质下、肾上腺、面颊、耳尖。每次选用2～3穴，毫针刺法，或压丸法，耳尖可点刺放血。

（2）三棱针　取第1～12胸椎旁开0.5～3寸范围内的阳性反应点。用三棱针挑断皮下部分纤维组织，使之出血少许，每周1～2次。

（3）火针 用细火针对准粉刺的顶端快速点刺，随后挤出血液或白色脓栓。

按语

1. 针灸对粉刺效果较好。尤其配合火针后可不留痘印。
2. 严禁用手挤压，以免引起继发感染，遗留瘢痕。
3. 忌食辛辣、油腻及糖类食品。

## 六、黧黑斑

黧黑斑（chloasma）是以发生于面部对称性分布的褐色色素斑为主症的皮肤病。多见于怀孕、人工流产及分娩后的女性。

本病属中医学“面尘”、“肝斑”、“面黑皯”、“黄褐斑”等范畴，俗称“妊娠斑”、“蝴蝶斑”。本病发生常与情志不遂、忧思恼怒、日晒过多等因素有关。病位在面部肌肤，与阳明经及肝、脾、肾三脏关系密切。基本病机是气滞血瘀，面失所养。

### （一）辨证

主症 皮肤出现黄褐色、淡褐色或咖啡色斑，边界较清，形状不规则，最初为多发性，渐渐融合成片，对称分布于面部，以颧部、前额、鼻部、两颊最突出，有时呈蝶翼状，面无炎症及鳞屑，无自觉症状及全身不适。

气滞血瘀：斑色较深，面色晦暗，口唇暗红，伴经前少腹痛，胸胁胀痛，急躁易怒，喜叹息，舌暗红，有瘀点或瘀斑，脉弦涩。

肝肾阴虚：色斑呈咖啡色，伴手足心热，失眠多梦，腰膝酸软，舌嫩红，少苔，脉细数。

脾虚湿困：斑色暗淡，面色㿠白，体胖，疲倦乏力，舌淡胖，边有齿印，脉濡细。

### （二）治疗

**1. 基本治疗**

治法 调和气血，化瘀消斑。取局部穴位及手足阳明经穴为主。

主穴 颧髎 合谷 足三里 血海 三阴交 阿是穴

配穴 气滞血瘀配太冲、膈俞；肝肾阴虚配肝俞、肾俞；脾虚湿困配脾俞、阴陵泉。

方义 颧髎、阿是穴为局部取穴，以疏调局部经络之气，化瘀消斑；合谷为手阳明经的原穴，为治面部诸疾的要穴，足三里是胃的下合穴，善补气血，二穴合用，可沟通阳明经气，益气养血，化瘀消斑；血海、三阴交，均为脾经穴，二穴合用，可补益脾胃，调和气血，化瘀消斑。

操作 毫针面部腧穴浅刺；余穴虚补实泻。

**2. 其他治疗**

（1）耳针 取肺、肝、肾、心、内分泌、皮质下、内生殖器、面颊。每次选用 2～4 穴，毫针刺法或压丸法。

（2）穴位注射 取肺俞、胃俞、足三里、血海等穴。每次选用 2～4 穴，当归注射液或复方丹参注射液，常规穴位注射，隔日 1 次。

按语

1. 针灸治疗黧黑斑有一定疗效，但疗程较长。在治疗期间，应尽量避免日光照射。
2. 黧黑斑的发生可受多种因素影响，要积极治疗原发病。因服用某些药物或使用化妆品引起者，要停用药物和化妆品。

## 七、斑秃

斑秃（alopecia areata）是以头皮部毛发突然发生圆形或近似不规则斑状脱落为主症的病证，严重者头发可全部脱落。中医又称“油风”、“头风”，俗称“鬼剃头”。

本病多与肾精亏损、肝肾阴虚、脾胃虚弱、情志不畅有关。本病病位在头皮毛发部，与肝肾关系密切。基本病机是精血亏虚或气滞血瘀，头发失养。

### （一）辨证

主症　头发突然间脱落，呈圆形、椭圆形或不规则，大小不等，边界清楚，局部毛发脱净，少数患者发生全秃，甚至眉毛、胡须、阴毛、腋毛脱落。

血虚证：伴有头晕，失眠，舌淡，苔薄，脉细弱。

血瘀证：病程较长，面色晦暗，舌边有紫色瘀点，脉细涩。

### （二）治疗

#### 1. 基本治疗

治法　养血祛风，活血化瘀。

主穴　阿是穴　百会　风池　太渊　膈俞

配穴　血虚配血海、足三里；血瘀配血海、太冲；头晕配上星；失眠配内关、神门。

方义　阿是穴直达病所，补能益气生血，泻能活血化瘀。头为诸阳之首，百会为手足之阳经与督脉交会穴，配风池可疏散在表的风邪；膈俞为“血会”，可化瘀养血；肺主皮毛，太渊为肺经原穴。

操作　局部可用皮肤针叩刺，以微出血为度；余穴毫针刺，常规补泻法。

#### 2. 其他治疗

（1）皮肤针　选局部阿是穴，轻叩患部，潮红即可，叩刺后用鲜姜片外擦，隔日 1 次，10 次为 1 个疗程。

（2）艾灸　选局部阿是穴，用艾条在患部熏灸，至皮肤微呈红晕时为止。

**按 语**

1. 针灸治疗本病效果良好，但对“全秃”疗效欠佳。
2. 保持心情舒畅。

## 八、疔疮

疔疮（acute suppurative infection）是以皮肤开始出现粟米样小脓头，发病迅速，继而根深坚硬如钉为主症的病证。本病好发于颜面和手足部，因发病部位和形状不同，而有“人中疔”、“虎口疔”、“红丝疔”等名称。

本病多因肌肤不洁、恣食膏粱厚味、刺扎外伤而致火毒内侵及蚊虫叮蛟等所致。病位在肌肤腠理，基本病机为火毒蕴热，经络气血瘀滞。

现代医学的急性甲沟炎、脓性指头炎、急性淋巴管炎等均属本病范畴，为金黄色葡萄球菌感染所致的急性化脓性炎症。

（一）辨证

主症　初起为粟粒状小脓头，发病迅速，根深坚硬如钉，其色或黄或紫，有红、肿、热、痛，数日内硬结增大，疼痛加剧；继而形成脓肿而硬结变软，疼痛减轻，溃脓后脓腔塌陷，逐渐愈合。

火毒流窜经络：初起如粟米，根深坚硬如钉，继而红肿灼热，剧痛，恶寒发热，舌红，苔黄，脉数。其中疔疮发生于四肢部，患处有红丝上窜，称“红丝疔”。

“疔疮走黄”：除局部症状外，兼见寒战、高热、神昏、谵语、头痛、呕吐，称疔疮内攻脏腑之危候。

（二）治疗

**1. 基本治疗**

治法　清热解毒，行气和血。以督脉穴为主。

主穴　身柱　灵台　合谷　委中

配穴　火毒流窜经络，配曲池、大椎；高热加大椎、十宣；神昏加水沟、十二井穴。还可根据患部所属经脉进行首尾配穴，如发于面部迎香穴处属手阳明经，加商阳；发于食指端加迎香；发于拇指端属手太阴经，选中府；发于足小趾次指属足少阳，选瞳子髎；红丝疔，可沿红丝从终点依次点刺到起点，以泻其恶血；疔疮走黄，配十二井、大椎、曲泽点刺出血。

方义　督脉统率诸阳，故泻身柱、灵台以疏泄阳邪火毒，两穴为治疗疔疮之经验穴；阳明经多气多血，取合谷以清泻阳明火毒，委中为“血郄”，刺血以清泻血热。

操作　毫针刺，泻法。

**2. 其他治疗**

（1）火针　在病变局部用火针速刺法，随后挤出少许血液或脓栓即可。

（2）三棱针　在脊柱两旁寻找丘疹样突起处，或取心俞、脾俞等穴，常规消毒后，用三棱针或粗针挑取白色纤维样物，每次取2～4处。

（3）隔蒜灸　选阿是穴，将蒜片置于疖肿上，将艾炷放在蒜片上点燃灸之，每一疖灸3～10壮，每日1次，10次为1个疗程。轻者灸3～4次痊愈，为防止复发，应灸完1个疗程；重者一般需2个疗程。

（4）耳针　选神门、肾上腺、皮质下、耳尖、耳背静脉相应部位，毫针刺，中等刺激，耳尖及耳背静脉点刺出血。

按语

1. 疔疮初起，针灸治疗有一定疗效。尤其是配合火针效佳。临床所见，无论疖肿成脓与否，均可使用。

2. 局部切忌沾水，以免感染。

3. 疔疮走黄，症情凶险，须及时抢救；疔疮如已成脓，应予外科处理。

## 九、丹毒

丹毒（erysipelas）是以皮肤突发片状红斑、快速游走、鲜红灼痛为主症的急性感染性疾病，因其病损部位色赤如丹，故名丹毒。本病好发于颜面和小腿，生于头部者称“抱头火丹”，生于腿胫及足部者称“流火”或“火丹脚”，游走全身者称“赤游丹”。春、秋季节好发，多见于幼童和老年人。

本病多与素体血分有热、皮肤黏膜破损而邪毒乘隙而入有关。病位在肌肤腠理，基本病机为热毒蕴结肌肤腠理。

本病相当于现代医学的急性网状淋巴管炎。

（一）辨证

主症　起病急骤，局部皮肤红肿灼痛，色如涂丹，焮红肿胀，边界分明。

火毒夹风：发于头面，发热恶寒，头痛，骨节酸楚，舌红，苔薄白或薄黄，脉浮数。

火毒夹湿：发于下肢，红斑表面出现黄色水疱，发热，心烦口渴，胸闷，关节肿痛，小便黄赤，舌红，苔黄腻，脉弦滑数。

火毒内陷：胸闷呕吐，壮热烦躁，神昏谵语，属危急之候。

（二）治疗

**1. 基本治疗**

治法　清热解毒，活血祛瘀。以督脉及手阳明经穴为主。

主穴　合谷　曲池　大椎　委中　阿是穴

配穴　发于头面者取太阳、百会、头维；发于下肢者取血海、阴陵泉、内庭；热毒较盛者取十宣或十二井。

方义　阳盛则热，热甚为火，火甚为毒，故清火毒必当泻阳气。督脉为阳脉之海，阳明经为多气多血之经，在三阳中阳气最盛，故本病取督脉与阳明经穴为主。大椎为督脉与诸阳经交会穴，合谷、曲池为手阳明经穴，三穴合用可泻阳气而清火毒。委中为血郄，凡血分热毒壅盛之急证，用之最宜。阿是穴点刺或散刺出血，可直接清泻血分郁热，使热毒外出，有“菀陈则除之”之意。

操作　毫针刺，泻法，或点刺出血。

**2. 其他治疗**

（1）火针　在病变局部用火针速刺法，随后自行流出少许血液或组织液，不需按压。

（2）耳针　选耳尖、肾上腺、肺、大肠、皮质下、相应部位耳穴，耳尖点刺放血，余穴用毫针刺，中等刺激。每日或隔日 1 次，每次留针 30min。

（3）拔罐　选阿是穴，在红肿部位用皮肤针叩刺或散刺，然后拔火罐，使污血邪毒尽出，每日 1 次。面部禁用。

按语

1. 针灸治疗本病有效，尤其使用火针效佳，可缩短病程。

2. 病情严重者，应及时采取中西医结合方法综合治疗。

## 十、痄腮

痄腮（mumps）是以发热、耳下腮部肿胀疼痛为主症的一种急性传染性疾病，又名“蛤蟆瘟”、“大头瘟”。本病多于冬、春季节流行，学龄前儿童多见。

本病因外感时行温毒，从口鼻而入，夹痰化火，遏阻少阳、阳明经脉，郁结于腮部所致。肝胆相为表里，肝脉循少腹络阴器，若受邪较重则常并发少腹痛、睾丸肿胀。若温毒炽盛，热极生风，内窜心肝，则出现高热、昏迷、痉厥等变症。基本病机是温毒阻遏少阳、阳明经，蕴结于腮部。

本病相当于现代医学的流行性腮腺炎。

（一）辨证

主症　以耳垂为中心的腮部漫肿疼痛，皮肤发紧，或伴有发热、咀嚼困难。

温毒在表：耳下腮部酸痛，继而肿胀，伴有恶寒发热，全身轻度不适，咽红，舌红，苔薄黄，脉浮数。

热毒蕴结：腮部焮热肿痛，坚硬拒按，咀嚼困难，高热，烦躁，头痛，大便干结，小便黄赤，咽痛，舌苔黄腻，脉象浮数或滑数。

温毒内陷：高热烦渴，并发睾丸肿痛，甚则神昏，抽搐。

（二）治疗

**1. 基本治疗**

治法　清热解毒，消肿散结。以手少阳、手足阳明经穴为主。

主穴　翳风　颊车　外关　合谷　关冲

配穴　高热加大椎、商阳；睾丸肿痛加太冲、曲泉；神昏抽搐加水沟、十宣或十二井。

方义　本病患部属少阳、阳明经，治宜清泄少阳、阳明经郁热为主。取颊车、翳风宣散局部气血之郁滞；外关配合谷既能疏风解表，又可清热解毒；关冲点刺出血利少阳气机，可奏清热消肿之功。

操作　毫针刺，泻法。

**2. 其他治疗**

（1）灯火灸　单侧者取同侧角孙，双侧者取双侧角孙，先将穴处头发剪去，常规消毒，用灯心草蘸植物油点燃、快速触点穴位，闻及“叭”的响声，立即提起。一般灸治 1 次即可消肿。如未完全消肿时，次日可再重复。

（2）耳针　选耳尖、面颊、肾上腺、耳背静脉。耳尖及耳背静脉用三棱针点刺放血，余穴用毫针中度刺激，每次留针 20～30min，每日或隔日 1 次。

按语

1. 针刺治疗痄腮有较好的疗效，如有严重合并症，应采取综合治疗。

2. 本病有传染性，患者自起病至腮腺肿胀完全消退期内需进行隔离。

3. 流行季节针刺颊车、合谷、足三里等穴可起预防作用。

## 十一、乳痈

乳痈（acute mastitis）是以乳房红肿疼痛、乳汁排出不畅，以致结脓成痈为主症的病证。本病多发于初产妇，发病多在产后 2～4 周，故又称“产后乳痈”。

本病发生常与乳头皮肤破裂、外邪火毒入侵、或忧思恼怒、恣食肥甘等因素有关。病位在乳房，与胃、肝两经关系密切，基本病机为胃热肝郁、火毒凝结。

本病相当于现代医学的急性乳腺炎。

（一）辨证

主症　乳房红肿疼痛，排乳不畅。

**1. 辨病期**

郁脓期：初期乳房结块，肿胀疼痛，排乳不畅，常兼恶寒发热，全身不适等，舌红，苔薄白或黄，脉浮数。

酿脓期：乳部肿块增大，焮红疼痛，痛不可触，舌红，苔黄腻，脉弦数或滑数。

溃脓期：乳部肿块中央软陷，触之浮动，或见乳头有脓汁排出，溃脓后胀痛减轻，舌淡，苔白，脉弱。

**2. 辨证型**

肝气郁结：兼胸闷胀痛，呃逆，纳呆，舌苔薄，脉弦。

胃热壅滞：兼见胸闷，纳呆，苔白，脉弦，为气郁；口渴、口臭，便秘，苔黄腻，脉弦。

火毒炽盛：肿块增大，焮红疼痛，时时跳痛，苔黄，脉弦数。

（二）治疗

**1. 基本治疗**

治法　清热解毒，消肿散结。以足阳明、厥阴经穴为主。

主穴　肩井　膻中　少泽　期门　乳根

配穴　肝气郁结配太冲；胃热壅滞配内庭；火毒炽盛加厉兑、大敦。

方义　膻中、乳根两穴疏通局部气血，期门疏肝解郁；肩井为治疗乳痈的经验穴，有消肿散结之功；少泽功善通乳；诸穴共奏清热、消肿、散结之功。

操作　毫针刺，用泻法。

**2. 其他治疗**

（1）艾灸　选阿是穴。初起时用葱白或大蒜捣烂，敷患处，用艾条熏灸 10～20min，每日 1～2 次。本法适用于乳痈尚未成脓者。

（2）拔罐　早期选大椎、第 4 胸椎夹脊、乳根（患侧），用三棱针点刺出血后拔火罐，每日 1 次；溃脓期局部选用适当大小玻璃罐在溃破处吸拔脓液。

按语

1. 针灸对乳痈早期出现肿块而未化脓者有效，初起可热敷配合治疗，若已化脓须转外科治疗。

2. 哺乳前后保持乳头清洁；饮食宜清淡，保持心情舒畅。

## 十二、乳癖

乳癖（lump in breast）是以女性乳房部的慢性良性肿块，胀痛为主症的病证。多见于中青年妇女，少数病例可恶变。又称“乳痰”、“乳核”。

本病多与情志内伤、忧思恼怒，或因冲任失调有关。病位在乳房，足阳明胃经过乳房，足厥阴肝经至乳下，足太阴脾经行乳外，与胃、肝、脾三经关系密切。本病的基本病机为气滞痰凝，冲任失调。

本病相当于现代医学的乳腺小叶增生和慢性囊性增生、乳房纤维瘤等疾病。

（一）辨证

主症　单侧或双侧乳房出现单个或多个大小不等的肿块，胀痛或压痛，增长缓慢，质地坚韧或呈囊性感，边界清楚，与周围组织不粘连，活动度好。

肝郁气滞：肿块和胀痛随情绪变化而消长，可伴心烦善怒，胸闷气短，失眠多梦，舌质红，苔白，脉弦滑。

冲任失调：肿块于经前期增大，经后缩小，可伴腰酸乏力，神疲倦怠，月经紊乱或闭经等，舌质淡，苔白，脉象沉细。

（二）治疗

**1. 基本治疗**

治法　疏肝解郁，化痰消结，调理冲任。以足阳明、足厥阴经穴为主。

主穴　屋翳　乳根　膻中　天宗　肩井　期门　足三里

配穴　肝郁气滞加肝俞、太冲，冲任失调加血海、三阴交。

方义　屋翳、乳根疏通局部气血，加足三里共疏阳明经气；膻中为气会，泻之以理气消肿散结；天宗、肩井为治疗乳腺疾病之经验穴，可化痰消结；期门疏肝气，调冲任。

操作　毫针刺，泻法。

**2. 其他治疗**

耳针　选内分泌、内生殖器、乳腺、胸、肝、胃，毫针刺，中强度刺激，每次留针 30min，间歇运针 2～3 次，10 次为 1 个疗程。或用王不留行籽贴压，每 3～5 日更换 1 次。

按 语

1. 本病为慢性病，针灸有较好疗效，但需坚持治疗。
2. 平素注意调畅情志，忌忧思恼怒。
3. 本病应注意与乳腺癌鉴别。

## 十三、肠痈

肠痈（acute appendicitis）是以转移性右下腹疼痛、右下腹局限而固定的压痛、反跳痛为特征的常见病证，可发于任何年龄，多见于青壮年。

本病多与饮食不节、暴饮暴食、饮食后急剧奔走、忧思郁怒等因素有关。病位在大肠。基本病机为肠腑气、瘀、热互结，血败肉腐。

本病相当于现代医学的急、慢性阑尾炎。

（一）辨证

主症　转移性右下腹疼痛，疼痛呈持续性，阵发性加剧，右下腹有局限而固定压痛、反跳痛或板状腹。

肠腑气蕴：痛势不剧，全身症状不明显，或伴有恶寒发热，恶心呕吐，便秘，腹胀，溲赤，苔黄腻，脉洪数。

热盛肉腐：痛处固定不移，痛势加剧，腹肌紧张拘急，拒按，局部可触及局限性肿物，高热不退，全身症状明显。

（二）治疗

**1. 基本治疗**

治法　清热导滞，行气活血。以足阳明胃经穴为主。

主穴　阑尾　天枢　上巨虚

配穴　恶心呕吐加内关；发热加曲池；腹胀加大肠俞；便秘加腹结。

方义　本病为大肠腑病，故取治疗肠痈经验穴阑尾为主，配大肠募穴天枢、大肠下合穴上巨虚通调肠腑气机。三穴合用，具有行气活血、清热导滞、逐腐通肠之功。

操作　毫针刺，用泻法。每次留针 30～60min，每日 1～2 次。

**2. 其他治疗**

（1）耳针　选阑尾、大肠、神门。用毫针刺，中度刺激，每次留针 30～60min，每日 1～2 次。

（2）电针　选天枢、阑尾。电针刺激，强度以患者能耐受为度，每次留针 30～60min，每日 1～2 次。

按语

1. 针灸对单纯性阑尾炎未化脓者效果良好，但最好配合中、西药治疗，以提高疗效。若症状严重有阑尾穿孔或坏死倾向者，须及时进行外科处理。

2. 慢性阑尾炎可参照以上方法治疗，可每日或隔日针灸 1 次，阿是穴可用艾条灸或隔蒜灸、隔姜灸。

3. 急性阑尾炎早期多因主症为上腹痛而易被误诊为急性胃炎，待数小时后出现右下腹痛时，才以急性阑尾炎论处，此时，可能已出现化脓，必须手术。因此，早期确诊是关键。临床所见，阑尾穴是急、慢性阑尾炎的敏化穴位，既可作为诊断点，也可作为治疗点。

## 十四、痔疮

痔疮（haemorrhoids）是以肛门内外出现小肉状突起物，常伴有肿痛、瘙痒、出血等为主症的病证，又称痔核，为成年人多发病。

本病发生多与久坐久站、负重远行、妊娠多产、泻痢日久、长期便秘及嗜食辛辣等有关。病位在肛肠。督脉过肛门，足太阳经别入肛中，故本病主要与膀胱经、督脉有关。基本病机为筋脉横懈瘀阻肛肠。

现代医学根据痔疮发生部位的不同分为内痔、外痔和混合痔，发于肛门齿线以上者为内痔，齿线以下者为外痔，齿线上下均有者为混合痔。

（一）辨证

主症　肛门部出现小肉状突起物，无症状或仅有异物感，也可伴有肛门处疼痛、肿胀、瘙痒和大便出血。

湿热下注：痔疮灼热疼痛，肛门坠胀，便血，舌红，苔黄腻，脉滑数。

气滞血瘀：肛门肿物突出，水肿，触痛，舌暗红，苔白，脉弦。

脾虚下陷：病久伴脱肛，乏力，肿物不能还纳，少气懒言，面色少华，舌淡，苔白，脉细。

（二）治疗

**1. 基本治疗**

治法　清热利湿，化瘀止血。以足太阳及督脉经穴为主。

主穴　次髎　长强　会阳　承山　二白

配穴　湿热下注配中极、阴陵泉；气滞血瘀配太冲、血海；脾虚下陷配百会、脾俞；肛门肿痛配秩边、飞扬；便秘配支沟、大肠俞。

方义　次髎、会阳、承山同属足太阳膀胱经，足太阳经别入于肛，故取三穴用泻法，清泻肛肠湿热，疏导膀胱经气而消瘀滞；近取长强以加强其作用。二白为治疗痔疮的经验穴，《玉龙歌》说："痔漏之疾亦可憎，表里急重最难禁，或病或痒或下血，二白穴在掌后寻。"取本穴治疗内痔出血有效。

操作　毫针刺，泻法为主；脾虚气陷用补法，灸脾俞、百会。

**2. 其他治疗**

（1）耳针　选肛门、直肠、大肠、神门、脾、肾上腺，用毫针刺，每次选取2～3穴，中等刺激强度，每次留针20～30min，每日1次。

（2）挑刺　在大肠俞或在第7胸椎至骶尾间寻找痔点，其状为紫红色或粉红色丘疹，以腰骶部接近督脉的痔点疗效较好。每次选一个痔点，常规消毒，用三棱针将挑治部位的表皮纵行挑破0.2～0.3cm，继续向深部挑刺，将皮下白色纤维样物挑断，每周1次，连续3～4次。

按语

1. 针灸对本病可改善症状，根治一般需专科治疗。
2. 平时少食辛辣刺激性食物，保持大便通畅。

# 第六节　五官科病证

## 一、目赤肿痛

目赤肿痛（swelling and pain of eye）是指白睛突发红赤，睑肿疼痛为主要特征的时行眼疾，古代文献又称"天行赤眼"、"天行赤热"等，俗称"红眼病"。

本病多因卒感风热时邪、疫疠之气，上犯白睛，郁而不宣；或素有肝胆积热，又感受疫疠之气，内外合邪，上攻于目。病位在目，基本病机为目睛经脉闭阻，血壅气滞。

本病可见于现代医学的流行性结膜炎、假性结膜炎及流行性角膜结膜炎等。

（一）辨证

主症　目痛羞明，砂涩灼热，泪多眵稀。全身可有头痛发热、四肢酸痛等症，耳前或颌下肿痛。

风热外袭：发病急骤，伴发热恶风，头痛鼻塞，舌尖红，脉浮数。

肝胆火盛：起病稍缓，伴耳鸣，烦躁易怒，口苦，溲赤便秘，舌红苔黄，脉弦数。

（二）治疗

**1. 基本治疗**

治法　疏风清热，消肿止痛。取局部穴及手阳明、足厥阴经穴为主。

主穴　攒竹　太阳　印堂　风池　合谷　太冲

配穴　风热外袭者配少商、上星；肝胆火盛者配行间、侠溪。

方义　目为肝之外窍，足厥阴肝经上连目系，故取足厥阴肝经原穴太冲清泻肝胆之火，并引热下行；合谷为手阳明大肠经原穴，可疏调阳明经气以散风热；风池为足少阳胆经与阳维脉交会穴，内通目络，既可疏通眼络以止痛，又配合谷疏散外邪，配合太冲清泻肝胆；太阳、攒竹、印堂位于眼区局部，可宣泄眼部郁热、消肿止痛。

操作　毫针常规操作，泻法。风池切忌向内上方斜刺、深刺；太阳、印堂、少商用三棱针点刺放血。

**2. 其他治疗**

（1）耳针　取眼、肝、肺、心、肾上腺。每次选 3～4 穴，毫针刺，重刺激，留针 30min；或用揿针埋藏、王不留行籽贴压；耳尖或耳背静脉用三棱针点刺出血。

（2）挑刺　在肩胛间区寻找敏感点，或大椎两旁 0.5 寸处选点，用三棱针挑治。

按 语

1. 针刺治疗目赤肿痛效果较好，可明显缓解病情。

2. 本病具有传染性，需注意洗脸用具隔离。

## 二、麦粒肿

麦粒肿（hordeolum）是指胞睑边缘出现小疖肿，形似麦粒，易于溃脓的眼病，又称“针眼”、“偷针”、“土疳”等。本病好发于青少年，部分患者常反复发作。

本病多因风热外袭，客于胞睑；或过食辛辣炙煿，脾胃蕴热，火热毒邪上攻，结聚于胞睑而发病。基本病机为气血瘀阻，腐化酿脓。

麦粒肿相当于现代医学的睑腺炎。凡睫毛毛囊或附属的皮脂腺感染为外麦粒肿；睑板腺感染为内麦粒肿。

（一）辨证

主症　以胞睑局部肿胀、疼痛、痒为主。初起睑缘局限性红肿硬结，痒痛和触痛，继则红肿疼痛渐剧；数日后，硬结顶端出现黄色脓点，破溃后脓自流出，红肿渐消。

风热外感：患部微肿痒痛，或伴发热头痛，全身不适，苔薄黄，脉浮数。

脾胃蕴热：患部红肿灼痛，或伴口渴喜饮，便秘溲赤，舌红苔黄，脉滑数。

（二）治疗

**1. 基本治疗**

治法　清热解毒，消肿散结。取局部穴及足太阳、阳明经穴为主。

主穴　耳尖　太阳　攒竹　风池　合谷　厉兑

配穴 外感风热者配商阳；脾胃蕴热者配内庭；反复发作者配足三里、阴陵泉。

方义 耳尖为治疗麦粒肿的经验效穴，用三棱针点刺耳尖、太阳出血，可清热解毒，活血消肿散结；攒竹为足太阳经穴，配太阳可疏调眼部气血，清泻眼部郁热，消肿散结止痛；风池为足少阳经与阳维脉的交会穴，内通目络，既可疏通眼络以消肿止痛，又配合谷疏散外邪，疏泄头面之风热；胞睑属脾，脾胃互为表里，厉兑为足阳明胃经井穴，可清泻脾胃积热，并引热下行。

操作 耳尖、太阳、厉兑、商阳用三棱针点刺出血；余穴毫针刺，泻法；风池切忌向内上方斜刺、深刺。

**2. 其他治疗**

（1）耳针 取眼、肝、脾、胃、肺、肾上腺。每次选用 3～4 穴，毫针刺，重刺激，或用揿针埋藏、王不留行籽贴压；耳尖或耳背静脉点刺出血。

（2）挑刺 在两肩胛间，第 1～7 胸椎两侧，寻找淡红色疹点，用三棱针挑刺，挤出少量血液，可反复挤 3～5 次，或挑断疹点处的皮下纤维组织。

（3）刺络拔罐 取大椎，采用三棱针点刺出血后拔罐。

按 语

1. 针灸治疗麦粒肿疗效显著，但脓成后，应转眼科处理。
2. 本病初起至酿脓，患处切忌挤压，以免脓毒扩散。
3. 患病期间，饮食宜清淡。

## 三、近视

近视（myopia）是以视近清晰、视远模糊为特征表现的眼病，古称“能近怯远症”。

近视多因先天禀赋不足，肝肾亏损，或劳心伤神，心脾两虚，加之不良用眼习惯，以致目中神光不能发越于远处，形成近视。病位在眼，与心、肝、脾、肾关系密切。基本病机是目络瘀阻，目失所养。

本病相当于现代医学的近视眼。

### （一）辨证

主症 视近物正常，视远物模糊不清。

肝肾不足：伴腰膝酸软，头晕耳鸣，失眠健忘，两目干涩，舌红，脉细弱。

心脾两虚：伴心悸失眠，神疲乏力，纳呆便溏，面色不华，舌淡，脉沉细弱。

### （二）治疗

**1. 基本治疗**

治法 益气养血，通络明目。以局部穴配合足阳明、足少阳经穴为主。

主穴 睛明 太阳 四白 风池 足三里 光明

配穴 肝肾不足者配肝俞、肾俞、太溪；心脾两虚者配心俞、脾俞、三阴交。

方义 睛明、太阳、四白为局部选穴，可疏通眼部经气，调和气血，通络明目；风池为足少阳与阳维脉交会穴，内连眼络，光明为足少阳经络穴，联络肝经，二穴远近配合，疏调眼络，养肝明目；足三里为足阳明胃经合穴，健运脾胃，生化气血，与四白远近配合，以上滋眼络而明目。

操作 毫针刺，补法或平补平泻法。睛明针刺时应注意固定眼球，轻柔进针，不宜提插捻转，出针时按压针孔。

**2. 其他治疗**

（1）耳针　选眼、肝、脾、肾、心、皮质下。每次选用 3～4 穴，采用揿针埋藏法，或王不留行籽贴压法。

（2）皮肤针　取眼周穴位及风池、翳明，轻度或中度叩刺。

（3）头针　取枕上正中线、枕上旁线，头针常规操作。

按 语

1. 针灸治疗轻、中度近视疗效肯定，假性近视疗效显著，且年龄越小治愈率越高。

2. 平时注意用眼卫生，坚持做眼睛保健操，并加强体育锻炼，注意营养。

**附　视神经萎缩**

视神经萎缩（optic atrophy）是由各种原因导致的视网膜神经节细胞轴索广泛损害，出现萎缩变性。临床以视力功能损害和视神经乳头苍白为主要特征。本病严重影响视力，致盲率较高。视神经萎缩分为原发性和继发性，前者如视网膜、视神经的炎症、退变、缺血、外伤及遗传等因素；后者如眶内或颅内占位性病变的压迫或其他原因所致的视神经乳头水肿、青光眼等，均可能引起视神经萎缩。

本病发生多与先天禀赋不足、内伤七情、头眼部外伤等因素有关。病位在眼，与肝、肾关系密切。基本病机为精血虚乏或脉络瘀阻，目失所养。

视神经萎缩属于中医学的“青盲”范畴。

（一）辨证

主症　患眼外观无异常而视力显著减退，甚至完全失明。

肝肾亏虚：伴头晕耳鸣，两目干涩，腰膝酸软，脉细或细数。

气血不足：伴头晕心悸，面白无华，纳呆神疲，舌淡，脉沉细。

肝气郁结：伴情志抑郁，胸胁胀痛，口干口苦，舌红，脉弦细数。

气血瘀滞：有外伤史，伴头痛眩晕，健忘，舌质暗，有瘀斑，脉涩。

（二）治疗

**1. 基本治疗**

治法　调理气血，养精明目。取局部穴和足厥阴经穴为主。

主穴　睛明　球后　风池　太冲　光明

配穴　肝肾亏虚者配肝俞、肾俞；气血不足者配三阴交、足三里；肝气郁结者配期门、行间；气血瘀滞者配三阴交、膈俞。

方义　睛明、球后皆位于眼部，可通调眼部气血；风池为足少阳胆经与阳维脉交会穴，内通目络，可通络明目；肝经上连目系，太冲为足厥阴肝经原穴，光明为足少阳胆经络穴，原络配用，可疏调经气，益肝明目。

操作　毫针刺，实证用泻法，虚证用补法。睛明、球后针刺时应注意固定眼球，轻柔进针，不宜提插捻转，出针时按压针孔，以防出血；气血不足者可配合灸法。

**2. 其他治疗**

（1）耳针　取眼、肝、肾、脾、皮质下、枕。每次选用 3～4 穴，毫针刺，或采用揿针埋藏、王不留行籽贴压。

（2）皮肤针　取眼眶周围、第5～12胸椎两侧、风池、膈俞、肝俞、胆俞。眼区轻刺激，其余穴位施以中等刺激。

（3）头针　取枕上正中线、枕上旁线，头针常规操作。

**按语**

1. 针灸治疗视神经萎缩有一定疗效，可控制病情发展，提高视力，延缓致盲。但视神经萎缩是眼科难治疾病，故治疗需要较长时间。

2. 针刺睛明、球后需加注意，因其位于眶内，组织疏松、血管丰富，针后极易出血，导致“熊猫眼”，故起针时宜重按1min以上。如果不慎出血也不必惊慌，即刻用冷敷、24小时后热敷，逐步吸收消退。

3. 慎用对视神经有毒害作用的药物，如乙胺丁醇、奎宁等；对可能产生本病的高危工作，做好劳动保护工作。

## 四、耳鸣、耳聋

耳鸣（tinnitus）、耳聋（deafness）均为听觉异常。耳鸣以自觉耳内鸣响为主症，耳聋以听力减退或听觉丧失为主症。两者既可单独出现，亦常同时或先后出现。

本病的发生常与外感风邪、肝胆火旺或肾精亏虚等因素有关。病位在耳，肾开窍于耳，少阳经入耳中，故本病与肝胆、肾关系密切。基本病机为邪扰耳窍或耳窍失养。

本病常可作为一种症状见于现代医学的多种疾病中，包括耳科疾病、药物中毒、脑血管疾病、高血压、动脉硬化、糖尿病、贫血、感染性疾病及外伤性疾病等。

### （一）辨证

主症　实证：突发耳鸣、耳聋，或耳中胀闷，鸣声隆隆不断，按之不减；虚证：久病耳聋，耳中如蝉鸣，按之鸣声减弱，时作时止，劳累加剧。

风邪外感：伴发热恶寒，全身不适，舌苔薄，脉浮。

肝胆火盛：伴头胀面赤，烦躁易怒，舌红，苔黄，脉弦数。

痰火郁结：伴头昏沉重，胸脘痞闷，舌红，苔黄腻，脉滑数。

肾精亏损：兼头晕乏力，腰膝酸软，舌红少苔，脉细数尺弱。

脾胃虚弱：兼神疲纳呆，腹胀便溏，舌淡苔白，脉沉细弱。

### （二）治疗

**1. 基本治疗**

治法　聪耳开窍。取局部穴和手、足少阳经穴为主。

主穴　听会　翳风　侠溪　中渚

配穴　风邪外感者配外关、合谷；肝胆火盛者配行间、丘墟；痰火郁结者配丰隆、内庭；肾精亏损者配肾俞、太溪；脾胃虚弱者配足三里、三阴交。

方义　中渚、翳风为手少阳经穴，听会、侠溪为足少阳经穴，为同名经远近配穴，共奏疏调少阳经气、聪耳开窍之功效。

操作　毫针刺，实证用泻法，虚证用补法，脾胃虚弱者针灸并用。

**2. 其他治疗**

（1）耳针　取内耳、肝、胆、脾、肺、肾。每次选用3～4穴，毫针刺，或采用揿针埋藏、王不留行籽贴压。

（2）头针　取两侧颞后线。头针常规操作。适用于神经性耳鸣、听力下降者。

（3）穴位注射　取听宫、翳风、完骨、瘈脉。每次两侧各选 1 穴。维生素 $B_{12}$ 注射液 100μg，每穴注射 0.2～0.5mL；或用当归注射液、丹参注射液，每穴注射 0.5～1mL。

按语

1. 针灸治疗耳鸣、耳聋有一定效果，尤其对神经性耳鸣、耳聋效果较好，但总以急性者效佳。对因药物中毒、动脉硬化、鼓膜损伤等所致者效果不佳。耳鸣、耳聋的致病原因复杂，应明确诊断，配合原发病治疗。

2. 耳前三穴（耳门、听宫、听会）后遗针感较强，故临床可三穴交替使用。

3. 避免使用耳毒性药物，如袢利尿剂等，如病性需要，应严密监测听力变化。

4. 尽量避免噪声刺激，注意饮食有节，起居有常。

## 五、鼻鼽

鼻鼽（allergic rhinitis）是指突然和反复发作的以鼻痒、打喷嚏、流清涕、鼻塞等为主要特征的鼻病。呈季节性、阵发性发作，亦可常年发病。

本病发生常与正气不足、外邪侵袭等因素有关。病位在鼻，与肺、脾、肾三脏关系密切。基本病机是脾肾亏虚，肺卫不固，邪聚鼻窍。

现代医学中，本病多见于变应性鼻炎、血管运动性鼻炎、嗜酸性粒细胞增多性非变应性鼻炎等疾病。

### （一）辨证

主症　鼻痒，打喷嚏，流清涕，鼻塞。

肺气虚寒：每遇风冷易发，气短懒言，语声低怯，自汗，面色苍白，或咳喘无力，舌质淡，苔薄白，脉虚弱。

脾气虚弱：患病日久，鼻塞鼻胀较重，面色萎黄，四肢倦怠，食少纳呆，大便或溏，舌淡胖、齿痕，苔薄白，脉弱无力。

肾阳亏虚：病久体弱，早晚较甚，神疲倦怠，面色苍白，形寒肢冷，小便清长，夜尿频多，舌质淡，苔白，脉沉细无力。

肺肾阴虚：多见禀赋不足，劳倦过度，或见咳嗽，咽痒，多梦少寐，口干烦热，舌红，苔少，脉细数。

### （二）治疗

#### 1. 基本治疗

治法　调补正气，通利鼻窍。取局部穴为主。

主穴　上迎香　印堂　风门　足三里

配穴　肺气虚寒配肺俞、气海；脾气虚弱配脾俞、胃俞；肾阳亏虚配肾俞、命门；肺肾阴虚配太溪、三阴交。

方义　上迎香位于鼻旁，宣通鼻窍之力最强，可治一切鼻病；印堂位于鼻上，治鼻炎之要穴；风门可宣肺理气，肺开窍于鼻，肺气宣则鼻窍可通；足三里为强壮要穴，培土生金。

操作　印堂向下沿皮直刺至鼻根部；上迎香由下向上，沿鼻翼斜刺近鼻根部，余穴常规针刺。

**2. 其他治疗**

（1）锋勾针　取风池、通天、印堂、迎香，用锋勾针勾割，每周1次。

（2）穴位敷贴　取大椎、肺俞、脾俞、肾俞、膻中、膏肓等穴。用白芥子30g，延胡索、甘遂、细辛、丁香、白芷各10g，研细末。上述药末用辣椒水调糊，涂医用无菌敷贴上，撒上适量肉桂粉，贴于穴位。30～90min后去掉，以局部红晕微痛为度。

（3）皮肤针　取颈椎夹脊、背部足太阳膀胱经第1侧线、手太阴肺经，皮肤针叩刺至局部皮肤潮红。

（4）穴位注射　取迎香、合谷、足三里等穴，选用丹参注射液，或维生素$B_1$、胎盘注射液等，常规穴位注射。

（5）埋线　选大椎、肺俞、印堂、迎香，埋线常规操作。每月1次，连续3个月。

**按语**

1. 针灸治疗本病效佳，对改善鼻道的通气功能尤为迅速。临床所见采用上述多种技术组合效果更佳。

2. 经常锻炼身体，适当户外运动，增强抵抗力。过敏性鼻炎还应积极查找过敏原，避免接触。

## 六、鼻渊

鼻渊（sinusitis）是以鼻流浊涕，量多不止为主要特征的鼻病，又称“脑漏”、“脑渗”、“脑崩”等。

本病发生常与外热侵袭、胆腑郁热、脾胃湿热等因素有关。病位在鼻，与肺、肝胆、脾胃脏腑关系密切，与手足阳明、督脉等经脉有关。基本病机是湿热蕴结于鼻。

鼻渊多见于现代医学的急、慢性鼻窦炎。

### （一）辨证

主症　鼻流浊涕，色黄腥秽，量多不止，鼻塞，嗅觉减退。

肺经风热：伴头痛，发热恶寒，咳嗽，舌尖红，苔薄黄，脉浮数。

胆腑郁热：伴头痛剧烈，烦躁易怒，口苦咽干，舌红，苔黄，脉弦数。

脾胃湿热：伴头晕头重，胸脘痞闷，口干不欲饮，舌红，苔黄腻，脉滑数。

### （二）治疗

**1. 基本治疗**

治法　清热宣肺，通利鼻窍。取局部穴和手太阴、阳明经穴为主。

主穴　列缺　合谷　迎香　印堂　风池

配穴　肺经风热者配尺泽、少商；胆腑郁热者配侠溪、阳陵泉；脾胃湿热者配阴陵泉、内庭；头痛剧烈者配上星、太阳。

方义　鼻为肺之外窍，手阳明大肠经与手太阴肺经互为表里，且手阳明经脉循行“上挟鼻孔”。列缺为手太阴肺经络穴，合谷为手阳明大肠经原穴，二穴表里经配用，宣肺祛邪，通利鼻窍；迎香分居鼻旁，印堂位在鼻根，两穴宣散局部郁热而通鼻窍；风池为足少阳胆经与阳维脉的交会穴，既可疏风解表，又能清胆利窍，为治鼻病之有效穴。

操作　毫针刺，泻法。少商、上星用三棱针点刺放血。

**2. 其他治疗**

（1）锋勾针　取风池、通天、印堂、迎香，用锋勾针勾割，每周 1 次。

（2）耳针　取内鼻、肾上腺、额、肺、胆、脾、胃。每次选用 3～5 穴，毫针刺，或采用揿针埋藏、王不留行籽贴压。

（3）艾灸　选穴参针灸处方，每次选取主穴及配穴各 1～2 穴，艾条温和灸，适用于鼻渊日久不愈者。

（4）穴位注射　取合谷、迎香。每次选用 1 穴。选用复合维生素 B 注射液，每穴注射 0.2～0.5mL。

按 语

1. 针灸治疗鼻渊有一定效果，急性鼻窦炎普通毫针即可获效，但对于慢性鼻窦炎，最好配合锋勾针可加强疗效。

2. 平素可自我按摩合谷、迎香，每次 5～10min，每日 1～2 次。

3. 注意鼻腔卫生；锻炼身体，增强抵抗力。

## 七、鼻衄

鼻衄（epistaxis）是以鼻出血为主症的病证。出血量大者称“鼻洪”，妇女经期鼻出血称“倒经”。

其发生常与外感风热、过食辛辣、情志不畅等因素有关。病位在鼻窍，与肺、胃、肝、心等关系密切。基本病机是火热气逆，迫血妄行，或阴虚火旺，气不摄血。

现代医学中，各种鼻腔疾病及循环系统、血液系统和内分泌系统疾病引起的鼻出血可参照治疗。

### （一）辨证

主症　鼻出血或涕中带血。

肺经风热：发作突然，鼻血点滴而出，量不多，色鲜红，伴鼻燥咽干，或身热咳嗽，舌红，苔薄黄，脉浮数。

胃热炽盛：鼻血量多，血色深红，伴烦渴引饮，或齿龈肿胀、出血，大便秘结，小便短赤，舌质红，苔黄，脉滑数。

肝火上逆：来势急骤，出血较多，色深红，伴烦躁不安，头痛，眩晕，耳鸣，口苦咽干，胸胁胀满，面红目赤，舌质红，苔黄，脉弦数。

阴虚火旺：鼻出血时作时止，血色红，量不多，伴口干不欲饮，耳鸣目眩，五心烦热，舌红绛，少苔，脉细数。

气虚不摄：鼻血渗渗而出，淋漓难止，血色淡红，出血量可少可多，但其势较缓，面色无华，神倦懒言，头昏眼花，食少便溏，舌淡，苔薄，脉缓弱。

### （二）治疗

**1. 基本治疗**

治法　清热泻火，凉血止血。以局部穴、督脉及手太阴经穴为主。

主穴　迎香　上星　天府　孔最

配穴　肺经风热配鱼际、少商；胃热炽盛配内庭、二间；肝火上逆配行间；阴虚火旺配太溪、涌泉；脾失统血配隐白、足三里。

方义 迎香为局部取穴，疏通局部气机；上星属督脉，清泻阳经之热；天府为手太阴经腧穴，是治疗鼻衄的经验效穴；孔最为肺经郄穴，肺开窍于鼻，故该穴善治鼻衄。

操作 天府、孔最均双侧同取，行提插捻转泻法，以局部酸胀或针感向上走窜为度。配穴中少商可点刺放血，隐白用灸法。

**2. 其他治疗**

（1）穴位贴敷法 以大蒜捣烂，或用吴茱萸粉调成糊状敷于同侧涌泉穴上，有引火下行的作用，以协助止血。

（2）耳针法 内鼻、肺、胃、肾上腺、额、肝、肾等穴。毫针刺，或用埋针法、压丸法。

（3）指压法 指压颈百劳 2～5min；凡因外伤等原因而致鼻衄不止者，用两手拇食二指同时对掐昆仑、太溪 4 穴，往往奏效。

按语

1. 针灸对单纯性鼻出血效果显著，临床发现，针刺天府和孔最两个腧穴，可有鼻衄立止之效。因鼻衄原因复杂，血止后应查明病因，积极治疗原发病。

2. 出血量大时应配合局部填塞止血的方法，以防止出血过多造成不良后果。

3. 平时应锻炼身体，增强体质，预防感冒；多吃水果蔬菜，少食辛辣燥热助火之品。

## 八、咽喉肿痛

咽喉肿痛（sore throat）是以咽喉红肿疼痛、吞咽不适为主症的一种病证。又称“喉痹”、“乳蛾”等。

本病发生常与外感风热、饮食不节和体虚劳累等因素有关。病位在咽喉，与肺、胃、肾等脏腑关系密切。基本病机是火热或虚火上灼咽喉。

本病可见于现代医学的急慢性咽炎和单纯性喉炎、急性扁桃体炎、扁桃体周围脓肿等。

### （一）辨证

主症 咽喉肿痛，吞咽不适。

风热外感：咽喉红肿疼痛，伴发热恶寒，头痛，咳嗽，舌尖红，苔薄黄，脉浮数。

肺胃实热：咽喉红肿痛甚，伴高热，咽干烦渴，便秘尿黄，舌红，苔黄，脉洪数。

肺肾阴虚：咽喉稍肿，色暗红，疼痛较轻，入夜尤重，伴口干不欲饮，手足心热，舌红少苔，脉细数。

### （二）治疗

**1. 基本治疗**

（1）实热证

治法 清热利咽，消肿止痛。取手太阴、手足阳明经穴为主。

主穴 少商 尺泽 合谷 内庭 天突

配穴 风热外感者配风池、曲池；肺胃实热者配鱼际、厉兑。

方义 少商为手太阴肺经井穴，点刺出血，清泻肺热，消肿利咽止痛，为治咽喉肿痛之要穴；尺泽为手太阴肺经合穴、子穴，“实则泻其子”，刺之清泻肺经实热，消肿利咽；合谷为手阳明经原穴，既可疏散风热之邪，又配足阳明经荥穴内庭，清泻阳明之郁热，引胃火下行；天突为近部取穴，有清利咽喉之功效。

操作　毫针刺，泻法。天突针刺时应注意角度和深度。

（2）虚热证

治法　滋阴降火，清利咽喉。取足少阴、手太阴经穴为主。

主穴　照海　太溪　鱼际

配穴　伴有失音者配通里、廉泉。

方义　照海为足少阴肾经和阴跷脉的交会穴，两脉均循行于喉咙，取之能调两经经气而利咽喉，配足少阴肾经原穴太溪，滋补肾阴，以降虚火；鱼际为手太阴肺经荥穴，清肺泻热，利咽止痛。

操作　毫针刺，照海、太溪用补法，鱼际用泻法；或平补平泻法。

**2. 其他治疗**

（1）耳针　取咽喉、扁桃体、轮1～4、肾上腺、神门、肺、胃、肾。每次选用3～5穴，毫针刺，强刺激；或采用揿针埋藏、王不留行籽贴压。

（2）三棱针　取少商、商阳、耳尖，点刺出血；或取耳背静脉，刺络放血。每日1～2次，适用于实热证。

（3）穴位注射　取合谷、孔最、曲池等穴。每次选用一侧穴。选用板蓝根、柴胡等注射液，每穴注射1～2mL，左右交替应用。

**按语**

1. 针灸治疗咽喉肿痛效果较好，尤以急性者为佳，对扁桃体周围脓肿，如已成脓需转科处理；继发感染者，积极治疗原发病，如鼻渊、龋齿等。

2. 日常注意保暖防寒，改善环境，减少空气污染；患者宜戒烟酒，忌食酸辣等刺激性食物。

## 九、牙痛

牙痛（toothache）为口腔疾患中的常见症状。

本病发生常与外感风火邪毒、过食膏粱厚味、体弱过劳等因素有关。病位在齿，手、足阳明经脉分别入于上、下齿中，肾主骨，齿为骨之余，故本病与胃、肾关系密切。基本病机是风火、胃火或虚火上炎。

本病可见于现代医学的各种牙病，如龋齿、牙髓炎、牙周炎、冠周炎和牙本质过敏等。

### （一）辨证

主症　牙齿疼痛。

胃火牙痛：牙痛甚烈，牙龈红肿，伴口渴口臭，大便干燥，舌红苔黄，脉洪数。

风火牙痛：牙痛剧烈，牙龈红肿，伴发热恶寒，舌尖红，苔薄黄，脉浮数。

虚火牙痛：牙痛隐隐，时作时止，或齿根松动，伴头晕耳鸣，腰酸，舌红少苔，脉细数。

### （二）治疗

**1. 基本治疗**

治法　清热消肿，通经止痛。取局部穴和手、足阳明经穴为主。

主穴　合谷　颊车　下关

配穴　胃火牙痛者配内庭、二间；风火牙痛者配风池、外关；虚火牙痛者配太溪、行间。

方义　近取足阳明经颊车、下关，远取手阳明经合谷，为同名经远近配穴，共奏疏通阳明经气、清泻阳明郁热、通经止痛之功；合谷兼有祛风清热之效。

操作　毫针刺，主穴及实证用泻法；虚证者太溪用补法，行间用泻法。合谷可左右交叉刺，持续行针 1～2min。

**2. 其他治疗**

（1）耳针　取牙、颌、神门、屏尖、胃、大肠、肾。每次选用 3～5 穴，毫针刺，牙痛剧烈者用强刺激；或采用揿针埋藏、王不留行籽贴压。

（2）电针　取颊车、下关、合谷。选用密波，通电 10～20min，每日 1～2 次。本法适用于牙痛剧烈者。

（3）穴位贴敷　取阳溪。将大蒜捣烂成泥，于睡前贴敷，至发疱后取下。本法适用于龋齿疼痛者。

（4）穴位注射　取合谷、颊车、下关，每次 1～2 穴，药物选用复方氨林巴比妥注射液，每穴注射 0.5～1mL。

按语

1. 针灸治疗牙痛效佳，已被广泛推广。但对于龋齿等牙质破坏者，须转牙科处理。
2. 注意养成良好的刷牙习惯，掌握正确的刷牙方法。
3. 平素注意口腔卫生，并避免冷、热、酸、甜等刺激。

## 十、口疮

口疮（aphtha）是以口舌表面溃烂，出现溃疡为主要表现的一种常见口腔科病证，亦称“口疳”。

本病发生常与过食辛辣厚味、嗜饮醇酒、外感风火燥邪、病后劳损等因素有关。病位在口、舌，心开窍于舌，脾开窍于口，脾经连舌本，散舌下，肾经夹舌本，故本病与心、脾、肾关系密切。基本病机是火热上炎于口、舌。

本病相当于现代医学的复发性口腔溃疡、阿弗他口炎等。

### （一）辨证

主症　口腔、唇、颊等处出现圆形或椭圆形淡黄色或灰白色小点，周围红晕，表面凹陷，局部灼痛。

心脾积热：溃疡量多，溃面呈黄白色，周围鲜红微肿，灼热疼痛，伴口渴口臭，心烦不寐，便秘溲赤，舌红，苔黄，脉数。

阴虚火旺：溃疡量少，溃面呈灰白色，周围色淡红，微痛，此愈彼起，反复绵延，伴五心烦热，腰膝酸软，舌红少苔，脉细数。

### （二）治疗

**1. 基本治疗**

治法　清热泻火，消肿止痛。取局部穴和手少阴、手阳明经穴为主。

主穴　廉泉　地仓　合谷　通里

配穴　心脾积热者配内庭、劳宫；阴虚火旺者配照海、太溪；痛甚者配金津、玉液。

方义 廉泉、地仓为局部取穴，以疏通局部经气，消肿止痛；“面口合谷收”，合谷清热消肿，通经止痛，尤其擅长清泻头面口咽之热邪，为治疗口腔疾患的要穴；舌为心之苗，手少阴心经的络脉系舌本，通里为手少阴经络穴，有清心泻火消肿、通经活络止痛的功效。

操作 毫针刺，实证用泻法，强刺激；虚证用平补平泻法。金津、玉液用三棱针刺血。

**2. 其他治疗**

（1）耳针 取口、舌、神门、心、脾、胃、肾。每次选用 3～5 穴，毫针刺，疼痛剧烈者用强刺激；或采用揿针埋藏、王不留行籽贴压。

（2）三棱针 取大椎及大椎旁开 1.5～2cm 处反应点。用三棱针挑断皮下纤维组织 2～3 根，挤压针孔，出血 3～5 滴，每周 2 次。

（3）穴位贴敷 取涌泉。吴茱萸 10g，研成细末，用醋调成膏状，敷贴涌泉穴。

按 语

1. 口腔溃疡是临床常见的顽疾，针灸有一定效果，临床所见，选配风池、完骨等颈项部穴位，用针灸强刺激，或用锋勾针、针刀松解效果更佳。

2. 平素注意口腔卫生，少食刺激性食物。另外，尽量戒除烟酒、不要熬夜。

# 第七节 急 症

## 一、晕厥

晕厥（fainting）是以突发而短暂的意识丧失、四肢厥冷为主症的一种病证。又称之为“暴厥”、“卒厥”、“尸厥”等。

本病发生常与气血不足、惊恐恼怒等因素有关。病位在脑，与心、肝关系密切。基本病机是气机逆乱，神窍受扰，或气血不足，脑窍失养。

晕厥可见于现代医学的一过性脑缺血、癔病性昏迷、脑血管痉挛、直立性低血压、低血糖及外伤、情志刺激等疾病中。

### （一）辨证

主症 突感眩晕无力，继则迅速昏倒，不省人事，四肢厥冷。

实证：素体强壮，多因暴怒、创伤引发，兼见面赤唇紫，口噤息粗，肢痉握拳，脉沉弦。

虚证：素体虚弱，多因过劳、惊恐引发，兼见面白唇淡，目陷口张，息微汗出，舌质淡，苔薄白，脉细缓无力。

### （二）治疗

**1. 基本治疗**

治法 苏厥醒脑。以督脉、手厥阴经穴为主。

主穴 水沟 百会 中冲 涌泉 内关

配穴 实证配合谷、太冲；虚证配气海、足三里。

方义 脑为元神之府，督脉入脑上巅，心主神明，故取督脉、手厥阴经穴为主。水沟、百会同属督脉，且水沟位居督脉与任脉交接处，可沟通阴阳之气，百会位居巅顶，二穴共奏醒脑开窍苏厥之功；中冲为手厥阴经井穴，涌泉为足少阴经井穴，均为阴阳经交接处，刺之顺接阴阳之气而平衡阴阳，配手厥阴经络穴内关可奏醒心神、苏厥逆之效。

操作 毫针刺，实证用泻法，强刺激；虚证用补法，中等刺激，并重灸百会。

**2. 其他疗法**

（1）耳针 取心、神门、皮质下、肾上腺。毫针刺，实证强刺激，或采用揿针埋藏、王不留行籽贴压。

（2）三棱针 取十二井穴或十宣，点刺放血，适用于实证。

（3）指针 取水沟、合谷、内关等穴。用拇指重力掐按，以患者苏醒为度。

按语

1. 晕厥是临床上常见的危重病证，应紧急救治。晕厥发作时，针灸可迅速醒神。但苏醒后，应进一步查明原因，针对原发病进行综合治疗。

2. 总体上看针灸对于神经源性晕厥疗效较好，心源性、脑源性及其他晕厥，针灸可作为临时苏厥醒神方法，应积极治疗原发病。

## 二、虚脱

虚脱（collapse）是以突然面色苍白、神志淡漠，或烦躁甚则不省人事、肢冷汗出、血压下降、脉微细为特征的危重证候。

虚脱多因大汗、大吐、大泻、大失血，或由六淫邪毒侵袭、七情过度损伤、久病正气虚衰、药物过敏或中毒等因素，严重损伤气血津液，使气血不能营养全身，阴阳不相顺接所导致。严重者可致阴阳衰竭，出现亡阳亡阴之危候。病位在心、脑，基本病机是阴阳失调，欲离欲绝。

本病多见于现代医学中各种原因引起的休克。

### （一）辨证

主症 面色苍白，肢冷汗出，神志淡漠，反应迟钝，或烦躁不安，尿量减少，甚则昏迷，大汗淋漓，四肢厥逆，二便失禁，血压下降，脉微细。

亡阳：兼见呼吸气微，肢冷肤凉，唇色紫绀，舌质胖淡，脉微欲绝或芤大无力。

亡阴：兼见烦躁不安，心中悸动，气促息微，口渴唇干，舌绛干瘦，脉细数无力。若病情恶化，则可导致阴阳俱脱之危候。

### （二）治疗

**1. 基本治疗**

治法 回阳固脱，苏厥救逆。以督脉、任脉经穴为主。

主穴 素髎 水沟 百会 关元 神阙 内关

配穴 亡阳者配气海、足三里；亡阴者配涌泉、太溪。

方义 督脉为阳脉之海，入络于脑，素髎、水沟、百会均属于督脉，可醒脑开窍苏厥，百会并具升阳举陷固脱之功；内关为手厥阴经络穴，为阴维所系，可补心气，益心神，有醒神苏厥之效；任脉为阴脉之海，脐下为元气所居之所，重灸关元、神阙，温补元气，回阳救逆，敛阴固脱。

操作　毫针刺，素髎、水沟用泻法，强刺激；内关用补法。百会、关元、神阙重灸之。

**2. 其他疗法**

（1）耳针　取心、神门、肾上腺、皮质下、枕。毫针刺，中等刺激，或采用揿针埋藏、王不留行籽贴压。

（2）指针　取水沟、合谷、内关。用拇指重力掐按各穴 1～3min。

（3）穴位注射　取关元、气海、足三里。根据亡阴、亡阳选用参麦注射液或参附注射液，每穴注射 1～2mL。

按语

1. 虚脱引发因素众多，发病突然，病情复杂，针灸可作为抢救措施之一，但必须针对病因进行综合治疗。

2. 对虚脱重症患者要加强护理，密切观察关注生命体征，注意病情变化。

## 三、高热

高热（hyperpyrexia）是指体温超过 39℃，为多种疾病所表现出的一种急性症状。中医学所称“实热”、“壮热”、“身大热”、“日晡潮热”等，均属于高热的范畴。

高热分为外感高热和内伤高热。外感高热与外感六淫疫毒之邪，尤其是火热、湿热、暑热之邪有关；内伤高热则是脏腑功能失调致郁遏化热引起。病位在卫、气、营、血。阳盛则热，故高热总属阳热邪盛或阳气外布。基本病机是正邪相争，或体内阳热之气过盛。

高热常见于现代医学的急性感染、急性传染病、中暑、风湿热、结核病、部分恶性肿瘤及寄生虫病等疾病。

### （一）辨证

主症　体温升高，超过 39℃。

邪在肺卫：发热微恶寒，头痛身痛，咳嗽咽痛，鼻塞，痰黄稠，舌尖红，脉浮数。

热在气分：高热大汗，不恶寒，烦渴引饮，舌红，苔黄，脉洪数。

热入营血：高热夜甚，烦躁不安，甚则神昏谵语，或斑疹隐隐，吐血、衄血或便血，舌红绛，脉细数。

### （二）治疗

**1. 基本治疗**

治法　清热退烧。以督脉、手阳明经穴为主。

主穴　大椎　十二井穴　十宣　曲池　合谷

配穴　邪在肺卫者配外关；热在气分者配内庭；热入营血者配委中、曲泽；神昏者配水沟、内关；烦躁不安者配印堂、神门。

方义　督脉为阳脉之海，总督一身之阳气，大椎为诸阳之会，为泻法之要穴；十二井穴、十宣皆在四末，为阴阳经交接处，三棱针点刺诸穴放血，具有显著的清热泻火退热之功用；合谷、曲池分别为手阳明经原穴和合穴，毫针泻之，既宣肺解表祛邪，又清泻阳明郁热。诸穴并用，热邪可清，高烧得退。

操作　毫针刺，泻法，强刺激；大椎、十二井穴、十宣用三棱针点刺出血，委中、曲泽用三棱针刺络放血。

**2. 其他疗法**

（1）耳针　取肾上腺、肺、心、神门、耳尖、耳背静脉。毫针刺，强刺激，或采用揿针埋藏、王不留行籽贴压；耳尖、耳背静脉用三棱针点刺放血。

（2）刮痧　取脊柱两侧、背俞穴和肘窝、腘窝等处。用刮痧板或瓷汤匙蘸油刮至皮肤出现紫红色为度。

（3）穴位注射　取合谷、曲池、肺俞。每次选用 2 穴，选用柴胡注射液或银黄注射液，每穴注射 0.5～1mL；或用复方氨林巴比妥注射液，每穴注射 0.1～0.2mL。

按语

1. 针灸退热效果良好。但在应急处理同时须查明原因，明确诊断，针对病因进行综合治疗。

2. 高热汗多者，应及时补充糖盐水。饮食宜清淡、易消化。

## 四、抽搐

抽搐（convulsion）以四肢不自主的肌肉抽动，甚则颈项强直、角弓反张为特征表现。抽搐发作常伴见意识丧失，或发作后出现昏迷。

本病属中医“惊厥”、“瘛疭”、“痉证”等范畴。其发生常与外感六淫疫毒、暴怒、头部外伤、药物中毒、失血伤津等因素有关。病位在脑，累及肝、心。基本病机是热极生风或虚风内动，筋脉失养。

抽搐可见于现代医学的癫痫、破伤风、小儿惊厥、癔病、妊娠痫证、颅内感染、颅脑外伤、颅内占位性病变、高血压脑病等疾病过程中。

### （一）辨证

主症　四肢抽动，或伴项背强直，角弓反张，两目上视，口噤不开，甚者伴有意识丧失。

热极生风：发病急骤，兼见壮热口渴，烦躁或神昏惊厥，舌红，苔黄，脉弦数有力。

虚风内动：病势较缓，兼见低热，露睛，虚烦不宁，肢颤或手足蠕动，面白无华，舌淡，脉弦细弱。

### （二）治疗

**1. 基本治疗**

治法　息风止痉。以足厥阴、足少阳经穴为主。

主穴　水沟　太冲　合谷　阳陵泉

配穴　热极生风者配大椎、曲池；虚风内动者配三阴交、血海；神志不清者配内关。

方义　督脉入络脑，水沟位于督脉，刺之可醒脑开窍；太冲为足厥阴肝经原穴，阳陵泉为足少阳胆经合穴，且为筋之会穴，二穴表里经配合，可平肝、养肝、息风止痉；合谷为手阳明大肠经原穴，与太冲配合谓之“开四关”，为平肝息风、镇惊止痉之要穴。

操作　毫针刺，实证泻法，强刺激；虚证平补平泻法，中等刺激。

**2. 其他疗法**

（1）耳针　取肝、心、神门、皮质下。毫针刺，中、强刺激，或采用揿针埋藏法。

（2）穴位注射　取合谷、曲池、太冲、阳陵泉。每次选用2穴，采用地龙注射液，每穴注射0.5～1mL。

按语

1. 针灸治疗抽搐有一定疗效，但病情缓解后须查明病因，进一步针对病因进行综合救治。

2. 抽搐时，应使患者头偏向一侧，头稍向后仰，保护呼吸道的畅通；用软布放在牙齿之间，防止咬伤舌头。兼高热者，应进行降温处理。

3. 密切观察患者生命体征。

## 五、内脏绞痛

### 心绞痛

心绞痛（angina pectoris）是以胸骨后或心前区突然发作压榨性疼痛，伴心悸、胸闷、气短为特征，因冠状动脉供血不足，心肌急剧的、暂时性缺血缺氧所引起的综合征。

本病属中医学“胸痹”、“真心痛”、“厥心痛”等范畴。其发生多与寒邪侵袭、情志失调、过食肥甘、或年老体虚等因素有关。病位在心，与肝、肾、脾、胃关系密切。基本病机是心脉失养或心络不畅。

心绞痛可见于现代医学的冠心病、心脏神经官能症、风湿热、急性冠状动脉综合征、肥厚型心肌病、冠状动脉炎等疾病过程中。

#### （一）辨证

主症　突然发作胸骨下部后方或心前区压榨性、憋闷性或窒息性疼痛，可放射到左侧肩、颈、上肢内侧及无名指和小指。疼痛一般持续数分钟，较少超过15min，伴有心悸、胸闷、焦虑、恐惧和汗出。

痰浊闭阻：胸闷痞痛，胀痛彻背，如物之塞，恶心，脘腹胀满，喘不得卧，头晕，舌体肥胖有齿痕，舌质淡，苔白腻，脉弦滑或沉濡而滑。

气滞血瘀：心前区刺痛，痛有定处，气促，口唇爪甲紫暗，心悸，胸闷，腹胀，易怒，舌质紫暗或有瘀斑，苔少或淡灰而腻，脉多沉涩，或结、促、代，或有雀啄之象。

寒邪凝滞：遇寒而发，心痛如刺，痛有定处，面色晦暗，口唇爪甲紫暗，舌质紫暗或有瘀斑，脉涩。

胸阳不振：心前区闷痛，动则尤甚，面色苍白，畏寒肢冷，气短，自汗，疲乏，舌淡胖，苔白，脉沉细而迟或结、代。

#### （二）治疗

**1. 基本治疗**

治法　行气活血，通络止痛。以手厥阴、手少阴经穴为主。

主穴　内关　郄门　阴郄　膻中

配穴 痰浊闭阻者配丰隆、阴陵泉；气滞血瘀者配太冲、膈俞；寒邪凝滞者配关元、神阙；胸阳不振者配心俞、至阳。

方义 内关为手厥阴心包经络穴，并与阴维脉相通，功擅理气宽胸，疏通心络而止痛，是治疗胸痹的主要腧穴；郄门、阴郄分别为手厥阴心包经、手少阴心经的郄穴，具缓急止痛之功，善治心胸急痛；气会膻中，位居胸部，为心包之募穴，可调畅胸中气机，理气宽胸，畅达胸阳。诸穴配合，共奏行气通阳、活血通络、缓急止痛之功效。

操作 毫针刺，泻法。寒邪凝滞、胸阳不振者配用灸法。

**2. 其他疗法**

（1）耳针 取心、胸、神门、皮质下、交感。毫针刺，中等刺激，留针30min。或采用揿针埋藏、王不留行籽贴压。

（2）电针 取郄门、阴郄、巨阙、膻中。选用密波，刺激10～20min。

（3）穴位注射 取心俞、厥阴俞、内关、郄门。每次选用2穴，采用复方丹参注射液或川芎嗪注射液，每穴注射0.5～1mL。

## 胆绞痛

胆绞痛（biliary colic）是以右上腹胆区绞痛，阵发性加剧或痛无休止为特征的一种常见急腹症。

本病属中医学“胁痛”的范畴。其发生常与情志不畅、恣食肥甘、结石、蛔虫等因素有关。病位在胆，与肝关系密切。基本病机是胆腑气机壅滞。

胆绞痛可见于胆管炎、胆囊炎、胆石症、胆道蛔虫病等多种胆道疾病中。

### （一）辨证

主症 突发右上腹持续性绞痛，阵发性加剧。疼痛部位拒按，有明显压痛、叩击痛和反跳痛，并向右肩背部放射。可伴有汗出肢冷，腹胀嗳气，恶心呕吐。

肝胆湿热：发热黄疸，右上腹部持续性、阵发性绞痛，右上腹部压痛明显，伴恶心呕吐、纳呆腹胀、胸闷口苦，大便不爽，呈灰白色，溲黄，舌红，苔黄腻，脉滑数。

肝胆气滞：常因情志变动而诱发，兼见性情急躁，胸闷不舒，恶心呕吐，纳呆，舌淡红，苔薄白，脉弦。

胆道蛔虫病：右上腹及剑突下呈钻顶样剧痛，拒按，恶心呕吐甚或吐蛔，舌淡，苔白，脉弦紧。

### （二）治疗

**1. 基本治疗**

治法 疏利胆腑，解痉止痛。以胆的俞穴、募穴及足少阳经穴为主。

主穴 中脘 胆俞 日月 外丘 胆囊穴

配穴 肝胆湿热者配阴陵泉、阳陵泉；肝胆气滞者配期门、太冲；胆道蛔虫病者配迎香、百虫窝。

方义 胆为六腑之一，以通为用。中脘位居上腹，为八会穴之腑会，日月、胆俞为胆的俞募配穴，三穴共用，疏通胆腑气机，利胆止痛；外丘为胆经郄穴，擅调畅气机，缓急止痛；胆囊为经外奇穴，是治疗胆囊病的经验效穴。

操作 毫针刺，泻法，强刺激，久留针。

**2. 其他疗法**

（1）耳针 取胆、肝、胃、脾、三焦、腹、神门、交感。每次选用3～4穴，毫针刺，强刺激，或采用揿针埋藏、王不留行籽贴压。

（2）电针 取日月、期门、阳陵泉、胆囊。选用密波，刺激10～20min。

（3）穴位注射 取右上腹压痛点、日月、阳陵泉、胆囊。每次选用2穴，采用山莨菪碱注射液，每穴注射0.5～1mL。

## 肾绞痛

肾绞痛（renal colic）以阵发性剧烈腰部或侧腹部绞痛为主要临床特征，是由泌尿系结石引发的剧痛症。

本病属中医学的“腰痛”、“砂淋”、“石淋”、“血淋”等范畴。发生多与恣食辛辣肥甘、情志不畅、肾气亏虚、结石等因素有关。病位在肾、膀胱，与三焦、脾关系密切。基本病机是结石内阻，气机不畅，通降失司。

肾绞痛可见于现代医学的肾结石、输尿管结石、膀胱结石等泌尿系结石病中。

### （一）辨证

主症 突发一侧腰部或侧腹部剧烈绞痛，多呈持续性或间歇性，并沿输尿管向髂窝、会阴、阴囊及大腿内侧放射，或出现血尿，排尿困难或尿流中断，肾区可有叩击痛。痛剧而久者，可伴恶心呕吐，面色苍白，冷汗淋漓。

下焦湿热：小便色黄，淋漓不畅，或有血尿，舌红，苔黄腻，脉弦滑数。

肾气亏虚：尿痛已久，排尿无力，甚至点滴而下，滴沥不尽，倦怠无力，舌质淡，苔薄白，脉弦细。

### （二）治疗

**1. 基本治疗**

治法 清利湿热，通淋止痛。以肾和膀胱的俞穴、募穴及足太阴经穴为主。

主穴 中极 膀胱俞 肾俞 三焦俞 三阴交

配穴 下焦湿热者配阴陵泉、委中；肾气亏虚者配关元、太溪。

方义 中极、膀胱俞为膀胱的俞募配穴，疏利膀胱气机，清利膀胱湿热；三焦通调水道，故取三焦俞以宣通三焦气化，通利水道；肾俞补益肾气，化气行水；三阴交为足三阴经交会穴，具健脾利湿、疏肝行气、化瘀通滞、益肾行水之功。诸穴配合，共奏通利小便、清利湿热、通淋止痛之效。

操作 毫针刺，下焦湿热者用泻法，强刺激，久留针；肾气亏虚者用平补平泻法。

**2. 其他疗法**

（1）耳针 取膀胱、肾、输尿管、三焦、神门、皮质下、交感。每次选用3～4穴，毫针刺，强刺激，留针30min。或采用揿针埋藏、王不留行籽贴压。

（2）电针 取肾俞、三阴交。选用密波，刺激10～20min。

（3）穴位注射 取腰部压痛点、肾俞、中极、三阴交。每次选用2穴，用5%～10%葡萄糖注射液，每穴注射1～2mL。

按语

1. 针灸对剧痛有较好的止痛效果。

2. 疼痛缓解后，积极诊断治疗原发病；对绞痛持续发作不能缓解者，采取相应措施，综合治疗。

# 第八节 其 他

## 一、衰老

衰老（senility）是指人体随着年龄增加脏腑功能也随之衰退、病危死亡率增高的过程，是一系列生理、病理综合作用的必然结果，是一种自然规律。

衰老主要与肾、脾、胃、肝、心、肺等脏腑功能密切相关。基本病机是肾精不足，脾胃虚弱，五脏失养。

（一）辨证

主症　疲劳健忘，反应迟钝，气短乏力，畏寒肢冷，肢体不利，纳差少眠，甚至面浮肢肿。

肾精不足：神志恍惚，腰膝酸软，耳鸣耳聋，发脱齿摇，舌淡苔薄白，尺脉细弱。

脾胃虚弱：少气懒言，消瘦面黄，肢体倦怠，腹胀便溏，舌淡苔白，脉细弱。

心肺气虚：心悸气短，咳喘胸闷，动则加剧，痰液清稀，头晕乏力，声低气怯，神疲自汗，舌淡苔白，或唇舌暗淡，脉沉弱或结代。

（二）治疗

**1. 基本治疗**

治法　补益气血，调理脏腑。以强壮保健穴为主。

主穴　三阴交　百会　神阙　足三里　关元

配穴　肾精不足加肾俞、命门；脾胃虚弱加脾俞、胃俞；心肺气虚加心俞、肺俞、气海。

方义　三阴交为足三阴经之交会穴可调理阴经经气，百会为诸阳之会可通调阳经之气，两穴相合，阴阳相顺；灸神阙可培补元气；足三里、关元为常用强壮保健穴，可补脾健胃，填精益肾，使先天之精得以充养，后天气血生化有源。诸穴相配可疏调阴阳气血，补益脏腑，提高机体免疫力，从而达到防病保健、延年益寿的目的。

操作　神阙灸法，余穴均用毫针刺，补法或加灸。

**2. 其他疗法**

（1）隔物灸　按上述针灸处方加减，配合局部阿是穴。每次选 2～4 穴，隔附子饼灸。

（2）皮肤针　选头部及督脉、膀胱经背部循行路线。以背部、头部中线为纵向标准线，分 3 列，从上而下轻叩，潮红为度，隔日 1 次。

（3）耳针　选内分泌、皮质下、心、肾、脾、脑。每次选 2～4 穴，毫针中等刺激。每日 1 次，留针 20～30min。或用王不留行籽贴压法，两耳可交替治疗。

按 语

1. 针灸治疗同时可结合按摩、运动、气功等养生保健方法，以增强疗效。

2. 须调畅情志，注意饮食起居。

## 二、肥胖症

肥胖症（obesity）是指体内热量摄入多于消耗，脂肪堆积过多，体重超标的慢性代谢性疾病。目前临床以高于标准体重的20%以上或体质量指数（body mass index，BMI）超过30kg/m$^2$，确诊为肥胖症。

肥胖症的发生与饮食失宜、劳逸失度、七情内伤、先天遗传等因素有关。病位在脾胃，可涉及肺、心、肝、肾。基本病机是脏腑功能失调，水湿、痰浊、膏脂壅滞于体内。

肥胖症分为单纯性肥胖症和继发性肥胖症，前者无明显神经或内分泌系统异常症状，临床多见；后者与遗传、药物，或神经、内分泌和代谢疾患有关。肥胖症易于合并糖尿病、高血压等。

（一）辨证

主症　体重超过标准体重的20%以上或BMI超过30kg/m$^2$。轻者常无明显症状；重者多有体型肥胖，困乏倦怠，行动缓慢，动则少气。

胃肠积热：兼见食欲旺盛，口燥喜饮，恶热多汗，大便秘结，小便短黄，舌红苔黄，脉滑数。

脾胃气虚：兼见不思饮食，神疲乏力，脘腹胀满，嗜睡懒言，大便溏薄，舌淡胖有齿痕，苔薄白，脉缓弱。

肾阳不足：兼见面白，动则喘促，自汗神疲，腰膝酸软，头晕耳鸣，渴而少饮，或畏寒肢肿，女性多伴经水不调，男子兼见阳痿早泄，舌质淡胖，苔白，脉沉而细弱无力。

（二）治疗

**1. 基本治疗**

治法　祛湿化痰消脂，通经活络。以手、足阳明经穴为主。

主穴　曲池　天枢　阴陵泉　丰隆　太冲

配穴　胃肠积热加上巨虚、支沟、阳陵泉；脾胃气虚加脾俞、胃俞、足三里、太白；肾阳不足加关元、肾俞、三焦俞、水分。

方义　曲池、天枢均属阳明经，可疏通阳明经气，通调肠胃，并调节三焦之疏通水道，运行水液功能；阴陵泉为脾经的合穴，丰隆是胃经络穴、化痰要穴，两穴合用清热利湿，化痰消脂；太冲疏肝理气，调畅一身之气机。

操作　毫针刺，泻法。

**2. 其他疗法**

（1）耳针　选内分泌、皮质下、口、胃、脾、肺。每次选3～5穴，毫针中等刺激，或用王不留行籽贴压法，每3～5日更换1次。治疗期间，若患者有饥饿感于餐前可按压穴位3～5min。

（2）皮肤针　按上述针灸处方加减，配合局部阿是穴。实证重叩，皮肤渗血为度；虚证中等力度叩刺，以红润为度，隔日1次。

按 语

1. 针灸对单纯性肥胖症有较好疗效，治疗有效后需坚持1～2个疗程，以巩固疗效。

2. 患者在治疗期及治疗后应适当控制饮食，有计划、有目标坚持锻炼，可促进疗效，防止反弹。

## 三、慢性疲劳综合征

慢性疲劳综合征（chronic fatigue syndrome）又称雅痞症，是以持续6个月以上的疲劳，休息后不能缓解为主要表现，同时伴有发热、头痛头晕、失眠健忘、肌肉关节痛等多种躯体及焦虑、抑郁、认知障碍等多种神经精神异常的功能紊乱症候群。本病常规实验室及体格检查多无异常。

中医学属“虚劳”、“五劳”、“郁证”等范畴。其发病常与禀赋不足、劳逸失常、饮食起居失常、情志内伤等因素有关，与肝、脾、肾等关系密切。基本病机为五脏功能虚损，气血阴阳失调。

### （一）辨证

主症　不明原因的持续6个月以上或反复发作的严重疲劳，充分休息后不能缓解，活动大幅减少。

心脾两虚：精神倦怠，心悸失眠，少气懒言，纳呆便溏，面色无华，舌淡苔薄，脉细弱。

肝气郁结：情志过激后疲劳加重，心烦易怒，胸胁胀痛，舌红苔薄，脉弦。

心肾不交：惊悸失眠，心烦多梦，头晕耳鸣，腰膝酸软，口咽干燥，舌红苔少，脉细数。

### （二）治疗

**1. 基本治疗**

治法　补气养血，调畅气机，安神定智。以督脉、足少阴经穴为主。

主穴　百会　脾俞　肝俞　肾俞　合谷　太冲　足三里　三阴交　关元

配穴　心脾两虚加心俞、内关；肝气郁结加膻中、阳陵泉；心肾不交加神门、太溪。

方义　百会为诸阳之会，通调诸阳，安神益智；脾俞、肝俞、肾俞三穴同用，可健脾益气，滋补肝肾，补虚安神；合谷、太冲开四关以调全身气机；关元、足三里、三阴交，可助阳而化阴，调补肝脾肾三脏之气，使脾气足，气血生化有源，肝肾充，则阴平阳秘，诸症渐安。

操作　毫针刺，背俞穴、足三里、关元用补法，余穴平补平泻。

**2. 其他疗法**

（1）推拿　选督脉、夹脊、膀胱经循行、阳明经循行。用提捏法、按揉法、滚法、推法等，每日3次。

（2）皮肤针　选督脉、夹脊、背俞穴。每日皮肤针分3行轻叩，以红润为度，每次20～30min，隔日1次。

（3）耳针　选皮质下、心、肾、肝、脾、神门、交感。每次选2～4穴，毫针中等刺激，或用王不留行籽贴压法，每3～5日更换1次。

**按语**

1. 针灸治疗本病可较好地缓解疲劳的自觉症状，调节患者睡眠及情绪，并可改善患者机体虚弱状况。必要时，可配合心理治疗。

2. 参加适当的体育锻炼，坚持八段锦、太极拳及六字诀训练，对本病的康复十分有益。

## 四、戒断综合征

戒断综合征（withdrawal syndrome）是指在长期吸烟、饮酒、吸毒或因使用镇静类药物成瘾后，突然中断而出现的烦躁不安、呵欠频频、流涎流泪、全身疲乏、昏昏欲睡、感觉迟钝等一系列瘾癖症候群。

本病与肺、肝、脾、肾、脑关系密切。基本病机是毒邪久滞，内扰心神，气血津液亏虚，脏腑阴阳失调。

本病主要包括戒烟综合征和戒毒综合征。

### 戒烟综合征

戒烟综合征是指长期吸烟者，一旦中断，所出现的一系列瘾癖症候群。

本病与肺、心、脑有关，基本病机是邪毒留滞，脏腑气血功能失调。

#### （一）辨证

主症　精神萎靡，软弱乏力，烦躁不安，呵欠频频，流涎流泪，口淡无味，咽部异物感，甚者心情郁闷，胸闷呕恶，肌肉颤动，感觉迟钝等。

#### （二）治疗

**1. 基本治疗**

治法　清心除烦，宣肺化痰。以督脉、手少阴经穴为主。

主穴　百会　神门　丰隆　戒烟穴（位于列缺与阳溪之间）

配穴　烦躁者加内关、涌泉；倦怠嗜睡加劳宫；肺气损伤加肺俞、气海；咽喉不适加翳风、颊车、三阴交。

方义　百会清利头目，安神定志；神门为心经原穴用以清心除烦益神；丰隆为足阳明之络穴，宣肺祛痰，以清邪毒；戒烟穴是戒烟的有效奇穴；合用共收清心除烦、宁神定志、宣肺化痰之功。

操作　主穴毫针泻法，余穴依据证候虚补实泻，留针 30min，间歇行针。每日 1～2 次。

**2. 其他疗法**

耳针　选皮质下、肺、口、气管、神门、交感。每次选 2～4 穴，毫针中等刺激，每日 1 次，留针 20～30min。或用揿针埋藏、王不留行籽贴压法。

按 语

1. 耳压加针灸戒烟效果佳，对自愿接受戒烟治疗者，大多可以达到预期效果。烟龄较长者效果差。

2. 应用耳穴揿针埋藏或王不留行籽贴压戒烟时，应嘱戒烟者在饭后或用脑工作等烟瘾最大时，自行按压耳穴以加强刺激，可促使烟瘾消失。

3. 医师应对戒烟者多加鼓励，使其意志坚定、增强信心。

### 戒毒综合征

戒毒综合征是指患者因长期吸毒成瘾，戒断时出现的一系列瘾癖症候群。

本病主要因长期吸食毒品，耗气伤津，毒邪内侵，脏腑失调，心神失养所致。病位与心、脑、肝、脾、肾关系密切。基本病机是邪毒久滞，扰乱心神。

（一）辨证

主症 软弱乏力，寒战汗出，喷嚏时作，呵欠频频，涕唾泪无法自控，恶心呕吐，厌食，腹痛腹泻，肌肉抽动，心悸失眠，烦躁易怒，甚至精神异常。

（二）治疗

**1. 基本治疗**

治法 安神定志，疏调气血。以督脉及手厥阴、手少阴经穴为主。

主穴 水沟 神门 内关 劳宫 合谷

配穴 毒瘾发作初期加太冲；肌肉抽搐加阳陵泉；失眠加申脉、照海；腹泻加天枢；心烦惊厥加涌泉、中冲。

方义 水沟属督脉，内通脑髓，可疏通诸阳，醒脑开窍；神门为心经原穴，可宁心安神而除烦；内关为手厥阴心包经之络穴，配本经荥穴劳宫，可清心除烦，安神定志；合谷为手阳明之原穴，可宣通气血，镇静止痛。

操作 水沟向鼻中隔刺，强度宜大；余穴依据证候虚补实泻，留针 60min，间歇行针。每日 1～2 次。可用电针。

**2. 其他疗法**

（1）耳针 选皮质下、肺、口、神门、肾上腺、内分泌等，依据症状加减取穴。每次选 3～5 穴，毫针强刺激，或用耳穴揿针埋藏，或王不留行籽贴压法。

（2）皮肤针加拔火罐 选督脉、夹脊及膀胱背俞穴。用梅花针重叩，然后加拔火罐。

按语

1. 针灸戒毒有一定疗效，治疗过程中，若出现惊厥、虚脱等症状，应及时给予静脉输液、支持疗法等综合治疗手段。

2. 针灸戒毒治疗前要详细了解患者吸毒的原因和方式，因人而异、有的放矢地进行宣传教育和心理治疗。家庭及社会的配合是巩固疗效、断绝吸毒必不可少的因素，应高度重视。

3. 对于因病（如肿瘤、呼吸系统及各类神经痛）而吸毒者，要注意原发病的治疗，或在医生指导下逐渐减量，以免出现意外。

## 五、癌病

癌病（cancer disease）是多种恶性肿瘤的总称，以脏腑组织发生异常增生为其基本特征。癌病是一种常见病、多发病，本节主要介绍针灸在癌性疼痛及放化疗后不良反应治疗中的应用。

本病发生常与正气内虚、感受邪毒、七情内伤、饮食损伤等因素有关。基本病机是脏腑功能失调，气滞痰凝，瘀毒搏结。

（一）辨证

主症 疾病初期多无明显症状，中晚期则出现肿物增大，表面起伏，质地坚硬，并常伴见持续性疼痛，发热，纳差，神疲乏力，日渐消瘦等全身症状，并呈进行性加重。

（二）治疗

**1. 基本治疗**

（1）提高生存质量，延长生命周期

治法　扶正固本祛邪。以任脉、手足阳明经穴为主。

主穴　中脘　气海　内关　关元　足三里　三阴交

配穴　肝癌配肝俞、地机、太冲；肺癌配肺俞、孔最、列缺；乳腺癌配膻中、乳根、膺窗；脑癌配印堂、风池；肠癌配上巨虚、大肠俞；肝气犯胃配肝俞、胃俞；瘀毒内结配曲池、大肠俞；痰湿凝滞配丰隆、阴陵泉。

方义　中脘位居上腹，为八会穴之腑会，配内关，理气健脾和胃；气海居脐下，为先天元气聚会之处，可调脏腑之气、行瘀滞；关元、足三里、三阴交，可助阳而化阴，调补肝脾肾三脏之气，使脾气足，气血生化有源，肝肾充，则阴平阳秘，诸症渐安。

操作　毫针刺，足三里、关元用补法，余穴依据证候虚补实泻，留针30min，间歇行针。每日1次。

（2）镇痛

治法　行气活血，通络止痛。以手阳明、足厥阴经穴及夹脊为主。

主穴　合谷　太冲　夹脊

配穴　肝癌配阳陵泉、地机、章门；肺癌配尺泽、孔最、列缺；乳腺癌配乳根、内关、膻中；脑癌配印堂、风池、长强；肠癌配上巨虚、曲池。

方义　合谷为手阳明大肠经原穴，与太冲配合谓之“开四关”，以调全身气机，行气止痛；选取对应夹脊，调理相关脏腑气机。

操作　毫针刺。

（3）减轻放化疗不良反应

治法　扶正化浊。以足阳明、足太阴及督脉经穴为主。

主穴　足三里　三阴交　大椎

配穴　消化系统功能异常配中脘、天枢、脾俞、胃俞；口腔咽喉反应配照海、廉泉、列缺；直肠反应配天枢、大肠俞、支沟、照海；提高机体免疫力配肺俞、脾俞、肾俞、关元、内关。

方义　足三里为常用强壮保健穴，可补脾健胃，使后天气血生化有源；三阴交为足三阴经之交会穴，可调理阴经经气；大椎为手足三阳、督脉之会，宣通阳气，祛邪外出。

操作　毫针刺，或采用隔姜灸。

**2. 其他疗法**

耳针　取心、肺、肝、胃、脾、肾、内分泌、交感、皮质下、病变相应部位。每次选用3～4穴，毫针刺，或采用揿针埋藏、王不留行籽贴压法。

按语

1. 癌病的预后很差，针灸治疗可改善患者的临床症状，提高生存质量，延长生命周期。针灸在扶正、镇痛、减轻放化疗不良反应等方面具有独特的优势。

2. 针灸用于减轻放化疗不良反应，宜在放化疗前进行针灸治疗，效果更显著。

3. 患者应有信心，积极配合治疗，起居有节，劳逸结合，调畅情志，避免精神刺激。

## 思维导图

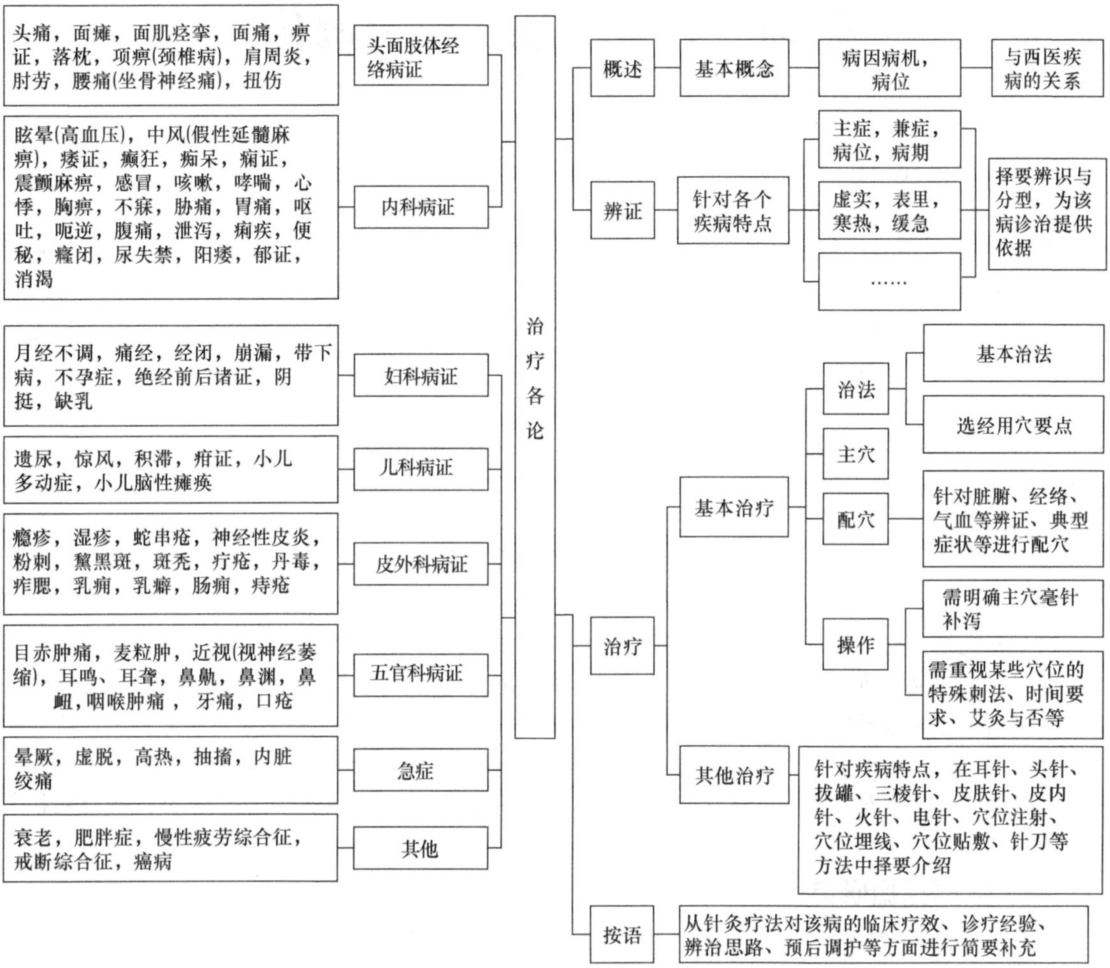


## 思考题

1. 简述针灸治疗头痛的辨治思路和处方。
2. 总结并分析针灸治疗颈、肩、腰、腿痛的辨治思路。
3. 为什么治疗胃痛、呕吐的主穴是同一组腧穴？
4. 总结并分析癃闭与尿失禁取穴异同点。
5. 总结并分析针灸治疗月经病的取穴规律。
6. 简述针灸治疗小儿脑性瘫痪的辨证思路和处方。
7. 简述针灸治疗蛇串疮的辨治思路、处方和操作特色。
8. 总结并分析鼻渊与鼻鼽的辨治思路和处方。
9. 总结并分析针灸治疗虚证、实证耳鸣耳聋在取穴、操作上有何不同。
10. 简述肥胖症的辨证思路和处方。

# 附篇　针灸学现代研究概论

始于20世纪50年代的针灸学现代研究，经过国内外学者大量的临床和动物实验研究，在经络腧穴、刺法灸法、针灸临床及其作用机制研究等方面获得了丰富的研究资料，取得了许多令人瞩目的成果，甚至促进了现代医学某些学科的发展。针灸学现代研究方法包括文献研究、临床研究、实验研究。文献研究能发现问题，找出规律，为实验研究、临床研究提供参考和依据。实验研究可以阐明针灸作用原理和规律，提高针灸的临床疗效，扩大针灸临床适应证的范围。临床研究既是实验研究的源泉和动力，也是实验研究的出发点和归宿。如果仅凭临床观察印象判断，不能确定针灸对某种疾病的确切疗效，只有通过在控制条件下的临床试验研究，把患者主观感受的变化、生活质量方面的提高等指标与患者体征及各相关检验、检查等客观指标的变化相结合，才能做出更为科学的判断和令人信服的结论。因此，三者互为条件，相互支撑，是发展针灸学的三条基本途径。

## 第一节　文 献 研 究

文献研究是根据研究目标的需要，通过检索和查阅各种文献来获得相关资料，系统、全面、正确地了解相关领域的研究动态，从中发现问题、总结出研究内容关键点的一种研究方法。文献研究是针灸科研工作中最常用的方法，要获得针灸学研究领域的相关科研动态、制订研究方案、研究针灸临床课题，都离不开文献研究。文献研究法主要有非结构式定性分析方法和结构式定量分析方法，它们各从不同的侧面对文献中所包含的信息进行加工和整理。针灸文献研究包括数据挖掘研究和文献评价研究。

### 一、数据挖掘研究

针灸数据挖掘研究是对针灸文献数据进行分析以获取有效、新颖、具有潜在应用价值信息的过程。针灸学数千年的发展历程中所积累的历史文献和现代科技期刊文献、报纸、书籍包含大量的针灸信息，有多源性、多模式性、名称多样性、不完整性、冗余性等特点，如何从复杂的信息中提取出有价值的信息，指导临床决策和科研设计，是针灸文献研究重点关注的领域。数据挖掘技术是指采用特定的技术和算法从数据中抽取知识和规律。基于数据挖掘技术能对复杂异常的定性描述进行关联分析，从大量的、不完全的、有噪声的、模糊的、随机的数据中提取隐含的但又潜在有用的信息和知识，并揭示其规律性。例如，对针灸治疗病证、历代腧穴主治等进行频次分析；对腧穴、经络、针灸处方、主治病证、针刺方法等各种相关因素进行关联分析，从而进一步探索针灸治疗、预防疾病的基本规律，因此，采用数据挖掘技术提取有效针灸文献信息是针灸文献研究的新视角。

数据挖掘的实施步骤如下。

（1）*数据准备*　指消除数据噪声和与挖掘主题明显无关的数据，完成对数据的筛选、变换和预处理，包括数据的收集、清洗、集成、选择、变换等。

（2）数据挖掘　针对要挖掘的问题的具体情况和对挖掘算法的具体要求（如针灸治疗偏头痛处方信息中外关穴的应用频次），选择合适的挖掘工具，对预处理后的数据进行数据挖掘。

（3）结果分析　数据挖掘中得到的模式可能是没有实际意义或者没有使用价值的，也可能不能准确反映数据的真实意义，因此，要对数据挖掘的结果进行解释和评估，转换为可被用户理解的知识。

数据挖掘研究的总体流程图（附图1-1）如下。

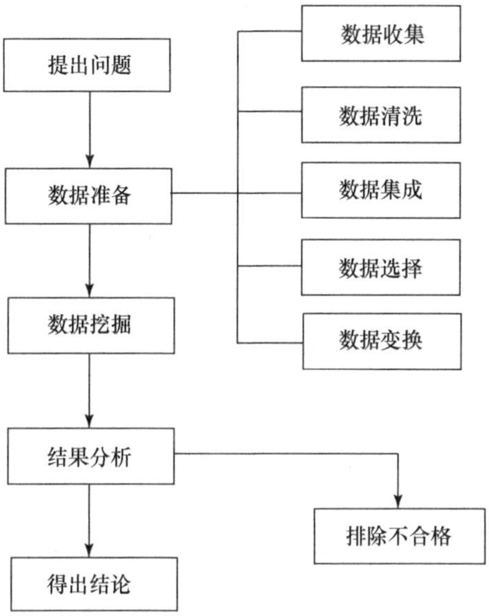


附图1-1　数据挖掘研究流程图

## 二、文献评价研究

文献评价研究中最常采用的方法是系统评价。系统评价是一种严格评价文献的方法，采用严格的选择、评价方法，将真实、可靠而有临床应用价值的信息进行合成，为医生、研究者、决策者提供最佳证据和相关的研究线索。系统评价的基本步骤包括提出问题、收集文献、评价研究质量、提取分析数据、撰写评价报告。

系统评价的题目多来自临床实践，如恶性肿瘤、心脑血管疾病和各种慢性疾病的治疗方法的评估，大样本临床试验会消耗大量的人力、财力和时间，可行性差，若将多个质量较高的同质临床试验结果应用系统评价的方法进行合成，相当于扩大了样本含量，就可得出较可靠的结论，帮助临床医师进行医疗决策。应采用临床流行病学方法对纳入的文献资料进行评价，主要包括以下几点。

1）判断文献的内在真实性，即是否存在各种偏倚因素及其影响程度。

2）判断文献的外在真实性，即结果的实用价值与推广应用的条件，主要与研究对象的特征、研究措施和结果的选择标准密切相关。

3）分析影响结果的因素，如针灸研究方案的合理性、施术者的资格和资历、疗程及患者依从性等因素。

4）通过定量、定性分析方法获得相应的结果，为医务工作者或政策制定者的决策提供二级证据。

系统评价的总体流程图（附图1-2）如下。

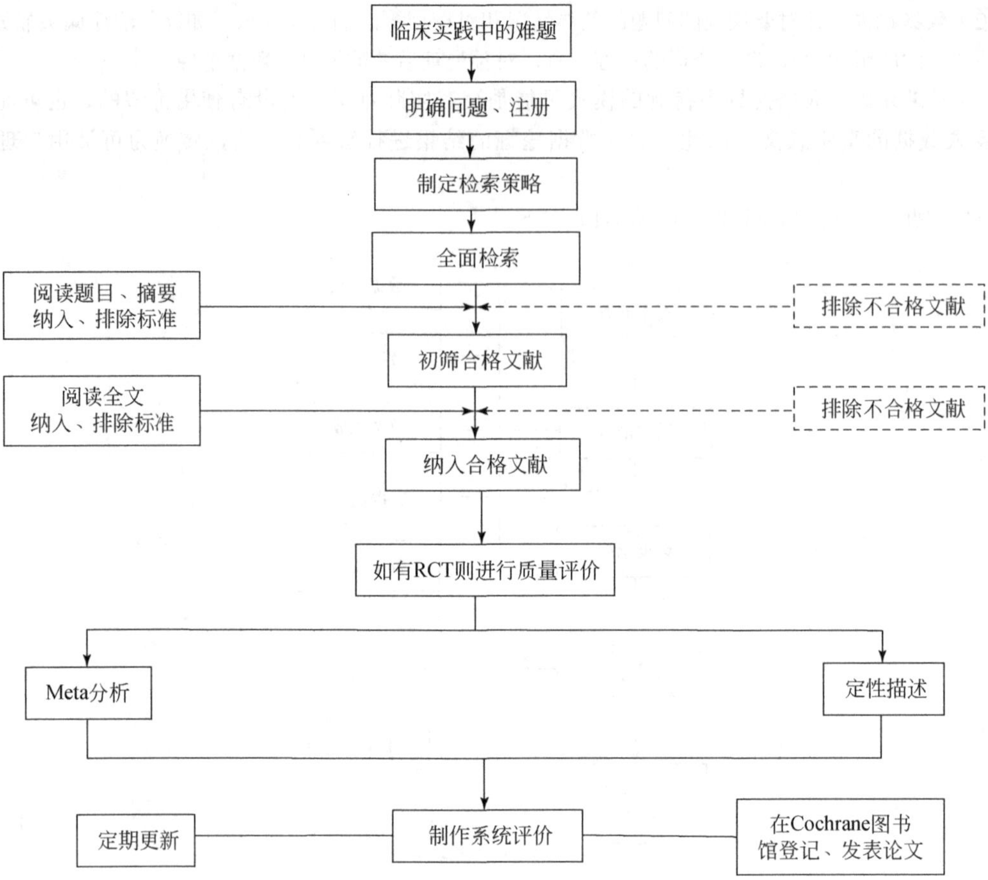


附图 1-2　系统评价的总体流程图

注：RCT，随机对照试验

# 第二节　临床研究

针灸治疗疾病范围较广，早在 1987 年，世界卫生组织意大利米兰会议上推荐 43 种疾病可使用针灸治疗。最新研究表明，针灸能够治疗具有中西医明确诊断的病种 351 个；按照循证针灸等级疾病谱原则整理得出 68 种针灸优势病种，疾病谱划分为四级：一级疾病谱系指可以独立采用针灸治疗并可获得治愈或临床治愈的疾病，如周围性面瘫等；二级疾病谱系指可以针灸治疗为主，对其主要症状和体征能产生较好治疗作用的疾病，如轻中度胃下垂、脑血管病等；三级疾病谱系指针灸治疗只能对其所派生的部分症状起到缓解的疾病，如胆石症、消化性溃疡等；四级疾病谱系指针灸疗效不确切或已有明确的高效手段、很少再用针灸治疗的疾病，如各种癌症、肺结核等。一级疾病谱可谓针灸的优势疾病谱，单独用针灸治疗具有完全治愈的功效，其余三级疾病谱均属于非完全治愈功效的范畴，须结合其他方法综合治疗。疾病谱划分可为针灸临床医疗起到重要的指导作用，但随着进一步研究，可能会发现更多的针灸应用领域。

临床研究是以患者为主要研究对象，以疾病的诊断、治疗、预后、病因和预防为主要研究内容的科学研究活动。针灸学的临床研究主要是对针灸治疗方案进行疗效评价，为临床医生和医疗卫生机构提供可靠的决策依据，在此基础上进一步探索针灸治疗规律和治疗原理。现阶段针灸临床研究包括经穴效应特异性研究、腧穴配伍的效应、针刺手法临床研究、针灸循证、真实世界针灸研究等。

## 一、经穴效应特异性研究

国家重点基础研究发展计划（973 计划）“基于临床的经穴特异性基础研究”（2006 年）和“经穴效应循经特异性规律及关键影响因素基础研究”（2012 年）均围绕经穴效应特异性问题开展系列研究。国内学者从针刺经穴治疗偏头痛、功能性消化不良、痛经、缺血性脑卒中、高血压、慢性稳定型心绞痛等方面开展，研究结果表明，针刺经穴的疗效均优于非经非穴，证实了经穴效应特异性的存在，并提出经穴效应特异性受针刺手法、介入时机和穴位结构的影响。2016 年正式启动中医药领域重大项目“穴位的敏化研究”，就穴位敏化现象和规律开展临床研究，以膝骨关节炎、颈椎病、慢性稳定型心绞痛等疾病为载体，通过临床流行病学调查研究和干预性临床研究，结果发现穴位敏化形式有痛敏、热敏、力敏、形敏等，穴位敏化特点具有普遍性、多样性、与疾病相关性、时空变化规律等，该研究进一步确证了敏化穴对针灸临床诊断和治疗疾病的应用价值。

## 二、穴位主治及配伍规律研究

2003 年国家中医药管理局设立《中华人民共和国针灸穴典》专项研究项目，通过全国多家单位协作，对腧穴功能主治进行临床示范性研究，完成 63 项，涉及三阴交（围绝经期综合征、提高分娩质量、尿潴留）、足三里（预防流行性感冒、防治恶性肿瘤化疗后不良反应、防治胃肠检查中的不良反应）、丰隆（降血脂）、迎香（过敏性鼻炎）、肺俞（哮喘）、百会（中风后抑郁，急性脑梗死患者运动功能障碍）等。针灸临床除单穴使用外，更多的是两个或以上的穴位配伍使用。近年，在腧穴配伍的效应、规律和机制方面开展了大量的基础与临床研究工作，并列入国家重点研发计划，研究表明穴位配伍应用效应表现为协同效应、拮抗效应、效应不变三种。

## 三、针刺手法临床及开发研究

针法的研究主要是古典针法的特色总结与探讨、针刺手法的临床应用和机制研究、针刺手法量化等。研究利用数据挖掘技术对《内经》、《灵枢》、《针灸大成》等经典著作及针灸医家针刺手法特色进行总结和分析，临床研究重点在于提插补泻、捻转补泻、烧山火、透天凉、飞经走气、龙虎交战等针刺手法的临床应用。研究结果均显示良好的临床疗效。机制研究主要涉及古典针法的生物学基础；提插、捻转、刺络疗法的血管生物学基础；留针时间、不同针灸方法的效应差异等方面。同时进行学科交叉，结合生物力学原理，传感技术，红外热像技术，超声波技术，磁共振成像技术，计算机断层成像技术等，开发针刺手法仪、手法参数检网系统，通过现代的技术对针刺手法的规范化、定量化、仿真化等进行探究。

## 四、灸法的临床研究

现代灸法的临床研究主要是从不同灸材、艾烟、灸量及临床效应等方面进行。安全性研究方面显示短期艾烟暴露对人体自主神经系统具有良性调整作用，研究证实灸量是影响艾灸效应的重要因素，一定程度的灸量才能产生治疗效应，也就是治疗效果和较佳灸量相关，而非最强灸量，不同灸量的调节效应存在差异。目前，临床研究较多的是热敏灸疗法，以腧穴敏化理论为指导，选择热敏腧穴，施以饱和灸量，激发经气，气至病所，从而显著提高了临床灸疗疗效，该疗法在推广应用和产业发展中起重要作用。

## 五、针灸循证临床研究

循证医学（evidence-based medicine，EBM）于 1992 年首次由加拿大著名临床流行病学家 Gordon Guyatt 和 David Sackett 在国际上提出，是指谨慎、准确和明智地应用目前能获得的最佳研究证据，同时结合医师的专业技能和积累的临床经验，考虑患者的意愿和价值观，制定出患者的处理方案，其核心思想是依据证据进行医学决策。

针灸循证医学即遵循证据的针灸学，它是将循证医学的方法与原理应用于针灸的临床实践、医疗决策和科学研究等方面，强调对病人的针灸诊断、治疗、预防、康复和其他决策应建立在当前最佳研究证据、临床专业知识技能及病人需求三者有机结合的基础之上。2006 年发表的《中国循证针灸学研究现状与展望》，首次提出了循证针灸学的概念，2009 年出版的《循证针灸学》介绍循证针灸学的原则、方法及针灸常见病证的治疗，在针灸学领域运用循证医学方法开展针灸临床研究已经形成共识，并开发了循证针灸智能诊疗系统。2014 年出版的《循证针灸治疗学》对 74 种病证的循证针灸治疗特点进行阐述。同时国内外学者运用循证医学方法，开展了针灸治疗偏头痛、功能性消化不良、慢性严重功能性便秘、高血压、女性压力性尿失禁、慢性稳定型心绞痛等疾病高质量的临床研究，在国内外产生较大影响，推动针灸国际化的进程。

## 第三节 实验研究

针灸学的实验研究是指通过引入现代科学技术和实验方法来研究针灸基本理论、作用规律和作用原理。几千年以来，针灸学是在通过对自然界中客观事物变化规律的观察以及在实践中进行经验总结的基础上发展起来的，在发展过程中有一定的局限性，比如，不能人为地控制和改变自然变化的过程，而实验研究能够突破自然条件的限制，用科学严谨的实验设计和先进的技术方法去检验科学假说，从而发现客观事物的规律。实验研究包括经络腧穴研究、灸法作用的研究、对机体各系统功能的调整作用研究、开发研究和标准化研究等。

随着现代科学技术的发展，近些年来，应用于针灸作用机制研究的手段也经历了极大的变革，这些技术手段涉及声、光、电、磁及化学等学科范围。研究手段的不断革新使针灸作用机制研究的内容不断丰富，可以从宏观的全脑神经网络功能、全基因组学、全蛋白质组学等角度研究针灸对个体整体功能的改变，也可以从组织水平、细胞水平、蛋白基因水平研究针灸作用的分子生物学机制。

### 一、经络腧穴的研究

目前，经络研究已经从寻找经络的物质结构转向经络功能，从一条经脉到两条或两条以上的相关经脉的研究（如表里经的研究）。973 计划已经将针灸研究列入专项支持，从 2005 年起，分别启动“络病学说与针灸理论的基础研究”（2005 年），“基于临床的经穴特异性基础研究”（2006 年），“经脉体表特异性联系的生物学机制及针刺手法量效关系的研究”（2010 年），“针刺对功能性肠病的双向调节效应及其机制”（2011 年），“经穴效应循经特异性规律及关键影响因素基础研究”（2012 年），“腧穴配伍方案优化及效应影响因素研究”（2014 年），“腧穴配伍效应规律及神经生物学机制研究”（2014 年）。从 2017 年国家重点研发计划“中医药现代化”立项启动至今，在针灸优势病种、经络功能研究等方面开展针灸效应及机制研究。

在穴位研究方面，主要是对穴位的形态结构、穴位敏化、腧穴配伍的研究，主要集中在穴位-经脉-脏腑相关的机制方面，以阐明脏腑经脉气血输注于穴位这一特殊部位的理论基础。同时，利用现代科学方法对穴位形态结构与神经、血管、结缔组织的相关性开展研究，对穴位与内脏、穴位与体表、体表与体表联系机制做出科学解释。

### 二、灸法作用的研究

自从 973 计划开展“灸法作用的基本原理与应用规律研究”和“基于临床的灸法作用机理研究”以来，以灸法临床有效的病证为载体，揭示灸法的作用机理。同时在灸材、施灸方法、灸量、艾灸理化特性与安全性、效应规律与机制研究方面取得了一定进步。艾在燃烧过程中发出的光和热有一定的光谱特性。艾烟具有广谱抗菌、抗病毒以及平喘等作用。从机制研究角度发现艾灸具有抗炎、抗自由基、降脂、促循环、免疫调节、调节器官功能、抗衰老、抗抑郁、抗癌前病变等作用。同时对灸法技术不断创新，研发的灸疗仪器被广泛应用于临床和家庭保健。

## 三、对机体各系统功能的调整作用研究

针灸疗法有三大作用：针刺镇痛作用、对免疫系统的调整作用和对脏腑组织器官的调整作用。大量的临床和实验研究证明：针灸对机体的各系统、各个器官的功能具有多方面、多环节、多水平和多途径的调节作用。研究针灸对呼吸系统、循环系统、消化系统、血液系统、泌尿系统、生殖系统、内分泌系统、神经系统等的作用机制，尤以中枢神经系统疾病、心脑血管疾病及代谢性疾病为主。也开展针灸疗法作用特点（如良性、双向性、整体性、综合性、功能性、早期性）的物质基础和规律研究，如针刺信息特征的提取、储存，针刺作为生物电信息等在机体的传入、整合、编码、传出的信号通路及其规律，针刺疗法对细胞水平的信号传导途径和规律，针刺疗法对神经系统、对大脑水平影响的整体神经信息特征。

针灸机制的研究在方法和技术上都进行了创新，从解剖学、组织形态学、病理学、生物化学、分子生物学等研究技术到整体行为学、基因组学、蛋白质组学、转录组学、代谢组学、影像学、表观遗传学、脑功能连接组学等系统生物技术，都在针灸学实验研究中被充分运用。鉴于研究对象人与动物的差异，目前的基础研究方向正逐步引入各种无创伤性人体检测研究技术，如磁共振、功能磁共振、单光子发射扫描、正电子发射扫描、红外热像图、脑内光学成像、脑磁图等并结合虚拟现实、人工智能、生物传感器等前沿技术进行机制探讨，更真实地反映针灸作用原理的本质。

## 四、常用的研究手段

### （一）形态学手段

制备标本，根据实验目的对标本进行细胞化学染色或免疫组化染色来实现对蛋白质、核酸等化学成分的定位、定性和半定量分析，最后通过光学/电子显微成像技术观察和统计目标蛋白、核酸或其他化学物质的表达和定位。随着科学技术的发展，组织化学技术和成像技术也有了较大的革新，如组织透明化技术、高清荧光显微断层成像（fMOST）等。

### （二）动物生理学技术

动物生理学技术可对肌肉、大脑、心脏、血管、血液等组织器官的功能和代谢活动等进行检测，常用的技术包括肌电图、脑电图、心电图、多普勒超声和激光散斑成像等，近年来，这些技术在实验动物上都得到了很好的应用。

### （三）生物化学技术

生物化学技术主要包括化学传感器、微透析技术、蛋白质印迹法等。化学传感器是一种以选择性、可逆性的方式响应特定的分析物，并将采集到的化学信号（如浓度）转换为电信号的技术。具有体积小、灵敏度高、动态范围大、成本低、易于实现自动测量和在线或原位连续测量等特点。微透析技术是一种微创采样技术，通过将一个轴心为半透膜的导管插入待测组织，连续测量细胞外液中游离的、未结合成分的浓度。

### （四）生物物理学技术

在动物实验研究中运用较多的包括生物电阻抗测定、红外热成像技术、放射性核素示踪、功能磁共振成像以及正电子发射计算机断层扫描。生物电阻抗测定是借助置于体表的电极系统向检测对象输入微小的交流测量电流或电压，检测相应的电阻抗的变化，获取相关的生理和病理信息，常被用来检测穴位

的生物电阻。红外热成像技术是利用黑体辐射定律（温度高于绝对零的物体会发射红外辐射，物体发出的辐射量随着温度的升高而增加）来捕获和创建物体图像的技术，常用于识别实验动物的位置和状态。正电子发射计算机断层扫描通过追踪放射性示踪剂来观测代谢过程以及其他生理活动（包括血流、局域化学成分）的变化。功能磁共振成像通过检测局部脑血流量和氧合浓度的变化来观察大脑对事件的响应，常用于对实验动物大脑结构和功能连接的观察。

（五）分子生物学

分子生物学是从分子水平研究生物大分子的结构与功能从而阐明生命现象本质的科学。通过基因编辑手段可以靶向调控疾病易感基因，推动了致病和治病机制的研究。多聚酶链式反应可以实现靶标DNA片段的扩增，以进行基因鉴定等。酶联免疫吸附试验是利用抗原抗体特异性结合进行免疫反应定性和定量检测的方法。染色质免疫共沉淀是一种通过核酸酶消化胞核直接分离出天然染色质，然后使用抗体特异性地富集目的蛋白结合的DNA片段的技术。

（六）细胞生物学

细胞生物学是以细胞为研究对象，从细胞的整体水平、亚显微水平、分子水平等三个层次，以动态的观点，研究细胞和细胞器的结构和功能、细胞的生活史和各种生命活动规律的学科。在动物实验研究中常用的技术包括流式细胞术及细胞培养。流式细胞术利用液流系统将细胞等生物微粒排成单列后逐一穿过激光束，其中散射出来的光中包含细胞及其成分的特征，进而实现数以万计细胞的快速检测和分选。细胞培养是指在体外模拟体内环境（无菌、适宜温度、酸碱度和一定营养条件等），使细胞生存、生长、繁殖并维持主要结构和功能的一种方法。

（七）神经生物学

神经生物学是专门研究神经系统的结构、功能、发育、遗传学、生物化学、生理学、药理学及病理学的一门科学。其主要研究手段包括示踪技术（生物素/病毒）、膜片钳技术、在体多通道电生理记录、钙成像记录、递质探针和光/化学遗传学调控等。病毒载体已经成为神经生物学中非常重要的工具。目前工具病毒已经可以实现在特定细胞或神经环路的荧光标记、活性检测、功能调控和基因编辑。通过膜片钳技术和在体多通道电生理可以记录神经元的电活动和突触活动。钙成像技术可以记录神经元胞体的钙活动。使用递质探针技术还能观察脑区内神经递质的改变，转换为可以观测的荧光信号。

应该注意的是，通过以上的研究手段所获得的实验结果若想指导临床实践，还需一个慎重的临床过渡性过程，经过探索、修正、验证、确认后，才能成为一种新的理论或方法用于临床实践。临床研究和实验研究常常是相互结合、相互补充的，动物实验应以临床事实为依据进行设计和评价，临床试验也应以动物实验的资料和证据作为参考和启示。

除了文献、临床和实验研究外，还有针灸开发研究，主要针对临床和教学需要开发针灸仪器、设备，如假针灸针刺手法控制仪、生物信息针疗仪、去电针伪迹仪、双极联体针、针灸数据挖掘系统等。用于针灸教学的有针刺手法虚拟仿真系统、虚拟针灸教学系统、虚拟三维针灸、虚拟人体经络腧穴模型。针灸标准化研究，研制了50余项针灸国家标准和团体标准，在推动中医药标准化建设中发挥了先导作用。针灸国家标准颁布了31项，包含《腧穴名称与定位》、《腧穴定位图》、《腧穴定位人体测量方法》等，针灸行业组织（团体）标准颁布了213项，其中包含20项《循证针灸临床实践指南》和3个行业规范。针灸国际标准制定了《一次性无菌针灸针》、《针灸针》、《针灸经穴定位》等8项，其中3项ISO标准（包括首个中医药ISO标准），1项WHO西太平洋区标准与4项WFAS标准，针灸标准制定对针灸国际化产生深远影响。

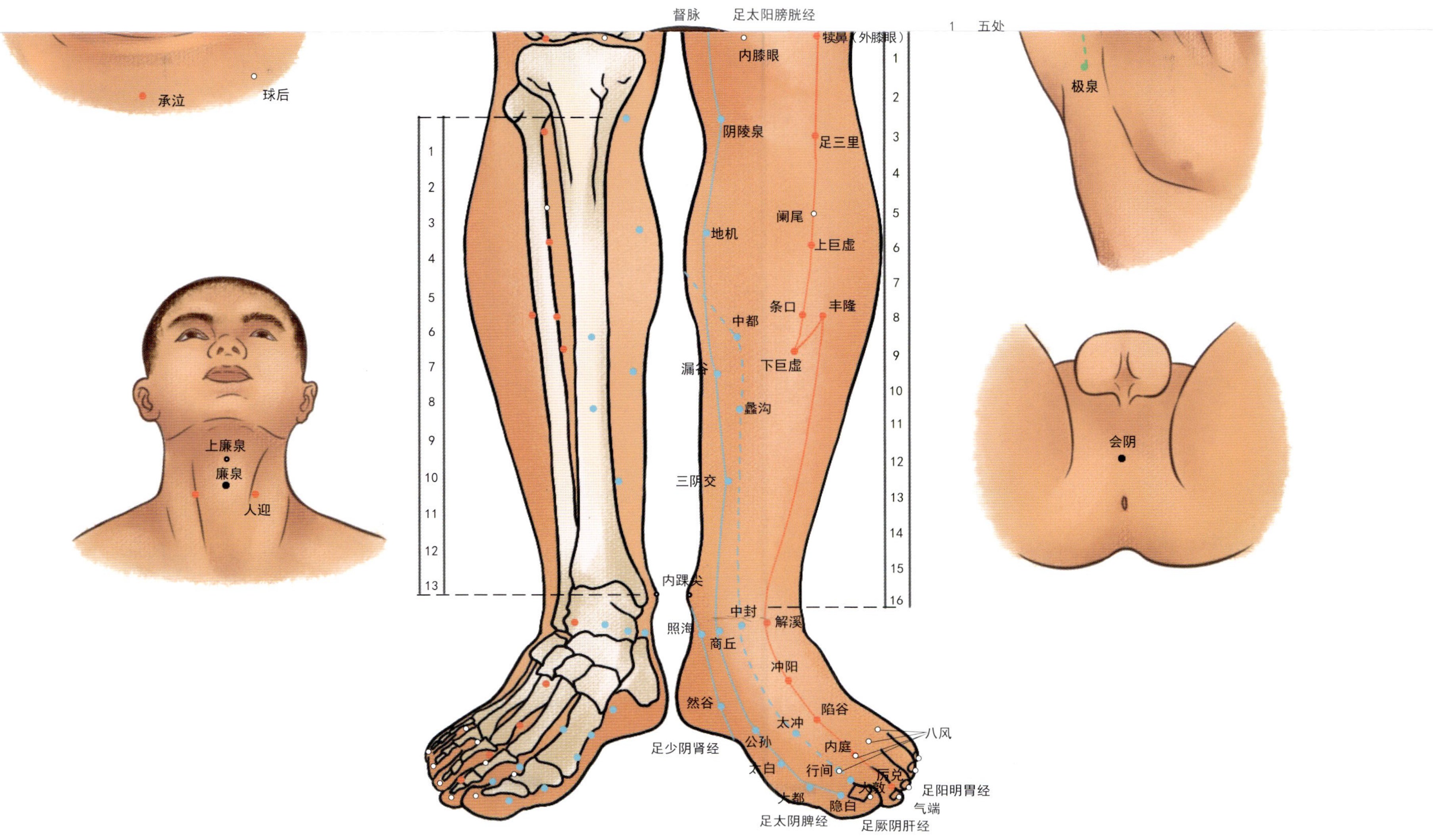


彩图1　人体十四经穴与常用奇穴（正面）